民法典权威解读丛书

龙卫球 ◎ 主编

最高人民法院
民法典合同编
通则司法解释
理解与适用

关联规定 条文理解 典型案例 实务指导

龙卫球 ◎ 主　编
赵精武 ◎ 副主编

中国法制出版社
CHINA LEGAL PUBLISHING HOUSE

撰稿人名单（按条文编写顺序排列）

龙卫球	北京航空航天大学法学院	孙新宽	北京师范大学法学院
赵精武	北京航空航天大学法学院	柯勇敏	中国政法大学法学教育研究与评估中心
何傲翾	北京航空航天大学法学院	李　游	北京航空航天大学法学院
陈子涵	北京航空航天大学法学院	张　芸	西南财经大学法学院
王　琦	北京航空航天大学法学院	蔡　睿	中国社会科学院法学研究所
陈吉栋	同济大学法学院	冀　放	中国政法大学民商经济法学院
秦　亮	上海市第一中级人民法院	石冠彬	华东师范大学法学院
郑　臻	北京科技大学文法学院	罗　帅	中南财经政法大学法学院
张玉涛	中国人民大学法学院	崔雪炜	南开大学法学院
詹诗渊	重庆大学法学院	陈浩林	北京航空航天大学法学院
徐铁英	四川大学法学院	刘　洋	上海财经大学法学院
葛江虬	复旦大学法学院	张　尧	对外经济贸易大学法学院
雷震文	北京航空航天大学法学院	夏　沁	中南大学法学院
汪　洋	清华大学法学院	庄诗岳	中国政法大学民商经济法学院
瞿灵敏	中国海洋大学法学院	魏振华	青岛大学法学院
谢远扬	中国政法大学民商经济法学院	刘炫麟	中国政法大学法律硕士学院
李运杨	华东政法大学法律学院	袁　野	武汉大学法学院
韩京京	福州大学法学院	吴昭军	中国农业大学土地科学与技术学院
谢　蔚	湘潭大学法学院	赖成宇	北京航空航天大学法学院
严　城	浙江财经大学法学院	谢　潇	重庆大学法学院
昝强龙	中南财经政法大学法学院	庞伟伟	河南大学法学院

撰稿人名单（按条文编写顺序排列）

雷志富	中国人民大学法学院	王毅纯	北京交通大学法学院
夏庆锋	安徽大学法学院	夏江皓	中国政法大学人权研究院
谢妮轩	北京航空航天大学法学院	刘子赫	中国政法大学民商经济法学院
霍　原	哈尔滨医科大学人文社会科学学院	章　程	浙江大学光华法学院
朱　虎	中国人民大学法学院	王天凡	北京航空航天大学法学院
龙松熊	西南政法大学人工智能法学院	阮神裕	中国人民大学法学院
何颖来	外交学院国际法系	邓　辉	中国人民公安大学法学院
刘　冲	清华大学法学院	刘　平	中国政法大学民商经济法学院
赵申豪	中山大学法学院	徐同远	华东政法大学法律学院
阚梓冰	清华大学法学院	唐林垚	中国社会科学院法学研究所
冯　琴	中国劳动关系学院法学院	李安宁	西南财经大学法学院
陆　青	浙江大学光华法学院	陆　睿	清华大学法学院
于　晓	山东政法学院民商法学院	杨慧敏	中证金融研究院
萧　鑫	中国社会科学院法学研究所	余蔚琳	上海交通大学知识产权与竞争法研究院
殷秋实	中央财经大学法学院	鲍　禧	北京科技创新中心研究基地
袁　鹏	北京工商大学法学院	田子漳	北京航空航天大学工业和信息化法治研究院
方斯远	华东政法大学法律学院	王晓彬	北京航空航天大学工业和信息化法治研究院
陶　盈	首都经济贸易大学法学院	郭　磊	北京航空航天大学工业和信息化法治研究院
徐建刚	中央财经大学法学院		
张梓萱	清华大学法学院		
杨　勇	武汉大学法学院		

前　言

  2020年5月28日，第十三届全国人民代表大会第三次会议表决通过了《中华人民共和国民法典》（以下简称《民法典》）。自此，我国的民事法制建设正式跨入"民法典时代"。"合同编"是《民法典》这部"社会生活的百科全书"中分量最重的一章，共3个分编、29章、526条，约占《民法典》条文总数的42%。其中有120个法条完全沿用了《中华人民共和国合同法》（以下简称《合同法》）的规定，224个法条作了标点符号、文字表述等非实质性修订，另有112个实质性修订的法条以及70个新增法条。这些实质性修订和新增的法条有部分取材自最高人民法院根据原《合同法》制定的《最高人民法院关于适用〈中华人民共和国合同法〉若干问题的解释（一）》《最高人民法院关于适用〈中华人民共和国合同法〉若干问题的解释（二）》以及《最高人民法院关于审理买卖合同纠纷案件适用法律问题的解释》等内容。可以说，"合同编"的立法既是建立在对过往合同立法和司法实务的梳理基础之上，也同时进行了大量的制度创新。

  《民法典》颁布后，最高人民法院对现行的司法解释及相关文件进行了全面清理。在废止的司法解释中，包括了根据原《合同法》制定的《最高人民法院关于适用〈中华人民共和国合同法〉若干问题的解释（一）》《最高人民法院关于适用〈中华人民共和国合同法〉若干问题的解释（二）》。司法实践亟须出台关于民法典合同编通则的司法解释，两件废止的司法解释中的一些内容对统一裁判尺度仍有参考意义，一些内容需要根据《民法典》的新的规定作出调整，特别是《民法典》"合同编"通则规定的有些内容在审判实践中仍需细化标准。为此，最高人民法院在清理相关司法解释的基础上，结合审判实践中遇到的疑难问题，制定了《最高人民法院关于适用〈中华人民共和国民法典〉合同编通则若干问题的解释》（以下简称《民法典合同编通则司法解释》），于2023年12月5日起施行。

合同是最重要、最常见的私法自治工具，《民法典》"合同编"以及《民法典合同编通则司法解释》是民事主体通过合同进行交易、构建扩展私人空间的基本依据，不仅为市场交易提供了基本的秩序框架，也对人们的日常生活作出了广泛调整。《民法典合同编通则司法解释》确保了《民法典》合同编的优秀制度设计在司法审判中准确落地。例如，为充分保障防止债务人"逃废债"这一制度功能的实现，解释针对实践中存在的疑难问题，就代位权诉讼、撤销权诉讼的管辖、代位权诉讼与仲裁协议的关系、撤销权行使的法律效果等问题作了明确回应，进一步统一了法律适用标准。《民法典合同编通则司法解释》以问题为导向，致力于解决实际问题。例如，预约合同在实践中问题很多，解释在"合同的订立部分"，将预约合同作为重点予以规定，而没有对要约、承诺等一般规则再作具体规定。在违约金、定金等法律适用问题上，保持司法政策的延续性，并根据时代发展作出相应调整等，亮点不一而足。

我国的合同立法从改革开放初期《中华人民共和国经济合同法》《中华人民共和国技术合同法》和《中华人民共和国涉外经济合同法》"三足鼎立"，到90年代末《合同法》走向统合，再到《民法典》时代的"合同编"，然后到刚刚出台的《民法典合同编通则司法解释》，体现了一个不断现代化，不断与中国社会转型与发展相适应的过程。从这个意义上来说，《民法典合同编通则司法解释》也仅仅只是我国合同制度演进过程中的一站，而未来这套制度将驶向何方，是否能一直作为促进社会发展的助推剂，有赖于整个法律共同体的协作、交流和努力。

《民法典合同编通则司法解释》颁布后，可以预计相关释义等法律阐释类作品会大量出现，这是我国民法学日趋繁荣的必然结果。本书立足于法律适用，通过揭示规范对象和问题，扼要说明其历史演化基础并加以变化对比，明晰其制定理由，必要时进一步剖析理论和立法政策争议，明确若干适用要点。我们期待，本书有助于《民法典合同编通则司法解释》的有效实施和准确适用。

对于本书的撰写，除了我承担的部分，主要是由一批国内的优秀民法青年才俊担当。作为主编，虽然力求保障全书写作，努力追求方法贯彻上的一致性和整体水平上的均衡性，但组织撰写的时间略为匆忙，加之人数颇多，所以协调起来不易，差异和参差难免，欢迎读者指正和见谅。最后，感谢中国法制出版社的编辑支持和高效工作。

龙卫球

2023 年 12 月 14 日

凡　例

文件名简称	文件名全称
《民法典》	《中华人民共和国民法典》
《民事诉讼法》	《中华人民共和国民事诉讼法》
《保险法》	《中华人民共和国保险法》
《合同法》	《中华人民共和国合同法》
《劳动法》	《中华人民共和国劳动法》
《劳动合同法》	《中华人民共和国劳动合同法》
《企业破产法》	《中华人民共和国企业破产法》
《信托法》	《中华人民共和国信托法》
《证券投资基金法》	《中华人民共和国证券投资基金法》
《农民专业合作社法》	《中华人民共和国农民专业合作社法》
《合伙企业法》	《中华人民共和国合伙企业法》
《农业法》	《中华人民共和国农业法》
《种子法》	《中华人民共和国种子法》
《消费者权益保护法》	《中华人民共和国消费者权益保护法》
《商业银行法》	《中华人民共和国商业银行法》
《城市房地产管理法》	《中华人民共和国城市房地产管理法》
《企业国有资产法》	《中华人民共和国企业国有资产法》
《外商投资法》	《中华人民共和国外商投资法》
《仲裁法》	《中华人民共和国仲裁法》
《民法通则》	《中华人民共和国民法通则》
《经济合同法》	《中华人民共和国经济合同法》

续表

文件名简称	文件名全称
《著作权法》	《中华人民共和国著作权法》
《招标投标法》	《中华人民共和国招标投标法》
《拍卖法》	《中华人民共和国拍卖法》
《海商法》	《中华人民共和国海商法》
《公司法》	《中华人民共和国公司法》
《慈善法》	《中华人民共和国慈善法》
《技术进出口管理条例》	《中华人民共和国技术进出口管理条例》
《专利法实施细则》	《中华人民共和国专利法实施细则》
《民法典合同编通则司法解释》	《最高人民法院关于适用〈中华人民共和国民法典〉合同编通则若干问题的解释》
《合同法司法解释（一）》	《最高人民法院关于适用〈中华人民共和国合同法〉若干问题的解释（一）》
《合同法司法解释（二）》	《最高人民法院关于适用〈中华人民共和国合同法〉若干问题的解释（二）》
《九民纪要》	《全国法院民商事审判工作会议纪要》
《商品房买卖合同司法解释》	《最高人民法院关于审理商品房买卖合同纠纷案件适用法律若干问题的解释》
《买卖合同司法解释》	《最高人民法院关于审理买卖合同纠纷案件适用法律问题的解释》
《矿业权纠纷案件司法解释》	《最高人民法院关于审理矿业权纠纷案件适用法律若干问题的解释》
《民通意见》	《最高人民法院关于贯彻执行〈中华人民共和国民法通则〉若干问题的意见（试行）》
《企业破产法司法解释（二）》	《最高人民法院关于适用〈中华人民共和国企业破产法〉若干问题的规定（二）》
《外商投资企业纠纷案件司法解释（一）》	《最高人民法院关于审理外商投资企业纠纷案件若干问题的规定（一）》
《民法典担保制度司法解释》	《最高人民法院关于适用〈中华人民共和国民法典有关担保制度的解释〉》

续表

文件名简称	文件名全称
《担保法司法解释》	《最高人民法院关于适用〈中华人民共和国担保法〉若干问题的解释》
《民间借贷司法解释》	《最高人民法院关于审理民间借贷案件适用法律若干问题的规定》
《民事诉讼法司法解释》	《最高人民法院关于适用〈中华人民共和国民事诉讼法〉的解释》
《民事执行拍卖、变卖财产规定》	《最高人民法院关于人民法院民事执行中拍卖、变卖财产的规定》
《城镇房屋租赁合同解释》	《最高人民法院关于审理城镇房屋租赁合同纠纷案件具体应用法律若干问题的解释》
《建设工程施工合同解释（一）》	《最高人民法院关于审理建设工程施工合同纠纷案件适用法律问题的解释（一）》
《执行异议复议规定》	《最高人民法院关于人民法院办理执行异议和复议案件若干问题的规定》
《民法典物权编司法解释（一）》	《最高人民法院关于适用〈中华人民共和国民法典〉物权编的解释（一）》
《仲裁法司法解释》	《最高人民法院关于适用〈中华人民共和国仲裁法〉若干问题的解释》
《民法典诉讼时效司法解释》	《最高人民法院关于审理民事案件适用诉讼时效制度若干问题的规定》

目 录
Contents

一、一般规定

第 一 条　【合同解释的细化规则】 …………………………………… 1
第 二 条　【交易习惯的认定】 …………………………………………… 6

二、合同的订立

第 三 条　【合同成立与合同内容】 …………………………………… 16
第 四 条　【以竞价方式订立合同】 …………………………………… 27
第 五 条　【合同订立中的第三人责任】 ……………………………… 38
第 六 条　【预约合同的认定】 ………………………………………… 42
第 七 条　【违反预约合同义务的认定】 ……………………………… 61
第 八 条　【违反预约合同的违约责任】 ……………………………… 74
第 九 条　【合同格式条款的认定】 …………………………………… 81
第 十 条　【格式条款订入合同】 ……………………………………… 92

三、合同的效力

第十一条　【缺乏判断能力的认定】 ………………………………… 102
第十二条　【批准生效合同的法律适用】 …………………………… 110
第十三条　【备案合同或已批准合同等的效力认定】 ……………… 136
第十四条　【阴阳合同与合同变更的效力认定】 …………………… 148
第十五条　【名实不符与合同效力】 ………………………………… 167
第十六条　【违反强制性规定不导致合同无效的情形】 …………… 174

第十七条　【违背公序良俗的合同】 …………………… 180
第十八条　【违反强制性规定但应适用具体规定的情形】 ………… 185
第十九条　【无权处分的合同效力】 …………………… 194
第二十条　【越权代表的合同效力】 …………………… 203
第二十一条　【职务代理与合同效力】 …………………… 220
第二十二条　【印章对合同效力的影响】 …………………… 231
第二十三条　【代表人或代理人与相对人恶意串通的合同效力】 …… 247
第二十四条　【合同不成立、无效、被撤销或者确定不发生效力的
　　　　　　　法律后果】 …………………… 258
第二十五条　【价款返还及其利息计算】 …………………… 273

四、合同的履行

第二十六条　【从给付义务的履行与救济】 …………………… 290
第二十七条　【债务履行期限届满后达成的以物抵债协议】 …… 297
第二十八条　【债务履行期届满前达成的以物抵债协议】 …… 310
第二十九条　【向第三人履行的合同】 …………………… 318
第三十条　【第三人代为清偿规则的适用】 …………………… 326
第三十一条　【同时履行抗辩权与先履行抗辩权】 …………………… 340
第三十二条　【情势变更制度的适用】 …………………… 348

五、合同的保全

第三十三条　【怠于行使权利影响到期债权实现的认定】 …… 360
第三十四条　【专属于债务人自身的权利】 …………………… 368
第三十五条　【代位权诉讼的管辖】 …………………… 374
第三十六条　【代位权诉讼与仲裁协议】 …………………… 386
第三十七条　【代位权诉讼中债务人、相对人的诉讼地位及合并
　　　　　　　审理】 …………………… 394
第三十八条　【起诉债务人后又提起代位权诉讼】 …………………… 401

第三十九条	【代位权诉讼中债务人起诉相对人】	409
第四十条	【代位权不成立的处理】	416
第四十一条	【代位权诉讼中债务人处分行为的限制、相对人不能履行】	423
第四十二条	【债权人撤销权诉讼中明显不合理低价或者高价的认定】	433
第四十三条	【其他不合理交易行为的认定】	441
第四十四条	【债权人撤销权诉讼的当事人、管辖和合并审理】	461
第四十五条	【债权人撤销权的效力范围及"必要费用"的认定】	469
第四十六条	【撤销权行使的法律效果】	477

六、合同的变更和转让

第四十七条	【债权债务转让纠纷的诉讼第三人】	489
第四十八条	【债权转让通知】	495
第四十九条	【表见让与、债务人确认债权存在】	503
第五十条	【债权的多重转让】	510
第五十一条	【债务加入人的追偿权及其他权利】	521

七、合同的权利义务终止

第五十二条	【协商解除的法律适用】	529
第五十三条	【通知解除合同的审查】	543
第五十四条	【撤诉后再次起诉解除时合同解除时间的认定】	562
第五十五条	【抵销权行使的效力】	571
第五十六条	【抵销的抵充】	584
第五十七条	【根据性质不得抵销的债务】	592
第五十八条	【已过诉讼时效债务的抵销】	612

八、违约责任

第五十九条　【合同终止的时间】 …………………………… 622

第 六 十 条　【可得利益损失的计算】 ………………………… 633

第六十一条　【持续性定期合同中可得利益的赔偿】 ………… 644

第六十二条　【无法确定可得利益时的赔偿】 ………………… 659

第六十三条　【可预见性规则的适用】 ………………………… 666

第六十四条　【请求调整违约金的方式和举证责任】 ………… 683

第六十五条　【违约金的司法酌减】 …………………………… 700

第六十六条　【违约金调整的释明和改判】 …………………… 717

第六十七条　【定金规则】 ……………………………………… 725

第六十八条　【定金罚则的法律适用】 ………………………… 737

九、附　则

第六十九条　【施行时间】 ……………………………………… 746

一、一般规定

> **第一条 【合同解释的细化规则】** 人民法院依据民法典第一百四十二条第一款、第四百六十六条第一款的规定解释合同条款时,应当以词句的通常含义为基础,结合相关条款、合同的性质和目的、习惯以及诚信原则,参考缔约背景、磋商过程、履行行为等因素确定争议条款的含义。
>
> 有证据证明当事人之间对合同条款有不同于词句的通常含义的其他共同理解,一方主张按照词句的通常含义理解合同条款的,人民法院不予支持。
>
> 对合同条款有两种以上解释,可能影响该条款效力的,人民法院应当选择有利于该条款有效的解释;属于无偿合同的,应当选择对债务人负担较轻的解释。

【关联规定】

一、《民法典》(2020年5月28日)[①]

第7条 民事主体从事民事活动,应当遵循诚信原则,秉持诚实,恪

[①] 注:本部分法律规范后所附时间为法律文件的公布时间或最后一次修正、修订公布时间。司法解释及司法指导性文件后附发文字号。

守承诺。

第142条 有相对人的意思表示的解释，应当按照所使用的词句，结合相关条款、行为的性质和目的、习惯以及诚信原则，确定意思表示的含义。

无相对人的意思表示的解释，不能完全拘泥于所使用的词句，而应当结合相关条款、行为的性质和目的、习惯以及诚信原则，确定行为人的真实意思。

第466条 当事人对合同条款的理解有争议的，应当依据本法第一百四十二条第一款的规定，确定争议条款的含义。

合同文本采用两种以上文字订立并约定具有同等效力的，对各文本使用的词句推定具有相同含义。各文本使用的词句不一致的，应当根据合同的相关条款、性质、目的以及诚信原则等予以解释。

第498条 对格式条款的理解发生争议的，应当按照通常理解予以解释。对格式条款有两种以上解释的，应当作出不利于提供格式条款一方的解释。格式条款和非格式条款不一致的，应当采用非格式条款。

第509条 当事人应当按照约定全面履行自己的义务。

当事人应当遵循诚信原则，根据合同的性质、目的和交易习惯履行通知、协助、保密等义务。

当事人在履行合同过程中，应当避免浪费资源、污染环境和破坏生态。

第511条 当事人就有关合同内容约定不明确，依据前条规定仍不能确定的，适用下列规定：

（一）质量要求不明确的，按照强制性国家标准履行；没有强制性国家标准的，按照推荐性国家标准履行；没有推荐性国家标准的，按照行业标准履行；没有国家标准、行业标准的，按照通常标准或者符合合同目的的特定标准履行。

（二）价款或者报酬不明确的，按照订立合同时履行地的市场价格履行；依法应当执行政府定价或者政府指导价的，依照规定履行。

（三）履行地点不明确，给付货币的，在接受货币一方所在地履行；交付不动产的，在不动产所在地履行；其他标的，在履行义务一方所在地履行。

（四）履行期限不明确的，债务人可以随时履行，债权人也可以随时请求履行，但是应当给对方必要的准备时间。

（五）履行方式不明确的，按照有利于实现合同目的的方式履行。

（六）履行费用的负担不明确的，由履行义务一方负担；因债权人原因增加的履行费用，由债权人负担。

二、司法指导性文件

《全国法院贯彻实施民法典工作会议纪要》（法〔2021〕94号）

6. 当事人对于合同是否成立发生争议，人民法院应当本着尊重合同自由，鼓励和促进交易的精神依法处理。能够确定当事人名称或者姓名、标的和数量的，人民法院一般应当认定合同成立，但法律另有规定或者当事人另有约定的除外。

对合同欠缺的当事人名称或者姓名、标的和数量以外的其他内容，当事人达不成协议的，人民法院依照民法典第四百六十六条、第五百一十条、第五百一十一条等规定予以确定。

【理解与适用】

一、条文内容

本条是关于合同条款解释方法的规定。本条司法解释包括三款条文，针对合同争议条款的解释方法及其适用顺位进行了规定。

二、规范来源

该条主要针对《民法典》第142条、第466条等有关合同争议条款解释方法的详细说明。

三、司法解释条文理解

第1款规定了以"词句的通常含义为基础"的文义解释优先，同时，为了避免文义解释可能导致的僵化解释、狭隘解释等弊端，该款将合同整体问题、合同性质、目的、习惯、诚信原则、合同缔结、履行等因素作为辅助性解释标准，确保最终的合同解释结果符合公平正义的法律价值。

第 2 款规定了文义解释优先的例外情形。如果有证据证明合同当事人对争议条款存在其他共同理解的，即便一方当事人主张按照文义解释，人民法院也不予支持。需要说明的是，文义解释例外情形的适用应当满足"有证据证明"和"合同当事人事前均认可"两个要件，因为合同当事人之间有关争议条款的"合意"可能反映合同缔结目的。

第 3 款规定了其他解释方法优先的特殊情形。第一种情形是存在两种及以上的合同条款解释的，人民法院将会采用有利于该合同继续有效的解释方法。此种解释方法优先适用的立法目的是尊重合同自由，鼓励和促进交易，优先确保合同能够继续履行。第二种情形则是针对无偿合同，债务人因该类合同的无偿性所承担的不利后果程度应当低于有偿合同，因此人民法院应当优先采用对债务人负担较轻的解释。

四、适用指导

第 1 款是合同条款的一般解释方法；第 2 款是第 1 款的例外情形，有且仅在有证据证明合同当事人对合同条款存在共同理解；第 3 款是第 1 款和第 2 款规定合同条款解释方法的"特殊情形"，即"存在两种以上的合同解释方法"和"针对无偿合同的条款解释"两类情形。在适用顺序上，如果存在第 3 款涉及的两类情形，优先采用第 3 款规定的合同条款解释方法；如果存在第 2 款规定的情形，且不存在第 3 款规定的情形，则优先采用第 2 款规定的合同条款解释方法；其他情况下采用第 1 款规定的合同解释方法。

【典型案例】

1. 田某、周某诉甲信托公司金融借款纠纷案

［案号］（2020）沪 74 民终 1034 号

［来源］ 2020 年度上海法院金融商事审判十大案例①

［关键词］ 格式条款　合同解释

［裁判摘要］ 上海金融法院认为，贷款机构应当采用通俗易懂的方式向借款人明确披露实际利率。以格式条款方式约定利率，还应当以显著方式提示，并按照借款人要求予以说明。一般人若不具备金融专业知识，难以通过短时阅看《还款计划表》而自行发现实际利率与合同表面利率的差别。借款人主张以剩余本金为基数计算利息，符合通常理解，也符合交易习惯和诚信原则，应予支持。

［基本案情］ 原告田某、周某与贷款机构订立《贷款合同》，合同首部载明平均年利率为 11.88%，还款方式为分次还款。贷款利率具体以《还款计划表》为准。后原告发现实际执行利率高达 20%。原告认为贷款利息应以每次还款后的剩余本金为基数并按照年利率为 11.88% 计算。且贷款机构实际放款前已经收取了第一期还款，该款项应从贷款本金中扣除。为此请求判令贷款机构返还多收取的利息并赔偿相应损失。

2. 彭某诉某房地产公司房屋买卖合同纠纷案

［案号］ （2021）渝 0113 民初 17867 号

［来源］ 中国裁判文书网

［关键词］ 合同解释　格式条款

［裁判摘要］ 人民法院审理后认为，本案的争议焦点是"全屋安装地暖"应如何理解。合同双方对格式条款的理解产生分歧时，在无相应非格式条款内容的情况下，应当对争议条款按合同解释规则予以解释。从本地装修习惯来看，重庆地区大多数家庭并不会在厨房、卫生间、阳台等区域安装地暖。《重庆市居住建筑节能 65%（绿色建筑）设计标准》将厨房、卫生间列举为非供暖房间，也进一步印证了地暖安装区域并不包含厨房和

---

① 参见《权威发布 | 上海高院发布 2020 年度上海法院金融商事审判十大案例》，载澎湃号·政务_澎湃新闻（上海高院账号），The Paper https：//www.thepaper.cn/newsDetail_forward_12903992，2023 年 12 月 12 日访问。

卫生间是本地的普遍做法。结合本地习惯进行通常理解，在合同无特别约定的情况下，"全屋"地暖的范围不应包含厨房、卫生间和阳台等特殊区域，遂判决驳回彭某的全部诉讼请求。

[基本案情] 2018年9月，彭某与某房地产公司签订《重庆市商品房买卖合同》，约定由彭某购买精装房一套，合同附件四《房屋装修标准说明》为表格，其中载明区域为"全屋"，项目设备为"安装地暖"。合同签订后，彭某付清房款。其后，某房地产公司通知彭某接房，彭某验收后认为，厨房、卫生间、阳台未安装地暖，应予整改，故拒绝接房。后彭某诉至法院，请求判令某房地产公司在厨房、卫生间、阳台加装地暖并赔偿其整改期间的逾期交房损失。

(撰稿人：赵精武)

第二条　【交易习惯的认定】 下列情形，不违反法律、行政法规的强制性规定且不违背公序良俗的，人民法院可以认定为民法典所称的"交易习惯"：

(一) 当事人之间在交易活动中的惯常做法；

(二) 在交易行为当地或者某一领域、某一行业通常采用并为交易对方订立合同时所知道或者应当知道的做法。

对于交易习惯，由提出主张的当事人一方承担举证责任。

【关联规定】

一、《民法典》（2020年5月28日）

第140条　行为人可以明示或者默示作出意思表示。

沉默只有在有法律规定、当事人约定或者符合当事人之间的交易习惯时，才可以视为意思表示。

第321条　天然孳息，由所有权人取得；既有所有权人又有用益物权人的，由用益物权人取得。当事人另有约定的，按照其约定。

法定孳息，当事人有约定的，按照约定取得；没有约定或者约定不明确的，按照交易习惯取得。

第480条　承诺应当以通知的方式作出；但是，根据交易习惯或者要约表明可以通过行为作出承诺的除外。

第488条　承诺的内容应当与要约的内容一致。受要约人对要约的内容作出实质性变更的，为新要约。有关合同标的、数量、质量、价款或者报酬、履行期限、履行地点和方式、违约责任和解决争议方法等的变更，是对要约内容的实质性变更。

第509条　当事人应当按照约定全面履行自己的义务。

当事人应当遵循诚信原则，根据合同的性质、目的和交易习惯履行通知、协助、保密等义务。

当事人在履行合同过程中，应当避免浪费资源、污染环境和破坏生态。

第510条　合同生效后，当事人就质量、价款或者报酬、履行地点等内容没有约定或者约定不明确的，可以协议补充；不能达成补充协议的，按照合同相关条款或者交易习惯确定。

第558条　债权债务终止后，当事人应当遵循诚信等原则，根据交易习惯履行通知、协助、保密、旧物回收等义务。

第599条　出卖人应当按照约定或者交易习惯向买受人交付提取标的物单证以外的有关单证和资料。

第622条　当事人约定的检验期限过短，根据标的物的性质和交易习惯，买受人在检验期限内难以完成全面检验的，该期限仅视为买受人对标的物的外观瑕疵提出异议的期限。

约定的检验期限或者质量保证期短于法律、行政法规规定期限的，应当以法律、行政法规规定的期限为准。

二、司法解释

1.《最高人民法院关于适用〈中华人民共和国民法典〉总则编若干问题的解释》(法释〔2022〕6号)

第19条　行为人对行为的性质、对方当事人或者标的物的品种、质量、规格、价格、数量等产生错误认识,按照通常理解如果不发生该错误认识行为人就不会作出相应意思表示的,人民法院可以认定为民法典第一百四十七条规定的重大误解。

行为人能够证明自己实施民事法律行为时存在重大误解,并请求撤销该民事法律行为的,人民法院依法予以支持;但是,根据交易习惯等认定行为人无权请求撤销的除外。

2.《买卖合同司法解释》(法释〔2020〕17号)

第1条　当事人之间没有书面合同,一方以送货单、收货单、结算单、发票等主张存在买卖合同关系的,人民法院应当结合当事人之间的交易方式、交易习惯以及其他相关证据,对买卖合同是否成立作出认定。

对账确认函、债权确认书等函件、凭证没有记载债权人名称,买卖合同当事人一方以此证明存在买卖合同关系的,人民法院应予支持,但有相反证据足以推翻的除外。

【理解与适用】

一、本条主旨

本条是关于交易习惯的概念和举证责任的细化规定。

二、《民法典》条文理解以及有待细化的问题

《民法典》第10条规定了习惯是我国民法渊源之一,并明确了习惯适用所受到的具体限制:1.以没有法律规定为前提。2.不得违背善良风俗。在合同中,基于当事人的缔约成本、语言表达等客观限制,合同难免约定不充分或存在疏漏,而交易习惯作为习惯的主要表现形式之一,在增强合同确定性和减少理解歧义等方面具有重要意义。因此《民法典》合同编在意思表

示,所有权取得的特别规定,合同的订立、履行,权利义务终止和部分具体合同适用等条文中引入"交易习惯"概念,承认其规范效力。但是,《民法典》没有对交易习惯概念进行明确界定,也没有区分当事人间的习惯和商事惯例,这使得交易习惯在具体司法适用中存在诸多争论,有待司法解释明确。

三、司法解释条文理解

本条司法解释针对三个问题进行规定,第1款确立了成立交易习惯的适法性前提条件,同时第1款第1项和第2项分别列举了交易习惯的两种类型及其构成要件,第2款则规定了交易习惯的举证责任。

(一) 交易习惯不违反法律、行政法规的强制性规定且不违背公序良俗

该条司法解释第1款旨在明确交易习惯的适法性判断标准。交易习惯适用属于规范判断而非事实判断,为确保规范判断结果的适法性,应当对交易习惯本身合法有效性进行判断。其中,法律、行政法规的强制性规定指不能被当事人约定排除适用的法律和行政法规规定。[①] 一般而言,强制性规定通过限制或禁止当事人的行为以实现国家对公共秩序的调控或保护法律关系中较弱一方,从而作出交易习惯的适法性判断,主要涉及规制金融安全、市场秩序和国家宏观调控等公序良俗、交易禁止买卖标的、违反特许经营规定及交易方式或场所严重违法的情形。明确不违反强制性规定是对交易习惯本身合法有效性的判断,能排除不适法的"恶习",保持交易习惯和规范秩序相匹配。此外,公序良俗指代国家的公共秩序和善良风俗。公共秩序承载国家的一般利益,表现为法律价值体系的共同生活秩序要求,包括一国的精神、基本国策等。而善良风俗则关注国家的一般道德观念,表现为法律价值体系外的一般伦理与道德观念。[②] 以公序良俗为判断标准,能防止交易习惯沦为违反道德和伦理秩序的工具。应注意的是,

---

[①] 王轶:《民法典的规范配置——以对我国合同法规范配置的反思为中心》,载《烟台大学学报》(哲学社会科学版)2005年第3期。

[②] 陈奕豪:《合同解释中的交易习惯运用规则研究——兼评〈合同编通则解释(征求意见稿)〉第2条》,载《北方法学》2023年第4期。

公序良俗作为一项"具有主导性法律思想特质的原则，并不能直接适用，毋宁只能借其法律或者司法裁判的具体化才获得裁判基准"[1]，关于公序良俗的判断较为复杂，实践中，在认定交易习惯是否违背公序良俗时，应当综合考量多方面因素作出判断。例如，应考察交易习惯违反的是商业道德还是伦理道德，因为二者在社会一般价值观念的代表程度不同，违背后者对社会价值观念的损害更为显著，公序良俗条款规制的是交易习惯违反伦理道德而非商业道德的情形。最后，虽然强制性规定和公序良俗在条款表述中属于并列关系，但在判断合法性的适用顺序上，应当先判断交易习惯是否违反强制性规定，只有在不违反强制性规定时，才判断其是否违背公序良俗。这是因为，公序良俗的范围大于强制性规定目的保护的范围，二者属于包含和被包含的关系，公序良俗偏重保护未受强制性规定调整的公共秩序，在适用上具有兜底和填补的作用。[2]

(二) 关于本条第1款第1项交易习惯构成要件的认定

该条司法解释第1款第1项确立了当事人间交易习惯的构成要件即"当事人之间在交易活动中的惯常做法"。从文义上解读，当事人之间在交易活动中的惯常做法表明当事人在交易中持续稳定采取某一行为，而这种持续稳定的行为应受到法律保护的原因在于其体现了意思自治原则和诚实信用原则的要求。一方面，意思自治原则要求行为人仅受自己作出的意思表示及其与他人达成的合意约束和负责。而双方当事人持续稳定实施某种惯常做法表明他们对合同含义的真实理解，除非有证据证明一方或双方当事人明确表达了不愿再受该习惯的拘束，否则能够推定双方当事人都同意受到该习惯的拘束，因此这种习惯成为"解释当事人共同表述和其他行为的共同理解的基础"[3]，成立交易习惯。另一方面，《最高人民法院关于合同法司法解释（二）理解与适用》一书中倾向认为，在交易习惯确立后，

---

[1] [德] 卡尔·拉伦茨：《法学方法论》，陈爱娥译，商务印书馆2004年版，第353页。
[2] 崔文星：《民法典视野下强制性规范和公序良俗条款的适用规则》，载《法学杂志》2022年第2期。
[3] [德] 维尔纳·弗卢梅：《法律行为论》，迟颖译，法律出版社2012年版，第365页。

出于对交易习惯的信赖，双方当事人会延续此种交易模式订立合同，确定和履行彼此的权利义务，基于诚实信用原则的要求，《民法典》应对这种信赖利益予以保护。需要注意的是，"惯常"表明交易习惯以在足够长的时间内重复出现为前提，既具有时间要求，也具有相当的倍数，如果仅是偶尔发生的行为不能构成交易习惯。①

（三）关于本条第1款第2项交易习惯构成要件的认定

该条司法解释第1款第2项规定的商事交易习惯需要同时满足客观要件和主观要件，前者指"在交易行为当地或者某一领域、某一行业通常采用"的习惯，这体现了该项交易习惯的特定行业性、地域性、长期性和惯常性的特点，后者是"为交易对方订立合同时所知道或者应当知道"，这强调该项交易习惯的效力基础来源于双方当事人的意思表示。

具体而言，客观要件中提及的具有行业或地区通常采取的习惯，这些习惯往往反映了行业内或特定区域内的公认商业道德和行为标准，以约束特定范围内的当事人的行为或者为其提供行为指引。对主观要件的认定涉及对"交易对方""订立合同时"和"知道或应当知道"等用词的整体理解。

首先，"交易对方"明确了成立该项交易习惯的主体要件，强调在认定该交易习惯时，不要求双方当事人都必须知悉习惯的存在，只要对方当事人知道即可。这包含两层意思：一方面，如果交易对方在订立合同时不知晓习惯的存在，在订立合同时知道或应当知道交易习惯的一方当事人不得主张该习惯的适用；另一方面，对于在订立合同后履行过程中方才知晓习惯的一方当事人，如果其认为适用交易习惯对自己有利，可以向订立合同时知道或应当知道对方当事人主张适用该项交易习惯，从而在保护经验较少当事人的同时，避免了具有行业经验的一方当事人逃避自己的义务。

其次，"订立合同时"确立了成立该项交易习惯的时间要件。出于

---

① 王利明：《论习惯作为民法渊源》，载《法学杂志》2016年第11期。

"合同必须严守"的要求，除非在合同订立后当事人合意变更合同，否则当事人应当严格遵守合同的既有规定，只能主张适用合同订立时已经存在的交易习惯，一般不能主张适用已经过时或合同成立后才形成的交易习惯。但有学者认为，当合同存在漏洞且当事人无法根据任意性规范达成补充协议时，为确保交易顺利进行，若缔约后形成的交易习惯符合"假定的当事人意思"要求，则法官可以适用缔约后形成的交易习惯作为合同基础以补充合同条款。[1]

最后，"知道或者应当知道"为该项交易习惯成立限定了严格的主观状态。前述客观要件对该项交易惯例的界定并不具有排他性，仅在当地或某一领域、某一行业通常采用的习惯无法得出在具体商事交易中双方当事人知悉乃至同意适用习惯的结论，且存在在利益实现方面相对强势一方将利于自己的习惯强加于弱势一方当事人的风险。[2] 从文义解释角度，"知道或者应当知道"应理解为当事人至少具有知悉习惯的可能性且未主张排除习惯的适用，这种知悉尚未达到对方当事人"同意、认可"该习惯的程度[3]，这也意味着知悉或掌握特定行业或区域习惯是对方当事人在订立合同中了解合同背景知识的方式，并非其在磋商和订立合同时应当承担的注意义务。特别是在交易双方当事人分属于具有不同习惯的行业、地域或只有一方当事人的行业、地域存在习惯情形时，只有在对方当事人具有知悉习惯的可能性且没有明确排除其适用的基础上，该习惯才具有在特定交易中成立和适用的空间，这既体现了对缺乏交易经验当事人一方的保护，也是对当事人意思自治的尊重。

（四）本条第 1 款第 1 项交易习惯和第 2 项交易习惯间的关系

一方面，因为该条司法解释第 1 款第 1 项和第 2 项规定的两种交易习惯的效力基础为当事人的意思自治和自由选择，故双方当事人可以通过在

---

[1] 参见陈奕豪：《合同解释中的交易习惯运用规则研究——兼评〈合同编通则解释（征求意见稿）〉第 2 条》，载《北方法学》2023 年第 4 期。
[2] 参见樊涛：《我国民商事司法中的交易习惯》，载《法律适用》2014 年第 2 期。
[3] 参见最高人民法院研究室编著：《最高人民法院关于合同法司法解释（二）理解与适用》，人民法院出版社 2009 年版，第 68 页。

订立合同时达成合意或在合同成立后形成补充协议排除上述交易习惯的适用。[1] 另一方面，在适用范围上，成立第 2 项规定的交易习惯不要求具备当事人间交易习惯的"惯常做法"这一长期性要件，其适用范围要大于第 1 项规定的当事人间交易习惯范畴，可以适用于双方当事人间的首次交易行为。

（五）关于本条第 2 款规定的交易习惯举证责任

该款解释规定"对于交易习惯，由提出主张的当事人一方承担举证责任"，为法官如何在裁判中适用交易习惯提供了明确的依据，强调在遵循"谁主张，谁举证"这一准则基础上，举证的具体内容除证明交易习惯没有违反强制性规定和公序良俗外，还应当符合本条的要求。若当事人主张适用第 1 款第 2 项所规定的"当事人交易习惯"，则其应当证明在发生纠纷前双方当事人已经建立了所主张的惯常做法，并且自己已经按照交易习惯的要求履行相关义务。如果当事人主张适用商事交易习惯，则应当从客观要件和主观要件两个方面举证，既要证明地方习惯或行业、领域习惯的存在，又要证明对方当事人在订立合同时知道或应当知道该习惯。同时，对于交易习惯发生改变的举证责任应由主张一方当事人承担。[2] 最后，交易习惯的举证受到民事诉讼法关于证据规定的调整，所以该款规定可以和第 2 条规定相结合理解，即当事人应当在合理期限内积极、全面、正确、诚实地完成举证，同时对于当事人因客观原因不能自行收集的证据，可申请人民法院调查收集。此外，在当事人未举证的情况下，人民法院可以主动适用交易习惯。[3]

---

[1] 参见陈奕豪：《合同解释中的交易习惯运用规则研究——兼评〈合同编通则解释（征求意见稿）〉第 2 条》，载《北方法学》2023 年第 4 期。

[2] 参见王冠玺、卢志强：《我国民事交易习惯司法适用及司法解释的困境与重构》，载《社会科学战线》2019 年第 6 期。

[3] 参见黄薇主编：《中华人民共和国民法典释义》（中），法律出版社 2020 年版，第 895 页。

【典型案例】

咨询公司与某公司武威市公司委托创作合同纠纷案

[案号]（2018）甘民终805号

[审理法院] 甘肃省高级人民法院

[来源] 中国裁判文书网

[关键词] 委托创作合同　交易习惯　违约

[裁判摘要] 关于咨询公司主张双方按照交易习惯交接书稿的主张。交易习惯，是指人们在长期的反复实践的基础上形成的，在某一领域、某一行业或某一经济流转关系中普遍采用的，法律未作规定的做法或方法。交易习惯的认定应考虑以下因素：第一，当事人之间的交易行为具有长期性、行为内容具有惯常性和适法性。判断交易行为的长期性和惯常性应以交易行为的多次发生为前提，而且发生的次数，除非当事人自己确认，一般要具有相当的倍数。适法性是指该交易行为不违反法律、行政法规的强制性规定。第二，当事人之间在惯常的交易过程中所形成的一种双方均认可的方式。即当事人对以往多次交易行为，始终按照一个相对固定的方式运作且无争议。第三，交易习惯的确定，应由主张交易习惯的当事人负有举证责任。否则，无法判断在案件争议之前发生的交易是惯常交易行为及其真实意思表示。咨询公司对此主张未提交有效的证据予以证实。本院裁判咨询公司的上诉主张不成立。

[基本案情] 2012年12月18日，某公司武威市公司与咨询公司签订《企业文化案例书籍编著咨询项目协议书》，某公司武威市公司委托咨询公司进行企业文化案例编著工作，项目时间周期为四个月，即从2012年12月18日至2013年4月18日，项目费用总额中标价为256000元，分两期完成。第一期项目主要为项目统筹策划后启动项目，提交项目实施方案，开展现场调研访谈，提交调研报告，撰写书籍编写提纲，提交书籍的框架目录和大纲，费用为128000元；第二期项目按照书籍的框架目录和大纲，

撰写并提交著作初稿，根据某公司武威市公司意见对初稿进行修改及统稿，并按约定期限向某公司武威市公司提交终稿，完成编著出版过程中的排版、校对等工作，费用为128000元；同时双方约定项目费用分三次支付，协议签订后15日内咨询公司完成第一期项目工作任务，咨询公司为某公司武威市公司开具合规的咨询费税务发票，某公司武威市公司对工作任务验收确认后支付第一期项目费用128000元，第二期项目咨询公司将最终定稿提交验收确认后，咨询公司为某公司武威市公司开具合规的咨询费税务发票，某公司武威市公司在10日内支付咨询公司第二期项目费用总额的80%即102400元，咨询公司将排版电子稿及出版清样交某公司武威市公司验收确认后10日内支付其余费用即25600元。并约定，由于某公司武威市公司的过错造成本协议不能履行或不能完全履行时，某公司武威市公司已经支付的费用不予退回，并应向咨询公司支付项目总费用5%的违约金，由于咨询公司的过错造成本协议不能履行或不能完全履行时，某公司武威市公司已经支付的费用应当全额退回，并应向某公司武威市公司支付项目总费用5%的违约金。若咨询公司不能按照协议约定的期限完成本项目，则咨询公司应当退回某公司武威市公司已经支付的项目费用，并承担项目总费用5%的违约金；若某公司武威市公司不能按期支付项目费用的，则某公司武威市公司除了应当支付当期费用外，还应向咨询公司支付未付费用5%的违约金。

合同签订后，咨询公司遂启动了该项目创作，在完成第一期项目工作内容并经某公司武威市公司确认达到第一期付款条件后，某公司武威市公司向咨询公司付款128000元。后双方当事人因第二期项目的履行发生纠纷，咨询公司向一审法院起诉请求：判令某公司武威市公司支付咨询公司剩余项目款128000元；判令某公司武威市公司承担违约金6400元。一审判决咨询公司败诉，其不服向甘肃省高级人民法院提起上诉。二审法院维持了一审判决。

（撰稿人：陈子涵　何傲翱）

二、合同的订立

> **第三条　【合同成立与合同内容】** 当事人对合同是否成立存在争议,人民法院能够确定当事人姓名或者名称、标的和数量的,一般应当认定合同成立。但是,法律另有规定或者当事人另有约定的除外。
>
> 根据前款规定能够认定合同已经成立的,对合同欠缺的内容,人民法院应当依据民法典第五百一十条、第五百一十一条等规定予以确定。
>
> 当事人主张合同无效或者请求撤销、解除合同等,人民法院认为合同不成立的,应当依据《最高人民法院关于民事诉讼证据的若干规定》第五十三条的规定将合同是否成立作为焦点问题进行审理,并可以根据案件的具体情况重新指定举证期限。

【关联规定】

一、《民法典》(2020年5月28日)

第470条　合同的内容由当事人约定,一般包括下列条款:

(一)当事人的姓名或者名称和住所;

(二)标的;

（三）数量；

（四）质量；

（五）价款或者报酬；

（六）履行期限、地点和方式；

（七）违约责任；

（八）解决争议的方法。

当事人可以参照各类合同的示范文本订立合同。

第 510 条 合同生效后，当事人就质量、价款或者报酬、履行地点等内容没有约定或者约定不明确的，可以协议补充；不能达成补充协议的，按照合同相关条款或者交易习惯确定。

第 511 条 当事人就有关合同内容约定不明确，依据前条规定仍不能确定的，适用下列规定：

（一）质量要求不明确的，按照强制性国家标准履行；没有强制性国家标准的，按照推荐性国家标准履行；没有推荐性国家标准的，按照行业标准履行；没有国家标准、行业标准的，按照通常标准或者符合合同目的的特定标准履行。

（二）价款或者报酬不明确的，按照订立合同时履行地的市场价格履行；依法应当执行政府定价或者政府指导价的，依照规定履行。

（三）履行地点不明确，给付货币的，在接受货币一方所在地履行；交付不动产的，在不动产所在地履行；其他标的，在履行义务一方所在地履行。

（四）履行期限不明确的，债务人可以随时履行，债权人也可以随时请求履行，但是应当给对方必要的准备时间。

（五）履行方式不明确的，按照有利于实现合同目的的方式履行。

（六）履行费用的负担不明确的，由履行义务一方负担；因债权人原因增加的履行费用，由债权人负担。

第 596 条 买卖合同的内容一般包括标的物的名称、数量、质量、价款、履行期限、履行地点和方式、包装方式、检验标准和方法、结算方式、合同使用的文字及其效力等条款。

第 649 条 供用电合同的内容一般包括供电的方式、质量、时间，用电容量、地址、性质，计量方式，电价、电费的结算方式，供用电设施的维护责任等条款。

第 668 条 借款合同应当采用书面形式，但是自然人之间借款另有约定的除外。

借款合同的内容一般包括借款种类、币种、用途、数额、利率、期限和还款方式等条款。

第 684 条 保证合同的内容一般包括被保证的主债权的种类、数额，债务人履行债务的期限，保证的方式、范围和期间等条款。

第 704 条 租赁合同的内容一般包括租赁物的名称、数量、用途、租赁期限、租金及其支付期限和方式、租赁物维修等条款。

第 736 条 融资租赁合同的内容一般包括租赁物的名称、数量、规格、技术性能、检验方法，租赁期限，租金构成及其支付期限和方式、币种，租赁期限届满租赁物的归属等条款。

融资租赁合同应当采用书面形式。

第 762 条 保理合同的内容一般包括业务类型、服务范围、服务期限、基础交易合同情况、应收账款信息、保理融资款或者服务报酬及其支付方式等条款。

保理合同应当采用书面形式。

第 771 条 承揽合同的内容一般包括承揽的标的、数量、质量、报酬，承揽方式，材料的提供，履行期限，验收标准和方法等条款。

第 845 条 技术合同的内容一般包括项目的名称，标的的内容、范围和要求，履行的计划、地点和方式，技术信息和资料的保密，技术成果的归属和收益的分配办法，验收标准和方法，名词和术语的解释等条款。

与履行合同有关的技术背景资料、可行性论证和技术评价报告、项目任务书和计划书、技术标准、技术规范、原始设计和工艺文件，以及其他技术文档，按照当事人的约定可以作为合同的组成部分。

技术合同涉及专利的，应当注明发明创造的名称、专利申请人和专利权人、申请日期、申请号、专利号以及专利权的有效期限。

第938条　物业服务合同的内容一般包括服务事项、服务质量、服务费用的标准和收取办法、维修资金的使用、服务用房的管理和使用、服务期限、服务交接等条款。

物业服务人公开作出的有利于业主的服务承诺，为物业服务合同的组成部分。

物业服务合同应当采用书面形式。

二、其他法律

1. 《著作权法》（2020年11月11日）

第26条　使用他人作品应当同著作权人订立许可使用合同，本法规定可以不经许可的除外。

许可使用合同包括下列主要内容：

（一）许可使用的权利种类；

（二）许可使用的权利是专有使用权或者非专有使用权；

（三）许可使用的地域范围、期间；

（四）付酬标准和办法；

（五）违约责任；

（六）双方认为需要约定的其他内容。

第27条　转让本法第十条第一款第五项至第十七项规定的权利，应当订立书面合同。

权利转让合同包括下列主要内容：

（一）作品的名称；

（二）转让的权利种类、地域范围；

（三）转让价金；

（四）交付转让价金的日期和方式；

（五）违约责任；

（六）双方认为需要约定的其他内容。

2. 《保险法》（2015 年 4 月 24 日）

第 18 条　保险合同应当包括下列事项：

（一）保险人的名称和住所；

（二）投保人、被保险人的姓名或者名称、住所，以及人身保险的受益人的姓名或者名称、住所；

（三）保险标的；

（四）保险责任和责任免除；

（五）保险期间和保险责任开始时间；

（六）保险金额；

（七）保险费以及支付办法；

（八）保险金赔偿或者给付办法；

（九）违约责任和争议处理；

（十）订立合同的年、月、日。

投保人和保险人可以约定与保险有关的其他事项。

受益人是指人身保险合同中由被保险人或者投保人指定的享有保险金请求权的人。投保人、被保险人可以为受益人。

保险金额是指保险人承担赔偿或者给付保险金责任的最高限额。

三、司法解释

《最高人民法院关于民事诉讼证据的若干规定》（法释〔2019〕19 号）

第 53 条　诉讼过程中，当事人主张的法律关系性质或者民事行为效力与人民法院根据案件事实作出的认定不一致的，人民法院应当将法律关系性质或者民事行为效力作为焦点问题进行审理。但法律关系性质对裁判理由及结果没有影响，或者有关问题已经当事人充分辩论的除外。

存在前款情形，当事人根据法庭审理情况变更诉讼请求的，人民法院应当准许并可以根据案件的具体情况重新指定举证期限。

四、司法指导性文件

《全国法院贯彻实施民法典工作会议纪要》（法〔2021〕94 号）

6. 当事人对于合同是否成立发生争议，人民法院应当本着尊重合同自由，鼓励和促进交易的精神依法处理。能够确定当事人名称或者姓名、标的和数量的，人民法院一般应当认定合同成立，但法律另有规定或者当事人另有约定的除外。

对合同欠缺的当事人名称或者姓名、标的和数量以外的其他内容，当事人达不成协议的，人民法院依照民法典第四百六十六条、第五百一十条、第五百一十一条等规定予以确定。

【理解与适用】

一、本条主旨

本条是关于合同成立的必要成分与非必要成分的认定（第1、2款），以及就合同是否成立法院认定和当事人主张成立发生分歧时的处理方式的规定。

二、规范来源

本条的前身是《合同法司法解释（二）》第1条。本条第1款、第2款与上述司法解释第1款、第2款基本对应，后者内容为"当事人对合同是否成立存在争议，人民法院能够确定当事人名称或者姓名、标的和数量的，一般应当认定合同成立。但法律另有规定或者当事人另有约定的除外。对合同欠缺的前款规定以外的其他内容，当事人达不成协议的，人民法院依照《合同法》第六十一条、第六十二条、第一百二十五条等有关规定予以确定"。另外，《全国法院贯彻实施民法典工作会议纪要》第6条内容也与本条第1、2款基本相同。[①] 本条第3款则为新增内容。

三、司法解释条文理解

该条涉及的争议场景是，当事人就合同部分事项未达成合意，并由此

---

① 其条文为："当事人对于合同是否成立发生争议，人民法院应当本着尊重合同自由，鼓励和促进交易的精神依法处理。能够确定当事人名称或者姓名、标的和数量的，人民法院一般应当认定合同成立，但法律另有规定或者当事人另有约定的除外。

对合同欠缺的当事人名称或者姓名、标的和数量以外的其他内容，当事人达不成协议的，人民法院依照民法典第四百六十六条、第五百一十条、第五百一十一条等规定予以确定。"

对合同是否成立发生争议（对应条文内容"当事人对合同是否成立存在争议"），法院需要对其作出判断。本条区分了合同的必备成分（第1款）与非必备成分（第2款）。法律并不要求当事人对合同的所有事项达成意思一致，而只需对作为合同最低限度内容的"必备成分"（又常依语境被称作"主要条款"或者"必备条款"）达成一致，这可以从本条第1款反面推论得出。这种做法体现了对当事人意思自治的保护，如果当事人对拟订立的必备成分都未达成合意，说明这个合同并不符合其真实意思，法律不应强行令当事人接受。如果当事人仅仅对次要成分未达成合意的，按照本条第2款规定，不影响合同成立，只是需要按照漏洞填补机制进行填补。这体现了法律鼓励交易，降低缔约成本的目的。

如上所述，合同成立要求当事人对合同成立的必备成分达成合意，本条第1款进一步规定了如何认定合同的必要成分。显而易见，不同类型合同有不同的必备成分，而且基于合同内容自由，当事人也可以自由设定合同必备成分，但是法院在判断合同是否成立时，也需要一般性的指引，所以本条作出了一个综合性规定，第1句首先给出一般性指引，第2句则考虑存在特别规定或者特别约定时，第1句的一般性指引则自动让位，从规范技术上来说，第1句可以被解释为运用了推定技术，即"推定的合同必备成分"。[1]

第1句规定了指引性的合同必备成分，即当事人身份、标的和数量，这一规定在相当程度上以买卖或者租赁类合同为预想对象。第2句则规定，如果法律对特定类型合同的必备成分另有规定的，则按照法律规定。比如，按照原《担保法司法解释》第56条第1款"抵押合同对被担保的主债权种类、抵押财产没有约定或者约定不明，根据主合同和抵押合同不能补正或者无法推定的，抵押不成立"，由此可见，抵押财产和主债权属于抵押合同的必备成分。同样，如果当事人明确约定特定事项作为合同必备成分，也应当尊重当事人约定，如在保证合同中，当事人将反担保事项

---

[1] 王琦：《论合意成约：重构合同法上的合意制度——合同成立的一般理论》，载《中德私法研究》（第18卷），北京大学出版社2019年版，第192页。

约定为合同必备成分，那么在反担保确定之前，也应当认定合同尚未成立。

本条第 2 款则明确，合同必备成分以外的内容属于合同非必备成分，对其如果没有达成合意，并不影响合同成立，只是需要合同漏洞填补机制。这种机制首先是依据《民法典》第 510 条进行协议补充，或者依照相关条款、交易习惯进行补充。如果通过上述做法无法确定当事人意思，则适用法定备用规则。为了便利当事人的缔约，法律就相当多事项规定了备用规则，如果当事人对这些事项没有达成合意并且没有将其约定为必备事项，则直接适用备用规则。一般性的备用规则集中规定于《民法典》第 511 条，分别是质量、价款（报酬）、履行地点、履行期限、履行方式、履行费用的负担等。除此之外，有不少专门的备用性规则散见于《民法典》，如《民法典》第 389 条就担保责任的范围规定如果当事人有约定的，从其约定，没有约定的，则适用该条第 1 句规定的全部担保规则。又如《民法典》第 680 条第 3 款就利息规定"借款合同对支付利息约定不明确，当事人不能达成补充协议的，按照当地或者当事人的交易方式、交易习惯、市场利率等因素确定利息；自然人之间借款的，视为没有利息"。

本条第 3 款是新增规定，这一款体现了民事实体法对程序法的兼顾。在案件中，如果法院和当事人对合同是否成立有不同的认识，如当事人预设了合同已经成立，只是对方违约，要求解除合同并依据违约金条款向对方主张高额违约责任，而法院认为合同不成立故而没有违约金条款的适用余地，最多是返还价款以及占用期间的利息。原先实践中的做法，要么驳回当事人的诉讼请求，要么直接释明，要求当事人变更诉讼请求。但是这两种做法都有不足，前者导致程序空转，没有实质性化解纠纷；后者虽然可以解决纠纷，但显得简单粗暴，容易引发审判突袭。针对这种情况，《最高人民法院关于民事诉讼证据的若干规定》第 53 条作出了一个相对平衡的规定，按照该条，在诉讼过程中，当事人主张的法律关系性质或者民事行为效力与人民法院根据案件事实作出的认定不一致的，人民法院应当将法律关系性质或者民事行为效力作为焦点问题进行审理。但法律关系性质对裁判理由及结果没有影响,或者有关问题已经当事人充分辩论的除外。这要求法院优化释明方式,将合同是否成立问题作为焦点问题进行审理,并可以根据案件的具体情况重新指定举证期限。人民法院通过审理焦点问题的方式,使当事人对合同是否成立有充分的发表意见和辩论的机会,以此种方式实现释明目的,保障当事人的知情利益,避免突袭审判。

四、适用指导

首先要注意通过其他资料或者途径对合同漏洞进行补充。现实中合同书经常出现瑕疵,但是只要通过其他文件,如通过招投标说明能够补足合同书的缺漏,则不应当认为合同有漏洞。其次应当审查所欠缺的成分是合同必备成分还是非必备成分。出发点始终是合同的类型,最后注意就合同的必备成分法律是否有专门规定或者当事人是否有特别约定,如果没有法律的另有规定或者当事人约定,则适用本条第1款第1句,以当事人身份、标的或者数量作为合同必备成分。当事人对合同的必备成分无法达成合意的,应当保护当事人的意思自治,按照合同不成立处理。对于合同的非必备成分出现漏洞,则按照本条第2款相关的法定备用规则进行填补。

【典型案例】

1. 制造公司与张某生股权转让纠纷案

[案号](2014)镇商终字第368号

[审理法院] 江苏省镇江市中级人民法院

[来源] 中国裁判文书网

[关键词] 合同成立　股权转让　转让价款　必要条款

[裁判摘要] 股权转让价款是股权转让合同的必要条款,对价款没有约定或者约定不明确的,可以补充协议,不能达成补充协议按照合同法的相关规定亦不能确定的,合同不成立。双方一、二审期间在被转让的股权是否应有对价上意见严重对立,并且不能协商达成双方认可的价格,双方之间也没有股权转让的惯例可循。股权转让的价格与公司净资产、运营状

况及公司的发展前景等诸多因素有关，没有统一的市场价格，也不可能由政府定价或政府作出指导价格。本案所涉公司为有限责任公司，而非上市公司，没有转让时的平均市场价格可以参考。因此，股权转让的价款是本案中股权转让协议的必要条款，缺少该条款合同无法得到全面履行，本案所涉股权转让协议，因缺少股权转让价款这一要件而不成立。

[基本案情] 制造公司与张某生于2009年5月23日签订《股权转让协议》一份，约定转让方为制造公司，受让方为张某生，由制造公司将自己持有的汽车公司12%的股权转让给张某生；张某生在该协议生效后将股权款直接支付给制造公司。同日，汽车公司全体股东会议一致同意制造公司将其持有的汽车公司12%的股权转让给张某生。上述协议签订后，制造公司协助张某生将其持有的汽车公司12%的股权变更登记至张某生名下。张某生一直没有支付制造公司股权转让款。

制造公司认为转让协议中未写明股权转让价格，是因为双方对此没有协商一致，为了管理需要，先行办理了股权变更登记，张某生应当按照公司注册资本的12%给付股权对价；张某生认为没有约定股权转让价格表明价格为零，该股权系汽车公司实际控制人江某无偿赠予给张某生，并且制造公司取得该股权亦未实际出资。制造公司明确其诉讼请求中要求收回股权的方式为张某生协助制造公司将其转让的现登记于张某生名下的汽车公司12%的股权变更登记至制造公司名下。

2. 房地产公司、某省总工会承包地征收补偿费用分配纠纷案

[案号]（2020）最高法民申4449号
[审理法院] 最高人民法院
[来源] 中国裁判文书网
[关键词] 征收补偿 土地补偿金
[裁判摘要]《遗留协议》第6条的内容为："双方同意补偿形式和补偿数额均需在合法合规条件下并按工会系统的有关规定程序进行。房地产公司要求某省总工会和工人疗养院本着共赢的原则，在某省总工会资产增

值获利的基础上,对房地产公司的投入给予适当的效益补偿。鉴于土地补偿金受政策、市场土地价格等不确定因素影响,某省总工会获得政府返还全部应得土地补偿金后,将研究答复房地产公司的要求,给予适当补偿。"从《遗留协议》上述条文内容看,双方当事人既未明确效益补偿的含义,又未就效益补偿给付时间以及给付金额或金额计算方法达成一致意见。原判决据此认定"至于何谓适当补偿以及何时给付该补偿,双方当事人之间并未形成具有法律约束力的合同",并无不当。

[基本案情] 2000年9月19日,某省总工会、工人疗养院作为甲方,房地产公司作为乙方,双方签订《协议书》约定,甲方以青岛工人疗养院院区内72亩土地作为合作开发建设用地,乙方承担合作开发建设项目所需的全部建设资金及合作开发过程中所发生的一切相关费用。

在履行《协议书》的过程中,房地产公司于2000年10月18日向某省总工会汇款3000万元,于2001年1月17日汇款800万元,两次汇款共计3800万元。

后因政府有关部门要求案涉土地由政府收回纳入储备后再以招标、拍卖方式公开出让,导致《协议书》的约定不能履行,故双方于2002年1月21日签订《备忘录》,同意就终止《协议书》事宜进行协商。此后,某省总工会于2002年1月23日向房地产公司返还300万元,于2003年7月9日又返还300万元。

2008年1月21日,某省总工会、工人疗养院作为甲方与乙方房地产公司签订了《遗留协议》,约定工人疗养院院区合作补偿金返还方式及金额,某省总工会收到政府土地补偿金之后,返还房地产公司3200万元补偿金及相当于银行同期贷款利息和相关实际支出(以审计数额和甲乙双方共同认定为据),以及双方同意补偿形式和补偿数额均需在合法合规条件下并按工会系统的有关规定程序进行。房地产公司的诉讼请求是判令某省总工会、工人疗养院向其支付适当效益补偿2.3317亿元,其所援引的依据是双方于2008年1月21日签订的《遗留协议》。

(撰稿人:王琦)

第四条　【以竞价方式订立合同】 采取招标方式订立合同，当事人请求确认合同自中标通知书到达中标人时成立的，人民法院应予支持。合同成立后，当事人拒绝签订书面合同的，人民法院应当依据招标文件、投标文件和中标通知书等确定合同内容。

采取现场拍卖、网络拍卖等公开竞价方式订立合同，当事人请求确认合同自拍卖师落槌、电子交易系统确认成交时成立的，人民法院应予支持。合同成立后，当事人拒绝签订成交确认书的，人民法院应当依据拍卖公告、竞买人的报价等确定合同内容。

产权交易所等机构主持拍卖、挂牌交易，其公布的拍卖公告、交易规则等文件公开确定了合同成立需要具备的条件，当事人请求确认合同自该条件具备时成立的，人民法院应予支持。

【关联规定】

一、《民法典》（2020年5月28日）

第137条　以对话方式作出的意思表示，相对人知道其内容时生效。以非对话方式作出的意思表示，到达相对人时生效。以非对话方式作出的采用数据电文形式的意思表示，相对人指定特定系统接收数据电文的，该数据电文进入该特定系统时生效；未指定特定系统的，相对人知道或者应当知道该数据电文进入其系统时生效。当事人对采用数据电文形式的意思表示的生效时间另有约定的，按照其约定。

第472条　要约是希望与他人订立合同的意思表示，该意思表示应当符合下列条件：

（一）内容具体确定；

（二）表明经受要约人承诺，要约人即受该意思表示约束。

第 473 条 要约邀请是希望他人向自己发出要约的表示。拍卖公告、招标公告、招股说明书、债券募集办法、基金招募说明书、商业广告和宣传、寄送的价目表等为要约邀请。

商业广告和宣传的内容符合要约条件的，构成要约。

第 479 条 承诺是受要约人同意要约的意思表示。

第 480 条 承诺应当以通知的方式作出；但是，根据交易习惯或者要约表明可以通过行为作出承诺的除外。

第 481 条 承诺应当在要约确定的期限内到达要约人。

要约没有确定承诺期限的，承诺应当依照下列规定到达：

（一）要约以对话方式作出的，应当即时作出承诺；

（二）要约以非对话方式作出的，承诺应当在合理期限内到达。

第 483 条 承诺生效时合同成立，但是法律另有规定或者当事人另有约定的除外。

第 484 条 以通知方式作出的承诺，生效的时间适用本法第一百三十七条的规定。

承诺不需要通知的，根据交易习惯或者要约的要求作出承诺的行为时生效。

第 490 条 当事人采用合同书形式订立合同的，自当事人均签名、盖章或者按指印时合同成立。在签名、盖章或者按指印之前，当事人一方已经履行主要义务，对方接受时，该合同成立。

法律、行政法规规定或者当事人约定合同应当采用书面形式订立，当事人未采用书面形式但是一方已经履行主要义务，对方接受时，该合同成立。

第 491 条 当事人采用信件、数据电文等形式订立合同要求签订确认书的，签订确认书时合同成立。

当事人一方通过互联网等信息网络发布的商品或者服务信息符合要约条件的，对方选择该商品或者服务并提交订单成功时合同成立，但是当事人另有约定的除外。

第495条　当事人约定在将来一定期限内订立合同的认购书、订购书、预订书等，构成预约合同。

当事人一方不履行预约合同约定的订立合同义务的，对方可以请求其承担预约合同的违约责任。

二、其他法律

1.《招标投标法》（2017年12月27日）

第45条　中标人确定后，招标人应当向中标人发出中标通知书，并同时将中标结果通知所有未中标的投标人。

中标通知书对招标人和中标人具有法律效力。中标通知书发出后，招标人改变中标结果的，或者中标人放弃中标项目的，应当依法承担法律责任。

第46条　招标人和中标人应当自中标通知书发出之日起30日内，按照招标文件和中标人的投标文件订立书面合同。招标人和中标人不得再行订立背离合同实质性内容的其他协议。

招标文件要求中标人提交履约保证金的，中标人应当提交。

2.《拍卖法》（2015年4月24日）

第51条　竞买人的最高应价经拍卖师落槌或者以其他公开表示买定的方式确认后，拍卖成交。

第52条　拍卖成交后，买受人和拍卖人应当签署成交确认书。

三、行政法规

《招标投标法实施条例》（2019年3月2日）

第54条　依法必须进行招标的项目，招标人应当自收到评标报告之日起3日内公示中标候选人，公示期不得少于3日。

投标人或者其他利害关系人对依法必须进行招标的项目的评标结果有异议的，应当在中标候选人公示期间提出。招标人应当自收到异议之日起3日内作出答复；作出答复前，应当暂停招标投标活动。

【理解与适用】

一、条文主旨

本条是关于招拍挂等以竞价方式订立合同的合同成立问题的规定。

其中,第4条第1款明确了招标方式订立合同的合同成立时间、方式与合同内容问题;第4条第2款明确了拍卖等公开竞价方式订立合同的合同成立时间、方式与内容问题;第4条第3款明确了产权交易所等机构主持拍卖、挂牌交易的合同成立时间、方式及内容问题。

本条规范对象为招标方式订立的合同;为现场拍卖、网络拍卖等公开竞价方式订立的合同;产权交易所等机构主持拍卖、挂牌交易所订立的合同。

二、《民法典》条文理解以及有待细化的问题

(一) 关于第1款规定

1. 招标合同成立时间概述

有相对人的意思表示在满足哪些条件时生效,这是法律行为理论中的经典议题之一。[①]《民法典》中并未见以竞价方式订立合同的相关内容,与本条密切相关的系《民法典》第137条有相对人的意思表示生效时间的规定,该规定沿用了原《合同法》第16条、第26条以及《民法总则》第137条规定的内核,保持了与《国际商事合同通则》《联合国国际货物销售合同公约》一致的原则,对意思表示生效采取了到达主义。[②]

2. 中标通知书的法律性质

《招标投标法》第45条、第46条规定,中标通知书对招标人和中标人具有法律效力,招标人和中标人应当自中标通知书发出之日起三十日内,按照招标文件和中标人的投标文件订立书面合同。但该第45条、第46条并未具体说明中标通知书与合同的关系,也没有明确说明发出中标通

[①] 龙卫球:《民法总论》,中国法制出版社2018年版,第456页。
[②] 以非对话方式作出的意思表示,关于其如何生效有四种模式:表示主义、发信主义、到达主义、了解主义。

知书的行为性质及合同何时生效的问题。从法律适用上来看,关于中标通知书的性质有两种观点:一种观点是将中标通知书视为承诺;另一种观点是认为中标通知书仅具有预约性质,中标后双方还应签订正式的合同书。

3. 中标通知书采取的生效原则

关于中标通知书何时生效存在发出主义和送达主义两种不同观点。依据《中华人民共和国招标投标法释义》中的内容,中标通知书作为一种承诺,对其生效采取发出主义,原因在于防止中标通知书在传送过程中由于并非招标人的过错而出现延误、丢失或错投,致使中标人没有在投标有效期中止前收到该中标通知书,招标人丧失对中标人约束权的发生。但发出主义的承诺生效原则的弊端在于过于偏重保护招标方利益,且与原《合同法》第16条、第26条,《民法典》第137条、第483条的到达主义原则不相一致。[①] 实践中,容易出现将发出主义与到达主义相混淆的情形。因此,在司法解释制定时应当进一步明确中标通知书何时生效。

4. 书面合同的法律性质

关于书面合同的性质,存在合同成立的标志、合同成立后为了满足行政管理备案需要的书面文件两种观点。根据《招标投标法》第46条的规定,招标人和中标人应当自中标通知书发出之日起三十日内,按照招标文件和中标人的投标文件订立书面合同。书面合同的性质,需要我们结合中标通知书的性质来综合认定。若前述中标通知书属于预约合同的承诺,则此处的书面合同可以理解为正式合同;若前述中标通知书属于本约合同的承诺,则此处书面合同的法律性质属于仅为了满足行政管理需要的书面文件。

(二)关于第2款、第3款规定

1. 对公开竞价及产权交易所等主持拍卖、挂牌交易的合同成立时间概述

《拍卖法》第51条、第52条规定了竞买人的最高应价经拍卖师落槌

[①] 到达主义优于发信主义,因为表意人不仅可以控制表意方法,亦可选择较为稳妥安全的表示方法,参见王利明:《中国民法典评注》,人民法院出版社2021年版,第449页。

或者以其他公开表示买定的方式确认后，拍卖成交。拍卖成交后，买受人和拍卖人应当签订成交确认书，但对于该种买定是否构成承诺及承诺生效的时间并未进行明确规定。同样，关于产权交易所等机构主持拍卖、挂牌交易所订立合同的合同成立时间，目前我国法律并未对此进行直接规定，与合同成立时间相关的条款散见于产权交易所的拍卖公告及交易规则等文件中。

2. 落槌等买定方式及产权交易所拍卖、挂牌合同的法律性质

《拍卖法》第 51 条、第 52 条确定了拍卖师落槌时拍卖成立以及双方应当签订成交确认书，此时关于拍卖师落槌的性质存在两种说法，即落槌时双方之间成立的是预约合同还是本约合同？

产权交易所的拍卖、挂牌方式订立的合同不同于一般的股权拍卖、挂牌方式订立的合同，其国有产权的特殊性使得该类合同具有更高的要式性要求。因此，产权交易所一般会公布其拍卖公告、交易规则，此时双方合同成立时间能否依据拍卖公告、交易规则来确定法律没有明确规定。

三、司法解释条文理解

本条司法解释包括三款条文，针对三个问题进行规定，第 1 款是关于以招投标方式订立合同的中标通知书性质及合同成立时间的认定，第 2 款是关于现场拍卖、网络拍卖等公开竞价方式订立合同的合同成立时间认定，第 3 款是关于产权交易所等机构主持拍卖、挂牌交易所订立合同的合同成立时间的认定。

其中，第 1 款以司法解释的形式确立了招标合同中的中标通知书性质及合同成立时间问题。中标通知书属于订立本约承诺的一种，并非预约条款。若将招投标过程理解为成立预约合同，则中标通知书的生效可以视为预约合同的承诺，但当书面合同与招投标文件不一致时，违反预约合同不仅可能对当事人之间的约束力过弱，也可能使当事人之间的交易成本大为增加，形成权利义务保护的真空地带，使得法律法规对招投标过程的规范力度薄弱，导致招投标制度成为摆设。因此，应当将公开招标的招标人发布的招标公告，以及邀请招标的招标人向多家特定的对象发送投标邀请书的招标行为认定为要约邀请。将投标人依据招标人发出的招标公告和招标

文件要求，向招标人发出希望与其订立合同的意思表示进行投标认定为要约。将招标人收到投标人的相关文件后，经过一定程序，向中标的投标人发出中标通知书认定为承诺。

关于中标通知书对承诺生效时间的影响，本解释采取了与传统大陆法系及《国际商事合同通则》《联合国国际货物销售合同公约》相一致的到达主义原则，这有利于统一意思表示生效时间，保持民法内部法律规范的一致衔接，也有利于调整采取发出主义原则对招标方利益的过度保护，促进招投标双方利益的平衡。

关于书面合同的性质，因前述中标通知书的性质为承诺，合同于中标通知书到达投标人时成立，《招标投标法》所规定的书面合同并不是规定招标合同只能采取书面形式，要求双方订立书面合同更多是出于行政上备案管理的需要。此处的书面合同仅仅是对双方之间所达成合意的固定，是用书面合同的形式代替了其他合同形式。同时，由于投标合同并非采取合同书方式订立合同，因此并不适用《民法典》第490条采用合同书形式订立合同中关于合同成立时间的相关规定；由于投标合同中当事人并未采取信件、数据电文、互联网等形式订立合同，因此也不存在《民法典》第491条的适用空间。

第2款和第3款都是在法律没有明确规定该种合同承诺生效时间的前提下，将本应适用《民法典》第484条承诺不需要通知的，根据交易习惯或者要约的要求作出承诺的行为时生效的规定司法解释化，其中第2款更倾向于尊重行业通常做法，根据交易习惯判断承诺生效时间，因此落槌等买定方式应当认定为承诺。这也与《民法典》第480条以交易习惯来认定承诺相一致。此处的成交确认书不同于《民法典》第491条通过信件、数据电文等非对话方式订立合同中确认书的性质。《民法典》第491条主要是为了解决不同时空间以非对话方式订立合同的当事人合同何时成立的问题，此处的成交确认书更多的是为了将本已确认的合同内容以书面的形式固化，满足行政管理的要求。对于以产权交易所等主持拍卖、挂牌交易的方式订立的合同，由于国有股权转让的特殊性，因此产权交易所会在其拍卖公告、交易规定中对合同成立有一定的要式性要求。本解释第 3 款除尊重交易习惯外，还尊重产权交易所的公告及交易规则，根据《民法典》第 480 条交易习惯或者要约表明可以通过行为的方式来认定承诺具有正当性并符合现实需要。

本条司法解释系关于以竞价方式订立合同的合同成立问题，确定本条解释中中标通知书、落槌、合同条件具备的法律性质是确认承诺的生效时间进而明确合同成立时间的基石，对确定合同成立的方式及合同内容具有重要意义，对法律责任的认定也起关键作用。[①]

以竞价方式订立的合同并不同于《民法典》第 490 条以书面形式订立的合同、第 491 条以确认书方式订立的合同亦不同于第 495 条的预约合同，本条司法解释统一了以竞价方式订立合同的合同成立问题，不仅对厘清各当事人主体的权利义务和责任具有重要意义，亦体现了对《民法典》第 480 条以交易习惯及要约表明的以行为的方式作出承诺的遵守。

本条司法解释并未对非必须以招标方式订立合同的承诺生效时间认定作出差异性规定，但若是非必须进行招标方式订立的合同以招标方式订立，投标人较少且投标事项较简单，在当场评标且依据《招标投标法实施条例》第 54 条无须公示的情形下，此时是否仍需要将中标通知书到达主义作为判断承诺生效时间的依据？笔者认为，不应当将上述的情形按照以招标方式订立的合同来理解，此处的合同采取了类似以招标方式订立合同的形式，但实质上其为无名合同，应当依据《民法典》第 467 条无名合同的规范进行法律适用。

【典型案例】

1. X 公司与 Q 公司等合同纠纷案

［案号］（2022）浙 0127 民初 3705 号

[①] 如该类合同中违约方应当承担缔约过失责任还是违约责任。

［审理法院］浙江省淳安县人民法院

［来源］中国裁判文书网

［关键词］发出　中标通知书　承诺

［裁判摘要］对于中标通知书发出后，合同是否成立及是成立预约还是本约的问题，应作如下分析。一是招标公告、邀请投标行为系要约邀请，投标行为系要约，发出中标通知书的行为系承诺。二是自中标通知书发出后签订书面合同，该书面合同并不影响双方通过要约承诺方式订立合同，反而更多的是为了满足行政备案管理的需求，若一再否认投标文件及中标通知书的书面形式性质，也就相当于否定了投标标书和中标通知书是要约与承诺的性质。若认为中标通知书发出后，相关招投标合同尚未成立，那么此时对于违约一方来说，仅需承担缔约过失法律责任，其不履行中标结果的法律责任相对较小，成本也较低，法律对其违约的威慑力和惩罚力度均不够。不仅对当事人之间的约束力过弱，也使当事人之间的交易成本大为增加。这就使得法律法规对招投标过程的规范力度薄弱，从而导致招投标制度成为摆设。

［基本案情］2020年3月23日，X公司就开发建设的农民集聚区剩余房源销售项目发布招投标公告，2020年4月20日，通过招投标程序由被告Q公司中标，根据中标通知书及招投标文件约定，双方于2020年5月20日前签订合同，被告Q公司的佣金按委托货值销售年度回笼资金的3.8%计收，房屋销售款必须进入委托方指定账户，以及其他相关事宜。被告Q公司中标后未与原告X公司签订书面合同，亦未缴纳履约保证金。被告Q公司于2020年5月2日进行正式销售至同年11月下旬。截至2022年1月，仍有款项未向原告X公司缴纳。

2. Z公司与B公司等拍卖合同纠纷案

［案号］（2021）湘0602民初10411号

［审理法院］湖南省岳阳市岳阳楼区人民法院

［来源］中国裁判文书网

[关键词] 承诺　成交确认书　落槌　合同成立

[裁判摘要]《民法典》第483条规定："承诺生效时合同成立，但是法律另有规定或者当事人另有约定的除外。"《拍卖法》第51条规定："竞买人的最高应价经拍卖师落槌或者以其他公开表示买定的方式确认后，拍卖成交。"虽然被告B公司并未签订《拍卖成交确认书》，但B公司在涉案拍卖活动中的应价经现场拍卖师落槌，即代表B公司对L公司的拍卖要约作出承诺，故应认定涉案拍卖合同成立，B公司其后未能签署成交确认书，不影响涉案拍卖合同的成立。

[基本案情] 2021年1月19日，原告Z公司将其所有的一批废旧物资委托L公司整体打包组织拍卖。2021年6月，L公司在网上发布拍卖公告，公布了拍卖标的、拍卖方式、竞买人的资格条件等事项。2021年6月21日，被告B公司与L公司签订《竞买协议》。2021年6月22日，L公司召开拍卖会，被告B公司以最高价拍得拍卖标的。2021年6月22日，L公司向被告B公司出具《拍卖成交确认书》《标的成交付款通知书》，要求B公司在2021年6月25日17时前支付成交拍卖款及佣金，并于2021年6月22日通过微信向被告B公司发送《标的成交付款通知书》，被告工作人员承诺"25号过来"。此后，L公司多次催促被告B公司办理成交确认手续并付清拍卖成交款均未果。

3. Z某等与N集团合同纠纷案

[案号]（2020）京02民终2911号

[审理法院] 北京市第二中级人民法院

[来源] 中国裁判文书网

[关键词] 承诺　产权交易　交易流程　合同成立

[裁判摘要] 根据B产权交易所的产权交易相关流程，通过B产权交易所进行的产权交易，首先要确认受让方，待受让方确认后，再行签订交易合同，网络竞价的目的只是确认受让方。N集团出售的房屋属于国有资产，且是通过B产权交易所进行的交易，故必须遵守上述规则。

现有证据表明，B产权交易所对案涉房屋进行了信息披露并载明，本项目受让方须按照《产权交易收费办法》交纳交易服务费，在被确定为最终受让方后5个工作日内与转让方签订《实物资产交易合同》。可见，签订《实物资产交易合同》是最终确认双方买卖合同关系成立的本约合同，亦符合交易流程的规定。Z某等在参与网上竞价时对该公告信息内容应是明知的。Z某虽然收到B产权交易所出具的《网络竞价结果通知书》，但根据《网络竞价结果通知书》载明的内容可知，双方应在接到通知书之日起5个工作日内签订《实物资产交易合同》，且《实物资产交易合同》中明确载明，自双方签字且盖章之日起合同生效。此时，再次印证签订《实物资产交易合同》才是最终确认双方买卖合同关系成立的本约合同。

[基本案情] 2018年2月，N集团出具《实物资产转让信息发布申请书》，转让标的为八套房地产。2018年3月，Z某等签订《联合受让协议》，约定乙某等六方决定联合受让该八套房屋。2018年4月，B产权交易所分别向N集团及Z某等发出《网络竞价结果通知书》，告知八套房地产以网络竞价方式成交。2018年6月，B产权交易所向N集团发函告知Z某等成为最终受让方。但截至目前，B产权交易所尚未收到N集团与受让方签署的《实物资产交易合同》。2018年8月，B产权交易所向Z某等发出中止函，告知Z某等根据《企业国有产权转让中止和终结操作细则》相关规定，尽快到B产权交易所办理退还保证金手续。另查，B产权交易所已于2018年4月制作《实物资产交易合同》。再查，B产权交易所《企业国有产权转让中止和终结操作细则》中规定，本细则所称的中止是指在产权转让程序中，出现妨碍交易活动且严重影响交易按规定程序正常实施的情形时，B产权交易所将该产权转让程序予以暂停的行为。

（撰稿人：陈吉栋 秦亮）

> **第五条 【合同订立中的第三人责任】** 第三人实施欺诈、胁迫行为,使当事人在违背真实意思的情况下订立合同,受到损失的当事人请求第三人承担赔偿责任的,人民法院依法予以支持;当事人亦有违背诚信原则的行为的,人民法院应当根据各自的过错确定相应的责任。但是,法律、司法解释对当事人与第三人的民事责任另有规定的,依照其规定。

【关联规定】

一、《民法典》(2020年5月28日)

第149条 第三人实施欺诈行为,使一方在违背真实意思的情况下实施的民事法律行为,对方知道或者应当知道该欺诈行为的,受欺诈方有权请求人民法院或者仲裁机构予以撤销。

第150条 一方或者第三人以胁迫手段,使对方在违背真实意思的情况下实施的民事法律行为,受胁迫方有权请求人民法院或者仲裁机构予以撤销。

第157条 民事法律行为无效、被撤销或者确定不发生效力后,行为人因该行为取得的财产,应当予以返还;不能返还或者没有必要返还的,应当折价补偿。有过错的一方应当赔偿对方由此所受到的损失;各方都有过错的,应当各自承担相应的责任。法律另有规定的,依照其规定。

第1173条 被侵权人对同一损害的发生或者扩大有过错的,可以减轻侵权人的责任。

二、司法解释

《最高人民法院关于审理涉及会计师事务所在审计业务活动中民事侵权赔偿案件的若干规定》（法释〔2007〕12号）

第4条 会计师事务所因在审计业务活动中对外出具不实报告给利害关系人造成损失的，应当承担侵权赔偿责任，但其能够证明自己没有过错的除外。

会计师事务所在证明自己没有过错时，可以向人民法院提交与该案件相关的执业准则、规则以及审计工作底稿等。

【理解与适用】

一、本条主旨

本条司法解释是关于合同订立中第三人实施欺诈、胁迫等行为致害时应如何承担责任的规定。本条旨在解决司法实践中面对类似问题时缺少裁判依据的问题。

二、司法解释条文理解

本条司法解释包括三个部分。分号之前为第一部分，旨在救济第三人积极实施的致害行为（欺诈、胁迫）；分号之后"但是"之前为第二部分，旨在说明受欺诈、胁迫的当事人亦有过错的，可以减轻第三人责任；最后一部分是但书之后的内容，旨在强调如果存在关于当事人与第三人的民事责任的特别规范，应优先适用。

（一）第三人积极实施致害行为的性质

根据《民法典》第149条、第150条、第157条，第三人实施欺诈、胁迫致使合同被撤销的法律后果，或者受欺诈方无法撤销（不知或不应知欺诈）而继续履行所造成的损失，在此种情况下，受欺诈方请求第三人承担损害赔偿责任，此种损害赔偿责任的请求权基础是缔约过失责任？是合同编中的责任？还是侵权责任编中的责任？理论与实务对此均存在不同意见。

首先，从域外立法的角度观之，因第三人欺诈导致合同被撤销时，此种欺诈属于《德国民法典》第 826 条规定的"以违反善良风俗的方式故意对他人施加损害"的侵权责任，故依据此条，欺诈方应当向被欺诈方承担侵权法上的损害赔偿义务。因而当第三人实施欺诈行为时，无论合同是否撤销，合同当事人均可以要求第三人承担侵权责任。《美国侵权责任法重述（第二次）》第 525 条也体现了类似的精神。

其次，我国立法中有将第三人欺诈致害而产生的赔偿责任归入侵权责任的例证。如《最高人民法院关于审理涉及会计师事务所在审计业务活动中民事侵权赔偿案件的若干规定》第 4 条第 1 款规定："会计师事务所因在审计业务活动中对外出具不实报告给利害关系人造成损失的，应当承担侵权赔偿责任，但其能够证明自己没有过错的除外。"

再次，在我国司法实践中，也有观点认为在第三人实施欺诈导致当事人因履行合同产生损失的情形中，应将第三人的赔偿责任归入侵权赔偿责任。比如，过桥资金提供方将自己的款项出借给借款人，用于偿还借款人欠付银行的贷款。若银行向过桥资金提供方承诺在旧贷得到清偿后立即发放新的贷款给借款人，应认为过桥资金提供方是基于对银行的信赖与借款人订立借款合同并出借款项，若银行未能如约发放新款项给借款人导致过桥资金提供方的过桥资金无法收回的，银行应对过桥资金提供方的损失承担侵权赔偿责任。[①]

最后，在当事人一方行使撤销权的场合，合同因被撤销自始不发生效力，最高人民法院的观点将此种情形中的第三人赔偿责任界定为缔约过失责任。该观点认为，《民法典》虽然没有明确就第三人过失责任予以规定，但因《民法典》第 149 条、第 150 条明确规定受欺诈方或者受胁迫方有权撤销民事法律行为，这就意味着合同被撤销后，受有损失的合同当事人可以依据《民法典》第 157 条的规定向实施欺诈、胁迫的第三人主张缔约过

[①] 最高人民法院（2017）最高法民再 188 号民事判决书。如无特别说明，本书所收录的案例均来自中国裁判文书网。

失责任,从而间接地承认了第三人的缔约过失责任。[①] 另外,也有部分学者主张此种情况应当属于侵权责任。

(二) 第三人欺诈但合同无法撤销的情形

根据《民法典》第 149 条的规定,在第三人实施欺诈的情形中,只有相对人知道或者应当知道该欺诈行为的,受欺诈人才有权撤销合同。否则,受欺诈人仍需继续履行合同,或因不履行合同向相对人承担违约责任。无论受欺诈人履行与否,都可以依据本条司法解释,向第三人主张损害赔偿责任。本文认为,此种损害赔偿责任的性质是侵权责任。

首先,本条司法解释第一部分并不涉及合同是否被撤销的问题。在此种前提下,实施欺诈的第三人所承担的损害赔偿责任并非必然属于缔约过失责任。

其次,在第三人实施欺诈但受欺诈人无法撤销、合同成立并生效的情况下,一方面,受欺诈人因不履行合同向相对人承担违约责任而所受的损失并非信赖利益损失。若受欺诈人就此种损失向第三人主张损害赔偿,则此种赔偿应当基于侵权责任而非缔约过失责任。另一方面,受欺诈人因履行合同而所受的损失也并非仅为信赖利益损失。例如,因第三人欺诈,使买受人在出卖人处花 100 万元购买了实际只值 10 万元的古董,对于第三人的欺诈行为,买受人与出卖人均不知情。此时,买受人无法撤销合同,其因履行合同而受到 90 万元之损失,只能向第三人主张。对该 90 万元的实际损失的赔偿同样应当基于侵权责任,并且此时合同有效并已得到履行,不属于缔约过失背景下的损失范畴。

最后,当事人双方订立合同过程中,如果受欺诈方本身亦存在过错,此时产生的损失,不应由实施欺诈行为的第三人全部承担,这也是本条司法解释第二部分的文中之义。受欺诈方与相对人在订立合同过程中,通常负有审慎注意义务,如果受欺诈方未尽到该种审慎义务,通常认为其亦存在过错。比如,受欺诈方因第三人实施欺诈购买存在质量瑕疵的二手汽

[①] 刘贵祥:《关于合同成立的几个问题》,载《法律适用》2022 年第 4 期。

车，受欺诈方是否应当负有查验二手汽车的出险记录以及对二手车基本状况的查验义务等，因其本身存在过错导致的损失应由其承担。

（撰稿人：郑臻）

> **第六条　【预约合同的认定】** 当事人以认购书、订购书、预订书等形式约定在将来一定期限内订立合同，或者为担保在将来一定期限内订立合同交付了定金，能够确定将来所要订立合同的主体、标的等内容的，人民法院应当认定预约合同成立。
>
> 当事人通过签订意向书或者备忘录等方式，仅表达交易的意向，未约定在将来一定期限内订立合同，或者虽然有约定但是难以确定将来所要订立合同的主体、标的等内容，一方主张预约合同成立的，人民法院不予支持。
>
> 当事人订立的认购书、订购书、预订书等已就合同标的、数量、价款或者报酬等主要内容达成合意，符合本解释第三条第一款规定的合同成立条件，未明确约定在将来一定期限内另行订立合同，或者虽然有约定但是当事人一方已实施履行行为且对方接受的，人民法院应当认定本约合同成立。

【关联规定】

一、《民法典》（2020年5月28日）

第490条　当事人采用合同书形式订立合同的，自当事人均签名、盖章或者按指印时合同成立。在签名、盖章或者按指印之前，当事人一方已经履行主要义务，对方接受时，该合同成立。

法律、行政法规规定或者当事人约定合同应当采用书面形式订立，当事人未采用书面形式但是一方已经履行主要义务，对方接受时，该合同成立。

第 495 条　当事人约定在将来一定期限内订立合同的认购书、订购书、预订书等，构成预约合同。

当事人一方不履行预约合同约定的订立合同义务的，对方可以请求其承担预约合同的违约责任。

第 586 条　当事人可以约定一方向对方给付定金作为债权的担保。定金合同自实际交付定金时成立。

定金的数额由当事人约定；但是，不得超过主合同标的额的百分之二十，超过部分不产生定金的效力。实际交付的定金数额多于或者少于约定数额的，视为变更约定的定金数额。

二、其他法律

《海商法》（1992 年 11 月 7 日）

第 231 条　被保险人在一定期间分批装运或者接受货物的，可以与保险人订立预约保险合同。预约保险合同应当由保险人签发预约保险单证加以确认。

三、部门规章

《商品房销售管理办法》（2001 年 4 月 4 日）

第 16 条　商品房销售时，房地产开发企业和买受人应当订立书面商品房买卖合同。

商品房买卖合同应当明确以下主要内容：

（一）当事人名称或者姓名和住所；

（二）商品房基本状况；

（三）商品房的销售方式；

（四）商品房价款的确定方式及总价款、付款方式、付款时间；

（五）交付使用条件及日期；

（六）装饰、设备标准承诺；

（七）供水、供电、供热、燃气、通讯、道路、绿化等配套基础设施和公共设施的交付承诺和有关权益、责任；

（八）公共配套建筑的产权归属；

（九）面积差异的处理方式；

（十）办理产权登记有关事宜；

（十一）解决争议的方法；

（十二）违约责任；

（十三）双方约定的其他事项。

四、司法解释

1.《民法典总则编司法解释》（法释〔2022〕6号）

第18条 当事人未采用书面形式或者口头形式，但是实施的行为本身表明已经作出相应意思表示，并符合民事法律行为成立条件的，人民法院可以认定为民法典第一百三十五条规定的采用其他形式实施的民事法律行为。

2.《商品房买卖合同司法解释》（法释〔2020〕17号）

第4条 出卖人通过认购、订购、预订等方式向买受人收受定金作为订立商品房买卖合同担保的，如果因当事人一方原因未能订立商品房买卖合同，应当按照法律关于定金的规定处理；因不可归责于当事人双方的事由，导致商品房买卖合同未能订立的，出卖人应当将定金返还买受人。

第5条 商品房的认购、订购、预订等协议具备《商品房销售管理办法》第十六条规定的商品房买卖合同的主要内容，并且出卖人已经按照约定收受购房款的，该协议应当认定为商品房买卖合同。

【理解与适用】

一、本条主旨

本条是关于预约合同的认定规则的规定。

二、规范来源

1992 年颁布的《海商法》规定了预约保险合同，系预约合同制度在海商领域的特殊适用。为解决民商事交易实践中"以交付定金作为订立主合同担保"的预约纠纷，《担保法司法解释》第 115 条规定了立约定金的适用规则。此后，《商品房买卖合同司法解释》（法释〔2003〕7 号）第 4 条、第 5 条着眼于商品房买卖的交易场景，针对"出卖人通过认购、订购、预订等方式向买受人收受定金作为订立商品房买卖合同担保"的法律后果作出了更为细化的规定，并对特定情形下预约与本约之间的关系予以界定。《买卖合同司法解释》（法释〔2012〕8 号）第 2 条对买卖合同领域中预约合同的构成要件及违反预约的法律后果作出了明确规定，对解决实践中的预约纠纷起到了重要的指导和规范作用。该条规定："当事人签订认购书、订购书、预订书、意向书、备忘录等预约合同，约定在将来一定期限内订立买卖合同，一方不履行订立买卖合同的义务，对方请求其承担预约合同违约责任或者要求解除预约合同并主张损害赔偿的，人民法院应予支持。"《民法典》吸收了司法解释的有益经验，将预约合同作为一项基本的民事制度规定于合同编通则之中，使其可以适用于各类交易活动，而非局限于买卖合同领域，从而扩展了该制度的适用范围，有助于更为充分地发挥预约制度的积极功能。在此基础上，《民法典合同编通则司法解释》第 6 条进一步细化了预约合同的认定规则，对实践中的相关争议问题进行了厘清。

三、司法解释条文理解

本条司法解释包括三款条文，第 1 款规定了预约合同的成立要件，第 2 款规定了意向书、备忘录等文件的性质认定，第 3 款规定了本约合同成立的两类特殊情形。

（一）预约合同的成立要件

预约合同是当事人约定在将来一定期限内订立本约的预备性协议，在整体交易的缔结过程中，处于"当事人磋商接触"与"当事人达成最终的本约合意"之间的动态阶段。①《民法典》第 495 条第 1 款对预约合同的定义作出了一般性界定,在此基础上,本条司法解释第 1 款作出了更为细化的展开,并将具有预约性质的立约定金予以吸纳,形成了更为系统全面的预约合同成立规则。为方便区分论述,以下将"当事人以认购书、订购书、预订书等形式约定在将来一定期限内订立合同"的预约类型称为"一般预约",将当事人"为担保在将来一定期限内订立合同交付了定金"的预约类型称为"定金预约"。具体而言,可从以下几个方面来理解本款的基本内容。

1. 合意性

合意性是合同成立的必要条件,即当事人应当对相互作出的意思表示达成一致。在预约合同中,此种合意的核心内容在于指向某种确定性的缔约义务,即"将来一定期限内订立合同"。预约合意既可以由双方当事人达成,也可以由多方当事人达成。例如,甲乙二人拟合伙经营某一共同事业,还想再邀请丙加入。为确保将来合伙合同能够成立,该甲乙二人可以先与丙订立预约合同,约定在将来一定期限内订立合伙合同。②此外,达致预约合意的主体通常应与将来缔结本约者一致,不过,现行法并未将"涉他预约"明确予以排除,故仍有适用之可能。理论上而言,"与第三人订立本约的预约通常是为第三人利益的预约,受预约约束的一方负有与第三人缔约的方式性义务或结果性义务,此种约定并不损害第三人利益,自无禁止之理"。③

在"一般预约"中,关于将来缔结本约的合意由认购书等载体所约定,较为清晰。不过,当事人以定金作为订立合同担保的情形,是否构成预约合同的一种类型,此前存在一定争议。这种争议尤其体现在关于《商品房买卖合同司法解释》第 4 条之性质的理解。多数学者将其视为规制预

---

① 参见王俐智:《预约合同违约责任的争议与回应——基于动态缔约观的分析》,载《财经法学》2021 年第 5 期。
② 参见黄薇主编:《中华人民共和国民法典合同编释义》,法律出版社 2020 年版,第 79 页。
③ 罗昆:《功能视角下的预约类型论》,载《法学家》2022 年第 4 期。

约合同的一项条文,①但也有观点认为,该条仅仅是商品房买卖中定金罚则的适用,与预约合同无涉。②《民法典合同编通则司法解释》第6条第1款明确将立约定金纳入预约合同的类型构造,从而打破了后者的理论质疑。之所以做此处理,本质原因应在于,即便不存在认购书、订购书、预订书等载体,但基于定金合同的交易模式,只要交付定金系基于"担保将来一定期限内订立合同"的目的,则同样能够满足预约的合意性要求,在解释上仍然可被《民法典》第495条第1款中"当事人约定在将来一定期限内订立合同"的规范内涵所容纳。正如王利明教授所言:"一般来说,在实践中,只要当事人交付了定金,就可以表明其具有订立本约合同的意图。因为交付定金就意味着,交付定金的一方要通过定金的方式担保其履行订立本约合同的义务,而接受定金的一方接受定金的行为也表明其具有订立本约合同的意思。"③

2. 期限性

《民法典》与本条司法解释第1款均明确规定了预约合同的期限性要求。不过,"将来一定期限"的规范表达具有高度抽象性,涵盖了多种理解可能。通常而言,预约合同中约定的期限应当是确定的或可确定的,既可以指向未来某个明确的日期、时点,也可以是某个相对具体的区间或某项条件成就后的特定阶段。但是,如果预约合同中并不存在一项具有确定性的期限,如当事人仅模糊约定"将来一定期限订立本约",那么,能否以不满足期限性的要求为由,否定其合同效力?对此,笔者倾向于持宽松认定合同效力的态度,其原因在于,预约合同的一项重要功能即在于延缓接受本约约束,阻却本约法律效果,对当事人主观上考虑未臻成熟的事项,给予时间缓冲和决策

---

① 参见最高人民法院民法典贯彻实施工作领导小组主编:《中华人民共和国民法典合同编理解与适用》,人民法院出版社2020年版,第228页;耿利航:《预约合同效力和违约救济的实证考察与应然路径》,载《法学研究》2016年第5期;焦清扬:《预约合同的法律构造与效力认定》,载《社会科学》2016年第9期。

② 参见张古哈:《预约合同制度研究——以〈买卖合同司法解释〉第2条为中心》,载《社会科学研究》2015年第1期。

③ 王利明:《预约合同若干问题研究——我国司法解释相关规定述评》,载《法商研究》2014年第1期。

上的观望;① 在此种情形下，双方当事人虽有将来订立本约的目的，但是对于订立的具体期限很可能并不确定。若一概否定此种预约的效力，则对当事人要求过于严苛，势必影响预约制度功能的充分发挥。

另需说明的是，针对预约合同中未约定本约订立期限的情形，比较法上部分国家作出了明确的时间限制。例如，《秘鲁共和国民法典》第1416条规定："预约的期限，应当是确定的或可确定的。若未规定期限，则为1年。"《俄罗斯联邦民法典》第429条第2项规定："如果在预约合同中没有确定该期限，则主合同应当在预约合同签订之日的1年内签订。"有学者认为，该制度值得借鉴，其不仅给予当事人充分自由，同时也避免本约被过分拖延。② 我国法律并未采取此种思路，但通过《民法典》第510条的规则适用，同样能够适当限制本约履行期限的效果，并呈现出较为灵活的适应性。

3. 要式性

关于预约合同的形式要求，理论界长期存在争议。一种观点认为，预约为不要式合同，当事人可采取书面形式、口头形式或者其他形式订立③；另一种观点则主张，由于预约合同形成于本约的缔结过程中，具有高度的不确定性，若不以书面形式或其他可确定的方式订立预约，将会产生明显的认定和履行困难，故预约合同原则上应当为要式合同④。对此，本条司法解释虽未明确回应，但第1款基于预约合同的类型化区分，已然隐含了对预约形式的不同要求。

一方面，就"一般预约"而言，第1款使用了"以认购书、订购书、预订书等形式约定"的规范表述。相较于《民法典》第495条第1款，本

---

① 参见王瑞玲：《预约、本约区分和衔接的主观解释论——兼对客观解释论商榷》，载《政治与法律》2016年第10期。
② 参见张素华、张雨晨：《〈民法典合同编〉预约制度的规范构造》，载《社会科学》2020年第1期。
③ 王利明：《预约合同若干问题研究——我国司法解释相关规定述评》，载《法商研究》2014年第1期。
④ 参见朱广新、谢鸿飞主编：《民法典评注·合同编·通则1》，中国法制出版社2020年版，第231页；张素华、张雨晨：《〈民法典合同编〉预约制度的规范构造》，载《社会科学》2020年第1期。

款新增"形式"二字，进一步明确了此种预约的要式性特征。换言之，既然认购书、订购书、预订书均为典型的书面载体，那么基于体系解释的考量，此处的"等"自然应当被理解为其他类型的书面形式。据此，当事人原则上应当采取书面形式订立预约合同，否则合同不成立。

另一方面，就"定金预约"而言，其首先需要符合定金合同的要物性特征，根据《民法典》第586条第1款的规定，定金合同自实际交付定金时成立；其次，此种定金担保的对象是"将来一定期限内订立合同"。本条司法解释第1款并未对定金预约的形式作出特别要求，故应遵循合同法"以不要式为原则"的基本法理，认定此类预约为不要式合同。据此，即使当事人未采取书面形式，但在满足第1款的构成要件时，应当认为预约合同自实际交付定金时成立。① 值得一提的是，针对本约合同的形式，若法律有特别规定或当事人有特殊约定，那么，此种形式要求是否应当一般性地及于预约？理论界存在肯定说、否定说及区分说等不同观点。② 对此，现行法未予明确，但至少在本约为"商品房买卖合同"的场景中，《商品房销售管理办法》对于本约合同的书面形式要求应当及于定金预约。《商品房买卖合同司法解释》第4条中通过认购、订购、预订等方式此项个别性规范或许能够在一种程度能够上反映出"本约形式及于预约"的一般性立场。至少在法律、行政法规规定合同应当采取特定形式的情形下，最高人民法院明确表达了肯定意见，也即，"为避免当事人规避法定要求，实

---

① 参见刘贵祥：《关于合同成立的几个问题》，载《法律适用》2022年第4期。
② 罗昆教授认为，一般而言，预约需服从本约的形式强制。王利明教授认为，预约合同与本约合同是两个独立的合同，法律或当事人针对本约合同的形式要求并不能及于预约合同。王泽鉴、崔建远教授认为，关于预约是否须从本约的方式，应分法定方式及约定方式两种情形而定：（1）在法定方式，应视本约所以为要式的理由。如要式之目的在于保全证据时，预约不必与本约采取同样方式。倘要式之目的在于促使当事人慎重其事时，预约应与本约采取同样的方式，以贯彻要式契约之规范目的。（2）在约定方式，当事人约定本约依订立书面时，预约亦应依书面为之。参见罗昆：《功能视角下的预约类型论》，载《法学家》2022年第4期；王利明：《预约合同若干问题研究——我国司法解释相关规定述评》，载《法商研究》2014年第1期；王泽鉴：《债法原理》（第二版），北京大学出版社2013年版（2022年重排版），第136~137页；崔建远：《合同法》（第四版），北京大学出版社2021年版，第34页。

现督促当事人审慎交易的规范目的,预约合同也必须采取特定形式①"的规范表达可为此提供佐证。

4. 确定性

通常认为,预约合同中涉及本约条款的内容应当具有一定的确定性,以免合同当事人陷入本约谈判的僵局,致使预约丧失存在之必要。② 不过,此种确定性应当达致何种程度,学理上并未形成共识。本条司法解释第 1 款首次在预约合同规则中引入了内容确定性的要件,即"能够确定将来所要订立合同的主体、标的等内容",具有重要的规范意义。据此,任何预约合同均应具备本约的主体和标的,此二者可被视为预约合同的"一般性要素",其中,标的主要是指当事人在将来所欲订立的合同类型及性质;③不过,即使一项预约合同具备主体和标的,也并不当然能够满足内容确定性的要求,此时还需进一步考察决定合同类型的"个别性要素"是否存在,该款中的"等"字便为这类要素提供了灵活的解释空间。例如,若预约合同中约定将来订立借款合同,则预约中需有借款数额的内容;若约定将来订立买卖合同,则通常需包含数量的要素。

5. 约束性

根据《民法典》第 472 条的规定,要约应当"表明经受要约人承诺,要约人即受该意思表示约束"。据此,"当事人受意思表示约束"实则系合同成立的一般性必备要件。既然法律已经认可预约具备独立的合同属性,那么自应满足此项要件。④

此种约束性的有无也是区分预约合同与普通磋商性文件的重要标准:

---

① 参见最高人民法院民事审判第二庭、研究室编著:《最高人民法院民法典合同编通则司法解释理解与适用》,人民法院出版社 2023 年版,第 98 页。

② 参见最高人民法院民法典贯彻实施工作领导小组主编:《中华人民共和国民法典合同编理解与适用》,人民法院出版社 2020 年版,第 230 页;王泽鉴:《债法原理》(第二版),北京大学出版社 2013 年版,第 136 页;朱广新、谢鸿飞主编:《民法典评注·合同编·通则 1》,中国法制出版社 2020 年版,第 233 页。

③ 参见王利明:《预约合同若干问题研究——我国司法解释相关规定述评》,载《法商研究》2014 年第 1 期。

④ 参见《最高人民法院民二庭、研究室负责人就民法典合同编通则司法解释答记者问》,载最高人民法院网站,https://www.court.gov.cn/zixun/xiangqing/419402.html,2023 年 12 月 11 日访问。

在预约合同中，当事人需明示或者默示受其约束，据此，合同中已经确定的条款不能随意变更；如果当事人在缔约过程中进行了反复谈判，对合同的部分内容达成了初步共识，并签署了相关文件，但该文件并未表明当事人受约束，而仅仅是对双方谈判过程的记录，缺乏明确的权利义务条款，则其仅为磋商性文件，并不构成预约。[1] 实践中，缔结本约的相关条款若采取"将来考虑签约""进一步磋商""继续谈判""尽最大努力谈判"等表述，通常表明该文件对当事人不具有法律约束力。

（二）意向书、备忘录等文件的性质认定

实践中，预约合同可能表现为不同类型的文件形式。《买卖合同司法解释》（法释〔2012〕8号）第2条使用了"认购书、订购书、预订书、意向书、备忘录等预约合同"的规范表达。此种做法有所不足，主要集中在以下两点：第一，尽管认购书、订购书、预订书是实践中预约合同的常见载体，但这些文件并非当然构成预约合同，仍需进一步考察其是否满足预约的构成要件，而该条规定径行在列举的书面文件后使用"等预约合同"加以兜底，似乎将认购书等作为预约合同的下位概念，容易产生"将认购书等一概认定为预约合同"的歧义性理解。第二，与认购书、订购书、预订书有所不同，在交易谈判中广泛存在的意向书、备忘录通常只是对磋商结果的阶段性描述或对缔约意向的友好表达，而不包含在将来一定期限内订立本约的条款，往往是一种松散型的文件，对当事人不具有法律约束力，因此，二者并不适宜被作为预约合同的典型形式加以列举。

《民法典》第495条第1款改变了《买卖合同司法解释》第2条的表达方式，明确规定只有满足特定要件的文件，才能"构成预约合同"，从而有效解决了上述一概认定的歧义性问题。此外，《民法典》在编纂过程中也曾将"意向书"规定于预约合同的条文之中，但考虑到实践中很多情况下"意向书"并不能构成预约合同，列举"意向书"反倒不利于引导

---

[1] 参见最高人民法院民法典贯彻实施工作领导小组主编：《中华人民共和国民法典合同编理解与适用》，人民法院出版社2020年版，第230页。

人们对预约合同作正常理解，最终将其删除，只列举了认购书、订购书、预订书这三种载体。不过，全国人大常委会法工委专门强调指出，立法删去"意向书"，只是不把其作为预约合同的典型表现形式，但并没有否定"意向书"也有构成预约合同的可能。[1] 换言之，意向书的法律性质呈现出较为弹性的多元构造；与之类似的备忘录等文件，同样应当作此解读。

着眼于意向书、备忘录等文件的特殊性，《民法典合同编通则司法解释》第 6 条第 2 款对此作出了更为细致的认定，同时也隐含了相对灵活的区分思路。一方面，考虑到意向书、备忘录等通常表现为不具有法律约束力的书面文本，该款作出了契合交易实践的原则性规定。即如果当事人通过签订意向书或者备忘录等方式，仅表达交易的意向，未约定在将来一定期限内订立合同，此时因缺乏合意性和期限性的要件，预约合同不成立；如果上述文件中虽然存在此种约定，但是难以确定将来所要订立合同的主体、标的等内容，此时因缺乏确定性的要件，预约合同同样不成立。另一方面，本款并未一般性地否定意向书、备忘录的预约属性，而是强调符合上述两类情形的此类文件才不构成预约合同，这就意味着，在某些情形中，虽然当事人达成合意的书面文件以"意向书"或"备忘录"命名，但其内容已完全满足本条第 1 款关于预约合同的构成要件，此时仍应当认定其构成预约合同。[2] 司法实践中，法院也注重对意向书内容的实质考察。例如，在"仲某清与房地产公司买卖合同案"中，法院指出，"该意向书明确了双方当事人的基本情况，对拟购商铺的面积、价款计算、认购时间等均作了较为明确且适于操作的约定。这表明双方当事人经过磋商，就条件成就时实际进行商铺买卖的主要内容达成了合意，双方在意向书上签字盖章之时，意向书即已成为一种具有法律约束力的合同。而且意向书是对未来签署正式买卖合同的预先安排，并以书面形式明确了将来就订立正式买卖合同，即本约进行谈判这一预约标的。因此本案意向书具备上述预约

---

[1] 参见黄薇主编：《中华人民共和国民法典合同编释义》，法律出版社 2020 年版，第 79 页。
[2] 参见《最高人民法院民二庭、研究室负责人就民法典合同编通则司法解释答记者问》，载最高人民法院网站，https://www.court.gov.cn/zixun/xiangqing/419402.html，2023 年 12 月 11 日访问。

合同的主要特征,是当事人双方为将来订立确定性本合同达成的书面允诺或协议"。①

或有论者指出,既然认购书、订购书、预订书并不必然构成预约合同,意向书、备忘录也不必然是纯粹的磋商性文件,也即,这些文件的法律性质均非取决于文本名称,而是有赖于对实质内容的考察,其识别路径并无本质差异,那么《民法典合同编通则司法解释》第6条是否有必要将二者分别置于两款内容,进行区分规定?笔者认为,尽管实质内容在相关文件的性质判定中占据主导地位,但现行司法解释的形式区分仍具一定意义。通过对预约合同的典型表现形式与例外表现形式的区分,既有助于引导人们对预约的常规样态形成妥适理解,也为司法实践中的性质识别提供了有益的参考价值。毕竟,尽管预约合同与磋商性文件在理论上具有明显差异,但在实践中可能存在诸多相似之处,易于混淆,往往需要结合多种因素加以考察。其中,文件的名称便是一项可供参酌的因素,② 可为文件性质的初步判定提供指引。如果名称是"意向书""备忘录""草案""初步协议"等表述,应首先考虑其是否属于磋商性文件;如果标题是"认购书""订购书""预订书"等表述,宜首先考虑其是否符合预约合同的构成要件。

(三)本约合同成立的特殊情形

1. 预约与本约的核心区分标准

关于预约与本约的区分标准,理论界主要从当事人的意思表示及合同内容的确定性这两个方面加以展开。③ 在针对一项具体的合同文本加以识

---

① 参见上海市第二中级人民法院(2007)沪二中民二(民)终字第1125号民事判决书。
② 参见郭魏:《意向书的法律性质和效力》,载《人民司法·案例》2015年第22期;最高人民法院民法典贯彻实施工作领导小组主编:《中华人民共和国民法典合同编理解与适用》,人民法院出版社2020年版,第236页。
③ 参见王利明:《预约合同若干问题研究——我国司法解释相关规定评述》,载《法商研究》2014年第1期;朱广新、谢鸿飞主编:《民法典评注·合同编·通则1》,中国法制出版社2020年版,第235-236页;焦清扬:《预约合同的法律构造与效力认定》,载《社会科学》2016年第9期;张古哈:《预约合同制度研究——以〈买卖合同司法解释〉第2条为中心》,载《社会科学研究》2015年第1期。

别的过程中，二者往往形成彼此佐证的互补关系。但在个别情形中，两种标准可能形成冲突，典型场景是：订购书已经具备了本约合同的主要条款，并且当事人仍约定了将来缔结本约的条款。此时，应当如何理解该项订购书的性质？一种观点认为，合同内容的确定性应当作为核心的判断标准，只要订购书等具备了本约的主要内容，即应当认定其构成本约；[1] 在2012年的最高人民法院公报案例"张励案"中，司法机关的裁判说理即反映出此种思路。[2] 另一种观点则认为，当事人意思表示是认定合同性质的关键，如果当事人存在将来缔结本约的明确意思，即使合同完全具备了本约的主要条款，也应当认定其为预约合同。[3]

在2015年第1期的最高人民法院公报案例"成都讯捷案"中，一审、二审及再审法院的不同裁判思路，尤为鲜明地反映出上述两种标准在实践应用中的差异。在该案中，《购房协议书》中的当事人名称、标的、价款、违约责任等主要条款明确具体，同时约定，双方在签订该协议后还应当就房屋买卖的事宜进行进一步协商并签订《房屋买卖合同》。对此，一审、二审法院根据《合同法司法解释（二）》第1条第1款，认定该协议书的性质为本约合同；但再审法院予以改判，认定其为预约合同，并系统阐明了以意思表示为核心判断基准的裁判理由："仅根据当事人合意内容上是否全面，并不足以界分预约和本约。判断当事人之间订立的合同系本约还

---

[1] 参见叶峰：《论预约合同的出路——以类型系列的构建为分析视角》，载《法律适用》2015年第9期。

[2] 法院指出："判断商品房买卖中的认购书究竟为预约合同还是本约合同，最主要的是看此类认购书是否具备了《商品房销售管理办法》第十六条规定的商品房买卖合同的主要内容即是否具备当事人名称或者姓名和住所，商品房基本状况，商品房的销售方式，商品房价款的确定方式及总价款、付款方式、付款时间，交付使用条件及日期，装饰、设备标准承诺，水电气讯配套等承诺和有关权益、责任，公共配套建筑的产权归属等条款。但一般来说，商品房认购书中不可能完全明确上述内容，否则就与商品房买卖合同本身无异，因此在实践操作过程中，这类认购书只要具备了双方当事人的姓名或名称，商品房的基本情况（包括房号、建筑面积）、总价或单价、付款时间、方式、交付条件及日期，就可以认定认购书已经基本具备了商品房买卖合同本约的条件。反之，则应认定为预约合同。"载《最高人民法院公报》2012年第11期。

[3] 参见崔建远：《合同法》（第四版），北京大学出版社2021年，第35页；叶雄彪、梅夏英：《预约合同问题研究》，载《中国社会科学院研究生院学报》2019年第4期；陆青：《〈买卖合同司法解释〉第2条评析》，载《法学家》2013年第3期；陈峻阳：《论我国预约合同效力的认定方法》，载《河南财经政法大学学报》2022年第3期。

是预约的根本标准应当是当事人的意思表示，也就是说，当事人是否有意在将来订立一个新的合同，以最终明确在双方之间形成某种法律关系的具体内容。如果当事人存在明确的将来订立本约的意思，那么，即使预约的内容与本约已经十分接近，即便通过合同解释，从预约中可以推导出本约的全部内容，也应当尊重当事人的意思表示，排除这种客观解释的可能性。"

"成都讯捷案"中再审法院秉持的观念，在此后的司法实践中逐渐占据主导地位。在对预约合同和本约合同进行区分时，当前法院普遍以当事人的意思表示作为核心标准。对此，《民法典合同编通则司法解释》明确予以吸纳，基于对第6条第3款前半句规定的反面解释可知，若当事人订立的认购书、订购书、预订书等已就合同标的、数量、价款或者报酬等主要内容达成合意，符合本解释第3条第1款规定的合同成立条件，尽管其在内容完备性上已经达到本约合同的程度，但如果当事人明确约定了将来一定期限内另行订立合同，则应当充分尊重当事人的意思自治，认定该认购书等为预约合同。

2. 疑约从本

一个合同究竟属于本约还是预约，应首先探求当事人的真实意思表示予以认定。但在实践中，订购书等协议是否具备在将来一定期限内订立本约的意思表示，可能并不明确，并且结合其他因素仍然无法清晰界定，此时应当如何认定该协议的法律性质，存在讨论空间。对此，大体形成了"疑约从本"和"疑约从预"的对立观点。多数学者秉持前者立场，认为订立预约在交易上系属例外，因此，有疑义时，宜认定为本约，这一原则也符合合同法鼓励交易的立法宗旨和价值取向。[1] 此种观念也通常被表达为"名为预约，实为本约"，正如梁慧星教授所言："如买卖合同全部要素均已达成合意，据此双方均可履行各自义务，实现缔约目的（一方获得标

---

[1] 参见王泽鉴：《债法原理》（第二版），北京大学出版社2013年版，第135页；刘承韪：《预约合同层次论》，载《法学论坛》2013年第6期；刘贵祥：《关于合同成立的几个问题》，载《法律适用》2022年第4期；崔建远：《合同法》（第四版），北京大学出版社2021年版，第35页；焦清扬：《预约合同的法律构造与效力认定》，载《社会科学》2016年第9期。

的物所有权、他方获得价金），而无须另外订立合同，即使名为预约，亦应认定为买卖合同本约。"① 但也有少数学者主张"疑约从预"，认为在当事人未有明确的受本约拘束的意思表示时，不应当片面追求交易成功，否则会削弱当事人的缔约自由；据此，除非合约中明确表示双方愿意根据此合约成立具体法律关系，才能将含有"认购、订购、预订"等字眼的合约认定为本约，否则，即使合约规定了详细内容，一般也应当根据合约的名称来认定合约的性质为预约。②

主张"疑约从预"的学者极力强调意思自治的重要性，认为当合同自由与促成交易两种价值相衡量时，前者应当处于优先位阶。但是，在当事人意思表示不明确时，其选择通过协议的名称认定合同性质，而忽视了合同内容完备性在一定程度上所能反映的可推知意思，这本身便是对意思自治的违反。并且，通常而言，"促成交易"与"合同自由"也并非相互对立，"疑约从本"强调对前者价值的追求，同时也构成了对后者自由的确认。正如有学者所指出的那样，尽管合同在内容上是否完整并不是判断合同性质的关键因素，但是，通过内容完整性可以凸显出双方当事人在签订预约合同时的真实意思。③ 综上，相较而言，"疑约从本"的主张更具合理性。《民法典合同编通则司法解释》第6条第3款对此予以确认。根据该款规定，当事人订立的认购书、订购书、预订书等已就合同标的、数量、价款或者报酬等主要内容达成合意，符合《民法典合同编通则司法解释》第3条第1款规定的合同成立条件，如当事人未明确约定将来一定期限内另行订立合同，人民法院应当认定本约合同成立。

---

① 梁慧星：《对买卖合同司法解释（法释〔2012〕8号）的解读和评论》，载中国法学创新网，http://www.fxcxw.org.cn/dyna/content.php?id=10289，2023年12月10日访问。
② 参见王瑞玲：《预约、本约区分和衔接的主观解释论——兼对客观解释论商榷》，载《政治与法律》2016年第10期。林洹民教授持类似立场，其指出："如果当事人能够缔结本约却一致同意缔结意向书、备忘录等预约文书，法秩序视之为欠缺承受合同义务的效果意思，不得强行将预约文书视为本约，以此确保当事人根据交易环境变化变更合意的可能。"参见林洹民：《预约学说之解构与重构——兼评〈民法典〉第495条》，载《北方法学》2020年第4期。
③ 参见陈峻阳：《论我国预约合同效力的认定方法》，载《河南财经政法大学学报》2022年第3期。

3. 履行治愈

若订购书等协议就合同的主要内容达成合意,且明确约定将来一定期限内另行订立合同,此时并不存在"疑约从何"的问题,如前所述,应当认定预约合同成立。但在例外情形下,即使满足前述要件,亦有本约合同成立的可能。对此,2003年颁布的《商品房买卖合同司法解释》(法释〔2003〕7号)便已作出指引,第5条规定:"商品房的认购、订购、预订等协议具备《商品房销售管理办法》第十六条规定的商品房买卖合同的主要内容,并且出卖人已经按照约定收受购房款的,该协议应当认定为商品房买卖合同。"根据最高人民法院的解读,该条承认了预约与本约之间的可转化性,也即,在预约合同中载明了本约合同的主要内容,并且一方或双方当事人已经实际履行,当初限制交易不成熟的条件业已消除,即使双方未按预约合同签订本约合同,其预约亦已转化为本约性质,故此可以认定为本约合同。[①]

然而,严格来讲,预约与本约是相互独立的两个合同,并不存在相互转化的问题。在预约当事人没有订立本约合同书的情况下,出卖人已经按照约定收受购房款,根据《民法典》第135条和《民法典总则编司法解释》第18条的规定,可以认为当事人以默示的方式达成了一个新的协议。该协议和已经订立的预约在交易内容上发生重合,虽然没有采取书面形式,但按照《民法典》第490条第2款的规定,应当认为当事人以事实履行行为达成了本约。换言之,具备《商品房销售管理办法》第16条规定的商品房买卖合同的主要内容的订购书等协议,性质上依然是预约而非买卖合同本约。[②] 只是由于事实本约合同的成立,该项预约已经完成使命,

---

[①] 参见最高人民法院民事审判第二庭编著:《最高人民法院关于买卖合同司法解释理解与适用》,人民法院出版社2012年版,第55页;最高人民法院民事审判第一庭编著:《最高人民法院关于审理商品房买卖合同纠纷案件司法解释的理解与适用》,人民法院出版社2003年版,第70页。

[②] 参见陆青:《〈买卖合同司法解释〉第2条评析》,载《法学家》2013年第3期;叶雄彪、梅夏英:《预约合同问题研究》,载《中国社会科学院研究生院学报》2019年第4期;王瑞玲:《预约、本约区分和衔接的主观解释论——兼对客观解释论商榷》,载《政治与法律》2016年第10期。

失去其应有的作用,故应自动失效,合同的权利义务终止。[1] 司法实践中,2015年的最高人民法院公报案例"成都讯捷案"也对《商品房买卖合同司法解释》(法释〔2003〕7号)第5条的规定予以纠正。在该案中,双方当事人订立的《购房协议书》已经具备房屋买卖合同的主要内容,出卖人也已经按照约定收受了部分购房款并将合同项下的房屋交付给了买受人,但再审法院并未根据《商品房买卖合同司法解释》(法释〔2003〕7号)将该协议认定为"商品房买卖合同",而是仍将其定性为预约合同。法院同时认为,基于当事人间的事实履行行为,根据原《合同法》第36条、第37条的规定,可以认定当事人之间达成了买卖房屋的合意,成立了房屋买卖法律关系。

尽管2020年修正后的《商品房买卖合同司法解释》(法释〔2020〕17号)仍然对上述规范予以维持,但《民法典合同编通则司法解释》已经有效汲取了理论及实践发展的经验,针对因履行而成立本约合同的情形作出了准确界定。根据该解释第6条第3款的规定,当事人订立的认购书、订购书、预订书等已就合同标的、数量、价款或者报酬等主要内容达成合意,符合本解释第三条第一款规定的合同成立条件的,即使当事人明确约定将来一定期限内另行订立合同,但当事人一方已实施履行行为且对方接受的,人民法院仍应当认定本约合同成立。该款摒弃了《商品房买卖合同司法解释》(法释〔2020〕17号)第5条中"该协议应当认定为商品房买卖合同"的表述,而是专门采取了"人民法院应当认定本约合同成立"的规范表达,意在凸显本约合同因事实履行行为而成立,而非由预约合同转化而来。

根据《民法典》第490条第2款中履行治愈的一般规则,合同自"对方接受履行时"成立。但《民法典合同编通则司法解释》第6条第3款仅在构成要件层面上对履行及受领行为加以强调,要求本约合同的成立须满

---

[1] 参见徐蓬勇、陈海鸥、施国强:《签订商品房买卖合同后预定协议书即终止》,载《人民司法·案例》2017年第26期。

足"当事人一方已实施履行行为且对方接受的",而并未专门指出时点,由此便产生一定程度的解释空间。本书认为,原则上仍应遵循《民法典》的一般规定,认定本约合同自一方当事人接受他方实施的履行行为时成立。但在商品房买卖所涉及的执行纠纷中,基于保护消费者生存权的政策考量,可例外认为,本约合同的成立可溯及至当事人订立的认购书等就本约合同主要内容达成合意之时。据此,如果在人民法院对登记在被执行的房地产开发企业名下的商品房进行查封之前,商品房消费者已和出卖人签订合法有效的书面预约合同,且该合同就本约主要内容达成了合意,此时便可认为,满足了《执行异议复议规定》第29条第1项之要件("在人民法院查封之前已签订合法有效的书面买卖合同")。在该条第2、3项要件均得符合的情形下,消费者购房人有权对案涉商品房提出执行异议,以排除强制执行。

【典型案例】

1. 陈某羽、陈某全诉房地产开发公司商品房预售合同纠纷案

[案号] (2014) 渝一中法民终字第00179号
[审理法院] 重庆市第一中级人民法院
[来源] 中国裁判文书网
[关键词] 商品房预售　定金
[裁判摘要] 在商品房买卖过程中,买房人与开发商置业顾问签订的包含房号、面积、单价及签约期限等内容的签约置业预算表应认定为商品房预约合同。与该预约合同一并订立的定金合同具有立约定金和违约定金的双重属性,在开发商未按预约合同的约定与买房人签订商品房买卖合同时,买房人可以主张适用定金罚则,要求开发商双倍返还定金。

2. 资产管理公司诉经济开发区管理委员会开发经营合同纠纷案

[案号] (2014) 民申字第263号

[审理法院] 最高人民法院

[来源] 中国裁判文书网

[关键词] 要约　建设用地使用权

[裁判摘要] 意向书的法律含义并不明确，法律性质也呈多样化，可能是磋商性文件、预约合同或者本约合同。如果只是磋商性文件，则一般无法律约束力；如果构成预约合同，若违反则应承担预约合同违约责任或者损害赔偿责任；如果构成本约合同，则应按合同法等有关规定承担违约责任。对其性质和效力，应从约定形式是否典型、内容是否确定以及是否有受约束的意思表示等方面出发，根据有关法律和司法解释的规定具体审查认定。如标的、数量不确定，缺少当事人受其约束的意思表示，一般应认定为磋商性文件。

3. 汽车公司诉财产保险公司保险合同纠纷案

[案号]（2015）大民三终字第1655号

[审理法院] 辽宁省大连市中级人民法院

[来源] 中国裁判文书网

[关键词] 预约保险合同　射幸合同

[裁判摘要] 预约保险合同和保险合同涉及两个不同的法律关系，预约保险合同设立了保险合同的缔结义务。预约保险合同并不能直接产生保险合同义务，发生保险事故时，投保人不能依据预约保险合同要求保险公司赔偿。只有签订保险合同后，保险公司才就保险合同中被保险人所遭受的损失负赔偿义务。保险合同中未约定的内容，可以适用预约保险合同中的约定；保险合同对预约保险合同已变更的内容，应优先适用保险合同的约定。

（撰稿人：张玉涛）

第七条　【违反预约合同义务的认定】预约合同生效后，当事人一方拒绝订立本约合同或者在磋商订立本约合同时违背诚信原则导致未能订立本约合同的，人民法院应当认定该当事人不履行预约合同约定的义务。

人民法院认定当事人一方在磋商订立本约合同时是否违背诚信原则，应当综合考虑该当事人在磋商时提出的条件是否明显背离预约合同约定的内容以及是否已尽合理努力进行协商等因素。

【关联规定】

一、《民法典》（2020年5月28日）

第495条　当事人约定在将来一定期限内订立合同的认购书、订购书、预订书等，构成预约合同。

当事人一方不履行预约合同约定的订立合同义务的，对方可以请求其承担预约合同的违约责任。

二、其他法律

1.《海商法》（1992年11月7日）

第231条　被保险人在一定期间分批装运或者接受货物的，可以与保险人订立预约保险合同。预约保险合同应当由保险人签发预约保险单证加以确认。

第232条　应被保险人要求，保险人应当对依据预约保险合同分批装运的货物分别签发保险单证。

保险人分别签发的保险单证的内容与预约保险单证的内容不一致的，以分别签发的保险单证为准。

2. 《城市房地产管理法》（2019年8月26日）

第45条　商品房预售，应当符合下列条件：

（一）已交付全部土地使用权出让金，取得土地使用权证书；

（二）持有建设工程规划许可证；

（三）按提供预售的商品房计算，投入开发建设的资金达到工程建设总投资的百分之二十五以上，并已经确定施工进度和竣工交付日期；

（四）向县级以上人民政府房产管理部门办理预售登记，取得商品房预售许可证明。

商品房预售人应当按照国家有关规定将预售合同报县级以上人民政府房产管理部门和土地管理部门登记备案。

商品房预售所得款项，必须用于有关的工程建设。

三、司法解释

《买卖合同司法解释》（法释〔2020〕17号）

第2条　标的物为无需以有形载体交付的电子信息产品，当事人对交付方式约定不明确，且依照民法典第五百一十条的规定仍不能确定的，买受人收到约定的电子信息产品或者权利凭证即为交付。

《商品房买卖合同司法解释》（法释〔2020〕17号）

第4条　出卖人通过认购、订购、预订等方式向买受人收受定金作为订立商品房买卖合同担保的，如果因当事人一方原因未能订立商品房买卖合同，应当按照法律关于定金的规定处理；因不可归责于当事人双方的事由，导致商品房买卖合同未能订立的，出卖人应当将定金返还买受人。

第5条　商品房的认购、订购、预订等协议具备《商品房销售管理办法》第十六条规定的商品房买卖合同的主要内容，并且出卖人已经按照约定收受购房款的，该协议应当认定为商品房买卖合同。

四、司法指导性文件

《全国法院贯彻实施民法典工作会议纪要》（法〔2021〕94号）

6. 当事人对于合同是否成立发生争议，人民法院应当本着尊重合同自由，鼓励和促进交易的精神依法处理。能够确定当事人名称或者姓名、标的和数量的，人民法院一般应当认定合同成立，但法律另有规定或者当事人另有约定的除外。

对合同欠缺的当事人名称或者姓名、标的和数量以外的其他内容，当事人达不成协议的，人民法院依照民法典第四百六十六条、第五百一十条、第五百一十一条等规定予以确定。

【理解与适用】

一、本条主旨

本条是关于如何认定预约合同义务违反的细化规定。

二、《民法典》条文理解以及有待细化的问题

《民法典》第495条规定了预约合同及其违约责任。在我国社会主义现代化发展过程中，预约合同逐渐从特殊交易方式变得一般化，而随交易实践变化，预约合同相关法律规定也逐渐完善。自1993年我国《海商法》首次规定预约合同后，2003年《商品房买卖合同司法解释》、2012年《买卖合同司法解释》、2021年《民法典》均对预约合同作出规定，将预约合同的规范范围从海商保险领域渐次扩大到商品房买卖合同领域、一般买卖合同领域、一般合同领域。

在订立本约合同条件不成熟的情况下，订立预约合同可起到节约交易成本，固定交易机会的作用。《民法典》第495条第1款定义了预约合同的法律性质，即预约合同是以将来一定期限内订立本约合同为主合同义务的合同。换言之，预约合同包含两重法律要素，订立本约合意与一定期限内。若合同中无订立本约的合意或无具体缔约期限的约定，均不宜认定为预约合同。应当注意的是，缔约期限并不一定必须是确定期限，亦可以是将来某法律事实发生等的不确定期限。[1] 除缔约期限与订立本约的合意之

---

[1] 参见杨代雄主编：《袖珍民法典评注》，中国民主法制出版社2022年版，第391页。

外，预约合同的内容还需满足《民法典》第 472 条合意内容确定等要求包含的合同必要点，若预约合同是买卖预约合同，则还需满足《民法典》第 596 条关于买卖合同内容包含标的、数量等的要求。① 总之，预约合同的法律特征主要在于，是否以将来一定期限内订立新合同为主要合同内容。因此，《民法典》第 495 条第 1 款列举的认购书、订购书、预订书等合同名称对裁判中认定预约合同仅具有提示意义。

《民法典》第 495 条第 2 款规定了违反预约合同义务的法律责任。违反预约合同义务后的责任承担与《民法典》第 577 条一般违约责任相同。同样，违反预约合同的责任承担方式如解除合同、损害赔偿、强制履行等也与一般的违约责任承担方式相同。就损害赔偿而言，违反预约合同的损害赔偿与一般合同的损害赔偿无异，即以《民法典》第 584 条之规定赔偿合同可得利益为限。有观点认为，违反预约合同的损害赔偿仅包括磋商成本、合同准备履行的费用及缔约机会损失，总体上与本约的缔约过失责任赔偿范围一致，②但《民法典合同编通则司法解释》第 8 条第 2 款、第 3 款已经明确，违反预约合同的赔偿范围与本约的履行利益相当。③ 另外，当事人可自行在预约合同中约定违约金或定金，若约定违约金过高或过低，则亦可适用《民法典》第 585 条规定的违约金调整规则。就强制履行而言，预约合同中订立本约的义务本属于《民法典》第 580 条第 1 款第 2 项规定的不适宜强制履行的义务，因此实践中有观点否认预约的强制缔约效力。但若预约合同的内容已经规定完整，则可通过法院裁判代替当事人订立本约的意思表示，以强制履行实现预约合同目的。④ 其原理在于，预约本为合同创设的强制缔约，因此并不侵害当事人合同缔约自由，且由于预约合同内容已经完整到可以预见本约，因此也无损意思自治。就合同解

---

① 参见徐涤宇、张家勇主编：《〈中华人民共和国民法典〉评注》，中国人民大学出版社 2022 年版，第 531 页。
② 参见徐涤宇、张家勇主编：《〈中华人民共和国民法典〉评注》，中国人民大学出版社 2022 年版，第 532 页。
③ 参见陈峻阳：《论预约合同的违约责任》，载《河南大学学报》2021 年第 2 期。
④ 参见王俐智：《预约合同违约责任的争议与回应——基于动态缔约观的分析》，载《财经法学》2021 年第 5 期。

除而言，应当认为预约合同解除规则与一般合同解除规则无异，在预约合同解除问题上适用《民法典》第563条等关于合同解除的规定即可。

《民法典》对预约合同的规定弥补了法定缔约过失责任的不足，使权利人可通过预约合同制度降低举证证明负担，扩大获得赔偿范围。但是，唯因预约合同的主合同义务是订立本约，因此在违反预约合同行为的认定上须基于诚信原则考虑当事人是否尽到磋商义务促成本约订立，而实践中订立预约合同本就是订立本约条件不成熟所致，后期往往发生虽然条件成熟但债务人故意背离预约合同条件磋商以致本约不能订立，或因合同订立基础发生变化导致订立本约对债务人明显不公的情形。上述场合中，如何认定债务人的行为违反预约合同，以及其是否可依据《民法典》第533条情势变更制度或不可抗力制度免除违约责任，都是实践中的焦点问题，有待《民法典》之外的司法解释等规范性文件作出回应性规定。[1]

三、司法解释条文理解

本条司法解释包括两款条文，第1款总体上明确当事人无正当理由拒绝订立本约合同或本约订立时恶意磋商导致不能订立本约的，均属于违反预约合同义务的行为。第2款规定了具体如何判断当事人在违背诚信原则的恶意磋商。换言之，第1款是关于违反预约合同行为的一般规定，第2款是具体判断基准。

尽管预约制度本身为当事人是否在未来通过本约意思表示最终完成交易提供了选择空间，但订立预约的功能是将当事人前期磋商谈判成果固定下来，以预约合同的形式对当事人产生法律上的拘束力。因此，本条第1款规定预约合同生效后，当事人一方拒绝订立本约合同或者在磋商订立本约合同时违背诚信原则导致未能订立本约合同，都属于违反预约合同，应承担违反预约合同的违约责任。

本条第2款采用部分列举+兜底的立法方式，列举了两种典型违反预

---

[1] 参见最高人民法院发布的2022年全国法院十大商事案件之二：巩义市嘉成能源有限公司与河南大有能源股份有限公司定金合同纠纷案。

约合同磋商义务的行为表现，即磋商本约时提出明显背离预约合同条件的内容和未尽合理努力进行协商。在认定当事人提出的本约条件背离预约合同内容的问题上，仅需考虑本约条件是否在价款、履行期限、履行方式等方面与预约内容存在显著差异即可，无须考虑是否达到严重影响本约合同履行的程度。本款最后的规定"等因素"表明，考虑当事人是否违背诚信原则进行磋商包括但不限于上述两种条件，可结合案件实际情形考虑当事人是否诚信磋商。

理解本条的难点在于第 2 款与第 3 款的适用关系。第 2 款在规范上限缩了拒绝订立本约的正当理由范围，即仅限不可抗力、情势变更及当事人约定三种情形。从规范内容上看，该条第 2 款在预约合同的效力问题上，采"必须缔约说"，即认为预约合同具有强制缔约的效力，除不可抗力、情势变更、当事人约定三种情形外，当事人均须依照预约合同约定订立本约，否则应承担违反预约合同的责任。但第 3 款内容上又采取了与"必须缔约说"不同的"必须磋商说"，即认为预约合同产生强制磋商义务和必须磋商的效力，只要当事人为达成本约进行了诚信磋商，即使最终未订立本约，也不承担违反预约合同的违约责任。

比较法上，"必须缔约说"并非大陆法系主流观点，以德国、法国为代表的大陆法系国家均采"必须磋商说"。"必须缔约说"的优点在于其赋予预约合同对当事人的拘束效果，在当事人之间形成了强制缔约的义务，保障商事谈判的前期成果的同时节约了交易成本；但其缺陷在于侵害了当事人根据未来现实情况订立本约的意思自治。[1]"必须磋商说"的优势在于保留当事人根据未来实际情况商谈本约内容的权利，也通过预约合同责任限定当事人磋商义务从而固定商谈机会，[2]但其缺陷在于必须磋商义务容易导致预约合同失去强制力，使预约合同制度流于形式。

---

[1] 参见张素华、张雨晨：《〈民法典合同编〉预约制度的规范构造》，载《社会科学》2020 年第 1 期。

[2] 参见叶雄彪、梅夏英：《预约合同问题研究》，载《中国社会科学院研究生院学报》2019 年第 4 期。

预约的目的和主合同义务本就是将来一定期限内订立本约，若预约仅产生将来强制磋商的义务则当事人无必要订立预约，因为这样徒增交易成本也很难限制当事人潜在的恶意磋商行为。例如，债务人以合同内容修改的内部流程为由故意拉长磋商期限，债权人很难举证证明其存在违背诚信原则的磋商行为。但是，单纯的"必须缔约说"又过分加重了当事人的缔约负担，特别是在预约合同内容并不完备的情形下，当事人失去了根据未来情况变化决定是否订立本约的缔约自由。[1] 在此基础上，"内容决定说"应运而生。"内容决定说"认为，应依据预约合同完备程度决定预约合同的效力，进而通过预约合同的效力确定违反预约合同的行为。有学者主张仅包含当事人、标的、数量的简单预约以及包含当事人、标的、数量、价款的典型预约的效力应采"必须磋商说"，当事人只要诚信磋商即不违背预约合同义务；包含本约合同完整或主要内容的预约合同为完整预约，合同效力应采"必须缔约说"。[2] 但该说的缺陷在于，因合同种类和内容的差异，学术上很难在预约合同是否内容完备上达成共识，实践中也需根据不同合同内容作复杂且难以统一的司法判断。

在预约合同的效力问题上有两种学说。"必须缔约说"认为预约合同具有强制缔约的效力，除不可抗力、情势变更、当事人约定的三种情形外，当事人均须依照预约合同约定订立本约，否则应承担违反预约合同的责任。"必须磋商说"认为预约合同产生强制磋商义务和必须磋商的效力，只要当事人为达成本约进行了诚信磋商，即使最终未订立本约，也不承担违反预约合同的违约责任。

本条最终采"必须磋商说"。其意义在于，现行法并无对意思表示强制执行的规范基础，订立预约合同后即产生必须缔约的法律效果过于侵害合同自由和私法自治，也有违预约合同制度本身对不确定未来的可决策安排。可见，《民法典合同编司法解释》第 7 条在沿袭《买卖合同司法解释》

---

[1] 参见耿利航：《预约合同效力和违约救济的实证考察与应然路径》，载《法学研究》2016 年第 5 期。

[2] 参见刘承韪：《预约合同层次论》，载《法学论坛》2013 年第 6 期。

和尊重《民法典》第 495 条规定的基础上采"必须磋商说"值得肯定。

应注意的是，当事人不履行预约合同的免责条件。拒绝履行作为债务不履行的一种方式，本应产生违约责任，但因不可抗力、情势变更或当事人约定情形发生的，当事人可以合法拒绝履行预约合同，即拒绝履行签订本约的义务并免于承担违反预约合同的责任。依照《民法典》合同编规定，拒绝履行的正当理由包括当事人行使同时履行抗辩权、不安抗辩权、履行时限未到、履行条件不成就等[①]，但由于本条的规范对象是预约合同，其主合同义务本就为在一定期限内订立本约，仅当履行条件已成就或履行时限已到时，才发生签订本约的合同义务，因此履行时限未到、履行条件不成就不能作为拒绝履行的理由。同时，亦因为预约合同的主要义务为签订本约，签订本约后才发生合同实际履行的问题，履行抗辩权在本约签订后再行使亦无伤公平与效率，故拒绝履行的正当理由亦不包括履行抗辩权的行使。由此，应在解释上将拒绝履行预约合同的正当理由限定于不可抗力、情势变更和当事人约定三种情形。

在拒绝履行预约合同的时间问题上，拒绝履行可以是在预约合同到期前拒绝履行，也可以是预约合同到期后拒绝履行；在拒绝履行的方式问题上，当事人可以是明示拒绝履行，也可以是通过不作为的方式默示拒绝履行。拒绝履行的核心是根据当事人的意思表示以及可推知的主观意思，因此拒绝履行必须是明白确定的。但与一般合同中拒绝履行认定不同的是，预约合同的拒绝履行可以是迟延履行，若当事人在预约合同履行期限届满后，经过合理宽限期仍表示过一段时间再订立本约的，则构成拒绝履行而非仅构成迟延履行。由于预约合同本身在合同履行障碍方面亦适用不可抗力、情势变更制度，且《民法典》已对不可抗力、情势变更的构成与法律效果作出具体规定。

该条适用的疑点在于，实践中在联系不到合同相对人时，向合同相对人之近亲属等发送磋商本约的消息是否可认为诚信地完成了磋商义务？以

[①] 参见韩世远：《合同法总论》，法律出版社 2018 年版，第 564 页。

非即时通讯的方式进行磋商，当事人超期限回复后，相对人是否可不再与其磋商且不构成违约预约合同义务？应当认为，在联系不到合同相对人时，向合同相对人之近亲属等发送磋商本约的消息是其已诚信地完成了磋商义务。预约合同一方通过邮寄、电子讯息等方式将本约内容送至相对方，相对方以未收到为由超期回复的，当事人因客观行为上尽到了预约合同中约定的告知义务、诚信磋商签订本约的义务等，未通过不正当手段阻止买受人按期作出本约承诺，可不再与相对人磋商，且不构成违反预约合同的行为。例如，在李某远、房地产公司商品房预约合同纠纷案[1]中，最高人民法院即认为："认购协议第四条约定：若甲方关于该物业所承诺的租赁事宜未与江北嘴中央商务区管委会达成一致，甲方应告知乙方（包括电话、短信、微信等形式）。房地产公司确认涉案房屋不能与商务区管委会达成租赁协议后，其置业顾问于 2019 年 5 月 10 日通过微信告知李某森。2019 年 5 月 16 日，房地产公司以催签函告知"望您在收到函告 5 日内与我司尽快确定签约事宜。李某远应当在接通知后 5 日内决定并反馈在当前出卖条件下是否选择购买。前述催签函房地产公司先后三次送达，以邮件于 2019 年 5 月 19 日送达李某远的深圳地址、以李某森的微信于 2019 年 5 月 20 日通知、以邮件于 2019 年 5 月 23 日送达李某远位于我国香港特别行政区的地址，但李某远于 2019 年 6 月 6 日才通过微信及邮寄函回复继续购买，构成逾期回复。"并且，认购协议第四条第 2 款并未约定租约未能达成时乙方回复甲方通知的期限，仅约定租约达成时乙方需于收到甲方通知后七日内签约，即在租约达成的情形下，七日内需要完成李某远回复、双方确定签约时间以及具体签约等事项。参照此情形，房地产公司给予李某远 5 日期间反馈确认是否购买，并不存在明显不合理。并且，李某远的父亲于 2019 年 5 月 20 日微信获悉催签函内容后的处理方式为'月底来渝'，李某远明知催签函告知的 5 日时限但迟至 2019 年 6 月 6 日才回复，并非 5 日期限不合理所致。

---

[1] 最高人民法院（2021）最高法民申 1544 号民事裁定书。

【典型案例】

1. 李某远、房地产公司商品房预约合同纠纷案

[案号]（2021）最高法民申 1544 号

[审理法院] 最高人民法院

[来源] 中国裁判文书网

[关键词] 预约合同　违约行为　诚信原则　合同解除

[裁判摘要] 买卖预约合同的出卖人及时向买受人发送书面催签函、邮寄《认购协议》、将签订本约的要约通过网络发送给买受人的近亲属等行为，均表明出卖人已尽到了预约合同的诚信磋商义务，买受人以未在当地、未收到邮件或不知情为由，超过本约要约的时间作出承诺的，不影响买受人的行为构成逾期回复。出卖人的本约要约中以 5 日为限要求买受人作出承诺，符合预约合同中约定的内容，5 日的承诺期限时限设定合理，不违背诚信磋商义务。即使出卖人存在将案涉房屋另行出售的主观意图，但客观行为上其尽到了预约合同中约定的告知义务、诚信磋商签订本约的义务等，未通过不正当手段阻止买受人按期作出本约承诺，因此出卖人的行为不承担违反预约合同的违约责任。

[基本案情] 2019 年 4 月 2 日，房地产公司（甲方）与李某远（乙方）签订认购协议，约定李某远认购房地产公司开发的房地产项目四期 B7 商铺 1 号、四期 B1 商铺 10 号的两套物业，建筑面积共 726.73 平方米，套内面积 712.67 平方米，总价 2000 万元。该协议首部载明了李某远的联系电话和通讯地址。认购协议主要内容：一、付款方式：全款分期或首付分期。1. 诚意金 80 万元于签署认购书时付清。2. 以下付款方式二选一：（1）全款分期付款：首期房款 600 万元应于签订买卖合同时付清（含已付定金），2019 年 12 月 10 日前付清剩余房款 1400 万元。（2）首付分期付款：首期房款 600 万元应于签订买卖合同时付清，2019 年 10 月 10 日前支付二期房款 600 万元，剩余房款支付与甲方指定银行办妥按揭贷款申请手

续，具体贷款金额以银行审批结果为准。二、交楼时间，以《重庆市商品房买卖合同》为准。三、装修标准，以《重庆市商品房买卖合同》附件为准。四、双方责任：1. 甲方已向乙方明示《重庆市商品房买卖合同》《补充协议》等。乙方声明已知悉并认可上述资料之内容，同意按照上述资料之内容签订《重庆市商品房买卖合同》及《补充协议》。2. 甲乙双方在本认购书签订后，若甲方关于该物业承诺的租赁事宜未与江北嘴中央商务区管委会达成一致，甲方应告知乙方（包括电话、短信、微信等形式），若乙方仍愿意购买则购买价格不得超过本认购协议约定的总价格，乙方享有本认购书约定价格的优先购买权；若乙方放弃购买，则甲方需将诚意认购金全额退还乙方，乙方不予追究甲方任何责任。若甲方关于该物业的租赁事宜与江北嘴中央商务区管委会达成一致，则乙方需于收到甲方通知（包括但不限于电话、函件、短信等形式）后7日之内按2000万元的房价签订《重庆市商品房买卖合同》，逾期签约甲方可以另售该物业，乙方不得追究甲方任何责任，诚意金甲方无息退还乙方。3. 甲乙双方的联络方式以本认购书所载明的电话、传真、通讯地址为准；如甲方按上述电话、传真、地址联络不到乙方或乙方联系方式变更后未及时书面通知而致……6. 本认购书违约责任的约定不因签订《重庆市商品房买卖合同》而失效，认购书与《重庆市商品房买卖合同》内容不一致的，以《重庆市商品房买卖合同》为准。同日，李某远交纳了诚意金80万元。

认购协议第4条第1款提及的甲方明示的《重庆市商品房买卖合同》，系开发商提供的未签署的合同文本范本。其中，附件五《补充协议》第14条约定，无故擅自单方解除买卖合同的，违约方按购房总价的20%向对方支付违约金；第18条第9款约定，因履行买卖合同及相关协议发生诉讼，胜诉一方的律师代理费等由败诉方承担。

2019年5月16日，房地产公司向李某远邮寄了催签函，邮寄地址为广东省深圳市福田区。函告内容："……按照双方签订的认购协议约定……现已明确该物业未与管委会达成租赁协议，我司现以不带租约的形式销售此物业，前期已与您微信沟通，现发函正式通知您：一、该物业不带租约进行销售；二、关于该物业的接房时间是2020年6月1日。望您在收到函告5日内与我司尽快确定签约事宜，若您无意继续购买该物业，我司尽快给您安排退还诚意金事宜。"查询回执显示邮件于2019年5月19日签收，签收人为"他人收，蜂巢"。2019年5月20日，房地产公司又以认购协议载明的李某远位于我国香港特别行政区的联系地址邮寄了上述函告，查询回执显示邮件于2019年5月23日"妥投"。李某远认为，送达地址应以认购协议约定为准，因2019年5月26日至2019年6月2日期间李某远在泰国，寄往我国香港特别行政区的函件实际收到时间为2019年6月3日，且房地产公司仅指定5日答复期间不合理。

2019年6月6日，李某远向房地产公司邮寄了回函，主要内容为："已收到2019年5月16日来函，回复如下：一、本人同意以不带租约的形式购买该物业；二、同意2020年6月1日交房条件继续购买。请接函后三十天内按2019年4月2日协议约定的房价及付款方式签订买卖合同，本人将按合同履约。"2019年6月17日，李某远向房地产公司及其置业顾问分别邮寄了《关于要求立即履行的函》，要求房地产公司签订书面买卖合同并配合办理款项支付、物业过户等手续。

2019年5月30日，房地产公司与案外人就涉案两套房屋签订了商品房买卖合同，成交价合计2195万元，并于该日进行了合同备案登记，于2019年6月14日缴纳了交易契税。2019年6月26日，李某远与律师事务所签订《法律事务委托合同》，委托该所律师杨某某为李某远与房地产公司商品房销售合同纠纷案在一审、二审及执行程序提供法律服务，约定李某远于合同签订之日一次性支付律师服务费30万元。同日，律师事务所向李某远开具了两张各10万元的法律服务费发票。

2. 投资公司与房地产公司股权转让纠纷案

[案号]（2018）最高法民终661号

[审理法院] 最高人民法院

[来源] 中国裁判文书网

[关键词] 预约合同　合同拘束力　诚实信用　违约行为

[裁判摘要] 依法有效的预约合同，对预约合同各方均有约束力，当事人负有订立本约的合同义务，当事人不履行订立本约之义务，即构成违约。《买卖合同司法解释》第2条规定，一方不履行订立本约合同的义务，对方请求其承担预约合同违约责任或者要求解除预约合同并主张损害赔偿的，人民法院应予支持。根据该条规定，预约合同当事人虽不能请求强制缔结本约，但在预约合同一方不履行订立本约合同义务的情况下，对方可以请求其承担预约合同违约责任，或者要求解除预约合同并主张损害赔偿。且根据该条规定，守约方请求违约方承担违约责任，亦不以其违反诚信磋商义务为前提条件。

[基本案情] 2017年4月6日，投资公司、房地产公司、置业公司签订《框架协议》，就房地产公司收购中华置业公司100%的股权达成协议，协议约定双方根据尽职调查的结果，按照本协议约定的交易模式和原则签署正式的股权转让协议；若双方不能在2017年6月7日前达成正式的股权收购协议的，且双方未达成书面一致延长排他谈判期的，则本协议终止，保证金共管账户自动解除共管；若任一方违反诚实信用的原则，就最终交易价格的确定对经交易双方多次协商后确定的总对价原则进行重大改变，从而导致本次交易无法达成的，属于根本违约，违约方应当向守约方支付赔偿金人民币2亿元。在签订上述《框架协议》后，投资公司、房地产公司、中行璧山支行签订了《监管协议》，房地产公司随后将《框架协议》约定的履约保证金2亿元存入了前述《监管协议》约定的监控账户。

2017年6月4日，投资公司向房地产公司发出《关于股权收购事宜的函》，载明了以下主要内容：双方已就《框架协议》及《会议纪要》中的相关细节经过了多次的磋商洽谈，房地产公司多次提出对《框架协议》及《会议纪要》中所达成的共识条款作出改变。投资公司在坚持最终交易价格不变的基础上就房地产公司所提出的要求作出了重大让步，并积极推进收购事宜。现《框架协议》约定的期限已临近，房地产公司仍未就签订正式股权收购协议做出具体安排，请房地产公司在2017年6月7日前就是否继续推进收购工作进行明确回复。如明确终止收购，请予以书面回复并告知原因。若房地产公司未在上述期限内回复，投资公司将视为房地产公司终止《框架协议》的履行，并认可《框架协议》约定的2亿元违约责任由房地产公司承担。

2017年6月7日，房地产公司向投资公司发出《关于〈关于股权收购事宜的函〉回函》，载明了以下主要内容：《框架协议》签订后，房地产公司按《框架协议》的约定共管了保证金2亿元；双方均组成相关工作小组，为正式股权转让协议的谈判、签署进行努力，并付出了大量辛勤的劳动。其中，房地产公司在第一时间组织了尽职调查团队对中华置业公司展开了尽职调查工作，随后双方的谈判团队在重庆、成都展开了多轮磋商，双方均为达成正式股权转让协议付出了极大的心力；但截至2017年6月7日，双方仍未就中华置业公司的股权收购事宜达成正式的协议。根据《框架协议》第4条第2款的约定，"若双方不能在2017年6月7日前达成正式的股权收购协议的，且双方未达成书面一致延长排他谈判期的，则该本协议终止，该共管账户自动解除共管"，现房地产公司提请投资公司在收到本函后及时办理共管账户的解除手续。

（撰稿人：詹诗渊）

第八条　【违反预约合同的违约责任】 预约合同生效后，当事人一方不履行订立本约合同的义务，对方请求其赔偿因此造成的损失的，人民法院依法予以支持。

前款规定的损失赔偿，当事人有约定的，按照约定；没有约定的，人民法院应当综合考虑预约合同在内容上的完备程度以及订立本约合同的条件的成就程度等因素酌定。

【关联规定】

一、《民法典》(2020 年 5 月 28 日)

第 495 条　当事人约定在将来一定期限内订立合同的认购书、订购书、预订书等,构成预约合同。

当事人一方不履行预约合同约定的订立合同义务的,对方可以请求其承担预约合同的违约责任。

二、司法解释

《商品房买卖合同司法解释》(法释〔2020〕17 号)

第 4 条　出卖人通过认购、订购、预订等方式向买受人收受定金作为订立商品房买卖合同担保的,如果因当事人一方原因未能订立商品房买卖合同,应当按照法律关于定金的规定处理;因不可归责于当事人双方的事由,导致商品房买卖合同未能订立的,出卖人应当将定金返还买受人。

第 5 条　商品房的认购、订购、预订等协议具备《商品房销售管理办法》第十六条规定的商品房买卖合同的主要内容,并且出卖人已经按照约定收受购房款的,该协议应当认定为商品房买卖合同。

【理解与适用】

一、本条主旨

本条是关于《民法典》第 495 条第 2 款就当事人不履行预约合同约定的订立合同义务情况下如何承担预约合同的违约责任的细化规定,一方面规定了以损失赔偿作为违约责任的承担方式,另一方面规定了损失赔偿额的确定方法。

二、《民法典》条文理解以及有待细化的问题

《民法典》第 495 条是关于预约合同的规定,属于《民法典》的新设制度。立法机关在吸收有关司法解释规定经验的基础上,结合实践的需

求,将预约合同作为一项基本的民事制度明确予以规定。原《买卖合同司法解释》(法释〔2012〕8号)第 2 条规定:"当事人签订认购书、订购书、预订书、意向书、备忘录等预约合同,约定在将来一定期限内订立买卖合同,一方不履行订立买卖合同的义务,对方请求其承担预约合同违约责任或者要求解除预约合同并主张损害赔偿的,人民法院应予支持。"《民法典》第 495 条吸收了原《买卖合同司法解释》的规定,对预约合同的内涵和外延都作出了明确规定。第 495 条分为两款,第 1 款规定的是预约合同的认定,第 2 款规定的是违反预约合同的违约责任。本司法解释条文的解释对象是第 2 款,对违反预约合同的违约责任的司法适用进行了细化规定。关于《民法典》第 495 条的适用,主要的争议点有二:其一,是否可以请求违约方继续履行;其二,损害赔偿的范围。[①] 这两点也是本司法解释条文所致力于明确的地方。在解决这两点争议问题的时候必须注意:一方面,预约合同是独立的合同,因此有别于本约合同;另一方面,预约合同的标的就是订立本约,因此,它与本约合同又具有内在的本质联系。《民法典》第 495 条第 2 款采取"承担预约合同的违约责任"的表述强调的正是预约合同与本约合同之间这种既有区别又有联系的独特性,此等独特性也决定了违反预约合同的违约责任的承担方式与损害赔偿的范围。

三、司法解释条文理解

《民法典》第 495 条吸收了原《买卖合同司法解释》的规定,对预约合同的内涵和外延都作出了明确规定,但是实践中的问题涉及预约合同的认定、违反预约合同的认定以及违反预约合同的违约责任等。本司法解释条文系针对《民法典》第 495 条第 2 款展开的细化规定,该款虽然确认了当事人一方不履行预约合同约定的订立合同义务时应当承担违约责任,但是其实并未就预约合同的不履行提供实际规则。[②] 面对这一规范空白,本司法解释条文由两款构成,分别针对前述《民法典》第 495 条

[①] 参见黄薇主编:《中华人民共和国民法典释义及适用指南》(中册),中国民主法制出版社 2020 年版,第 747 页。

[②] 参见杨代雄主编:《袖珍民法典评注》,中国民主法制出版社 2022 年版,第 392 页。

适用中的两个争议点依次展开：第1款确立了违反预约合同的违约责任的承担方式为损害赔偿；第2款确定了违约损害赔偿的范围。具言之：

本司法解释条文第1款确立了预约合同的违约责任的承担方式为损害赔偿。预约合同也是合同，当事人不履行其设定的义务，自然应当承担违约责任。我国民法学界对于违反预约合同的违约责任应当如何承担，有强制缔结本约和损害赔偿两类观点，长期以来争论不休，在《民法典》颁布后亦未停息。第1款对此争议给出了明确的回答，仅提及损害赔偿，未言及继续履行或强制缔约。事实上，如果预约合同的当事人有权请求对方继续履行，则预约与本约的区别就没有意义了。[①] 可见，第1款意识到了预约合同与本约合同的本质区别，并基于此作出了法政策上的妥当选择。

本司法解释条文第2款在第1款确定违反预约的违约责任的承担方式为损害赔偿之后，合乎逻辑地进一步规制赔偿额的确定问题。该款以当事人对此是否有约定为标准区分两种情况：其一，如果当事人对损失赔偿有约定的，按照其约定。此等约定在性质上属于违约金条款。合同法为民法中最强调当事人意思自治的部门，如果当事人对损失赔偿事先进行约定，属于对自身享有的合同自由的贯彻，民法当然应予以尊重。如果当事人要求调整违约金的，适用《民法典》及本司法解释的相应规定。基于同样的道理，应当承认当事人也有在预约合同中就不履行行为约定定金责任的空间。[②] 其二，在欠缺前述约定并且发生争议的情况下，由于订立本约合同这种行为价值几何，也就是确定违反预约合同的损害赔偿的范围，委实困难。[③] 人民法院必须担负起确定赔偿额的重任，这也是第2款的规范重点。前述困难的现实基础在于预约合同的类型不一，样态多变，不同的预约合同与本约合同之间的联系程度差异极大。有的在初步协议文本中已经约定了交易主要条款，且双方当事人无保留地表达了日后

[①] 参见刘贵祥：《关于合同成立的几个问题》，载《法律适用》2022年第4期。

[②] 参见徐涤宇、张家勇主编：《〈中华人民共和国民法典〉评注（精要版）》，中国人民大学出版社2022年版，第532页。

[③] 参见崔建远：《合同解释与合同订立之司法解释及其评论》，载《中国法律评论》2023年第6期。

签订最终合同的承诺；有的虽然协议内容确定，但当事人对于有关事项进行了待磋商保留；还有的，初步协议即欠缺必要条款、内容尚未确定。[1]第2款表明，最高人民法院既认可预约合同与本约合同的联系，又务实地承认此等联系在纷繁各异的个案中所呈现的巨大差异。对于此等联系到底是紧密还是松散的判定，人民法院应当综合考虑"预约合同在内容上的完备程度"以及"订立本约合同的条件的成就程度"这两个因素进行酌定。上述两个因素共同服务于判断预约与本约之间的联系程度，它们的不同之处在于判断的时点："预约合同在内容上的完备程度"在预约合同订立时即已确定，而"订立本约合同的条件的成就程度"则取决于当事人在预约合同订立之后的后续磋商过程中的表现等主客观情况。前一因素用来判断预约合同内容与本约合同内容的接近程度的高低；后一因素用来判断订立本约合同的可能性大小。当接近程度越高、订立可能性越大之时，违反预约合同造成的损失便越接近甚至等同于违反本约合同造成的损失。于是，违反预约合同的违约责任的赔偿数额便越发接近违反本约合同时的赔偿数额，此时便发生违反预约合同的损害赔偿与本约被违反时的损害赔偿挂钩[2]；反之，当接近程度越低、订立可能性越小之时，便不会发生这样的挂钩。

本司法解释条文未就违反预约合同的损害赔偿额的下限和上限作出明确规定，学说认为前者为信赖利益，后者为履行利益。同样地，本条也未就机会利益是否可以获得赔偿作出明确规定。

【典型案例】

1. 张某与房地产公司商品房预售合同纠纷案

［审理法院］江苏省徐州市泉山区人民法院

---

[1] 参见耿利航：《预约合同效力的违约救济的实证考察与应然路径》，载《法学研究》2016年第5期。

[2] 参见崔建远：《合同解释与合同订立之司法解释及其评论》，载《中国法律评论》2023年第6期。

[来源]《最高人民法院公报》2012年第11期

[关键词] 违约责任 商品房买卖 机会利益损失

[基本案情] 被告房地产公司参与旧村改造工程后即对其拟开发建设的部分楼盘对外进行出售。2004年2月16日，被告与原告签订《组团商品房预订单》一份，该预订单约定了商品房房号、预计的建筑面积、房屋单价；原告向被告预缴购房款5万元，合同签订时再缴付剩余房款258484元。其后，因拆迁受阻，该工程进度拖延。2006年，国务院发文要求自2006年6月1日起对新审批、开工建设的商品房项目中套型面积在90平方米以下的住房必须达到开发建设总面积的70%以上；2007年，徐州市政府发文规定自2007年10月起徐州市所有的各类居住工程必须采用现浇框架等结构体系。因此，被告此后建设的商品房套型面积发生了变化。被告于2008年3月19日将其与原告签订的预订单中约定的商品房安置给拆迁户徐某某。2010年1月21日，被告取得商品房预售许可证。2010年3月，原告起诉要求被告继续履行合同（预订单），后因故撤回起诉，并于2010年11月16日再次诉讼，要求被告按原合同（预订单）价格赔偿不低于90平方米的房屋一套并赔偿其他损失10万元。

[裁判摘要] 在违约责任中，承担责任的一方应就给对方造成的利益损失进行赔偿。本案中，原告张某在与被告房地产公司签订预订单后，有理由相信被告会按约定履行订立本约合同的义务，从而丧失了按照预订单约定的房屋价格与他人另订购房合同的机会，因此被告因违约给原告造成的损失应根据订立预订单时商品房的市场行情和现行商品房价格予以确定，但因被告所开发建设的房屋无论是结构还是建筑成本都与双方签订预订单时发生了重大的变化，因此原告以被告开发建设房屋的现行销售价格作为赔偿标准亦显失公平，法院不予采纳。综合考量商品房市场的价格变动过程以及原告向被告交纳房款的数额，对于被告因违约给原告造成的损失确定为15万元。

2. 仲某清诉房地产公司合同纠纷案

[审理法院] 上海市第二中级人民法院

[来源]《最高人民法院公报》2008年第4期

[关键词] 违约责任　机会利益损失　差价赔偿

[基本案情] 2002年7月12日，原告仲某清与被告房地产公司签订《商铺认购意向书》一份，约定原告向被告支付购房意向金2000元，原告随后取得商铺优先认购权，预购面积为150平方米，并明确商铺的均价为每平方米7000元（可能有1500元的浮动）。意向书对楼号、房型未作具体明确约定。上述意向书签订之后，原告向被告支付了2000元意向金。被告于2002年11月4日取得房屋拆迁许可证，于2003年5月29日取得建设工程规划许可证，于2003年6月30日取得预售许可证。但被告在销售涉案商铺时未通知原告前来认购。2006年初，原告至售楼处与被告交涉，要求被告按意向书签订正式买卖合同。被告称商铺价格飞涨，对原约定价格不予认可，并称意向书涉及的商铺已全部销售一空，无法履行合同。

[裁判摘要] 涉案意向书是合法有效的预约合同，房地产公司未按约履行其通知义务，应认定为违约。房地产公司的违约行为导致守约方仲某清丧失了优先认购涉案商铺的机会，使合同的根本目的不能实现。因此，房地产公司应当承担相应的违约责任。为促使民事主体以善意方式履行其民事义务，维护交易的安全和秩序，充分保护守约方的民事权益，在综合考虑上海市近年来房地产市场发展的趋势以及双方当事人实际情况的基础上，酌定房地产公司赔偿仲某清15万元。仲某清要求房地产公司按照商铺每平方米建筑面积15000元至20500元的价格赔偿其经济损失，但由于其提交的证据不能完全证明涉案意向书所指商铺的确切情况，且根据房地产公司将有关商铺出售给案外人的多个预售合同，商铺的价格存在因时而异、因人而异的情形。另外，虽然仲某清按约支付了意向金，但是双方签订的预约合同毕竟同正式的买卖合同存在法律性质上的差异。故仲某清主张的赔偿金额，不能完全支持。

（撰稿人：徐铁英）

第九条　【合同格式条款的认定】 合同条款符合民法典第四百九十六条第一款规定的情形，当事人仅以合同系依据合同示范文本制作或者双方已经明确约定合同条款不属于格式条款为由主张该条款不是格式条款的，人民法院不予支持。

从事经营活动的当事人一方仅以未实际重复使用为由主张其预先拟定且未与对方协商的合同条款不是格式条款的，人民法院不予支持。但是，有证据证明该条款不是为了重复使用而预先拟定的除外。

【关联规定】

一、《民法典》（2020年5月28日）

第496条　格式条款是当事人为了重复使用而预先拟定，并在订立合同时未与对方协商的条款。

采用格式条款订立合同的，提供格式条款的一方应当遵循公平原则确定当事人之间的权利和义务，并采取合理的方式提示对方注意免除或者减轻其责任等与对方有重大利害关系的条款，按照对方的要求，对该条款予以说明。提供格式条款的一方未履行提示或者说明义务，致使对方没有注意或者理解与其有重大利害关系的条款的，对方可以主张该条款不成为合同的内容。

第497条　有下列情形之一的，该格式条款无效：

（一）具有本法第一编第六章第三节和本法第五百零六条规定的无效情形；

（二）提供格式条款一方不合理地免除或者减轻其责任、加重对方责任、限制对方主要权利；

（三）提供格式条款一方排除对方主要权利。

第498条　对格式条款的理解发生争议的，应当按照通常理解予以解释。对格式条款有两种以上解释的，应当作出不利于提供格式条款一方的解释。格式条款和非格式条款不一致的，应当采用非格式条款。

二、其他法律

1.《消费者权益保护法》（2013年10月25日）

第26条　经营者在经营活动中使用格式条款的，应当以显著方式提请消费者注意商品或者服务的数量和质量、价款或者费用、履行期限和方式、安全注意事项和风险警示、售后服务、民事责任等与消费者有重大利害关系的内容，并按照消费者的要求予以说明。

经营者不得以格式条款、通知、声明、店堂告示等方式，作出排除或者限制消费者权利、减轻或者免除经营者责任、加重消费者责任等对消费者不公平、不合理的规定，不得利用格式条款并借助技术手段强制交易。

格式条款、通知、声明、店堂告示等含有前款所列内容的，其内容无效。

2.《保险法》（2015年4月24日）

第17条　订立保险合同，采用保险人提供的格式条款的，保险人向投保人提供的投保单应当附格式条款，保险人应当向投保人说明合同的内容。

对保险合同中免除保险人责任的条款，保险人在订立合同时应当在投保单、保险单或者其他保险凭证上作出足以引起投保人注意的提示，并对该条款的内容以书面或者口头形式向投保人作出明确说明；未作提示或者明确说明的，该条款不产生效力。

三、司法指导性文件

1.《最高人民法院关于充分发挥司法职能作用助力中小微企业发展的指导意见》（法发〔2022〕2号）

一、积极营造公平竞争、诚信经营的市场环境

……

3. 支持保护市场主体自主交易。在审理合同纠纷案件中，坚持自愿原

则和鼓励交易原则,准确把握认定合同无效的法定事由,合理判断各类交易模式和交易结构创新的合同效力,充分发挥中小微企业的能动性,促进提升市场经济活力。弘扬契约精神,具有优势地位的市场主体利用中小微企业处于危困状态或者对内容复杂的合同缺乏判断能力,致使合同成立时显失公平,中小微企业请求撤销该合同的,应予支持;具有优势地位的市场主体采用格式条款与中小微企业订立合同,未按照民法典第四百九十六条第二款的规定就与中小微企业有重大利害关系的条款履行提示或者说明义务,致使中小微企业没有注意或者理解该条款,中小微企业主张该条款不成为合同内容的,应予支持;对于受疫情等因素影响直接导致中小微企业合同履行不能或者继续履行合同对其明显不公的,依照民法典第五百九十条或者第五百三十三条的规定适用不可抗力或者情势变更规则妥善处理。

2.《全国法院贯彻实施民法典工作会议纪要》(法〔2021〕94号)

一、正确适用民法典总则编、合同编的相关制度

……

7. 提供格式条款的一方对格式条款中免除或者减轻其责任等与对方有重大利害关系的内容,在合同订立时采用足以引起对方注意的文字、符号、字体等特别标识,并按照对方的要求以常人能够理解的方式对该格式条款予以说明的,人民法院应当认定符合民法典第四百九十六条所称"采取合理的方式"。提供格式条款一方对已尽合理提示及说明义务承担举证责任。

3.《最高人民法院关于印发〈民事诉讼程序繁简分流改革试点问答口径(二)〉的通知》(法〔2020〕272号)

十五、在格式合同中,如何认定当事人约定适用小额诉讼程序条款的效力?

答:当事人在格式合同中约定在诉讼中适用小额诉讼程序的,应当根据以下规则确定是否适用小额诉讼程序:第一,对于案件符合《实施办法》第五条第一款的规定,无论约定是否有效,人民法院均应当适用小额

诉讼程序。第二，对于案件不符合《实施办法》第五条第二款关于约定适用小额诉讼程序的条件，或者符合《实施办法》第六条不得适用小额诉讼程序情形的，无论该条款是否符合格式条款要求，人民法院均不得适用小额诉讼程序。第三，对于符合约定适用小额诉讼程序条件的，应当根据《中华人民共和国民法典》第四百九十六条的规定，按照格式条款要求认定其效力。因在诉讼中是否适用小额诉讼程序，涉及当事人重要诉讼利益，与当事人有重大利害关系，若提供格式条款的一方未采取合理方式，履行提示说明义务的，对方当事人可以主张该约定无效。

【理解与适用】

一、本条主旨

本条是关于如何认定格式条款的细化规定。

二、《民法典》条文理解以及有待细化的问题

本条直接关联《民法典》第 496 条。《民法典》第 496 条共分为两款，其中第 1 款规定了格式条款的定义，从中可以归纳出格式条款的构成要件；第 2 款规定了格式条款提供方拟定格式条款的基本原则与提示注意义务、说明义务及其法律效果。该条改变了原《合同法》的规范结构，定义前置的"总-分-分"结构使得格式条款制度内部的订入控制与内容控制两部分更明确，清晰划分各自在该制度中的作用定位。[1]

首先，在制度功能上，本条体现了合同自由与合同管制的平衡。在传统合同法学理论中，合同自由是意思自治原则的应然外延，亦是合同法的一项根本原则。但是，当下经济社会生活催生大量新兴利益诉求和交易形态，再叠加数字时代的虚拟性、无边界性和去中心化特征，合同自由极易受到多种实践样态的不当侵蚀，而迫切需要合同管制手段进行矫正，"立法者就必然关注当事人的强弱差序，重视实质契约自由，从而在契约自由

---

[1] 参见龙卫球主编：《中华人民共和国民法典合同编释义》（上册），中国法制出版社 2020 年版，第 102 页。

框架下基于契约正义实现再分配"。① 格式条款的出现和广泛应用即为典例。《民法典》第496条映射的是合同自由与合同管制的主次关系：合同事关合同双方权利义务的安排，还暗蕴一定交易风险与利益取舍，必然体现当事人的理性考量与关切，此时应首先尊重合同自由，立法或行政手段避免过多介入；但格式条款排斥合同当事人协商，往往有利于强势群体，以合同管制进行补足或调适，方可形成较为均衡的利益分配局面。

其次，在规范内容上，笔者认为，《民法典》第496条重点厘清两方面问题：其一，格式条款的构成要件；其二，格式条款提供方的法定义务。

在构成要件上，本条共举出三个具体要件：为了重复使用；预先拟定；未与对方协商。但是，学界普遍反对将"重复使用"作为要件，虽然具体陈述的理由或有区别，但基本的价值判断几无差异，仅规范"为重复使用"的格式条款，而将完全由一方当事人预先拟定、相对方事实上并无影响合同条款之能力，却仅使用了一次的条款排除在规则调整范围之外，似乎并不存在价值判断上的合理性。② 格式条款重在订约之时即已由单方拟定出来，而不是"重复使用"，不能将"重复使用"作为格式条款的特征。质言之，"重复使用"只是其经济功能，而不是其法律特征。③ 这也意味着，对格式条款的实质理解，应聚焦在意思要件方面，即由于格式条款的核心特征是一种合同一方当事人未与对方协商而预先拟定的条款，合同相对方据此失去影响合同条款的能力，从而造成合同自由的减损。

在法定义务上，本条在订入控制上要求格式条款提供方向对方履行合理的提示说明义务，将对象限定于"免除或减轻其责任等与对方有重大利害关系的条款"。

对于"重大利害关系"的判断，若要求司法机关全面且真实地查明个

---

① 谢鸿飞：《私法中的分配层次》，载《中国社会科学》2023年第9期。
② 王天凡：《〈民法典〉第496条（格式条款的定义及使用人义务）评注》，载《南京大学学报（哲学·人文科学·社会科学）》2020年第6期。
③ 王利明：《合同法研究》（第一卷），中国人民大学出版社2018年版，第405页。

案利益状态并进行判断，实属困难，因此宜采用解释有相对人的法律行为时的客观主义方法。[①] 无论条款是否与对方重大利害关系相关，均应由提供方履行提示说明义务，但应以一般人的理解为标准，同时兼顾不同类型群体的理解能力，[②] 否则亦会对格式条款提供方造成过重负担，不利于减轻交易成本。若提供方未依法履行提示说明义务，法律后果是格式条款不作为合同内容。具体来说，格式条款不生效或被撤销之后对合同整体的效力上，应遵循《民法典》第155条和第156条之规定，民事法律行为部分无效，不影响其他部分效力的，其他部分仍然有效。需要注意的是，此处不生效或被撤销的格式条款可以是格式条款中的个别条款，亦可以是订入合同的一系列甚至全部格式条款。因而在其效力被否定之后对于合同整体效力的影响须视具体案件而确定。[③]

三、司法解释条文理解

本条司法解释包括两款条文，针对两种情形进行规定，第1款针对合同示范文本及当事人具有约定的情形，第2款针对从事经营活动的当事人一方主张合同条款未实际重复使用的情形。据此，在民事交往活动中，若合同一方当事人利用合同示范文本、双方约定或经营地位规避格式条款相关规定适用的，则由本条进行规制，这有利于真正实现合同当事人的利益平衡，防范具有优势地位的一方当事人借助格式条款加重对方义务、获得不当收益。不过，尽管在条文性质上，本条不属于说明性条文，但仍需要和《民法典》关于格式条款的条文结合起来进行适用，属于对格式条款的订入控制规则，而相较于民法典相关规定，本条则进一步限缩了对于格式合同认定的抗辩空间，对于有效落实《民法典》条文功能与弘扬合同自由精神具有重要意义。

[①] 李世刚：《法律行为内容评判的个案审查比对方法——兼谈民法典格式条款效力规范的解释》，载《法学研究》2021年第5期。

[②] 参见龙卫球主编：《中华人民共和国民法典合同编释义》（上册），中国法制出版社2020年版，第103页。

[③] 参见王天凡：《〈民法典〉第496条（格式条款的定义及使用人义务）评注》，载《南京大学学报（哲学·人文科学·社会科学）》2020年第6期。

(一) 本条第 1 款

本条第 1 款与《民法典》第 496 条第 1 款形成条文关联，其规范逻辑是：争议条款基于《民法典》第 496 条第 1 款之规定足以认定构成格式条款的，仅凭合同示范文本或当事人合意均不能阻却这一认定及相应法律后果。如前所述，在合同法理上，对格式条款进行法律规制的正当性在于，伴随着现代民商事交易日趋复杂多样，格式条款开始出现在各领域各行业的经济活动中，但"格式条款的广泛适用昭示着交易图景由个别磋商向标准化的变迁，接受或拒绝的缔约模式排除了个别磋商范式下的合同自由"。[①] 为了防止实质意义上的合同自由遭到不当削弱，法律介入合同关系中并对格式合同缔结过程中当事人是否达到意思自治作出评价，确有必要。实践中，为了提升交易效率、创造格式条款利用空间或减少合同履行纠纷，合同一方当事人往往会选择合同示范文本作为合同文本来源，或直接与对方当事人约定某个格式条款在该合同中不视为格式条款，从而达到规避《民法典》相关规定适用的目的。本条第 1 款明确，在认定格式条款中，满足"预先拟定"和"未与对方协商"两个要素即可，当事人仅能证明格式条款来自合同示范文本或当事人明确约定合同条款不属于格式条款的，不影响对格式条款进行认定的判断。

1. 情形之一：基于合同示范文本形成的格式条款之认定

尽管合同示范文本不属于合同一方当事人为尽可能维护其利益而事先拟定的合同，但合同示范文本在形式上亦符合格式条款的认定要件，其特殊性在于，合同示范文本是不同主体统一使用的格式条款，体现的亦是格式条款的再标准化或同质化特征。[②] 正如有学者指出："示范合同制度不仅受到中国传统治理方式的潜在影响，而且也受到以计划经济到市场经济转变的转型经济的制约。前者指的是，面对经济发展中合同文本不规范不完整的问题，政府在社会规制中选取的'示范、指导和管理'的解决路径；后者指的是在示范文本的制定主体上，以市场监督管理部门和行业主管部

[①] 马辉：《格式条款规制标准研究》，载《华东政法大学学报》2016 年第 2 期。
[②] 参见吕冰心：《论网络格式合同条款的特性与规制》，载《法学杂志》2022 年第 3 期。

门为主导，同时发挥行业组织和消费者组织功能的多元化设计。"① 从这个意义上，基于不同的行业情势，有别于传统合同缔结过程，由市场监督管理部门和行业主管部门主导制定的合同示范文本亦会存在合同双方权利义务不甚对等的问题，双方或单方的诸多合同自由均遭受影响。因此，尽管合同示范文本不是"统一"合同文本，但合同的协商和签订是一个动态过程，合同当事方仍应能够根据实际情况对文本条款进行补充修改，否则难言当事人合意得到完整贯彻。在比较法上，德国法也非常重视对此种"第三人提供的合同条款"的控制，"即便是经第三人建议（如公证员、居间人、协会）而被纳入合同的一般交易条款，也要受一般交易条款控制规则的调整。法律将此种由第三人提供的合同条款拟制为（'视为'）由企业经营者提供"。② 可以看到，出于对合同相对方的保护，通过合同示范文本订立格式条款亦应受到控制，尤其是对于责任免除、违约责任、纠纷解决等附随给付条款，若直接肯认合同示范文本效力，则不利于保护弱势方当事人的个体利益。对于此种情形，笔者认为法律效果宜理解为，法院在审理基于合同示范文本的相关纠纷时，首先应判断案涉条款是否构成格式条款，其次判断案涉条款是否进行订入控制。

2. 情形之二：当事人约定合同条款不属于格式条款之认定

按照通常的理解，尽管通过格式条款达成的合意也具有拘束力，但因不容磋商性导致这种合意方式并不能充分而真实地体现其意思，常常会造成整个合同的均衡度不足，③ 更何况合同当事人通过合意排除预先拟定的条款属于格式条款，此种合意是否能真实体现相对方的真实意思，相对方是否有地位或能力改变格式条款实质内容，均存疑问。在数字时代，更多交易通过线上途径达成，并推动形成了专业化程度更高、技术背景更强的合同磋商过程，合同相对方对于内容烦琐的合同文本无暇顾及，对于合同

---

① 祁春轶：《德国一般交易条款内容控制的制度经验及其启示》，载《中外法学》2013年第3期。
② ［德］赫尔穆特·科勒：《德国民法总论》（第44版），刘洋译，北京大学出版社2022年版，第387页。
③ 谢亘：《格式条款内容规制的规范体系》，载《法学研究》2013年第2期。

磋商亦无法进行实质控制，最终导致合意流于形式。例如，在网络合同中，网络用户缔约能力有所不同，对合同的"表明同意"并不鲜见，"表面同意表现形式对实际同意的替代是显而易见的，很多网络合同格式条款将用户接收通知和继续使用网络服务的行为视为同意，而不考虑这些用户是否注意或是理解与其有重大利害关系的条款含义",① 如此一来，当事人合意与实质的合同自由失去必然联系，而不能据此认为当事人合意已经对格式条款的利益失衡进行了弥补。

综上所述，无论是何种情形，本条第 1 款基于格式条款"未与对方协商"要素，在提供格式条款一方当事人无法进一步举证证明争议条款充分纳入双方真实合意时，争议条款将被认定为格式条款，并进入效力层面的评价。同时，这也意味着，若格式条款提供方能够举证证明以下方面，对格式条款应进行相对缓和的介入或控制：其一，合同双方已经就合同条款进行完整、充分和真实的磋商；其二，相对方的意思表示已经表明其已经充分预估了各自的交易风险，采用合同示范文本或排除格式条款是合同双方预先自愿分配风险的特别安排；其三，合同双方利益相对平衡，格式条款的认定力并不符合双方的真实意愿和利益。

（二）本条第 2 款

前文论及，《民法典》第 496 条的一项重要特征是，在对格式条款进行定义时仍然保留了"为了重复使用"的表述，但本条第 2 款却在某种意义上排除了"重复使用"要素效力，明确规定从事经营活动的当事人一方仅以未实际重复使用为由主张其预先拟定且未与对方协商的合同条款不是格式条款的，人民法院不予支持。实际上，笔者认为，这一问题体现的是格式条款的形式与实质的区分问题，在对《民法典》第 496 条进行释义时，笔者已经提出，格式条款的形式体现在"为了重复使用"，但实质还是在于"预先拟定"并且在"合同订立时未与对方协商"。换句话说，

---

① 夏庆锋：《网络合同格式条款提示说明义务的履行瑕疵与完善措施》，载《清华法学》2022 年第 6 期。

"重复使用"不是司法认定格式条款的必要要件。因此，本款仍然重在矫正格式条款项下，利益安排偏向格式条款提供者的失衡状态，即使在单次交易等情形下，合同相对方仍可据此主张争议条款构成格式条款，而无须受到"重复使用"要素之限制，"不管是为重复使用还是单次使用，只要事先拟定的条款使相对人处于无法影响其内容的境地，就应被视为剥夺相对人自由缔约权的条款而纳入司法控制的范围"。[1]

值得注意的是，本条也在合同主体上作出了一定限定，为"从事经营活动的当事人一方"。何谓"从事经营活动"？客观而言，"经营活动"是一个内涵较为丰富的概念，在实体法规定上亦难以找到定义的直接依据，而需要结合不同具体条文和实践经验来进行综合性理解。在私法视野中，"经营活动"是一个在市场经济条件下得以进行讨论的概念，笔者认为，一般可以将其理解为主体将生产资料借由市场体制机制转变为资产或资本，并主动通过营利性活动实现保值或增值的过程。亦有学者从商法角度出发，提出所谓经营者，是指"在有关商事营业的范围内成立的行为效力所及之人"，[2] 聚焦的是商事营业活动。但总的来看，"经营活动"不同于所有企事业单位的"业务活动"，企业等市场经济主体的所有活动也不能等同于"经营活动"。本款之所以着重强调"从事经营活动"，是因为在综合格式条款使用人与相对人之利益时，从事经营活动的当事人一方通常具备更全面充分的交易知识、更优越的交易地位和更广泛的交易机会，极有可能导致对待性质的权利义务在此种当事人影响下走向严重失衡的局面。据此，在涉及经营活动的场景下，尤其应强调"重复使用"不视为格式条款的法律特征，对格式条款进行认定仍应回归到对当事人是否存在实质协商的考察中来。

本款还有一句但书规定，笔者认为，此句针对的不是符合其他构成要件而实际仅使用了一次的合同条款，而是本就不符合格式条款构成要件、相对人亦具有影响合同条款能力的合同条款，否则将会导致规范逻辑的混

---

[1] 徐涤宇：《非常态缔约规则：现行法检讨与民法典回应》，载《法商研究》2019年第3期。
[2] 刘凯湘、赵心泽：《论商主体资格之取得要件及其表现形式》，载《广东社会科学》2014年第2期。

乱。在举证责任方面，根据该款，应由提供格式条款的当事人一方对"该条款不是为了重复使用而预先拟定"承担举证责任。

【典型案例】

担保公司与银行分行合同纠纷案

［案号］（2017）最高法民申4646号

［审理法院］最高人民法院

［来源］中国裁判文书网

［关键词］格式条款　示范文本　优势地位

［裁判摘要］原《合同法》第39条第2款规定：格式条款是当事人为了重复使用而预先拟定，并在订立合同时未与对方协商的条款。《最高额保证合同》并不符合上述法律规定的格式条款构成要件。从合同的文本形式看，虽然合同中记载内容系银行预先拟定，但签约重要提示载明银行提供的合同文本仅为示范文本；合同相关条款后均留有空白行，并在合同尾部增设了"补充条款"，供各方对合同进行修改、增补或删减使用。上述合同文本中留白条款表明，对于银行预先拟定的条款，双方当事人可以协商变更约定，对于合同预先没有确定的内容，双方亦可以进行协商，即合同约定内容并非全部按照银行预先拟定且不能协商。从格式条款的签约双方地位看，不公平格式条款的认定须以提供合同的一方当事人利用其优势地位强势要求对方当事人签订格式条款为前提。本案中的银行对担保公司不具有签约优势地位。另一方面，签约重要提示载明：您已经认真阅读并充分理解合同条款，并特别注意了其中有关责任承担、免除或限制银行责任、以及加黑字体部分的内容。银行在合同文本中对相关条款加黑，已经尽到提示说明义务。担保公司有关《最高额保证合同》中相关条款为格式条款，应认定无效的理由不成立。

［基本案情］担保公司与银行于2013年7月21日签订《银担合作协议》，就双方各自推荐的企业在向银行贷款过程中由担保公司提供担保约

定了双方的权利义务。2013年12月2日，担保公司与银行就与某公司签订的《基本额度授信合同》提供担保，签订了最高保额为1500万元人民币的《最高额保证合同》。2013年12月16日，双方又按照《最高额保证合同》约定，签订额度为150万元的《保证金协议》，并在银行处存入期限为定期一年的150万元保证金。总担保数额为1650万元。

法院查明，某公司法定代表人为杨某义，实际控制人为杨某生。2013年12月2日，某公司向银行申请开立银行承兑汇票2500万元，用于支付货款，同时某公司以杨某义名义在银行存入800万元，以某公司名义在银行存入200万元提供质押担保。担保公司为某公司提供担保的同时，也与某公司签订了《反担保合同》。2014年6月17日，因某公司未能偿付因票据贴现形成的2500万元银行债务，银行以担保公司承担担保责任为由，于2014年6月19日扣划了担保公司在其处的定期一年保证金账户资金，于2014年7月18日扣划担保公司在其处的一般账户存款，合计15188585.53元。双方为此发生纠纷，以此成讼。另查明，银行作为融资人与担保公司作为保证人签订的《最高额保证合同》第13条第4款约定：主合同项下债权到期或保证人未履行合同项下约定时，融资人有权直接扣划保证人任何账户的款项偿还保证担保范围内的债权。

（撰稿人：何傲翾）

> **第十条 【格式条款订入合同】** 提供格式条款的一方在合同订立时采用通常足以引起对方注意的文字、符号、字体等明显标识，提示对方注意免除或者减轻其责任、排除或者限制对方权利等与对方有重大利害关系的异常条款的，人民法院可以认定其已经履行民法典第四百九十六条第二款规定的提示义务。

> 提供格式条款的一方按照对方的要求，就与对方有重大利害关系的异常条款的概念、内容及其法律后果以书面或者口头形式向对方作出通常能够理解的解释说明的，人民法院可以认定其已经履行民法典第四百九十六条第二款规定的说明义务。
>
> 提供格式条款的一方对其已经尽到提示义务或者说明义务承担举证责任。对于通过互联网等信息网络订立的电子合同，提供格式条款的一方仅以采取了设置勾选、弹窗等方式为由主张其已经履行提示义务或者说明义务的，人民法院不予支持，但是其举证符合前两款规定的除外。

【关联规定】

一、《民法典》（2020 年 5 月 28 日）

第 496 条第 2 款 采用格式条款订立合同的，提供格式条款的一方应当遵循公平原则确定当事人之间的权利和义务，并采取合理的方式提示对方注意免除或者减轻其责任等与对方有重大利害关系的条款，按照对方的要求，对该条款予以说明。提供格式条款的一方未履行提示或者说明义务，致使对方没有注意或者理解与其有重大利害关系的条款的，对方可以主张该条款不成为合同的内容。

二、其他法律

1. 《保险法》（2015 年 4 月 24 日）

第 17 条第 2 款 对保险合同中免除保险人责任的条款，保险人在订立合同时应当在投保单、保险单或者其他保险凭证上作出足以引起投保人注意的提示，并对该条款的内容以书面或者口头形式向投保人作出明确说明；未作提示或者明确说明的，该条款不产生效力。

2.《消费者权益保护法》（2013年10月25日）

第26条第1款　经营者在经营活动中使用格式条款的，应当以显著方式提请消费者注意商品或者服务的数量和质量、价款或者费用、履行期限和方式、安全注意事项和风险警示、售后服务、民事责任等与消费者有重大利害关系的内容，并按照消费者的要求予以说明。

三、司法解释

《最高人民法院关于适用〈中华人民共和国保险法〉若干问题的解释（二）》（法释〔2020〕18号）

第11条　保险合同订立时，保险人在投保单或者保险单等其他保险凭证上，对保险合同中免除保险人责任的条款，以足以引起投保人注意的文字、字体、符号或者其他明显标志作出提示的，人民法院应当认定其履行了保险法第十七条第二款规定的提示义务。

保险人对保险合同中有关免除保险人责任条款的概念、内容及其法律后果以书面或者口头形式向投保人作出常人能够理解的解释说明的，人民法院应当认定保险人履行了保险法第十七条第二款规定的明确说明义务。

第12条　通过网络、电话等方式订立的保险合同，保险人以网页、音频、视频等形式对免除保险人责任条款予以提示和明确说明的，人民法院可以认定其履行了提示和明确说明义务。

第13条　保险人对其履行了明确说明义务负举证责任。

投保人对保险人履行了符合本解释第十一条第二款要求的明确说明义务在相关文书上签字、盖章或者以其他形式予以确认的，应当认定保险人履行了该项义务。但另有证据证明保险人未履行明确说明义务的除外。

四、司法指导性文件

《全国法院贯彻实施民法典工作会议纪要》（法〔2021〕94号）

7. 提供格式条款的一方对格式条款中免除或者减轻其责任等与对方有

重大利害关系的内容,在合同订立时采用足以引起对方注意的文字、符号、字体等特别标识,并按照对方的要求以常人能够理解的方式对该格式条款予以说明的,人民法院应当认定符合民法典第四百九十六条所称"采取合理的方式"。提供格式条款一方对已尽合理提示及说明义务承担举证责任。

【理解与适用】

一、本条主旨

本条是关于格式条款订入规则的细化规定。

二、《民法典》条文理解以及有待细化的问题

《民法典》第496条第2款规定了格式条款的订入规则。根据该条,格式条款提供方需要就免责与限责条款等与对方当事人有重大利害关系的条款提示相对人注意(提示义务),并按照相对人的要求对相应条款作说明(说明义务)。如果格式条款提供方未履行这两项义务,致使相对方没有注意或者理解相应条款的,对方可以主张该条款不成为合同的内容。

与之前的格式条款订入规则相比,《民法典》作出了两处明显改变。其一,与其前身原《合同法》第39条相比,《民法典》第496条扩大了提示与说明义务的适用范围,将需要提示注意的条款范围从免责与限责条款扩大到所有"与对方当事人有重大利害关系的条款"。这种改变回应了学界长久以来"提示说明义务范围过窄"[1]的批评,且与《消费者权益保护法》第26条第1款协调一致。其二,由于原《合同法》第39条未规定提示义务不履行的后果,《合同法司法解释(二)》第9条曾规定"对方当事人可以申请撤销该格式条款"。对此,《民法典》第496条改弦更张,规定相对人"可以主张该条款不成为合同的内容"。这种做法弥合了长久以

---

[1] 参见苏号朋:《格式合同条款研究》,中国人民大学出版社2004年版,第191-192页。

来存在的分歧①，也与比较法上的通行做法一致②。

实践中，"格式条款的提供者是否履行了提示和说明义务常常成为案件的争议焦点"。③《民法典》第 496 条第 2 款要求条款提供方通过"采取合理的方式"来履行提示义务，但何谓"合理的方式"需要进一步澄清。与此同时，对于合同中的哪些条款、条款中的哪些部分需要提示与说明，条款提供人的说明需要明确到何种程度，也有待进一步细化。司法解释正是对此作出直接回应以指导实践。

三、司法解释条文理解

本条司法解释包括三款条文，针对三类问题作出规定。第 1 款是对提示义务对象范围以及判断义务是否履行的"采取合理的方式"的进一步说明；第 2 款是对说明义务对象范围与义务履行标准的进一步阐释；第 3 款是对证明责任分配和证明标准问题的进一步澄清。值得一提的是，就前两款而言，人民法院均"可以"认定格式条款提供方已经履行义务，而非之前司法解释中规定的"应当"认定。这为实践中司法机关的灵活适用留下了空间。此外，本条三款之间并不存在适用上的优先劣后关系，而是就三个问题分别作出细化规定。

（一）提示义务的履行对象及履行与否的判断标准

关于提示义务对象的问题，《民法典合同编通则司法解释》相对之前的立法与司法解释增加了"异常"二字，强调并非所有与当事人有重大利害关系的条款都需要提示。事实上，《民法典》对于格式条款提示义务履行对象（"重大利害关系"）的规定方式最早出现在《消费者权益保护法》第 26 条第 1 款。后者将重大利害关系条款解释为"商品或者服务的数量和质量、价款或者费用、履行期限和方式、安全注意事项和风险警

---

① 三种不同观点及其评价可见黄薇：《中华人民共和国民法典解读（合同编·上）》，中国法制出版社 2020 年版，第 118-119 页。

② 如《德国民法典》第 305（2）条。

③ 参见最高人民法院民法典贯彻实施工作领导小组主编：《中华人民共和国民法典合同编理解与适用（一）》，人民法院出版社 2020 年版，第 246 页。

示、售后服务、民事责任"。学者认为,这种定义方式显然存在重大问题:它会将不属于格式条款的核心给付条款(价格条款)也纳入调整范畴,而且,"可能导致内容并无问题但关涉当事人利益的其他条款被纳入提示义务的范畴,导致提示义务的泛化,甚至使提示义务丧失意义。"[1] 为了解决这一问题,《民法典合同编通则司法解释》特别采用限缩解释方法,认为只有构成"异常"条款的,才需要格式条款提供人提示相对人注意。

所谓"异常"条款,学界一般认为指向那些当事人意想不到故无须考虑其存在的条款。从比较法角度来看,《德国民法典》与《国际商事合同通则》的定义殊值参考。前者规定,"根据情事,特别是根据合同外现,一般交易条款中的条款如此不同寻常,以致使用人的合同相对人无须考虑它们的,它们不成为合同的组成部分"。后者也持类似立场,"除非相对人明确表示接受"。实践中,服务的有效期条款、限制当事人寻求司法救济的条款均属于此类。

关于提示义务履行与否的判断标准问题,司法机关相关人士认为,《合同法司法解释(二)》关于"采用足以引起对方注意的文字、符号、字体等特别标识"的判断标准在《民法典》时代仍得适用。其中,"足以引起对方注意"及《民法典合同编通则司法解释》在"标识"处使用的"明显"二字要求标识范围不能过大,否则会失去特别标识的意义。此外,标识不能出现在完全不为人所注意的场所或位置。[2] 除标识外,我国学者亦早已归纳有"文件外形""提示时间""提示方法""提示程度"四大标准,用以衡量提示义务是否有效履行。[3] 在比较法上则有"异常程度越高则提示应越明显"的规则。根据我国立法机关相关人士的解读,提示义务的关键在于"使相对方充分注意"。[4]

---

[1] 殷秋实:《〈民法典〉第496条(格式条款的定义与订入控制)评注》,载《中国应用法学》2022年第4期。
[2] 最高人民法院民法典贯彻实施工作领导小组主编:《中华人民共和国民法典合同编理解与适用(一)》,人民法院出版社2020年版,第246-247页。
[3] 参见王天凡:《〈民法典〉第496条(格式条款的定义及使用人义务)评注》,载《南京大学学报(哲学·人文科学·社会科学)》2020年第6期。
[4] 黄薇:《中华人民共和国民法典解读(合同编·上)》,中国法制出版社2020年版,第117页。

与《合同法司法解释（二）》相比，《民法典合同编通则司法解释》还在"足以引起对方注意"之前加上了"通常"二字，强调应采用社会一般人标准评价义务是否履行。解释上宜认为还应兼顾智力欠缺、盲人、文盲等消费者的特殊情况。[1]

(二) 说明义务的履行对象及履行与否的判断标准

关于说明义务履行对象与判断标准的问题，《民法典合同编通则司法解释》与之前的法律和司法解释相比，细化了三部分的内容：(1) 说明对象：(重大利害关系条款的) 概念、内容及其法律后果；(2) 说明形式：书面或者口头；(3) 说明义务履行标准：(向对方作出) 常人能够理解的解释说明。

其中，《民法典合同编通则司法解释》将说明对象限制在条款的概念、内容及其法律后果，可以认为是对先前立法中说明义务对象范围过宽的修正。与提示义务类似，在实践中如果要求格式条款提供人需要对商品或者服务的数量和质量、价款或者费用、履行期限和方式、安全注意事项和风险警示、售后服务、民事责任如此种种均作说明，无疑将极大程度上增加经营者的负担、提升交易成本，这违背了格式条款降低交易成本的初衷。因此，本条第2款遵循第1款的思路，将需要说明的"重大利害关系"条款限制在"异常"条款的范畴。此外，并非条款的全部内容需要格式条款提供人作出说明——如果将本条中的"内容"理解为条款的全部内容，那么其限制意义将丧失殆尽，在逻辑上也无法与"概念"及"法律后果"并列。曾有观点认为，说明义务的内容至少应包括"免除或者减轻格式条款提供方责任等与对方有重大利害关系条款的基本含义、对双方当事人责任的影响"。[2] 由此可以看出，此处所谓"内容"应指向当事人享有的权利、需要承担的义务。

关于说明义务的履行标准，《民法典合同编通则司法解释》再次强调

---

[1] 韩世远：《合同法总论》，法律出版社2018年，第926页。
[2] 最高人民法院民法典贯彻实施工作领导小组主编：《中华人民共和国民法典合同编理解与适用（一）》，人民法院出版社2020年版，第247页。

应采用社会一般人标准,即"通常能够理解"。与提示义务一样,学者曾提醒应注意兼顾文盲、智力欠缺等特殊群体。此时,所谓"通常能够理解"将指向"特殊群体通常足以理解"。[1] 如果格式条款提供人仍然按照普通人标准履行说明义务,将无法满足法律的要求。

(三)证明责任分配和证明标准问题

关于证明责任分配问题,《民法典合同编通则司法解释》规定与《全国法院贯彻实施民法典工作会议纪要》《合同法司法解释(二)》无异,认为格式条款提供方需要对其已尽提示和说明义务承担证明责任。

此外,《民法典合同编通则司法解释》还特别规定了经营者不能仅以"采取了设置勾选、弹窗等方式"为由主张其已经履行了提示与说明义务。换言之,仅有该事实无法达到民事诉讼的证明标准。在实践中,只是在条款的文字、符号、字体上做文章,并不能推出"提示义务已履行"的判断结果,[2] 而是应当通过各种技术手段让相对方确实注意到异常条款的存在。这在大量使用格式条款的网络交易合同中尤为重要。[3] 就诸如勾选、弹窗等具体方式而言亦是如此:形式化的弹窗提示也不能推出提示或说明义务的履行——即便当事人勾选了弹窗中的"我已阅读",也不意味着他真的阅读了条款、知晓了条款中异常条款的存在。因此,只有在当事人能够证明弹窗中的内容是需要相对人知晓的条款内容(如"请确认您本次购买的商品不适用无理由退货"),且弹窗中的内容完全满足本条第 1 款的"明显"要求时,方才发生"通过弹窗履行提示义务"的法律效果。

---

[1] 殷秋实:《〈民法典〉第 496 条(格式条款的定义与订入控制)评注》,载《中国应用法学》2022 年第 4 期。

[2] 对于相关司法实践的整理可见殷秋实:《〈民法典〉第 496 条(格式条款的定义与订入控制)评注》,载《中国应用法学》2022 年第 4 期。

[3] 对于网络合同而言,学者建议针对不同形式的格式条款构建不同的提示方式,且应通过各种技术手段确保用户阅读条款内容时的专注与聚焦。参见夏庆锋:《网络合同格式条款提示说明义务的履行瑕疵与完善措施》,载《清华法学》2022 年第 6 期。

【典型案例】

张某与科技公司申请确认仲裁协议效力案

[案号]（2022）京04民特625号

[审理法院] 北京市第四中级人民法院

[来源] 中国裁判文书网

[关键词] 培训合同　提示义务　仲裁条款

[裁判摘要] 根据《民法典》第496条的规定，提供格式条款的一方未履行提示或者说明义务，致使对方没有注意或者理解与其有重大利害关系的条款的，对方可以主张该条款不成为合同的内容。仲裁条款作为争议解决条款是合同的主要条款，属于与当事人有重大利害关系的条款，作为格式条款提供方的科技公司应向合同相对方履行提示或者说明义务，科技公司未提交证据证明其向张某对仲裁条款尽到合理的提示及说明义务，故案涉《网络培训服务协议》《培训合同》中的仲裁条款不成立。

[基本案情] 2021年8月8日，科技公司与张某通过网络签订《网络培训服务协议》，该协议第10.1条约定：双方因本协议发生任何争议，均应友好协商解决，协商不成的，任何一方均有权将争议提交至北京仲裁委员会予以裁决。

2022年1月22日，双方通过网络签订《培训合同》，合同第一部分"通用条款"第1条"提示条款"第1款约定：【审慎阅读】在签署本合同之前，请务必审慎阅读、充分理解各条款内容，特别是免除或者限制责任的条款、法律适用和争议解决条款。免除或者限制责任的条款将以粗体下划线标识，应重点阅读。如对合同有任何疑问，可向客服进行咨询。该条款未通过加粗字体、添加下划线等方式予以提示说明。第7条"争议解决办法"约定：在本合同履行过程中发生的任何争议，应通过友好协商方式解决，协商解决不成的，双方均有权向北京仲裁委员会提起仲裁解决。

上述两份合同内容均由科技公司一方制定。两份合同所涉仲裁条款均未通过加粗字体、添加下划线等方式予以提示说明。本案中，科技公司未提交证据证明就仲裁条款与张某进行过协商。

（撰稿人：葛江虬）

三、合同的效力

> **第十一条　【缺乏判断能力的认定】** 当事人一方是自然人，根据该当事人的年龄、智力、知识、经验并结合交易的复杂程度，能够认定其对合同的性质、合同订立的法律后果或者交易中存在的特定风险缺乏应有的认知能力的，人民法院可以认定该情形构成民法典第一百五十一条规定的"缺乏判断能力"。

【关联规定】

一、《民法典》（2020年5月28日）

第151条　一方利用对方处于危困状态、缺乏判断能力等情形，致使民事法律行为成立时显失公平的，受损害方有权请求人民法院或者仲裁机构予以撤销。

第508条　本编对合同的效力没有规定的，适用本法第一编第六章的有关规定。

二、其他法律

1.《海商法》（1992年11月7日）

第176条　有下列情形之一，经一方当事人起诉或者双方当事人协议仲裁的，受理争议的法院或者仲裁机构可以判决或者裁决变更救助合同：

（一）合同在不正当的或者危险情况的影响下订立，合同条款显失公平的；

（二）根据合同支付的救助款项明显过高或者过低于实际提供的救助服务的。

2. 《劳动合同法》（2012年12月28日）

第26条　下列劳动合同无效或者部分无效：

（一）以欺诈、胁迫的手段或者乘人之危，使对方在违背真实意思的情况下订立或者变更劳动合同的；

（二）用人单位免除自己的法定责任、排除劳动者权利的；

（三）违反法律、行政法规强制性规定的。

对劳动合同的无效或者部分无效有争议的，由劳动争议仲裁机构或者人民法院确认。

三、司法解释

1. 《最高人民法院关于审理与企业改制相关的民事纠纷案件若干问题的规定》（法释〔2020〕18号）

第19条　企业出售中，出卖人实施的行为具有法律规定的撤销情形，买受人在法定期限内行使撤销权的，人民法院应当予以支持。

2. 《最高人民法院关于审理劳动争议案件适用法律问题的解释（一）》（法释〔2020〕26号）

第35条　劳动者与用人单位就解除或者终止劳动合同办理相关手续、支付工资报酬、加班费、经济补偿或者赔偿金等达成的协议，不违反法律、行政法规的强制性规定，且不存在欺诈、胁迫或者乘人之危情形的，应当认定有效。

前款协议存在重大误解或者显失公平情形，当事人请求撤销的，人民法院应予支持。

【理解与适用】

一、本条主旨

本条是关于显失公平制度中当事人缺乏判断能力的认定规则的细化规定。

二、《民法典》条文理解以及有待细化的问题

显失公平制度源于罗马法的"非常损失规则",后在各国民法典中均有规范,如《法国民法典》的"合同损失"规定、《德国民法典》的"暴利行为"规定、英美法中的显失公平等。而与域外立法不同,我国《民法通则》采取了"乘人之危"与"显失公平"二分的立法模式。《民法通则》第59条将显失公平作为法律行为可撤销事由的同时,鉴于乘人之危行为性质的恶劣性,在第58条的规定中将其作无效处理。[①] 就二者的构成要件而言,根据《民通意见》第72条的规定,"一方当事人利用优势或者利用对方没有经验,致使双方的权利与义务明显违反公平、等价有偿原则的,可以认定为显失公平"。而《民通意见》第70条则规定,"一方当事人乘对方处于危难之机,为牟取不正当利益,迫使对方作出不真实的意思表示,严重损害对方利益的,可以认定为乘人之危"。虽然,至原《合同法》编纂时,以限制国家对私人自治的过度干预为理念,将"乘人之危"的法律行为的效果变更为可变更、可撤销。但是,"乘人之危"与"显失公平"作为两个独立的导致合同效力瑕疵的事由依然得到规范上的肯认和延续。

此种做法虽然一定程度上彰显了规范表述上的精确性,但同时也为司法适用带来了不少困惑。乘人之危与显失公平制度在构成要件的认定上极易混淆。诚如学者所言,我国原《民法通则》虽开创了显失公平与乘人之危分立的立法例,但两者各自的适用范围不仅未臻明确,反而出现相互重

[①] 参见张俊浩:《民法学原理》(修订第三版上册),中国政法大学出版社2000年版,第290页。

叠的现象，并未达到立法者预设的目标。① 在《民法典》编纂过程中，学界对乘人之危与显失公平的关系也有不同观点，有学者认为应保持显失公平而废除乘人之危制度，还有学者认为应维持原《民法通则》和原《合同法》的体系而分开规定，也有学者认为应采纳德国立法经验而统一规定为暴利行为。从原有的乘人之危与显失公平规定来看，乘人之危的主观要件与显失公平的主观要件确实有交叉的可能；而从客观方面而言，没有法律后果明显失衡的单纯的乘人之危也不会受到调整。

有鉴于此，《民法典》第151条将我国过往民事立法中的"乘人之危"制度与"显失公平"制度进行统和、修改，进而对"显失公平"制度作出了重新的规范塑造。该条规定可以认为是对原有显失公平与乘人之危制度在主观要件与客观要件上的整合，从立法技术而言，其积极意义值得肯定。

从制度本身的规定而言，其更类似德国法上关于暴利行为的规定："某人利用他人处于急迫情势、无经验、欠缺判断力或意志显著薄弱，以法律行为使该他人就某项给付向自己或第三人约定或给予该项给付明显不相当的财产利益的，该法律行为尤其无效。"所不同的是，我国此规定中的法律效果是赋予受损害方以撤销权，而在德国法中是直接导致法律行为的无效。这会导致几个方面的差别，一方面，在我国，仅有受损害方可以申请撤销，而其他人不可主张。但另一方面，受损害方也可以不主张撤销，而维持法律行为的效力。而如果是直接导致法律行为无效，则任何人均可主张，且无维持法律行为效力之可能。从对此类行为的干预程度不同可看出立法者在这一问题上作出了不同的判断。同样需要注意的是，此处的撤销权为撤销诉权，行为人必须向人民法院或仲裁机构提起撤销之诉，而并不以向对方当事人做出撤销的意思表示为已足。

依其规范表述来看，我国《民法典》中的"显失公平"制度在构成上应该包括结果失衡、意思瑕疵、可归责性三个要件。其中，结果失衡主要是法律行为效果确立的给付与对待给付之间的不均衡；意思瑕疵则是指

---

① 冉克平：《显失公平与乘人之危的现实困境与制度重构》，载《比较法研究》2015年第5期。

当事人因处于危困状态、缺乏判断能力等原因而导致的意思表示不自由；可归责性则是指当事人主观上对对方不利状态的利用。① 以上三个要件虽在文字表述上看似较为明确，但是以实践来看，其在具体适用判断中难免存在一定的模糊和不确定性。譬如，结果失衡固然可以依据市场价格作为较为客观的评判标准，但是意思瑕疵中的"判断能力"以及可归责性所指向的作为当事人主观状态的"利用"则难免在举证和司法认定上存在一定的困难，亟待进一步廓清。对此，有学者便明确提出，"危困状态""缺乏判断能力""无经验"等本为生活用语，其内涵和外延均存在模糊空间，但作为涵摄之前提，在规范层面却必须廓清其含义，然而这并不容易办到。② 而如果对"判断能力"作广义理解，将语言理解、信息获取与利用、对合同优缺点的评估、以理性动机指引自己行为的自控和谨慎程度、具备一般生活或社会经验等做出经济意义上理性判断的关键因素皆列入其考量范畴，则难免导致显失公平制度适用的过分泛滥，不利于交易安全的维护。③

三、司法解释条文理解

本条司法解释旨在对作为引发显失公平构成中当事人意思表示瑕疵的原因之一的"缺乏判断能力"的判断方法作出阐释，以期进一步统一裁判标准，确保《民法典》第151条的准确适用。以其规范内容来看，本条适用应当注意以下几个问题：

第一，本条司法解释的适用主体是自然人。长期以来，就"显失公平"是否适用于非自然人民事主体，我国学者间素有争议。虽然，以《民法典》第151条的规范表述来看，其并未就此表达明确排斥态度。在理论探讨中，也有不少学者认为，随着我国公司资本制的改革和近来营商环境的整体优化，公司及企业的设立要件被大大放宽，一人公司和个人独资企

---

① 陈甦：《民法总则评注》，法律出版社2017年版，第1085页。
② 蔡睿：《显失公平制度的动态体系论》，载《法治社会》2021年第6期。
③ 参见李潇洋：《论民法典中的显失公平制度——基于功能主义的分析》，载《山东社会科学》2021年第5期。

业大量涌现，公司或企业型商人交易主体地位不相当、能力不对等的情形势必会更加多见。此时从公平的立场出发，即便是公司或企业型商人，也同样有通过显失公平制度为之提供救济的必要。①但是，以当前的主流理论来看，在商事合同中，因双方都是商人，具有理性，尤其是均具实力，有能力了解合同项下的利益关系是否均衡。于是，只要一方不能举证相对人有欺诈、胁迫、乘人之危等主观恶意，仅仅以显失公平为由主张撤销合同，就不宜获得裁判机构的支持。②有鉴于此，本条司法解释虽延续《民法典》相关规定的精神，未对"显失公平"制度的适用范围作出明确规定，但以"当事人一方是自然人"作为前置条件，明确宣示了条文中所指明的缺乏判断能力的认定标准和方法适用的范围仅以自然人为限，至于法人、非法人组织是否适用"显失公平"制度以及其适用过程中如何判断相关法人、非法人组织是否缺乏判断能力，则不在本条的调整范围，仍需要由法官结合相关案件实际作出具体判断。

第二，本条司法解释所称的"判断能力"指当事人针对具体交易（合同）性质、法律后果和特定风险的认知和判断能力。当前的主流理论认为，所谓缺乏判断能力，是指缺少基于理性考虑而实施民事法律行为或对民事行为的后果予以评估的能力。③与作为民事行为能力概念内核要素的民事主体的判断能力不同，显失公平中的当事人判断能力认定虽然亦需要考虑年龄、智力、经验等方面的因素，但是其并非对自然人认知、判断能力的一般、标准化认定，而是在具体的交易语境中，"结合交易的复杂程度"作出个性化的判断。亦即其所指向的是当事人针对具体交易（合同）而非一般交易法律后果和特定风险的认知和判断能力，一定程度上可视为对行为能力标准化判断方法在具体场景适用中不足的一种个案式矫正：具体交易的复杂程度越高，需要当事人具备的判断能力也即越强。其与行为

---

① 赵亚宁：《后民法典时代显失公平制度的解释论展开》，载《河南财经政法大学学报》2023年第3期。
② 崔建远：《合同法总论》（上卷），中国人民大学出版社2011年版，第358页。
③ 韩世远：《合同法》（第4版），法律出版社2018年版，第292页。

能力间的关系，恰如学者所言，"缺乏判断能力"似借鉴德国法第138条第2款，指行为人智力上存有缺陷，虽程度未达到无法律行为能力的状态，但能影响其对法律行为的利弊作出选择。[1]

第三，本条司法解释指向的是一种动态系统论的判断方法。其明确列举出年龄、智力、知识、经验等当事人判断能力认定过程中应当考量的主要因素，但并未列明各个要素的具体判断标准，而是指引法律适用者根据涉案交易的复杂性程度综合作出判断，并明确其中程度性的要求，即"对合同的性质、合同订立的法律后果或者交易中存在的特定风险缺乏应有的认知能力"。此种做法，一方面契合了显失公平制度立法趣旨。毕竟，当事人的意思自治应该是在平等、无压迫、信息充分、慎重等基础上作出的。然而给付不均衡之原因之一在于相对人在意思形成过程中存在阻碍因素，正是此种意思瑕疵导致意思表示的不自由从而产生了调整之必要。[2]另一方面也是意在向法官传导一种动态系统论的理念，即并非要对各要素相互区隔孤立判断，而是需要关注要素之间呈现出的可交换性与可互补性，一个满足程度较低的要素与其他高度满足的要素共同作用可呈现出如各要素均衡状态下相同的整体力量，进而得出相同的法律效果。[3]

此外，需要特别注意的是，本条所指向的仅是对作为引发显失公平构成中当事人意思表示瑕疵的原因之一的"缺乏判断能力"的判断方法。即便依本条规定足以认定当事人存在"缺乏判断能力"的事实，"显失公平"制度的适用亦尚需以客观结果失衡、可归责性等要件的满足为前提。特别是针对当事人利用对方"缺乏判断能力"的情形通常比"利用对方处于危困状态"在侵扰表意人意志自由方面的程度较低的特点，依据动态系统论的原理，对其他要件的充裕度的要求应当适当增强。[4]

---

[1] 张燕旋：《〈民法总则〉显失公平制度评述》，载《汕头大学学报（人文社会科学版）》2017年第8期。
[2] 王磊：《论显失公平规则的内在体系》，载《法律科学》2018年第2期。
[3] 蔡睿：《显失公平制度的动态体系论》，载《法治社会》2021年第6期。
[4] 参见王文军：《意思瑕疵定位下显失公平制度的动态体系论适用》，载《政治与法律》2023年第2期。

【典型案例】

李某、王某买卖合同纠纷案

[案号]（2021）辽11民终1号

[来源] 中国裁判文书网

[关键词] 买卖合同 撤销权 显失公平 缺乏判断能力

[裁判摘要] 借款人（出售人）相对年长，生活经验丰富，出借人（买受人）相对年轻，其未从事过古玩字画行业，缺乏判断能力，知识储备不足，对于该领域的交易经验相对欠缺，急于回收出借资金，致使上诉人以500万元的价款购得市场价值3万元的画作，导致交易时的利益显著失衡极不公平，符合显失公平的构成要件。

[基本案情] 2018年7月22日，甲方建筑工程公司辽宁分公司和乙方王某签订《以房抵债协议》，约定截至2018年7月22日，甲方拖欠乙方借款本息300万元，甲方同意将其拥有的酒店门市转让给乙方，以抵销甲方的债务，由甲方公司盖章及被告签字和乙方签字。后经原告询问，查询并无所述房屋，2018年10月28日，建筑工程公司辽宁分公司负责人李某为王某出具借条一份，写明"借款人李某向王某借得人民币叁佰伍拾万元整，并承诺利息伍拾万元整，合计肆佰万元整"，并约定还款日期，有借款人李某签字捺印。后李某称有一幅价值500万元褚金融《八骏图》在拍卖公司拍卖，可用于抵顶欠款。2019年2月13日，李某与王某签订《书画买卖协议》，价格为伍佰万元整，并有双方签字捺印，李某为王某出具收条一份，写明"收到王某购画款人民币伍佰万元整，其中壹佰万元以转账支付，肆佰万元以现金支付"，并有收款人李某签字捺印，后李某将该画交付王某。自2018年6月28日起至2019年2月13日止，王某通过中国银行共计向被告李某转账3840万元。经一审法院委托，大连历代文物鉴定中心有限公司对褚金融《八骏图》当今市场价值进行鉴定，鉴定结果为"当今市场参考价为3万元（叁万元人民币）"。

（撰稿人：雷震文）

第十二条　【批准生效合同的法律适用】 合同依法成立后，负有报批义务的当事人不履行报批义务或者履行报批义务不符合合同的约定或者法律、行政法规的规定，对方请求其继续履行报批义务的，人民法院应予支持；对方主张解除合同并请求其承担违反报批义务的赔偿责任的，人民法院应予支持。

人民法院判决当事人一方履行报批义务后，其仍不履行，对方主张解除合同并参照违反合同的违约责任请求其承担赔偿责任的，人民法院应予支持。

合同获得批准前，当事人一方起诉请求对方履行合同约定的主要义务，经释明后拒绝变更诉讼请求的，人民法院应当判决驳回其诉讼请求，但是不影响其另行提起诉讼。

负有报批义务的当事人已经办理申请批准等手续或者已经履行生效判决确定的报批义务，批准机关决定不予批准，对方请求其承担赔偿责任的，人民法院不予支持。但是，因迟延履行报批义务等可归责于当事人的原因导致合同未获批准，对方请求赔偿因此受到的损失的，人民法院应当依据民法典第一百五十七条的规定处理。

【关联规定】

一、《民法典》（2020 年 5 月 28 日）

第 502 条　依法成立的合同，自成立时生效，但是法律另有规定或者当事人另有约定的除外。

依照法律、行政法规的规定，合同应当办理批准等手续的，依照其规定。未办理批准等手续影响合同生效的，不影响合同中履行报批等义务条款以及相关条款的效力。应当办理申请批准等手续的当事人未履行义务的，对方可以请求其承担违反该义务的责任。

依照法律、行政法规的规定，合同的变更、转让、解除等情形应当办理批准等手续的，适用前款规定。

第563条　有下列情形之一的，当事人可以解除合同：

（一）因不可抗力致使不能实现合同目的；

（二）在履行期限届满前，当事人一方明确表示或者以自己的行为表明不履行主要债务；

（三）当事人一方迟延履行主要债务，经催告后在合理期限内仍未履行；

（四）当事人一方迟延履行债务或者有其他违约行为致使不能实现合同目的；

（五）法律规定的其他情形。

以持续履行的债务为内容的不定期合同，当事人可以随时解除合同，但是应当在合理期限之前通知对方。

二、其他法律

1.《商业银行法》（2015年8月29日）

第28条　任何单位和个人购买商业银行股份总额百分之五以上的，应当事先经国务院银行业监督管理机构批准。

2.《城市房地产管理法》（2019年8月26日）

第40条第1款　以划拨方式取得土地使用权的，转让房地产时，应当按照国务院规定，报有批准权的人民政府审批。有批准权的人民政府准予转让的，应当由受让方办理土地使用权出让手续，并依照国家有关规定缴纳土地使用权出让金。

3.《企业国有资产法》（2008年10月28日）

第53条　国有资产转让由履行出资人职责的机构决定。履行出资人职责的机构决定转让全部国有资产的,或者转让部分国有资产致使国家对该企业不再具有控股地位的,应当报请本级人民政府批准。

4.《外商投资法》(2019年3月15日)

第29条 外商投资需要办理投资项目核准、备案的,按照国家有关规定执行。

三、行政法规

1.《探矿权采矿权转让管理办法》(2014年7月29日)

第10条第3款 批准转让的,转让合同自批准之日起生效。

2.《技术进出口管理条例》(2020年11月29日)

第16条 技术进口经许可的,由国务院外经贸主管部门颁发技术进口许可证。技术进口合同自技术进口许可证颁发之日起生效。

四、司法解释

1.《外商投资企业纠纷案件司法解释(一)》(法释〔2020〕18号)

第1条 当事人在外商投资企业设立、变更等过程中订立的合同,依法律、行政法规的规定应当经外商投资企业审批机关批准后才生效的,自批准之日起生效;未经批准的,人民法院应当认定该合同未生效。当事人请求确认该合同无效的,人民法院不予支持。

前款所述合同因未经批准而被认定未生效的,不影响合同中当事人履行报批义务条款及因该报批义务而设定的相关条款的效力。

第5条 外商投资企业股权转让合同成立后,转让方和外商投资企业不履行报批义务,经受让方催告后在合理的期限内仍未履行,受让方请求解除合同并由转让方返还其已支付的转让款、赔偿因未履行报批义务而造成的实际损失的,人民法院应予支持。

第6条 外商投资企业股权转让合同成立后,转让方和外商投资企业不履行报批义务,受让方以转让方为被告、以外商投资企业为第三人提起诉讼,请求转让方与外商投资企业在一定期限内共同履行报批义务的,人民法院应予支持。受让方同时请求在转让方和外商投资企业于生效判决确定的期限内不履行报批义务时自行报批的,人民法院应予支持。

转让方和外商投资企业拒不根据人民法院生效判决确定的期限履行报批义务，受让方另行起诉，请求解除合同并赔偿损失的，人民法院应予支持。赔偿损失的范围可以包括股权的差价损失、股权收益及其他合理损失。

第 7 条 转让方、外商投资企业或者受让方根据本规定第六条第一款的规定就外商投资企业股权转让合同报批，未获外商投资企业审批机关批准，受让方另行起诉，请求转让方返还其已支付的转让款的，人民法院应予支持。受让方请求转让方赔偿因此造成的损失的，人民法院应根据转让方是否存在过错以及过错大小认定其是否承担赔偿责任及具体赔偿数额。

2.《矿业权纠纷案件司法解释》（法释〔2020〕17号）

第 6 条 矿业权转让合同自依法成立之日起具有法律约束力。矿业权转让申请未经自然资源主管部门批准，受让人请求转让人办理矿业权变更登记手续的，人民法院不予支持。

当事人仅以矿业权转让申请未经自然资源主管部门批准为由请求确认转让合同无效的，人民法院不予支持。

第 7 条 矿业权转让合同依法成立后，在不具有法定无效情形下，受让人请求转让人履行报批义务或者转让人请求受让人履行协助报批义务的，人民法院应予支持，但法律上或者事实上不具备履行条件的除外。

人民法院可以依据案件事实和受让人的请求，判决受让人代为办理报批手续，转让人应当履行协助义务，并承担由此产生的费用。

第 8 条 矿业权转让合同依法成立后，转让人无正当理由拒不履行报批义务，受让人请求解除合同、返还已付转让款及利息，并由转让人承担违约责任的，人民法院应予支持。

第 9 条 矿业权转让合同约定受让人支付全部或者部分转让款后办理报批手续，转让人在办理报批手续前请求受让人先履行付款义务的，人民法院应予支持，但受让人有确切证据证明存在转让人将同一矿业权转让给第三人、矿业权人将被兼并重组等符合民法典第五百二十七条规定情形的除外。

第 10 条　自然资源主管部门不予批准矿业权转让申请致使矿业权转让合同被解除，受让人请求返还已付转让款及利息，采矿权人请求受让人返还获得的矿产品及收益，或者探矿权人请求受让人返还勘查资料和勘查中回收的矿产品及收益的，人民法院应予支持，但受让人可请求扣除相关的成本费用。

当事人一方对矿业权转让申请未获批准有过错的，应赔偿对方因此受到的损失；双方均有过错的，应当各自承担相应的责任。

第 11 条　矿业权转让合同依法成立后、自然资源主管部门批准前，矿业权人又将矿业权转让给第三人并经自然资源主管部门批准、登记，受让人请求解除转让合同、返还已付转让款及利息，并由矿业权人承担违约责任的，人民法院应予支持。

五、司法指导性文件

《九民纪要》（法〔2019〕254 号）

37. 法律、行政法规规定某类合同应当办理批准手续生效的，如商业银行法、证券法、保险法等法律规定购买商业银行、证券公司、保险公司 5% 以上股权须经相关主管部门批准，依据《合同法》第 44 条第 2 款的规定，批准是合同的法定生效条件，未经批准的合同因欠缺法律规定的特别生效条件而未生效。实践中的一个突出问题是，把未生效合同认定为无效合同，或者虽认定为未生效，却按无效合同处理。无效合同从本质上来说是欠缺合同的有效要件，或者具有合同无效的法定事由，自始不发生法律效力。而未生效合同已具备合同的有效要件，对双方具有一定的拘束力，任何一方不得擅自撤回、解除、变更，但因欠缺法律、行政法规规定或当事人约定的特别生效条件，在该生效条件成就前，不能产生请求对方履行合同主要权利义务的法律效力。

38. 须经行政机关批准生效的合同，对报批义务及未履行报批义务的违约责任等相关内容作出专门约定的，该约定独立生效。一方因另一方不履行报批义务，请求解除合同并请求其承担合同约定的相应违约责任的，人民法院依法予以支持。

39. 须经行政机关批准生效的合同，一方请求另一方履行合同主要权利义务的，人民法院应当向其释明，将诉讼请求变更为请求履行报批义务。一方变更诉讼请求的，人民法院依法予以支持；经释明后当事人拒绝变更的，应当驳回其诉讼请求，但不影响其另行提起诉讼。

40. 人民法院判决一方履行报批义务后，该当事人拒绝履行，经人民法院强制执行仍未履行，对方请求其承担合同违约责任的，人民法院依法予以支持。一方依据判决履行报批义务，行政机关予以批准，合同发生完全的法律效力，其请求对方履行合同的，人民法院依法予以支持；行政机关没有批准，合同不具有法律上的可履行性，一方请求解除合同的，人民法院依法予以支持。

【理解与适用】

一、本条主旨

本条是关于批准生效合同法律适用的细化规定。

二、《民法典》条文理解以及有待细化的问题

批准生效合同最早规定在原《合同法》第44条第2款，指"法律、行政法规规定应当办理批准、登记等手续生效的"合同。《合同法司法解释（一）》第9条第1款明确了未办理批准生效手续的合同效力为"未生效"，首次在我国立法层面区分了未生效和无效两个概念。《合同法司法解释（二）》第8条增补了违反报批义务的法律后果，将违反报批义务的损害赔偿责任定性为缔约过失责任。该条还规定了法院可以判决相对方自行办理报批手续，但是相对方自行报批通常很难获得主管部门批准，实际效果并不理想。

《外商投资企业纠纷案件司法解释（一）》对批准生效合同的规范内容作出了规定。第1条增补两项规范，一是当事人请求确认批准生效合同无效的不予支持；二是合同未经批准不影响报批义务条款及相关条款独立生效。第5条增补两项规范：一是相对方有权请求继续履行报批义务；二

是报批义务未履行的，相对方有权解除合同、请求返还原物和赔偿因未履行报批义务而造成的实际损失。该条首次明确了未生效合同可以解除，损害赔偿不再直接关联缔约过失责任。第 6 条第 2 款除了规定转让方拒不根据法院生效判决履行报批义务时相对方有权解除合同，最重要的是完全废弃了缔约过失责任的思路而改采违约责任的思路，义务方的赔偿范围被界定为差价损失等履行利益。第 7 条第 2 句增补了未获批准情况下义务方承担过错责任。2017 年颁布的《矿业权纠纷案件司法解释》第 6 条至第 11 条延续了最高人民法院在《外商投资企业纠纷案件司法解释（一）》中对批准生效合同的基本立场，第 8 条更是直接将义务方不履行报批义务应承担违约责任写进了条文。①

上述两部司法解释只能涵盖外商投资企业股权转让合同与矿业权转让合同两种合同类型。2019 年《九民纪要》第 37 条至第 40 条将上述司法解释的立场扩展到所有类型的批准生效合同。其规范内容可以汇总为四点：一是未经批准合同的效力为未生效的，相对方只能请求义务方履行报批义务而非履行合同主要权利义务。二是报批义务及相关违约条款独立生效，义务方不履行报批义务的，相对方有权解除合同并请求其承担合同约定的相应违约责任。三是义务方经法院强制执行仍未履行报批义务的，相对方有权请求其承担合同违约责任。四是行政机关没有批准的，一方有权解除合同。《九民纪要》首次区分了违反报批义务对应的违约责任和整个合同的违约责任，② 未规定不予批准时义务方的过错责任问题。

《民法典》第 502 条第 2 款处理批准生效合同，规定："依照法律、行政法规的规定，合同应当办理批准等手续的，依照其规定。未办理批准等手续影响合同生效的，不影响合同中履行报批等义务条款以及相关条款的

---

① 《矿业权纠纷案件司法解释》第 8 条：矿业权转让合同依法成立后，转让人无正当理由拒不履行报批义务，受让人请求解除合同、返还已付转让款及利息，并由转让人承担违约责任的，人民法院应予支持。

② 《九民纪要》第 38 条第 2 句规定："一方因另一方不履行报批义务，请求解除合同并请求其承担合同约定的相应违约责任的，人民法院依法予以支持。"第 40 条第 1 句规定："人民法院判决一方履行报批义务后，该当事人拒绝履行，经人民法院强制执行仍未履行，对方请求其承担合同违约责任的，人民法院依法予以支持。"

效力。应当办理申请批准等手续的当事人未履行义务的,对方可以请求其承担违反该义务的责任。"

《民法典》该款已经明确了批准生效合同"未生效"的效力和报批义务条款独立生效,但是对于不履行报批义务以及未获批准两种情形下的责任性质和范围语焉不详。

三、司法解释条文理解

本条司法解释包括三款条文,实际上是将《民法典》第502条第2款末句"应当办理申请批准等手续的当事人未履行义务的,对方可以请求其承担违反该义务的责任"细化为三个阶段并分别规定其法律效果,弥补了批准生效合同规范体系的短板。第一阶段:负有报批义务的当事人不履行报批义务或者履行报批义务不符合合同的约定或者法律、行政法规的规定的,对方有权请求其继续履行报批义务,或者直接主张解除合同并请求其承担违反报批义务的赔偿责任。第二阶段:在法院判决当事人一方履行报批义务后,其仍不履行的,对方有权主张解除合同并请求其承担赔偿责任,法院应当参照违反合同的违约责任认定损失赔偿额。第三阶段:负有报批义务的当事人已办理申请批准等手续,批准机关决定不予批准,对方请求其承担赔偿责任的,法院不予支持。但是,因迟延履行报批义务等可归责于负有报批义务的当事人的原因导致合同未获批准,对方请求赔偿因此受到的损失的,法院应当依据《民法典》第157条处理。

(一)报批义务与合同效力

1. 并非所有报批手续皆影响合同效力

《合同法》第44条第2款规定"法律、行政法规规定应当办理批准、登记等手续生效的",其中"生效"二字特别重要,意义在于并非所有报批手续都会影响合同效力。《民法典》第502条第2款也把范围限定为"法律、行政法规规定影响合同生效的报批手续"。该表述意味着"办理批准等手续"不影响合同的成立,但是构成了合同的特别生效条件,未经批准则合同未生效。

首先，并非报批手续都关联合同效力。目前明确规定必须办理批准手续合同才生效的，只有《探矿权采矿权转让管理办法》第 10 条、①《技术进出口管理条例》第 16 条。② 随着《外商投资法》出台，外商投资领域的合同审批退出历史舞台，报批义务目前留存于金融商事领域的股份转让合同③、划拨土地使用权转让合同④以及特定行业国有资产转让合同⑤等领域。大多数规定都未明确写明批准手续办理与否是否影响合同效力，导致学界和实务界存在不同的观点。《矿业权纠纷案件司法解释》第 6 条明确规定不能仅以未经批准为由请求确认合同无效。立法机关倾向认为需要结合具体情况，在设定批准手续的社会管理政策与保障意思自治、鼓励交易之间作平衡性判断。⑥

其次，只有法律、行政法规这一层级法源设立的报批手续才影响合同效力，部门规章和地方性法规规定的报批手续与合同效力无涉。但是鉴于行政审批事项的细致和烦琐程度，实践中可能存在经由法律、行政法规引致到位阶更低的规定报批义务的具体规范的"二次引致"现象，⑦ 如《外商投资法》引致到《政府核准的投资项目目录》这一国务院规范性文件。⑧

---

① 《探矿权采矿权转让管理办法》第 10 条第 3 款：批准转让的，转让合同自批准之日起生效。
② 《技术进出口管理条例》第 16 条：技术进口经许可的，由国务院外经贸主管部门颁发技术进口许可证。技术进口合同自技术进口许可证颁发之日起生效。
③ 《商业银行法》第 28 条：任何单位和个人购买商业银行股份总额百分之五以上的，应当事先经国务院银行业监督管理机构批准。
《保险法》第 84 条第 7 项：变更出资额占有限责任公司资本总额百分之五以上的股东，或者变更持有股份有限公司股份百分之五以上的股东，应当经保险监督管理机构批准。
④ 《城市房地产管理法》第 40 条第 1 款：以划拨方式取得土地使用权的，转让房地产时，应当按照国务院规定，报有批准权的人民政府审批。有批准权的人民政府准予转让的，应当由受让方办理土地使用权出让手续，并依照国家有关规定缴纳土地使用权出让金。
⑤ 《企业国有资产法》第 53 条：国有资产转让由履行出资人职责的机构决定。履行出资人职责的机构决定转让全部国有资产，或者转让部分国有资产致使国家对该企业不再具有控股地位的，应当报请本级人民政府批准。
⑥ 黄薇主编：《中华人民共和国民法典合同编解读》（上册），中国法制出版社 2020 年版，第 141 页。
⑦ 谭佐财：《未经批准合同的效力认定与责任配置——〈民法典〉第 502 条第 2 款解释论》，载《法学》2022 年第 4 期。
⑧ 《外商投资法》第 29 条：外商投资需要办理投资项目核准、备案的，按照国家有关规定执行。目前最新的有关规定是《政府核准的投资项目目录（2016 年本）》。

具有管制功能的行政审批也可能导致合同确定不生效,对私法自治同样影响巨大,因此不应赋予法律、行政法规之下的法源设定行政审批权。这一立场也会倒逼立法机关在法律与行政法规中对行政审批事项进行明确列举,避免向低层级的规范性文件逃逸。

最后,需要区分报批手续针对的是负担行为还是处分行为。[①] 如果法律、行政法规规定"须批准"的对象为意图转让股权的作为负担行为的债权合同,则审批机关未批准影响合同效力,存在缔约过失责任的发生余地;如果法律、行政法规规定"须批准"的对象仅为直接引起权利变动的处分行为,相当于批准手续用于控制合同的履行环节而非生效环节,[②] 则未批准不影响负担行为的效力,当事人可依据债权合同追究违约责任。

2. 区分未生效的未决状态与确定不生效的最终状态

《民法典》第 136 条第 1 款与第 502 条第 1 款规定,民事法律行为/依法成立的合同"自成立时生效,但是法律另有规定或者当事人另有约定的除外"。可见原则上法律行为成立便推定为生效,主张未生效的一方承担举证责任;从但书推知,可通过法律规定或当事人约定设置特别生效要件,使法律行为的生效时间不同于成立时间。约定的特别生效要件包括停止条件和始期;法律规定的特别生效要件包括报批手续、遗嘱以及一些特殊决议行为。[③]

批准生效合同已成立但未办理报批手续前,特别生效要件未成就,处于未生效的未决状态,不等同于确定的无效。无效合同依据《民法典》第 155 条"自始没有法律约束力";而未生效合同依据《民法典》第 465 条则"受法律保护"。生效要件也不等同于有效要件,前者决定法律行为自何时发生效力,后者决定法律行为的具体效力状态是有效、无效、可撤销

[①] 孙维飞:《合同法第 42 条(缔约过失责任)评注》,载《法学家》2018 年第 1 期。
[②] 蔡立东:《行政审批与权利转让合同的效力》,载《中国法学》2013 年第 1 期。
[③] 例如,《合伙企业法》第 49 条第 2 款:对合伙人的除名决议应当书面通知被除名人。被除名人接到除名通知之日,除名生效,被除名人退伙。

还是效力待定。《民法典》第 143 条列举的是有效要件而非生效要件，但是仅可作为判断法律行为有效的依据，而不得反推作为认定法律行为无效的依据。

从功能上看，须经批准的特别生效要件与导致合同无效的强制性规范，都体现了从私法外部视角即法秩序层面对私主体行为进行的法律评价，旨在实现公法管制目的。[1] 两者的区别在于，经批准生效是立法者授权行政机关对个别合同效力的裁量控制；而合同无效旨在实现立法者对合同效力普遍控制的意志。[2] 行政主管部门作为审批主体，仅有权在立法授权范围内评估合同是否符合特定管制目的，而非对合同整体进行有效性审查；即便合同已获得批准，法院仍然有权依据《民法典》第 153 条认定合同无效，不受审批机构是否批准的影响。[3] 合同未生效与效力待定都属于效力未决状态，只是效力待定的瑕疵事由通常涉及私益，包括超越一方行为能力、处分权限或者代理权限，而批准生效合同的报批手续通常涉及国家管制和公共利益。

从合同未生效到生效，需要经历两个步骤：一是一方当事人履行报批义务；二是审批机构予以批准。任何一个步骤出了问题，都会导向合同确定不发生效力的最终状态。《民法典》第 157 条与第 507 条相较于原《合同法》增加了"合同不生效"类型，使得合同不生效与无效的法律效果基本一致，都不影响争议解决条款独立生效。当事人不能仅诉请法院确认合同未生效，因为确认该未决状态无法最终解决当事人的纠纷；也不能请求另一方履行合同主要权利义务，因为未生效的合同不具有实质拘束力；更不能直接请求法院确认合同无效以及诉请另一方承担损害赔偿责任，否则

---

[1] 苏永钦：《私法自治中的国家强制》，中国法制出版社 2005 年版，第 38 页。
[2] 吴光荣：《行政审批对合同效力的影响：理论与实践》，载《法学家》2013 年第 1 期。
[3] 《外商投资企业纠纷案件司法解释（一）》第 3 条：人民法院在审理案件中，发现经外商投资企业审批机关批准的外商投资企业合同具有法律、行政法规规定的无效情形的，应当认定合同无效……参见最高人民法院民事审判第四庭：《最高人民法院关于审理外商投资企业纠纷案件若干问题的规定（一）：条文理解与适用》，中国法制出版社 2011 年版，第 50 页；吴光荣：《行政审批对合同效力的影响：理论与实践》，载《法学家》2013 年第 1 期。

就会混淆未生效与无效的区别。在法院释明的基础上，[①] 当事人只能选择或者请求另一方履行报批义务，促成合同生效；或者请求解除合同，促成合同确定不生效。[②]

3. 未生效的法律效果及形式拘束力的内涵

合同已成立未生效的法律效果，体现为原《合同法》第8条规定的成立合同的效力即"形式约束力"，而非生效合同的效力即"请求对方按照约定履行合同义务"。《民法典》第136条第2款将形式拘束力表述为"行为人非依法律规定或者未经对方同意，不得擅自变更或者解除民事法律行为"。其正当性立足于自己责任之私法价值理念，[③] 表意人应受自主的意思表示的拘束，包括受表示内容的拘束，也包括不得任意变更和反悔。合同成立这一合意反映了当事人之间有缔结合同的意思，区别于生效后要求对方履行的具体合同目的。例如，《民法典》第141条为意思表示撤回规定了严格要件，便体现了意思表示具备形式拘束力的立场。

事实上，合同已成立未生效的法律效果不仅仅是当事人不得擅自变更或解除合同的消极义务。逻辑上，除了经由批准手续控制的生效后才有权要求履行的合同内容之外，[④] 与批准手续无涉的合同内容，在已成立未生效时已经发生法律效果。据此，形式拘束力除了不得擅自变更或解除的消极义务之外，也包括履行报批义务及相关条款义务、按照争议解决条款处

[①] 《九民纪要》第39条：须经行政机关批准生效的合同，一方请求另一方履行合同主要权利义务的，人民法院应当向其释明，将诉讼请求变更为请求履行报批义务。一方变更诉讼请求的，人民法院依法予以支持；经释明后当事人拒绝变更的，应当驳回其诉讼请求，但不影响其另行提起诉讼。《最高人民法院关于民事诉讼证据的若干规定》第53条：诉讼过程中，当事人主张的法律关系性质或者民事行为效力与人民法院根据案件事实作出的认定不一致的，人民法院应当将法律关系性质或者民事行为效力作为焦点问题进行审理。但法律关系性质对裁判理由及结果没有影响，或者有关问题已经当事人充分辩论的除外。存在前款情形，当事人根据法庭审理情况变更诉讼请求的，人民法院应当准许并可以根据案件的具体情况重新指定举证期限。

[②] 最高人民法院民法典贯彻实施工作领导小组主编：《中华人民共和国民法典合同编理解与适用（一）》，人民法院出版社2020年版，第297页。

[③] 金可可：《民法总则与法律行为成立之一般形式拘束力》，载《中外法学》2017年第3期。

[④] 《九民纪要》第37条末句：未生效合同已具备合同的有效要件，对双方具有一定的拘束力，任何一方不得擅自撤回、解除、变更，但因欠缺法定或约定的特别生效条件，在该生效条件成就前，不能产生请求对方履行合同主要权利义务的法律效力。

理合同失败后果等积极义务内容。① 可以对比同为特别生效要件的附条件，条件具有克服时间的障碍、将动机纳入法律考量的范围以及对条件成就前当事人的行为施以影响三大功能。② 学理通常认为法律行为是否生效受到条件的限制，其实受到条件限制的只是法律行为所欲达到的效果，而非法律行为是否生效本身。附停止条件的法律行为在条件成就前已经产生约束力，任何一方均不得任意摆脱"法锁"的束缚。

在批准生效合同中，报批条款的履行是整个合同生效的前提和基础。若合同因未办理批准手续整体不生效，当事人又不能请求履行报批义务，则会陷入无益的循环悖论，也不符合当事人的真实意愿。《外商投资企业纠纷案件司法解释（一）》第1条与《九民纪要》第38条把报批义务条款及相关条款独立对待，《民法典》第502条第2款第2句重申了报批义务条款及相关条款的效力不受合同整体不生效的影响。③ 在法学层面其合理性在于，既然合同无效、被撤销或者终止时清算条款和仲裁条款等争议解决条款独立发生效力，则同样具有手段性特点且与主给付义务无涉的报批义务条款及相关条款不应区分对待，两者在时间层面的区别仅表现为一类处理于生效之前，一类处理于失败之后。④ 而且第502条的"相关条款"包括怠于履行报批义务时约定的违约责任，同样属于争议解决条款的范畴。"相关条款"还可能包括一方先支付约定价款另一方再履行报批义务、一方对报批义务方的协助义务、履行报批义务的期限等⑤与报批义务相关的内容。

在商业逻辑层面，合同最终不生效并非皆因行政机关不批准，而是报批义务人待价而沽，在客观情况的变化不利于己方时，故意选择不报批促

---

① 刘贵祥、吴光荣：《关于合同效力的几个问题》，载《中国应用法学》2021年第6期。
② 袁治杰：《法律行为的条件理论》，载陈小君主编：《私法研究》（第8卷），法律出版社2010年版，第42页。
③ 黄薇主编：《中华人民共和国民法典合同编解读》（上册），中国法制出版社2020年版，第142页。
④ 刘贵祥：《论行政审批与合同效力》，载《中国法学》2011年第2期。
⑤ 最高人民法院民法典贯彻实施工作领导小组主编：《中华人民共和国民法典合同编理解与适用（一）》，人民法院出版社2020年版，第298页。

使合同确定不生效，从而免除履行合同义务，其本质上与诚信原则相违。①因此，为了达到促成当事人积极报批的事前效果，在合同未生效的未决状态期间，当事人不仅不得擅自变更或解除合同，还应当积极履行报批义务促成合同生效。

(二) 继续履行报批义务与合同解除

1. 请求继续履行报批义务

《民法典合同编通则司法解释》第12条第1款第1分句规定，在第一阶段批准生效合同处在已成立未生效的未决状态时，当事人有权要求继续履行报批义务。报批义务能否请求继续履行涉及该义务的性质，《合同法司法解释（二）》第8条将违反报批义务视为原《合同法》第42条第3项的"其他违背诚实信用原则的行为"，归入先合同义务范畴，该方案未得到后续司法解释的支持。《民法典》第500条和第501条都将缔约过失责任表述为规制"当事人在订立合同过程中"的不当行为，缔约过失责任在我国适用于合同不成立、成立但不生效以及有效三种情形，前两种情形便涉及预约和批准生效合同。②

报批手续直接来自法律、行政法规的规定，且通常只能由合同特定一方履行，因此严格来说，当事人并不能通过合同约定创设报批手续。但是在法定报批手续中仍存在意思自治空间，例如，约定一方履行报批义务的期限、一方先支付一定价款作为报批前提、违反报批义务的违约金等内容。无论是法定报批义务本身还是围绕报批义务的约定内容，合同自成立时生效，在合同义务群体系中属于依据诚实信用原则产生的可以独立请求的附随义务，③义务内容是当事人有促成合同获得批准的协作义务。

将报批义务定性为合同义务的重要实益在于，违反先合同义务导致缔约过失责任，依据《民法典》第500条、第501条，缔约过失责任的承担

---

① 刘贵祥：《论行政审批与合同效力》，载《中国法学》2011年第2期。
② 孙维飞：《合同法第42条（缔约过失责任）评注》，载《法学家》2018年第1期。
③ 最高人民法院民法典贯彻实施工作领导小组主编：《中华人民共和国民法典合同编理解与适用（一）》，人民法院出版社2020年版，第301页。

方式是损害赔偿，相对方不能请求实际履行。① 而违反合同义务则包含继续履行、赔偿损失等责任形式。相对方请求报批义务人继续办理申请批准等手续，相当于主张继续履行这一救济方式。当然，鉴于报批义务是行为义务且不具有替代履行之可能，尽管法院可以判令义务人实际履行报批义务，但该义务不得强制执行。②

在股权或者矿业权转让合同中，当事人经常会约定以受让方支付全部或者部分价款作为转让方办理报批手续的条件。这属于《民法典》第502条第2款的"相关条款"，与报批义务条款一样独立生效。《矿业权纠纷案件司法解释》第9条前半句规定"矿业权转让合同约定受让人支付全部或者部分转让款后办理报批手续，转让人在办理报批手续前请求受让人先履行付款义务的，人民法院应予支持"，采取了有权在未生效合同中请求支付价款的思路。但是支付价款通常是合同主给付义务的内容，转让方在合同生效前不应享有请求履行该主给付义务的权利。更合适的思路是将"相关条款"中支付价款约定理解为针对报批义务的先履行抗辩权，受让方未支付价款的，转让方有权提出不履行报批义务的抗辩。③

2. 第12条第1款新创设法定解除权

《外商投资企业纠纷案件司法解释（一）》与《九民纪要》均明确规定了相对方的法定解除权，但构成要件并不相同。《外商投资企业纠纷案件司法解释（一）》第5条表述为"经受让方催告后在合理的期限内仍未履行，受让方请求解除合同"，衔接《民法典》第563条第1款第3项"当事人一方迟延履行主要债务，经催告后在合理期限内仍未履行"，有疑问的是报批义务能否被视为主要债务。《九民纪要》第38条表述为"一方因另一方不履行报批义务，请求解除合同"，删除了催告以及合理期限的

---

① 若承认了缔约过失责任可以适用强制继续磋商或订立合同等强制履行的责任承担方式，则有违缔约自由原则，除非存在强制缔约义务。
② 徐涤宇、张家勇主编：《中华人民共和国民法典评注》（精要版），中国人民大学出版社2022年版，第545页。
③ 最高人民法院民法典贯彻实施工作领导小组主编：《中华人民共和国民法典合同编理解与适用（一）》，人民法院出版社2020年版，第302页。

要件，或能衔接第563条第1款第4项的拒绝履行或迟延履行致使合同目的无法实现的情形。《九民纪要》第40条表述为"行政机关没有批准，合同不具有法律上的可履行性，一方请求解除合同"，此时履行不能衔接第563条第1款第4项"其他违约行为致使不能实现合同目的"。因履行不能触发的法定解除权，还可见于《最高人民法院关于审理涉及国有土地使用权合同纠纷案件适用法律问题的解释》第4条："土地使用权出让合同的出让方因未办理土地使用权出让批准手续而不能交付土地，受让方请求解除合同的，应予支持。"

解除合同兼具摆脱合同实质效力与形式拘束力的双重效果。未生效合同已产生形式拘束力，因此只要符合《民法典》第563条法定解除权的发生要件，同样可以解除。在《民法典合同编通则司法解释》第12条第1款的第一阶段，规定对方有权选择不要求其履行报批义务而直接解除合同，解除合同与请求继续履行报批义务是择一选择的关系。逻辑上，既然可以选择请求对方继续履行报批义务，通常意味着一方迟延履行或不完全履行的违约行为尚未致使合同目的无法实现，不满足《民法典》第563条法定解除权的发生要件。这意味着《民法典合同编通则司法解释》第12条第1款在《民法典》第563条之外新创设了一种法定解除权，直接赋予相对方在合同未生效的未决状态下不经催告直接解除合同的权利。赋予相对方单方解除权的优待，搭配的是解除后损害赔偿范围的限制，留待后文详述。

当事人之间存在《矿业权纠纷案件司法解释》第9条"约定受让人支付全部或者部分转让款后办理报批手续"的类似约定，如果受让人未支付价款，转让方有权提出不履行报批义务的抗辩。此时为了避免陷入僵局，若受让方经催告后在合理期限内仍不履行"相关条款"中的约定义务，转让方也享有法定解除权。

《民法典合同编通则司法解释》第12条第2款规定的第二阶段是在"人民法院判决当事人一方履行报批义务后，其仍不履行"的情形下，对方有权解除合同。此时可认定报批义务人构成根本违约，债权人已无法实现合同目的，符合《民法典》第563条第1款第4项的解除要件。类似的解除根据如《矿业权纠纷案件司法解释》第8条规定，"矿业权转让合同依法成立后，转让人无正当理由拒不履行报批义务，受让人请求解除合同……""无正当理由拒不履行报批义务"这一拒绝履行行为已导致合同目的无法实现。

《民法典合同编通则司法解释》第12条第4款的第三阶段即批准机关决定不予批准时，未规定相对方可否解除合同。《九民纪要》第40条末句规定："行政机关没有批准，合同不具有法律上的可履行性，一方请求解除合同的，人民法院依法予以支持。"有学者认为，行政机关未批准，造成客观上的履行障碍，解除权的行使自不待言。[①] 上述观点和做法没有区分批准生效合同未生效的未决状态与确定不生效的最终状态：未生效时赋予一方解除权，通过解除可以从合同的形式拘束力的束缚中解放出来；当批准机关决定不予批准时，合同效力转为确定不生效的最终状态，合同对双方不再具有形式拘束力，赋予解除权纯属画蛇添足。第12条第4款参引的《民法典》第157条适用前提已包括"民事法律行为确定不发生效力"这一情形。

（三）三个阶段的三种损害赔偿责任

1. 第一阶段：承担违反报批义务的赔偿责任

《民法典合同编通则司法解释》第12条第1款处理的是第一阶段相对方在可以请求继续履行报批义务的前提下，直接解除合同时请求赔偿的责任性质和范围。依据《民法典合同编通则司法解释》第8条第2款，确定违反预约合同的赔偿范围时，"人民法院应当综合考虑预约合同在内容上的完备程度以及订立本约合同的条件的成就程度等因素酌定"，赔偿范围有可能包含但不能超过本约合同的履行利益。

如果当事人就报批义务本身专门约定了违约金等违约责任，鉴于报批义务及相关条款已独立生效，一方违反报批义务，相对方解除合同时直

[①] 谭佐财：《未经批准合同的效力认定与责任配置——〈民法典〉第502条第2款解释论》，载《法学》2022年第4期。

接适用约定的与报批义务相关的违约责任条款，对此不存在争议。缺乏约定时，多数观点认为当事人只能请求报批义务人承担缔约过失责任，赔偿信赖利益损失而非可得利益损失。①《外商投资企业纠纷案件司法解释（一）》的起草者便认为第 5 条"赔偿因未履行报批义务而造成的实际损失"属于缔约过失责任，范围为信赖利益损失。② 另有观点认为，违反报批义务的责任可视为整体合同的缔约过失责任与违反报批义务独立条款的违约责任的竞合，无论采用哪种方式计算，损害赔偿额应当是一致的。③

《民法典合同编通则司法解释》第 12 条第 1 款修改为当事人未约定时，"承担违反报批义务的赔偿责任"。应当仅指相对方因订立合同所遭受的直接损失即所受损害，通常包括缔约费用如旅差费和通信费、准备履行合同所支出的费用如仓库预租费以及上述费用的利息。这些直接损失发生在合同订立过程中，从这个角度可以纳入整个合同关系的缔约过失责任范畴。但是定性的分歧并不影响该阶段的实际赔偿数额，上述直接损失一定是固有利益的损失，只是这些固有利益损失与缔约磋商这一过程相关。第一阶段不应涉及任何间接损失即所失利益，这一结论也是尊重相对方意思自治的应有之义，立法赋予了相对方请求报批义务人继续履行报批义务或者直接解除合同的选择权，既然相对方放弃了要求报批义务人继续履行报批义务的请求，这一选择意味着相对方已不再预期可以获得履行利益。而《民法典合同编通则司法解释》第 8 条违反预约合同的违约责任与之不同，当事人一方不履行订立本约合同的义务并非另一方选择的结果，该违约风险也非另一方所能控制，因此在预约成熟度够高时，直接采用本约的履行利益作为计算损害赔偿额的酌定标准是具有合理性的。

---

① 参见最高人民法院民法典贯彻实施工作领导小组主编：《中华人民共和国民法典合同编理解与适用》（一），人民法院出版社 2020 年版，第 302 页；杨永清：《批准生效合同若干问题探讨》，载《中国法学》2013 年第 6 期。
② 万鄂湘主编：《最高人民法院关于审理外商投资企业纠纷案件若干问题的规定（一）条文理解与适用》，中国法制出版社 2011 年版，第 74 页。
③ 黄薇主编：《中华人民共和国民法典合同编解读》（上册），中国法制出版社 2020 年版，第 143 页。

2. 第二阶段：参照违反本约合同的赔偿范围

《民法典合同编通则司法解释》第 12 条第 2 款规定了第二阶段，在人民法院判决当事人一方履行报批义务后，其仍不履行，相对方主张合同解除后赔偿责任的性质和范围。

《外商投资企业纠纷案件司法解释（一）》第 6 条采取了两次诉讼的构造模式，第一次诉讼请求实际履行报批义务，第二次诉讼请求解除合同并赔偿包括股权的差价损失、股权收益及其他合理损失在内的履行利益损失，① 废弃了《合同法司法解释（二）》第 8 条的缔约过失责任的思路。《九民纪要》第 40 条第 1 句进一步明确了第二阶段相对方有权"请求其承担合同违约责任"。

反对观点认为，如果赔偿范围扩大到整个合同的违约责任，则合同未生效与生效的法律效果完全一致，设置合同未生效的规范意旨无法实现。② 有观点认为，违反报批义务应当准用《民法典》第 159 条"当事人为自己的利益不正当地阻止条件成就的，视为条件已经成就"，从而相对人有权主张履行利益。③ 但是行政机关是否批准属于行政自由裁量权而非意思自治范畴，即便报批义务人履行了报批义务，也不意味着其必然得到批准。因此，赔偿范围不能以假定合同生效且正常履行的状态为计算标准，否则相当于把是否批准的不确定风险完全分配给了报批义务人一方。④

笔者认为，应当考察批准生效合同的具体情形，在整个合同的违约责任大框架下动态调整赔偿范围，这是第 12 条第 2 款仅仅"参照"而非直接适用违反合同的违约责任的原因。考察因素之一是通过批准的难易度。如果该报批事项行政机关通常仅作形式审查，报批资料提交齐全时一般予以批准，则类推适用《民法典》第 159 条主张履行利益具有合

---

① 万鄂湘主编：《〈最高人民法院关于审理外商投资企业纠纷案件若干问题的规定（一）〉条文理解与适用》，中国法制出版社 2011 年版，第 76 页，第 88 页。
② 谭佐财：《未经批准合同的效力认定与责任配置——〈民法典〉第 502 条第 2 款解释论》，载《法学》2022 年第 4 期。
③ 杨永清：《批准生效合同若干问题探讨》，载《中国法学》2013 年第 6 期。
④ 朱广新：《论不履行报批义务的法律后果》，载《法治研究》2022 年第 2 期。

理性。相反，如果行政机关对审批事项进行实质审查且有很大的自由裁量空间，则相对方主张全部履行利益就欠缺合理性。考察因素之二是报批义务人拒不报批的主观恶性程度。如果报批义务人权衡利弊后选择恶意不报批阻挠合同生效，从而试图免除履行合同义务，对于这种有违诚信的行为，可以判令其承担整个合同的违约责任，根除拒不报批的负面激励效果。相反，如果报批义务人是因为企业重组等其他原因无法及时报批，则应当限制履行利益的赔偿范围。① 考察因素之三是整个交易的完成度和成熟度。如果批准之后整个交易基本完成，赔偿范围就应接近于整个合同的履行利益。②

从合同订立到履行完毕的整个交易链条观察可知，预约、缔约过失责任以及批准生效合同三个制度的功能相似，③ 都是基于现代复杂交易规范关系为渐进渐出而非全有全无的特点，根据缔约所处的具体交易阶段更精细化地进行区分保护和法律评价。当事人订立预约是因为存在某些不能当即缔结本约的障碍，其中便包括尚未获得审批机关或第三人的批准，因此批准生效合同本身也构成预约的多发领域。④ 预约所处的阶段是本约的缔约阶段，以逻辑上预约合同的违约责任范围大致相当于本约合同的缔约过失责任范围。但如果当事人在预约阶段就对整个交易的主要内容达成一致，本约的内容不需要再作过多协商，整个交易达到比较高的成熟度，则预约的违约责任范围应当以本约的履行利益为参照，⑤ 再通过可预见性、减轻损害、损益相抵等规则予以限缩。

理论上质疑缔约机会损失具有可赔偿性，是因为缔约机会所形成的利

---

① 徐涤宇、张家勇主编：《中华人民共和国民法典评注》（精要版），中国人民大学出版社2022年版，第545页。
② 黄薇主编：《中华人民共和国民法典合同编解读》（上册），中国法制出版社2020年版，第144页。
③ 孙维飞：《合同法第42条（缔约过失责任）评注》，载《法学家》2018年第1期。
④ 汤文平：《批准（登记）生效合同、"申请义务"与"缔约过失"：〈合同法解释（二）〉第8条评注》，载《中外法学》2011年第2期。
⑤ 黄薇主编：《中华人民共和国民法典合同编解读》（上册），中国法制出版社2020年版，第121页。

益难以确定，允许赔偿缔约机会损失可能造成赔偿范围过大。但是如果另行缔约的机会真实存在且丧失是因信赖所致，对机会损失不予赔偿就不能使"缔约当事人处于如同没有信赖时的状态"。肯定缔约机会损失的赔偿的思路是，将合同有效时缔约一方本可以获得的期待利益认定为机会损失，或者将替代交易形成的价格差额认定为机会损失。如果订约已至成熟阶段，而若无缔约过失即已订立合同，则仍言履行损害与该过失行为无因果关系，仅仅赔偿信赖利益，不具备实质合理性。

关键不在于缔约过失与违约责任的区分，而是违反报批义务、违反预约或者缔约过失等具体场景下，衡量交易成熟度，考察赔偿直接损失所代表的固有利益后，是否以及多大范围内赔偿履行利益的问题。《民法典合同编通则司法解释》第8条第2款针对违反预约合同的违约责任范围，同样"应当综合考虑预约合同在内容上的完备程度以及订立本约合同的条件的成就程度等因素酌定"，赔偿数额介于缔约过失责任赔偿和本约的违约损害赔偿范围之间。

3. 第三阶段：因可归责于当事人原因不予批准时依据第157条确定赔偿责任

《民法典合同编通则司法解释》第12条第4款涉及第三阶段，负有报批义务的当事人已办理申请批准等手续，批准机关决定不予批准，合同效力从"未生效"的未决状态变为"确定不发生效力"，合同已无解除必要。

第4款可视为规定了报批条款瑕疵履行的违约责任。除了迟延履行，"等可归责于当事人的原因"还可能包括报批义务人遗漏报批材料或者准备的报批材料错误等情形。报批义务人承担赔偿责任的要件有二，首先，瑕疵履行与合同未获批准之间存在因果关系。即便报批义务人瑕疵履行，但是不予批准是因为审批政策变化调整、市场秩序等公共利益的考虑等其他因素，则不能要求报批义务人赔偿。作为特殊抗辩事由，要求报批义务人针对"纵履行申请义务亦不能获得批准"承担举证责任。[①] 其次，报批

[①] 汤文平：《批准（登记）生效合同、"申请义务"与"缔约过失"：〈合同法解释（二）〉第8条评注》，载《中外法学》2011年第2期。

义务人承担过错责任。批准在性质上属于一种行政许可,[①] 决定是否通过行政审批申请属于行政裁量权行使的范畴,审批申请可能不被通过属于缔约时的合意内容,不能从不予审批这一结果认定某一方存在过错。[②] 相对方针对"合同未获批准可归责于报批义务人"承担举证责任。

第 4 款第 2 句规定,"因迟延履行报批义务等可归责于当事人的原因导致合同未获批准,对方请求赔偿因此受到的损失的,人民法院应当依据民法典第一百五十七条的规定处理"。而《民法典》第 157 条第 2 句的处理方式正是"有过错的一方应当赔偿对方由此所受到的损失;各方都有过错的,应各自承担相应的责任"。《外商投资企业纠纷案件司法解释(一)》第 7 条第 2 句也是以"转让方是否存在过错以及过错大小认定其是否承担赔偿责任及具体赔偿数额"。以上三条规范均明确了过错责任和因果关系两个要件,《民法典合同编通则司法解释》第 12 条将责任限于有过错的报批义务人一方,更加符合批准生效合同中报批义务仅由特定一方负担的特点。

对于"合同未获批准因此受到的损失"的范围,《民法典合同编通则司法解释》第 24 条第 2 款规定,"人民法院应当结合财产返还或者折价补偿的情况,综合考虑财产增值收益和贬值损失、交易成本的支出等事实,按照双方当事人的过错程度及原因力大小,根据诚信原则和公平原则,合理确定损失赔偿额"。笔者认为,第三阶段的赔偿损失范围与第二阶段合同解除后的赔偿范围并无明显不同,都需要结合批准生效合同的具体情形,"参照"整个合同的违约责任范围进行动态调整。只是在《民法典》第 157 条的语境下,损害赔偿的空间很大程度上已经被公平的财产返还和折价补偿制度所代替。有鉴于此,在确定损害赔偿范围时,既要根据当事人的过错程度合理确定责任,又要考虑在确定财产返还范围时已涉及的财产增值或贬值因素,同时尊重当事人就责任承担的特别约定。

[①] 朱广新:《论不履行报批义务的法律后果》,载《法治研究》2022 年第 2 期。
[②] 谭佐财:《未经批准合同的效力认定与责任配置——〈民法典〉第 502 条第 2 款解释论》,载《法学》2022 年第 4 期。

《民法典合同编通则司法解释》第 12 条仅涉及法律、行政法规这一层级法源设立的直接影响作为负担行为的债权合同生效的报批手续。报批手续属于法律规定的特别生效要件，批准生效合同已成立但未办理报批手续前，处于未生效的未决状态，不等同于确定的无效以及仅关涉私益的效力待定。拒不履行报批义务或者审批机构不予批准都会导向合同确定不生效的最终状态。合同已成立未生效的法律效果是产生形式拘束力，除了不得擅自变更或解除的消极义务，也包括履行报批义务及相关条款义务、按照争议解决条款处理合同失败后果等积极义务内容。

法定报批义务以及围绕报批义务的约定内容在合同成立时独立生效，属于依据诚实信用原则产生的可以独立请求的附随义务。报批义务人违反该合同义务时，相对方有权请求继续履行报批义务这一救济方式。相关条款中约定先支付价款后报批的，受让方未支付价款时转让方有权提出不履行报批义务的抗辩。第 12 条第 1 款在《民法典》第 563 条之外新创设了一种法定解除权，相对方可不经催告直接解除合同，但解除后的损害赔偿范围受到严格限制。第 12 条第 2 款在第二阶段报批义务人构成根本违约时已无法实现合同目的，赋予相对方解除权符合《民法典》第 563 条第 1 款第 4 项的解除要件。第 12 条第 4 款在第三阶段批准机关决定不予批准时，合同效力转为确定不生效的最终状态，对双方不再具有形式拘束力，无须另行规定相对方享有解除权。

第 12 条的三款分别规定了三个阶段的三种损害赔偿责任。第 1 款处理第一阶段相对方在可以请求继续履行报批义务的前提下，直接解除合同时请求承担"违反报批义务的赔偿责任"。该损失仅指相对方因订立合同所遭受的直接损失即所受损害，限于固有利益的损失，相对方选择放弃继续履行报批义务的请求意味着不能再预期获得履行利益，第 1 款将赔偿责任范围参照违反预约合同的赔偿范围。第 2 款规定了第二阶段在人民法院判决当事人一方履行报批义务后，其仍不履行，相对方合同解除后请求赔偿的范围参照违反本约合同的违约责任，同时需要考察通过批准的难易度、报批义务人拒不报批的主观恶性程度以及整个交易的完成度和成熟度。在第二阶段赔偿范围上，预约、缔约过失责任以及批准生效合同三个制度具有功能相似性。第 4 款涉及第三阶段批准机关决定不予批准时，报批义务人承担过错责任，依据《民法典》第 157 条，确定损害赔偿范围时还要考虑到适用财产返还和折价补偿制度的替代效果。

【典型案例】

1. 于某岩与矿业公司执行监督案

［案号］（2017）最高法执监 136 号

［审理法院］最高人民法院

［来源］最高人民法院指导案例 123 号（第 23 批指导案例）

［关键词］执行 执行监督 采矿权转让 协助执行 行政审批

［裁判摘要］生效判决认定采矿权转让合同依法成立但尚未生效，判令转让方按照合同约定办理采矿权转让手续，并非对采矿权归属的确定，执行法院依此向相关主管机关发出协助办理采矿权转让手续通知书，只具有启动主管机关审批采矿权转让手续的作用，采矿权能否转让应由相关主管机关依法决定。申请执行人请求变更采矿权受让人的，也应由相关主管机关依法判断。

［基本案情］2008 年 8 月 1 日，矿业公司作为甲方与乙方于某岩签订《矿权转让合同》，约定矿业公司将阿巴嘎旗巴彦图嘎三队李某萤石矿的采矿权有偿转让给于某岩。于某岩依约支付了采矿权转让费 150 万元，并在接收采矿区后对矿区进行了初步设计并进行了采矿工作。而矿业公司未按照《矿权转让合同》的约定，为于某岩办理矿权转让手续。2012 年 10 月，双方当事人发生纠纷诉至内蒙古自治区锡林郭勒盟中级人民法院（以下简称锡盟中院）。锡盟中院认为，矿业公司与于某岩签订的《矿权转让合同》，系双方当事人真实意思表示，该合同已经依法成立，但根据相关法律规定，该合同系行政机关履行行政审批手续后生效的合同，对于矿权受让人的资格审查，属行政机关的审批权力，非法院职权范围，故矿业公司

主张于某岩不符合法律规定的采矿权人的申请条件，请求法院确认《矿权转让合同》无效并给付违约金的诉讼请求，该院不予支持。对于某岩反诉请求判令矿业公司继续履行办理采矿权转让的各种批准手续的请求，因双方在《矿权转让合同》中明确约定，矿权转让手续由矿业公司负责办理，故该院予以支持。对于某岩主张由矿业公司承担给付违约金的请求，因《矿权转让合同》虽然依法成立，但处于待审批尚未生效的状态，而违约责任以合同有效成立为前提，故不予支持。锡盟中院作出民事判决，其主要内容为矿业公司于判决生效后十五日内，按照《矿权转让合同》的约定为于某岩办理矿权转让手续。

矿业公司不服提起上诉。内蒙古自治区高级人民法院（以下简称内蒙高院）认为，《矿权转让合同》系矿业公司与于某岩的真实意思表示，该合同自双方签字盖章时成立。根据原《合同法》第44条规定，依法成立的合同，自成立时生效。法律、行政法规规定应当办理批准、登记等手续生效的，依照其规定。《探矿权采矿权转让管理办法》第10条规定，申请转让探矿权、采矿权的，审批管理机关应当自收到转让申请之日起40日内，作出准予转让或者不准转让的决定，并通知转让人和受让人；批准转让的，转让合同自批准之日起生效；不准转让的，审批管理机关应当说明理由。《合同法司法解释（一）》第9条第1款规定，依照《合同法》第44条第2款的规定，法律、行政法规规定合同应当办理批准手续，或者办理批准、登记手续才生效，在一审法庭辩论终结前当事人仍未办理登记手续的，或者仍未办理批准、登记等手续的，人民法院应当认定该合同未生效。双方签订的《矿权转让合同》尚未办理批准、登记手续，故《矿权转让合同》依法成立，但未生效，该合同的效力属效力待定。于某岩是否符合采矿权受让人条件，《矿权转让合同》能否经相关部门批准，并非法院审理范围。原审法院认定《矿权转让合同》成立，矿业公司应按照合同继续履行办理矿权转让手续并无不当。如《矿权转让合同》审批管理机关不予批准，双方当事人可依据合同法的相关规定另行主张权利。内蒙高院作出民事判决，维持原判。

锡盟中院根据于某岩的申请，立案执行，向被执行人矿业公司发出执行通知，要求其自动履行生效法律文书确定的义务。因矿业公司未自动履行，故向锡林郭勒盟国土资源局发出协助执行通知书，请其根据生效判决的内容，协助为本案申请执行人于某岩按照《矿权转让合同》的约定办理矿权过户转让手续。锡林郭勒盟国土资源局答复称，矿业公司与于某岩签订《矿权转让合同》后，未向其提交转让申请，且该合同是一个企业法人与自然人之间签订的矿权转让合同。依据法律、行政法规及地方性法规的规定，对锡盟中院要求其协助执行的内容，按实际情况属协助不能，无法完成该协助通知书中的内容。

于某岩于2014年5月19日成立自然人独资的销售公司，并向锡盟中院申请将申请执行人变更为该公司。

2. 陈某全与矿业开发公司采矿权转让合同纠纷案

[审理法院] 河南省驻马店市中级人民法院

[来源] 最高人民法院发布十起审理矿业权民事纠纷案件典型案例[①]

[裁判摘要] 河南省确山县人民法院一审认为，采矿权转让协议合法有效，由陈某全办理采矿权转让相关手续。河南省驻马店市中级人民法院二审认为，陈某全与矿业开发公司就案涉采矿权转让意思表示一致，均在转让协议上签字，该协议已成立。根据国务院《探矿权采矿权转让管理办法》的规定，采矿权转让应报请国土资源主管部门审批，转让合同自批准之日起生效。案涉采矿权转让协议成立后，双方当事人在协议中约定的报批义务条款即具有法律效力，矿业开发公司未依约办理报批手续，有违诚实信用原则。根据《合同法司法解释（二）》第8条的规定，人民法院可根据案件具体情况和相对人的请求，判决相对人自己办理有关手续。二审法院判决采矿权转让协议成立，由陈某全办理采矿权转让相关手续。

---

① 参见《人民法院关于依法审理矿业权民事纠纷案件典型案例》，载最高人民法院网站，https://www.court.gov.cn/zixun/xiangqing/23431.html，2023年12月29日访问。

[基本案情] 2014年1月15日,陈某全与矿业开发公司签订采矿权转让协议,约定矿业开发公司将其采矿权作价360万元转让给陈某全,并积极配合陈某全办理采矿许可证。合同签订后,陈某全依约付清了全部款项。2014年2月15日,矿业开发公司委托陈某全向河南省国土资源厅办理采矿许可证延期手续,并于2014年7月21日办理完毕。嗣后,矿业开发公司拒绝配合陈某全办理采矿权转让的批准、登记手续。陈某全提起诉讼,请求确认采矿权转让协议有效,由矿业开发公司配合陈某全办理采矿权转让手续。

(撰稿人:汪洋)

第十三条 【备案合同或已批准合同等的效力认定】
合同存在无效或者可撤销的情形,当事人以该合同已在有关行政管理部门办理备案、已经批准机关批准或者已依据该合同办理财产权利的变更登记、移转登记等为由主张合同有效的,人民法院不予支持。

【关联规定】

一、《民法典》(2020年5月28日)

第155条 无效的或者被撤销的民事法律行为自始没有法律约束力。

第502条 依法成立的合同,自成立时生效,但是法律另有规定或者当事人另有约定的除外。

依照法律、行政法规的规定,合同应当办理批准等手续的,依照其规定。未办理批准等手续影响合同生效的,不影响合同中履行报批等义务条款以及相关条款的效力。应当办理申请批准等手续的当事人未履行义务的,对方可以请求其承担违反该义务的责任。

依照法律、行政法规的规定，合同的变更、转让、解除等情形应当办理批准等手续的，适用前款规定。

二、司法解释

《外商投资企业纠纷案件司法解释（一）》（法释〔2020〕18号）

第3条　人民法院在审理案件中，发现经外商投资企业审批机关批准的外商投资企业合同具有法律、行政法规规定的无效情形的，应当认定合同无效；该合同具有法律、行政法规规定的可撤销情形，当事人请求撤销的，人民法院应予支持。

【理解与适用】

一、本条主旨

本条是关于主管机关对合同的备案、批准或依据合同进行的财产权利变更、移转登记等在先的行政行为对存在无效、可撤销事由合同的效力认定关系的规定。

二、《民法典》条文理解以及有待细化的问题

《民法典》第502条对合同生效规则进行了规定。立法者根据合同类型的不同，确立了适用于普通合同的一般生效规则和适用于特定合同的特殊生效规则。原则上，依法成立的合同自成立时生效，此为合同生效的一般规则；但若当事人对合同的生效另有约定（附期限或条件）或法律对合同的生效另有规定（依法须经批准生效），合同须满足当事人的约定或法律的规定后生效，此为合同生效的特殊规则。其中，附条件或期限的合同的生效问题可直接适用《民法典》第158～160条的规定，因此该条第2款、第3款仅就依法须批准生效合同的生效问题进行了规定。第2款对未报批影响合同生效时合同中报批义务条款的效力和负有报批义务的当事人不履行报批义务时的救济方式作了规定。第3款为引致性规范，规定合同变更、转让、解除依法须经批准的，与批准有关的事项适用第2款的规定。

自原《合同法》第 44 条第 2 款将批准、登记等作为合同的特殊生效要件以来,行政批准、登记等与合同效力的问题就一直是困扰理论界和实务界的难题。司法实践中,各地、各级法院在合同成立后批准前的效力形态、报批义务条款的生效时间、负有报批义务依法不履行报批义务的救济方式、违反报批义务的责任性质等问题存在不同的做法,理论界也存在较大分歧。为此,最高人民法院在《合同法司法解释(一)》(第 9 条)、《合同法司法解释(二)》(第 8 条)、《外商投资企业纠纷案件司法解释(一)》(第 1 条、第 2 条)等多部司法解释中尝试着对其中一些问题进行了积极回应,为统一法律适用发挥了重要作用。

《民法典》制定过程中,立法者部分吸收前述司法解释的经验,在第 502 条第 2 款中规定:"依照法律、行政法规的规定,合同应当办理批准等手续的,依照其规定。未办理批准等手续影响合同生效的,不影响合同中履行报批等义务条款以及相关条款的效力。应当办理申请批准等手续的当事人未履行义务的,对方可以请求其承担违反该义务的责任。"该款规定分三句:第一句是对第 1 款中合同生效规则"法律另有规定"的具体化,明确只有法律、行政法规可以为合同的生效设定批准等特别要件;第二句明确了报批义务条款及相关条款独立于批准的生效规则;第三句明确了负有报批义务一方不履行报批义务的,对方可要求其承担违反报批义务的责任。

尽管如此,《民法典》第 502 条的规定尚有以下问题亟待澄清:一是负有报批义务的一方怠于履行或不履行报批义务时的救济方式和责任承担问题;二是如果依法须批准生效的合同在获得批准后被发现存在效力瑕疵的,当事人能否以该合同已经被批准而主张合同有效。对于前一问题,本司法解释已经在第 12 条中进行了回应,而本条则是为了解决后一问题。考虑到实践中除批准外,已经完成的合同备案和依据合同进行的财产权利变更、移转登记亦可能被当事人用以作为主张豁免合同被宣告无效或撤销的理由。为此,本条将主管机关对合同的备案、批准和依据合同进行的财产权利变更、移转登记等行政行为能否作为无效、可撤销合同免予被宣告无效或撤销的理由一并进行规定。

对于此问题，2010年《外商投资企业纠纷案件司法解释（一）》第3条曾有过规定。该条规定"人民法院在审理案件中，发现经外商投资企业审批机关批准的外商投资企业合同具有法律、行政法规规定的无效情形的，应当认定合同无效；该合同具有法律、行政法规规定的可撤销情形，当事人请求撤销的，人民法院应予支持"。该司法解释明确了存在无效、可撤销等效力瑕疵的外商投资合同不能因已经获得批准而免于被宣告无效或撤销。换句话说，行政审批行为并不能治愈经批准合同的效力瑕疵，不能成为合同效力的"免死金牌"。但对于外商投资企业合同之外的其他需要批准合同，以及批准之外的备案或已依据合同进行的财产权利变更或移转登记等是否适用同样的规则，法律和司法解释并无明文规定。实践中，对合同有效有利益诉求的当事人在面临合同被宣告无效或撤销时，往往以合同已经经过备案、审批或已依据合同办理了财产权变更、移转登记等为由主张合同有效，试图以此前的行政行为作为阻止合同被宣告无效或撤销的理由。本条将《外商投资企业纠纷司法解释（一）》第3条的规定上升为一般规则，明确行政备案、审批和依据合同进行的财产权利变更或移转登记等行政行为不能成为无效、可撤销合同的"免死金牌"，为统一此类纠纷的法律适用提供了明确的裁判依据。

三、司法解释条文理解

本条司法解释主要规定了三类行政行为对两类合同效力的影响。三类行政行为分别是合同的备案行为（如《城市房地产管理法》第45条第2款、《专利法实施细则》第15条第2款、《商标法实施条例》第69条）、批准行为（《城市房地产管理法》第40条）和依据合同所进行的财产权利变更或移转登记行为（如依据不动产、股权转让合同进行的权利变动登记）。两类合同是依据法律、行政法规的规定存在无效或可撤销情形的合同。司法解释的立场是，行政机关对合同的备案、批准和依据合同进行的财产权利变更或移转登记行为不具有治愈合同效力瑕疵的功能，当事人不能以无效或可撤销合同已经经过备案、批准或已依据合同办理财产权利的变更或移转登记为由主张合同有效。

需要说明的是,《民法典》第 502 条仅将批准作为合同生效的特殊要件,现行法律、行政法规、司法解释也无将备案和登记作为合同生效特殊要件的规定。就合同备案制度而言,其本质上属于一种事后规制,与合同效力本身无关。典型的如《专利法实施细则》第 15 条第 2 款规定"专利权人与他人订立的专利实施许可合同,应当自合同生效之日起 3 个月内向国务院专利行政部门备案"。可见,专利实施许可合同在本案之前即已经生效,备案与否与合同效力无关。就依据合同进行的权利变动登记而言,在《物权法》之前,《担保法》第 41 条确实将办理抵押权登记作为抵押合同的生效要件。但《物权法》第 15 条确立了区分原则,明确登记作为不动产物权变动的要件不影响作为不动产物权变动原因行为的合同的效力。即便是行政批准,在性质上也存在许可类审批和非许可类审批之分,[①] 而并非所有对合同的批准都属于合同的生效要件。理论界和实务界的共识是作为合同生效特殊要件的批准仅限于行政许可类的批准,而不包括非许可类的批准。[②] 此外,在术语使用上,法律、行政法规也常用"同意""审核""许可"来取代"批准",此时需将主管机关对合同的同意、审核、许可也归入对合同的批准。因此,本条规定的合同备案、审批和登记与《民法典》第 502 条中作为合同特别生效要件的批准并不完全一致,其包括但不限于作为合同特殊生效要件的批准。

之所以不能以无效、可撤销合同已经备案、批准或已依据合同办理了财产权利变更、转移登记来阻止此类合同被宣告无效和撤销的命运,其主要理由如下。

第一,允许当事人以无效、可撤销合同已经备案、批准或完成了财产权变更、转让登记为由主张合同有效与《民法典》关于法律行为的无效、可撤销的规定相抵触。《民法典》第 155 条规定"无效的或者被撤销的民

[①] 王克稳:《我国行政审批与行政许可关系的重新梳理与规范》,载《中国法学》2007 年第 4 期。
[②] 谭佐财:《未经批准合同的效力认定与责任配置——〈民法典〉第 502 条第 2 款解释论》,载《法学》2022 年第 4 期。

事法律行为自始没有法律约束力"。就无效法律行为而言,其无效具有自始无效、当然无效、确定无效和不可治愈性的特征。如果无效的法律行为可因行政机关的备案、批准或已经依据该法律行为办理了财产权的变更、移转登记而变得有效,就意味着行政机关的备案、批准和登记具有治愈无效法律行为效力瑕疵的功能。这显然与无效法律行为的自始无效、确定无效、当然无效原理不符。就可撤销法律行为而言,其最终效力取决于撤销权的行使:若撤销权人在除斥期间内行使了撤销权,则合同效力因撤销权的行使而归于自始无效;若撤销权人未在除斥期间内行使撤销权或在除斥期间届满前放弃撤销权,则合同因撤销权的消灭而变得不可撤销,自始有效。因此,可撤销合同要变得有效只有一种可能,即撤销权的消灭,而撤销权的消灭事由是法定的。依据《民法典》第152条的规定,撤销权消灭的情形包括:(1)当事人自知道或者应当知道撤销事由之日起一年内、重大误解的当事人自知道或者应当知道撤销事由之日起九十日内没有行使撤销权;(2)当事人受胁迫,自胁迫行为终止之日起一年内没有行使撤销权;(3)当事人知道撤销事由后明确表示或者以自己的行为表明放弃撤销权。当事人自民事法律行为发生之日起五年内没有行使撤销权的,撤销权消灭。很显然,行政机关对合同的备案、批准和已依据合同进行的财产权变更、移转登记并不属于撤销权消灭的法定事由,无效、可撤销合同自然也不会因行政机关的备案、批准或已依据合同进行的财产权利变更、移转登记而变得有效。

第二,行政机关并非合同效力的判断主体,其对合同的审查对象也非合同的效力,行政权不具有为合同效力背书的功能。从权力性质上看,合同效力的判断权属于裁判权,专属于法院和仲裁机构,行政机关无权行使。[1]从审查对象上看,合同效力的审查与合同备案、批准和登记的审查对象也不相同。合同的备案、批准、登记等作为一种行政管制工具,通常情况下其仅能在授权范围内对与管制目的相关的事项进行审查,而不会对

---

[1] 吴光荣:《行政审批对合同效力的影响:理论与实践》,载《法学家》2013年第1期。

影响合同效力的所有因素进行全面的审查。例如，当事人是否具备相应的民事行为能力、其意思表示是否自由、真实是合同效力审查的关键，但行政机关几乎不会，也没有权力和能力对此作出审查。因此，基于合同效力判断权的性质和审查对象的考虑，行政机关对合同的备案、审批或已依据合同进行的财产权的变更、移转登记并不能替代法院或仲裁机构对合同效力的审查，已经实施的行政行为也不具有对合同有效性的背书功能。法院或仲裁机构经审查发现合同存在无效或可撤销等效力瑕疵的，自可依据法律的规定进行处理，而无须受制于行政机关在先的备案、批准或登记行为。

第三，依法须批准生效的合同的生效需要同时具备一般生效（有效）要件和特殊生效要件，不能相互替代。依据《民法典》第502条第1款的规定，原则上依法成立的合同一经成立就立即生效，但特殊情况下根据法律的规定或当事人的约定，已经成立的合同并不能立即生效，需满足法律的特别规定或当事人的特殊约定后方可生效。而法律关于合同生效的特别规定和当事人关于合同生效的特别约定即属于法律行为的特殊生效要件。对于此类合同而言，其生效需要同时满足一般生效（有效）要件和特殊生效要件。作为依法须批准生效合同的特殊生效要件，批准与一般生效（有效）要件之间系并列而非包含的关系，[1] 不能相互替代。主管机关对合同的批准只意味着特殊生效要件的满足，但并不必然意味着一般生效（有效）要件的满足。批准使得依法须批准生效合同生效的前提是已经成立的合同具备了合同的一般生效（有效）要件。[2] 根据《民法典》第143条的规定，法律行为的一般生效（有效）要件包括：（1）行为人具有相应的民事行为能力；（2）意思表示真实；（3）不违反法律、行政法规的强制性规定，不违背公序良俗。由于批准机关并非合同效力的审查机关，其批准时并不能确保合同已经具备了一般生效（有效）要件。因此，对于依法须经批准生效的合同，如果在批准后发现存在不符合一般生效（有效）要件

---

[1] 刘贵祥：《外商投资企业纠纷若干疑难问题研究》，载《法律适用》2010年第1期。
[2] 刘贵祥、吴光荣：《关于合同效力的几个问题》，载《中国应用法学》2021年第6期。

的情形,即便合同经过批准而具备了特殊生效要件,也不能阻止法院以合同不具备一般生效(有效)要件而否定其效力。

第四,允许当事人以无效、可撤销法律行为已经经过行政机关的备案、批准或登记主张合同有效,会导致合同无效、可撤销制度功能的落空。《民法典》第144~154条规定了法律行为无效和可撤销的事由,其目的在于保护公共利益、维护当事人的意思自治和他人的合法权益。合同无效制度的主要目的在于保护公共利益和当事人以外的第三人的合法权益。若允许当事人以无效合同已经经过备案、批准或登记为由主张其有效,就等于剥夺了法院或仲裁机构宣告合同无效的权力,任由公共利益和第三人的合法权益被合同当事人所侵害。例如,在一些需要批准生效的合同中,双方当事人通过订立"阴阳合同"来达到逃税的目的。其中"阳合同"仅用于报批使用,而"阴合同"才是双方当事人真实的意思表示。但"阳合同"属于双方恶意串通以通谋虚伪表示订立的损害国家利益的合同。根据《民法典》第146条第1款、第154条的规定,此类合同属于无效合同。若允许当事人以该合同已经经过主管机关批准为由主张其有效,无疑会让行政审批沦为当事人实施违法行为的"帮凶",损害国家利益。合同可撤销制度的主要目的在于维护当事人的意思自治,避免当事人承受非基于其真实意思的不利后果。为此,法律赋予可撤销合同一方当事人以撤销权,给予其再次选择的权利,由其自由决定是否承受此前非基于其真实意思表示的法律行为的效果。若允许对方当事人以合同已经经过备案、审批、登记为由主张合同有效,就等于剥夺了意思表示不真实一方的撤销权,使其丧失意思自治的机会。

第五,允许以无效、可撤销合同已经备案、批准、登记为由来阻止合同被宣告无效或撤销将使得合同沦为行政管制的工具,丧失其作为私法自治工具的功能。意思自治是私法的价值基础,而法律行为是意思自治的工具。作为以意思表示为要素的设权行为,法律行为通过当事人的意思表示形成法律行为的内容,并根据当事人的意思产生相应的法律效果,从而为民事主体自主创设民事法律关系并承担法律后果提供了可能。"法律行为的效果之所以得以依法产生，皆因行为人希冀其发生。"① 可见，当事人的意思表示才是法律行为效力的来源，没有了意思表示，法律行为的效力就成了无源之水、无根之木。"民事行为经审批后之所以发生效力以及发生何种效力，均源于当事人的约定而非审批机关的审批。"② 因此，如果意思表示的主体、内容或自主性、真实性受到影响，仅有行政机关的备案、审批、登记并不能赋予合同以效力。诚如日本学者美浓部达吉所言，"已受认可的法律行为，其行为本身有法律上的瑕疵时，纵然已经认可，该认可亦因法律行为本身的瑕疵而无效，或加以撤销。这种行为，和无须认可的行为同样，不能因取得认可而补正其瑕疵。因为认可只是一种同意，无代替当事人意思之效力"。③ 允许以无效合同、可撤销合同以已经经过了备案、批准、登记为由免于无效宣告或被撤销，实则是否定了当事人的意思表示作为合同效力来源的地位，把法律行为的效力根植于行政权力。果真如此，则法律行为作为私法自治工具的功能将不复存在，而沦为行政规制的手段。

需要注意的是，本条司法解释仅列举了无效和可撤销两种合同效力瑕疵形态，实际上本条规定亦可类推适用于合同不成立的情形。申言之，若合同已由主管机关备案、审批或已依据合同办理财产权利变更、移转登记，但事后发现合同因欠缺成立要件而不成立，此时当事人以该合同已经经主管机关备案、审批或已依据合同办理了财产权变更、移转登记而主张合同有效的，法院应类推适用本条之规定不予支持。此外，依据《民法典》第502条第3款的规定，合同的变更、转让、解除等亦可能需要经批准后生效。此时，若合同的变更、转让、解除等行为存在无效、可撤销情形，当事人以该变更、转让、撤销行为已经经过主管机关批准为由主张合同无效的，本条司法解释之规定亦应适用。

---

① ［德］迪特尔·梅迪库斯：《德国民法总论》，邵建东译，法律出版社2000年版，第142页。
② 付荣、麻锦亮：《论外资审批的效力》，载《法律适用》2010年第1期。
③ ［日］美浓部达吉：《公法与私法》，黄冯明译，周旋勘校，中国政法大学出版社2003年版，第186页。

【典型案例】

物流公司诉建设公司与公司有关的纠纷案

[案号]（2016）沪02民终2499号

[审理法院]上海市第二中级人民法院

[来源]中国裁判文书网

[关键词]外商投资企业　股权转让协议　恶意串通　国家利益无效

[裁判摘要]外商投资企业对外股权转让过程中，当事人为少缴税款而签订两份转让价格不同的合同并以转让价格较低的合同向主管机关申请报批而实际履行另一份合同的，用于报批的合同属于双方恶意串通损害国家利益的合同。依照《外商投资企业纠纷案件司法解释（一）》第3条规定，该协议虽然已经通过行政审批，但由于存在法律、行政法规规定的无效情形，该股权转让协议应当认定无效。

[基本案情]建设公司系某公司与我国香港公民孙某共同出资在2004年设立的外商投资企业。公司注册资本700万美元，其中某公司出资560万美元，持股80%，孙某出资140万美元，持股20%，公司法人代表为香港公民潘某。2010年10月，建设公司向主管机关申请股权变更，并提交了当事人在2010年10月11日签署的分三份股权转让合同：一份是某公司将其持有的建设公司50%的股权以210万美元的价格转让给物流公司；一份是孙某将其持有的建设公司20%的股权以140万美元的价格转让给物流公司；一份是某公司将其持有的剩余50%的股份转让给潘某。上述三份协议中转让方某公司由其法人代表潘某签字并加盖公司印章，孙某未签字，由潘某代签，并提供落款时间为2010年10月20日的孙某的授权委托书。主管机关于2010年12月23日批准了前述股权转让协议。

2010年10月20日，潘某、孙某与物流公司又以前述受让股权另行签订了股权转让协议。协议约定：出让方为潘某（甲方）、孙某（乙方），受让方为物流公司法定代表人郑某平（丙方），主要内容如下：一、股权转让标的：1. 甲方潘某出资560万美元，持有建设公司80%股权，甲方将其拥有的30%股权转让给丙方，丙方同意受让该30%股权。2. 乙方孙某出资140万美元，持有建设公司20%股权，乙方将其持有的20%股权转让给丙方，丙方同意受让该20%股权。二、股权转让的价格：甲、乙、丙三方经协商确认建设公司的全部股权总价值为人民币2.7亿元。（1）甲方将其拥有的建设公司30%股权以人民币8100万元转让给丙方。（2）乙方将其拥有的建设公司20%股权以人民币5400万元转让给丙方。

2011年9月23日潘某（甲方）、孙某（乙方）与物流公司（丙方）对各方于2010年10月20日签订的协议进行了补充。补充协议约定主要内容如下：甲、乙、丙三方于2010年10月20日签订了股权转让协议，现三方经协商签订股权转让补充协议如下：一、甲方潘某出资560万美元，持有建设公司80%股权（原持有人为某公司），乙方孙某出资140万美元，持有建设公司20%股权。甲、乙双方将所持有的建设公司的全部股权总计以人民币2.9亿元的价格转让给丙方：1. 甲方将其拥有的建设公司80%股权以人民币2.32亿元转让给丙方；2. 乙方将其拥有的建设公司20%股权以人民币5800万元转让给丙方（因甲方潘某已先期归还了本应由乙方孙某承担的400万元公司债务，因此丙方应实际支付给甲方人民币2.36亿元，支付给乙方人民币5400万元。但该补充协议上孙某的签字为潘某代签，孙某称其并未授权潘某代签。

各方于2010年10月20日签署的股权转让协议和2011年9月23日签署的补充协议均未提交主管机关批准。

截至2011年10月20日，潘某、孙某共收到股权转让款9780万元，其中潘某7380万元、孙某2400万元。后因建设公司拒不按物流公司的要求去工商登记部门办理股权变更登记，物流公司依据2010年10月11日各方签订的股权转让协议将被告建设公司起诉到法院，要求判令限期为原告办理50%股权转让工商变更登记手续。

[法院判决] 本案涉及股权转让中的"阴阳合同"问题。本案中，报

请审批机关审批的是2010年10月11日孙某股权转让协议、某公司股权转让协议，从该两份协议内容看，物流公司受让被告公司50%股权应支付的对价仅为350万美元，而被告提交的股权转让款收条复印件以及第三人孙某提交的物流公司法定代表人郑某平来函等证据证明，实际履行中，受让方已支付的股权转让款高达人民币9780万元。庭审中，被告提交了2010年10月20日股权转让协议，认为实际履行的是该份协议，而原告则提交了2011年9月23日股权转让补充协议，认为2010年10月20日股权转让协议已被2011年9月23日股权转让补充协议所取代。由此可见，当事人实际履行的股权转让协议并非提交审批的2010年10月11日股权转让协议。原告诉请所依据的2010年10月11日孙某股权转让协议、某公司股权转让协议，不是转让方与受让方的真实意思表示，其中约定的股权转让款与实际履行的股权转让款数额相差巨大。股权转让双方当事人恶意串通，目的在于逃避有关部门的监管和少交税款，损害国家利益。依照《外商投资企业纠纷案件司法解释（一）》第3条规定，原告提交的2010年10月11日两份股权转让协议虽然已经通过行政审批，但由于存在法律、行政法规规定的无效情形，该股权转让协议应当认定无效。而被告提交的2010年10月20日股权转让协议与原告提交的2011年9月23日股权转让补充协议内容不一致，两份协议中均存在人格混同的情形，并且此两份协议均未经过行政审批，不具备办理股权转让工商变更登记的条件。因此，原告与第三人之间围绕2010年10月20日股权转让协议与2011年9月23日股权转让补充协议产生的争议，应当另案诉讼处理。

综上，原告物流公司与第三人分别签订的2010年10月11日孙某股权转让协议、某公司股权转让协议无效，此两份股权转让协议不能证明原告已依法继受取得股权，其要求被告办理股权转让工商变更登记缺乏前提和基础，原告的诉讼请求不应得到支持。

（撰稿人：瞿灵敏）

第十四条 【阴阳合同与合同变更的效力认定】 当事人之间就同一交易订立多份合同，人民法院应当认定其中以虚假意思表示订立的合同无效。当事人为规避法律、行政法规的强制性规定，以虚假意思表示隐藏真实意思表示的，人民法院应当依据民法典第一百五十三条第一款的规定认定被隐藏合同的效力；当事人为规避法律、行政法规关于合同应当办理批准等手续的规定，以虚假意思表示隐藏真实意思表示的，人民法院应当依据民法典第五百零二条第二款的规定认定被隐藏合同的效力。

依据前款规定认定被隐藏合同无效或者确定不发生效力的，人民法院应当以被隐藏合同为事实基础，依据民法典第一百五十七条的规定确定当事人的民事责任。但是，法律另有规定的除外。

当事人就同一交易订立的多份合同均系真实意思表示，且不存在其他影响合同效力情形的，人民法院应当在查明各合同成立先后顺序和实际履行情况的基础上，认定合同内容是否发生变更。法律、行政法规禁止变更合同内容的，人民法院应当认定合同的相应变更无效。

【关联规定】

一、《民法典》（2020 年 5 月 28 日）

第 146 条　行为人与相对人以虚假的意思表示实施的民事法律行为无效。

以虚假的意思表示隐藏的民事法律行为的效力，依照有关法律规定处理。

第153条　违反法律、行政法规的强制性规定的民事法律行为无效。但是，该强制性规定不导致该民事法律行为无效的除外。

违背公序良俗的民事法律行为无效。

第157条　民事法律行为无效、被撤销或者确定不发生效力后，行为人因该行为取得的财产，应当予以返还；不能返还或者没有必要返还的，应当折价补偿。有过错的一方应当赔偿对方由此所受到的损失；各方都有过错的，应当各自承担相应的责任。法律另有规定的，依照其规定。

第490条　当事人采用合同书形式订立合同的，自当事人均签名、盖章或者按指印时合同成立。在签名、盖章或者按指印之前，当事人一方已经履行主要义务，对方接受时，该合同成立。

法律、行政法规规定或者当事人约定合同应当采用书面形式订立，当事人未采用书面形式但是一方已经履行主要义务，对方接受时，该合同成立。

第502条　依法成立的合同，自成立时生效，但是法律另有规定或者当事人另有约定的除外。

依照法律、行政法规的规定，合同应当办理批准等手续的，依照其规定。未办理批准等手续影响合同生效的，不影响合同中履行报批等义务条款以及相关条款的效力。应当办理申请批准等手续的当事人未履行义务的，对方可以请求其承担违反该义务的责任。

依照法律、行政法规的规定，合同的变更、转让、解除等情形应当办理批准等手续的，适用前款规定。

第543条　当事人协商一致，可以变更合同。

二、司法解释

1.《民法典担保制度司法解释》（法释〔2020〕28号）

第68条　债务人或者第三人与债权人约定将财产形式上转移至债权人名下，债务人不履行到期债务，债权人有权对财产折价或者以拍卖、变卖该财产所得价款偿还债务的，人民法院应当认定该约定有效。当事人已经完成财产权利变动的公示，债务人不履行到期债务，债权人请求参照民法典关于担保物权的有关规定就该财产优先受偿的，人民法院应予支持。

债务人或者第三人与债权人约定将财产形式上转移至债权人名下，债务人不履行到期债务，财产归债权人所有的，人民法院应当认定该约定无效，但是不影响当事人有关提供担保的意思表示的效力。当事人已经完成财产权利变动的公示，债务人不履行到期债务，债权人请求对该财产享有所有权的，人民法院不予支持；债权人请求参照民法典关于担保物权的规定对财产折价或者以拍卖、变卖该财产所得的价款优先受偿的，人民法院应予支持；债务人履行债务后请求返还财产，或者请求对财产折价或者以拍卖、变卖所得的价款清偿债务的，人民法院应予支持。

债务人与债权人约定将财产转移至债权人名下，在一定期间后再由债务人或者其指定的第三人以交易本金加上溢价款回购，债务人到期不履行回购义务，财产归债权人所有的，人民法院应当参照第二款规定处理。回购对象自始不存在的，人民法院应当依照民法典第一百四十六条第二款的规定，按照其实际构成的法律关系处理。

2. 《民法典合同编通则司法解释》（法释〔2023〕13号）

第16条 合同违反法律、行政法规的强制性规定，有下列情形之一，由行为人承担行政责任或者刑事责任能够实现强制性规定的立法目的的，人民法院可以依据民法典第一百五十三条第一款关于"该强制性规定不导致该民事法律行为无效的除外"的规定认定该合同不因违反强制性规定无效：

（一）强制性规定虽然旨在维护社会公共秩序，但是合同的实际履行对社会公共秩序造成的影响显著轻微，认定合同无效将导致案件处理结果有失公平公正；

（二）强制性规定旨在维护政府的税收、土地出让金等国家利益或者其他民事主体的合法利益而非合同当事人的民事权益，认定合同有效不会影响该规范目的的实现；

（三）强制性规定旨在要求当事人一方加强风险控制、内部管理等，对方无能力或者无义务审查合同是否违反强制性规定，认定合同无效将使其承担不利后果；

（四）当事人一方虽然在订立合同时违反强制性规定，但是在合同订立后其已经具备补正违反强制性规定的条件却违背诚信原则不予补正；

（五）法律、司法解释规定的其他情形。

法律、行政法规的强制性规定旨在规制合同订立后的履行行为，当事人以合同违反强制性规定为由请求认定合同无效的，人民法院不予支持。但是，合同履行必然导致违反强制性规定或者法律、司法解释另有规定的除外。

依据前两款认定合同有效，但是当事人的违法行为未经处理的，人民法院应当向有关行政管理部门提出司法建议。当事人的行为涉嫌犯罪的，应当将案件线索移送刑事侦查机关；属于刑事自诉案件的，应当告知当事人可以向有管辖权的人民法院另行提起诉讼。

第18条　法律、行政法规的规定虽然有"应当""必须"或者"不得"等表述，但是该规定旨在限制或者赋予民事权利，行为人违反该规定将构成无权处分、无权代理、越权代表等，或者导致合同相对人、第三人因此获得撤销权、解除权等民事权利的，人民法院应当依据法律、行政法规规定的关于违反该规定的民事法律后果认定合同效力。

3.《民间借贷司法解释》（法释〔2020〕17号）

第10条　法人之间、非法人组织之间以及它们相互之间为生产、经营需要订立的民间借贷合同，除存在民法典第一百四十六条、第一百五十三条、第一百五十四条以及本规定第十三条规定的情形外，当事人主张民间借贷合同有效的，人民法院应予支持。

第11条　法人或者非法人组织在本单位内部通过借款形式向职工筹集资金，用于本单位生产、经营，且不存在民法典第一百四十四条、第一百四十六条、第一百五十三条、第一百五十四条以及本规定第十三条规定的情形，当事人主张民间借贷合同有效的，人民法院应予支持。

第12条　借款人或者出借人的借贷行为涉嫌犯罪，或者已经生效的裁判认定构成犯罪，当事人提起民事诉讼的，民间借贷合同并不当然无效。人民法院应当依据民法典第一百四十四条、第一百四十六条、第一百五十三条、第一百五十四条以及本规定第十三条之规定，认定民间借贷合同的效力。

担保人以借款人或者出借人的借贷行为涉嫌犯罪或者已经生效的裁判认定构成犯罪为由，主张不承担民事责任的，人民法院应当依据民间借贷合同与担保合同的效力、当事人的过错程度，依法确定担保人的民事责任。

三、司法指导性文件

《九民纪要》（法〔2019〕254号）

30. 合同法施行后，针对一些人民法院动辄以违反法律、行政法规的强制性规定为由认定合同无效，不当扩大无效合同范围的情形，合同法司法解释（二）第14条将《合同法》第52条第5项规定的"强制性规定"明确限于"效力性强制性规定"。此后，《最高人民法院关于当前形势下审理民商事合同纠纷案件若干问题的指导意见》进一步提出了"管理性强制性规定"的概念，指出违反管理性强制性规定的，人民法院应当根据具体情形认定合同效力。随着这一概念的提出，审判实践中又出现了另一种倾向，有的人民法院认为凡是行政管理性质的强制性规定都属于"管理性强制性规定"，不影响合同效力。这种望文生义的认定方法，应予纠正。

人民法院在审理合同纠纷案件时，要依据《民法总则》第153条第1款和合同法司法解释（二）第14条的规定慎重判断"强制性规定"的性质，特别是要在考量强制性规定所保护的法益类型、违法行为的法律后果以及交易安全保护等因素的基础上认定其性质，并在裁判文书中充分说明理由。下列强制性规定，应当认定为"效力性强制性规定"：强制性规定涉及金融安全、市场秩序、国家宏观政策等公序良俗的；交易标的禁止买卖的，如禁止人体器官、毒品、枪支等买卖；违反特许经营规定的，如场外配资合同；交易方式严重违法的，如违反招投标等竞争性缔约方式订立的合同；交易场所违法的，如在批准的交易场所之外进行期货交易。关于经营范围、交易时间、交易数量等行政管理性质的强制性规定，一般应当认定为"管理性强制性规定"。

31. 违反规章一般情况下不影响合同效力，但该规章的内容涉及金融安全、市场秩序、国家宏观政策等公序良俗的，应当认定合同无效。人民法院在认定规章是否涉及公序良俗时，要在考察规范对象基础上，兼顾监管强度、交易安全保护以及社会影响等方面进行慎重考量，并在裁判文书中进行充分说理。

【理解与适用】

一、本条主旨

本条是有关当针对同一交易存在多份合同时，法院如何认定具体合同的效力，以及虚假合同责任认定的细化规定。

二、《民法典》条文理解以及有待细化的问题

本解释的主要对象是《民法典》总则编第146条有关虚假意思表示法律行为的具体效力问题。对于以虚假的意思表示实施的法律行为，该条第1款明确规定了其不产生法律效力，同时本解释的第1款第一句话也重复了这一表达，以示和法律条款的前后呼应。但对于虚假意思表示所掩盖的真正的意思表示所构成法律行为的效力，本条没有直接规定，而是需要"依照有关法律规定处理"。对于此种表达，学理认为通常可以从以下几个角度进行解释。首先，这里的"有关法律规定"，自然是首先包括《民法典》中的其他规范。除此之外，如果在其他民事特别法和民事法律规范性文件中，对此有专门规定的，如《民间借贷司法解释》第11条，则应当适用相关的法律规范。其次，在《民法典》的内部体系当中，这里所应当适用的法律，则同样是有关法律行为效力的判断规范，即《民法典》第143条以下的规范，即被隐藏的法律行为效力并不当然有效或者无效，而是要重新按照法律行为的效力规则进行判断。如果存在相应的效力瑕疵要件，则被隐藏的行为会归于无效、效力待定或者可撤销；反之，则被隐藏的法律行为也会生效。从《民法典》本身的内部体系而言，《民法典》第

146 条以及其体系解释是能够全面涵盖相关内容的,但是必须强调的是,这毕竟不是法律规范本身,而仅仅是法律解释的结果。

三、司法解释条文理解

如上文所述,本条是对《民法典》第 146 条规则在合同法的细化,即当事人之间同时存在多份合同时,被虚假意思表示所掩盖的真实合意,即在阴阳合同中的"阴合同",其效力具体如何确定的问题。

本条解释一共包括三款条文,分别规定了被隐藏合同效力的认定,被隐藏合同无效后的责任,以及存在多个有效合意时各自效力如何认定的问题。

(一)第 1 款:被隐藏合同效力的认定

1. 第 1 句

本解释第 1 款包括三句。第一句是对《民法典》第 146 条第 1 款内容在合同法领域的重复。严格来说,从体系解释的角度,本句并没有特别强调的必要,《民法典》第 146 条第 1 款确定了,虚假意思表示实施的法律行为无效,而合同当然是一种法律行为,那么基于虚假意思表示订立的合同自然也是无效的。此时,如果当事人之间有多份合同,其中虚假合同无效,但即便当事人之间只有一份合同,如果这份合同的基础意思表示也是虚假的,那这份合同自然也是无效的。解释在这里特别再次强调这一含义,其目的一方面是和《民法典》第 146 条相衔接,另一方面则是明确本解释的特殊适用范围,即本解释并不能无条件地适用于所有的法律行为,而仅仅适用于同一当事人就同一交易之间存在多份合同,并且其中存在虚假合同的情况,即所谓"阴阳合同"的情形。

这里所谓虚假意思表示订立的合同,是指双方当事人所订立合同的依据都是不真实的意思表示,即双方当事人都知道该合同并不代表各自的真实意思,只是为了达到某种目的而做出的假象。认定虚假合同的关键是双方当事人的意思表示均不真实,并且对于这种不真实双方都知悉并往往存在意思上的勾连。[1] 从某种意义上来说,双方对于虚假本身确实存在合意。

---

[1] 陈甦主编:《民法总则评注》(下册),法律出版社 2017 年版,第 1045 页。

如果只有一方是虚假意思，而另一方是真实意思，并不能构成虚假的合同。需要特别指出的是，如果虽然双方均是虚假的意思，但相互之间没有勾连，虽然也可以认为是虚假的合同，但此种情况往往不属于本条所指的"同一交易订立多份合同"，因此不会属于本条的适用范围。此外，这种无效的虚假行为也不给善意第三人提供一般性的保护。[①]

2. 第二句

第1款第2句是本解释的核心内容，其具体陈述了如何对被隐藏的合意效力进行判断，尤其是涉及违反法律规范的被隐藏的合意。具体来说，本句以当事人实施虚假意思表示的目的而进一步区分为两种情况。

第1分句，主要涉及当事人意图通过虚假意思表示来规避法律、行政法规中的强制性规定的情况。这里所谓的强制性规定，即强制性法律规范，相对于任意性法律规范而言，其是指在法律规范当中，当事人必须遵守的，不能通过当事人的意思表示加以排除的法律规范。强制性规范是国家公权力对司法关系的介入，也是私人自治和国家管制之间的衔接点[②]，并且按照《民法典》第153条的规定，违反强制性规定的民事法律行为原则上属于无效的法律行为。在这种意义上，由虚假意思表示所构成的合同，根据《民法典》第146条和本解释第1款第1句的内容确定无效。而被虚假意思表示隐藏的真实意思表示所构成的合同，即为了规避强制性规范而被隐藏的法律行为（阴合同），原则上也应当无效。但正如《民法典》第153条第1款但书所言，违反强制性规定，也并非当然导致民事法律行为的无效。这就涉及有关强制性规范的类型问题。[③]

有观点将强制性规范分为效力性规范和取缔性规范，前者着重违反行

[①] ［德］卡尔·拉伦茨：《德国民法通论》（下册），王晓晔等译，法律出版社2003年版，第500页以下。

[②] 苏永钦：《私法自治中的国家强制》，载《中外法学》2001年第1期。

[③] 关于强制性规范和合同效力关系问题，学界早有大量的研究，主要包括：谢鸿飞：《论法律行为生效的"适法规范"——公法对法律行为效力的影响及其限度》，载《中国社会科学》2007年第6期；孙鹏：《论违反强制性规定行为之效力——兼析〈中华人民共和国合同法〉第52条第5项的理解与适用》，载《法商研究》2006年第5期；许中缘：《论违反公法规定对法律行为效力的影响——再评〈中华人民共和国合同法〉第52条第5项》，载《法商研究》2011年第1期。

为之法律行为价值，以否认其法律效力为目的；后者着重违反行为之事实行为价值，以禁止其行为为目的。具体而言，前者是指是否允许行为人依照其意愿实现相应的法律效果，如果违反则法律行为无效；而后者是指作为一项事实的行为本身是否能够发生，如果违反这类规范，则会承受相应的制裁，但并非当然导致法律行为无效。①

我国司法解释中借鉴了这种区分的观点，将强制性规范区分为"效力性强制性规范"和"管理性强制规范"，② 认为违反前者会直接导致合同的无效，而违反后者则并不会导致无效，因为此种规范的目的在于"管理"而非合同内容本身。③ 这种区分方法将"管理性强制规范"作为"效力性强制性规范"的逻辑对立，将其视为一种"非效力性强制规范"，在具体的判例中，其被描述为"仅是针对特定主体的对内管理行为、不涉及公共利益的规定，不属于效力性强制性规定，违反该规定不能导致合同无效"；④ 故此上述规定宜理解为管理性强制性规范。对违反该规范的，原则上不宜认定合同无效"。⑤

有观点认为"管理性强制性规范"的表述和第 153 条但书的文义不符，应当将其扩展为"非效力性强制性规定"，即并不以否认当事人之间法律行为效力为目的的强制性规范。⑥ 而这种非效力性强制的认定，则需要根据立法目的借助法律解释、利益平衡、类型化等多种方法，综合考虑所保护的法益，交易的性质、内容和方法，违法行为的法律后果，以及交易安全等多种因素加以判断。⑦

还有观点认为应当将法律规范分为任意性规范、倡导性规范、半强制

---

① 史尚宽：《民法总论》，中国政法大学出版社 2000 年版，第 329 页以下。
② 前者出现在《合同法司法解释（二）》第 14 条，后者出现在《最高人民法院关于当前形势下审理民商事合同纠纷案件若干问题的指导意见》第 15 条，并且在《九民纪要》第 30 条这种区分方式再次被强调。对于这种区分的历史发展脉络，参见王利明：《论效力性和非效力性强制性规定的区分》，载《法学评论》2023 年第 2 期。
③ 朱庆育：《私法自治与民法规范》，载《中外法学》2012 年第 3 期。
④ 朱庆育：《〈合同法〉第 52 条第 5 项评注》，载《法学家》2016 年第 3 期。
⑤ 朱庆育：《〈合同法〉第 52 条第 5 项评注》，载《法学家》2016 年第 3 期。
⑥ 王利明：《论效力性和非效力性强制性规定的区分》，载《法学评论》2023 年第 2 期。
⑦ 姚明斌：《"效力性"强制规范裁判之考察与检讨》，载《中外法学》2016 年第 5 期。

性规范、授权性规范和强行性规范,并且强行性规范又可以分为强制性规范和禁止性规范。[①] 在此观点之下,强制性规范是指行为人必须作出某种行为的规定,而禁止性规范是指行为人不得做出某种行为的规定。这里所谓违反强制性规定,如合同生效的特殊形式要件,可能会导致法律行为不生效力,但不生效力并不意味着法律行为的当然无效,因为无效是法律给予的否定性评价,而不生效力可能仅仅是因为暂时性的要件不全,尚不足以给予完全否定的评价。而对于禁止性规范,此观点又将其分为效力性的禁止性规范和管理性(或取缔性)的禁止性规范。前者涉及对国家利益、公共利益和他人合法利益的损害,所以法律秩序对此绝对不能容忍;而后者则可能和"市场准入"或者特定的履行行为要求相关,违反这些规范可能会影响市场的管理秩序,但未必直接损害国家、公共和他人利益。所以违反效力性禁止性规范的合同,为绝对无效的合同;违反管理性禁止性规范的合同,并不当然导致合同绝对无效。换言之,这种观点下的效力性禁止性规范大约等同于司法解释中的效力性强制性规范,而这种观点下的强制性规范和管理性禁止性规范,大约等同于司法解释中的管理性强制性规范。

因此,鉴于强制性规范内部的不同类型以及由此产生的不同效力,《民法典》第153条第1款但书也认可了强制性规范也并不当然会导致法律行为的无效。那么就司法机关的认知而言,哪些规范应当被认为是效力性强制性规范,哪些规范应当被认为是管理性强制性规范,抑或是说,违反哪些强制性规范才会导致合同当然无效呢?《九民纪要》第30条、第31条对此进行了初步的总结,其认为:第一,涉及金融安全、市场秩序、国家宏观政策等公序良俗的强制性规范;第二,对于禁止流通物的强制性规范;第三,对于特许经营的强制性规范;第四,对于交易场所的强制性规范,通常应当视为"效力性强制性规范",而对于经营范围、交易时间、交易数量等行政管理性质的强制性规范,则一般应当认定为"管理性强制性规

[①] 王轶:《合同效力认定的若干问题》,载《国家检察官学院学报》2010年第5期。

范"。尤其是对于"公序良俗"的判断上,要结合监管强度、交易安全保护以及社会影响等方面进行慎重考量,并在裁判文书中进行充分说理。①

本解释第 17 条则对这种区分进一步细化,除《九民纪要》第 30 条规定的有关特许经营、禁止流通物、集中交易场所以及公序良俗的强制性规范之外,还规定了禁止合同内容实施犯罪、侵权行为、限制基本权利的强制性规定;合同缔约应当采用公开竞价等交易方式的强制性规定;以及合同订立需要交易资质和批准证书的强制性规范,如果涉及公序良俗的话,也属于效力性强制性规定。

基于上述理由,按照本解释第 1 款第 2 句第 1 分句的内容,被隐藏的合同,其效力根据《民法典》第 153 条第 1 款的规定,如果违反效力性强制性规定的话,应当认定为无效,如果只是影响管理性强制性规定,不涉及公序良俗,那么通常不会当然无效。

第 2 分句规定的是适用阴阳合同的另外一种情况,即为了规避法律规定的办理批准等行政管理要求,而隐藏了真实的合同。②严格意义上来说,第 2 分句规定的内容是对第 1 分句内容一种具体情况的进一步说明。因为通常认为,关于合同的报批程序,属于合同的特殊生效要件,而且是一项积极要件,属于上文所述强行性规范中的强制性规范,或者说属于司法解释中的管理性强制性规范,其并不当然导致合同的无效,只会影响目前合同不生效力。对于这种情况,第 2 分句明确了其法律效果,即依据《民法典》第 502 条第 2 款的规定,即合同本身不生效力,并不影响合同中履行相关报批义务条款的效力。这就是说,如果按照法律规定,合同必须经过报批才能生效的,债务人不履行报批义务,仍然需要承担缔约过失责任。③

---

① 关于效力性强制性规范和公序良俗的关系,详见王利明:《论效力性和非效力性强制性规定的区分》,载《法学评论》2023 年第 2 期。
② 《专利法》第 10 条第 3 款规定,转让专利申请权或者专利权的,当事人应当订立书面合同,并向国务院专利行政部门登记,由国务院专利行政部门予以公告。专利申请权或者专利权的转让自登记之日起生效。如果合同当事人为了回避登记要求,以专利许可使用协议为名,掩盖专利权转让之实,即属于此种情况。
③ 朱广新、谢鸿飞主编:《民法典评注合同编·通则(一)》,中国法制出版社 2020 年版,第 321 页。

(二) 第 2 款：被隐藏合同无效后的责任

本条第 2 款规定如果被隐藏的合同因为违反了效力性强制性规范，或者违反管理性强制性规范并且违背公序良俗，被确认无效之后，具体的责任承担规则。

对此，和其他所有无效法律行为一样，依照《民法典》第 157 条的规定分担合同各方当事人的相关责任。但和普通无效法律行为不同，在存在以虚假意思表示掩盖真实意思表示的情况时，显然双方当事人对此均心知肚明，并且存在共同故意，属于双方对此均有过错，并且在大多数情况下过错程度相等。所以，当因为被隐藏合同无效或者不生效力时，双方首先应当返还财产和相应的孳息，不能返还时应当按照确认合同无效时的市场价折价补偿[1]，除此之外如果还存在由于缔约过失责任造成的损害[2]，那么双方应当按照各自的过错承担相应的损失。

还需要特别注意的是，和《民法典》第 157 条一样，本款同样规定了但书，对于它的理解，同样应当和《民法典》第 157 条的但书一样，即这里的"法律另有规定"主要是针对特定的有名合同无效的特别规定[3]，包括建设工程合同[4]、公司法定代表人越权担保的合同[5]、房屋租赁合同[6]和

---

[1] 参见上海市第一中级人民法院（2019）沪 01 民终 4174 号民事裁判书。

[2] 通说认为是缔约过失责任，参见孙维飞：《〈合同法〉第 42 条（缔约过失责任）评注》，载《法学家》2018 年第 1 期；崔建远：《合同法总论》（上卷），中国人民大学出版社 2011 年版，第 436 页；韩世远：《合同法总论》，法律出版社 2018 年版，第 322 页。但也有观点认为应当是不当得利，参见许德风：《论合同违法无效后的获益返还》，载《清华法学》2016 年第 2 期。

[3] 叶名怡：《〈民法典〉第 157 条（法律行为无效之法律后果）评注》，载《法学家》2022 年第 1 期。

[4] 《民法典》第 793 条第 1 款规定，建设工程施工合同无效，但建设工程经验收合格的，可以参照合同关于工程价款的约定折价补偿承包人。

[5] 若公司对外担保构成表见代表，则应依担保合同有效与否判定公司应承担担保责任还是赔偿责任；若为狭义无权代表，则应类推第 171 条，由无权代表人承担赔偿责任。参见刘骏：《揭开机关理论的面纱：区分"代表"与"代理"以及"机关"与"雇员"之无益论》，载《河南大学学报》（社会科学版）2020 年第 5 期。

[6] 《最高人民法院关于审理城镇房屋租赁合同纠纷案件具体应用法律若干问题的解释》第 4 条规定，房屋租赁合同无效，当事人请求参照合同约定的租金标准支付房屋占有使用费的，人民法院一般应予支持。当事人请求赔偿因合同无效受到的损失，人民法院依照《民法典》第 157 条和本解释第 7 条、第 11 条、第 12 条的规定处理。

劳动合同①等。

(三) 第3款：同时存在多个有效合意时合同内容的认定

本条第3款的内容，严格意义上和本条前两款并不相同，因为本款并不规定"阴阳合同"的问题，而是解决当事人之间同时存在多个均代表当事人真实意思表示的合意时，如何确定当事人之间合同的内容以及效力的问题。

1. 第一句

本款第1句规定了当同时存在多个有效合意时，法院应当依照何种标准确定合同的有效内容。具体来说，本句规定的标准有二：合意成立的时间先后，以及实际的履行行为。

《民法典》第543条规定，当事人协商一致，可以变更合同。成立在后的合同，代表了双方当事人新的合意②，根据合同自由原则和第543条的内容，当事人当然可以用新的合意代替旧的合意，因为旧的合意仅仅代表双方之前的意思。所以，如果同时存在多个合同时，成立在后的合同效力优于成立在前的合同效力，如果新旧合同之间存在内容上的冲突，当然应当以成立在后的合同内容为准，认定双方当事人通过合意，变更了合同的内容。当然，如果旧合同中有部分内容新合同并未涉及，则应当认为旧合同的内容仍然有效，新合同未对此部分加以变更。

所谓以"实际的履行行为"认定合同的变更，是指合同关系的当事人，在存在多份合同之外，又存在相应的实际履行行为，应当将实际的履行行为认定为当事人双方之间对交易的最终合意。因为一方面，当事人单纯的行为本身，也是意思表示的一种形式，即默示的意思表示，如果一方当事人的履行内容虽然和合同不一致，但是对方当事人同样接受并没有提出异议，那么也可以认为双方达成了新的合意。③ 另一方面，就算是法律

---

① 《劳动合同法》第28条规定，劳动合同被确认无效，劳动者已付出劳动的，用人单位应当向劳动者支付劳动报酬。劳动报酬的数额，参照本单位相同或者相近岗位劳动者的劳动报酬确定。

② 朱广新、谢鸿飞主编：《民法典评注合同编·通则（二）》，中国法制出版社2020年版，第77页。

③ 陈宏义：《默示意思表示的形式》，载《湖南科技学院学报》2006年第8期。

明确规定必须采用书面形式订立的合同也能够通过实际的履行行为去"治愈"合同的形式缺陷。[①] 这就意味着当事人与之前合同约定内容不同的"实际的履行行为"也可以视为当事人之间的新的合意,[②] 因此相比之前的合同,其同样能够被视为当事人根据意思自治对合同内容的变更。

当然,这里还需要强调的是,在学理上将合同变更进一步区分为"要素变更"和"非要素变更"。其中前者是指合同内容重要部分的变化,并导致债权关系失去了同一性,其本质属于用新债代替了旧债,所以也称合同(债)的"更新";而后者则是指一般的合同变更,其并不改变债的同一性。[③] 但是我国无论是过去的《合同法》还是现在的《民法典》都没有承认变更和更新区分,因此这里的"变更"就会既包括新债代替旧债的变更,也包括维持原债关系同一性的变更。

2. 第二句

本款第二句的内容是对第一句的限制规定,其是指如果这种合同内容变更是法律、行政法规所禁止的,那么法院应当认为其无效。这里必须强调,正如上文所述,无论按照合同成立先后还是按照实际履行情况来认定合同内容的变更,其实质都是根据双方当事人之间产生了新的合意,并且用新的合意去代替旧的合意,所以产生了合同的变更。从私法自治的角度来看,这种基于当事人意思的对合同内容的变更具有天然的合理性,除非有充分、合理且正当的理由才能例外地予以限制。

而在规范性质上,这种限制民事主体基本自由的内容,必须通过强制性规范来体现,而且由于法律效果是无效的,这种强制性规范还必须是效力性强制性规范。在《民法典》中这类限制主要包括:依据第153条的规定,变更内容违背公序良俗的;依据第154条的规定,变更内容损害他人合法权益的。其他具体规范还包括如《民法典》第744条:出租人根据承

[①] 《民法典》第490条第2款规定,法律、行政法规规定或者当事人约定合同应当采用书面形式订立,当事人未采用书面形式但是一方已经履行主要义务,对方接受时,该合同成立。

[②] 朱广新、谢鸿飞主编:《民法典评注合同编·通则(一)》,中国法制出版社2020年版,第207页。

[③] 史尚宽:《债法总论》,中国政法大学出版社2000年版,第822页。

租人对出卖人、租赁物的选择订立的买卖合同，未经承租人同意，出租人不得变更与承租人有关的合同内容。根据此规范，在融资租赁的场合，出租人根据承租人的要求，所订立的买卖合同，凡涉及承租人有关的内容，都不得变更。①

【典型案例】

1. 洛阳某科技公司与河南某粮库等买卖合同纠纷案

[案号]（2019）豫民再800号

[审理法院] 河南省高级人民法院

[来源]《人民司法·案例》2021年第8期，第73页

[关键词] 以合法形式掩盖非法目的　违约金　过错　合同约定

[裁判要旨] 在大宗商品贸易过程中，有多个市场主体参与，相互之间签订多份没有真实货物交易的买卖合同，外观上是以闭环式的循环贸易方式进行交易，实质上却是以这种形式掩盖企业间的真实融资。该合同关系既不属于典型的买卖合同法律关系，也不属于典型的借款合同法律关系，应定性为循环贸易式融资法律关系。对此，按照原《合同法》第52条第3项规定，以合法形式掩盖非法目的，应认定合同无效。

[基本案情] 原告：洛阳某科技公司

被告：河南某粮库、河南某农业公司、赵某

第三人：河南某粮油公司

2013年4月24日，洛阳某科技公司（买方）与河南某粮油公司（卖方）签订粮食采购合同，购买玉米13000吨，单价为2300元，合同总价款为2990万元。同日，洛阳某科技公司（卖方）与河南某粮库（买方）签订销售合同，将玉米销售给河南某粮库，每吨不低于2392元，合同总价款为3109.6万元。同日，河南某粮库（卖方）又与河南某农业公司（买

---

① 高圣平：《论融资租赁交易中出租人的权利救济路径》，载《清华法学》2023年第1期；范佳慧：《论融资租赁交易中的权利冲突与利益实现》，载《法学家》2023年第5期。

方）签订销售合同，销售价格为每吨不低于2412元，合同总价款3135.6万元，将上述合同约定的同一批玉米最终转卖给河南某农业公司。赵某是玉米最初出卖人河南某粮油公司的实际控制人，也是玉米最终买受人河南某农业公司的法定代表人。

2013年7月16日，河南某粮库向洛阳某科技公司出具粮食入库凭证一份，载明收到洛阳某科技公司玉米13000吨，单价2392元，合计价值3109.6万元。同年11月25日，洛阳某科技公司向河南某粮库开具相应发票。2014年1月17日，河南某农业公司、赵某分别出具连带责任担保书，自愿为河南某粮库（债务人）提供连带责任保证，以担保债务人履行主合同约定的义务，并确认债务人应于2014年1月10日向甲方支付货款共计3109.6万元。如债务人未按合同约定履行付款义务，担保人对债务人的全部债务（包括但不限于借款本金、利息、违约金、诉讼费和律师代理费等）承担连带保证责任。之后，河南某粮库、河南某农业公司、赵某均未向洛阳某科技公司支付相应货款或者承担保证责任。另，2013年10月9日、2014年2月17日，洛阳某科技公司两次向河南某粮库发出企业询证函，载明售出商品为13000吨玉米，销售金额为3109.6万元，应收账款3109.6万元，并且河南某粮库在该两份企业询证函上均盖章确认数据无误。

资金流转情况：2013年7月11日，洛阳某科技公司向河南某粮油公司银行转账2990万元；同日，河南某粮油公司向河南某农业公司银行转账2990万元；同日，河南某农业公司转回洛阳某科技公司银行转账3042万元，用于偿还之前欠款。

2016年12月27日，洛阳某科技公司向法院起诉请求：1. 河南某粮库向该科技公司支付货款3109.6万元，从合同约定的付款日期至实际付款之日按逾期付款金额及时间每日按0.05%支付违约金，暂计算至2015年1月9日，违约金为5675020元；2. 河南某农业公司、赵某对上述款项承担连带清偿责任。

[审判结果] 一审法院于2017年12月8日作出判决：一、河南某粮库于判决生效之日起15日内向洛阳某科技公司支付3109.6万元货款及违

约金（违约金按日 0.05% 自 2013 年 10 月 24 日起计算至实际清偿之日止）；二、河南某农业公司、赵某对上述款项承担连带清偿责任；三、驳回洛阳某科技公司的其他诉讼请求。

河南某粮库不服，提起上诉，请求撤销一审判决，改判驳回洛阳某科技公司的诉讼请求。二审法院于 2018 年 9 月 25 日作出判决：驳回上诉，维持原判。河南某粮库不服二审判决，向最高人民法院申请再审。

最高法院于 2019 年 6 月 4 日作出裁定，指令河南高院再审本案。

河南高院再审认为，洛阳某科技公司、河南某粮库、河南某粮油公司、河南某农业公司四方主体系以签订买卖合同的形式掩盖企业间的融资交易，以此达到河南某农业公司偿还在案涉交易之前拖欠洛阳某科技公司欠款的目的。本案当事人之间不存在真实的货物交易关系。河南某粮库与洛阳某科技公司签订销售合同后与河南某农业公司签订销售合同，其参与交易只是循环贸易中的一环，双方的合同关系既不属于典型的买卖合同关系，也不属于典型的借款合同关系，应当认定为循环贸易式融资法律关系，属于以合法形式掩盖非法目的的无效合同。根据各方在循环贸易式融资交易中的参与程度、获益情况、主观过错等因素综合判断，依据诚实信用原则与无效合同处理规则，对合同当事人的民事责任重新进行分配，由河南某农业公司、赵某共同承担返还借款及利息的责任，由河南某粮库对河南某农业公司、赵某不能偿还部分承担 10% 的赔偿责任。

2. 谢某与冷某某借款合同纠纷上诉案

［案号］（2020）渝民终 543 号

［审理法院］重庆市高级人民法院

［来源］《人民司法·案例》2021 年第 14 期，第 73 页

［关键词］效力性强制性规定　社会公共利益　追认　代理　合同

［裁判要旨］公司法规定，董事、高级管理人员除公司章程规定或者股东会、股东大会同意外，不得与本公司订立合同或者进行交易。若公司章程中没有允许董事、高级管理人员同本公司订立合同或者进行交易的明

确规定，而董事（高管）假借他人的名义与本公司订立借款合同，出借资金给公司，并未经股东会同意，该董事（高管）的行为已经违反了公司法的规定，其法律行为应当无效。

[基本案情] 原告：谢某

被告：冷某某

第三人：重庆某置业发展有限公司（以下简称某公司）

一审法院认定的事实如下：某公司于2015年1月4日注册成立，注册资本为2000万元，股东为谢某（持股50%）、冷某某（持股50%）。冷某某为某公司的法定代表人，任执行董事兼总经理，谢某任某公司的监事。某公司经营过程中，冷某某负责公司日常管理经营，谢某不参与。2016年1月至3月，冷某某将自有资金假借夏某某、陶某、李某某的名义借给某公司使用。其中，夏某某名下540万元，陶某、李某某名下700万元，合计1240万元。后某公司按照约定日利率5‰至6‰的利息，共向冷某某支付利息合计883.2万元。2017年4月26日，冷某某接受公安机关讯问时陈述："2016年初，某公司急需资金，我想把钱借给某公司用。但那段时间，谢某曾经向我借钱，我谎称自己没有钱，没有借给他，我怕他知道我有钱不借伤感情，就虚构了夏某某、陶某、李某某三个名字，以这三个人的名义把钱借给某公司。夏某某有两笔，一笔110万元，一笔430万元，陶某和李某某一笔700万元。利率是日息5‰至6‰不等。某公司陆续偿还本金和利息，但到现在还没有还完。"

一审审理中，谢某主张某公司共计支付夏某某、陶某、李某某利息13583386元。根据某公司出纳李某的农业银行借记卡交易明细记载，除公安机关侦查认定截至2016年11月，某公司支付了利息8832060.66元外，某公司在2017年仍继续支付利息，以上共计13583386元。某公司举示某公司领（借）款申请单和费用报销单等证据，证明某公司按照借条约定，向夏某某、陶某、李某某偿还全部借款本金和利息，其中，支付利息共计14840435元。

谢某向一审法院起诉请求：1.冷某某向某公司支付非法利息收入13583386元的资金占用损失（以13583386元为基数，自判决生效之日起至付清时止,按照中国人民银行公布的同期同类贷款利率计算);2.冷某某承担本案诉讼费。

[审判结果]重庆市第五中级人民法院经审理认为,本案的争议焦点是:冷某某是否侵占了某公司利益或对某公司造成损失,以及冷某某应当返还给某公司的款项金额。根据《公司法》第148条、第149条、第151条之规定,冷某某任某公司执行董事兼总经理,属于公司高级管理人员。谢某任某公司监事,有权就公司高级管理人员违反忠实和勤勉义务给公司造成损失提起诉讼。其中,关于冷某某未经股东会同意,与本公司订立合同或者进行交易,非法获取高额利息的问题,法院认为冷某某虚构夏某某、陶某、李某某三个名字,以这三个人的名义把钱借给某公司。谢某虽然在借条上签字,但对出借人实际是冷某某并不知情。冷某某未经股东谢某同意,以虚构夏某某、陶某、李某某名字的方式,实际与某公司订立合同进行交易。故根据《公司法》第148条第1款第4项之规定,冷某某因此获得的收入即利息收入应当归公司所有。某公司举示的证据足以证明支付利息共计14840435元,但谢某起诉仅主张13583386元,应当予以支持。关于谢某主张冷某某应支付利息的资金占用损失,缺乏事实和法律依据,不予支持。重庆五中级院遂判决:一、冷某某于判决生效之日起10日内支付某公司13583386元;二、驳回谢某的其他诉讼请求。

事后被告不服一审判决,提起上诉。重庆市高级人民法院经审理认为,本案的争议焦点为冷某某应当向某公司返还的利息金额。根据《公司法》第148条之规定,董事、高级管理人员除公司章程规定或者股东会同意外,不得与本公司订立合同或者进行交易。该规定是为了保障董事、高级管理人员对公司忠实义务的有效履行,必须严格遵守。因我国《公司法》第148条之规定系效力性强制性规定,一旦违反即根据法律行为效力性之规定予以否定性评价。本案中,冷某某作为某公司的执行董事兼总经理,属于该规定的高级管理人员,理应履行对公司的忠实义务。由于某公司章程中没有允许董事、高级管理人员同本公司订立合同或者进行交易的明确规定,且冷某某假借他人名义与某公司订立借款合同,出借资金给某公司，并未经股东会同意或得到另一股东谢某的同意。冷某某的前述行为已经违反了该条第 1 款第 4 项的规定。冷某某出借资金给某公司并收取了高额利息，根据该条第 2 款的规定，冷某某从某公司所获得的利息收入应当归某公司所有。故冷某某关于其应当收取《最高人民法院关于审理民间借贷案件适用法律若干问题的规定》允许范围内的利息的上诉意见，于法无据，不予支持。重庆高院判决驳回上诉，维持原判。

（撰稿人：谢远扬）

> **第十五条 【名实不符与合同效力】** 人民法院认定当事人之间的权利义务关系，不应当拘泥于合同使用的名称，而应当根据合同约定的内容。当事人主张的权利义务关系与根据合同内容认定的权利义务关系不一致的，人民法院应当结合缔约背景、交易目的、交易结构、履行行为以及当事人是否存在虚构交易标的等事实认定当事人之间的实际民事法律关系。

【关联规定】

一、《民法典》（2020 年 5 月 28 日）

第 142 条 有相对人的意思表示的解释，应当按照所使用的词句，结合相关条款、行为的性质和目的、习惯以及诚信原则，确定意思表示的含义。

无相对人的意思表示的解释，不能完全拘泥于所使用的词句，而应当结合相关条款、行为的性质和目的、习惯以及诚信原则，确定行为人的真实意思。

第146条　行为人与相对人以虚假的意思表示实施的民事法律行为无效。

以虚假的意思表示隐藏的民事法律行为的效力,依照有关法律规定处理。

二、司法解释

1.《最高人民法院关于审理涉及国有土地使用权合同纠纷案件适用法律问题的解释》(法释〔2020〕17号)

第21条　合作开发房地产合同约定提供土地使用权的当事人不承担经营风险,只收取固定利益的,应当认定为土地使用权转让合同。

第22条　合作开发房地产合同约定提供资金的当事人不承担经营风险,只分配固定数量房屋的,应当认定为房屋买卖合同。

第23条　合作开发房地产合同约定提供资金的当事人不承担经营风险,只收取固定数额货币的,应当认定为借款合同。

第24条　合作开发房地产合同约定提供资金的当事人不承担经营风险,只以租赁或者其他形式使用房屋的,应当认定为房屋租赁合同。

2.《最高人民法院关于审理融资租赁合同纠纷案件适用法律问题的解释》(法释〔2020〕17号)

第1条　人民法院应当根据民法典第七百三十五条的规定,结合标的物的性质、价值、租金的构成以及当事人的合同权利和义务,对是否构成融资租赁法律关系作出认定。

对名为融资租赁合同,但实际不构成融资租赁法律关系的,人民法院应按照其实际构成的法律关系处理。

3.《民间借贷司法解释》(法释〔2020〕17号)

第23条　当事人以订立买卖合同作为民间借贷合同的担保,借款到期后借款人不能还款,出借人请求履行买卖合同的,人民法院应当按照民间借贷法律关系审理。当事人根据法庭审理情况变更诉讼请求的,人民法院应当准许。

按照民间借贷法律关系审理作出的判决生效后,借款人不履行生效判决确定的金钱债务，出借人可以申请拍卖买卖合同标的物，以偿还债务。就拍卖所得的价款与应偿还借款本息之间的差额，借款人或者出借人有权主张返还或者补偿。

【理解与适用】

一、本条主旨

该条是确定名实不符合同中当事人权利义务关系的一般规定，针对的是实践中常见的"名为……实为……"的合同。

二、规范来源

《最高人民法院关于审理涉及国有土地使用权合同纠纷案件适用法律问题的解释（2020修正）》第24条至第27条、《最高人民法院关于审理融资租赁合同纠纷案件适用法律问题的解释（2020修正）》第1条以及《最高人民法院关于审理民间借贷案件适用法律若干问题的规定（2020第二次修正）》第23条分别针对房地产合作开发领域、融资租赁领域及民间借贷领域的名实不符合同作出了规定，此次《民法典合同编通则司法解释》第15条则在上述具体规定的基础上为名实不符合同中当事人权利义务关系的认定提供了一个一般性规范。在法律适用上，当具体领域有特殊规范时，仍然应当优先适用特殊规范，只有当缺少特殊规范时，才可以适用该一般规范。

三、司法解释条文理解

该条在本质上是一个法律行为的解释规则，即当事人订立了名实不符的合同后如何确定当事人之间法律行为的内容，从而确定当事人的权利义务关系。基于此，法律行为或意思表示解释的一般性规则（参见《民法典》第142条、第146条）当然可以适用于名实不符合同的解释。所以，本条其实是法律行为或意思表示解释的一般性规则在名实不符合同领域的一个具体运用。

本条第1句规定"人民法院认定当事人之间的权利义务关系，不应当拘泥于合同使用的名称，而应当根据合同约定的内容"。此规定以合同名称与合同内容的不一致为前提，在解释上宜以书面合同的解释为前提。在口头合同中虽然逻辑上可能存在合同名称与合同内容不一致的情况，但毕竟属于少数情况，而且口头合同中合同名称与合同内容的不一致还会面临证明的难题，也就是说即使存在合同名称与合同内容的不一致，也难以举证证明这种不一致。在书面合同中，书面合同本身的形式性特征则为合同名称与合同内容不一致的产生提供了便利条件并使合同名称与合同内容的不一致得以凸显。所以，本条的适用范围应主要是书面合同的解释。

在解释书面合同时，合同的文本是解释的出发点。合同的文本包括合同的名称与合同的内容，那么当合同名称与合同内容不一致时，应当以合同的内容为解释依据。合同的名称是当事人权利义务关系的"名"，而合同的内容才是当事人权利义务关系的"实"，当出现名实不符时，应以当事人追求的真实意思来确定权利义务关系。在确定名实不符合同中的权利义务关系时应当以"实"为准，而非以"名"为准，这种思想有点类似于误载不害真意的意思表示解释方法。误载不害真意是指即便表意人意思与表示不一致，若受领人认识到表意人的真实意思，则因真意一致而排除意思表示的瑕疵。误载虽导致表意人真意与合同文本记载不一致，但是表意人和相对人均为合同记载的符号赋予了双方真实合意的含义，所以双方意思表示达成一致。在此情况下，即便采取了错误的表意符号，但仍能传达当事人的真实意思表示。

本条第2句规定"当事人主张的权利义务关系与根据合同内容认定的权利义务关系不一致的，人民法院应当结合缔约背景、交易目的、交易结构、履行行为以及当事人是否存在虚构交易标的等事实认定当事人之间的实际民事法律关系"。相较于第1句，第2句是一个更为具体的规定，为法院认定当事人的权利义务关系提供了一些具体考量因素。条文中明确了认定合同当事人之间的权利义务关系应"结合缔约背景、交易目的、交易结构、履行行为以及当事人是否存在虚构交易标的等事实"，这也是《民法典》总则编部分有关民事法律行为和意思表示解释的具体要求。合同涉及有相对人的意思表示解释，《民法典》第142条第1款规定为意思表示的解释提供了一个一般规则。据此，有相对人的意思表示的解释，应当按照所使用的词句，结合相关条款、行为的性质和目的、习惯以及诚信原则，确定意思表示的含义。第15条第2句所提到的这些因素实际上是对《民法典》第142条第1款的一个具体化。

在名实不符合同的情形中，通常表现为通谋虚伪的意思表示，即双方当事人以虚假的意思隐藏真实的意思表示，虚假的意思表示表现为"名"合同，而被隐藏的真实意思表示则为"实"合同。此时，根据《民法典》第146条，行为人与相对人以虚假的意思表示实施的民事法律行为无效，以虚假的意思表示隐藏的民事法律行为的效力，依照有关法律规定处理。第15条第2句则为法院认定隐藏民事法律行为的内容与效力提供了一些具体指引。

在此需要指出的，名实不符的交易不仅会涉及债权债务关系，还会涉及物权关系。本条虽然位于合同编的司法解释中，但对确定名实不符交易中的物权关系也具有指导意义，只不过，在认定当事人之间真实的物权关系时，要考虑物权变动的一些基本原理。尤其要注意的是，当事人之间是否发生了物权变动，然后在此基础上再来认定该物权变动的真实目的是真正的移转所有权，还是设立担保权。

四、适用指导

实践中名实不符合同比较多，常见的类型有"名为买卖实为借贷""名为租赁实为借贷""名为保理实为借贷"，下面将以具体示例展示该条的适用。

在民间借贷领域中，以房屋买卖合同担保借款的情形比较普遍。此类法律关系构成上属于"名为房屋买卖，实为借款担保"，具体而言，出借人为担保债权的实现，与借款人签订"房屋买卖合同"，当借款人未能按期偿还借款本息时，出借人则依据买卖合同的约定要求判令"卖房人"履行交付房屋义务，并协助办理产权过户手续。在认定此类合同的权利义务关系时就不应当拘泥于合同使用的名称，而应当根据合同当事人约定的内容。若根据合同使用的名称，则此类合同就是一个买卖合同，从而适用民法典合同编关于买卖合同的相关规定，如当出借人负担支付价款义务，买受人负担交付房屋并移转房屋所有权的义务。但是，这样认定显然不符合当事人在合同中约定的内容。比如，合同当事人在房屋可交付的情况下并未约定交付房屋及移转所有权的义务，反而约定买方一次性支付一定价款后，出卖方应从签订合同之月起就按月固定支付一定数额的金钱给买方，只有出卖方出现违约时，出卖人才负有交付房屋并移转所有权的义务。根据合同约定的内容来看，当事人虽然在名称中使用了买卖合同的术语，但显然实际的权利义务关系并非买卖合同，而是一个借款担保合同。

在"名为买卖，实为借款担保"的合同中，应当根据真实的借款担保关系认定双方当事人的权利义务关系。首先，在认定双方当事人的权利义务关系时，要明确在此类借款担保合同中有两层法律关系，其一是借款关系，其二是担保关系。出借人基于借款合同享有一个借款返还请求权，基于担保合同最多可以获得一个担保权，不可能获得一个标的物上的所有权。因此，当出借人要求判令"卖房人"履行交付房屋义务时，法院不宜支持。其次，在认定出借人能否基于担保关系获得担保权要看是否满足了担保权的设立要件。由于此处涉及物的担保，物保的产生是一种物权变动，所以需要满足物权变动的基本原理，其中就需要满足一定的公示要件。比如，在担保物是不动产的情形下，必须办理登记，在担保物是动产的情形下，可以既可以通过现实交付，也可以通过观念交付的方式完成公示要件。若仅仅订立买卖合同，并未对交付有任何约定，此时不宜认为产生了物权变动，担保物权不设立，出借人无法享有一个变价并优先受偿的权利。

【典型案例】

某融资租赁公司诉某货运代理公司保理合同纠纷案
——名为保理实为借贷的认定

［案号］（2021）鲁民终2289号

[来源] 山东省高级人民法院发布2022年商事审判十大典型案例

[关键词] 保理　借贷　应收账款

[裁判摘要] 保理商与应收账款债权人之间是否构成保理法律关系，应当以民法典第七百六十一条为标准，以合同约定与履行情况、保理商是否合理履行审慎义务为基础，综合判断相关业务是否与转让应收账款具有密切关联性，进而认定双方实质法律关系。在此基础上，应当结合是否存在导致合同无效情形、保理商是否具有金融借贷资质、款项发放具体数额等事实，综合认定合同效力与应偿还的本金、利息。

[基本案情] 原告某融资租赁公司诉称：2019年3月25日，某融资租赁公司与某货运代理公司签订《国内商业保理合同》，同日，某融资租赁公司分别与本案七保证人签订《保证合同》《股权质押合同》等。上述合同签订后，某融资租赁公司如约向某货运代理公司支付了保理首付款2000万元。2019年9月25日，《国内商业保理合同》中约定的保理融资期限到期后，某融资租赁公司多次要求某货运代理公司回购应收账款债权，但某货运代理公司一直未进行回购。某融资公司遂请求法院依法判令某货运代理公司支付保理首付款本金19343582.08元、保理首付款逾期利息损失5599741.29元、违约金480万元并承担某融资租赁公司实现债权的费用，其他被告承担相应担保责任。

某货运代理公司与七保证人共同答辩称：一、在本案涉及的法律关系名为保理合同，实际为借款合同。本案的应收账款不真实且没有转让，本保理合同实为借款合同法律关系。二、本案的保理合同（实际为借款合同）是无效合同。行为人与相对人以虚假的意思表示实施的民事法律行为无效。以虚假的意思表示隐藏的民事法律行为的效力，应依照有关法律规定处理。本案以虚假的意思表示的保理合同无效，隐藏的借款合同也无效。三、本案的保证合同及股权质押合同也是无效合同。保证合同是主合同的从合同，主债权债务合同无效的，保证合同无效。

（撰稿人：李运杨）

第十六条 【违反强制性规定不导致合同无效的情形】合同违反法律、行政法规的强制性规定，有下列情形之一，由行为人承担行政责任或者刑事责任能够实现强制性规定的立法目的的，人民法院可以依据民法典第一百五十三条第一款关于"该强制性规定不导致该民事法律行为无效的除外"的规定认定该合同不因违反强制性规定无效：

（一）强制性规定虽然旨在维护社会公共秩序，但是合同的实际履行对社会公共秩序造成的影响显著轻微，认定合同无效将导致案件处理结果有失公平公正；

（二）强制性规定旨在维护政府的税收、土地出让金等国家利益或者其他民事主体的合法利益而非合同当事人的民事权益，认定合同有效不会影响该规范目的的实现；

（三）强制性规定旨在要求当事人一方加强风险控制、内部管理等，对方无能力或者无义务审查合同是否违反强制性规定，认定合同无效将使其承担不利后果；

（四）当事人一方虽然在订立合同时违反强制性规定，但是在合同订立后其已经具备补正违反强制性规定的条件却违背诚信原则不予补正；

（五）法律、司法解释规定的其他情形。

法律、行政法规的强制性规定旨在规制合同订立后的履行行为，当事人以合同违反强制性规定为由请求认定合同无效的，人民法院不予支持。但是，合同履行必然导致违反强制性规定或者法律、司法解释另有规定的除外。

> 依据前两款认定合同有效，但是当事人的违法行为未经处理的，人民法院应当向有关行政管理部门提出司法建议。当事人的行为涉嫌犯罪的，应当将案件线索移送刑事侦查机关；属于刑事自诉案件的，应当告知当事人可以向有管辖权的人民法院另行提起诉讼。

【关联规定】

一、《民法典》（2020年5月28日）

第8条 民事主体从事民事活动，不得违反法律，不得违背公序良俗。

第143条 具备下列条件的民事法律行为有效：

（一）行为人具有相应的民事行为能力；

（二）意思表示真实；

（三）不违反法律、行政法规的强制性规定，不违背公序良俗。

第153条第1款 违反法律、行政法规的强制性规定的民事法律行为无效。但是，该强制性规定不导致该民事法律行为无效的除外。

二、司法指导性文件

1.《最高人民法院关于当前形势下审理民商事合同纠纷案件若干问题的指导意见》（法发〔2009〕40号）

五、正确适用强制性规定，稳妥认定民商事合同效力

15. 正确理解、识别和适用合同法第五十二条第（五）项中的"违反法律、行政法规的强制性规定"，关系到民商事合同的效力维护以及市场交易的安全和稳定。人民法院应当注意根据《合同法司法解释（二）》第十四条之规定，注意区分效力性强制规定和管理性强制规定。违反效力性强制规定的，人民法院应当认定合同无效；违反管理性强制规定的，人

民法院应当根据具体情形认定其效力。

16. 人民法院应当综合法律法规的意旨，权衡相互冲突的权益，诸如权益的种类、交易安全以及其所规制的对象等，综合认定强制性规定的类型。如果强制性规范规制的是合同行为本身即只要该合同行为发生即绝对地损害国家利益或者社会公共利益的，人民法院应当认定合同无效。如果强制性规定规制的是当事人的"市场准入"资格而非某种类型的合同行为，或者规制的是某种合同的履行行为而非某类合同行为，人民法院对于此类合同效力的认定，应当慎重把握，必要时应当征求相关立法部门的意见或者请示上级人民法院。

2.《九民纪要》（法〔2019〕254号）

30. 合同法施行后，针对一些人民法院动辄以违反法律、行政法规的强制性规定为由认定合同无效，不当扩大无效合同范围的情形，合同法司法解释（二）第14条将《合同法》第52条第5项规定的"强制性规定"明确限于"效力性强制性规定"。此后，《最高人民法院关于当前形势下审理民商事合同纠纷案件若干问题的指导意见》进一步提出了"管理性强制性规定"的概念，指出违反管理性强制性规定的，人民法院应当根据具体情形认定合同效力。随着这一概念的提出，审判实践中又出现了另一种倾向，有的人民法院认为凡是行政管理性质的强制性规定都属于"管理性强制性规定"，不影响合同效力。这种望文生义的认定方法，应予纠正。

人民法院在审理合同纠纷案件时，要依据《民法总则》第153条第1款和合同法司法解释（二）第14条的规定慎重判断"强制性规定"的性质，特别是要在考量强制性规定所保护的法益类型、违法行为的法律后果以及交易安全保护等因素的基础上认定其性质，并在裁判文书中充分说明理由。下列强制性规定，应当认定为"效力性强制性规定"：强制性规定涉及金融安全、市场秩序、国家宏观政策等公序良俗的；交易标的禁止买卖的，如禁止人体器官、毒品、枪支等买卖；违反特许经营规定的，如场外配资合同；交易方式严重违法的，如违反招投标等竞争性缔约方式订立的合同；交易场所违法的，如在批准的交易场所之外进行期货交易。关于经营范围、交易时间、交易数量等行政管理性质的强制性规定，一般应当认定为"管理性强制性规定"。

31. 违反规章一般情况下不影响合同效力，但该规章的内容涉及金融安全、市场秩序、国家宏观政策等公序良俗的，应当认定合同无效。人民法院在认定规章是否涉及公序良俗时，要在考察规范对象基础上，兼顾监管强度、交易安全保护以及社会影响等方面进行慎重考量，并在裁判文书中进行充分说理。

【理解与适用】

一、本条主旨

本条司法解释涉及违反强制性规定不导致合同无效的情形。

二、规范来源

从《民法通则》的"违反法律无效"到《合同法》的"违反强制性规定无效"再到《民法典》第153条第1款"违反法律、行政法规的强制性规定的民事法律行为无效。但是，该强制性规定不导致该民事法律行为无效的除外"体现了我国民事立法逐渐减少国家干预、增进私法自治的立场，[①] 是立法进步的表现。

关于第153条第1款第2句"该强制性规定不导致该民事法律行为无效的除外"的定性，学界存在不小的争议。[②] 鉴于此，本条司法解释最终放弃了"管理性强制性法律规范"的表达方式，而是直接对民法典第153条第1款第2句进行解释。

[①] 李宇：《民法总则要义——规范释评与判解集注》，法律出版社2017年版，第634页。
[②] 效力性强制性规定与管理性强制性规定的区分曾是司法实践中判断违法合同是否有效的主要标准（主要指原《合同法司法解释（二）》第14条等），典型案例涉及：最高人民法院（2012）民提字156号判决书、最高人民法院（2013）民申字第869号民事裁定书、最高人民法院（2014）民申字第56号民事裁定书等。也有学者认为"效力性强制规定和管理性强制规定不能穷尽强制规定的全部类型"，进而建议采效力性强制规范和非效力性强制规范的分类。参见李宇：《民法总则要义——规范释评与判解集注》，法律出版社2017年版，第644页。

三、司法解释条文理解

本条司法解释包含3款，其中第1款明确了违反强制性规定不导致合同无效的一个前提条件和五种情形。一个前提条件指"由行为人承担行政责任或者刑事责任能够实现强制性规定的立法目的"。五种情形分别为：（1）强制性规定虽然旨在维护社会公共秩序，但是合同的实际履行对社会公共秩序造成的影响显著轻微，认定合同无效将导致案件处理结果有失公平公正；（2）强制性规定旨在维护政府的税收、土地出让金等国家利益或者其他民事主体的合法利益而非合同当事人的民事权益，认定合同有效不会影响该规范目的的实现；（3）强制性规定旨在要求当事人一方加强风险控制、内部管理等，对方无能力或者无义务审查合同是否违反强制性规定，认定合同无效将使其承担不利后果；（4）当事人一方虽然在订立合同时违反强制性规定，但是在合同订立后其已经具备补正违反强制性规定的条件却违背诚信原则不予补正；（5）法律、司法解释规定的其他情形。

按照本条第2款，除非合同履行必然导致违反强制性规定或者法律、司法解释另有规定，当事人以合同违反强制性规定为由请求认定合同无效的，人民法院不予支持，因为"法律、行政法规的强制性规定旨在规制合同订立后的履行行为"。

本条第3款回应第1款所涉行为人可能承担的行政责任或者刑事责任。依据前两款规定认定违反强制性规定的合同有效的，不影响当事人承担相应的行政责任甚至是刑事责任。根据不同的情况，法院负有向有关行政管理部门提出司法建议、将案件移送刑事侦查机关或者告知当事人向有管辖权的人民法院另行提起诉讼的义务。

可以预见，本条司法解释将进一步减少合同因违反强制性规定而无效的情形，为法官认定"违反强制性规定不导致合同无效"提供依据，并促进形成相对统一的司法判决。

【典型案例】

吴某诉陈某、王某及某开发公司民间借贷、担保合同纠纷案

[来源]《最高人民法院公报》2011年第11期（总第181期）

[关键词] 借贷　民间借贷　民间借贷合同　民间借款

[裁判摘要] 民间借贷涉嫌或构成非法吸收公众存款罪，合同一方当事人可能被追究刑事责任的，并不当然影响民间借贷合同以及相对应的担保合同的效力。如果民间借贷纠纷案件的审理并不必须以刑事案件的审理结果为依据，则民间借贷纠纷案件无须中止审理。

本案陈某涉嫌非法吸收公众存款罪，涉嫌犯罪的当事人单个借贷行为不构成犯罪，只有达到一定量后才发生质变，构成犯罪，即犯罪行为与合同行为不重合，故其民事行为应为有效。鉴于此，法院受理、审理可以"刑民并行"。同时合同效力的认定应尊重当事人的意思自治原则，只要订立合同时各方意思表示真实，亦未违反法律、行政法规的强制性规定，即应确认合同有效。依据最高人民法院《关于适用〈中华人民共和国合同法〉若干问题的解释（二）》第14条对《合同法》第52条第5项规定的"强制性规定"解释为效力性强制性规定。本案陈某触犯刑法的犯罪行为，并不必然导致借款合同无效，因借款合同订立未违反法律、行政法规的效力性强制性规定。效力上采取从宽认定，是前述司法解释的本意，亦可在最大程度上尊重当事人的意思自治，故判决陈某偿还吴某200万元，开发公司承担连带清偿责任。

[基本案情] 2008年11月4日，原、被告签订一借款协议，被告陈某共向原告吴某借款人民币200万元，借款期限为2008年11月4日至2009年2月3日，并由被告王某和被告开发公司提供连带责任担保，当日原告履行了出借的义务，陈某于当日收到原告200万元的借款。因陈某拖欠其他债权人款项无法及时偿还，数额较大，并已严重丧失信誉，现陈某无力归还借款，依照协议，吴某遂要求陈某提前归还，王某、开发公司承担连

带责任。2008年12月14日，陈某因故下落不明，原告吴某认为陈某拖欠其他债权人款项数额巨大，已无能力偿还，2008年12月22日，陈某因涉嫌合同诈骗和非法吸收公众存款罪被公安机关立案侦查，依照协议，吴某遂要求陈某提前归还，王某、开发公司承担连带责任，直至开庭时，三被告均未履行还款义务。

（撰稿人：韩京京）

第十七条　【违背公序良俗的合同】合同虽然不违反法律、行政法规的强制性规定，但是有下列情形之一，人民法院应当依据民法典第一百五十三条第二款的规定认定合同无效：

（一）合同影响政治安全、经济安全、军事安全等国家安全的；

（二）合同影响社会稳定、公平竞争秩序或者损害社会公共利益等违背社会公共秩序的；

（三）合同背离社会公德、家庭伦理或者有损人格尊严等违背善良风俗的。

人民法院在认定合同是否违背公序良俗时，应当以社会主义核心价值观为导向，综合考虑当事人的主观动机和交易目的、政府部门的监管强度、一定期限内当事人从事类似交易的频次、行为的社会后果等因素，并在裁判文书中充分说理。当事人确因生活需要进行交易，未给社会公共秩序造成重大影响，且不影响国家安全，也不违背善良风俗的，人民法院不应当认定合同无效。

【关联规定】

一、《民法典》（2020年5月28日）

第8条　民事主体从事民事活动，不得违反法律，不得违背公序良俗。

第143条　具备下列条件的民事法律行为有效：

（一）行为人具有相应的民事行为能力；

（二）意思表示真实；

（三）不违反法律、行政法规的强制性规定，不违背公序良俗。

第153条第2款　违背公序良俗的民事法律行为无效。

二、司法指导性文件

《九民纪要》（法〔2019〕254号）

31. 违反规章一般情况下不影响合同效力，但该规章的内容涉及金融安全、市场秩序、国家宏观政策等公序良俗的，应当认定合同无效。人民法院在认定规章是否涉及公序良俗时，要在考察规范对象基础上，兼顾监管强度、交易安全保护以及社会影响等方面进行慎重考量，并在裁判文书中进行充分说理。

【理解与适用】

一、本条主旨

本条是关于违背公序良俗法律行为主要类型及其认定参照因素的规定。

二、规范来源

公序良俗指公共秩序与善良风俗，违背公序良俗的法律行为又称背俗行为。通过公序良俗原则，民事法律行为制度得以与公共秩序与道德发生联系。因为立法时不可能预见一切损害社会公共利益和道德秩序的行为而作出详尽的禁止性规定，因此公序良俗可以弥补禁止性规定的不足。[①] 由于公序良俗体现了对社会公共利益、善良风俗的维护，因此各国和地区的民事立法均将背俗行为确定为无效。[②] 我国《民法典》第 8 条确立了公序良俗原则，第 143 条从积极的方面将不违背公序良俗作为认定法律行为有效的条件之一，第 153 条第 2 款从消极的方面规定违背公序良俗的法律行为无效。

三、司法解释条文理解

本条司法解释包括两款条文，第 1 款对违背公序良俗法律行为的主要类型进行了列举，第 2 款指出了法院在认定违反公序良俗法律行为时的参照因素。

确定公序良俗的范围是民法中的一个难点。首先，公序良俗属于不确定概念，其内容随社会经济、文化、道德等的变化而变化。其次，公序良俗的范围过大会伤及民法另一重要原则——意思自治原则。同强制性规定一样，公序良俗体现了国家对意思自治的限制，公序良俗的范围过宽必然会不当侵害私人的意思自治。尽管学理上存在公序良俗的类型化研究，鲜有立法例对公序良俗进行类型化区分。本条第 1 款列举了三类违背公序良俗的法律行为：影响政治安全、经济安全、军事安全等国家安全的法律行为，影响社会稳定或者损害社会公共利益等违背社会公共秩序的行为，背离社会公德、家庭伦理或者有损个人尊严等违背善良风俗情形的行为。总体而言，上述分类是最高法院在总结司法经验和吸收学理的基础上作出的，旨在落实民法典公序良俗原则、保护公共秩序和善良风俗。但该分类是否严谨、周严还有探讨的余地，如所有违反经济自由行为、违反公平竞争行为、违反消费者保护行为、违反劳动者保护行为是否均构成违背公序良俗行为？又如违反政治安全、社会稳定的行为是否应由民事法律进行规范？

本条第 2 款包含两句，前一句列举了法院在认定违反公序良俗法律行

[①] 梁慧星：《民法总论》，法律出版社 2011 年版，第 51 页。
[②] 黄薇主编：《中华人民共和国民法典释义（上）》，法律出版社 2020 年版，第 303 页。

为时参照的因素,后一句指出:"当事人确因生活需要进行交易,未给社会公共秩序造成重大影响,且不影响国家安全,也不违背善良风俗的,人民法院不应当认定合同无效。"本款规定旨在发挥法官自由裁量权在背俗行为认定中的积极作用,并试图划定自由裁量权的边界。

【典型案例】

1. 实业公司与计算科技公司委托合同纠纷案

[案号]（2021）京 0101 民初 6309 号

[来源] 中国裁判文书网

[裁判摘要] 比特币"挖矿"行为本质上属于追求虚拟商品收益的风险投资活动。2021 年 9 月 3 日,国家发改委等部门发布《关于整治虚拟货币"挖矿"活动的通知》,将虚拟货币"挖矿"活动列为淘汰类产业,按照相关规定禁止投资。国务院《促进产业结构调整暂行规定》第 19 条规定,对淘汰类项目禁止投资。比特币"挖矿"行为电力能源消耗巨大,不利于高质量发展、节能减排和碳达峰碳中和目标实现,与《中华人民共和国民法典》（以下简称《民法典》）第 9 条"绿色原则"相悖,亦不符合产业结构调整相关政策法规和监管要求,违反公序良俗,案涉委托维护比特币"矿机"及"挖矿"的合同应属无效。双方当事人对合同无效均有过错,相关损失后果亦应由各自承担。

[基本案情] 2020 年 5 月,计算科技公司与案外人上海某甲公司签订《服务器设备采购协议》约定,北京某计算科技公司购买上海某甲公司采购的型号为 M20S 的服务器（即比特币"挖矿机"）,货款未付清之前,服务器仍然由上海某甲公司所有。双方协商将服务器托管在北京某计算科技公司运营的云计算中心。

2020 年 6 月 1 日,上海某甲公司与实业公司签订《项目合作合同》约定,由实业公司代表上海某甲公司和第三方签署技术服务协议直接结算,支付电费、服务费并接收比特币。2020 年 6 月 5 日,上海某实业公司与计算科技公司签订《云计算机房专用运算设备服务协议》约定，实业公司委托计算科技公司对案涉服务器提供机房技术服务，计算科技公司应保证供电并确保设备正常持续运营。因案涉服务期间机房多次断电，实业公司以计算科技公司违约为由，诉请人民法院判令计算科技公司赔偿其比特币收益损失530余万元。

2. 张某英诉蒋某某遗赠纠纷案

［案号］（2001）泸民一终字第621号

［审理法院］四川省泸州市中级人民法院

［关键词］遗赠　继承　公序良俗

［裁判摘要］遗赠人黄某某的遗赠行为虽系黄某某的真实意思表示，但其内容和目的违反了法律规定和公序良俗，损害了社会公德，破坏了公共秩序，应属无效民事行为。

遗赠人黄某某与被上诉人蒋某系结婚多年的夫妻，本应按照《中华人民共和国婚姻法》第4条的规定互相忠实、互相尊重，但黄某某却无视夫妻感情和道德规范，与上诉人张某英长期非法同居，其行为既违背了我国现行社会道德标准，又违反了《中华人民共和国婚姻法》第3条"禁止有配偶者与他人同居"的法律规定，属违法行为。黄某某基于其与上诉人张某的非法同居关系而订立遗嘱将其遗产和属于被上诉人的财产赠与上诉人张某英，以合法形式变相剥夺了被上诉人蒋某的合法财产继承权，使上诉人实质上因其与黄某某之间的非法同居关系而牟取了不正当利益。我国《民法通则》第58条规定"民事行为违反法律和社会公共利益的无效"，因此，遗赠人黄某某的遗赠行为，应属无效民事行为，无效的民事行为，从行为开始就没有法律约束力。

［基本案情］黄某某与被告蒋某某于1963年结婚，1994年，黄某某与原告张某英同居，并自1996年起以夫妻名义共同生活并生育一女。2001年4月22日，黄某某去世，张某英执黄某某于2001年4月17日立下并经过公证的遗嘱向蒋某某要求获得黄某某的遗产，在该遗嘱中黄某某将住房

补贴金、公积金、抚恤金和一处住房的售房款遗赠给张某英。蒋某某拒绝后，张某英起诉至法院。

（撰稿人：韩京京）

> **第十八条 【违反强制性规定但应适用具体规定的情形】** 法律、行政法规的规定虽然有"应当""必须"或者"不得"等表述，但是该规定旨在限制或者赋予民事权利，行为人违反该规定将构成无权处分、无权代理、越权代表等，或者导致合同相对人、第三人因此获得撤销权、解除权等民事权利的，人民法院应当依据法律、行政法规规定的关于违反该规定的民事法律后果认定合同效力。

【关联规定】

一、《民法典》（2020年5月28日）

第153条 违反法律、行政法规的强制性规定的民事法律行为无效。但是，该强制性规定不导致该民事法律行为无效的除外。

违背公序良俗的民事法律行为无效。

第215条 当事人之间订立有关设立、变更、转让和消灭不动产物权的合同，除法律另有规定或者当事人另有约定外，自合同成立时生效；未办理物权登记的，不影响合同效力。

第505条 当事人超越经营范围订立的合同的效力，应当依照本法第一编第六章第三节和本编的有关规定确定，不得仅以超越经营范围确认合同无效。

第738条　依照法律、行政法规的规定，对于租赁物的经营使用应当取得行政许可的，出租人未取得行政许可不影响融资租赁合同的效力。

二、司法解释

1.《最高人民法院关于适用〈中华人民共和国民法典〉物权编的解释（一）》（法释〔2020〕24号）

第12条　按份共有人向共有人之外的人转让其份额，其他按份共有人根据法律、司法解释规定，请求按照同等条件优先购买该共有份额的，应予支持。其他按份共有人的请求具有下列情形之一的，不予支持：

（一）未在本解释第十一条规定的期间内主张优先购买，或者虽主张优先购买，但提出减少转让价款、增加转让人负担等实质性变更要求；

（二）以其优先购买权受到侵害为由，仅请求撤销共有份额转让合同或者认定该合同无效。

2.《建设工程施工合同解释（一）》（法释〔2020〕25号）

第3条　当事人以发包人未取得建设工程规划许可证等规划审批手续为由，请求确认建设工程施工合同无效的，人民法院应予支持，但发包人在起诉前取得建设工程规划许可证等规划审批手续的除外。

发包人能够办理审批手续而未办理，并以未办理审批手续为由请求确认建设工程施工合同无效的，人民法院不予支持。

第4条　承包人超越资质等级许可的业务范围签订建设工程施工合同，在建设工程竣工前取得相应资质等级，当事人请求按照无效合同处理的，人民法院不予支持。

第5条　具有劳务作业法定资质的承包人与总承包人、分包人签订的劳务分包合同，当事人请求确认无效的，人民法院依法不予支持。

3.《民法典担保制度司法解释》（法释〔2020〕28号）

第37条　当事人以所有权、使用权不明或者有争议的财产抵押，经审查构成无权处分的，人民法院应当依照民法典第三百一十一条的规定处理。

当事人以依法被查封或者扣押的财产抵押，抵押权人请求行使抵押权,经审查查封或者扣押措施已经解除的,人民法院应予支持。抵押人以抵押权设立时财产被查封或者扣押为由主张抵押合同无效的,人民法院不予支持。

以依法被监管的财产抵押的,适用前款规定。

4.《最高人民法院关于破产企业国有划拨土地使用权应否列入破产财产等问题的批复》(法释〔2020〕18号)

二、企业对其以划拨方式取得的国有土地使用权无处分权,以该土地使用权设定抵押,未经有审批权限的人民政府或土地行政管理部门批准的,不影响抵押合同效力;履行了法定的审批手续,并依法办理抵押登记的,抵押权自登记时设立。根据《中华人民共和国城市房地产管理法》第五十一条的规定,抵押权人只有在以抵押标的物折价或拍卖、变卖所得价款缴纳相当于土地使用权出让金的款项后,对剩余部分方可享有优先受偿权。但纳入国家兼并破产计划的国有企业,其用以划拨方式取得的国有土地使用权设定抵押的,应依据国务院有关文件规定办理。

5.《最高人民法院关于适用〈中华人民共和国外商投资法〉若干问题的解释》(法释〔2019〕20号)

第2条第1款 对外商投资法第四条所指的外商投资准入负面清单之外的领域形成的投资合同,当事人以合同未经有关行政主管部门批准、登记为由主张合同无效或者未生效的,人民法院不予支持。

【理解与适用】

一、本条主旨

本条是关于违反法律、行政法规强制性规定的法律行为不当然无效,而应适用具体规定的情形来判断其效力的细化规定。

二、规范来源

《民法典》第153条第1款规定:"违反法律、行政法规的强制性规定的民事法律行为无效。但是，该强制性规定不导致该民事法律行为无效的除外。"其中的但书条款指向了违反法律、行政法规的强制性规定但不当然无效的例外情形，是改变原《民法通则》《合同法》的相关规定，吸收相关司法解释立场的立法体现。1986年出台的《民法通则》以"宜粗不宜细"为立法原则[1]，并在违反法律规定的合同效力界定上充分体现了该原则，其第58条第1款第5项明确规定了"违反法律或者社会公共利益的"的民事行为无效。1999年颁布的《合同法》对此作了进一步的明确，其第52条第5项规定"违反法律、行政法规的强制性规定"的合同无效。2009年4月，最高人民法院发布《合同法司法解释（二）》，其中第14条明确《合同法》第52条第5项规定的违反将导致无效后果的"强制性规定"，是指效力性强制性规定，开始尝试缓和对违反法律、行政法规的合同一律无效的"一刀切"的认定方式。关于管理性强制性规定和效力性强制规定的进一步区分，最高人民法院于2009年7月发布的《关于当前形势下审理民商事合同纠纷案件若干问题的指导意见》第16条规定，人民法院应当综合法律法规的意旨，权衡相互冲突的权益，诸如权益的种类、交易安全以及其所规制的对象等，综合认定强制性规定的类型。如果强制性规范规制的是合同行为本身即只要该合同行为发生即绝对地损害国家利益或者社会公共利益的，人民法院应当认定合同无效。如果强制性规定规制的是当事人的"市场准入"资格而非某种类型的合同行为，或者规制的是某种合同的履行行为而非某类合同行为，人民法院对于此类合同效力的认定，应当慎重把握，必要时应当征求相关立法部门的意见或者请示上级人民法院。

三、司法解释条文理解

通常我们把"应当""必须"或者"不得"等表述作为强制性规范的重要标志，通过这些关键词一般可得出法律、行政法规对特定主体实施作

---

[1] 孙宪忠：《我国民法典编纂中的几个问题》，载中国人大网，http://www.npc.gov.cn/npc/c1772/c21116/201905/t20190521_260651.html，2023年12月26日访问。

为或不作为义务的要求，但包含上述词语的法律规范不一定会承受合同无效的法律后果，有时仅仅是针对处分权、代理权、代表权等民事权利的限制或赋予，如公司法定代表人违反《公司法》对代表权的限制而越权代表（参见典型案例1）、小区业主委员会违反《民法典》和《物业管理条例》超越代理权限与物业公司签订物业服务合同（参见典型案例2）、供销社违反《城市房地产管理法》拍卖抵押的以划拨方式取得的土地使用权（参见典型案例3）等。合同并不因上述事由必然导致无效，有可能走向效力待定、未生效的法律后果，亦有可能在认定有效的同时导致合同相对人、第三人获得撤销权、解除权等（参见典型案例4）。因此，在适用《民法典》第153条第1款的但书条款时，要视具体情形作强制性规范的类型认定。

首先，应当明确违反即导致民事法律行为无效的"强制性规定"的位阶问题。从《民法典》第153条第1款的文义即可得出，进入合同效力判定体系的"强行性规定"仅限于"法律和行政法规"，应当排除"地方性法规和行政规章"进入该领域，除非该地方性法规、行政规章的强制性规定是为了实施法律、行政法规的强制性规定而制定的具体规定。其次，若某项具体的强制性规范已经明确规定民事法律行为无效，则无论该规范是私法上的强制性规定还是公法上的强制性规定，裁判者无须另作合同效力判断，直接判定民事法律行为无效。如果某项具体强制性规范未明确规定法律行为的效力后果，则应当综合考量强制性规定的立法目的（参见《民法典合同编通则司法解释》第16条）、当事人是否属于强制性规定保护的范围、强制性规定规制的是一方当事人还是双方当事人、违反强制性规定的社会后果等因素来判断合同是否应该无效，而不应简单采用"凡是行政管理性质的强制性规定都属于管理性强制性规定，不影响合同效力"的认定方法。

【典型案例】

1. 某银行股份有限公司东港支行与某氟涂料股份有限公司、某集团有限公司担保合同纠纷案

[案号]（2012）民提字第156号

[审理法院] 最高人民法院

[来源]《最高人民法院公报》2015年第2期

[关键词] 越权代表　合同效力　表见代理

[裁判摘要] 案涉《抵押合同》及《不可撤销担保书》系担保人某氟涂料股份公司为其股东某集团公司之负债向债权人某银行股份有限公司东港支行作出的担保行为。关于担保合同的效力，《合同法司法解释（二）》第14条规定"合同法第五十二条第五项规定的'强制性规定'，是指效力性强制性规定"。《公司法》第16条第2款规定："公司为公司股东或者实际控制人提供担保的，必须经股东会或者股东大会决议。"上述《公司法》规定已然明确了其立法本意在于限制公司主体行为，防止公司的实际控制人或者高级管理人员损害公司、小股东或其他债权人的利益，故其实质是内部控制程序，不能以此约束交易相对人。故此上述规定宜理解为管理性强制性规范。对违反该规范的，原则上不宜认定合同无效。

[基本案情] 2006年4月30日，某银行股份有限公司东港支行与某集团公司签订了借款合同与两份《抵押合同》，该合同规定以某氟涂料股份有限公司所有的位于某市的一项国有土地使用权及该市某房产作抵押。同年6月，在该市国土资源和房屋局以及该市房地产登记发证中心对上述土地使用权和房产办理了抵押登记，担保范围包括但不限于借款本金、利息、罚息、违约金、损害赔偿金及实现债权的费用。2006年6月8日，某氟涂料股份有限公司出具了《不可撤销担保书》，承诺对上述贷款承担连带保证责任。后某氟涂料股份有限公司辩称，其向某银行股份有限公司东港支行提交的《股东会担保决议》的决议事项并未经过该公司股东会的同

意，某氟涂料股份有限公司也未就此事召开过股东大会，《抵押合同》《不可撤销担保书》应当认定无效。某银行股份有限公司东港支行提交证据表明，《股东会担保决议》上的签字及印章与其为担保行为当时提供给某银行股份有限公司东港支行的签字及印章样本一致且真实。

2. 谭某、陈某等物业管理服务合同纠纷案

[案号]（2022）湘01民终1948号

[审理法院] 湖南省长沙市中级人民法院

[来源] 中国裁判文书网

[关键词] 无权代理　物业服务合同　效力待定

[裁判摘要] 根据《民法典》第278条及《物业管理条例》第11条规定，选聘和解聘物业服务企业或者其他管理人应由业主共同决定。因此，在没有小区业主大会合法授权或决定的前提下，某小区业委会无权私自与相关物业服务企业签订《物业管理服务合同》。根据《民法典》第153条第1款规定，违反法律、行政法规的强制性规定的民事法律行为无效。但是，该强制性规定不导致该民事法律行为无效的除外。由此可知，导致民事法律行为无效的强制性规定，是指效力性强制性规定。而依照《民法典》第278条及《物业管理条例》第11条的规定系管理性强制性规定而非效力性强制性规定。某小区业委会与某物业公司签订的物业合同并不当然无效。

[基本案情] 某小区业委会系某市某区某住宅小区经法定程序成立并经备案的业主委员会。某小区与原聘用的A物业公司服务合同即将届满。为决定续（选）聘物业公司，2018年3月，某小区业委会在该市辖区街道办事处、社区及业主代表的监督下对投票结果进行了唱票并公示。2018年4月，其所在社区通过街道复核和业主自查，发现选票有一户多投、未委托被投票、杂屋投票等问题，针对以上情况，经区住建局、街道按照物业管理有关条例，认为此次投票存在组织不严谨、可信度不高，不能作为此次投票结果的依据。建议某小区业委会重新组织业主大会进行投票选聘或

续聘物业公司。但某小区业委会没有重新组织业主大会。2018年7月，某小区业委会和某项目管理咨询有限公司签订物业管理服务采购委托代理协议书，以公开招标的形式采购小区物业管理服务。经公开招标评标，B物业公司中标，某小区业委会于2018年8月向B物业公司发出《中标通知书》并签订《某市某区某小区物业管理服务合同》，随后发布招标结果的公告。其后，该市辖区住房和城乡建设局责令该小区业委会于2018年12月25日前组织召开业主大会临时会议，就小区物业管理相关事宜征求全体业主意见后进行表决。直至该案诉讼，某小区此后均没有成功召开新的业主大会。2019年8月，某小区业主范某等六人以某小区业委会为被告、B物业公司为第三人向该院提起诉讼，请求撤销某小区业委会与B物业公司签订物业服务合同的决定，并确认与B物业公司所签《物业管理服务合同》无效。

3. 某区供销合作社、孙某等拍卖成交确认合同纠纷案

[案号]（2022）鲁07民终9286号

[审理法院] 山东省潍坊市中级人民法院

[来源] 中国裁判文书网

[关键词] 无权处分　划拨土地　抵押权

[裁判摘要] 某区供销合作社关于涉案的《拍卖成交确认合同》违反了《城市房地产管理法》第39条，《国务院城镇国有土地使用权出让转让暂行条例》第44条、第45条等法律、行政法规的强制性规定无效的主张，因上述法律规定，属于管理性强制性规定，并不影响涉案《拍卖成交确认合同》的效力。拍卖成交合同的买受人可签订上述合同后按规定补交土地出让金后，将国有划拨土地转化为国有出让土地。

[基本案情] 2000年12月13日，某银行股份有限公司某区支行与被告某区供销合作社签订借款合同、抵押合同各一份，抵押合同约定：被告某区供销合作社以其所有的位于某区土地使用权提供抵押担保，并到该市规划国土局办理了抵押登记手续。后被告某区供销合作社一直未偿还借款，某银行股份有限公司某区支行于2001年8月将其诉至一审法院，判决

被告某区供销合作社以拍卖、变卖被告某区供销合作社的抵押物所得的价款偿还某银行股份有限公司某区支行借款本息。后某区供销合作社要求确认买方与某拍卖有限公司于2003年12月13日签订的《拍卖成交确认合同》因违反了《城市房地产管理法》第39条,《国务院城镇国有土地使用权出让转让暂行条例》第44条、第45条等法律、行政法规的强制性规定无效。

4. 某房地产开发有限公司与某县国土资源局建设用地使用权出让合同纠纷案

[案号] (2016) 黔民初220号

[审理法院] 贵州省高级人民法院

[来源] 中国裁判文书网

[关键词] 履行不能 建设用地使用权 解除权

[裁判摘要] 本院认为本案案涉三份《国有建设用地使用权出让合同》系双方当事人真实意思表示,内容未违反法律法规强制性效力性规定,应为合法有效的合同。理由如下:第一,《中华人民共和国土地管理法》第44条第1款规定"建设占用土地,涉及农用地转为建设用地的,应当办理农用地转用审批手续"。但该规定属于行政管理性规定,并非效力性规定,未办理农用地转用审批手续,并不当然导致国有土地出让合同无效,而是导致土地不能交付,属于合同不能履行,因此并非构成《合同法》第52条第5项规定的合同无效事由。第二,《国有土地使用权合同纠纷解释》第4条规定"土地使用权出让合同的出让方因未办理土地使用权出让批准手续而不能交付土地,受让方请求解除合同的,应予支持"。某县国土资源局主张案涉三份《国有建设用地使用权出让合同》无效,无法律和事实依据,本院不予支持。

[基本案情] 2013年8月7日,某房地产开发公司基于《某县某新区中央商务区城市综合体及配套地产开发项目投资协议书》与某县国土资源局先后签订了三份《国有建设用地使用权出让合同》,并对上述三项国有

建设用地使用权均办理了国有土地使用证。2016年11月22日，该县国土资源局发出《关于注销国有土地使用证的通知》，主要内容："你公司办理的国有土地使用证，因违反《中华人民共和国土地管理法》相关规定，2016年6月被某市国土资源局立案查处。该局调查后，2016年6月12日下达了《某市国土资源局行政处理决定书》，责令某县人民政府注销三个国有土地使用证，并在6个月内依法收回非法批准使用的土地。2016年10月21日，某县人民政府行文批复同意收回某县某新区中央商务区城市综合体土地，根据《土地登记办法》相关规定，经研究，我局决定注销你公司上述3个国有土地使用证，现通知你公司3日内将上述3个国有土地使用证交回我局并办理注销登记，逾期不办理注销登记我局将进行公告注销。"

（撰稿人：谢蔚）

> **第十九条 【无权处分的合同效力】** 以转让或者设定财产权利为目的订立的合同，当事人或者真正权利人仅以让与人在订立合同时对标的物没有所有权或者处分权为由主张合同无效的，人民法院不予支持；因未取得真正权利人事后同意或者让与人事后未取得处分权导致合同不能履行，受让人主张解除合同并请求让与人承担违反合同的赔偿责任的，人民法院依法予以支持。
>
> 前款规定的合同被认定有效，且让与人已经将财产交付或者移转登记至受让人，真正权利人请求认定财产权利未发生变动或者请求返还财产的，人民法院应予支持。但是，受让人依据民法典第三百一十一条等规定善意取得财产权利的除外。

【关联规定】

一、《民法典》（2020 年 5 月 28 日）

第 215 条 当事人之间订立有关设立、变更、转让和消灭不动产物权的合同，除法律另有规定或者当事人另有约定外，自合同成立时生效；未办理物权登记的，不影响合同效力。

第 311 条 无处分权人将不动产或者动产转让给受让人的，所有权人有权追回；除法律另有规定外，符合下列情形的，受让人取得该不动产或者动产的所有权：

（一）受让人受让该不动产或者动产时是善意；

（二）以合理的价格转让；

（三）转让的不动产或者动产依照法律规定应当登记的已经登记，不需要登记的已经交付给受让人。

受让人依据前款规定取得不动产或者动产的所有权的，原所有权人有权向无处分权人请求损害赔偿。

当事人善意取得其他物权的，参照适用前两款规定。

第 597 条 因出卖人未取得处分权致使标的物所有权不能转移的，买受人可以解除合同并请求出卖人承担违约责任。

法律、行政法规禁止或者限制转让的标的物，依照其规定。

第 612 条 出卖人就交付的标的物，负有保证第三人对该标的物不享有任何权利的义务，但是法律另有规定的除外。

二、司法解释

《买卖合同司法解释》（法释〔2020〕17 号）

第 3 条 根据民法典第六百二十九条的规定，买受人拒绝接收多交部分标的物的，可以代为保管多交部分标的物。买受人主张出卖人负担代为保管期间的合理费用的，人民法院应予支持。

买受人主张出卖人承担代为保管期间非因买受人故意或者重大过失造成的损失的，人民法院应予支持。

【理解与适用】

一、本条主旨

本条是关于无权处分的合同效力的规定。

二、《民法典》条文理解以及有待细化的问题

（一）《民法典》第 215 条

我国《民法典》第 215 条规定，当事人之间订立有关设立、变更、转让和消灭不动产物权的合同，除法律另有规定或者当事人另有约定外，自合同成立时生效；未办理物权登记的，不影响合同效力。本条文继受原《物权法》第 15 条的规定，明确规定原因行为的效力不受不动产物权变动结果的影响。作为原因行为的债权合同效力如何，需要依据民法典有关法律行为及合同的生效要件加以判断。

《民法典》第 215 条区分的是物权变动与原因行为，而非物权行为与债权行为。既然作为原因行为的债权合同之效力与物权变动的结果无关，就不能因为后者物权变动结果未实现而否定前者债权合同的效力。

过去，对合同效力的判断往往涉及对处分行为、负担行为，甚至物权行为无因性等理论的探讨。但是，《民法典》第 215 条所明确的区分原则与物权行为无因性理论并没有必然联系，[1] 德国民法的物权行为理论并非唯一的解释路径。PICC、欧洲合同法原则（PECL）及欧洲示范民法典草案（DCFR）等国际示范性法律文件法均没有采纳德国的物权行为理论，但皆规定了无权处分的事实并不影响债权合同的效力。原《物权法》第 15 条系整理、改造自梁慧星教授主持的《中国物权法草案建议稿：条文、说明理由与参考立法例》第 6 条、第 7 条以及第 24 条等规定，尤其是第 7

---

[1] 韩世远：《合同法总论》（第四版），法律出版社 2018 年版，第 318 页。

条规定了"以发生物权变动为目的的原因行为，自合法成立之时生效。在不能发生物权变动的结果时，有过错的当事人应当承担违约责任。"① 由此，原《物权法》第 15 条和现《民法典》第 215 条均不能视为我国《民法典》确立物权行为理论的证据。因此，我国立法是否承认物权行为（尤其是物权行为无因性）的争论，对无权处分不影响原因行为效力的结论，不产生影响。

对于《民法典》第 215 条的适用范围，该条文虽然仅指向原因行为与不动产物权变动结果的区分，未规定原因行为与动产物权变动结果及权利物权变动结果的区分。基于体系解释的基本立场，该条文的适用范围应包括原因行为与动产物权变动结果的区分。

（二）《民法典》第 597 条

《民法典》第 597 条第 1 款规定旨在明确出卖人对标的物没有处分权时买受人可以寻求的救济，第 2 款是对禁止或限制转让之标的物的规定。《民法典》第 597 条第 1 款建立在原《合同法》第 132 条第 1 款和原《买卖合同司法解释（2020 年修正前）》第 3 条第 2 款的基础上，对过往的学说争议进行了选择性吸收，最终不再保留原《合同法》第 51 条并修改了原《合同法》第 132 条第 1 款，重构了无权处分情形下买卖合同的效力规则。

原《合同法》实施期间，学术界对于无权处分情形下买卖合同效力问题存在相当大的争议，相较有影响力的学说包括效力未定说②、有效说、善意恶意区分说③等。在现代市场经济体系下，资金高速流动与交易形式多样化需求对传统债法框架下更适于现货交易的非物权模式提出了挑战。

---

① 崔建远：《物权法》（第五版），中国人民大学出版社 2021 年版，第 56 页。
② 效力未定说以原《合同法》第 51 条为依据，此前长期处于通说地位。该说认为，我国合同法将处分行为包含在债权行为中，将标的物所有权移转视作买卖合同的直接效果，因而当然地要求出卖人对标的物有处分权；欠缺处分权的，债务合同本身效力未定。
③ 支持善意恶意区分说的学者否认物权行为的独立性，无权处分他人财产者，于未经权利人追认或未合法取得处分权时处分行为无效，但在符合善意取得即权利人拒绝追认时，无权处分人与善意相对人之间的合同有效；若是相对人与处分人恶意串通损害他人利益的，原权利人有权主张无权处分所涉合同无效。这一学说在当时的部分观点与如今无权处分例外善意取得制度的构建方面有相似之处，但在买卖合同效力如何认定的问题上留下空白。

《民法典》出台后,第 597 条第 1 款的规定表明立法者采纳了有效说,由此在法律解释上达成了无权处分不影响买卖合同效力的共识。《民法典》第 597 条吸纳了原《买卖合同司法解释》第 3 条的规定,明确出卖人对标的物无处分权不影响买卖合同之效力。

《民法典》第 597 条规定了无权处分情况下买卖合同的效力问题,至于其后的权利瑕疵担保及违约责任等问题由违约责任一章相关制度予以专门规范。《民法典》第 597 条第 1 款虽然规定的是出卖人违反转移标的物所有权之义务的合同救济制度(合同解除与违约责任),但该条文的主要规范目的在于:以出卖人无处分权之物为买卖合同标的物的,不影响买卖合同的有效性。一方面,从该条款仅规定无处分权的情形来看,其主旨并非全面涵盖出卖人违反转移标的物所有权义务的情形;另一方面,该款所述之解除合同也并非必须是买受人救济的优先选择,相较于现实中更常见的出卖人随后以合理途径取得处分权的情形,解除合同多适用于债务人给付不能、拒不履行等情形。

在实践中,针对无权处分致使所有权转移不能时,选择对债务人适用债务不履行责任还是权利瑕疵责任决定了传统债法上债务不履行体系构建的选择,这也是对无权处分情形下违约责任规定与权利瑕疵担保规定适用关系问题的分析。债务不履行体系有两种模式:一为"原因进路(cause approach)";一为"救济进路(remedy approach)"。严格意义上的原因进路是指,立法者针对不同的债务不履行状态设计各自对应的规则群,这些规则群在救济要件、救济内容上呈现出实质性差异。这一体系的特征是只有将待评价行为进行精准定位,才能按照不同给付障碍形态寻求对应的救济路径,从而致使债务不履行责任与权利瑕疵担保责任在构成要件甚至法律效果上存在实质差异。[1]

---

[1] 债务不履行责任以债务人存在过错为构成要件,权利瑕疵担保责任确是无过错责任。
德国债法在完成改革之后,将物之瑕疵与权利瑕疵整体统一合并至一般给付障碍法中,损害赔偿均推行过错责任原则。现在的德国通说认为,出卖人未移转所有权的适用一般给付障碍法而非权利瑕疵担保的规定,仅在诉讼时效上存在规定差异。

我国《民法典》虽然对债务不履行状态作了划分，但因采用救济进路的规范模式，因此只要存在债务违反的情形（不履行或者不完全履行），便可主张违约救济，从而为受损害人提供全面救济。我国法上不存在法定的瑕疵担保责任，权利瑕疵担保义务属于主给付义务的内容，违反权利瑕疵担保义务与违反所有权转移义务的损害赔偿均坚持无过错责任。具体表现有，《民法典》第597条第1款所规定的解除、违约责任是对合同编一般规定中一般法定解除权、一般违约责任的具体适用，该条款与《民法典》第612条等规定所指向的解除与违约责任在构成要件、法律效果上亦无差异。依据《民法典》第502条的规定，买卖合同在依法成立时即依此规定生效，"法律另有规定或者当事人另有约定的"是指法律对合同审批手续等条件的规定以及对当事人通过意思自治约定生效时点、条件的空间释放，并不影响《民法典》第597条背景下买卖合同的效力。

三、司法解释条文理解

本条司法解释包括两款条文，第1款明确了涉及无权处分财产权利的交易中，当事人所订立的合同的效力及权利受让人的救济方式。第2款规定真正权利人的对应救济权利，并于体系上与善意取得制度进行衔接。

由于本条采用概括性的"财产权利"的表述，因而在适用上不限于物权，亦应包括应收账款等可移转的债权、股权等投资性权利，以及知识产权等各种财产性权利。所谓转让财产权利，即一方当事人向对方当事人转让所有权、转让应收账款债权和转让股权等；所谓设定财产权利，即一方当事人为对方当事人在既有财产权利上设定居住权、地役权和抵押权等。

本条第1款说明，应区分当事人以转让或者设定财产权利为目的而订立的合同的效力，与财产权利实际转让和设定的效力。转让或者为他人设定财产权利的当事人，对相应财产权利无处分权的，不影响作为原因行为的债权合同的效力。换言之，只要合同依法成立并生效，就会在合同当事人之间产生相应的具体债权债务；债务人对相应财产权利无处分权，仅导致不发生实际移转和设定财产权利的效果。但是，认定合同有效，不足以使法院支持债权人实际履行合同的诉求，因为若债务人未取得真正权利人事后同意，或者债务人事后未取得处分权，将导致合同不能履行，此时债权人仅能就对方违反合同义务，转而主张合同违约赔偿责任。另外，若当事人在同一份合同书中，既有"一方有支付价款的义务"等债务性约定，又有"债权直接移转给对方""为对方设定动产抵押权"等直接转让或设定权利的约定，则应认定后一种约定不发生变动权利效力，但不影响当事人之间的债权债务关系。

本条第2款规定了当事人无处分权而擅自向他人转让或者设定财产权利时，真正权利人的救济方式。《民法典》第597条第1款已就无权处分情形下买受人的救济方式进行了规定，但真正权利人的保护在实务中尚存疑窦，故本款予以明确。在让与人已经将财产交付或者移转登记至受让人时，真正权利人面临着财产的非自愿流失风险，真正权利人可向法院提起诉讼要求确认财产权利未发生变动或者请求返还财产。但是为切断瑕疵交易的未来影响、保护交易安全，本条第2款进一步以但书方式规定，若该交易符合《民法典》第311条善意取得的全部构成要件，则相对人依然能有效取得该财产权。此时，真正权利人只能向让与人主张一系列救济性请求权（如基于侵权或者不当得利主张债法性救济）。需要注意的是，该但书适用的前提为，系争财产权利适用《民法典》第311条的规定，如《民法典》第311条第1款规定的不动产或者动产的所有权、《民法典》第311条第3款规定可参照适用的其他物权，以及《最高人民法院关于适用〈中华人民共和国公司法〉若干问题的规定（三）》第7条、第25条和第27条规定可以参照适用《民法典》第311条的情形。

最后，在本条文的法律适用问题中，两款适用上呈递进关系，先适用第1款，再适用第2款。需要注意的是，第2款的但书部分在实务应用中通常作为受让人或让与人针对真正权利人主张权利时的抗辩事由，也就是说，法官仅可在当事人一方提出善意取得之抗辩时，才可进一步审查是否构成善意取得。若当事人未提出，法官不得依职权主动审查。

【典型案例】

1. 葛某与李某等房屋买卖合同纠纷案

[案号]（2016）沪02民终9189号

[审理法院] 上海市第二中级人民法院

[来源] 中国裁判文书网

[关键词] 房屋买卖　禁止性规定　恶意串通

[裁判摘要] 无处分权人以他人名义签订的合同在违反法律禁止性规定时无效。

[基本案情] 葛某与李某网签一份《房地产买卖合同》，葛某将系争房屋出让给李某，双方同意葛某于2015年1月19日前腾让房屋并通知李某验收交接，共同办理过户手续。葛某委托李某帅与李某签订该合同。在此之前，葛某与肖某已经就系争房屋签订了房产抵押借款合同并案例有强制执行力的公证文书。

2. 孙某梅、孙某枝等四人第三人撤销之诉案

[案号]（2021）最高法民申1147号

[审理法院] 最高人民法院

[来源] 中国裁判文书网

[关键词] 房屋共同共有　无权处分

[裁判摘要] 买卖合同的当事人在订立合同时没有取得标的物所有权或者处分权的，并不导致合同无效，只是影响合同能否实际履行以及物权转移行为能否产生效力。现该条规定已纳入《民法典》第311条关于"善意取得"的相关规定。

[基本案情] 本案四原告孙某梅、孙某枝等人系孙某妮的子女，是孙某妮的房屋合法继承人，该房屋属于其五个子女共同继承。热某通过某区棚户区改造房屋补偿安置协议取得沙区某小区某室房屋后，于2010年5月

与罗某签订合同一份，约定将热某所取得安置房与罗某位于沙区铁某村某（7间房，面积157平方米）房屋置换，同时热某再支付罗某10万元现金，苏某为此合同提供担保。双方签订合同后，热某支付10万元给罗某，并将上述安置房的入住手续交给罗某，罗某于2012年7月将房屋进行装修后入住至今。另查，位于沙区某小区的房屋系罗某岳父孙某妮1979年自建房，其妻子早已去世，罗某夫妻自2007年开始在此居住。罗某岳父孙某妮于2013年2月28日去世。2015年，热某和苏某起诉罗某，要求确认双方签订的房屋置换合同有效。沙区人民法院作出（2015）沙民三初字第68号民事判决，判决：热某、苏某与罗某于2010年5月签订的《合同书》有效。后罗某提出上诉，又对该案申请再审，2015年11月19日，某高级人民法院作出（2015）新民一申字第1790号民事裁定，驳回罗某的再审申请。

3. 大连某船舶公司与王某、付某、运销总公司股权转让合同纠纷案

［案号］（2016）最高法民再75号

［审理法院］最高人民法院

［来源］中国裁判文书网

［关键词］股权转让　无权处分

［裁判摘要］无权处分的合同并不当然无效，此类合同只要系双方真实意思表示，其买卖合同的债权行为即有效，但卖方向买方转移标的物所有权的物权行为处于效力待定状态，在经权利人追认或事后取得处分权时，物权行为生效。

［基本案情］2007年6月21日，原告某船舶公司与第三人运销总公司签订《资产转让协议书》，约定运销总公司将包括位于大连市某国家粮食储备库在内的三处资产转让给某船舶公司。粮食储备库内建有办公楼两座、粮食烘晒设施等，总建筑面积为3200平方米；该协议第10条规定协议自甲方（运销总公司）转让资产获得某粮食集团有限公司批准之日起生效。2007年1月25日，运销总公司出具收款收据，载明收到船舶公司出售资产预付款200万元。2007年7月10日，某粮食集团下发文件，批准

运销总公司以评估值为底价对包括运销总公司持有的某国家粮食储备库的股权在内的三处资产进行公开拍卖。2007年12月30日，吉林省某拍卖有限公司出具说明，认定某船舶公司法定代表人王某于2007年12月1日拍得运销总公司持有的某国家粮食储备库（股权）的拍卖无效。2008年7月18日，王某参加了某国家粮食储备库股权的重新拍卖，并以3000万元拍得储备库100%股权。同日，王某与吉林省某拍卖有限公司签订拍卖成交确认书。2008年8月21日，运销总公司与王某签署了储备库100%股权交接书。2008年8月28日，吉林省某拍卖有限公司向王某出具收据两张，载明共收到王某拍卖价款3000万元。另查明，2008年7月15日，某船舶公司与王某、付某签订《产权转让协议书》，协议约定：鉴于某船舶公司已经协议受让储备库的全部股权及资产。目前该股权已委托吉林省某拍卖有限公司通过拍卖方式出让。现船舶公司与王某、付某协商，将其协议（预期）取得的储备库的全部股权及资产转让给王某、付某。协议约定：转让价款总额3600万元，并约定本协议双方约定的转让价格，由船舶公司负责补齐高出部分的拍卖价款，王某、付某仍按照本协议约定支付转让价款。王某、付某竞拍确认的价格低于本协议双方约定的转让价格，王某、付某仍按照本协议规定的价格支付某船舶公司转让价款。

（撰稿人：严城）

第二十条　【越权代表的合同效力】 法律、行政法规为限制法人的法定代表人或者非法人组织的负责人的代表权，规定合同所涉事项应当由法人、非法人组织的权力机构或者决策机构决议，或者应当由法人、非法人组织的执行机构决定，法定代表人、负责人未取得授权而以法人、非法人组织的名义订立合同，未尽到合理审查义务的相对人主张该合同对法人、非法人组织发生效力并由其承担违约责任的，人民法院不予支持，但是法人、非法人组织有过错的，可以参照民法典第一百五十七条的规定判决其承担相应的赔偿责任。相对人已尽到合理审查义务，构成表见代表的，人民法院应当依据民法典第五百零四条的规定处理。

合同所涉事项未超越法律、行政法规规定的法定代表人或者负责人的代表权限，但是超越法人、非法人组织的章程或者权力机构等对代表权的限制，相对人主张该合同对法人、非法人组织发生效力并由其承担违约责任的，人民法院依法予以支持。但是，法人、非法人组织举证证明相对人知道或者应当知道该限制的除外。

法人、非法人组织承担民事责任后，向有过错的法定代表人、负责人追偿因越权代表行为造成的损失的，人民法院依法予以支持。法律、司法解释对法定代表人、负责人的民事责任另有规定的，依照其规定。

【关联规定】

一、《民法典》（2020年5月28日）

第61条 依照法律或者法人章程的规定，代表法人从事民事活动的负责人，为法人的法定代表人。

法定代表人以法人名义从事的民事活动，其法律后果由法人承受。

法人章程或者法人权力机构对法定代表人代表权的限制，不得对抗善意相对人。

第62条 法定代表人因执行职务造成他人损害的，由法人承担民事责任。

法人承担民事责任后，依照法律或者法人章程的规定，可以向有过错的法定代表人追偿。

第105条　非法人组织可以确定一人或者数人代表该组织从事民事活动。

第504条　法人的法定代表人或者非法人组织的负责人超越权限订立的合同，除相对人知道或者应当知道其超越权限外，该代表行为有效，订立的合同对法人或者非法人组织发生效力。

二、其他法律

《公司法》（2023年12月29日）

第16条　公司向其他企业投资或者为他人提供担保，按照公司章程的规定，由董事会或者股东会决议；公司章程对投资或者担保的总额及单项投资或者担保的数额有限额规定的，不得超过规定的限额。

公司为公司股东或者实际控制人提供担保的，应当经股东会决议。

前款规定的股东或者受前款规定的实际控制人支配的股东，不得参加前款规定事项的表决。该项表决由出席会议的其他股东所持表决权的过半数通过。

三、司法解释

《民法典担保制度司法解释》（法释〔2020〕28号）

第7条　公司的法定代表人违反公司法关于公司对外担保决议程序的规定，超越权限代表公司与相对人订立担保合同，人民法院应当依照民法典第六十一条和第五百零四条等规定处理：

（一）相对人善意的，担保合同对公司发生效力；相对人请求公司承担担保责任的，人民法院应予支持。

（二）相对人非善意的，担保合同对公司不发生效力；相对人请求公司承担赔偿责任的，参照适用本解释第十七条的有关规定。

法定代表人超越权限提供担保造成公司损失，公司请求法定代表人承担赔偿责任的，人民法院应予支持。

第一款所称善意，是指相对人在订立担保合同时不知道且不应当知道法定代表人超越权限。相对人有证据证明已对公司决议进行了合理审查，人民法院应当认定其构成善意，但是公司有证据证明相对人知道或者应当知道决议系伪造、变造的除外。

第12条 法定代表人依照民法典第五百五十二条的规定以公司名义加入债务的，人民法院在认定该行为的效力时，可以参照本解释关于公司为他人提供担保的有关规则处理。

第17条 主合同有效而第三人提供的担保合同无效，人民法院应当区分不同情形确定担保人的赔偿责任：

（一）债权人与担保人均有过错的，担保人承担的赔偿责任不应超过债务人不能清偿部分的二分之一；

（二）担保人有过错而债权人无过错的，担保人对债务人不能清偿的部分承担赔偿责任；

（三）债权人有过错而担保人无过错的，担保人不承担赔偿责任。

主合同无效导致第三人提供的担保合同无效，担保人无过错的，不承担赔偿责任；担保人有过错的，其承担的赔偿责任不应超过债务人不能清偿部分的三分之一。

【理解与适用】

一、本条主旨

本条规定了法人组织的法定代表人、非法人组织的负责人越权代表与相对人签订合同的效力以及法人、非法人组织承担责任后的追偿权问题。

二、规范来源

《民法典》第61条第2款、第105条分别确立了法人组织与非法人组织中代表人行为的归属效果。原则上法定代表人与负责人享有概括的"代表"权限，对其以法人组织或非法人组织名义对外从事的行为，相应的法律后果均应由法人或非法人组织承担。不过，基于法律法规规定或法人组织、非法人组织内部权力机构、执行机构或决策机构的特别限制，代表人在对外订立合同时并不享有当然的概括权限，《民法典》第61条第3款已经规定，法人章程或者法人权力机构对法定代表人代表权的限制，不得对抗善意相对人；《民法典》第504条则从越权订立合同的角度出发，进一步确认，除非相对人知道或应当知道越权行为，法定代表人或负责人的代表人越权订立合同对法人或者非法人组织发生效力。上述规定虽确认了合同效力的认定规则以及对善意第三人的信赖保护，但越权代表行为是否因超越法定代表人、负责人权限的法定限制或意定限制而有所区分，进而影响到善意第三人的具体判断标准及其举证责任，相关规则并未进一步细化。

即便善意第三人有理由相信法定代表人或负责人的代表权限，针对该法定代表人与负责人与相应组织之间内部的追偿权问题，《民法典》第62条也仅确立，法定代表人因执行职务对他人造成损害的，法人在承担民事责任后，可以向有过错的法定代表人进行追偿，而未规定非法人组织为负责人的职务行为承担民事责任后可否向负责人追偿。本司法解释就此问题加以明确后作统一处理。

三、司法解释条文理解

本条主要规定了法定代表人、负责人越权代表的合同效力以及相应组织承担责任后的追偿权。其在内容上分为三款，前两款主要涉及越权代表合同的效力认定，第3款则规定了法人、非法人组织承担民事责任后向法定代表人、负责人追偿的问题。

（一）整体概览

作为法人组织的内部机构，法定代表人的行为被视为法人组织自身的行为，依《民法典》第61条第2款规定，法人组织的法定代表人对外以法人名义从事民事活动的法律后果，由法人承受。同样，在非法人组织中，《民法典》第105条也规定了代表人对外代表该组织从事民事活动的类似法律效果。基于这种法定概括授予的代表权限，代表人对外订立合同将产生约束相对人、法人与非法人等团体组织的效果。

不过，法人与非法人组织的代表人亦可能超越权限订立合同。对于本属法人、非法人组织权力机构、决策机构或执行机构决议或决定才能订立的合同，法定代表人或负责人超越权限限制就订立的，原则上不对团体组织发生效力。但是，既然前述规定已承认了对法定代表人、负责人的概括授权效果，善意相对人的信赖保护由此成为需考量的因素。故在法定代表人或负责人越权订立合同时，除相对人知道或者应当知道其超越权限外，《民法典》第504条确立了"代表行为有效"以及"所订立的合同能对团体组织发生效力"的双重法律效果。[1]需要注意的是，在非法人组织中，《民法典》第504条使用了"负责人"而非"代表人"的概念，有解释认为，非法人组织的负责人通常为自然人，而非法人组织的代表人在实践中亦可为组织[2]，但无论如何，在行为归属效果上，该负责人的地位已与法定代表人的地位相当。表见代表的构成要件至少有二，分别为法定代表人或负责人以团体组织名义越权订立合同及相对人善意。在具体要件认定的过程中，相对人的善意判断既涉及法定代表人或负责人权限受限的具体类型，还与当事人的举证责任分配密切相关，故理解本解释第21条的适用需从这些方面展开。

（二）越权代表行为及其合同效力

1. 超越法定权限限制之代表的合同效力

在具体适用中，法定代表人与负责人超越权限订立合同既可能是超越了法定的权限限制，也可能是超越了意定的权限限制。本解释第21条第1款调整的是团体组织的法定代表人或负责人超越法定权限限制订立合同的行为归属效果。

（1）规范目的、内容与结构

对于本属法人、非法人组织权力机构、决策机构或执行机构决议或决

---

[1] 韩世远：《合同法学》（第二版），高等教育出版社2022年版，第78页。
[2] 徐涤宇、张家勇主编：《〈中华人民共和国民法典〉评注：精要版》，中国人民大学出版社2022年版，第109~110页。

定才能订立的合同，法定代表人或负责人超越法定权限限制就订立的，构成越权代表，相对人未尽到合理审查义务时所订立的合同，原则上不对法人、非法人组织发生效力，自然也无违约责任可言。但即便是严格的法定权限限制，考虑到法定代表人与负责人与团体组织的特定关系，本条第1款仍认可了善意相对人信赖保护的存在空间，此时表见代表制度得以介入，这要求相对人需证明已尽到合理的审查义务。因此，就超越法定权限限制的表见代表，虽可从正面效果表述为：即便法定代表人或负责人超越法定权限进行越权代表，但若相对人已尽到合理审查义务且构成表见代表的，其订立的合同对团体组织仍然有效。但本款更强调抗辩及证明责任分配视角的引入，这与司法实践中的实际情况更为相符：当相对人主张法定代表人、负责人订立的合同可对团体组织发生效力时，只要相应的团体组织提出法定代表人或负责人行为系超越法定权限代表的抗辩，相应的合同便无法对团体组织发生效力；除非相对人提出自己已尽到了合理审查义务（再抗辩），并对合理审查义务的事实加以证明。

（2）合同订立所涉事项本属团体组织权力机构、决策机构的权限

就超越法定权限限制的代表、团体组织可主张其构成无权代表，从而不发生有权代表的行为归属效果。这会涉及团体组织内部机构法定权限的类型。本款规定的法定代表人及负责人无权行使的第1种法定权限类型是，所订立的合同应当经法人或非法人组织权力机构、决策机构决议通过。该权限限制散见于《民法典》与特别法之中。对于营利法人的权力机构的权限，《民法典》第80条规定其两项法定的固有职权为修改法人章程与选举或者更换执行机构、监督机构成员。除此之外，不同类型营利法人的权力机构享有的职权在特别法中还可能被扩张。例如，《公司法》第37条与第99条列举了公司权力机构的11种权限，包括公司的经营方针和投资计划，审议批准董事会、监事会或监事的报告，审批批准公司的年度财务预算方案，执行机构、监督机构成员的报酬，公司合并、分立、解散、清算等内容，其中，若法定代表人与相对人订立的合同关涉相应职权的行使，如在发行债券中系向特定第三人（相对人）发行定向债券，与第三人

订立涉及公司分立、合并的协议等，那么，应由股东会行使职权的规定构成对法定代表人权限的法定限制，法定代表人违反上述权限限制签订合同系越权的代表行为。在上市公司中，若上市公司在1年内购买、出售重大资产或者担保金额超过公司资产总额30%的（《公司法》第121条），或公司公开发行新股、改变公开发行股票所募集资金用途的，也属上市公司股东大会的权限，法定代表人也不得越权行使。

法定代表人越权担保系实践中争议较大的问题。法定代表人违反公司法关于公司对外担保决议程序的规定，超越权限代表公司与相对人订立担保合同，系超越法定权限限制的行为，该合同不当然对公司发生效力，需考虑相对人是否为善意。[1] 与对外担保类似，当法定代表人以公司名义进行债务加入的，考虑到债务加入与保证的类似功能，该行为也系超越法定权限的无权代表行为。[2]

在其他企业法人中，尚包括全民所有制企业、乡村集体所有制企业、城镇集体所有制企业，其权力机构一般为其职工代表大会[3]或农民大会[4]（农民代表会议）。非营利法人的权力机构则可以为会员大会或会员代表大会[5]。对于这些权力机构的权限，法定代表人越权行使其权力机构的行为也是超越法定权限限制的行为。

有些非营利法人虽无权力机构，但相关重大事项的决定按法律规定需交由其决策机构决定，该决策机构通常为事业单位法人（若设立理事会）及捐助法人的理事会，法定代表人不得超越权限限制行使该权利。例如，作为捐助法人的慈善组织，其决策机构应当履行清算职责（《慈善法》第18条），同时依据《慈善法》第54条第1款第2句，慈善组织的重大投资

---

[1] 在公司对外担保时，不仅要考虑担保合同本身的效力，还要考虑担保无效时公司的责任承担。参见《公司法》第16条、《最高人民法院关于适用〈中华人民共和国民法典〉有关担保制度的解释》第7条。公司越权担保突破前述条款的例外情形以及上市公司越权担保的适用，还可参见《最高人民法院关于适用〈中华人民共和国民法典〉有关担保制度的解释》第8条、第9条。

[2] 《最高人民法院关于适用〈中华人民共和国民法典〉有关担保制度的解释》第12条。

[3] 参见《全民所有制工业企业法》第10条、《城镇集体所有制企业条例》第9条第1款。

[4] 参见《乡村集体所有制企业条例》第18条第1款。

[5] 参见《民法典》第91条第2款。

方案应当经决策机构组成人员 2/3 以上同意，若其法定代表人代为进行重大投资决策，显然超过了法定的权限限制。

(3) 合同订立所涉事项本属团体组织执行机构的权限

本条第 1 款规定的第 2 种法定代表人及负责人无权行使的法定权限类型是，合同订立所涉事项应当由法人或非法人组织的执行机构决定才能签订。执行机构为执行法人或非法人组织权力机构、决策机构所形成意思的内部机构。营利法人执行机构的主要权限为召集权力机构会议，决定法人的经营计划和投资方案，决定法人内部机构管理机构的设置以及法人章程规定的其他职权（《民法典》第 81 条第 2 款），并不具有直接对外签订合同的权限。但是，如果对外签订合同所涉的事项涉及执行机构的权限，例如，与相对人所签订的合同涉及法人的经营计划和未来的投资方案，那么，相对人在合同签订过程中就负有审查执行机构决议的义务。依据《公司法》第 16 条第 1 款，公司向其他企业投资或者为他人提供担保（非关联担保），亦可依据公司章程规定由董事会作出决议。这些均为执行机构所享有的权限，法定代表人无权代为行使。其他类型法人或非法人组织执行机构的法定权限，也遵循类似的权限限制思路。

(4) 相对人的合理审查义务

①相对人未尽到合理审查义务的合同效力

对于团体组织权力机构、决策机构与执行机构需决议、决定后方能订立的合同，为法定代表人或负责人无权代表行为的事项范围，在未获得相应决议或决定授权的前提下，相对人难以尽到合理审查义务。故此时的代表行为原则上被认定无权代表行为，团体组织不承担合同有效以及不履行合同的违约责任等法律负担。

②相对人已尽到合理审查义务的合同效力

但即便对法定权限进行限制，本款仍为表见代表的适用留下了空间。相对人欲主张合同对团体组织有效，需证明自己已经尽到合理审查义务。在适用上相对人已经尽到合理审查义务的标准虽不清晰，尚待司法实践加以发展。唯本条强调的乃法定权限的突破，对相对人合理审查义务的要求应适当提高,"合理"则表明相对人对法定代表人或负责人的权限进行了形式或实质审查①,且该积极审查义务的落实已足以排除相对人的过失。需要注意的是,《民法典担保制度司法解释》第 8 条规定了三种例外情形,属于该情形的,即便相对人未尽到审查义务,也可认定公司越权担保有效。而在其他情形中,就判断合理审查义务的因素,可考虑法定代表人与负责人制造的有权代表外观、相对人的信赖程度以及法人、非法人组织自身的可归责性,具体情形可包括法定代表人与负责人已经提供了团体组织权力机构、决策机构与执行机构进行决议、决定的承诺函或确认,决议、决定本身存在形式瑕疵但无法为相对人所审查,决议本身系伪造或变造的,本应由权力机构、决策机构行使的权限被执行机构代为行使等情形。②相对人未能证明合理审查义务的,便产生无权代表的效果。

2. 超越意定权限限制之代表的合同效力

(1) 规范目的、内容与结构

本条第 2 款规定的乃是法定代表人与负责人超越意定权限限制的行为归属与合同效力。本款适用的前提是,法定代表人或负责人未超越法定权限,但超越了章程、权力机构等意定权限限制的无权代表行为。依据《民法典》第 504 条,法定代表人或负责人对外具有概括的代表权限,只要未超越法定权限的限制,即便团体组织对法定代表人与负责人的权限进行了意定限制,善意相对人也能主张代表行为有效,同时主张合同对团体组织发生效力。相较于《民法典》第 504 条,本款从证明责任分配的角度描述了表见代表的行为归属与合同效力:只要相对人主张代表行为未超过法定权限的范围,该代表行为及订立的合同原则上有效,除非团体组织提出相对人非善意的抗辩。

---

① 当然,在审查决议的内容时可能只能要求相对人进行形式审查,而不能苛求其对决议的形成正当性作实质审查。参见最高人民法院民法典贯彻实施工作领导小组主编:《中华人民共和国民法典合同编理解与适用(一)》,人民法院出版社 2021 年版,第 317 页。

② 类似分类参见最高人民法院民事审判第二庭:《最高人民法院民法典担保制度司法解释理解与适用》,人民法院出版社 2021 年版,第 135~136 页。

（2）超越意定权限限制的代表行为

除法定权限限制外，法人、非法人组织还可对法定代表人、负责人的权限进行意定限制。章程作为约束法人、非法人组织及其全体参与者的基本组织和行为规则，具有对内的普遍效力，对法定代表人及负责人的权限范围可在章程中予以明确。同样，法人与非法人组织的权力机构也可以决议的形式对法定代表人、负责人的代表权进行限制。法定代表人、负责人超越上述意定权限限制的行为，系无权代表行为，但因该权限限制系内部权限限制，基于交易安全的保护，其需与善意第三人的权利保护相协调。

（3）相对人的善意及合理信赖

章程及权力机构对代表人权限的限制均系内部权限，其不影响相对人合理信赖的形成，《民法典》第61条第3款对此已有明确。实践中，由于缺乏相应的公示制度，无论是章程还是决议等内部权限限制，相对人通常均无法知悉其内容，其也不在相对人订立合同时的审查范围。由于法定代表人、负责人被赋予了对外代表组织的概括权限，对于未超越法定权限限制，但超越意定权限限制的代表行为，原则上均为有效，法定代表人与相对人订立的合同也能够对团体组织发生效力。

（4）法人、非法人组织的抗辩与证明责任

本款规定了法人与非法人组织的免责抗辩与证明责任。超越意定权限限制的代表行为对善意相对人而言可构成表见代表。但若团体组织能够证明相对人知道或者应当知道该意定限制的，即相对人非善意，则团体组织可不受相应合同效力的约束。[①] 需注意，法人、非法人组织既可主张相对人知道意定权限限制的事实，在相对人事实不知情时，也可证明其对意定权限限制的不知情具有过失。"应当知道"涉及过失程度的判断标准，有观点认为，只有在证明相对人对意定权限受限的不知存在重大过失时，团体组织才可主张合同不生效力[②]，因本款已经转移了证明负担，推定代

[①] 参见朱广新：《法定代表人的越权代表行为》，载《中外法学》2012年第3期。
[②] 朱广新、谢鸿飞主编：《民法典评注·合同编·通则》，中国法制出版社2021年版，第132页。

人有权代表的效果导致证明他人存在过失已存在困难,故不应赋予相对人过度优遇。例如,团体组织能够证明曾向相对人提供过关于法定代表人、负责人权限内容的公司章程或决议,相对人曾专门审查过涉及法定代表人、负责人权限的资料等,团体组织便可主张合同不对自己发生效力的抗辩。

(三)内部关系中追偿权的确定

本条前两款主要解决的问题是越权代表行为可否构成表见代表,合同能否在团体组织与相对人间产生合同效力,本条第3款则主要解决团体组织承担相应民事责任后向法定代表人、负责人的追偿问题。

在体系上首先需辨明《民法典》第61条第2款、第62条第2款以及本条第3款之间的关系。《民法典》第61条第2款确认了法定代表人的行为归属问题,表见代表本质上与有权代表无异,故因表见代表所生法律行为的效果归属问题,可纳入《民法典》第61条第2款的调整范围;《民法典》第62条第1款则定位于因法定代表人执行职务行为造成损害的责任归属问题,第2款则解决法人承担责任后的追偿权问题。与之相比,本解释第20条前两款解决的是法定代表人、负责人订立的合同能否对法人、非法人组织产生效力的问题,未涉及相应的民事责任承担及追偿效果。故欲认定追偿权的行使要件,需明确法人、非法人组织如何依照"前两款"规定承担的民事责任,而后才有损失的追偿问题。

1. 法人、非法人组织依照前款规定承担民事责任

(1)法人、非法人组织依本条第1款规定承担了民事责任

按照本条第1款规定,超越法定权限限制的代表行为既有可能构成表见代表,也有可能不发生效力。故法人、非法人组织承担民事责任的情形可能就有两种。

第一种情形是,相对人能够证明其已尽到合理审查义务,此时产生表见代表的法律后果,代表人的行为将被视为团体组织自身的行为。因表见代表成立的合同能够约束团体组织与相对人,相对人可按照有效合同向团体组织主张履行合同义务。由于系原给付义务,只有在团体组织不履行合

同义务或履行不符合约定时，才产生继续履行、采取补救措施、损害赔偿等违约责任问题，故在成立表见代表时，初始义务的设定虽对团体组织产生了不利效果，但难谓承担责任。理论上或可将该"民事责任"解释上信赖责任的范畴，但这已经超越实证法下"民事责任"的基本内涵。不过，考虑到我国"民事责任"的宽泛释义，将此情形纳入本款追偿权的适用范围在结果上不会产生不当。

第二种情形是，相对人因未尽到合理审查义务而不能向团体组织主张合同有效，团体组织不再承担合同义务，法定代表人、负责人需就无权代表行为向相对人承担类似于无权代理人的损失赔偿责任或缔约过失责任自无疑问，① 但法人、非法人组织若对合同不发生效力有过错的，也需对相对人承担相应的赔偿责任。此时，需考虑的是，法人、非法人组织是否需要向从事无权代表的法定代表人、负责人承担责任。考虑到组织形态的特殊性，即便越权代表的合同不能对团体组织发生效力，但团体组织仍可能需就合同无效的损失承担责任，因为代表人作为团体组织的内部机关，其行为就被视为团体组织自身的行为，否则，让团体组织完全从无权代表行为中免责有违公平。团体组织对于法定代表人、负责人的选任、监督也应尽到更高的注意义务。在解释上，无论是按照《民法典》第61条第2款"以法人名义从事的民事活动"的行为归属，还是按照《民法典》第62条第1款"因执行职务造成他人损害"的责任归属，均可为团体组织承担的替代责任提供归属依据。② 在法定代表人越权担保中，《民法典担保制度司法解释》第7条明确规定，当相对人非善意时，担保合同对公司不发生效力，但相对人请求公司承担赔偿责任的，可按照司法解释第17条各方过错的情形分担损失，即为印证。

但是，与最高人民法院《关于适用〈中华人民共和国民法典〉合同编

---

① 虽然无权代表与无权代理的责任成立机制并不完全相同，但具有过错的无权代表人，需对相对人的损失承担类似无权代理原理的责任。参见梁慧星：《民法学总论》，法律出版社2021年版，第136~137页。

② 此刻是按照《民法典》第61条第2款的行为归属机制，还是按照《民法典》第62条第1款的责任归属机制确立团体组织的责任人，理论上存在争议。

通则部分的解释（征求意见稿）》① 表述不同，本条第 1 款明确了在合同不发生效力的前提下，团体组织有过错的，需要参照民法典第一百五十七条的规定承担相应的缔约过失损害赔偿责任。存疑的是，当团体组织承担相应的责任时，是因自己选任、监督的过错承担相应的终局、自己责任，还是按照前述责任归属原理先为法定代表人、负责人的行为承担责任，而后再依据本条第 3 款规定进行追偿，既有的规定并不清晰。若采第 1 种解释方案，若团体组织系为自己过错承担的责任，那么法院在判定责任时需一并认定团体组织、代表人与负责人以及相对人三方之间的过错，依据过错一次性解决三方之间的责任份额，继而无追偿权可言。若采第 2 种解释方案，团体组织仍需为法定代表人、负责人乃至自身的过错行为对相对人承担缔约过失责任，而后再依据追偿权规定，按照团体组织与法定代表人、负责人的各自过错进行内部的责任分担，部分情形下甚至可进行全额追偿。整体上看，第 1 种方案能够案结事了，在实践中可能更有操作价值；第 2 种方案则赋予了相对人较优的保护，解释上更符合本条第 1 款团体组织自身即成立缔约过失责任的文义。

（2）法人、非法人组织依本条第 2 款规定承担了民事责任

本条第 2 款规定的为构成表见代表合同有效的情形，按照前述划分逻辑，仍可区分两种情形。

第一种情形是，就超越意定权限限制而未超越法定权限限制的行为，团体组织未能证明相对人知道或应当知道其权限受限的，构成表见代表，团体组织因此需对外承担合同有效的不利后果，按照前述解释，该不利后果可被宽泛解释为承担相关的民事责任。② 本条第 2 款直接规定，相对人主张该合同对法人、非法人组织发生效力并由其承担违约责任。在内部关系上，团体组织因合同有效遭致的不利益，在有内部约定时可按照内部关系处理，但无内部约定时，由于团体组织乃因法定代表人、负责人的行为

---

① 《民法典合同编通则解释向社会公开征求意见》，载最高人民法院网站，https://www.court.gov.cn/zixun/xiangqing/378071.html，2024 年 2 月 1 日访问。下同。

② 王利明主编：《中国民法典释评·合同编·通则》，中国人民大学出版社 2020 年版，第 188 页。

而遭受了损失，故其可向具有过错的法定代表人、负责人追偿。

第二种情形是，就超越意定权限限制而未超越法定权限限制的代表行为，团体组织能够证明相对人知道或应当知道其权限受限的，该行为不能构成表见代表，相对人也无法向团体组织主张合同有效以及违约责任等效果。但相对人就无权代表行为所遭受的损害，是否如本条第 1 款一样可向团体组织主张相应的过错赔偿责任，本款未予正面回应。按照前述第 1 款规定的基本原理，在相对人知道或者应当知道法定代表人、负责人权限受到限制而实施无权代表行为，但团体组织有过错的，也应当承担相应的责任。同样，在认定团体组织承担责任后，一并确立三方之间应该承担的责任份额。

2. 法人、非法人组织因越权代表行为而遭受损失

在合同生效的情形下，法人、非法人组织受到合同效力的约束，并向相对人履行合同义务，该义务的承担以及合同的履行可能会导致团体组织遭受客观的不利益，这通常为经济损失。

在合同不生效的情形下，因法定代表人、负责人之行为被视为组织自己的行为，故即便构成越权代表，就相对人的损失，法人、非法人等团体组织可能仍需就自己的过错承担损失赔偿责任，本条第 1 款将这种情形参照民法典第 157 条项下的缔约过失责任加以处理。再者需明确该损失的具体内容。有观点认为，无权代表人的责任有可能构成《民法典》下类似无权代理人的责任、缔约过失责任，在恶意欺诈下甚至能成立侵权责任。[①] 团体组织承担的责任不应超出无权代表人本应承担责任的范畴。合同无效情形下的相对人难谓善意，故即便类推无权代理规则处理，法定代表人也仅承担与其过错程度相当的损害赔偿责任（《民法典》第 171 条第 4 款），履行债务的责任并无存在空间，承担履行债务的替代责任也使得否定合同效力的规范目的落空。因此，合同无效情形下本条第 3 款中的民事责任类型限于损害赔偿责任，"造成的损失"便为承担该责任后的不利后果。

---

① 孙新宽：《论法人责任归属规则：〈民法典〉第 62 条第 1 款的解释论重构》，载《云南社会科学》2022 年第 5 期。

3. 法定代表人、负责人的过错

团体组织欲行使追偿权，应区分不同的情形。首先是越权代表构成表见代表导致合同有效的情形。该适用情形既可能是无权代表人超越法定职权限制，而善意相对人又已尽到合理审查义务（第1款）的情形，也可能是无权代表人超越意定职权限制但团体组织无法证明相对人非善意（第2款）的情形。在上述情形中，由于无权代表人进行越权代表本身即存在过错，团体组织在承担不利益的效果后可向法定代表人、负责人追偿。

其次是越权代表不构成表见代表导致合同无效的情形。该适用情形既可能是无权代表人超越法定职权限制，相对人未尽到合理审查义务（第1款）的情形，也可能是无权代表人超越意定职权限制，但团体组织能够证明相对人非善意（第2款）的情形。就相对人的损失，法定代表人及其负责人与相对人均存在过错，二者应按照过错程度分担损失。团体组织需就无权代表人的损失赔偿责任承担替代责任，其承担责任后可向相对人追偿。存疑的是，团体组织承担替代责任后能否向有过错的法定代表人、负责人进行完全追偿。虽然越权代表行为系无权代表人作出，但团体组织本身可能需要就法定代表人、负责人的选任、监督以及风险控制承担责任，若团体组织存在选任、监督及风险控制的过失，那么团体组织在追偿时应考虑自身过错，从而存在不能完全追偿的情形。

最后是关于过错的认定。与民法典用人者责任中用人单位只能向有故意或重大过失的工作人员追偿不同，本款在追偿权的主观要件上要求法定代表人存在过错即可，这与《民法典》第62条第2款保持了一致。无论法定代表人、负责人是超越法定权限，还是意定权限，因客观义务的违反，可通常认定其具有过错。

4. 特别规定的排除

法人、非法人组织通常对法定代表人、负责人具有追偿权，但法律、司法解释有特殊规定的，按照其规定。因法律的效力位阶较高，当然优于本条适用；除此之外，行政法规有特殊规定的，按照与法律规定相同的效果处理。其他司法解释构成本款的特殊规定，如《民法典担保制度司法解释》中关于"法定代表人"代表行为的规则优先于本条适用。

【典型案例】

1. 置业顾问公司、某区人民政府等合同纠纷案

［案号］（2020）最高法民终1058号

［审理法院］最高人民法院

［来源］中国裁判文书网

［裁判摘要］公司法定代表人代表公司对外投资和担保的代表权是受到限制的，除加盖公司公章或法定代表人签字确认外，还须向合同相对方提供公司权力机构同意公司对外投资或担保的相关决议；而对于合同相对方而言，除了审查是否加盖公司公章或法定代表人是否签字外，形式上还必须审查公司权力机构是否同意公司法定代表人对外投资或担保，否则不构成公司表见代表中的善意相对人。

原审法院基于《债权转让协议书》中有关某公司将其案涉债权转让给置业顾问公司从而获取置业顾问公司49%股份的约定、丁某代表某公司签订该协议书未经某公司董事会决议且置业顾问公司对此亦未予审查，以及现有证据不足以证明丁某有权代表某公司处分案涉债权等情形，认定《债权转让协议书》应属无效、置业顾问公司请求某区管委会等承担本案责任缺乏事实依据和法律依据，并无不当。

2. 建筑公司四川分公司、金融租赁公司借款合同纠纷案

［案号］（2019）最高法民终1645号

［审理法院］最高人民法院

［来源］中国裁判文书网

［裁判摘要］为防止法定代表人随意代表公司为他人提供担保给公司造成损失，《公司法》第16条对法定代表人的代表权进行了限制，以公司财产

为他人提供担保的行为不是法定代表人及其他公司人员所能单独决定的事项，通常情况下须经过公司股东会或者股东大会、董事会等公司机关决议。根据已查明的事实，本案保证人建筑公司四川分公司为建筑公司的分公司，同时建筑公司也是借款主债务人建筑公司的全资股东。虽然案涉《法人保证合同》实际未经建筑公司股东会或董事会决议，建筑公司四川分公司提供的《董事会决议》《董事会成员签字样本》均系伪造的，且不符合建筑公司的公司章程规定的决议通过人数要求。但根据上述股权关系，建筑公司四川分公司作为建筑公司的分公司，并无独立的法人资格，其对外提供担保的行为实质上属于总公司建筑公司为其全资控股的建筑公司开展的经营活动向金融租赁公司提供担保。故建筑公司为其控股子公司履行合同项下的义务，以授权六局四川分公司的方式提供担保，属于无须机关决议的例外情况。故金融租赁公司未核查建筑公司四川分公司提交的《董事会决议》《董事会成员签字样本》是否符合建筑公司章程的要求，不足以构成过错。

（撰稿人：昝强龙）

第二十一条　【职务代理与合同效力】 法人、非法人组织的工作人员就超越其职权范围的事项以法人、非法人组织的名义订立合同，相对人主张该合同对法人、非法人组织发生效力并由其承担违约责任的，人民法院不予支持。但是，法人、非法人组织有过错的，人民法院可以参照民法典第一百五十七条的规定判决其承担相应的赔偿责任。前述情形，构成表见代理的，人民法院应当依据民法典第一百七十二条的规定处理。

合同所涉事项有下列情形之一的，人民法院应当认定法人、非法人组织的工作人员在订立合同时超越其职权范围：

（一）依法应当由法人、非法人组织的权力机构或者决策机构决议的事项；

（二）依法应当由法人、非法人组织的执行机构决定的事项；

（三）依法应当由法定代表人、负责人代表法人、非法人组织实施的事项；

（四）不属于通常情形下依其职权可以处理的事项。

合同所涉事项未超越依据前款确定的职权范围，但是超越法人、非法人组织对工作人员职权范围的限制，相对人主张该合同对法人、非法人组织发生效力并由其承担违约责任的，人民法院应予支持。但是，法人、非法人组织举证证明相对人知道或者应当知道该限制的除外。

法人、非法人组织承担民事责任后，向故意或者有重大过失的工作人员追偿的，人民法院依法予以支持。

【关联规定】

一、《民法典》（2020年5月28日）

第170条　执行法人或者非法人组织工作任务的人员，就其职权范围内的事项，以法人或者非法人组织的名义实施的民事法律行为，对法人或者非法人组织发生效力。

法人或者非法人组织对执行其工作任务的人员职权范围的限制，不得对抗善意相对人。

第171条　行为人没有代理权、超越代理权或者代理权终止后，仍然实施代理行为，未经被代理人追认的，对被代理人不发生效力。

相对人可以催告被代理人自收到通知之日起三十日内予以追认。被代理人未作表示的，视为拒绝追认。行为人实施的行为被追认前，善意相对人有撤销的权利。撤销应当以通知的方式作出。

行为人实施的行为未被追认的，善意相对人有权请求行为人履行债务或者就其受到的损害请求行为人赔偿。但是，赔偿的范围不得超过被代理人追认时相对人所能获得的利益。

相对人知道或者应当知道行为人无权代理的，相对人和行为人按照各自的过错承担责任。

第172条 行为人没有代理权、超越代理权或者代理权终止后，仍然实施代理行为，相对人有理由相信行为人有代理权的，代理行为有效。

二、司法解释

《最高人民法院关于适用〈中华人民共和国民法典〉总则编若干问题的解释》（法释〔2022〕6号）

第28条 同时符合下列条件的，人民法院可以认定为民法典第一百七十二条规定的相对人有理由相信行为人有代理权：

（一）存在代理权的外观；

（二）相对人不知道行为人行为时没有代理权，且无过失。

因是否构成表见代理发生争议的，相对人应当就无权代理符合前款第一项规定的条件承担举证责任；被代理人应当就相对人不符合前款第二项规定的条件承担举证责任。

【理解与适用】

一、本条主旨

本条是对民法典中职务代理规则（《民法典》第170条）的细化和补充规定，主要规定了职务代理中工作人员职务代理权范围的认定、工作人员越权代理的效力以及越权代理产生的责任分配问题。

二、《民法典》条文理解以及有待细化的问题

《民法典》第 170 条就职务代理从两方面作出了规定。首先,根据《民法典》第 170 条第 1 款的规定,执行法人或者非法人组织工作任务的人员(以下简称工作人员),在其职权范围内的事项,以法人或者非法人组织的名义实施民事法律行为,对法人或非法人组织发生效力。理论上对该款的解释认为,工作人员"职权范围内的事项"构成工作人员的职务代理权范围,[①]"职权范围"由此成为判断工作人员是否有代理权的标准。[②] 其次,根据《民法典》第 170 条第 2 款的规定,法人或非法人组织可以对工作人员的职权范围予以限制,但该限制"不得对抗善意相对人"。

《民法典》第 170 条还有些问题需要细化。本条司法解释的主要意义是,对《民法典》第 170 条作出了细化和补充规定,主要体现在以下几方面:

第一,明确工作人员超越职权范围以法人或非法人组织名义订立合同属于越权代理,性质上为无权代理。本条司法解释第 1 款第 1 句明确规定,工作人员超越职权范围以法人或非法人组织名义订立的合同,对法人或非法人组织不发生效力。

第二,明确规定越权职务代理无效时,法人或非法人组织对相对人的过错赔偿责任。根据本条司法解释第 1 款第 2 句的规定,工作人员实施越权代理对法人或非法人组织不发生效力时,相对人可参照《民法典》第 157 条,要求有过错的法人或非法人组织承担赔偿责任。

第三,明确表见代理规则对工作人员越权代理行为的适用。本条司法解释第 1 款第 3 句明确了表见代理规则可以适用于工作人员超越职权范围实施的越权代理行为。

第四,细化《民法典》第 170 条中"职权范围"的判断标准。本条司法解释第 2 款明确规定了四种判断工作人员是否超越职权范围的情形。

[①] 王利明:《民法总则研究》(第三版),中国人民大学出版社 2018 年版,第 641 页。
[②] 需要说明的是,职务代理在性质上为意定代理,工作人员的职务代理权范围应依法人或非法人组织的代理权授权行为而确定,这并不必然等同于工作人员的职权范围。就此而言,《民法典》第 170 条的规定需要进一步深入研究。本释义暂按照对《民法典》第 170 条的通行理解进行撰写。

第五，明确工作人员"超越职权范围限制"订立合同的效力以及举证责任。理论上对《民法典》第170条第2款如何适用存在不同观点。本条司法解释第3款明确，工作人员"超越职权范围的限制"订立的合同，相对人可以主张该合同对法人或非法人组织发生效力；但是，法人或非法人组织举证证明"相对人知道或者应当知道该限制"的，上述合同不对法人或非法人组织发生效力。

第六，就法人或非人组织对工作人员的追偿权作出规定。本条司法解释第4款规定，对于工作人员的越权行为，法人、非法人组织在承担责任后，有权向有故意或重大过失的工作人员追偿。

三、司法解释条文理解

（一）工作人员"超越职权范围"订立合同的效力

1. 工作人员"超越职权范围"订立合同属于无权代理

《民法典》第170条第1款仅规定了工作人员在职权范围内实施的代理行为有效，未规定工作人员超越职权范围实施的代理行为的效力。根据本条司法解释第1款第1句的规定，工作人员"超越其职权范围"以法人或非法人组织名义订立的合同对法人或非法人组织不发生效力。这进一步确认了理论中关于"职权范围"构成工作人员代理权范围的观点。工作人员超越职权范围实施的代理行为属于无权代理，未经法人或非法人组织（被代理人）追认，对法人或非法人组织不发生效力（《民法典》第171条第1款）。在合同对法人或非法人组织不发生效力时，相对人自然也无权向法人或非法人组织主张违约责任（本条司法解释第1款第1句）。但是，本条司法解释第1款第1句没有提及"未经被代理人（法人或非法人组织）追认"这一要件，直接将工作人员超越职权范围订立的合同认定为对法人或非法人组织不发生效力，规定不够周延。《民法典》第171条第1款仍应可以适用，工作人员超越职权范围以法人或非法人组织名义订立的合同，若经法人或非法人组织的追认，对法人或非法人组织发生效力。

2. 合同无效时法人或非法人组织的过错赔偿责任

无权代理行为对被代理人不发生效力时，根据《民法典》第171条第3款第1句的规定，善意相对人有权要求"行为人"履行合同或承担不超过履行利益的赔偿责任。上述规定也可以适用于职务代理。工作人员超越职权范围实施的无权代理行为对法人或非法人组织不发生效力时，善意相对人可依据《民法典》第171条第3款第1句要求工作人员（行为人）履行合同或承担损害赔偿责任。但是，无权代理行为未被追认而对被代理人不发生效力时，相对人是否可以要求被代理人承担责任，《民法典》第171条未作明确规定。有观点认为，被代理人对行为人的无权代理行为有过失时，相对人有可能要求被代理人承担缔约过失责任或侵权责任。[①] 本条司法解释第1款第2句采取了与此类似的立场。根据该句规定，工作人员超越职权范围实施的代理行为对法人或非法人组织不发生效力时，若法人或非法人组织"有过错"，相对人可参照《民法典》第157条要求法人或非法人组织承担赔偿责任。

3. 适用表见代理规则认定合同有效

工作人员"超越职权范围"与相对人订立合同构成无权代理，在法人、非法人组织拒绝追认无权代理行为时，相对人可依据表见代理规则（《民法典》第172条）主张代理行为对法人、非法人组织发生效力。本条第1款第3句进一步重申了表见代理规则可以适用于工作人员"超越职权范围"实施的无权代理情形。表见代理的适用要求"相对人有理由相信行为人有代理权的"（《民法典》第172条），《民法典合同编通则司法解释》第28条第1款将此进一步细化为"存在代理权的外观"和"相对人不知道行为人行为时没有代理权，且无过失"两个要件，此规则同样可以适用于工作人员超越职权范围实施无权代理的情形。具体而言，工作人员超越职权范围以法人或非法人组织名义订立合同，相对人若依据表见代理规则主张该合同对法人或非法人组织发生效力的，需要满足以下要求：工作人

[①] 朱庆育主编：《中国民法典评注·条文选注》（第一册），中国民主法制出版社2021年版，第160页。

员的越权行为存在代理权的外观（要件1）；相对人不知道工作人员的行为属于越权行为，且无过失（要件2）。在证明责任分配上，相对人就要件1承担举证责任；法人或非法人组织须举证证明相对人不符合要件2（《民法典合同编通则司法解释》第28条第2款）。

（二）工作人员"超越职权范围"的认定

在目前理论的理解之下，"职权范围"构成工作人员的代理权范围。但是，如何判断"职权范围"，进而如何认定工作人员实施的代理行为是否构成无权代理，是司法实务中的疑难问题。本条司法解释第2款明确规定了四种判断工作人员超越职权范围的标准。

第一，依法应当由法人、非法人组织的权力机构或者决策机构决议的事项，不属于工作人员的职权范围。法人的权力机构或决策机构，如公司的股东会或股东大会、事业单位法人的理事会（《民法典》第89条）、社会团体法人的会员大会或会员代表大会（《民法典》第91条第2款）、捐助法人的理事会或民主管理组织（《民法典》第93条第2款）。应当由法人、非法人组织的权力机构或决策机构决议的事项，是专属于权力机构或决策机构的职权，未经权力机构或决策机构作出有效的决议，法人、非法人组织的工作人员不得对此事项实施代理行为。例如，根据《公司法》（2023）第59条第1款、第112条的规定，公司增资、减资、合并、分立都须经股东会或股东大会作出决议。如果甲公司的工作人员乙未经甲公司股东会决议，即以甲公司名义和丙订立增资协议，则乙的此项代理行为即构成"超越职权范围"的无权代理行为。

第二，依法应当由法人、非法人组织的执行机构决定的事项，不属于工作人员的职权范围。法人的执行机构包括营利法人的董事会或执行董事、未设董事会或执行董事时营利法人章程规定的主要负责人（《民法典》第81条第3款）、社会团体法人的理事会（《民法典》第91条第3款）等机构。法人、非法人组织的工作人员对于依照法律、行政法规规定应当由执行机构决定的事项并无代理权。例如，根据《公司法》（2023）第67条第2款第8项的规定，聘任公司经理属于公司董事会的职权，如果甲公司的工作人员乙未经甲公司董事会作出决议，即以甲公司的名义和丙订立经理聘任合同，乙的该行为即构成无权代理。

第三，依法应当由法定代表人、负责人代表法人、非法人组织实施的事项，不属于工作人员的职权范围。法人的法定代表人在代表权范围内可以法人名义对外实施民事法律行为，该行为对法人发生效力（《民法典》第61条第2款），非法人组织的负责人在相应的权利范围内以非法人组织的名义对外实施的民事法律行为对非法人组织发生效力。虽然理论上一般认为，法人的法定代表人享有的权利属于代表权，与代理人的代理权性质不同，但在法律效果上，法定代表人在代表权范围内以法人名义实施的法律行为与代理人在代理权范围内以法人名义实施的法律行为均对法人发生效力，效果上并无不同。既然二者法律效果并无差异，因此法人、非法人组织实施的大多数行为既可以由法定代表人或负责人代表法人、非法人组织实施，也可以由其他的经授权的工作人员代理法人、非法人组织实施。事实上，现行法对于必须由法定代表人或负责人实施的事项的相关规定并不多见。以公司为例，《公司法》（2023）规定的须由法定代表人签署或签名的文件主要包括公司变更登记或变更法定代表人时提交的"变更登记申请书"（第35条第款、第3款）、"出资证明书"（第55条第2款）、"采用纸面形式的股票"（第149条第3款）以及"采用纸面形式的公司债券"（第196条）。① 因此，本项规定的实践意义较为有限。

第四，工作人员的职权范围不包括"不属于通常情形下依其职权可以处理的事项"。本条司法解释第2款第4项的规定是对《民法典》第170条第1款的重要补充规定。根据此项规定，法人或非法人组织的工作人员仅就"通常情形下依其职权可以处理的事项"享有代理权，对《民法典》第170条第1款中的"职权范围内的事项"作出了限缩解释。此项规定与职务代理的特点是契合的。法人、非法人组织工作人员的代理权来自法人、非法人组织的授权，工作人员行使代理权的重要目的是完成

---

① 在这些文件上签名的行为在性质上是否均属于对外作出的代表人为不无疑问。

与其"职位"相关的工作,对工作人员职务代理权范围存在疑义而需要解释时,应考虑到工作人员依照其职权通常可以处理的事务范围。如果特定事项"通常情形下"属于工作人员的职权事项,则一般应解释为工作人员对该事项享有代理权。反之,如果特定事项不属于通常情形下依工作人员职权应当处理的事项,则一般应解释为工作人员对此事项无代理权。但"通常情形"是一个不确定的法律概念,个案中需要结合具体案情予以判断。

(三)工作人员"超越职权范围限制"订立合同的特殊问题

根据《民法典》第 170 条第 2 款的规定,法人或非法人组织可以对工作人员的职权范围予以限制,但该限制"不得对抗善意相对人"。关于该款规定的性质,理论上有两种代表性的观点。第一种观点认为,该款规定属于代理权滥用规则,工作人员超越职权范围限制实施的行为仍属于"有权代理",但在构成代理权滥用时则效力待定。[1] 第二种观点则认为,工作人员超越职权范围限制实施的行为属于"无权代理"。[2] 本条司法解释第 3 款就工作人员"超越职权范围限制"订立的合同效力问题作出了细化规定,但是否能完全消除上述理论争议尚有待观察,但至少为《民法典》第 170 条第 2 款的司法适用提供了比较确定的规则。

本条司法解释第 3 款的重要适用前提是,工作人员订立的合同所涉事项虽然超越了法人或非法人组织对其"职权范围的限制",但并未超越本条司法解释第 2 款所规定的"职权范围"。例如,张某是甲公司的工作人员,通常情形下张某可以依其职权订立 10 万元以内的合同(本条司法解释第 2 款第 4 项情形),但甲公司规定张某仅可以在 5 万元范围内订立合同,张某以甲公司名义和李某订立了一份价款 8 万元的合同。张某所订立的该合同虽然超越了公司对其"职权范围的限制",但该合同所涉事项并未超越本条司法解释第 2 款第 4 项确定的职权范围,此时该合同效力须依

---

[1] 徐深澄:《〈民法总则〉职务代理规则的体系化阐释——以契合团体自治兼顾交易安全为轴心》,载《法学家》2019 年第 2 期。

[2] 黄薇主编:《中华人民共和国民法典总则编释义》,法律出版社 2020 年版,第 447 页。

据本条司法解释第3款予以判断。此类合同是否对法人或非法人组织发生效力,取决于相对人是否"知道或者应当知道该限制"。若相对人知道或应当知道该限制,则合同原则上对法人或非法人组织不发生效力(本条司法解释第3款第2句);[①] 若相对人不知道且不应当知道该限制,则合同对法人或非法人组织发生效力,相对人可向法人或非法人组织主张违约责任(本条司法解释第3款第1句)。上述例子中,若相对人李某知道或应当知道甲公司将张某订立合同的职权范围限制在5万元以内,甲公司拒绝追认的,则合同对甲公司不发生效力;若相对人李某不知且不应当知道甲公司对张某职权范围的上述限制,则合同对甲公司发生效力。在举证责任分配上,法人或非法人组织对"相对人知道或者应当知道该限制"承担举证责任(本条司法解释第3款第2句)。

(四)法人、非法人组织对故意或重大过失的工作人员的追偿权

本条司法解释第4款规定了法人、非法人组织对工作人员的追偿权。工作人员实施的越权代理行为可能导致法人或非法人组织承担赔偿责任:第一,越权代理行为无效时,法人或非法人组织对相对人承担过错赔偿责任(本条司法解释第1款第2句)。第二,越权代理行为有效时(本条司法解释第1款第3句、第3款第1句),法人或非法人组织须向相对人履行合同义务或承担违约责任。在上述情况下,均是因工作人员的越权行为导致法人或非法人组织对相对人承担责任,因而应当允许法人或非法人组织就其所受损失向工作人员追偿。通常情况下,工作人员与法人或非法人组织之间存在合同关系,工作人员超越职权范围或超越职权范围限制实施法律行为一般会构成违约,法人或非法人组织可通过向工作人员主张违约责任弥补自身所遭受的损失。

本条司法解释第4款则进一步单独规定了法人或非法人组织对实施越权行为之工作人员的追偿权,但追偿权的行使前提之一是,工作人员有"故意或者重大过失";若工作人员仅有轻过失,则法人、非法人组织对其

---

① 法人或非法人组织仍可以通过追认使该合同发生效力。

不享有追偿权。实际上，工作人员在执行工作任务中实施侵权行为而导致用人单位承担侵权责任时，用人单位也仅能向"有故意或重大过失"的工作人员追偿（《民法典》第1191条第1款）。由此可见，在工作人员因实施越权行为或侵权行为导致法人或非法人组织遭受损失进而被追偿时，对于工作人员的过错程度要求，本条司法解释第4款规定采取了与《民法典》一致的立场。

【典型案例】

刘某飞、某科技公司计算机软件开发合同纠纷案

[案号]（2021）最高法知民终264号

[审理法院] 最高人民法院

[来源] 中国裁判文书网

[关键词] 职务代理　无权代理　表见代理

[裁判摘要] 法人在订立合同过程中以特定工作人员作为职务代理人并将其作为合同履行过程中的联系人，在合同履行过程中未作出变更合同授权代理人的意思表示并通知合同相对人的，应当认为该工作人员职务代理人的身份未发生变更，其后续的相关合同行为仍是代理该法人进行的法律行为。

[基本案情] 2018年9月，某投资公司（甲方）与某科技公司（乙方）签订技术开发（委托）合同（以下简称涉案合同），委托乙方完成甲方综合管理平台系统开发任务。该合同第14条通知约定，甲方收件人孙某晔。2018年12月15日至2019年4月25日，双方先后签署七份需求变更确认书，变更原因栏注明甲方要求进行系统开发需求变更，七份需求变更确认书中新增开发工作量及新增系统实施费用合计147400元，其中甲方项目负责人栏孙某晔签字，乙方项目负责人栏王某签字。

某投资公司成立于2018年9月7日，系自然人独资有限责任公司，股东、法定代表人为刘某飞。刘某飞认为，孙某晔仅为甲方项目联系人，并

非合同授权代表人，且某投资公司并未书面授权孙某晔签订需求变更确认书，某投资公司也未在变更确认书上盖章确认，该变更确认书对某投资公司不发生效力，不应支付价款147400元。

最高人民法院认为：《中华人民共和国民法总则》第170条第1款[①]规定："执行法人或者非法人组织工作任务的人员，就其职权范围内的事项，以法人或者非法人组织的名义实施民事法律行为，对法人或者非法人组织发生效力。"双方于2018年9月签订的涉案合同第12条虽约定孙某晔为合同有效期内甲方项目联系人，但合同尾部项目负责人处的签名亦为孙某晔，因此，在涉案合同签订之初，孙某晔即为涉案软件开发某投资公司一方的授权代理人，其签章行为应当代理某投资公司的意思表示。在涉案合同履行过程中，某投资公司法定代表人虽变更为刘某飞；但是，没有证据证明甲乙双方对合同中约定的联系人相关条款进行变更。《中华人民共和国民法总则》第172条[②]规定："行为人没有代理权、超越代理权或者代理权终止后，仍然实施代理行为，相对人有理由相信行为人有代理权的，代理行为有效。"故，某投资公司未作出变更合同授权代理人的意思表示并通知合同相对方某科技公司，因此，孙某晔合同职务代理人的身份未发生变更，其后续的相关合同行为仍是代理某投资公司进行的法律行为，相关法律后果由被代理人某投资公司承担。因此，孙某晔签署的相关合同文件对某投资公司具有约束力。

（撰稿人：孙新宽）

第二十二条 【印章对合同效力的影响】 法定代表人、负责人或者工作人员以法人、非法人组织的名义订立合同且未超越权限，法人、非法人组织仅以合同加盖的印

[①] 现为《民法典》第170条第1款。
[②] 现为《民法典》第172条。

章不是备案印章或者系伪造的印章为由主张该合同对其不发生效力的，人民法院不予支持。

合同系以法人、非法人组织的名义订立，但是仅有法定代表人、负责人或者工作人员签名或者按指印而未加盖法人、非法人组织的印章，相对人能够证明法定代表人、负责人或者工作人员在订立合同时未超越权限的，人民法院应当认定合同对法人、非法人组织发生效力。但是，当事人约定以加盖印章作为合同成立条件的除外。

合同仅加盖法人、非法人组织的印章而无人员签名或者按指印，相对人能够证明合同系法定代表人、负责人或者工作人员在其权限范围内订立的，人民法院应当认定该合同对法人、非法人组织发生效力。

在前三款规定的情形下，法定代表人、负责人或者工作人员在订立合同时虽然超越代表或者代理权限，但是依据民法典第五百零四条的规定构成表见代表，或者依据民法典第一百七十二条的规定构成表见代理的，人民法院应当认定合同对法人、非法人组织发生效力。

【关联规定】

一、《民法典》（2020年5月28日）

第61条 依照法律或者法人章程的规定，代表法人从事民事活动的负责人，为法人的法定代表人。

法定代表人以法人名义从事的民事活动，其法律后果由法人承受。

法人章程或者法人权力机构对法定代表人代表权的限制，不得对抗善意相对人。

第65条　法人的实际情况与登记的事项不一致的，不得对抗善意相对人。

第171条　行为人没有代理权、超越代理权或者代理权终止后，仍然实施代理行为，未经被代理人追认的，对被代理人不发生效力。

相对人可以催告被代理人自收到通知之日起三十日内予以追认。被代理人未作表示的，视为拒绝追认。行为人实施的行为被追认前，善意相对人有撤销的权利。撤销应当以通知的方式作出。

行为人实施的行为未被追认的，善意相对人有权请求行为人履行债务或者就其受到的损害请求行为人赔偿。但是，赔偿的范围不得超过被代理人追认时相对人所能获得的利益。

相对人知道或者应当知道行为人无权代理的，相对人和行为人按照各自的过错承担责任。

第172条　行为人没有代理权、超越代理权或者代理权终止后，仍然实施代理行为，相对人有理由相信行为人有代理权的，代理行为有效。

第490条　当事人采用合同书形式订立合同的，自当事人均签名、盖章或者按指印时合同成立。在签名、盖章或者按指印之前，当事人一方已经履行主要义务，对方接受时，该合同成立。

法律、行政法规规定或者当事人约定合同应当采用书面形式订立，当事人未采用书面形式但是一方已经履行主要义务，对方接受时，该合同成立。

第504条　法人的法定代表人或者非法人组织的负责人超越权限订立的合同，除相对人知道或者应当知道其超越权限外，该代表行为有效，订立的合同对法人或者非法人组织发生效力。

二、司法指导性文件

《九民纪要》（法〔2019〕254号）

41. 司法实践中，有些公司有意刻制两套甚至多套公章，有的法定代表人或者代理人甚至私刻公章，订立合同时恶意加盖非备案的公章或者假公章，发生纠纷后法人以加盖的是假公章为由否定合同效力的情形并不鲜见。人民法院在审理案件时，应当主要审查签约人于盖章之时有无代表权或者代理权，从而根据代表或者代理的相关规则来确定合同的效力。

法定代表人或者其授权之人在合同上加盖法人公章的行为，表明其是以法人名义签订合同，除《公司法》第16条等法律对其职权有特别规定的情形外，应当由法人承担相应的法律后果。法人以法定代表人事后已无代表权、加盖的是假章、所盖之章与备案公章不一致等为由否定合同效力的，人民法院不予支持。

代理人以被代理人名义签订合同，要取得合法授权。代理人取得合法授权后，以被代理人名义签订的合同，应当由被代理人承担责任。被代理人以代理人事后已无代理权、加盖的是假章、所盖之章与备案公章不一致等为由否定合同效力的，人民法院不予支持。

【理解与适用】

一、本条主旨

本条是关于印章对合同效力影响的规定。

二、《民法典》条文理解以及有待细化的问题

《民法典》第490条共分2款，对书面合同的成立时点问题作出了明确规定，其中第1款第1句规定了以合同书形式订立时的合同成立时点。合同书是《民法典》第469条规定的书面形式之一。依据《民法典》第490条第1款第1句，当事人采用合同书形式订立合同的，合同自当事人均签名、盖章或者按指印时成立。经过各方当事人签名、盖章或者按指印的合同，具有证据功能，在当事人发生纠纷时，合同书是判断当事人各方权利义务、责任的基础证据。[1]《民法典》第490条第1款第1句中"或

---

[1] 黄薇主编：《中华人民共和国民法典合同编释义（上）》，法律出版社2020年版，第68页。

者"二字表明，对于合同书的一方当事人而言，签名、盖章与按指印只需满足其一即可。当合同的一方当事人是法人或非法人组织时，其法定代表人、负责人或代理人在其代表权或代理权的范围内签订合同，签名后加盖备案的真实印章，此时合同的有效性并无疑问。不过，当合同书上只有签名而没有印章，或者印章与备案的印章不一致，或者印章是他人伪造的，或者只有印章而没有签名，在这些情形下合同是否能对法人或非法人组织生效，司法实践中存在较大争议。对于此类问题，《民法典》并未作出具体规定。《九民纪要》第41条在总结以往司法实务经验的基础上，对此作出了明确规定，本条司法解释延续了《九民纪要》第41条，对合同书形式中印章对合同的效力的影响问题作出针对性规定，是《民法典》第490条的具体化，并在体系上进一步厘清该条与代理、代表制度中相关规范的适用关系。

《民法典》第490条第1款第2句针对合同书形式规定了履行治愈形式瑕疵规则，据此合同当事人可以通过接受履行的方式承诺，进而使合同成立。由该句反面解释可知，当事人约定采用合同书形式订立合同时，在当事人签名、盖章或者按指印之前，合同尚未成立，但如果一方当事人履行主要义务，并且对方当事人接受的，对方接受的时点为合同的成立时点。理解该句时需要注意以下几点：第一，该句明确要求当事人一方已经履行主要义务，其中主要义务是指拟缔结的合同所固有的，并由此决定合同类型的义务，如买卖合同中的交付标的物、租赁合同中的交付租赁物等，次给付义务与附随义务的履行与接受并不能依据本句治愈形式瑕疵。第二，"对方接受"这一表述要求合同的另一方受领给付，且无条件地受领给付，由此可以排除一些附条件的受领情形，如附加以合同书签订为条件的受领，对于此种附条件的受领，无法通过本句补正形式瑕疵。第三，"已经履行主要义务"并不要求履行全部主要义务，仅履行部分主要义务且对方接受，也可补正形式瑕疵。第四，本句仅能补正合同书的形式瑕疵，并不能补正其他效力瑕疵。

《民法典》第490条第2款针对一般的书面形式规定了履行治愈形式

瑕疵规则。理解本款时需要注意以下几点：第一，本款适用于法定或意定采取书面形式订立合同的情形。就法定的书面形式而言，仅以法律、行政法规中的书面形式要求为限；第二，合同当事人一方已经履行主要义务，对方接受时，合同自对方接受时成立，这一规范构造与第 1 款第 2 句相近，不妨作相同解释；第三，由本款作反面解释可知，在存在法定或意定形式要求的情形下，原则上合同是不成立的，但是一方已经履行主要义务，对方接受的除外；第四，本款与第 1 款第 2 句一样，仅能治愈书面形式瑕疵，并不能治愈合同的其他效力瑕疵。

三、司法解释条文理解

本条共分四款，集中规定了印章对合同效力的影响问题，体系上是《民法典》第 490 条的具体化。在以往的交易实践与裁判实务中，一种有代表性的观点将合同书中的印章是否真实有效与合同的效力绑定，只要公章是真实的，加盖公章的行为就是法人或非法人组织的意思表示，至于盖章之人的身份在所不问。[1] 这一观点与代理制度、代表制度的基础法理不合。法人或非法人组织无法像自然人那般通过自己的行为缔结合同，需借助代理或代表机制，将其法定代表人、代理人的代表行为或代理行为归属于自己。代理与代表制度中均奉行显名原则，即法定代表人或代理人须以法人或非法人组织的名义实施民事法律行为，该民事法律行为才能归属于法人或非法人组织，盖章就是显名的方式之一，但并非唯一方式。借助盖章行为，可以锁定合同的法律效果最终归属的当事人。据此，盖章行为在合同书签订过程中的核心功能之一是显示名义，将合同的法律效果归属于法人或非法人组织。[2] 在此基础上，盖章行为也有一些其他功能，如确定合同的成立时点（《民法典》第 490 条第 1 款）与成立地点（《民法典》第 493 条）。本条延续了《九民纪要》第 41 条的基本立场，将印章的真实有效与合同效力判断解绑，不将印章的真实有效性作为合同是否对法人或

---

[1] 贺小荣主编：《最高人民法院第二巡回法庭法官会议纪要（第三辑）》，人民法院出版社 2022 年版，第 147 页。

[2] 崔建远：《合同解释语境中的印章及其意义》，载《清华法学》2018 年第 4 期。

非法人组织生效的直接判断标准。① 在规范结构上，本条前三款区分了三种不同的与印章相关的情形，并分别给出判断合同是否能对法人或非法人组织生效的裁判思路。第4款则针对前三款情形下构成越权代表或者越权代理时的规范适用作出指引。

本条第1款对应的情形是合同书上既有签名或按指印，又有盖章。司法实践中有的当事人以印章并非备案印章或者印章是伪造的为由，主张该合同对其不发生效力。此种情形下，按照本条第1款，不能仅以印章并非备案印章或者印章是伪造的为由，确认合同对法人或者非法人组织不生效力，而应聚焦于签订合同的法定代表人、负责人与工作人员是否享有相应的代表权或代理权。如果法定代表人、负责人与工作人员享有代表权或代理权，并在代表权或代理权的范围内以法人或非法人组织的名义签订合同，此时就构成有权代表或有权代理，相应的法律效果理应归属于法人或非法人组织，即使加盖的印章并非备案印章，或者印章是伪造的，也并不能改变有权代表或者有权代理的定性。本款背后的正当性在于：某一合同书能否约束法人或非法人组织，关键在于该合同的签订者是否享有代表权或代理权，至于印章是否与备案印章一致，是否为伪造印章，与是否有权代表或有权代理之间并无必然联系。② 在司法实践中，确认印章是否为备案印章，是否为伪造的印章，并非易事，即使某合同书中使用的印章是非备案印章或伪造的印章，该印章也有可能是被该法人或非法人组织认可的有效印章。③ 需要注意的是，在判断代理权的有无时，需要区分一般的意定代理与职务代理，对于一般的意定代理，重点应关注是否存在有效的授权行为，并结合意思表示的解释规则确定代理权的有无与大小。对于职务代理，需要结合《民法典》第170条，重点分析判断法人或非法人组织的

---

① 有观点将此种裁判思路概括为"看人不看章"，参见最高人民法院民事审判第二庭编著：《九民纪要理解与适用》，人民法院出版社2019年版，第290页。
② 殷秋实：《民法体系中的法人印章定位》，载《清华法学》2021年第4期。
③ 参见最高人民法院（2013）民申字第01315-1号民事裁定书。学理上新近观点认为应以印章的有效性判断取代印章的真实性判断。参见辛海平：《论公司公章的法律功能与公司合同主体地位认定之联动》，载《法制与社会发展》2022年第2期。

工作人员所签订的合同是否属于其职权范围内的事项。

本条第 2 款涉及的情形是合同书上只有签名或按指印，但并无法人或非法人组织的印章。对于此种情形，本款明确规定印章的缺失并不必然影响合同对法人或非法人组织发生效力。此时合同能否对法人或非法人组织生效，一方面取决于该合同是否以法人、非法人组织的名义签订，这是代理与代表制度中显名原则的要求；另一方面取决于签订合同的法定代表人、负责人与工作人员是否存在相应的代表权或代理权。值得注意的是，本款设置了但书规定，即当事人约定以加盖印章作为合同成立条件的除外。据此，如果当事人约定以加盖印章作为合同成立条件，此种约定应得到尊重，在加盖印章之前，合同尚未成立。

本条第 3 款涉及的情形是合同书上只有印章，但并无法定代表人、负责人或工作人员的签名或按指印。对于此种案型，过去有裁判观点认为公司公章对外具有代表公司的公示效力，在无证据证明其他人恶意串通加盖公章、伪造公章等情况下，在借款协议上加盖公司公章的，公司应承担相应的后果。[①] 此种观点并未被本款所采。依据本款，合同书上仅有印章时，不能直接作出合同对法人或非法人组织生效的评价，而应由合同相对人举证证明，该合同系法定代表人、负责人或者工作人员在其权限范围内订立的，在此基础上才能得出该合同对法人或非法人组织生效的结论。

本条第 4 款对前三款情形下构成无权代表或无权代理时的规范适用问题作出规定，与表见代表规则（《民法典》第 504 条）、表见代理规则（《民法典》第 172 条）进行衔接。具体而言，在前三款对应的情形之下，如果法定代表人、负责人在订立合同时超越代表权限，此时不宜直接否认合同的效力，而应结合《民法典》第 504 条判断其是否构成表见代表行为；如果工作人员在订立合同时超越代理权限，此时不宜直接否认合同的效力，而应结合《民法典》第 172 条判断是否构成表见代理。如果构成表

---

① 参见浙江省嘉兴市中级人民法院（2011）浙嘉商外终字第 15 号民事判决书。

见代理或表见代表，则该合同对法人或非法人组织生效。需要注意的是，尽管本款在规范适用方面仅提及《民法典》第172条与第504条，但是在前三款情形下如果构成无权代表或无权代理，也可能视情况需要适用《民法典》第65条、第170条第2款等规定判断合同的效力。

【典型案例】

1. 卓某如与路桥公司合同纠纷案

[案号]（2021）湘08民终625号

[审理法院] 湖南省张家界市中级人民法院

[来源] 中国裁判文书网

[关键词] 备案公章　假公章　无权代理　追认

[裁判摘要] 不能以与备案公章不符为由认定某枚公章系假公章，如果非备案公章曾在此前的交易中使用过，可以认定非备案公章系公司的公章。

[基本案情] 2015年，路桥公司为进行建设施工管理，设立了项目部。卓某如在路桥公司中标工程中承建了部分工程，但其承建的部分工程由谁联系、接洽的，以及是直接到路桥公司项目部转包还是从其他人手中转包，卓某如均未向一审法院举证，亦没有书面的工程建设合同。卓某如从第三人王某军银行账户得到工程款6万元。第三人王某军和卓某如都否认双方具有合同关系。诉讼中，卓某如以《支付明细表》《工程结算单》主张工程款，路桥公司则抗辩项目部公章、授权委托书公章均是伪造的，不应承担法律责任。

一审法院经审理认为，路桥公司抗辩项目部公章、授权委托书公章均是伪造的，不应承担法律责任的抗辩理由不能成立。只要路桥公司项目部真实存在，公章之对外效力不在于公章的真伪，即使项目部负责人使用的是假章，只要盖章之人具有代表权或具有表见代理外观，其法律行为效果仍归属于路桥公司。综上，基于以上对该案证据、案件事实和法律适用的分析，卓某如应承担举证不能的法律后果，故对卓某如要求路桥公司支付工程价款的诉讼请求一审法院应予驳回。

二审法院经审理认为，被上诉人路桥公司针对《支付明细表》和《工程结算单》主要提出以下两点抗辩：(1)《支付明细表》加盖的项目部公章和公司备案公章不一致，系假公章，《工程结算单》上签字人员未经公司合法授权，均对公司不发生效力；(2)《支付明细表》及《工程结算单》仅系路桥公司项目部向业主单位请求拨付工程款的依据，而非工程款结算依据。第一，关于《支付明细表》的效力问题。根据《九民纪要》第41条关于盖章行为的法律效力，明确了在司法实践中不能以与备案公章不符为由认定某枚公章系假公章，如果非备案公章曾在此前的交易中使用过，可以认定非备案公章系公司的公章。结合我院在审理（2021）湘08民终318号、320号案件中，已经查明被上诉人路桥公司项目部后期对外签订的合同中加盖的公章与《支付明细表》上加盖的公章一致，应当认定《支付明细表》上加盖的公章为路桥公司项目部的真实公章，故《支付明细表》属于公司意思，其法律后果应当由路桥公司承担。被上诉人路桥公司称《支付明细表》加盖的项目部公章系假公章，不能代表公司意思的理由不成立，不予支持。第二，关于《工程结算单》的效力问题。工程结算权归属于被上诉人路桥公司项目部的负责人或其授权代理人。案涉《工程结算单》中项目负责人一栏系案外人唐某所签，唐某自述其系项目经理罗某平授权的财务人员，但并未提交其已获授权的相关证据，根据《民法总则》第171条第1款："行为人没有代理权、超越代理权或者代理权终止后，仍然实施代理行为，未经被代理人追认的，对被代理人不发生效力"，唐某在结算单上签字的行为属于无权代理，其效力待定，但在后续工程款结算中，被上诉人路桥公司项目部以《支付明细表》和《工程结算单》为依据向业主单位请款，系对唐某签字行为的追认，《工程结算单》依法对被上诉人路桥公司发生效力。被上诉人路桥公司称《工程结算单》签字人员非公司授权人员，不能代表公司意思的理由不成立，不予支持。

2. 建材公司与林某民间借贷纠纷案

[案号]（2020）川民再 512 号

[审理法院] 四川省高级人民法院

[来源] 中国裁判文书网

[关键词] 盖章行为　职务行为　代理权　无权代理

[裁判摘要] 盖章行为的本质在于表明行为人从事的是职务行为，而从事职务行为的前提是，该自然人不仅须是公司的工作人员，而且还需要享有代表权或代理权。盖章之人如无代理权的，则即便加盖的是真公章，该合同仍然可能会因为无权代理而最终归于无效。

[基本案情] 林某（甲方）与建材公司（乙方）签订《借款协议》，约定："1.乙方同意向甲方借款人民币 168 万元（大写：壹佰陆拾捌万元，利息 3 分。）用于归还公司借陈某胜、陈某伟、陈某中借款。甲方于 2015 年 4 月 30 日前全额提供给乙方，借款期限为三年。此款指定支付到陈某兴工商银行账户上。2.本借款每月 30 日前还款 3% 利息 50400 元人民币，于 2018 年 4 月 30 日前还完剩余的 168 万元人民币……"落款处有林某签字，建材公司加盖公司印章。2015 年 4 月 15 日，林某以银行转账方式分别向《借款协议》指定的陈某兴的中国工商银行账户转入 50 万元、80 万元，2015 年 4 月 21 日，林某又向陈某兴上述账户转入 38 万元，共计转款 168 万元。借款到期后，建材公司未付林某借款本金及利息。

诉讼中，建材公司于 2019 年 5 月 22 日提出鉴定申请，申请对《借款协议》中的公司印章形成时间进行鉴定，对《借款协议》中公司印章与打印字体、手写字体是否为同一时间形成进行鉴定。2019 年 6 月 11 日，建材公司变更鉴定申请为对《借款协议》中的公司印章形成时间进行鉴定，对《借款协议》中手写字体（含改动手写内容）形成时间进行鉴定。因检材保存状况异常，不具备文件形成时间理化检验方法鉴定条件，最终终止了鉴定。2019 年 7 月 15 日，建材公司又以《借款协议》加盖的公司印章真实性存疑为由，申请对印章真实性鉴定，建材公司缴纳鉴定费 13080 元。西南政法大学司法鉴定中心于 2019 年 9 月 11 日出具司法鉴定中心

[2019]鉴字第3716号《司法鉴定意见书》，认定《借款协议》中的印章与检材印文源自同一枚印章所盖印。

另查明，2015年6月19日，建材公司因涉其他诉讼，会计师事务所出具截至2015年4月30日建材公司的资产负债《审计报告》，报告载明建材公司应付陈某胜账款168万元。

再查明，陈某利为建材公司股东，同时出任建材公司高级管理人员。2017年7月11日，建材公司高级管理人员备案登记由陈某利变更为刁某。另，1999年6月28日至2018年2月12日为林某与陈某利夫妻关系存续期间。

一审法院经审理认为，林某与建材公司签订《借款协议》，协议落款有林某签名，并加盖有建材公司印章，该印章经鉴定与建材公司借款时的曾用名印章一致，林某也按约将168万元转入协议指定的陈某兴银行账户，林某已履行出借义务，林某、建材公司之间民间借贷关系成立。《借款协议》中对借款用途虽有手写改动，但建材公司是否将借款用于归还他人欠款，并不影响林某在交付了出借款后，依约要求建材公司归还借款本息的主张。对于建材公司抗辩公司名称、股权、管理人员变更导致对借款事实不清楚的理由不成立，该院不予采纳。依照法律规定，公司名称、股权、管理人员等登记事项的变化，不影响公司对其债务的清偿。对于建材公司提出对司法鉴定中心作出的印章真实性鉴定存疑的抗辩。该院认为其理由不能成立，该院不予采纳。对于建材公司提出林某与建材公司时任公司高级管理人员的陈某利系夫妻关系，其借款应属股东出资，且有串通损害公司利益的行为的抗辩。该院认为建材公司未提供相应证据证明，其抗辩理由不能成立，不予采纳。综上判决：建材公司于该判决生效之日起十日内偿还林某借款本金168万元，利息及逾期利息。

二审法院经审理认为，本案的争议焦点为：林某与建材公司的借款是否真实，建材公司是否应向林某偿还借款本金168万元并支付相应的利息。首先，依照《中华人民共和国合同法》第196条"借款合同是借款人向贷款人借款，到期返还借款并支付利息的合同"的规定，本案中，建材公司与林某签订《借款协议》，该协议中，明确约定了建材公司向林某借款168万元、月利息3%、借期三年，并指定林某向陈某兴账户付款。林某在《借款协议》上签名，建材公司加盖公司印章。该《借款协议》签订后，林某按约向借款人指定的收款人陈某兴的银行账户支付借款168万元。因此，上述事实和证据能够证明《借款协议》签订后，出借人林某已经按约向借款人指定账户全额交付出借金额，已经履行出借人的合同义务。其次，本案一审期间，经鉴定《借款协议》中的印章与检材印文源自同一枚印章所盖印。由此能够确定借款人建材公司在《借款协议》上所盖印章的真实性。最后，《借款协议》中，明确了建材公司向林某借款的目的是偿还案外人陈某胜、陈某伟、陈某中等人的借款，本案一审期间，林某也向一审法院提交了建材公司与陈某胜等人签订的五份《借款协议》以及《审计报告》等书证，用以证明建材公司与林某签订《借款协议》，林某按约向指定账户付款后，建材公司与陈某胜等人的五笔借款即偿还完等情况。由此能够综合印证建材公司向林某借款的目的确如其《借款协议》中的约定，系用于归还陈某胜等人的借款，也能印证建材公司向林某借款的真实性。故此综上所述，建材公司应对《借款协议》的债务承担偿还借款本息的义务。至于建材公司认为其公司高级管理人员有损害公司利益的行为，或公司股东未全面履行出资义务等情形，可依据事实和证据另行主张权利。

再审法院经审理认为，陈某利在《借款协议》加盖公司印章的行为系无权代理，不能代表建材公司的意思表示。《九民纪要》第41条关于盖章行为的法律效力的规定："人民法院在审理案件时，应当主要审查签约人于盖章之时有无代表权或者代理权，从而根据代表或者代理的相关规则来确定合同的效力。"前述规定要求法官确立"看人不看章"的裁判思路，盖章行为的本质在于表明行为人从事的是职务行为，而从事职务行为的前提是，该自然人不仅须是公司的工作人员，而且还需要享有代表权或代理权。即，盖章之人如无代理权的，则即便加盖的是真公章，该合同仍然可能会因为无权代理而最终归于无效。本案中，根据一审法院对陈某利的

《谈话笔录》、2019年11月7日林某提供的《情况说明》及2020年4月1日《庭前会议记录》，能够证实是陈某利与林某签订的《借款协议》，并在该协议上加盖有建材公司的印章。林某对建材公司提交的2015年1月31日《股东会决议》的真实性无异议，本院予以采信。该份《股东会决议》的内容表明，从2015年2月1日起由殷某松对外代表公司股东行使包括资金安排在内的管理职能。陈某利非建材公司法定代表人，也未获得公司授权，虽然《借款协议》上加盖的印章是真实的，属建材公司所有，但是盖章之人陈某利无权代表建材公司。且林某与陈某利系夫妻关系，林某应当知道从2015年2月1日起，陈某利无代表建材公司行使签订合同的权限，其不构成主观善意。陈某利与林某签订《借款协议》不能代表建材公司的意思表示。

3. 混凝土公司与建设集团公司青海分公司等民间借贷纠纷案

[案号]（2019）最高法民终1535号

[审理法院] 最高人民法院

[来源] 中国裁判文书网

[关键词] 盖章行为　担保合同关系　备案印章　表见代理

[裁判摘要] 案涉《协议书》中有建设集团公司青海分公司（以下简称青海分公司）负责人崔某辉签字并加盖青海分公司印章。虽然经鉴定案涉《协议书》中青海分公司的印章印文与备案印章印文不一致，但因同一公司刻制多枚印章的情形在日常交易中大量存在，故不能仅以合同中加盖的印章印文与公司备案印章或常用业务印章印文不一致来否定公司行为的成立及其效力，而应当根据合同签订人盖章时是否有权代表或代理公司，或者交易相对人是否有合理理由相信其有权代表或代理公司进行相关民事行为来判断。本案中，崔某辉作为青海分公司时任负责人，其持青海分公司印章以青海分公司名义签订案涉《协议书》，足以令作为交易相对人的混凝土公司相信其行为代表青海分公司，并基于对其身份的信任相信其加盖的青海分公司印章的真实性。而事实上，从建设集团公司单方

委托鉴定时提供给鉴定机构的检材可以看出，青海分公司在其他业务活动中亦多次使用同一枚印章。因此，建设集团公司、青海分公司以案涉《协议书》中青海分公司印章印文与其备案印章印文不一致为由认为青海分公司并未作出为案涉债务提供担保的意思表示的主张不能成立。混凝土公司与青海分公司在案涉《协议书》上签章时，双方当事人之间的担保合同关系成立。

虽然经鉴定案涉《协议书》中矿业公司的印章印文与矿业公司提交的样本印章印文不一致，但如前所述，不能仅以合同中加盖的印章印文与公司备案印章印文或常用业务印章印文不一致来否定公司行为的成立及其效力，而应当根据合同签订人是否有权代表或代理公司进行相关民事行为来判断。根据查明的事实，案涉《协议书》签订时，崔某辉为矿业公司的股东，但并非矿业公司法定代表人，亦无证据证明其在矿业公司任职或具有代理矿业公司对外进行相关民事行为的授权。而仅因崔某辉系矿业公司股东，不足以成为混凝土公司相信崔某辉有权代理矿业公司在案涉《协议书》上签字盖章的合理理由，故崔某辉的行为亦不构成表见代理，对矿业公司不具有约束力。因此，混凝土公司与矿业公司之间并未形成有效的担保合同关系，其主张矿业公司承担连带保证责任的请求不能成立。

4. 科技公司与柳某武等借款合同纠纷案

[案号]（2020）最高法民申2220号

[审理法院] 最高人民法院

[来源] 中国裁判文书网

[关键词] 借款协议　加盖印章　法定代表人

[裁判摘要] 2011年6月21日，柳某武与科技公司签订《借款协议》《抵押担保合同》，约定科技公司向柳某武借款3000万元，科技公司以相关财产作为抵押。该两份协议上均有时任科技公司法定代表人田某的签字，并加盖科技公司印章。同时，田某还向柳某武出具了《股东会抵押担

保决议》，并将抵押财产的房产证原件交给柳某武。柳某武已经尽到审慎注意义务。参照《九民纪要》第41条的规定，田某作为科技公司的法定代表人，其在合同上加盖法人公章的行为，表明其是以法人名义签订合同，应当由法人承担相应的法律后果。至于《借款协议》上加盖的印章是否为科技公司的真实印章，不影响《借款协议》的效力。

5. 投资公司与汽车销售公司民间借贷纠纷案

［案号］（2021）湘民终311号

［审理法院］湖南省高级人民法院

［来源］中国裁判文书网

［关键词］盖章行为　职务行为　代理权　无权代理

［裁判摘要］根据《九民纪要》第41条的规定，公章之于合同的效力，关键不在公章的真假，而在盖章之人有无代表权或代理权。盖章行为的本质在于表明行为人从事的是职务行为，盖章之人为法定代表人或有权代理人的，即便其未在合同上盖章甚至是盖假章，只要其在合同上签的字是真实的，或能够证明该假章是其自己加盖或同意他人加盖的，仍应认定为公司行为，由公司承担法律后果。反之，盖章之人如无代表权、代理权或超越代理权的，则即便加盖的是真公章，该合同仍然可能会因为无权代表或无权代理而最终归于无效。本案中，虽然投资公司提供的涉案《借款合同》上加盖了汽车销售公司的公章，但并无相关经办人员签名，无法判断该合同上的公章是否由有权代表或代理汽车销售公司之人加盖。在汽车销售公司对该合同不予认可或追认的情形下，仅凭该合同上加盖了其公章的事实并不能认定该合同系汽车销售公司真实意思表示。因此，涉案《借款合同》对汽车销售公司不具有法律效力，不能作为本案确定双方权利义务的依据。

（撰稿人：柯勇敏）

三、合同的效力 | 247

> **第二十三条　【代表人或代理人与相对人恶意串通的合同效力】**法定代表人、负责人或者代理人与相对人恶意串通，以法人、非法人组织的名义订立合同，损害法人、非法人组织的合法权益，法人、非法人组织主张不承担民事责任的，人民法院应予支持。法人、非法人组织请求法定代表人、负责人或者代理人与相对人对因此受到的损失承担连带赔偿责任的，人民法院应予支持。
>
> 根据法人、非法人组织的举证，综合考虑当事人之间的交易习惯、合同在订立时是否显失公平、相关人员是否获取了不正当利益、合同的履行情况等因素，人民法院能够认定法定代表人、负责人或者代理人与相对人存在恶意串通的高度可能性的，可以要求前述人员就合同订立、履行的过程等相关事实作出陈述或者提供相应的证据。其无正当理由拒绝作出陈述，或者所作陈述不具合理性又不能提供相应证据的，人民法院可以认定恶意串通的事实成立。

【关联规定】

一、《民法典》（2020年5月28日）

第61条　依照法律或者法人章程的规定，代表法人从事民事活动的负责人，为法人的法定代表人。

法定代表人以法人名义从事的民事活动，其法律后果由法人承受。

法人章程或者法人权力机构对法定代表人代表权的限制，不得对抗善意相对人。

第62条　法定代表人因执行职务造成他人损害的，由法人承担民事责任。

法人承担民事责任后，依照法律或者法人章程的规定，可以向有过错的法定代表人追偿。

第154条　行为人与相对人恶意串通，损害他人合法权益的民事法律行为无效。

第164条　代理人不履行或者不完全履行职责，造成被代理人损害的，应当承担民事责任。

代理人和相对人恶意串通，损害被代理人合法权益的，代理人和相对人应当承担连带责任。

第167条　代理人知道或者应当知道代理事项违法仍然实施代理行为，或者被代理人知道或者应当知道代理人的代理行为违法未作反对表示的，被代理人和代理人应当承担连带责任。

第170条　执行法人或者非法人组织工作任务的人员，就其职权范围内的事项，以法人或者非法人组织的名义实施的民事法律行为，对法人或者非法人组织发生效力。

法人或者非法人组织对执行其工作任务的人员职权范围的限制，不得对抗善意相对人。

第171条　行为人没有代理权、超越代理权或者代理权终止后，仍然实施代理行为，未经被代理人追认的，对被代理人不发生效力。

相对人可以催告被代理人自收到通知之日起三十日内予以追认。被代理人未作表示的，视为拒绝追认。行为人实施的行为被追认前，善意相对人有撤销的权利。撤销应当以通知的方式作出。

行为人实施的行为未被追认的，善意相对人有权请求行为人履行债务或者就其受到的损害请求行为人赔偿。但是，赔偿的范围不得超过被代理人追认时相对人所能获得的利益。

相对人知道或者应当知道行为人无权代理的，相对人和行为人按照各自的过错承担责任。

二、司法解释

《民法典担保制度司法解释》（法释〔2020〕28号）

第7条 公司的法定代表人违反公司法关于公司对外担保决议程序的规定，超越权限代表公司与相对人订立担保合同，人民法院应当依照民法典第六十一条和第五百零四条等规定处理：

（一）相对人善意的，担保合同对公司发生效力；相对人请求公司承担担保责任的，人民法院应予支持。

（二）相对人非善意的，担保合同对公司不发生效力；相对人请求公司承担赔偿责任的，参照适用本解释第十七条的有关规定。

法定代表人超越权限提供担保造成公司损失，公司请求法定代表人承担赔偿责任的，人民法院应予支持。

第一款所称善意，是指相对人在订立担保合同时不知道且不应当知道法定代表人超越权限。相对人有证据证明已对公司决议进行了合理审查，人民法院应当认定其构成善意，但是公司有证据证明相对人知道或者应当知道决议系伪造、变造的除外。

三、司法指导性文件

《九民纪要》（法〔2019〕254号）

17. 为防止法定代表人随意代表公司为他人提供担保给公司造成损失，损害中小股东利益，《公司法》第16条对法定代表人的代表权进行了限制。根据该条规定，担保行为不是法定代表人所能单独决定的事项，而必须以公司股东（大）会、董事会等公司机关的决议作为授权的基础和来源。法定代表人未经授权擅自为他人提供担保的，构成越权代表，人民法院应当根据《合同法》第50条关于法定代表人越权代表的规定，区分订立合同时债权人是否善意分别认定合同效力：债权人善意的，合同有效；反之，合同无效。

18. 前条所称的善意，是指债权人不知道或者不应当知道法定代表人超越权限订立担保合同。《公司法》第16条对关联担保和非关联担保的决议机关作出了区别规定，相应地，在善意的判断标准上也应当有所区别。

一种情形是，为公司股东或者实际控制人提供关联担保，《公司法》第16条明确规定必须由股东（大）会决议，未经股东（大）会决议，构成越权代表。在此情况下，债权人主张担保合同有效，应当提供证据证明其在订立合同时对股东（大）会决议进行了审查，决议的表决程序符合《公司法》第16条的规定，即在排除被担保股东表决权的情况下，该项表决由出席会议的其他股东所持表决权的过半数通过，签字人员也符合公司章程的规定。另一种情形是，公司为公司股东或者实际控制人以外的人提供非关联担保，根据《公司法》第16条的规定，此时由公司章程规定是由董事会决议还是股东（大）会决议。无论章程是否对决议机关作出规定，也无论章程规定决议机关为董事会还是股东（大）会，根据《民法总则》第61条第3款关于"法人章程或者法人权力机构对法定代表人代表权的限制，不得对抗善意相对人"的规定，只要债权人能够证明其在订立担保合同时对董事会决议或者股东（大）会决议进行了审查，同意决议的人数及签字人员符合公司章程的规定，就应当认定其构成善意，但公司能够证明债权人明知公司章程对决议机关有明确规定的除外。

债权人对公司机关决议内容的审查一般限于形式审查，只要求尽到必要的注意义务即可，标准不宜太过严苛。公司以机关决议系法定代表人伪造或者变造、决议程序违法、签章（名）不实、担保金额超过法定限额等事由抗辩债权人非善意的，人民法院一般不予支持。但是，公司有证据证明债权人明知决议系伪造或者变造的除外。

20. 依据前述3条规定，担保合同有效，债权人请求公司承担担保责任的，人民法院依法予以支持；担保合同无效，债权人请求公司承担担保责任的，人民法院不予支持，但可以按照担保法及有关司法解释关于担保无效的规定处理。公司举证证明债权人明知法定代表人超越权限或者机关决议系伪造或者变造，债权人请求公司承担合同无效后的民事责任的，人民法院不予支持。

41. 司法实践中，有些公司有意刻制两套甚至多套公章，有的法定代表人或者代理人甚至私刻公章，订立合同时恶意加盖非备案的公章或者假公章，发生纠纷后法人以加盖的是假公章为由否定合同效力的情形并不鲜见。人民法院在审理案件时，应当主要审查签约人于盖章之时有无代表权或者代理权，从而根据代表或者代理的相关规则来确定合同的效力。

法定代表人或者其授权之人在合同上加盖法人公章的行为，表明其是以法人名义签订合同，除《公司法》第16条等法律对其职权有特别规定的情形外，应当由法人承担相应的法律后果。法人以法定代表人事后已无代表权、加盖的是假章、所盖之章与备案公章不一致等为由否定合同效力的，人民法院不予支持。

代理人以被代理人名义签订合同，要取得合法授权。代理人取得合法授权后，以被代理人名义签订的合同，应当由被代理人承担责任。被代理人以代理人事后已无代理权、加盖的是假章、所盖之章与备案公章不一致等为由否定合同效力的，人民法院不予支持。

【理解与适用】

一、本条主旨

本条是关于法人的法定代表人、非法人组织的负责人或者法人、非法人组织的代理人与相对人恶意串通的法律后果及举证责任的规定。第1款规定了被代理人（法人或非法人组织）有权主张不承担民事责任，并要求代表人或者代理人与相对人承担连带责任。第2款规定了此种恶意串通的认定及举证责任、证明标准，在法人、非法人组织进行举证后，人民法院结合恶意串通的认定因素，认为存在恶意串通的高度可能性时，法定代表人或者负责人、代理人与相对人可提出异议并举证，若其无正当理由拒绝作出陈述或陈述不具有合理性又拒绝提供相关证据的，即可认定为恶意串通事实成立。

二、司法解释条文理解

本条延续了《民法典》第164条所规定的代理人与相对人恶意串通的民事责任，同时对其进行了较大的完善。本条第1款规定，代表人、负责人或者代理人与相对人恶意串通,法人或非法人组织可主张不承担民事责任,并有权请求法定代表人、负责人或者代理人与相对人承担连带赔偿责任。本条的适用主体有所扩张,不仅包括经代理授权的代理人,还包含法人的法定代表人、非法人组织的负责人。将法定代表人、负责人与代理人的代理恶意串通的行为规则打通,主要原因在于,代表行为和代理行为在法律适用方面具有相似性。将法定代表人与负责人纳入也有利于解决连带责任适用范围有限的问题,强调恶意串通情况下对法人、非法人组织的利益保护。此外,本条不仅规定了该类恶意串通行为的法律后果与连带责任,还明确了恶意串通的认定要素及举证责任、证明标准,具有较强的可操作性,回应了审判实践中的恶意串通认定难题。

关于代理人与相对人之间的恶意串通行为,其核心便是代理行为的效力,在此基础上才能确定当事人的责任。而《民法典》第164条第2款仅明确了代理人与相对人恶意串通情形之下的连带责任,未明确代理行为效力,在学理上被认为偏离了规范重心。[1] 故在起草中出现不同版本对合同效力作出的规定,即法人、非法人组织可主张合同对其不发生效力。但法定代表人、负责人或者代理人与相对人之间恶意串通行为的法律后果是否适用《民法典》"总则编"第154条所规定的恶意串通法律行为无效,学界具有一定的争议。主张不发生效力的原因在于,本条所规制的行为在构成上与恶意串通法律行为存在差异。本条的恶意串通并非典型的双方当事人恶意串通损害他人利益,而是以一方当事人与第三人恶意串通损害另一方当事人(或其他人)利益为特征,此种恶意串通被学者界定为"不真正恶意串通",不能直接适用总则编规定的恶意串通的一般规则。[2] 关于其效力,主张从代理法的内部视角出发来解决代表人或者代理人与相对人恶意串通的问题,法律后果类似于《民法典》第171条的无权代理规则。[3] 代表人或者代理人与相对人恶意串通订立的合同对法人或非法人组织应不发

---

[1] 朱庆育:《民法总论》,北京大学出版社2013年版,第342页。
[2] 茅少伟:《论恶意串通》,载《中外法学》2017年第1期。
[3] 胡东海:《论恶意串通型代理权滥用》,载《法商研究》2019年第5期。

生效力，构成《民法典》第154条恶意串通一般条款之外的特别规范，二者属于法条竞合关系。① 通常情况下，基于代表权与代理授权，法人的法定代表人、非法人组织的负责人或者法人、非法人组织的代理人与相对人所订立的合同对法人、非法人组织发生效力。但从法理上来说，法人、非法人组织授予其法定代表人、负责人的代表权显然并未包括与相对人恶意串通，授予代理人的代理权也并未包含与相对人恶意串通，恶意串通行为超越了其行为的界限，构成无权代理；从结果上来看，这一规定赋予法人、非法人组织选择的机会和更完整的救济手段，更加符合意思自治，有利于维护其利益，也符合市场经济与效率的要求。另一观点则主张本条的法律后果应与《民法典》第154条保持一致，法人、非法人组织的代表人或代理人和相对人恶意串通的，仍然构成恶意串通法律行为无效的情形，其法律后果为无效。前述将恶意串通法律行为视作代理权滥用并等同于无权代理，不符合现行法的规定。此外，该观点认为这种规定属于法外续造，在能够适用法律解释的前提下不应诉诸法外续造的手段。最终，正式稿回避了对合同效力的认定，仅规定法人、法定代表人有权主张不承担民事责任这一法律后果。

  法人、非法人组织主张不承担民事责任的，该合同对其不发生效力，但若该恶意串通行为对法人、非法人组织造成其他损失的，法人或非法人组织有权基于其与法定代表人、负责人或者代理人之间的基础关系或侵权关系请求法定代表人、负责人或者代理人与相对人就受到的损失承担连带赔偿责任。②

  本条第2款明确了恶意串通的认定要素及证明标准。"恶意"本身强调当事人在主观上的状态，是一种主观恶性较严重的故意，指行为人明知或应知其行为将造成法人、非法人组织损害而故意为之。相较于善意通常是被法律推定，恶意则是需要举证。③ 关于"串通"，本条的理解与恶意串

---

① 张平华：《恶意串通法律规范的合理性》，载《中国法学》2017年第4期。
② 王利明主编：《中国民法典释评·总则编》，中国人民法学出版社2020年版，第409~410页。
③ 李游：《资本市场法专题研究》，北京航空航天大学出版社2023年版，第155页。

通一般行为并无不同，即存在主观上共同的意思联络。① 由于主观方面难以证明，在实践中法院往往结合某些客观事实来推定存在恶意串通事实，如四川省绵阳市中级人民法院以明显低于市场价格认定恶意串通事实成立，最高人民法院从买方明知卖方债务、不合理的低价、合同约定和履行情况等要素认定恶意串通事实成立。②

在举证责任方面和证明标准方面，由法院综合考虑司法实践中恶意串通的通常认定因素。法院能够认定法定代表人、负责人或者代理人与相对人存在恶意串通的高度可能性的，可以要求前述人员就合同订立、履行的过程等相关事实作出陈述或者提供相应的证据。就认定因素而言，本条规定了当事人之间的交易习惯、合同在订立时是否显失公平、相关人员是否获取了不正当利益、合同的履行情况等事实供法院参考。在违背当事人之间的交易习惯、合同订立时显失公平、相关人员获取了不正当利益等情况下，法定代表人、代理人与相对人之间存在恶意串通主观故意的较大可能。法院认定存在恶意串通高度可能性后再由当事人进行举证，与2022年草案相比，举证主体不限于相对人，法定代表人或者负责人、代理人也可就恶意串通提出异议并作出陈述、进行举证，强化了对代表人或负责人、代理人的保护。若法定代表人或者负责人、代理人与相对人未能提供证据或者证据不足以证明其事实主张的，则要承担不利的后果，即认定恶意串通的事实成立。

关于证明标准的问题。我国《民事诉讼法》对一般事实适用高度盖然性的证明标准，对"欺诈、胁迫、恶意串通事实"的证明则采用了证明标准更高的排除合理怀疑标准。但本条并非直接适用恶意串通事实的排除合理怀疑标准，正式稿将高度盖然性标准与排除合理怀疑标准相融合。在恶意串通达到高度盖然性标准但不能够排除合理怀疑的情况下，由法院责令相对人就订立、履行合同的过程等相关事实进行举证，若其拒不提供的，则

---

① 殷秋实：《论代理人和相对人恶意串通》，载《法商研究》2020年第3期。
② 参见四川省绵阳市中级人民法院（2015）绵民终字第304号民事判决书。

可以认定恶意串通事实成立。也即，先适用高度盖然性标准，若法人、非法人组织举证满足该标准时，法定代表人、负责人或者代理人与相对人有权提出异议，并应当就此承担举证责任，若其无正当理由拒绝作出陈述或者陈述不具合理性又不能提供相应证据的，则法院可以认定恶意串通事实成立。

由法定代表人或者负责人、代理人、相对人作出陈述或提供证据，其原因在于其作为合同当事人，更加了解合同订立、履行过程中的相关事实，由其进行陈述和提供证据，成本更低。同时，并非当然适用较高的排除合理怀疑标准也减轻了法人、非法人组织的举证责任，利于惩罚代表人、负责人或代理人损害法人、非法人组织的利益的行为，维护法人、非法人组织的利益。

三、适用指导

本条第1款明确了法人的法定代表人、非法人组织的负责人或者法人、非法人组织的代理人与相对人恶意串通行为的民事责任，是合同编司法解释的重要内容之一。该款规定与《民法典》第154条恶意串通规范构成法条竞合关系，若恶意串通的主体为法人的法定代表人、非法人组织的负责人或者法人、非法人组织的代理人与相对人，应当优先适用本条特别规范。

法人、非法人组织主张合同不承担民事责任的构成要件应为恶意串通，代表人或者负责人、代理人因参与串通，违反其职责或基础关系的义务；相对人因参与串通，丧失信赖保护的必要。[1] 而请求法定代表人、负责人或代理人与相对人承担连带责任，其构成要件除恶意串通外，还要求对法人、非法人组织造成实际损害后果。法人、非法人组织主张连带赔偿责任的，应对造成的损害后果进行举证。在判断是否存在恶意串通事实时，法院应当进行综合考量，根据举证，结合当事人之间的交易习惯、合同在订立时是否显失公平、相关人员是否获取了不正当利益、合同的履行情况等因素判定。若能够适用表见代理或者符合善意的规定，则不能够认

---

[1] 徐涤宇、张家勇主编：《〈中华人民共和国民法典〉评注》（精要版），中国人民大学出版社2022年版，第163页。

定存在恶意串通。例如，（2022）鲁民申 3339 号一案中，再审申请人服务公司主张涉案补充协议系该公司法定代表人叶某某接受了郎某某的商业贿赂，两人恶意串通后签订，应属无效合同。叶某某在庭审中自述收受了郎某某的好处费，但在合同履行过程中，郎某某代表科技公司向其支付款项本身，难以认定郎某某亦存在向叶某某交付好处费的意图，难以认定双方存在通谋行为。即便《船艇销售补充协议》客观上会损害海礁公司的权益，但该补充协议并非恶意串通形成的，故法院并未认定恶意串通事实成立。

就恶意串通的认定，法人、非法人组织需进行初步的举证，人民法院应当充分审查本条中的各要素判断是否存在恶意串通。若其证明标准能够达到恶意串通的高度可能性，由负责人、代理人或者相对人进行相关举证以反驳恶意串通事实。相对人无正当理由拒绝作出陈述或者拒绝提交相关证据以证明其他可能性，则可以认定恶意串通事实成立。

关于举证责任的分配问题。法人、非法人组织应举证法定代表人、负责人或者代理人与相对人之间存在恶意串通。法定代表人、负责人或者代理人与相对人可提出证据予以反驳，推翻恶意串通的认定。

【典型案例】

陈某、皮某某诉房地产公司、夏某某、置业公司合同纠纷案

[案号]（2009）民申字第 1760 号

[来源]《最高人民法院公报》2010 年第 10 期

[关键词] 恶意串通

[裁判摘要]《中华人民共和国合同法》第五十二条规定："有下列情形之一的，合同无效……（二）恶意串通，损害国家、集体或者第三人利益……"对于前述条款中"恶意串通"行为的认定，应当分析合同双方当事人是否具有主观恶意，并全面分析订立合同时的具体情况、合同约定内容以及合同的履行情况，在此基础上加以综合判定。

[基本案情] 2006年6月23日，夏某某、陈某、皮某某签订《股东合作协议》，联合开发建设××住宅小区项目。2006年8月29日，置业公司作为甲方，房地产公司作为乙方，签订了《联合开发××住宅小区合同书》，以及《联合开发建设××商住小区包销协议》。在该项目实施和销售过程中，2007年12月28日，置业公司与房地产公司签订《关于解除"联合开发××住宅小区合同"及"包销协议"的协议》。该协议主要内容为：双方原于2006年8月9日签订了《联建合同》及《包销协议》，现因市场变化，置业公司为规范管理，经双方友好协商，同意解除《联建合同》及《包销协议》，同时达成如下和解条款：一、双方签订本协议时，置业公司应一次性支付300万元违约金给房地产公司作为补偿；二、双方签订本协议前，房地产公司以置业公司的名义对外签订的合同由置业公司继续履行。同日，置业公司向房地产公司支付了300万元违约金。

2007年4月16日至2008年4月1日，项目部分楼房取得预售许可证。预售许可证上记载了各幢楼的竣工时间。据《××楼盘分户建筑面积、销售金额统计表》记载，截至2009年1月5日，××项目已销售的商品房，总建筑面积为69169.14平方米，总销售金额为11991.2367万元。

因陈某、皮某某与置业公司没有投资关系，二人无法向置业公司主张项目收益。陈某、皮某某以房地产公司和置业公司签订的解除协议侵犯其权益为由诉请确认解除协议无效。经查，2008年1月8日，置业公司向承建方建筑工程公司开具128万元的转账支票，该支票上加盖了夏某某的印鉴。2008年3月25日，置业公司向另一承建方建筑工程公司开具36万元的转账支票，该支票上加盖了夏某某的印鉴。二审法院认为房地产公司和置业公司并无资金投入，置业公司明知夏某某、陈某、皮某某三人是项目的实际投资人和控制人而与房地产公司签订解除协议，损害了陈某、皮某某的权益，夏某某、置业公司恶意串通事实清楚，遂判决解除协议无效。房地产公司、夏某某、置业公司向最高院提起再审。

最高人民法院认为：第一，关于置业公司是否明知或应知解除协议侵害陈某、皮某某权益的问题。构成恶意串通确需行为人明知或应知该行为侵害国家、集体、第三人利益，即行为人主观上具有恶意。而判断行为人主观上是否有恶意则需结合具体案情予以综合评判。本案二审判决根据置业公司与房地产公司签订解除协议当时和之后的具体情况，结合《股东合作协议》、联合开发合同及包销协议的约定和履行情况，综合评判置业公司和房地产公司是否构成恶意串通，证明方法并无不当。第二，根据查明的事实，在房地产公司与置业公司2007年12月28日签订解除协议时，该项目已有部分房屋竣工，绝大部分房屋已取得预售许可证，在即将取得项目预期利润时，房地产公司与置业公司签订解除协议，仅由置业公司支付300万元违约金，将项目归属于置业公司，缺乏解除合同的合理理由，确属明显违背商业规律，二审判决这一认定并无不当。第三，联合开发合同和包销协议的性质为土地使用权转让合同，置业公司已将土地实际交与房地产公司开发，履行了合同主要义务，没有明显违约行为，而解除协议约定由置业公司支付房地产公司300万元违约金，确与履约事实以及常理不符，二审判决这一认定并无不当。综上，房地产公司、夏某某、置业公司认为房地产公司和置业公司不存在恶意串通所依据的理由和证据，不足以推翻二审判决关于房地产公司与置业公司存在恶意串通的认定，该项主张不能成立。故驳回房地产公司、夏某某、置业公司的再审申请。

（撰稿人：李游　鲍禧）

> **第二十四条　【合同不成立、无效、被撤销或者确定不发生效力的法律后果】** 合同不成立、无效、被撤销或者确定不发生效力，当事人请求返还财产，经审查财产能够返还的，人民法院应当根据案件具体情况，单独或者合并适用返还占有的标的物、更正登记簿册记载等方式；经审查财产不能返还或者没有必要返还的，人民法院应当

三、合同的效力 | 259

以认定合同不成立、无效、被撤销或者确定不发生效力之日该财产的市场价值或者以其他合理方式计算的价值为基准判决折价补偿。

除前款规定的情形外，当事人还请求赔偿损失的，人民法院应当结合财产返还或者折价补偿的情况，综合考虑财产增值收益和贬值损失、交易成本的支出等事实，按照双方当事人的过错程度及原因力大小，根据诚信原则和公平原则，合理确定损失赔偿额。

合同不成立、无效、被撤销或者确定不发生效力，当事人的行为涉嫌违法且未经处理，可能导致一方或者双方通过违法行为获得不当利益的，人民法院应当向有关行政管理部门提出司法建议。当事人的行为涉嫌犯罪的，应当将案件线索移送刑事侦查机关；属于刑事自诉案件的，应当告知当事人可以向有管辖权的人民法院另行提起诉讼。

【关联规定】

一、《民法典》（2020年5月28日）

第157条 民事法律行为无效、被撤销或者确定不发生效力后，行为人因该行为取得的财产，应当予以返还；不能返还或者没有必要返还的，应当折价补偿。有过错的一方应当赔偿对方由此所受到的损失；各方都有过错的，应当各自承担相应的责任。法律另有规定的，依照其规定。

第985条 得利人没有法律根据取得不当利益的，受损失的人可以请求得利人返还取得的利益，但是有下列情形之一的除外：

（一）为履行道德义务进行的给付；

（二）债务到期之前的清偿；

（三）明知无给付义务而进行的债务清偿。

二、司法指导性文件

《九民纪要》（法〔2019〕254号）

32.《合同法》第58条就合同无效或者被撤销时的财产返还责任和损害赔偿责任作了规定，但未规定合同不成立的法律后果。考虑到合同不成立时也可能发生财产返还和损害赔偿责任问题，故应当参照适用该条的规定。

在确定合同不成立、无效或者被撤销后财产返还或者折价补偿范围时，要根据诚实信用原则的要求，在当事人之间合理分配，不能使不诚信的当事人因合同不成立、无效或者被撤销而获益。合同不成立、无效或者被撤销情况下，当事人所承担的缔约过失责任不应超过合同履行利益。比如，依据《最高人民法院关于审理建设工程施工合同纠纷案件适用法律问题的解释》第2条规定，建设工程施工合同无效，在建设工程经竣工验收合格情况下，可以参照合同约定支付工程款，但除非增加了合同约定之外新的工程项目，一般不应超出合同约定支付工程款。

33. 合同不成立、无效或者被撤销后，在确定财产返还时，要充分考虑财产增值或者贬值的因素。双务合同不成立、无效或者被撤销后，双方因该合同取得财产的，应当相互返还。应予返还的股权、房屋等财产相对于合同约定价款出现增值或者贬值的，人民法院要综合考虑市场因素、受让人的经营或者添附等行为与财产增值或者贬值之间的关联性，在当事人之间合理分配或者分担，避免一方因合同不成立、无效或者被撤销而获益。在标的物已经灭失、转售他人或者其他无法返还的情况下，当事人主张返还原物的，人民法院不予支持，但其主张折价补偿的，人民法院依法予以支持。折价时，应当以当事人交易时约定的价款为基础，同时考虑当事人在标的物灭失或者转售时的获益情况综合确定补偿标准。标的物灭失时当事人获得的保险金或者其他赔偿金，转售时取得的对价，均属于当事人因标的物而获得的利益。对获益高于或者低于价款的部分，也应当在当事人之间合理分配或者分担。

34. 双务合同不成立、无效或者被撤销时，标的物返还与价款返还互为对待给付，双方应当同时返还。关于应否支付利息问题，只要一方对标的物有使用情形的，一般应当支付使用费，该费用可与占有价款一方应当支付的资金占用费相互抵销，故在一方返还原物前，另一方仅须支付本金，而无须支付利息。

35. 合同不成立、无效或者被撤销时，仅返还财产或者折价补偿不足以弥补损失，一方还可以向有过错的另一方请求损害赔偿。在确定损害赔偿范围时，既要根据当事人的过错程度合理确定责任，又要考虑在确定财产返还范围时已经考虑过的财产增值或者贬值因素，避免双重获利或者双重受损的现象发生。

【理解与适用】

一、本条主旨

本条是关于合同不成立、无效、被撤销或者确定不发生效力法律后果的细化规定。

二、《民法典》条文理解以及有待细化的问题

《民法典》第 157 条规定了民事法律行为无效、被撤销或确定不发生效力的法律后果，因民事法律行为的目的不能实现，所以应当恢复至各方当事人在民事法律行为实施前的状态。[1]《民法典》严格区分了合同[2]的不成立和无效，将二者视为合同动态发展过程中的不同阶段。因此第 157 条稍有欠缺，应同时明确规定民事法律行为不成立的法律后果。《民法典合同编通则司法解释》第 24 条对这一法律漏洞进行了填补。[3] 本条规定了三

---

[1] 黄薇主编：《中华人民共和国民法典释义（上）》，法律出版社 2020 年版，第 310 页。
[2] 本条中"民事法律行为"既包括财产行为也包括身份行为，既包括负担行为也包括处分行为，本文仅以最典型的法律行为合同为主要论述对象。
[3] 《民法典》生效前，《九民纪要》第 32 条第 1 段规定：合同不成立之后果应当参照适用原《合同法》第 58 条。

种法律后果：财产返还、折价补偿以及损害赔偿。

本条中财产返还的性质取决于我国的物权变动模式。与德国法所采取的物权行为无因性理论不同，在物权变动模式上，我国民法历来采取债权形式主义，即"合意+公示"的模式。其中所谓的"合意"是指，当事人之间关于设立、变更、转让和消灭物权的合意，主要就是通常所说的移转财产权的合同，如买卖合同、赠与合同、抵押合同等；所谓"公示"，是指不动产登记、动产交付等影响物权变动的要件。在债权形式主义模式中，合意是物权变动的基础，合意决定着物权变动，物权变动是基于合意所产生的法律效果。[1] 作为原因行为的合同不成立、无效、被撤销或确定不发生效力情况下，合同所涉标的物的物权并没有发生移转，当事人可以物权人的身份要求返还原物，该请求权是物权性质的。因此返还原物的范围包括受领的原物以及其收益。

通说认为，由于原物返还请求权以原物的存在为前提，因此在原物已经不存在的场合，应当适用不当得利请求权。[2] 笔者认为这种观点值得商榷。与物权请求权相比，不当得利请求权仅是一种普通债权，不具有优先效力。得利人不知道且不应当知道取得的利益没有法律根据时，返还范围以现存利益为限。得利人知道或者应当知道取得的利益没有法律根据的，返还范围为取得的利益并依法赔偿损失。然而，本条第二句规定：不能返还或者没有必要返还的，应当折价补偿。折价补偿是指在财产不能返还或没有必要返还时以价额形式予以偿还。[3] 折价补偿强调以金钱的方式对对方当事人予以补偿，按照实际不能返还的财产或者没有必要返还的财产进行折算，予以补偿，是客观归责无关过错。因此合同无效清算返还在性质上与不当得利返还有根本差异。[4] 至于按照何种方式进行折价补偿，《民法

---

[1] 王利明：《论债权形式主义下的区分原则——以〈民法典〉第 215 条为中心》，载《清华法学》2022 年第 3 期。
[2] 龙卫球、刘保玉主编：《中华人民共和国民法总则释义与适用指导》，中国法制出版社 2017 年版，第 559 页；王利明：《中国民法典释评总则篇》，中国人民大学出版社 2020 年版，第 157 页。
[3] 叶名怡：《折价补偿与不当得利》，载《清华法学》2022 年第 3 期。
[4] 叶名怡：《折价补偿与不当得利》，载《清华法学》2022 年第 3 期。

典》第157条并没有作出明确的规定。

《民法典》第157条第二句规定:"有过错的一方应当赔偿对方由此所受到的损失;各方有过错的,应当各自承担相应的责任。"该损害赔偿责任在性质上应为缔约过失责任(culpa in contrahendo)。[1] 在赔偿范围上,一般包括缔约费用、为准备履行及实际履行所支出的费用。但在此需区分类型予以认定:若法律行为是由于重大误解而被撤销的,该当事人承担的损害赔偿责任其数额不应超过法律行为有效的情况下对方当事人可得利益的范围。但若法律行为是由于一方当事人的欺诈、胁迫或显失公平的,该方当事人承担损害赔偿责任的数额不受法律行为有效的情况下对方当事人可得利益的范围的限制。[2]

由于本条的规定较为抽象,在司法实践中仍需明确以下问题:返还原物的具体方式、折价补偿的计算方法、损害赔偿的计算方法等可操作性较强的问题,否则过于弹性的标准可能也有导致司法不统一的隐患。

三、司法解释条文理解

本条司法解释包括三款条文从四个方面完善并细化了"合同不成立、无效、被撤销或者确定不发生效力"的法律后果:第一,返还财产的方式。合同不成立、无效、被撤销或者确定不发生效力,当事人请求返还财产,经审查财产能够返还的,人民法院应当根据案件具体情况,单独或者合并适用返还占有的标的物、更正登记簿册记载等方式。第二,折价补偿的前提条件和标准。前提条件为,经审查财产不能返还或者没有必要返还。折价补偿的标准为,人民法院应当以认定合同不成立、无效、被撤销或者确定不发生效力之日该财产的市场价值或者以其他合理方式计算的价值为基准判决折价补偿。第三,损害赔偿的确定。应当结合财产返还或者折价补偿的情况,综合考虑财产增值收益和贬值损失、交易成本的支出等事实,按照双方当事人的过错程度及原因力大小,根据诚信原则和公平原

---

[1] 韩世远:《合同法总论》,法律出版社2011年版,第229页。
[2] 龙卫球、刘保玉主编:《中华人民共和国民法总则释义与适用指导》,中国法制出版社2017年版,第559页。

则,合理确定损失赔偿额。第四,合同不成立、无效、被撤销或者确定不发生效力,当事人的行为涉嫌违法时人民法院的处理方法。

(一) 返还财产的方式

本条中的财产是一个权利集合概念,既包括有形财产,也包括财产性利益,如所有权、金钱、他物权、知识产权、债权等,甚至包括"没有价值的物质实体(如情书)"。[1] 结合《民法典》第157条,本条规定的财产返还的范围仅限于当事人因事后被认定为不成立、无效、被撤销或者确定不发生效力的合同取得的财产。如果合同的缔结与财产取得之间没有直接的因果关系,本条并不适用。例如,商铺租赁合同被认定为无效,但是承租人因为经营商铺取得的收益并不属于返还的范围。

当事人因事后被认定为不成立、无效、被撤销或者确定不发生效力的合同取得对动产或者不动产的占有之后,因我国所采取的债权形式主义原则,物的所有权并没有发生移转,对方可以依据本条或者《民法典》第235条请求返还原物。在合同标的为不动产或者特殊动产的情况下本条规定的财产返还方式除占有返还外还包括更正登记簿册记载。

普通动产抵押合同、土地承包经营权合同、地役权合同及知识产权许可使用合同等具有合同生效即发生权利设立或者转让的法律效果。如果合同不成立、无效或者确定不发生效力,那么该权利自始未被设立或者转让;如果合同被撤销,那么该权利发生了观念上的移转之后又回复到未被移转的状态。在这个过程中,并不会发生权利证书的占有以及登记簿记载,因此无须返还权利凭证也无须更正登记簿册记载。

对于存在权利凭证的财产性利益而言,"取得"财产指的是取得该权利凭证的占有。例如,因合同而取得票据或无记名股票,因债权让与合同取得特定的债权凭证。[2] 合同转让方可以请求权利证书的占有返还。

---

[1] 张谷:《浅析"财产"一词在中国私法上的几种用法》,载张谷、张双根、田士永、朱庆育、王洪亮主编:《中德私法研究》(第9卷),北京大学出版社2013年版。
[2] 叶名怡:《〈民法典〉第157条(法律行为无效之法律后果)评注》,载《法学家》2022年第1期。

金钱返还请求权通常不要求返还原物，当事人仅需返还与之相对应的金钱数额即可。在例外情形下，若金钱能够特定化（如专门账户等），则返还请求权也有可能是物权性的，返还请求权人亦能排除第三人对该账户内款项的强制执行，或在受领人破产时对该账户内款项行使取回权。①

（二）折价补偿标准

在财产不能返还或者没有必要返还的情况下，应当折价补偿。本条司法解释确定了两种折价补偿标准：即市场价值标准和其他合理方式标准。

合同被认定不成立、无效或者确定不发生效力时的折价补偿可以参考《民法典》第1184条侵害财产的损害赔偿的计算方法："侵害他人财产的，财产损失按照损失发生时的市场价格或者其他合理方式计算。"

一是因合同不成立、无效、被撤销或者确定不发生效力，财产不能返还或者没有必要返还的，应当以认定合同不成立、无效、被撤销或者确定不发生效力之日该财产的市场价值为基准确定折价补偿。市场价格时间标准的确定有利于减少司法实践中的混乱。在不同案件中法官有可能考虑合同被认定为无效时、诉讼开始时、诉讼终结时作为确定市场价格的时间点。受市场价格波动的影响，不同的时间点会导致折价返还的数额差异。为了避免司法实践中可能出现的规则运用上的不统一，本条最终规定以被认定为不成立或者无效的时间点作为折价补偿的基点计算该财产在市场上的价格。二是本条还规定了"或者以其他合理方式计算的价值为基准判决折价补偿"的方法。如果该财产没有在市场上流通，如古董等没有统一的市场价格，就可以按照有关部门的评估价格计算。当价格波动较大时，法官可以以其他合理方式确定损失。本条并没有明确限定"其他合理方式"的范围，可以由法官结合具体案情自由裁量。②

（三）损失赔偿额计算方法

根据本条第2款，合同不成立、无效、被撤销或者确定不发生效力，

---

① 叶名怡：《〈民法典〉第157条（法律行为无效之法律后果）评注》，载《法学家》2022年第1期。

② 黄薇主编：《中华人民共和国民法典侵权责任编解读》，中国法制出版社2020年版，第83页。

当事人除了请求返还财产、折价补偿之外还请求赔偿损失的，当事人可以同时请求损害赔偿，但司法实践中要避免双重受偿。因此人民法院应当结合财产返还或者折价补偿的情况，综合考虑财产增值收益和贬值损失、交易成本的支出等事实，按照双方当事人的过错程度及原因力大小，根据诚信原则和公平原则，合理确定损失赔偿额。

事实上，合同不成立、无效、被撤销或者确定不发生效力时返还财产或者折价补偿的法律后果都已经考虑到了财产贬值与增值的因素。在财产增值的情况下，一般不存在损害赔偿问题。在财产贬值的情况下，当事人可以通过损失赔偿制度弥补损失。此时要根据双方当事人的过错程度及原因力大小，根据诚信原则和公平原则，在当事人之间分摊因财产贬值而导致的损失。

在确定损失赔偿数额时，合同当事人对于民事法律行为不成立、无效、被撤销以及确定不发生效力负有的"过错"，以及对合同不成立或无效造成损失的"过错"均应被考虑进来。如前所述，损害赔偿责任在性质上应为缔约过失责任。在缔约过失责任中，应当以信赖利益的损失作为赔偿的基本范围，信赖利益的损失限于直接损失，即因为信赖合同的成立和生效所支出的各种费用。由于一方过错导致合同不能成立或者无效时，另一方可能还会丧失机会蒙受间接损失，但是该间接损失不在缔约过失责任的赔偿范围之内。此外，信赖利益赔偿以不超过履行利益为限。①

（四）违法行为获得不当利益的处理方式

本条第3款规定了合同不成立、无效、被撤销或者确定不发生效力，当事人的行为涉嫌违法且未经处理，可能导致一方或者双方通过违法行为获得不当利益时的处理方式。本条仅仅规定了此种情况下的程序性的处理方式，即人民法院应当向有关行政管理部门提出司法建议。当事人的行为涉嫌犯罪的，应当将案件线索移送刑事侦查机关；属于刑事自诉案件的，

---

① 王利明：《合同法研究》（第1卷）（第三版），中国人民大学出版社2019年版，第366页。

应当告知当事人可以向有管辖权的人民法院另行提起诉讼。

但是本条并没有规定当事人基于违法行为获得的不当利益在私法上的后果。例如,毒品交易、性交易、赌博以及其他基于涉罪合同而取得的不当利益。如果涉嫌犯罪或违反行政法的不当利益被没收,① 则不存在返还财产的问题。一些司法解释也对该种不法给付的私法效果予以明确,如《最高人民法院关于审理民间借贷案件适用法律若干问题的规定》第 29 条规定,出借人可以请求借款人按照合同约定利率支付利息,但是双方约定的利率超过合同成立时一年期贷款市场报价利率四倍的部分,人民法院不予支持。《最高人民法院关于在审理经济纠纷案件中涉及经济犯罪嫌疑若干问题的规定》第 11 条规定,人民法院作为经济纠纷审理的案件,经审理认为具有犯罪嫌疑的,应当裁定驳回起诉。但是并非所有的违法或者涉罪合同取得的财产都应当被没收,一些情况下也应返还给无过错的一方当事人。民事责任和行政责任、刑事责任的协调比较复杂,应在具体的法律中予以规范。

【典型案例】

1. 邓某某诉汽车公司买卖合同纠纷案

［案号］（2017）沪 01 民终 7144 号

［审理法院］上海市第一中级人民法院

［来源］《最高人民法院公报》2018 年第 11 期

［关键词］欺诈　合同　诚实信用　返还占有标的物

［裁判摘要］汽车经销商对于车辆后保险杠外观瑕疵予以"拆装后保、后保整喷"的维修超出了车辆售前正常维护和售前检测证明（PDIP）质量检测的范围,经销商对此未履行告知义务的,侵犯了消费者的知情权、

---

① 例如,《森林法实施条例》第 40 条规定:违反本条例规定,收购没有林木采伐许可证或者其他合法来源证明的木材的,由县级以上人民政府林业主管部门没收非法经营的木材和违法所得,并处违法所得 2 倍以下的罚款。

选择权,使其陷入错误认识,属于故意隐瞒真实情况,构成消费欺诈。消费者提出退还购车款的,其与汽车经销商之间形成的买卖合同应当予以撤销。消费者要求经销商按照消费者权益保护法赔偿损失的,经销商应承担车辆三倍价款的惩罚性赔偿责任。

[基本案情] 2016年8月30日,邓某某至汽车公司下属4S店订购某牌白色轿车一辆,双方当日签订《订单》并约定:"车辆价款250000元。"《订单》第4条注明:"卖方将车辆交予买方前,已根据厂方要求为该车辆做了交车前PDI检测,并根据PDI检测结果进行车辆检修、调校,确保该车辆符合厂方新车交付标准",对车辆交付时的检验标准和方法作了约定。但汽车公司并未采取合理、显著的方式提请邓某某注意该免除或者限制汽车公司责任的格式条款,也未向邓某某解释待交付车辆在质检中发现质量瑕疵后的修理行为亦包含在PDI检测范围内。

2016年9月27日,邓某某支付车辆价款250000元。提车后,邓某某发现车辆有方向盘抖动等问题,前去维修时发现系争车辆于2016年9月12日已有"拆装后保,后保整喷"的维修记录,但4S店在出售车辆时未告知邓某某。邓某某遂以汽车公司故意隐瞒车辆已经过维修的事实,以次充好向其出售为由提起诉讼,请求法院判决汽车公司返还购车款共250000元。汽车公司则主张该维修属于交付车辆前的正常PDI检修。

法院经审理后认为,按照一般消费者的心理,"新车"指的是全新、未经使用、未经维修的车辆。本案中,拆装后保险杠、漆面维修显然不符合上述一般消费者对于新车的认知和理解,即便汽车公司已在买卖合同中指出车辆向买方交付前应当进行必要检修,但未提请消费者注意该免除或者限制汽车公司责任的条款。该条款实际上排除了邓某某作为消费者的重要权利。因此,该条款属于无效条款。

同时,根据《消费者权益保护法》关于保护消费者知情权和选择权的有关规定,一旦其交付的车辆存在瑕疵并经维修,汽车公司应负有说明义务,须告知邓某某瑕疵维修的事实,因为这些信息会对消费者选择权的行使和真实意思表示产生直接影响。因此,本案中,汽车公司交付车辆前未向邓某某告知车辆已经过维修，致使邓某某在违背其真实意思情况下做出意思表示，其行为属于消费欺诈，故邓某某与汽车公司之间形成的买卖合同应当予以撤销。

《合同法》第58条规定："合同无效或者被撤销后，因该合同取得的财产，应当予以返还；不能返还或者没有必要返还的，应当折价补偿。"本案中不存在财产不能返还或没有必要返还的情况，因此，邓某某与汽车公司签订的车辆买卖合同被撤销后，汽车公司应当退还邓某某购车款共250000元，邓某某同时应当返还系争车辆。

2. B公司与A公司特殊区域合作勘查合同纠纷案

[案号]（2015）民二终字第167号

[审理法院] 最高人民法院

[来源]《最高人民法院公报》2017年第4期

[关键词] 合同无效　诚实信用　返还　折价补偿

[裁判摘要] 违反法律、行政法规的强制性规定的合同无效。我国法律规定禁止在自然保护区内进行砍伐、开矿、采石、挖沙等对损害自然环境和生态造成严重破坏，损害环境公共利益的活动。当事人之间签订的在自然保护区的勘查、开采矿产资源合同，即使已经得到国土资源主管部门批准，亦未有管理部门对该项目的矿产开发明确禁止，人民法院仍应对合同效力进行特别审查，若合同违反法律、行政法规的强制性规定，损害环境公共利益的，应依法认定合同无效。

[基本案情] 2011年10月10日，A公司（甲方）与B公司（乙方）签订《探矿权合作勘查开发协议》（以下简称《合作勘查开发协议》），双方约定，A公司补偿B公司3500万元后，B公司愿意将其持有的探矿权注入双方设立的项目公司，该项目公司A公司以现金出资、B公司以持有矿权出资共同设立。

《合作勘查开发协议》中，B公司承诺其已于2008年12月30日首次取得该金属矿预查探矿权，2011年1月26日正常延续并升级为普查，该探矿证有效期自2011年1月26日起至2013年1月26日止。上述探矿证权属清晰、完整，不存在其他权利争议，该探矿证符合法律法规的取得条件，也拥有国家法律和地方性法规所应具备的权利和许可，不存在可能被国土资源管理部门吊销《探矿许可证》等不确定事项，不在冰川保护区、自然保护区、风景区等可能影响矿山开发的区域范围内。

2011年10月25日，A公司通过银行转账方式向B公司支付了3500万元的探矿权补偿价款，B公司向其出具了收据。除此之外，《合作勘查开发协议》履行期间，A公司与C公司签订了《项目道路施工工程项目合同书》，委托后者为案涉勘查项目修建道路，并支付了250万元工程款。

2013年11月22日，A公司向B公司出具《关于解除〈合作勘查开发协议〉的函》，指出案涉合作开发的项目位于某野生动物自然保护区中心区域，B公司自合作至今未告知A公司，其行为已构成违约。因此，A公司决定终止合作，解除双方之间签订的《合作勘查开发协议》。

B公司与A公司协商未果后，向一审法院提起诉讼，请求法院确认《合作勘查开发协议》有效，并确认A公司解除案涉协议行为无效。一审法院以案涉协议不符合单方解除情形为由，确认A公司解除案涉协议行为无效。A公司不服，向最高人民法院提起上诉。

最高人民法院经审理后认为，根据《中华人民共和国自然保护区条例》第26条规定："禁止在自然保护区内进行砍伐、放牧、狩猎、捕捞、采药、开垦、烧荒、开矿、采石、挖沙等活动……"双方签订的《合作勘探开发协议》违反了《中华人民共和国自然保护区条例》的禁止性规定，如果认定该协议有效并继续履行，将对自然环境和生态造成严重破坏，损害环境公共利益。因此，双方签订的《合作勘探开发协议》应属无效。根据《合同法》第58条之规定，确认合同无效后，A公司基于该协议向B公司支付的3500万元探矿权合作补偿价款，B公司应当予以返还。A公司为履行合同，委托C公司为案涉勘查项目修建道路的支出，因该道路已物化为矿区财产，应由B公司予以折价补偿。B公司的探矿权仍在其名下，不存在返还问题。

3. B 建设公司与 A 公司建设工程施工合同纠纷案

[案号]（2017）最高法民终 175 号

[审理法院] 最高人民法院

[来源]《最高人民法院公报》2018 年第 6 期

[关键词] 合同无效　诚实信用　折价补偿　赔偿损失　过错

[裁判摘要]《最高人民法院关于审理建设工程施工合同纠纷案件适用法律问题的解释》第 21 条规定，当事人就同一建设工程另行订立的建设工程施工合同与经过备案的中标合同实质性内容不一致的，应当以备案的中标合同作为结算工程价款的根据，其适用前提应为备案的中标合同合法有效，无效的备案合同并非当然具有比其他无效合同更优先参照适用的效力。

在当事人存在多份施工合同且均无效的情况下，一般应参照符合当事人真实意思表示并实际履行的合同作为工程价款结算依据；在无法确定实际履行合同时，可以根据两份争议合同之间的差价，结合工程质量、当事人过错、诚实信用原则等予以合理分配。

[基本案情] 2009 年 12 月 1 日，经履行招投标程序，A 公司确定 B 建设公司为其所开发××住宅项目的中标人，并向 B 建设公司发出《中标通知书》，A 公司招标文件载明合同价款采用固定总价方式。经查，在履行招投标程序之前，B 建设公司已经完成了案涉工程的部分施工内容。

2009 年 12 月 8 日，双方当事人签订《备案合同》，约定由 B 建设公司承包 A 公司开发的××住宅工程，合同价款为 131839227.62 元。合同第 23.2 条载明"合同价款采用固定总价方式确定"。该份协议于 2009 年 12 月 30 日在建设局进行了备案。

2009 年 12 月 28 日，双方当事人签订《补充协议》，约定该补充协议与主合同具有同等法律效力。《补充协议》第 5 条约定："合同价款采用可调价格合同，最终价格以甲方的认价单为准。"根据案件审理过程中案涉工程造价审计：按照备案合同即固定总价合同，鉴定工程总造价为 117323856.47 元；按照补充合同即可调价格合同，鉴定工程总造价为 150465810.58 元。

2011年11月30日，B建设公司所承建工程全部竣工并验收合格。A公司已向B建设公司支付工程款12439155元。

其后，B建设公司向法院起诉，请求判令A公司给付拖欠工程款43152301元。

法院经审理后认为，双方当事人先后签订的两份协议均无效：双方于2009年12月8日签订的《备案合同》虽经招标程序签订，并在建设行政主管部门进行备案，但在履行招标程序之前，B建设公司就已经完成了案涉工程的部分施工内容，即存在未招先定等违反《招标投标法》禁止性规定的行为，因此该《备案合同》无效。双方于2009年12月28日签订的《补充协议》系未经过招标程序签订，且对《备案合同》中约定的价款进行了实质性变更。根据《建设工程施工合同司法解释》第21条规定："当事人就同一建设工程另行订立的建设工程施工合同与经过备案的中标合同实质性内容不一致的，应当以备案的中标合同作为结算工程价款的根据。"因此，该《补充协议》属于司法解释规定的黑合同，依法应当认定无效。

根据《合同法》第58条之规定，合同无效或者被撤销后，因该合同取得的财产，应当予以返还；不能返还或者没有必要返还的，应当折价补偿。有过错的一方应当赔偿对方因此所受到的损失，双方都有过错的，应当各自承担相应的责任。建设工程施工合同的特殊之处在于，合同的履行过程，是承包人将劳动及建筑材料物化到建设工程的过程，在合同被确认无效后，只能按照折价补偿的方式予以返还。但本案中，《备案合同》与《补充协议》分别约定不同结算方式，其签署时间仅相隔20天，双方当事人也对实际履行哪份合同无明确约定，无法判断实际履行的是哪份合同，并且两份合同均无效，也不涉及哪份合同更为优先的问题，因此，综合本案情况，法院将因合同无效导致的损失确定为两份合同之间的差价33141954.11元。A公司作为发包人是依法组织进行招投标的主体，对于未依法招投标应负有主要责任，B建设公司作为具有特级资质的专业施工单位，对于招投标法等法律相关规定也应熟知，因此对于未依法招投标导致合同无效也具有过错，综合分析本案情况以按6∶4分担损失较为恰当，因此，A 公司应付的总工程款数额应认定为 137209028.94 元（117323856.47 元+33141954.11 元×60%）。按此扣减已付工程款 12439155 元后，尚欠工程款 12269873.94 元。因此，法院判决 A 公司自判决生效之日起 15 日内给付 B 建设公司欠付工程款 12269873.94 元。

（撰稿人：张芸）

第二十五条　【价款返还及其利息计算】 合同不成立、无效、被撤销或者确定不发生效力，有权请求返还价款或者报酬的当事人一方请求对方支付资金占用费的，人民法院应当在当事人请求的范围内按照中国人民银行授权全国银行间同业拆借中心公布的一年期贷款市场报价利率（LPR）计算。但是，占用资金的当事人对于合同不成立、无效、被撤销或者确定不发生效力没有过错的，应当以中国人民银行公布的同期同类存款基准利率计算。

双方互负返还义务，当事人主张同时履行的，人民法院应予支持；占有标的物的一方对标的物存在使用或者依法可以使用的情形，对方请求将其应支付的资金占用费与应收取的标的物使用费相互抵销的，人民法院应予支持，但是法律另有规定的除外。

【关联规定】

一、《民法典》（2020 年 5 月 28 日）

第 157 条　民事法律行为无效、被撤销或者确定不发生效力后，行为人因该行为取得的财产，应当予以返还；不能返还或者没有必要返还的，应当折价补偿。有过错的一方应当赔偿对方由此所受到的损失；各方都有过错的，应当各自承担相应的责任。法律另有规定的，依照其规定。

第525条 当事人互负债务，没有先后履行顺序的，应当同时履行。一方在对方履行之前有权拒绝其履行请求。一方在对方履行债务不符合约定时，有权拒绝其相应的履行请求。

第568条 当事人互负债务，该债务的标的物种类、品质相同的，任何一方可以将自己的债务与对方的到期债务抵销；但是，根据债务性质、按照当事人约定或者依照法律规定不得抵销的除外。

当事人主张抵销的，应当通知对方。通知自到达对方时生效。抵销不得附条件或者附期限。

二、司法解释

1.《城镇房屋租赁合同解释》（法释〔2020〕17号）

第4条 房屋租赁合同无效，当事人请求参照合同约定的租金标准支付房屋占有使用费的，人民法院一般应予支持。

当事人请求赔偿因合同无效受到的损失，人民法院依照民法典第一百五十七条和本解释第七条、第十一条、第十二条的规定处理。

2.《建设工程施工合同解释（一）》（法释〔2020〕25号）

第25条 当事人对垫资和垫资利息有约定，承包人请求按照约定返还垫资及其利息的，人民法院应予支持，但是约定的利息计算标准高于垫资时的同类贷款利率或者同期贷款市场报价利率的部分除外。

当事人对垫资没有约定的，按照工程欠款处理。

当事人对垫资利息没有约定，承包人请求支付利息的，人民法院不予支持。

第26条 当事人对欠付工程价款利息计付标准有约定的，按照约定处理。没有约定的，按照同期同类贷款利率或者同期贷款市场报价利率计息。

三、司法指导性文件

《九民纪要》（法〔2019〕254号）

34. 双务合同不成立、无效或者被撤销时，标的物返还与价款返还互为对待给付，双方应当同时返还。关于应否支付利息问题，只要一方对标的物有使用情形的，一般应当支付使用费，该费用可与占有价款一方应当支付的资金占用费相互抵销，故在一方返还原物前，另一方仅须支付本金，而无须支付利息。

35. 合同不成立、无效或者被撤销时，仅返还财产或者折价补偿不足以弥补损失，一方还可以向有过错的另一方请求损害赔偿。在确定损害赔偿范围时，既要根据当事人的过错程度合理确定责任，又要考虑在确定财产返还范围时已经考虑过的财产增值或者贬值因素，避免双重获利或者双重受损的现象发生。

36. 在双务合同中，原告起诉请求确认合同有效并请求继续履行合同，被告主张合同无效的，或者原告起诉请求确认合同无效并返还财产，而被告主张合同有效的，都要防止机械适用"不告不理"原则，仅就当事人的诉讼请求进行审理，而应向原告释明变更或者增加诉讼请求，或者向被告释明提出同时履行抗辩，尽可能一次性解决纠纷。例如，基于合同有给付行为的原告请求确认合同无效，但并未提出返还原物或者折价补偿、赔偿损失等请求的，人民法院应当向其释明，告知其一并提出相应诉讼请求；原告请求确认合同无效并要求被告返还原物或者赔偿损失，被告基于合同也有给付行为的，人民法院同样应当向被告释明，告知其也可以提出返还请求；人民法院经审理认定合同无效的，除了要在判决书"本院认为"部分对同时返还作出认定外，还应当在判项中作出明确表述，避免因判令单方返还而出现不公平的结果。

第一审人民法院未予释明，第二审人民法院认为应当对合同不成立、无效或者被撤销的法律后果作出判决的，可以直接释明并改判。当然，如果返还财产或赔偿损失的范围确实难以确定或者双方争议较大的，也可以告知当事人通过另行起诉等方式解决，并在裁判文书中予以明确。

当事人按照释明变更诉讼请求或者提出抗辩的，人民法院应当将其归纳为案件争议焦点，组织当事人充分举证、质证、辩论。

124 第2款．应予注意的是，在金钱债权执行中，如果案外人提出执行异议之诉依据的生效裁判认定以转移所有权为目的的合同（如买卖合同）无效或应当解除，进而判令向案外人返还执行标的物的，此时案外人享有的是物权性质的返还请求权，本可排除金钱债权的执行，但在双务合同无效的情况下，双方互负返还义务，在案外人未返还价款的情况下，如果允许其排除金钱债权的执行，将会使申请执行人既执行不到被执行人名下的财产，又执行不到本应返还给被执行人的价款，显然有失公允。为平衡各方当事人的利益，只有在案外人已经返还价款的情况下，才能排除普通债权人的执行。反之，案外人未返还价款的，不能排除执行。

【理解与适用】

一、本条主旨

本条系合同不成立、无效、被撤销或者确定不发生效力时，关于价款返还中的资金占用费如何计算，以及双务合同下相互返还关系中的抗辩权和抵销的规定。

二、规范来源

司法实践中，当合同不成立、无效、被撤销或确定不发生效力时，对于有权请求返还价款或报酬的一方当事人能否请求对方支付资金占用费的问题，人民法院的立场不尽一致。多数判决会支持资金占用费的诉请，[1]但是对资金占用费的计算标准并不统一，有的判决按照中国人民银行同期同类贷款利率计算，[2] 有的判决则按照中国人民银行同期同类存款基准利率计算。[3] 也有少数判决驳回了当事人的诉讼请求，其理由包括资金提供方存在过错、[4] 资金占用方并未实际使用资金、[5] 无法律依据[6]等。

---

[1] 参见最高人民法院（2022）最高法民终116号民事判决书。
[2] 参见最高人民法院（2019）最高法民终1360号民事判决书。
[3] 参见黑龙江省双鸭山市中级人民法院（2021）黑05民终209号民事判决书。
[4] 参见最高人民法院（2015）民二终字第167号民事判决书，载《最高人民法院公报》2017年第4期。
[5] 参见最高人民法院（2020）最高法民申2367号民事裁定书。
[6] 参见北京市第二中级人民法院（2022）京02民终9029号民事判决书。

在双务合同场合，双方当事人相互返还更产生一些特殊问题：第一，负返还标的物义务的一方当事人是否需要支付标的物使用费？对此，《民法典》第634条第2款、《城镇房屋租赁合同解释》第4条第1款作出了规定，但目前仍缺乏一般性规定。第二，在相互返还关系中，标的物返还与价款返还是否构成对待给付，一方当事人在对方返还之前能否行使同时履行抗辩权？第三，如果一方当事人需要支付标的物使用费，那么是否可以主张标的物使用费与对方需支付的资金占用费相互抵销？

对于前述问题，《九民纪要》第34条规定："双务合同不成立、无效或者被撤销时，标的物返还与价款返还互为对待给付，双方应当同时返还。关于应否支付利息问题，只要一方对标的物有使用情形的，一般应当支付使用费，该费用可与占有价款一方应当支付的资金占用费相互抵销，故在一方返还原物前，另一方仅须支付本金，而无须支付利息。"本条吸收司法实践中的成熟经验和《九民纪要》中的规定，做了进一步的细化解释。

三、司法解释条文理解

（一）资金占用费的性质

当合同不成立、无效、被撤销或者确定不发生效力时，一方当事人可以请求相对方返还其支付的报酬或价款，该请求权在性质上属于不当得利返还。[1] 有疑问的是，在请求返还价款或报酬之外，为何还可以请求相对方支付资金占用费，此种资金占用费的性质是什么？司法实践中，部分判决从不当得利角度进行阐释，如在一个租赁合同纠纷中，人民法院认为"某公司占用冼某支付的超出二十年租赁期限对应转让金所产生的利息属于不当得利，应当予以返还"。[2] 不过，多数判决是从缔约过失责任的角度进行说理。例如，在"某冶公司、城投公司等建设工程施工合同纠纷案"中，人民法院认为根据《合同法》第58条的规定，无效合同除返还财产或折价补偿外，还应适用过错责任原则确定各方缔约过失责任。本案中，

---

[1] 参见韩世远：《合同法总论》，法律出版社2018年版，第320页。
[2] 参见广东省佛山市中级人民法院（2022）粤06民终12577号民事判决书。

城投公司作为发包人，宝某公司、某冶公司作为施工企业，应当知道法律禁止转让中标项目，仍将中标的 11 号工程项目转让给某冶公司，三方均存在过错，各自应按过错大小承担相应的责任，故判决城投公司从某冶公司移交案涉项目之日起按银行同期同类贷款利率或全国银行业间同业拆借中心公布的贷款市场报价利率支付资金占用费。①

本条区分资金占用人是否有过错而适用不同的计算标准，当资金占用人对合同不成立、无效、被撤销或者确定不发生效力没有过错时，应以中国人民银行公布的同期同类存款基准利率计算资金占用费。这里的资金占用费在性质上属于利息，系由资金所派生的法定孳息，不以占用人实际使用资金为要件。②资金与资金占用费属于原物与孳息的关系，应当遵守原物与孳息之间关系的规则，由于占用人并无占用资金的法律上根据，故应将资金与其孳息一并返还。③当然，如果资金占用人实际使用了资金并获得了高于同期同类存款基准利率的收益，那么其应当将实际收益返还给对方。

除上述情形外，本条规定的资金占用费在性质上属于缔约过失责任下的损害赔偿。一方面，由本条第 1 款但书规定可推知，该款主文所谓的资金占用费是以占用资金的一方对合同不成立、无效、被撤销或者确定不发生效力具有过错为前提。另一方面，资金占用费以中国人民银行授权全国银行间同业拆借中心公布的一年期贷款市场报价利率（LPR）作为计算标准，这与《民间借贷司法解释》第 28 条、《买卖合同司法解释》第 18 条、《建设工程施工合同司法解释》第 26 条对逾期付款的利息计算标准一致，这些在性质上均属于损害赔偿。④

对于缔约过失损害赔偿责任，学说认为赔偿范围大多为信赖利益损失，即缔约人因信赖合同有效，但因特定事由的发生导致合同不成立、无效、被撤销等而造成的损失，既包括缔约费用、准备履行所支出的费用等

---

① 参见最高人民法院（2021）最高法民申 5080 号民事裁定书。
② 参见郑玉波：《民法债编总论》，陈荣隆修订，中国政法大学出版社 2004 年版，第 205~206 页。
③ 参见崔建远：《论利息之债》，载《中州学刊》2022 年第 1 期。
④ 参见张金海：《论金钱债务的迟延履行利益》，载《法学》2020 年第 11 期。

直接损失，也包括丧失与第三人另订合同的机会所产生的损失。[①] 如果一方当事人的实际损失高于或低于按照全国银行间同业拆借中心公布的一年期贷款市场报价利率（LPR），那么资金占用人应按照实际损失还是法定标准赔偿？此问题涉及本款规定的计算标准的定位。从比较法上看，利息损害赔偿法定标准有三种可能的定位：一是限定最低损害赔偿额；二是固定赔偿额；三是可以推翻的损害推定。[②] 既然资金占用费在性质上属于缔约过失下的损失赔偿，自然应当以填平损失为原则，因此固定赔偿额的定位不足为采。或许有疑问的是，本条规定人民法院应当"在当事人请求的范围内"按照法定标准计算资金占用费，这是否意味着本条采用了固定赔偿额标准？笔者认为答案应是否定的，这一限定系对诉讼法上处分原则的贯彻，要求人民法院不得超出当事人的请求进行裁判，并非对损害赔偿额的固定，毕竟这一表述仅提到当事人请求与法定标准之间的关系，而没有涉及实际损失与法定标准之间的关系。至于第一种和第三种定位，当实际损失高于法定标准时，其结论是一致的，即应赔偿实际损失。唯有不同的是，当实际损失低于法定标准时，按照第一种定位，应以法定标准赔偿，按照第三种定位，应以实际损失为准。笔者认为，应将本款规定的标准定位为最低损害赔偿额的限定，因为如果允许资金占用方可以低于规定标准给付资金占用费，无疑使有过错的一方可以低于银行贷款利率使用资金，合同无效反使其可以低成本地利用资金，这既不妥当，也不利于促使其及时返还资金。

如果支付资金占用费在性质上属于承担缔约过失责任，那么过错相抵原则自然有适用余地，《民法典》第157条因此规定"各方都有过错的，应当各自承担相应的责任"。司法实践中，有人民法院即从这一角度在双方当事人之间分配损失。例如，在"某保险公司与周某人身保险合同纠纷案"中，人民法院认为案涉保险合同无效，保险公司应返还已收取的保险金，但"因保险公司及周某对保险合同的无效均存在过错，因此保险公司

[①] 参见崔建远：《合同法》，北京大学出版社2013年版，第111页。
[②] 参见张金海：《论金钱债务的迟延履行利益》，载《法学》2020年第11期。

可按同期存款利率支付50%的利息"。①

需要说明的是，本条第1款规定的资金占用费计算标准不应被视作强制性规定，如果双方当事人对合同无效时的资金占用费另有约定，应从其约定。在"某投资公司建设用地使用权转让合同纠纷案"中，人民法院认为，虽然《合同法》第58条对合同无效的处理作出了明确规定，但在合同当事人对返还财产和损失承担有约定的情况下，只要其约定未违反法律、行政法规的强制性规定，根据民事法律行为意思自治原则，合同当事人之间的约定应优先适用。因此，本案合同无效后财产的返还及损失的承担，应优先适用《补充协议》第3条关于履约保证金和拆迁款的返还和计息标准。② 但是必须指出的是，此所谓另有约定，系指双方当事人对合同无效进入清算返还关系的赔偿约定，并非指对合同违约时的赔偿约定，因为当合同不成立、无效、被撤销或者确定不发生效力时，合同自始不生效力，关于合同履行的约定自然也不具有效力。③

另需说明的是，在一方当事人未按期支付本条规定的资金占用费时，仍会构成履行迟延。在构成履行迟延的情况下，支付资金占用费与迟延支付资金占用费所生的逾期利息应当并行不悖。为此，《民事诉讼法》第264条规定："被执行人未按判决、裁定和其他法律文书指定的期间履行给付金钱义务的，应当加倍支付迟延履行期间的债务利息"。④

当合同因违法而无效时，如果法律、行政法规对利息的处置或损失的分配作出了规定，如《防范和处置非法集资条例》第25条第2款规定"任何单位和个人不得从非法集资中获取经济利益"、第3款规定"因参与非法集资受到的损失，由集资参与人自行承担"，那么就不应支持当事人要求支付资金占用费的诉请。同理，当合同因违背公序良俗而无效时，如果判决支付资金占用费与公序良俗相违背，也不应支持当事人的诉请。在

---

① 参见山东省济南市中级人民法院（2021）鲁01民终2880号民事判决书。
② 参见最高人民法院（2019）最高法民申3538号民事裁定书。
③ 参见最高人民法院（2020）最高法民申2089号民事裁定书。
④ 参见湖北省荆州市中级人民法院（2022）鄂10民终1252号民事判决书。

"杨某与某公司委托合同纠纷案"中，人民法院认为杨某在明知委托某公司代写论文系违背公序良俗的情况下，仍与某公司签订相关合同，在案涉合同签订过程中杨某也具有相应的过错。故对杨某要求某公司赔偿其利息损失的上诉主张不予支持。①

（二）资金占用费的计算

1. 计算标准。

确定资金占用费的计算标准，可从提供资金一方的损失和占用资金一方的获益两方面进行考虑。对于提供资金的一方，其可能遭受的损失包括存款利息、因自身的资金需求进而向银行贷款所支出的利息损失、本可将资金用于投资带来的收益损失等。②对于占用资金的一方，其可能的收益包括存款利息、因占用资金而无须向银行贷款进而避免支出的贷款利息、将资金用于投资带来的收益等。

依据本条第1款，当占用资金的当事人没有过错时，应按照中国人民银行公布的同期同类存款基准利率计算资金占用费，这里采用了一个较低的标准，主要考虑到当事人对合同无效并无过错，不应使其承担过重负担。当占用资金的当事人具有过错时，应当按照中国人民银行授权全国银行间同业拆借中心公布的一年期贷款市场报价利率（LPR）计算资金占用费，这里采用了一个适中的标准，综合考虑了提供资金一方可能遭受的损失与占用资金一方可能的获利，同时兼顾效率价值，有利于促使资金占用人及时返还资金。③

不论是中国人民银行公布的同期同类存款基准利率，还是全国银行间同业拆借中心公布的一年期贷款市场报价利率（LPR），都具有阶段性浮动变化的特点。因此，在计算资金占用费时，需根据不同时间段的利率分段计算。④应予注意的是，贷款市场报价利率（LPR）是我国利率市场化

---

① 参见山东省济南市中级人民法院（2021）鲁01民终3542号民事判决书。
② 参见敖希颖：《民间借贷成本之司法衡量的类型化》，载《法律适用》2022年第11期。
③ 参见唐世银、孙盈：《关于民事审判中利息给付问题研究》，载《法律适用》2011年第4期；张金海：《论金钱债务的迟延履行利益》，载《法学》2020年第11期。
④ 参见最高人民法院（2021）最高法民再318号民事判决书。

改革的最新成果，根据中国人民银行 2019 年发布的第 15 号公告的要求，自 2019 年 8 月 20 日起，中国人民银行授权全国银行间同业拆借中心于每月 20 日（遇节假日顺延）9 时 30 分公布贷款市场报价利率，并且在贷款市场报价利率的形成机制上与央行公布的贷款基准利率脱钩。[1] 2019 年 12 月 28 日，中国人民银行发布〔2019〕第 30 号公告，要求存量浮动利率贷款定价基准转换为 LPR，并且自 2020 年 1 月 1 日起，各金融机构不得签订参考贷款基准利率定价的浮动利率贷款合同。自此，金融借款市场上贷款基准利率和市场利率并存的"利率双轨制"走入历史。[2] 考虑到前述变化，在适用本条规定的贷款市场报价利率时，应坚持法不溯及既往的原则，如果占用资金的情况发生在 2019 年 8 月 20 日之前，应适用当时的贷款基准利率计算资金占用费，如果占用资金的情况延续到 2019 年 8 月 20 日之后，则应分时间段分别适用贷款基准利率和贷款市场报价利率计算资金占用费。[3]

2. 起算和终止时点。

关于资金占用费的计算起点，司法实践中存在自当事人催要之日、[4]自一方当事人占有资金之日、[5] 合同终止履行后、[6] 人民法院酌定起算日、[7] 原告起诉之日[8]等多种做法。如前文所述，资金占用费在性质上要么属于资金的法定孳息，要么属于缔约过失下的损害赔偿。既然如此，对于法定孳息，其起算点应在一方当事人受领金钱之日。对于损害赔偿，其起算点应在损害发生之时，即一方当事人交付资金之日。至于资金占用费的计算终点，应以一方当事人实际返还价款或报酬之日止，此点在司法实践中已形成共识。

---

[1] 参见谭启平、周冠宇：《"贷款基准利率"与"贷款市场报价利率"的司法适用偏差及其纠正》，载《法学评论》2022 年第 2 期。
[2] 参见刘勇：《〈民法典〉第 680 条评注（借款利息规制）》，载《法学家》2021 年第 1 期。
[3] 参见最高人民法院（2022）最高法民终 116 号民事判决书。
[4] 参见江苏省盐城市中级人民法院（2022）苏 09 民终 4123 号民事判决书。
[5] 参见北京市第三中级人民法院（2022）京 03 民终 7719 号民事判决书。
[6] 参见广西壮族自治区防城港市中级人民法院（2022）桂 06 民终 1263 号民事判决书。
[7] 参见江苏省常州市中级人民法院（2022）苏 04 民终 3118 号民事判决书。
[8] 参见最高人民法院（2019）最高法民终 134 号民事判决书。

(三) 双务合同下的相互返还问题

1. 相互返还关系中的同时履行抗辩权。

在双务合同不成立、无效、被撤销或者确定不发生效力的场合，根据《民法典》第157条规定，双方当事人负担相互返还的义务，如在买卖合同无效时，已受领标的物的买受人须返还标的物给出卖人，已受领价款的出卖人须返还价款给买受人。有疑问的是，在一方当事人未履行返还义务时，另一方当事人能否行使同时履行抗辩权？

肯定说认为，《民法典》第525条规定的同时履行抗辩权虽以双务合同当事人互负债务为构成要件，但对于双务合同无效、被撤销时双方的清理关系，依诚信原则及公平原则，宜认可类推适用同时履行抗辩权。[①] 否定说则认为，此时并无同时履行抗辩权适用之余地，因为在合同无效情况下，自始不发生效力，同时履行抗辩权的基础不存在，而无效的后果并非基于当事人的意思而定，双方的义务并无相互性，债务人也不能期待，在自己给付的同时获得对方给付。[②]

《九民纪要》第34条规定"双务合同不成立、无效或者被撤销时，标的物返还与价款返还互为对待给付，双方应当同时返还"。本条吸收《九民纪要》的规定，于第2款规定"双方互负返还义务，当事人主张同时履行的，人民法院应予支持"，采纳了肯定说。

应予注意的是，《九民纪要》第124条第2款规定："……在金钱债权执行中，如果案外人提出执行异议之诉依据的生效裁判认定以转移所有权为目的的合同（如买卖合同）无效或应当解除，进而判令向案外人返还执行标的物的，此时案外人享有的是物权性质的返还请求权，本可排除金钱债权的执行，但在双务合同无效的情况下，双方互负返还义务，在案外人未返还价款的情况下，如果允许其排除金钱债权的执行，将会使申请执行人既执行不到被执行人名下的财产，又执行不到本应返还给被执行人的价

---

① 参见韩世远：《合同法总论》，法律出版社2018年版，第410页。
② 参见王洪亮：《〈合同法〉第66条（同时履行抗辩权）评注》，载《法学家》2017年第2期。

款，显然有失公允。为平衡各方当事人的利益，只有在案外人已经返还价款的情况下，才能排除普通债权人的执行。反之，案外人未返还价款的，不能排除执行。"最高人民法院认为这一规定的法理依据就在于同时履行抗辩权。① 有学者指出，该规定实际上是将拒绝返还抗辩权的行使主体予以了扩张，从而使返还原物义务人的一般债权人也能援引，以对抗返还原物请求权人对标的物变价的异议。②

2. 资金占用费与标的物使用费的相互抵销。

如果负有价款或报酬返还义务的当事人需支付资金占用费，那么，负有标的物返还义务的当事人是否需要支付标的物使用费？对此，《九民纪要》第34条规定"只要一方对标的物有使用情形的，一般应当支付使用费"。按照本条第2款的规定，占有标的物的一方对标的物存在使用或者依法可以使用的情形，就应当支付标的物使用费。这与资金占用费保持一致，因为资金占用费的产生，并不以返还义务人实际使用资金为前提。

关于标的物使用费的计算标准，如果双方当事人嗣后达成协议，自然从其约定。如果不存在约定，而存在标的物的租赁市场，一般应按照市场租金确定标的物使用费。例如，《城镇房屋租赁合同解释》第4条第1款规定："房屋租赁合同无效，当事人请求参照合同约定的租金标准支付房屋占有使用费的，人民法院一般应予支持。"如果标的物不可出租或者没有租赁市场，则应按其通常价值估定折旧价值。在此情况下，应以标的物的客观价值为基础，以实际使用标的物的时间与该物的总使用时间的比例关系计算标的物使用费。③

如果一方当事人须支付标的物使用费，另一方当事人须支付资金占用费，则满足了《民法典》第568条规定的当事人互负标的物种类、品质相同的债务的要件，一方当事人可以主张行使法定抵销权。为此，《九民纪

---

① 参见最高人民法院民事审判第二庭编：《〈全国法院民商事审判工作会议纪要〉理解与适用》，人民法院出版社2019年版，第267页。
② 参见付一耀：《论无效合同或被撤销后的拒绝返还抗辩权——基于〈民法典〉第157条与第525条的解释论》，载《社会科学研究》2021年第2期。
③ 参见郝丽燕：《〈合同法〉第167条（分期付款买卖）评注》，载《法学家》2019年第5期。

要》第 34 条规定标的物使用费"可与占有价款一方应当支付的资金占用费相互抵销"。司法实践中也不乏有支持相互抵销的判决,如在"某广电公司、银某公司等买卖合同纠纷案"中,人民法院认为银某公司应当支付的购房款利息可与某广电公司应当支付的案涉房屋使用费相互抵销,抵销后银某公司负有返还购房款的义务,某广电公司负有返还案涉商铺的义务。[①] 本条第 2 款对此予以明确规定。需注意的是,标的物使用费不仅可与资金占用费相互抵销,而且还可以与价款或报酬返还义务相互抵销。并且,由于标的物使用费和资金占用费的计算标准不同,可能存在标的物使用费高于或低于资金占用费的情况。因此,本条规定的抵销效果应是指在相应数额内使债务消灭,并非指一经抵销,标的物使用费和资金占用费债务就全部消灭了。

【典型案例】

1. 煤炭运销部与焦煤公司借款合同纠纷案

[案号](2015)民提字第 74 号

[审理法院] 最高人民法院

[来源]《最高人民法院公报》2017 年第 6 期

[关键词] 合同无效 资金占用费 与有过错

[裁判摘要] 煤炭运销部与焦煤公司、焦煤公司与肇庆公司之间以买卖形式实际形成的借贷合同均应认定为无效。根据《合同法》第 58 条的规定,本案当事人煤炭运销部与焦煤公司之间的借贷合同无效后,焦煤公司应将从煤炭运销部取得的 1760 万元及其利息返还给煤炭运销部。由于煤炭运销部对借贷行为的无效亦存在过错,焦煤公司应返还的利息金额可以适当减轻,本院根据公平原则,酌定按中国人民银行同期同类存款基准利率计算焦煤公司应返还的利息数额。

---

① 参见最高人民法院(2021)最高法民再 345 号民事判决书。

[基本案情] 2007年1月9日，焦煤公司、煤炭运销部及案外人肇庆公司三方签订合作协议，约定：1.焦煤公司和肇庆公司负责采购煤炭及公路运输；煤炭运销部和肇庆公司负责港口事宜，同时肇庆公司负责煤炭销售及货款回收。2.焦煤公司的煤炭价格不能高于港口市场价格，如焦煤公司不能如期发货到港口，应在15天内退回煤炭运销部预付款。3.双方每月按照煤炭数量、价格、质量等分别签订合同。4.焦煤公司对肇庆公司、煤炭运销部对焦煤公司原则上采取预付款的形式付款结算。

2006年12月4日、2007年3月1日、2007年4月23日，煤炭运销部与焦煤公司签订《煤炭购销合同》，煤炭价格每吨523元，装船港为唐山京唐港，交货方式为发运港口离岸平仓交货。合同签订后，煤炭运销部于2007年6月29日向焦煤公司支付货款760万元，同年7月12日支付货款1000万元，共计1760万元货款，但焦煤公司未依约供货。2007年7月12日，焦煤公司出具证明一份，载明："今我单位收到煤炭运销部货款1760万元，计划2007年7月中下旬装船，经协商我单位先开增值税发票，金额为：20050564.8元，此金额涉及煤炭运销部蒙原煤38337.6吨。这批煤炭我单位保证于2007年7月底以前平仓转给煤炭运销部。"2009年7月1日，焦煤公司再次出具证明，载明："今我单位收到煤炭运销部往来货款1760万元（原计划2007年7月中下旬装船），未交付煤炭运销部原煤38337.6吨。这批煤炭我单位保证于2009年7月底以前在某港平仓转给煤炭运销部。"之后，焦煤公司也未依约供货。

焦煤公司与肇庆公司于2006年12月4日、2007年1月22日及4月23日分别签订煤炭购销合同，每吨510元。装船港为唐山京唐港，交货方式为发运港口离岸平仓交货。肇庆公司未依约发货。

因肇庆公司未到庭接受询问，煤炭运销部未向法庭提供其与肇庆公司的购销合同，但双方在2007年有业务往来。煤炭运销部向肇庆公司付货80836.2吨，每吨533元，应收货款43085598.66元，2007年4月2日至7月25日，实收货款4340万元，实际多收货款314401.34元。其中1760万元只是货款的一部分。2007年9月30日，肇庆公司支付运费35万元。

2009年10月29日，煤炭运销部与肇庆公司结账，煤炭运销部支付肇庆公司248226元。之后双方再无业务来往。

因合同履行产生争议，煤炭运销部起诉，请求判令焦煤公司向煤炭运销部交付38337.6吨原煤或返还日照港运销部货款1760万元，并赔偿相应利息损失。

2. 资产管理公司、工贸公司借款合同纠纷案

［案号］（2020）最高法民终537号

［审理法院］最高人民法院

［来源］中国裁判文书网

［关键词］虚伪意思表示　违法合同　资金占用费

［裁判摘要］资产管理公司、文化公司、工贸公司故意以通谋虚伪意思表示订立案涉不良债权转让合同，规避法律禁止性规定，违背诚信原则，应确认无效。该合同无效后依据《合同法》第58条形成的债权债务为当事人明知的基础法律关系。资产管理公司的实际损失为其出借资金的占用费，鉴于其本身资金来源的特殊性及资产管理的风险，原审法院酌定以年利率6%计算资金占用费作为文化公司、工贸公司赔偿资产管理公司的实际损失，处理结果并无不当。

［基本案情］自2014年5月13日至20日，文化公司与工贸公司通过往来转账，虚构了案涉文化公司享有的工贸公司1.09亿元的债权。文化公司因案外项目于2014年2月28日将其公司印章、合同专用章、财务专用章、法定代表人戴某私章移交资产管理公司保管，资产管理公司与文化公司共同管理上述印章，文化公司使用印章均需经资产管理公司工作人员签字。《文化公司财务印章使用登记表（2014）》记载，2014年5月13日至21日，文化公司有多笔内部转账及向工贸公司的转账，均有资产管理公司工作人员李某的签字。资产管理公司知晓"文化公司与工贸公司通过往来转账虚构案涉债权事宜"这一事实，具有高度盖然性。工贸公司在二审中举示的证据进一步证实资产管理公司知晓且参与了案涉债权虚构行

为。另外，从资产管理公司与文化公司、工贸公司签订的债权转让协议第2条第2款第3项约定内容来看，"转让方（文化公司）的指定账户用于存放受让方（资产管理公司）支付的收购资金，由受让方预留人员印鉴，并对账户内的资金进行监管"。在债权转让之后，受让方监管转让方的账户不符合交易常规，进一步印证资产管理公司的真实意思并非收购案涉不良债权。故原审判决认定资产管理公司收购案涉不良资产的意思表示不成立，并不缺乏理据。文化公司系案涉9600万元的实际用款人，其先后向资产管理公司还本付息总计14473350元，资产管理公司与文化公司成立借款合同法律关系。虚伪的意思表示无效，应当按照隐藏的民事法律行为处理。

资产管理公司与文化公司之间的借款关系违反《银行业监管法》第19条的规定，该规定涉及金融安全、市场秩序、国家宏观政策等公共秩序，属于效力性强制性规定。资产管理公司系金融资产管理公司和非银行金融机构，其经营范围不包括贷款业务。资产管理公司未经批准从事贷款业务，与文化公司之间的借款关系无效。

3. 广电公司、房地产公司等买卖合同纠纷案

[案号]（2021）最高法民再345号

[审理法院] 最高人民法院

[来源] 中国裁判文书网

[关键词] 合同无效　相互返还　抵销

[裁判摘要] 广电公司于2012年8月22日至2013年1月9日分四次向房地产公司通过银行转账支付购房款共计33469021.53元。2012年10月，案涉房屋交付广电公司使用至今，未办理变更登记至广电公司名下。案涉《不动产销售合同》无效，根据法律规定，房地产公司应当返还广电公司购房款及利息，广电公司应当返还案涉房屋给房地产公司并支付使用费。参照《九民纪要》第34条的规定，本案中，房地产公司应当支付的购房款利息可与广电公司应当支付的案涉房屋使用费相互抵销，抵销后房

地产公司负有返还购房款的义务，广电公司负有返还案涉商铺的义务。

[基本案情] 2012年8月16日，广电公司与房地产公司签订《不动产销售合同》一份，约定广电公司购买房地产公司的商铺。合同签订后，广电公司按照合同约定，分四次通过银行转账向房地产公司支付购房款，共计33469021.53元。2012年10月，上述合同中约定的案涉房屋交付广电公司使用至今。2018年12月14日，中共甘肃省纪律检查委员会作出关于给予王某开除党籍处分的决定，甘肃省监察委员会作出关于给予王某开除公职处分的决定，以上两份处分决定中均认定"2012年年初，王某未经主管部门审批和法定程序决策，违规筹建广电公司高标准互联网数据中心机房和电话客服中心，并擅自决定购买由房地产公司开发商铺用于建设高标准互联网数据中心机房和客服中心。2012年8月10日，广电公司与房地产公司签订《不动产销售合同》，购买上述商住楼……经鉴定，广电公司购买上述房产多支付购房款1454.5万元……广电公司投资建设高标准互联网数据中心机房共造成损失2647.07万元"。

（撰稿人：蔡睿）

四、合同的履行

> **第二十六条 【从给付义务的履行与救济】** 当事人一方未根据法律规定或者合同约定履行开具发票、提供证明文件等非主要债务，对方请求继续履行该债务并赔偿因怠于履行该债务造成的损失的，人民法院依法予以支持；对方请求解除合同的，人民法院不予支持，但是不履行该债务致使不能实现合同目的或者当事人另有约定的除外。

【关联规定】

一、《民法典》（2020 年 5 月 28 日）

第 509 条第 1 款、第 2 款　当事人应当按照约定全面履行自己的义务。

当事人应当遵循诚信原则，根据合同的性质、目的和交易习惯履行通知、协助、保密等义务。

第 562 条　当事人协商一致，可以解除合同。

当事人可以约定一方解除合同的事由。解除合同的事由发生时，解除权人可以解除合同。

第 563 条第 1 款　有下列情形之一的，当事人可以解除合同：

（一）因不可抗力致使不能实现合同目的；

（二）在履行期限届满前，当事人一方明确表示或者以自己的行为表明不履行主要债务；

（三）当事人一方迟延履行主要债务，经催告后在合理期限内仍未履行；

（四）当事人一方迟延履行债务或者有其他违约行为致使不能实现合同目的；

（五）法律规定的其他情形。

以持续履行的债务为内容的不定期合同，当事人可以随时解除合同，但是应当在合理期限之前通知对方。

第577条 当事人一方不履行合同义务或者履行合同义务不符合约定的，应当承担继续履行、采取补救措施或者赔偿损失等违约责任。

二、司法解释

《买卖合同司法解释》（法释〔2020〕17号）

第19条 出卖人没有履行或者不当履行从给付义务，致使买受人不能实现合同目的，买受人主张解除合同的，人民法院应当根据民法典第五百六十三条第一款第四项的规定，予以支持。

【理解与适用】

一、本条主旨

本条是关于债务人不履行合同从给付义务时，债权人的违约救济与合同解除权的规定。

二、《民法典》条文理解以及有待细化的问题

《民法典》第509条是关于合同履行原则的规定。第1款规定了全面履行原则，第2款规定了诚信履行原则。全面履行原则是指当事人应按照约定全面履行自己的义务，包括主给付义务和从给付义务。[1] 主给付义务

---

[1] 参见黄薇主编：《中华人民共和国民法典合同编释义》，法律出版社2020年版，第106~107页。

是指决定债之关系的基本义务，是合同关系所固有、必备并且用以决定合同关系类型的基本义务，又称合同关系的要素。[1] 例如，按照《民法典》第 595 条对买卖合同的规定，买卖合同中出卖人转移标的物的所有权于买受人，买受人支付价款构成了主给付义务。从给付义务是指除主给付义务之外的其他给付义务，在功能上为辅助主给付义务之功能，在请求上可以独立诉请求之。[2] 以买卖合同为例，提供发票和证明文件在交易习惯中定位为从给付义务，这些义务的履行目的是使得债权人获得最大利益的满足。诚信履行是指履行合同义务的同时需要遵守诚信原则，这导出了给付义务群中的附随义务。附随义务的典型情形为通知、协助、保密，但不限于此，需要结合诚信原则和交易习惯在具体的个案中予以考察。

当事人一方不履行主给付义务、从给付义务及附随义务均可触发违约责任。《民法典》第 577 条规定，当事人一方不履行债务或履行债务不符合约定时，相对方可以请求其继续履行、采取补救措施或赔偿损失。然，该条所称之"债务"究竟如何理解，条文并未明晰。理论上，主给付义务与从给付义务不履行时，相对方可诉请继续履行，亦可诉请损害赔偿。但附随义务不履行通常并不能触发继续履行请求权，仅导致损害赔偿责任。[3] 本条未区分债务的类型，适用时需对不同债务类型分别处理。

合同之债不履行可导致相对方获得合同解除权。《民法典》第 562 条规定了合同的合意解除，是对意思自治原则的贯彻以及对法定解除权的缓和与修正，具体包括约定解除与协商解除。基于意思自治原则，当事人可预先在合同中约定解除条件，当约定情形满足，当事人可行使解除权。或者，当事人双方可于合同成立后、终止前的任意时间点，达成解约合意，从而解除合同关系。因此，当事人双方当然可通过协商或约定的方式，将从给付义务违反确定为合同解除的事由之一，赋予守约方解除权。

《民法典》第 563 条第 1 款是关于合同法定解除的规定。根据该款内

---

[1] 参见韩世远：《合同法总论》，法律出版社 2018 年版，第 340 页。
[2] 参见王泽鉴：《债法原理》（第二版），北京大学出版社 2013 年版，第 81 页。
[3] 参见王洪亮：《债法总论》，北京大学出版社 2016 年版，第 25~26 页。

容，合同法定解除权的发生事由集中于主要债务不能履行以及合同目的不能实现。不可抗力若影响合同履行，致使合同目的无法实现，构成一项法定解除事由。主要债务（主给付义务）的不履行构成根本违约，当然影响到合同目的，由此产生两项法定解除事由，分别是第2项与第3项。值得注意的是第4项，条文使用了"债务"一语，区别于前两项"主要债务"的用词，此为立法者传达合同其他债务的不履行及其他违约行为亦可因影响合同目的实现而触发法定解除权，不过，具体是哪类或哪几类其他合同债务之违反可以有这样的法律效果，条文未言明。

从给付义务的违反虽通常不构成根本违约，不会触发法定解除权，但若该从给付义务与合同目的关联密切，违反将导致合同目的无法实现，则符合《民法典》第563条第1款第4项之要件，相对方获得法定解除权。[①] 此为合同法之一般规则，可适用于各种合同类型，然《民法典》合同编总则部分对此未置一词。

为解决实践纠纷，《买卖合同司法解释》第19条对买卖合同中从给付义务违反致使合同目的无法实现的情况进行了解释，明确了该情形下买受人方的法定解除权。但其他类型合同中的从给付义务违反是否也能产生合同解除权，则需要进一步解释，或者类推适用前述司法解释。

三、司法解释条文理解

本条的关键词为"非主要债务"，应理解为合同之债务。非主要合同债务包括从给付义务及附随义务，但从条文不完全列举的具体义务示例来看，这里仅指从给付义务。后文中该"非主要债务"违反之救济之一为继续履行亦佐证了这一解释。

本条规定包括两句，所规定的内容相对独立，应当分别解读。

条文第一句规定的是从给付义务违反的合同责任，即相对方的违约救济。从给付义务系为辅助主给付义务实现而产生，当该义务尚具备履行之可能时（未出现《民法典》第580条所列之情形），相对方的请求继续履

[①] 参见王洪亮：《债法总论》，北京大学出版社2016年版，第22~23页。

行。若继续履行后相对方尚有其他损失，则可继续主张《民法典》第 583 条规定的损害赔偿请求权。若继续履行该从给付义务已不可能或不必要，相对方亦可依据《民法典》第 577 条，主张替代给付的损害赔偿请求权。该句规定细化了《民法典》第 577 条的规定，明确从给付义务违反可以触发继续履行请求权及损害赔偿请求权。不过，具体触发的是哪种损害赔偿请求权，尚待适用中由司法者进一步解释。

条文第二句规定了从给付义务违反的合同解除，包括法定解除与合意解除。法定解除的法律依据为《民法典》第 563 条第 1 款第 4 项，要求从给付义务之违反达到影响合同目的实现之程度，否则，相对方无法定解除权。例如，车辆买卖中，出卖人拒不交付必要文件、办理相关手续，导致车辆登记无法正常变更。虽然主给付义务，即车辆的现实交付，已经履行完毕，但买受人无法正常使用该车辆，影响合同目的之实现，相对方可以请求解除合同。又如，电脑买卖中，出卖人未交付电脑使用说明书，但正常人均知悉电脑的一般使用方式，无说明书并不影响电脑使用。此时，买受人不可以出卖人违反说明书交付义务为由请求解除合同。本条的类似规定在《买卖合同司法解释》中已存在。本条作为合同编通则部分的解释，将《买卖合同司法解释》第 19 条的规定上升为合同一般规则，可适用于所有合同类型，免去类推解释之累，进一步明晰了《民法典》第 563 条第 1 款第 4 项的适用条件。合意解除，属合同双方意思自治的范畴，约定当遵守，本为《民法典》第 563 条应有之义，此处仅为强调，并无新的解释。

【典型案例】

1. 汽轮机公司与建筑公司、服务公司买卖合同纠纷案

［案号］（2019）最高法民终 185 号

［审理法院］最高人民法院

［来源］《最高人民法院公报》2020 年第 11 期

[关键词] 质量保证期 提出异议 买卖合同

[裁判摘要] 买卖的货物交付后，买受人已经使用标的物且未在约定的质量保证期内提出质量异议，当出卖人要求买受人支付欠付货款、退还质保金时，买受人以货物存在质量问题为由主张行使先履行抗辩权拒绝付款的，不予支持。

交付技术材料是卖方负有的从给付义务，卖方违反该义务，买方可以主张相应的违约责任。卖方违反从给付义务但并未影响买方对所买货物正常使用，不影响合同目的实现的，买方不能基于卖方违反从给付义务而拒绝履行给付货款的主给付义务。

[基本案情] 2011年8月，气轮机公司大安风电分公司（以下简称大安分公司）与建安公司签订了《买卖合同》，约定：建安公司向大安分公司购买33套低温型风力发电机组（1.5MW及以上单机容量），合同单位千瓦综合造价3560元/kW，总价款17322万元。包括风电机组设备、监控系统、备品备件和易耗品、专用工具及与设备有关的一切税、费和运杂费、保险费、技术资料费等费用。

2012年11月5日，发电公司在大安分公司提供的风场正式进入质保期的报告上签字、盖章，确认33台风机已于2012年11月4日20点完成240小时验收工作，风机运行正常，满足验收要求，从2012年11月6日正式进入质保期。2016年4月18日，建安公司与电气公司就项目的付款和履行情况进行协商，并形成了《会议纪要》，载明：风电场从2011年12月开始发货，根据合同约定预验收之日起第4个年度的第一个月支付预验收款，到2015年10月应支付验收款71388000元，在最终验收证书签到后第一个年度内支付质保金18222000元。

2016年7月17日，建安公司、服务公司与汽轮机公司签订《付款担保协议》，约定：大安分公司是汽轮机公司的分支机构，项目的一切权利、义务均由汽轮机公司承接。项目应付预验收款及质保金共计为8961万元，建安公司应付给大安分公司的全部款项直接付给汽轮机公司，该款项大安分公司的供货义务已经履行完毕。具体付款比例、额度、期限仍按《会议纪要》执行，服务公司为项目款项的支付承担连带担保责任。

法院经审理认为，案涉33台风机交货时已经进行了验货，其后完成了预验收，货物早已交付业主方发电公司并投入使用，至双方货款讼争产生时已长达4年多，建安公司未提供证据证明其或业主方发电公司曾经对汽轮机公司未交付风机的技术资料提出过异议，风机亦未出现因缺少技术资料而无法运行或者其他不能实现合同目的的情况。相反，建安公司在2016年7月17日签署的《付款担保协议》第1项中明确认可"大安分公司的供货义务已经履行完毕"。从性质上看，交付技术材料是卖方负有的从给付义务，卖方违反该从给付义务，买方可以主张相应的违约责任。除非卖方违反该从给付义务导致买方对所买货物无法正常使用，影响合同目的实现，否则买方不能基于从给付义务的不履行而拒绝履行给付货款的主给付义务。故即使汽轮机公司确未交付风机的技术资料，建安公司也不能仅凭此理由而拒付货款。

2. 甲物流公司与乙物流公司租赁合同纠纷申请再审案

[案号]（2014）民申字第709号

[审理法院] 最高人民法院

[来源] 中国裁判文书网

[关键词] 从给付义务　合同目的　先履行抗辩权

[裁判摘要] 租赁合同中的出租人未履行为出租车辆办理涉外运输资质的从给付义务，但租赁合同的目的并未因此而落空，承租人实际使用租赁物获取收益后，仅以出租人违约在先为由主张行使先履行抗辩权，拒绝支付租金，人民法院不予支持。

[基本案情] 2009年11月，甲物流公司与乙物流公司先后签订《战略合作协议》与《租赁合同》，《租赁合同》的订立系以《战略合作协议》为基础，两份协议构成预约与本约的关系。《战略合作协议》约定乙物流公司负责办理双方合作项下的商品车运输专用车的涉外资质，虽然《租赁合同》中对此未作约定，但双方当事人在预约合同中协商一致的、确定性

的条款,应视为本约的一部分而订入本约。乙物流公司未予办理涉外资质构成违约,甲物流公司可以主张相应的违约责任。但在本案争议的租赁合同法律关系中,双方主给付义务分别为交付租赁车辆和支付租金,为车辆办理涉外资质作为出租车辆一方的从给付义务,与支付租金不能形成对待给付关系。甲物流公司与乙物流公司订立《租赁合同》后,双方实际履行了全部租赁车辆的交接手续,甲物流公司提交的双方往来函件及交通管理部门的处罚单据均可以证明其对租赁车辆进行了使用和运营,因此乙物流公司已经履行了《租赁合同》中的主给付义务。虽然租赁车辆因未取得涉外资质而不能从事国际运输,但并未妨碍甲物流公司实际使用承租车辆用于国内运输并获取收益,租赁合同的根本目的并未落空,其理应履行因实际占有和使用承租车辆而产生的对待给付义务,支付租金。原审法院未认定乙物流公司违约确有不当,但在判决双方解除租赁合同的基础上减少了甲物流公司按照合同约定应付的租金数额,一定程度上弥补了因乙物流公司未办理车辆涉外资质而造成的甲物流公司损失,实际上体现了公平原则。甲物流公司在租赁合同订立后长达30个月的履行期间内使用车辆并取得收益,现仅以乙物流公司未办理车辆涉外资质为由抗辩,拒绝履行支付租金的主给付义务,系不当行使先履行抗辩权,应承担相应的违约责任,原审法院根据乙物流公司的主张按照月息4.875‰而非合同约定的每天0.5%判决甲物流公司承担逾期利息,进一步减轻了甲物流公司的责任,本院予以维持。

(撰稿人:冀放)

第二十七条 【债务履行期限届满后达成的以物抵债协议】 债务人或者第三人与债权人在债务履行期限届满后达成以物抵债协议,不存在影响合同效力情形的,人民法院应当认定该协议自当事人意思表示一致时生效。

> 债务人或者第三人履行以物抵债协议后，人民法院应当认定相应的原债务同时消灭；债务人或者第三人未按照约定履行以物抵债协议，经催告后在合理期限内仍不履行，债权人选择请求履行原债务或者以物抵债协议的，人民法院应予支持，但是法律另有规定或者当事人另有约定的除外。
>
> 前款规定的以物抵债协议经人民法院确认或者人民法院根据当事人达成的以物抵债协议制作成调解书，债权人主张财产权利自确认书、调解书生效时发生变动或者具有对抗善意第三人效力的，人民法院不予支持。
>
> 债务人或者第三人以自己不享有所有权或者处分权的财产权利订立以物抵债协议的，依据本解释第十九条的规定处理。

【关联规定】

一、《民法典》（2020 年 5 月 28 日）

第 154 条　行为人与相对人恶意串通，损害他人合法权益的民事法律行为无效。

第 229 条　因人民法院、仲裁机构的法律文书或者人民政府的征收决定等，导致物权设立、变更、转让或者消灭的，自法律文书或者征收决定等生效时发生效力。

第 410 条　债务人不履行到期债务或者发生当事人约定的实现抵押权的情形，抵押权人可以与抵押人协议以抵押财产折价或者以拍卖、变卖该抵押财产所得的价款优先受偿。协议损害其他债权人利益的，其他债权人可以请求人民法院撤销该协议。

抵押权人与抵押人未就抵押权实现方式达成协议的，抵押权人可以请求人民法院拍卖、变卖抵押财产。

抵押财产折价或者变卖的，应当参照市场价格。

第 467 条第 1 款　本法或者其他法律没有明文规定的合同，适用本编通则的规定，并可以参照适用本编或者其他法律最相类似合同的规定。

第 483 条　承诺生效时合同成立，但是法律另有规定或者当事人另有约定的除外。

第 515 条　标的有多项而债务人只需履行其中一项的，债务人享有选择权；但是，法律另有规定、当事人另有约定或者另有交易习惯的除外。

享有选择权的当事人在约定期限内或者履行期限届满未作选择，经催告后在合理期限内仍未选择的，选择权转移至对方。

第 539 条　债务人以明显不合理的低价转让财产、以明显不合理的高价受让他人财产或者为他人的债务提供担保，影响债权人的债权实现，债务人的相对人知道或者应当知道该情形的，债权人可以请求人民法院撤销债务人的行为。

第 646 条　法律对其他有偿合同有规定的，依照其规定；没有规定的，参照适用买卖合同的有关规定。

二、司法解释

《执行异议复议规定》（法释〔2020〕21 号）

第 28 条　金钱债权执行中，买受人对登记在被执行人名下的不动产提出异议，符合下列情形且其权利能够排除执行的，人民法院应予支持：

（一）在人民法院查封之前已签订合法有效的书面买卖合同；

（二）在人民法院查封之前已合法占有该不动产；

（三）已支付全部价款，或者已按照合同约定支付部分价款且将剩余价款按照人民法院的要求交付执行；

（四）非因买受人自身原因未办理过户登记。

第 29 条　金钱债权执行中，买受人对登记在被执行的房地产开发企业名下的商品房提出异议，符合下列情形且其权利能够排除执行的，人民法院应予支持：

（一）在人民法院查封之前已签订合法有效的书面买卖合同；

（二）所购商品房系用于居住且买受人名下无其他用于居住的房屋；

（三）已支付的价款超过合同约定总价款的百分之五十。

三、司法指导性文件

《九民纪要》（法〔2019〕254号）

44. 当事人在债务履行期限届满后达成以物抵债协议，抵债物尚未交付债权人，债权人请求债务人交付的，人民法院要着重审查以物抵债协议是否存在恶意损害第三人合法权益等情形，避免虚假诉讼的发生。经审查，不存在以上情况，且无其他无效事由的，人民法院依法予以支持。

当事人在一审程序中因达成以物抵债协议申请撤回起诉的，人民法院可予准许。当事人在二审程序中申请撤回上诉的，人民法院应当告知其申请撤回起诉。当事人申请撤回起诉，经审查不损害国家利益、社会公共利益、他人合法权益的，人民法院可予准许。当事人不申请撤回起诉，请求人民法院出具调解书对以物抵债协议予以确认的，因债务人完全可以立即履行该协议，没有必要由人民法院出具调解书，故人民法院不应准许，同时应当继续对原债权债务关系进行审理。

【理解与适用】

一、本条主旨

本条是关于"债务履行期限届满后达成的以物抵债协议"的规定，学理上一般将其称为清偿性型以物抵债协议，因为其本质上属于债务清偿的内容，与本解释第28条构成了较为完整的以物抵债协议规范体系，属于对《九民纪要》第44条所确立基本立场的延续。

二、司法解释条文理解

应当明确的是，本条所规定的"以物抵债协议"乃"清偿型以物抵债协议",其所规范的是债务履行期限届满后债权债务人之间就如何清偿债务所达成的协议,并不包含债务履行期限届满前所达成的以物抵债协议。① 概言之,此处的以物抵债协议必须包含当事人约定抵债物(权利)归债权人后,原债权债务关系就消灭的意思。从事后达成的以物抵债的类型而言,在学理上也包含了两种:其一,债务更新型以物抵债协议。在该类以物抵债协议中,双方当事人之间约定以新债代替旧债、新债成立时旧债消灭。其二,新债清偿型以物抵债协议。在该类以物抵债协议中,双方当事人之间仅就债务清偿方式予以增加,而非以新债代替旧债,在新债履行完毕之前,旧债仍然是存在的。显然,新债清偿型以物抵债协议更有利于债权人权益的保障,而本条所规定的就是该类型的以物抵债协议。也就是说,如果双方明确约定以物抵债协议签订时旧债消灭,则不能适用本条;举例而言,如果双方当事人约定债权人的借款冲抵新签订买卖合同的价款,合同签订时原借款合同作废,此时就应当将该以物抵债协议认定为债务更新型以物抵债协议,不能适用本条的规定。②

就本条所规定的具体内容,共分四款,分别规定了"债务履行期限届满后达成的以物抵债协议何时生效""债务履行期限届满后达成的以物抵债协议何时消灭旧债""法院出具的以物抵债协议的确认书、调解书均不能直接发生物权变动"和"无权处分他人之物达成以物抵债协议清偿债务的效力"四方面的内容。对此,在理解与适用上应持如下立场:

(一)债务履行期限届满后达成的以物抵债协议何时生效

根据本条第1款的内容,债务履行期限届满后债权债务人之间达成的以物抵债协议原则上在双方达成合意时即生效。换言之,只要以物抵债协议不存在影响合同效力的事由,不论本身是否已经实际履行,都应当认定该合同已经生效。简言之,债务履行期限届满后达成的以物抵债协议在性

---

① "债务履行期限届满前所达成的以物抵债协议"的相关内容由本解释第28条予以规定,详见本书对该条款的解读。

② 参见李少平主编:《最高人民法院第五巡回法庭法官会议纪要》,人民法院出版社2021年版,第100页。

质上是诺成合同，债权人债务人之间达成合意时即生效。

但是，理论上对此是存在不同看法的。有意见认为，债务履行期限届满后达成的以物抵债协议与域外立法例上的代物清偿协议极为类似，所以应当认定此类以物抵债协议本质上就是代物清偿协议，所以应当将其认定为实践性合同，以有效防止道德风险的发生，即主要可以防止当事人为了恶意逃债而签订虚假的以物抵债协议。应该说，这一观点确实具有一定合理性，司法实务对此也存在分歧。最高人民法院的判决立场也发生过重大转变：起初，最高人民法院曾以公报案例的形式确认以物抵债协议是实践性合同，即只有债务人将抵债物（权利）交付或者转移登记给债权人时，以物抵债协议才生效。[1] 但此后，最高人民法院又以指导案例的形式将以物抵债协议确认为诺成性合同："当事人于债务清偿期届满后签订的以物抵债协议，并不以债权人现实地受领抵债物，或取得抵债物所有权、使用权等财产权利，为成立或生效要件。只要双方当事人的意思表示真实，合同内容不违反法律、行政法规的强制性规定，合同即为有效。"[2] 在该指导案例之外，最高人民法院民二庭第四次法官会议纪要、[3] 最高人民法院第二巡回法庭2019年第12次法官会议纪要、[4] 最高人民法院第五巡回法庭法官会议纪要[5]以及《九民纪要》第44条，均认定"以物抵债协议"属于诺成性合同，直至本次司法解释再次肯定这一立场。

---

[1] 《最高人民法院公报》2012年第6期。

[2] 最高人民法院指导案例72号。

[3] 最高人民法院民二庭第4次法官会议纪要（法官会议意见）认为，当时的《合同法》第25条确立了以诺成合同为原则、以实践合同为例外的合同成立规则；就以物抵债协议而言，在我国法律没有规定代物清偿制度，而当事人对合同成立又无特别约定的情况下，应当认为其系诺成合同，自双方意思表示一致时成立，不应以债权人受领抵债物为合同成立要件。参见贺小荣主编：《最高人民法院民事审判第二庭法官会议纪要：追寻裁判背后的法理》，人民法院出版社2018年版，第3页。

[4] 最高人民法院第二巡回法庭2019年第12次法官会议纪要（法官会议意见）再次指出，以物抵债协议属于诺成合同，自双方达成合同时成立。参见贺小荣主编：《最高人民法院第二巡回法庭法官会议纪要（第一辑）》，人民法院出版社2019年版，第191页。

[5] 最高人民法院第五巡回法庭法官会议纪要（法官会议意见）指出，以物抵债协议作为无名合同，其性质应参照与其性质最相近的买卖合同，即诺成性合同；在当事人未约定以债权人实际领抵债物作为以物抵债协议成立要件的情况下，协议自双方达成合意时即成立，且在以物抵债协议未履行前新债与旧债并存。参见李少平主编：《最高人民法院第五巡回法庭法官会议纪要》，人民法院出版社2021年版，第96页。

本书认为，本条所持立场是更为合理的：

首先，从我国现行立法来看，实践性合同均源于立法的明确规定，在法律没有规定以物抵债协议属于实践性合同的情况下，理应认定其属于诺成性合同。因为《民法典》第483条"承诺生效时合同成立，但是法律另有规定或者当事人另有约定的除外"这一规定已经排除了无名合同属于实践性合同的解释空间。而且，根据《民法典》第467条的规定，以物抵债协议之类无名合同应当适用《民法典》合同编通则的规定，而合同生效的一般要件即"双方当事人意思表示真实且没有违反法律、行政法规强制性规定的情形"，即应当适用《民法典》第483条的规定。

其次，从发展趋势来看，实践性合同呈现逐渐减少的趋势，作为无名合同的以物抵债协议理应顺应这一趋势，这本质上是由现代民法倡导个人自由、尊重意思自治的价值趋向所决定的，符合民法的私法属性。

再次，以物抵债协议本质上属于债权债务人之间商定债的清偿方式，而非债务清偿本身，抵债物（权利）发生物权变动才是实际上真正履行债务的行为。也就是说，以物抵债协议属于实践性合同的观点混淆了抵债物（权利）发生物权变动的原因和结果本身。

最后，从防止道德风险的角度来看，将以物抵债协议认定为实践性合同或许更为妥当，但这也将引发"以物抵债协议签了白签"所带来的另类道德风险，在债权人没有受领抵债物（权利）的情况下，该协议因为不具备法律效力，任何一方当事人完全可能因此而拖延债务的履行。而且，我国现行法律对于损害第三人合法权益的以物抵债协议已经提供了较为完备的救济途径。一方面，现行《民法典》第154条规定："行为人与相对人恶意串通，损害他人合法权益的民事法律行为无效。"另一方面，第539条明确规定："债务人以明显不合理的低价转让财产、以明显不合理的高价受让他人财产或者为他人的债务提供担保，影响债权人的债权实现，债务人的相对人知道或者应当知道该情形的，债权人可以请求人民法院撤销债务人的行为。"由此可知，如果以物抵债协议存在损害他人合法权益的情况，他人在有明确证据的情况下，可以主张以物抵债协议无效；即使没有证据证明抵债协议双方存在"损害他人合法权益的恶意",也能根据《民法典》第539条主张撤销该以物抵债协议。

综上所述,将以物抵债协议认定为诺成性合同虽然可能对第三人合法权益有潜在的风险,但这一风险事实上是被夸大的。关键在于,根据我国现行法律的规定,以物抵债协议只能被认定为诺成性合同。

(二)债务履行期限届满后达成的以物抵债协议何时消灭旧债

根据本条第2款的内容,以物抵债协议生效本身并不会导致债务的消灭,而只有履行以物抵债协议才能消灭原有债权债务关系;而且,如果抵债人未按照约定履行以物抵债协议的,且经催告在合理时间内仍不履行的,此时债权人将有权选择要求原债务人履行债务或抵债人履行以物抵债协议。简言之,以物抵债协议的生效,属于新债清偿,原则上将使得旧债与新债并存。

具体而言,该规则包含几个层面的内涵:首先,债务清偿期届满后债权人与债务人所签订的以物抵债协议,如未约定消灭原有的金钱给付债务,该协议性质上属于新债清偿协议,应认定双方当事人另增加一种清偿债务的方式,而非原金钱给付债务的消灭。其次,若债务人未履行以物抵债约定的义务,则旧债并未消灭,新债和旧债处于并存状态;新债务履行完毕后,旧债务方得以消灭。最后,债务人届期不履行以物抵债协议,致使以物抵债协议目的不能实现的,债权人有权请求债务人履行旧债务,但必须履行催告程序,给对方一定的合理期间。也就是说,虽然新债和旧债此时并存,但债务人拒绝履行以物抵债协议,将使得债权人取得是履行旧债还是以物抵债协议的债权选择权。

本书认为,本条所持立场值得肯定:

一方面,诚如前述,当事人于债务履行期限届满后达成的以物抵债协议只要没有约定旧债消灭,就应当认定双方只是增加了一种债务履行方式,而并不存在债务更新的合意,达成的合意属于新债清偿合意,此时旧债务和新债务同时存在。

另一方面,签订以物抵债协议的双方当事人应当遵循诚信原则,按照约定全面履行自己的义务。如果债务人没有履行以物抵债协议，导致债权人债权不能得到实现的，此时根据"合同制度构建理应惩罚违约"的基本精神，就宜认定债权人享有要求债务人履行何种债务的选择权，而本条从友善价值层面赋予了债权人有催告债务人履行以物抵债协议的义务，规定只有债务人在合理期限内拒不履行以物抵债协议时才能要求债务人履行旧债，价值导向值得肯定。当然，如果以物抵债协议的履行已经存在客观障碍，则当事人没有必要进行所谓的催告程序，也就是说，本条赋予债权人的催告义务以以物抵债协议尚能履行为根本前提。值得思考的问题是，如果债权人拒绝债务人或第三人履行以物抵债协议，此时应否允许债务人履行旧债？从权利对等的角度而言，本书认为答案应是肯定的。

（三）确立以物抵债协议的确认书/调解书不能直接发生物权变动

根据本条第3款的内容，以物抵债协议经人民法院确认或者人民法院根据当事人达成的以物抵债协议制作成调解书时，物权并不发生变动，旧债仍未消灭。事实上，这一规定也将人民法院的确认书、调解书排除在《民法典》第229条能否直接产生物权变动的"法律文书"的范畴之外。

一直以来，对于《民法典》第229条"法律文书"的内涵，理论和实务界存在相当的争论。一般认为，此处的"法律文书"要求"改变原有物权关系"，即必须是能够引起物权变动的生效法律文书。对此，《民法典物权编司法解释（一）》第7条规定："人民法院、仲裁机构在分割共有不动产或者动产等案件中作出并依法生效的改变原有物权关系的判决书、裁决书、调解书，以及人民法院在执行程序中作出的拍卖成交裁定书、变卖成交裁定书、以物抵债裁定书，应当认定为民法典第二百二十九条所称导致物权设立、变更、转让或者消灭的人民法院、仲裁机构的法律文书。"由此可知，此处的"法律文书"不包含确权裁判和给付裁判，而局限于形成裁判，因为确权裁判只是确认某个民事法律关系的存在或者不存在，而给付裁判只是实现某种法律关系，这两者并不能导致物权的变动，只有形成之诉的裁判才能改造现存法律状态并创造新的法律状态，对此，理论研究和最高人民法院存在相当的共识。[1] 具体而言，《民法典》第229条中的法律文书包含了如下几类：（1）人民法院、仲裁机构在分割共有不动产或者动产等案件中作出并依法生效的改变原有物权关系的判决书、裁决书、调解书；（2）人民法院在执行程序中作出的拍卖成交裁定书、变卖成交裁定书；（3）人民法院在执行程序中作出的以物抵债裁定书。对此，应做如下理解：

其一，生效调解书如果包含物权变动内容在内，理应包含在"法律文书"的范畴之内。从理论上而言，因为我国关于形成诉权的规定并未明确规定需要法院以判决的方式作出具有形成力的裁判，这就理论和实务界对与判决具有同等效力的调解书是否属于能直接导致物权变动的"法律文书"这一问题存在不同见解。[2] 有观点否认民事调解书具有直接引起物权变动的效力，认为具有形成力的民事调解书与形成判决的形成力存在区别。具体而言，形成判决的形成力充分体现了国家处分行为，具有强烈的公权力特质；而前者是基于私权处分行为作出的，其虽具有法律文书的一般特征，但公权力特质较弱，私权利特质较强；而人民法院的法律文书之所以能绕开公示制度直接引起物权变动，关键原因在于其具有强烈的公权力特征，具有公示性，能产生对世效力，所以调解书不宜属于本条所言的"法律文书"。但是，根据我国《民事诉讼法》第100条第3款的规定，"调解书经双方当事人签收后，即具有法律效力"。既然其与法院的裁判文书一样拥有强制执行力，那么就不宜在物权变动的问题上区别对待调解书，将调解书与其他裁判文书做人为区分并不合理。

其二，以物抵债调解书（确认书同，下略）不宜包含在此处的"法律文书"之内。对于以物抵债的生效调解书是否能直接引起物权变动的问题，

---

[1] 参见王利明：《物权法研究·上卷》，中国人民大学出版社2016年版，第259页；崔建远：《物权法》，中国人民大学出版社2017年版，第67页；冉克平：《物权法总论》，法律出版社2015年版，第318页；参见孙宪忠、朱广新主编：《民法典评注·物权编》（1），中国法制出版社2020年版，第186~188页；最高人民法院民法典贯彻实施工作领导小组主编：《中华人民共和国民法典物权编理解与适用》，人民法院出版社2020年版，第160~161页；杜万华主编：《最高人民法院物权法司法解释（一）理解与适用》，人民法院出版社2016年版，第214~215页。

[2] 参见任重：《形成判决的效力——兼论我国物权法第28条》，载《政法论坛》2014年第1期。

实践中存在不同见解。有法院曾在判决书中认为，此处"人民法院的法律文书"应当包括判决书、裁定书和调解书，所以以物抵债的生效调解书可直接物权变动。① 也有法院认为，以物抵债调解书只是对当事人之间以物抵债协议的确认，其实质内容是债务人用以物抵债的方式来履行债务，并非对物权权属的变动。② 最高人民法院曾在判例中指出，不动产物权的设立、变更、转让和消灭原则上必须经过登记才可发生效力，而以物抵债调解协议的本质属于债的范畴，只能表明当事人以物抵偿债务的利益安排，产生的直接后果是权利人取得相应的请求权；即使是人民法院出具的确认当事人之间存在以物抵债合意的民事调解书，也不能直接发生物权变动的效力。③ 所以，当事人之间即使通过法院达成了以物抵债协议，也只是表明其愿意通过以物抵债的形式来清偿债务，而并不能代替交付、登记本身，所以此类以物抵债调解书并不属于能够导致物权变动的"法律文书"。

其三，强制执行程序中的以物抵债裁定宜认定为此处的"法律文书"。对于执行程序中的以物抵债裁定是否属于形成性法律文书，学界事实上一直是存在分歧的。一方面，"肯定说"认为，在强制执行程序中，不管被执行人是否同意，只要同时符合其他强制执行条件，人民法院就可以依职权强制将被执行人的财产交付给申请执行人抵债，这与判决的强制性事实上是一致的。④ 另一方面，"否定说"认为，在执行程序中，以民事裁定的方式以物抵债，若该物为不动产，其所有权自抵债裁定送达买受人或承受人时转移是不符合物权变动公示原则的，因为以物抵债的民事裁定不属于形成裁定，而属于给付裁定，该论者还主张《民事执行拍卖、变卖财产规

---

① 参见湖北省黄冈市中级人民法院（2019）鄂11民终2950号民事判决书。
② 参见安徽省高级人民法院（2016）皖民终914号民事判决书，载最高人民法院中国应用法学研究所编：《人民法院案例选》，人民法院出版社2018年版，第80页。
③ 参见最高人民法院（2018）最高法民再445号民事判决书。
④ 参见王明华：《论〈物权法〉第28条中"法律文书"的涵义与类型》，载《法学论坛》2012年第5期。

定》（2004年）第29条①的规定是错误的，应当予以纠正。② 本书认同目前司法解释的立场，即以物抵债裁定书宜认定为本条的"法律文书"，其核心原因即裁定书与判决书在公权力公示的法理上是一致的，而且强制抵债裁定并非基于当事人的意思，具有形成力，能够直接引起物权变动；对此，《民事诉讼法司法解释》（2020年修正）第492条规定：被执行人的财产无法拍卖或者变卖的，经申请执行人同意，且不损害其他债权人合法权益和社会公共利益的，人民法院可以将该项财产作价交申请执行人抵偿债务，或者交付申请执行人管理；申请执行人拒绝接收或管理的，退回被执行人。值得注意的是，崔建远教授认为《民事执行拍卖、变卖财产规定》（2004年）第29条与物权公示原则冲突的理由在此次民法典配套司法解释的修改中并未改变，相反，最高院就以物抵债裁定书的物权变动效力作了进一步强化，因为《民事执行拍卖、变卖财产规定》（2020年修正版）第26条已经将上述条文修改为"不动产、动产或者其他财产权拍卖成交或者抵债后，该不动产、动产的所有权、其他财产权自拍卖成交或者抵债裁定送达买受人或者承受人时起转移"。而且，值得注意的是，《民事执行拍卖、变卖财产规定》（2020年修正版）第26条规定："不动产、动产或者其他财产权拍卖成交或者抵债后，该不动产、动产的所有权、其他财产权自拍卖成交或者抵债裁定送达买受人或者承受人时起转移。"

还应当明确的是，在权属问题上仅仅是确权的"法律文书"也应当排除适用本条规定：其一，人民法院就动产或不动产权属确认之诉作出的判决不能认定为此处的"法律文书"，因为权属之诉的裁判文书仅仅是明确和宣示物权的权属，并不存在"物权变动"；举例而言，甲借乙名所购买的房屋，在双方发生权属纠纷时，如果法院作出了所有权归甲所有的判决，则并不意味着自该判决生效之日起，甲取得房屋的所有权，事实上，

---

① 《民事执行拍卖、变卖财产规定》（2004版）第29条规定："动产拍卖成交或者抵债后，其所有权自该动产交付时起转移给买受人或者承受人。不动产、有登记的特定动产或者其他财产权拍卖成交或者抵债后，该不动产、特定动产的所有权、其他财产权自拍卖成交或者抵债裁定送达买受人或者承受人时起转移。"

② 参见崔建远：《物权法》，中国人民大学出版社2017年版，第68页。

在房屋登记到乙的名下之时，就应当确认甲已经取得所有权。其二，针对民事法律行为无效、被撤销或者确定不发生效力之诉所作出的裁判文书也不应当属于此处的"法律文书"；举例而言，如果甲乙之间的房屋买卖合同（已经办理房屋过户登记）被撤销，则并不意味着判决生效之日起出卖人甲重新取得房屋所有权，因为根据《民法典》第157条的规定，当该房屋买卖合同被撤销时，就意味着房屋自始未发生过所有权的转移，并未发生过"物权变动"。同理，确认合同解除的判决也不应当属于此处的"法律文书"。[①] 此外，该款事实上还解决了一个实务难题，即以物抵债协议的债权人不属于《执行异议复议规定》第28条、第29条的"买受人"，其无权以此对抗强制执行。究其原因，主要还是在于道德风险的防范。因为人民法院根据以物抵债协议制作的调解书或确认书都不具有对抗他人的效力，举重以明轻，在不经法院加持的情况下，债权人自然更不应享有第对抗执行申请人的权利。

（四）无权处分他人之物达成以物抵债协议清偿债务的效力

根据本条第4款的内容，司法实务中如果出现债务人以他人之物或权利订立以物抵债协议的情形，则应当按照本解释第19条关于无权处分合同效力的规则来处理，对此，应做如下理解：一方面，不能因为债务人对抵债物（或权利）不享有处分权而认定该以物抵债协议无效，该合同的效力仍然应当根据本条第1款的规则来予以确立，即此类以物抵债协议在双方当事人之间达成合意时即生效。另一方面，如果债务人已经将自己不享有处分权的抵债物（或权利）交付或登记给债权人，则应当根据债权人是否符合《民法典》第311条所规定的善意取得制度来认定债权人是否属于善意取得，从而判定原债务是否已经消灭。[②]

（撰稿人：石冠彬）

[①] 参见冉克平：《物权法总论》，法律出版社2015年版，第320页。

[②] 详见本书对第19条的释义内容。

第二十八条　【债务履行期届满前达成的以物抵债协议】 债务人或者第三人与债权人在债务履行期限届满前达成以物抵债协议的，人民法院应当在审理债权债务关系的基础上认定该协议的效力。

当事人约定债务人到期没有清偿债务，债权人可以对抵债财产拍卖、变卖、折价以实现债权的，人民法院应当认定该约定有效。当事人约定债务人到期没有清偿债务，抵债财产归债权人所有的，人民法院应当认定该约定无效，但是不影响其他部分的效力；债权人请求对抵债财产拍卖、变卖、折价以实现债权的，人民法院应予支持。

当事人订立前款规定的以物抵债协议后，债务人或者第三人未将财产权利转移至债权人名下，债权人主张优先受偿的，人民法院不予支持；债务人或者第三人已将财产权利转移至债权人名下的，依据《最高人民法院关于适用〈中华人民共和国民法典〉有关担保制度的解释》第六十八条的规定处理。

【关联规定】

一、《民法典》（2020年5月28日）

第401条　抵押权人在债务履行期限届满前，与抵押人约定债务人不履行到期债务时抵押财产归债权人所有的，只能依法就抵押财产优先受偿。

第410条　债务人不履行到期债务或者发生当事人约定的实现抵押权

的情形，抵押权人可以与抵押人协议以抵押财产折价或者以拍卖、变卖该抵押财产所得的价款优先受偿。协议损害其他债权人利益的，其他债权人可以请求人民法院撤销该协议。

抵押权人与抵押人未就抵押权实现方式达成协议的，抵押权人可以请求人民法院拍卖、变卖抵押财产。

抵押财产折价或者变卖的，应当参照市场价格。

第428条 质权人在债务履行期限届满前，与出质人约定债务人不履行到期债务时质押财产归债权人所有的，只能依法就质押财产优先受偿。

第436条 债务人履行债务或者出质人提前清偿所担保的债权的，质权人应当返还质押财产。

债务人不履行到期债务或者发生当事人约定的实现质权的情形，质权人可以与出质人协议以质押财产折价，也可以就拍卖、变卖质押财产所得的价款优先受偿。

质押财产折价或者变卖的，应当参照市场价格。

二、司法解释

1.《民法典担保制度司法解释》（法释〔2020〕28号）

第45条 当事人约定当债务人不履行到期债务或者发生当事人约定的实现担保物权的情形，担保物权人有权将担保财产自行拍卖、变卖并就所得的价款优先受偿的，该约定有效。因担保人的原因导致担保物权人无法自行对担保财产进行拍卖、变卖，担保物权人请求担保人承担因此增加的费用的，人民法院应予支持。

当事人依照民事诉讼法有关"实现担保物权案件"的规定，申请拍卖、变卖担保财产，被申请人以担保合同约定仲裁条款为由主张驳回申请的，人民法院经审查后，应当按照以下情形分别处理：

（一）当事人对担保物权无实质性争议且实现担保物权条件已经成就的，应当裁定准许拍卖、变卖担保财产；

（二）当事人对实现担保物权有部分实质性争议的，可以就无争议的部分裁定准许拍卖、变卖担保财产，并告知可以就有争议的部分申请仲裁；

（三）当事人对实现担保物权有实质性争议的，裁定驳回申请，并告知可以向仲裁机构申请仲裁。

债权人以诉讼方式行使担保物权的，应当以债务人和担保人作为共同被告。

2.《民间借贷司法解释》（法释〔2020〕17号）

第23条　当事人以订立买卖合同作为民间借贷合同的担保，借款到期后借款人不能还款，出借人请求履行买卖合同的，人民法院应当按照民间借贷法律关系审理。当事人根据法庭审理情况变更诉讼请求的，人民法院应当准许。

按照民间借贷法律关系审理作出的判决生效后，借款人不履行生效判决确定的金钱债务，出借人可以申请拍卖买卖合同标的物，以偿还债务。就拍卖所得的价款与应偿还借款本息之间的差额，借款人或者出借人有权主张返还或者补偿。

三、司法指导性文件

《九民纪要》（法〔2019〕254号）

45.当事人在债务履行期届满前达成以物抵债协议，抵债物尚未交付债权人，债权人请求债务人交付的，因此种情况不同于本纪要第71条规定的让与担保，人民法院应当向其释明，其应当根据原债权债务关系提起诉讼。经释明后当事人仍拒绝变更诉讼请求的，应当驳回其诉讼请求，但不影响其根据原债权债务关系另行提起诉讼。

71.债务人或者第三人与债权人订立合同，约定将财产形式上转让至债权人名下，债务人到期清偿债务，债权人将该财产返还给债务人或第三人，债务人到期没有清偿债务，债权人可以对财产拍卖、变卖、折价偿还债权的，人民法院应当认定合同有效。合同如果约定债务人到期没有清偿债务，财产归债权人所有的，人民法院应当认定该部分约定无效，但不影响合同其他部分的效力。

当事人根据上述合同约定，已经完成财产权利变动的公示方式转让至债权人名下，债务人到期没有清偿债务，债权人请求确认财产归其所有的，人民法院不予支持，但债权人请求参照法律关于担保物权的规定对财产拍卖、变卖、折价优先偿还其债权的，人民法院依法予以支持。债务人因到期没有清偿债务，请求对该财产拍卖、变卖、折价偿还所欠债权人合同项下债务的，人民法院亦应依法予以支持。

【理解与适用】

一、本条主旨

本条旨在明确债务履行期限届满前达成的以物抵债协议所应产生的法律效力，同时防止一方在债务履行期限届满前利用其在交易谈判中的优势地位损害另一方的权益。

二、规范来源

在债务履行期限届满前约定以特定财产抵偿债务，最早出现在《物权法》规定的流押契约和流质契约中。其规定债权人在履行期限届满前，不得与担保人约定债务人不履行到期债务时担保财产归债权人所有。再者是《民间借贷案件司法解释》（法释〔2015〕18 号）第 24 条规定，当事人以签订的买卖合同作为民间借贷合同的担保，借款到期后借款人不能还款时，债权人请求履行买卖合同不受支持，但可申请拍卖买卖合同标的物，就拍卖所得的价款实现债权，多退少补。最后，《九民纪要》第 45 条对履行期届满前达成的以物抵债协议作了直接规定，但其仅回应了以物抵债协议不构成让与担保的原因，未对债权人就标的物享有除让与担保外的何种权利作出表态。

三、司法解释条文理解

本条第 1 款明确以物抵债协议的效力，需结合原债权债务关系进行认定，而非仅从协议本身进行判断。究其原因，以物抵债协议的目的是清偿原债权。这使得以物抵债协议的效力从属于原债权债务关系。后者是否存在效力瑕疵从而确定无效或被撤销等，直接影响以物抵债协议的效力。以物抵债协议在债务履行期限届满前还是届满后达成,性质有别:前者具有担保债务履行的意思,后者是直接偿债。在债务履行期限届满前达成的以物抵债协议,赋予债权人对抵债物享有特定权利,并可以在债务人不履行到期债务时行使该权利以清偿债权。因而,在债务履行期限届满前达成的以物抵债协议,属于《民法典》第 388 条第 1 款中的"其他具有担保功能的合同"。本款中的第三人不限于"对履行债务享有合法利益的第三人",可以是任何有意提供担保的第三人。若原债权债务关系因存在瑕疵被撤销或认定无效,以物抵债协议也无效。此时,当事人之间的责任应适用《民法典》第 388 条第 2 款进行确定。

本条第 2 款旨在厘清在债务履行期限届满前达成的以物抵债协议之自身效力。当事人约定债务人到期没有清偿债务,抵债财产归债权人所有的,人民法院应当认定该约定无效,但约定债权人可以对抵债财产拍卖、变卖、折价以实现债权的,人民法院应当认定该约定有效。这与《民法典》第 401 条、第 428 条的条文精神相符,意在防止一方在债务履行期限届满前,利用其在交易谈判中的优势地位损害另一方的权益而有违公平。不论当事人在以物抵债协议中约定如何就抵债物实现债权,这都需进行清算。如此,既符合当事人以物抵债的意思,又避免其中存在的不公平。

在债务履行期限届满前达成的以物抵债协议之效力如何,还受制于《民法典》及其司法解释关于民事法律行为效力的规则。本款不排除以物抵债协议存在意思表示瑕疵等其他效力瑕疵情形而适用其他规范处理。抵债物需符合适格担保财产的条件,不得违背《民法典》《民法典担保制度司法解释》关于禁止担保财产的强制性规定。法院或仲裁机构认可以物抵债协议的效力,不意味着其直接导致物权变动,其仍需按清算规则处理。正因如此,抵债物是否存在瑕疵并不影响以物抵债协议的履行。

本款将有效以物抵债协议的法律效果,认定为债权人可以对抵债财产拍卖、变卖、折价以实现债权。第三人提供财产进行以物抵债时,债务人不履行到期债务,债权人可以直接请求就抵债财产进行变价实现债权。换言之，第三人与债务人对债权实现承担连带关系，其不享有类似一般保证人的先诉抗辩权，不得主张债权人先就债务人的财产实现债权。

以物抵债可能损害债务人或第三人之其他债权人的权益。其他债权人若不享有其他担保权利，则可根据具体案件事实主张债权撤销权或"以物抵债协议存在恶意串通损害第三人利益"而无效。其他债权人对抵债物享有担保权时，其无需主张债权撤销权或以物抵债协议无效，但可借诉讼程序维护自己的权益，在债权人以抵债物进行清算实现债权时，对变价款优先于债权人受偿。

本条第3款分析债务履行期限届满前达成的以物抵债协议，在何种条件下可以构成让与担保。是否构成让与担保，取决于债务人或者第三人已将财产权利转移至债权人名下。债务履行期限届满前达成的以物抵债协议，属于"其他具有担保功能的合同"。那么，其在理论上因当事人的约定和财产类型而构成不同类型的担保交易，但能否成立相应的担保权，还取决于是否满足《民法典》规定的相应物权变动规则。区分不动产性财产（包含不动产权利）和动产性财产（包含动产性无形财产），具体而言：其一，抵债物为不动产性财产时，因是否约定移转不动产至债权人名下而分为不动产让与担保和不动产抵押。但两者都采登记生效主义。若未办理不动产让与担保或不动产抵押登记，则担保权不成立。此时，债权人可适用或类推适用《民法典担保制度司法解释》第46条就替代财产主张实现债权，抑或要求担保人协助办理不动产担保权登记或承担具有连带属性的违约责任。其二，抵债物为动产性财产时，因是否约定移转动产占有给债权人而分为动产让与担保或动产质押、权利质押和动产抵押。即使债权人与债务人或第三人还约定债务人不履行到期债务，抵债物归债权人所有，这仍可成立动产抵押、动产质押或权利质押。《民法典》第401条和第428条的规定即为例证。约定移转动产占有给债权人且实际已经移转占有，而非采占有改定方式时，这可成立动产让与担保或动产质押；若未移转占有，则债权人可主张成立动产抵押，或者类推适用《民法典担保制度司法解释》第46条就替代财产主张实现债权，抑或要求担保人交付动产或承担具有连带属性的违约责任。未约定移转占有给债权人，可成立动产抵押，但其效力因债权人是否自主在动产与权利担保统一登记平台办理登记而存在圆满与否的差异。债权人可单独办理登记的权利质押，因未自主办理登记而不成立；债权人不可单独办理登记的权利质押，因债务人或第三人违约不配合办理登记而不成立，但可类推适用《民法典担保制度司法解释》第46条主张就替代财产主张实现债权，抑或要求担保人配合办理登记或承担具有连带属性的违约责任。

本款从债务人或第三人是否将财产权利转移至债权人名下，判断债务履行期限届满前达成的以物抵债协议是否构成让与担保，具有一定合理性。其指明以物抵债协议效力认定的方向，即可能构成特定担保权，但未区分当事人的约定和财产类型具体讨论以物抵债协议可能产生的法律效果。

四、适用指导

债务履行期届满前达成的以物抵债协议之效力认定，需考量原债权债务的效力。不论以物抵债协议是否约定债务人不履行到期债务时抵债物归债权人所有，债权人实现债权都需履行清算义务，就抵债物进行变价清偿。债务人或第三人是否将财产权利转移至债权人名下，使得有效的以物抵债协议存在构成让与担保的可能性。对于债务履行期届满前达成的以物抵债协议存在的其他瑕疵而无效或被撤销，以及有效的以物抵债协议成立何种担保权问题，本条并未给出全部答案，需结合当事人的具体约定和交易情况，从《民法典》《民法典担保制度司法解释》等中寻找恰当的法律规范解决。

【典型案例】

李某等与沈某等申请执行人执行异议案

［案号］（2018）浙民申3662号
［审理法院］浙江省高级人民法院
［来源］《人民司法·案例》2019年第23期

[关键词] 以物抵债 债权 优先性 物权期待权

[裁判摘要] 当事人在债务履行期届满前达成以物抵债协议且未转让担保物权,目的是让担保债权实现。之后,其将部分债权转让给他人。基于抵债协议和债权转让所签买卖合同法律关系的实质是以消灭金钱债务为目的、以物的交付为实际履行方式的以物抵债关系。该权利未超过债权维度,并不具有优先性,与《执行异议复议规定》第28条规定的基于真实买卖产生的物权期待权具有基础性区别。为平等保护其他债权人,此权益不能阻却对案涉商铺强制执行。

[基本案情] 2008年,案外人卢某出借庞某390万元,畅某公司提供连带责任保证。2009年4月,卢某与畅某公司、庞某协议确认尚欠的389万元本息转为畅某公司借款,庞某提供连带责任保证,该公司以大厦一楼房产做抵押担保,承诺逾期未还时将上述房产签订销售合同抵偿债务,三方确认本息计421余万元。之后,卢某将对畅某公司、庞某的136余万元债权抵偿所欠周某之债务。为确保履行,2010年1月,李某、周某及畅某公司签订商品房买卖合同,约定将104号商铺(大厦一楼部分房产)出售给二人。同日,畅某公司、庞某出具抵押收条认可收到房款,并承诺换取发票。

2016年9月,法院执行沈某与畅某公司民间借贷案时查封了畅某公司名下案涉商铺。2017年2月,李某、周某提出执行异议要求解除查封,被裁定驳回。之后,畅某公司、庞某与李某、周某及其他债权人签订情况确认书重新确认各债权数额,庞某同意以自身财产提供连带责任保证,各方同意由杭州某典当有限责任公司代为清偿债务并配合办理过户登记。因代为清偿协议未履行,李某、周某提起执行异议之诉。

(撰稿人:罗帅)

> **第二十九条　【向第三人履行的合同】**民法典第五百二十二条第二款规定的第三人请求债务人向自己履行债务的，人民法院应予支持；请求行使撤销权、解除权等民事权利的，人民法院不予支持，但是法律另有规定的除外。
>
> 合同依法被撤销或者被解除，债务人请求债权人返还财产的，人民法院应予支持。
>
> 债务人按照约定向第三人履行债务，第三人拒绝受领，债权人请求债务人向自己履行债务的，人民法院应予支持，但是债务人已经采取提存等方式消灭债务的除外。第三人拒绝受领或者受领迟延，债务人请求债权人赔偿因此造成的损失的，人民法院依法予以支持。

【关联规定】

《民法典》（2020 年 5 月 28 日）

第 157 条　民事法律行为无效、被撤销或者确定不发生效力后，行为人因该行为取得的财产，应当予以返还；不能返还或者没有必要返还的，应当折价补偿。有过错的一方应当赔偿对方由此所受到的损失；各方都有过错的，应当各自承担相应的责任。法律另有规定的，依照其规定。

第 522 条第 2 款　法律规定或者当事人约定第三人可以直接请求债务人向其履行债务，第三人未在合理期限内明确拒绝，债务人未向第三人履行债务或者履行债务不符合约定的，第三人可以请求债务人承担违约责任；债务人对债权人的抗辩，可以向第三人主张。

第 566 条第 1 款　合同解除后，尚未履行的，终止履行；已经履行的，根据履行情况和合同性质，当事人可以请求恢复原状或者采取其他补救措施，并有权请求赔偿损失。

第 570 条　有下列情形之一，难以履行债务的，债务人可以将标的物提存：

（一）债权人无正当理由拒绝受领；

（二）债权人下落不明；

（三）债权人死亡未确定继承人、遗产管理人，或者丧失民事行为能力未确定监护人；

（四）法律规定的其他情形。

标的物不适于提存或者提存费用过高的，债务人依法可以拍卖或者变卖标的物，提存所得的价款。

第 589 条第 1 款　债务人按照约定履行债务，债权人无正当理由拒绝受领的，债务人可以请求债权人赔偿增加的费用。

第 593 条　当事人一方因第三人的原因造成违约的，应当依法向对方承担违约责任。当事人一方和第三人之间的纠纷，依照法律规定或者按照约定处理。

【理解与适用】

一、本条主旨

本条是关于真正利益第三人合同的规定。

二、《民法典》条文理解以及有待细化的问题

《民法典》第 522 条规定了向第三人履行的合同。向第三人履行的合同是指将合同所生权利直接归属于第三人（合同当事人以外的人）之内容的合同，又称利益第三人合同/利他合同，其上位概念是涉他合同。[①] 该条第 1 款系不真正利他合同的规定，承继了《合同法》第 64 条，坚守了合

[①] 参见韩世远：《合同法总论》（第四版），法律出版社 2018 年版，第 361 页。

同相对性原则,债务人向第三人履行仅为合同当事人双方之约定,对第三人不产生法律拘束力,第三人亦无履行请求权。该条第2款是真正的利他合同的规定,第三人取得对债务人的履行请求权,此为《民法典》新增条文。[1] 依该款规定,第三人取得履行请求权需要具备如下要件:第一,存在法律规定或者合同当事人约定。第三人取得履行请求权是对合同相对性原则的例外规定,应从严把握,需存在特约,这是前提要件。第二,需第三人在合理期间内未明确表示拒绝。第三人取得履行请求权系获益,但第三人有权依据自愿原则拒绝。债务人基于其地位对债权人所享有的抗辩不因其向第三人履行的行为而受到影响,因第三人所取得的权利来源于债权人与债务人的合同,因而债务人可以向第三人主张由该合同所生的抗辩,如同时履行抗辩权等。

应注意的是,第三人取得履行请求权并不意味着其取代债权人的地位成为合同当事人一方。债权人并未转让债权,第三人只是因法律规定或特别约定取得部分合同债权请求权,故而其仅能在债务人不履行或存在履行瑕疵时向第三人主张由法律规定或约定赋予的原生履行请求权及次生损害赔偿请求权,而不能行使债权人所享有的其他合同权利,典型如合同撤销权、解除权,此为理论界通说。[2] 不过,《民法典》第522条第2款并未将上述理论付诸立法,留待进一步解释。

《民法典》第157条规定了民事法律行为无效、被撤销或确定不发生效力的法律后果。以合同为例,当合同依法被撤销或者被解除时,该合同的权利义务关系终止,但债之基础并没有消失,双方当事人应返还因合同履行行为交付的财产;不能返还财产的,应赔偿由此造成的损失。

《民法典》第570条是关于提存的规定。提存是债的履行方式之一,当债权人无正当理由拒绝受领时,债务人可以选择依法将标的物提存进而

---

[1] 参见黄薇主编:《中华人民共和国民法典合同编释义》,法律出版社2020年版,第136~137页。

[2] 参见黄薇主编:《中华人民共和国民法典合同编释义》,法律出版社2020年版,第139页;理论学说可见韩世远:《合同法总论》(第四版),法律出版社2018年版,第371页。

消灭债权债务关系。结合《民法典》第589条第1款之规定，当债权人无正当理由拒绝受领的，债务人将标的物提存后，标的物毁损、灭失的风险转移至债权人。

《民法典》第593条规定第三人原因造成违约时，债务人仍承担违约责任。该条款能否适用于利益第三人合同，有待进一步解释。

三、司法解释条文理解

本条第1款由两句规定组成，规定内容并不相同，应分别理解。第1款第一句（分号之前）的内容重复了《民法典》第522条第2款的规定，强调第三人享有履行请求权，可诉请法院强制履行。第二句（分号之后）补充了《民法典》第522条第2款，明确除法律特别规定外，第三人不享有合同撤销权、解除权等权利。本款规定坚守了合同相对性的原则，强调第三人取得的权利为法律特别规定或经由债权人特别赋予，也并非代位受领，法律未将第三人纳入合同当事人的范围。

本条第2款为2023年2月15日版本新增内容。文义上看，该款强调了合同被撤销或解除后，双方负有恢复原状的清算义务。但这一规定对真正利益第三人合同场景具有特别价值。真正利益第三人合同中，债务人向第三人为给付，债权人通常并不受领合同标的。当合同被撤销或解除时，债务人的给付存于第三人之手，似应由第三人返还，然此非法理。实际上，当合同被撤销或解除时，债务人向债权人请求返还财产的权利基础仍是双方的债之关系，法律基础分别为《民法典》第157条和第566条第1款，而非依不当得利。申言之，在真正利益第三人合同关系中，合同当事人双方之间存在一定原因关系（合同关系），通过合同约定了向第三人履行，使第三人获得履行请求权。同时，之所以有此安排，债权人一方与第三人之间往往也存在原因关系。债法理论上将债权人与债务人之间的原因关系（合同关系）称为补偿关系，而将债权人与第三人之间的原因关系称为对价关系。[①] 当补偿关系（利益第三人合同关系）被撤销或解除时，第

---

① 参见韩世远：《合同法总论》（第四版），法律出版社2018年版，第362~363页。

三人仍得依据对价关系保有自债务人处获取之给付，此时不构成不当得利，债务人不能直接请求第三人返还财产。补偿关系被撤销或解除后，依据《民法典》第157条和第566条第1款之规定，债之同一性不变，债权人、债务人转为互负清算义务，应互相返还财产以恢复原状，无法返还的应折价补偿，有损失应赔偿。本款明确了这一理论，也进一步印证了第三人并非补偿关系合同当事人的结论。

本条第3款由两句规则组成。需特别注意的是，本款两句规定适用的前提是，第三人未明确拒绝成为享有履行请求权的第三人，若第三人拒绝，则无本款适用之余地。

第3款第一句规定了当事人拒绝受领时的法律后果。真正利益第三人合同中，第三人获得履行请求权后得请求债务人向自己履行债务，同时债权人不得再请求债务人向自己履行，否则有悖于合同约定或法律规定。当然，债权人可以请求债务人向第三人履行。但是，若第三人获得履行请求权却拒绝受领债务人之给付，则可能导致债权人违约，法律当然不能置债权人之利益于不顾。此时债权人可请求债务人径行向自己履行，避免受领迟延而产生损害赔偿之虞。适用本句需特别注意两点：其一，债务人需按约定提出给付。若债务人之给付存在瑕疵或于约定期限前提出给付等，第三人有正当理由拒绝受领时，债权人不得请求债务人向自己履行。其二，第三人无正当理由拒绝受领给付，债务人得依《民法典》合同编第570条之规定提存标的物以消灭债务，债务消灭后，债权人无权要求债务人再次（向自己）履行，此亦为本款第一句但书规定之内容。

第3款第二句规定了第三人受领迟延时，债权人之违约责任。第三人非合同当事人，因其原因造成债权人违约，需要由债权人承担违约责任，此为《民法典》第593条之规定。真正利益第三人合同关系中，第三人享有履行请求权，但并不承担合同责任，债权人应当尽到合理注意，督促当事人及时受领债务人之给付。第三人无正当理由拒绝受领或受领迟延的，属于因第三人原因造成债权人违约，需承担违约责任。这一规定再次印证了第三人并非合同当事人，而是基于法律规定或债权人特别约定的受领利益的主体。

【典型案例】

1. 绣品公司与家纺公司等增资纠纷案

［案号］（2014）鲁民四终字第60号

［审理法院］山东省高级人民法院

［来源］中国裁判文书网

［关键词］恶意串通　代理　合同　有独立请求权　第三人　诉讼请求

［裁判摘要］公司股东之间达成的股东向目标公司增资的协议，属于典型的第三人利益合同。第三人利益合同中，当事人双方约定债务人向第三人履行义务，第三人享有独立的请求权。第三人利益合同的产生，使合同不仅在当事人之间产生了拘束力，而且对第三人也发生了效力。

［基本案情］关于原告通过与被告利某公司、被告威某公司签订增资协议书以土地使用权向被告家纺某公司增资行为的效力问题，原告主张无效的理由集中在作价过低、没有支付对价以及没有履行原告内部决策程序等。本院经审理认为，原告以土地使用权增资扩股，是其自主决定，作价高低，不是认定增资行为有效或无效的审查因素。至于目标公司或其他股东是否需要向原告支付对价，如何支付对价，是否实际支付对价，对于认定增资行为的效力没有影响。原告内部决策程序的欠缺或瑕疵无当然对抗外部第三人的效力。因此，原告主张其以土地使用权向被告家纺公司增资行为无效，没有法律依据。公司股东之间达成的股东向目标公司增资的协议，属于典型的第三人利益合同。所谓第三人利益合同，又称为利他合同，是合同当事人约定由一方向合同关系外的第三人为给付，该第三人即因之取得直接请求给付权利的合同。利他合同中，当事人双方约定债务人向第三人履行义务，第三人仅享受权利而不承担义务。债权人之所以使第三人享有一定的利益，必然有一定的原因存在，但这种原因并非限于对价。由于第三人利益合同发生于债权人与债务人之间，依债权人与债务人的合意而成立，因此发生于债权人与第三人之间的对价关系对第三人利益

合同的成立毫无影响，债权人与债务人订立第三人利益合同时无须表明对价关系。第三人利益合同中的第三人享有独立的请求权，一旦债务人没有向第三人履行或履行不适当，第三人有权以自己的名义直接向债务人提出请求。利他合同的产生，使合同不仅在当事人之间产生了拘束力，而且对第三人也发生了效力，但未根本改变合同相对性原则，因为，这种合同只是为第三人设定权利而不是为第三人设定义务。《公司法》第 28 条规定："股东应当按期足额缴纳公司章程中规定的各自所认缴的出资额。股东以货币出资的，应当将货币出资足额存入有限责任公司在银行开设的账户；以非货币财产出资的，应当依法办理其财产权的转移手续。股东不按照前款规定缴纳出资的，除应当向公司足额缴纳外，还应当向已按期足额缴纳出资的股东承担违约责任"。《最高人民法院关于适用〈中华人民共和国公司法〉若干问题的规定（三）》第 13 条第 1 款规定："股东未履行或者未全面履行出资义务，公司或者其他股东请求其向公司依法全面履行出资义务的，人民法院应予支持"。上述法律、司法解释的规定即体现了第三人利益合同的法律特征。原告与被告利某公司、被告威某公司协议将土地使用权投入被告家纺公司用于增资且已实际转移，原告不得以其自身原因或对价原因，要求增资协议之外的第三人即被告家纺公司向其返还土地使用权。

2. 夏某龙诉置业公司、置业公司镇分公司等确认合同无效纠纷案

［案号］（2018）陕民终 473 号

［审理法院］陕西省高级人民法院

［来源］中国裁判文书网

［关键词］合同无效　财产返还　第三人

［裁判摘要］基于合同履行向第三人交付的财产，在不涉及其他法律关系，没有其他法律阻却事由的情况下，当事人在请求确认合同无效的同时，按照民事诉讼第三人制度一并请求第三人返还因合同所取得财产或者在无法返还、没有必要返还时，请求折价补偿的，依照《合同法》第 58 条的规定，应予以支持。

[基本案情] 关于涉及向第三人履行债务的合同无效时，第三人返还义务确定的法律认定问题这一争议焦点，法院经审理认为，《合同法》第8条第1款规定："依法成立的合同，对当事人具有法律约束力。当事人应当按照约定履行自己的义务，不得擅自变更或者解除合同。"第56条规定："无效的合同或者被撤销的合同自始没有法律约束力。"依照上述规定，合同当事人基于该合同取得的财产因合同无效而丧失了取得行为的法律效力；向第三人履行的债务在不涉及其他法律关系，没有其他法律根据的情况下，因该合同无效也就丧失了取得行为的法律效力。合同无效后返还义务确定的法理基础不是基于合同本身的法律约束力，而是基于不当得利制度。综上，对于合同当事人返还义务的确定可适用《合同法》第58条中关于"合同无效或者被撤销后，因该合同取得的财产，应当予以返还；不能返还或者没有必要返还的，应当折价补偿"的规定。但是，对于向第三人履行的债务的合同无效时，第三人返还义务确定要结合有关不当得利的法律规定来判定。依照《民法总则》第122条规定："因他人没有法律根据，取得不当利益，受损失的人有权请求其返还不当利益。"对于向第三人履行债务涉及其他法律关系，第三人已获得利益有法律根据的，履行该债务的合同当事人就不能直接向第三人主张返还，只能就此向合同相对人主张返还。而本案所涉款项均与《项目合作协议书》所涉土地使用权转让直接相关，在土地使用权并未归属于被上诉人置业公司、被上诉人置业公司镇分公司或上诉人夏某龙，在没有支付相应"对价"的情况下，相关利益仍然归属于被上诉人镇土地分局、被上诉人镇执法局，且没有法律上的根据，被上诉人镇土地分局、被上诉人镇执法局有义务向受损失的人即上诉人夏某龙返还。由于被上诉人镇土地分局、被上诉人风陵渡执法局接收上述款项并非恶意，故不再承担相应孳息损失。

（撰稿人：冀放）

第三十条　【第三人代为履行规则的适用】 下列民事主体，人民法院可以认定为民法典第五百二十四条第一款规定的对履行债务具有合法利益的第三人：

（一）保证人或者提供物的担保的第三人；

（二）担保财产的受让人、用益物权人、合法占有人；

（三）担保财产上的后顺位担保权人；

（四）对债务人的财产享有合法权益且该权益将因财产被强制执行而丧失的第三人；

（五）债务人为法人或者非法人组织的，其出资人或者设立人；

（六）债务人为自然人的，其近亲属；

（七）其他对履行债务具有合法利益的第三人。

第三人在其已经代为履行的范围内取得对债务人的债权，但是不得损害债权人的利益。

担保人代为履行债务取得债权后，向其他担保人主张担保权利的，依据《最高人民法院关于适用〈中华人民共和国民法典〉有关担保制度的解释》第十三条、第十四条、第十八条第二款等规定处理。

【关联规定】

一、《民法典》（2020年5月28日）

第519条　连带债务人之间的份额难以确定的，视为份额相同。

实际承担债务超过自己份额的连带债务人,有权就超出部分在其他连带债务人未履行的份额范围内向其追偿,并相应地享有债权人的权利,但是不得损害债权人的利益。其他连带债务人对债权人的抗辩,可以向该债务人主张。

被追偿的连带债务人不能履行其应分担份额的,其他连带债务人应当在相应范围内按比例分担。

第 524 条 债务人不履行债务,第三人对履行该债务具有合法利益的,第三人有权向债权人代为履行;但是,根据债务性质、按照当事人约定或者依照法律规定只能由债务人履行的除外。

债权人接受第三人履行后,其对债务人的债权转让给第三人,但是债务人和第三人另有约定的除外。

第 700 条 保证人承担保证责任后,除当事人另有约定外,有权在其承担保证责任的范围内向债务人追偿,享有债权人对债务人的权利,但是不得损害债权人的利益。

第 719 条 承租人拖欠租金的,次承租人可以代承租人支付其欠付的租金和违约金,但是转租合同对出租人不具有法律约束力的除外。

次承租人代为支付的租金和违约金,可以充抵次承租人应当向承租人支付的租金;超出其应付的租金数额的,可以向承租人追偿。

第 973 条 合伙人对合伙债务承担连带责任。清偿合伙债务超过自己应当承担份额的合伙人,有权向其他合伙人追偿。

二、司法解释

《民法典担保制度司法解释》(法释〔2020〕28 号)

第 13 条 同一债务有两个以上第三人提供担保,担保人之间约定相互追偿及分担份额,承担了担保责任的担保人请求其他担保人按照约定分担份额的,人民法院应予支持;担保人之间约定承担连带共同担保,或者约定相互追偿但是未约定分担份额的,各担保人按照比例分担向债务人不能追偿的部分。

同一债务有两个以上第三人提供担保,担保人之间未对相互追偿作出约定且未约定承担连带共同担保，但是各担保人在同一份合同书上签字、盖章或者按指印，承担了担保责任的担保人请求其他担保人按照比例分担向债务人不能追偿部分的，人民法院应予支持。

除前两款规定的情形外，承担了担保责任的担保人请求其他担保人分担向债务人不能追偿部分的，人民法院不予支持。

第14条 同一债务有两个以上第三人提供担保，担保人受让债权的，人民法院应当认定该行为系承担担保责任。受让债权的担保人作为债权人请求其他担保人承担担保责任的，人民法院不予支持；该担保人请求其他担保人分担相应份额的，依照本解释第十三条的规定处理。

第18条 承担了担保责任或者赔偿责任的担保人，在其承担责任的范围内向债务人追偿的，人民法院应予支持。

同一债权既有债务人自己提供的物的担保，又有第三人提供的担保，承担了担保责任或者赔偿责任的第三人，主张行使债权人对债务人享有的担保物权的，人民法院应予支持。

【理解与适用】

一、本条主旨

本条是对第三人代为履行规则的细化规定。

二、《民法典》条文理解以及有待细化的问题

本条是关于具有合法利益的第三人代为履行（亦称为第三人代为清偿）的规定，是对债的相对性原则的一种突破。第三人代为履行制度解决的是债的关系当事人以外的第三人对债务履行所享有的利益保护问题，[1]本条中的第三人是指债务人及债务履行辅助人以外的人。大多数情况下，债务之履行并不具有专属性，赋予第三人代为履行之权利有利于保护第三人利益；于债权人而言，只要给付实现就可以达到债权实现的目的，而无

---

[1] 王利明：《论第三人代为履行——以〈民法典〉第524条为中心》，载《法学杂志》2021年第8期。

论债务是由谁履行；于债务人而言只是发生清偿对象的变化，其对债权人的选择权显然不如第三人对债务履行之合法利益的保护更为重要，允许第三人代为履行总体上利于鼓励交易的合同法原则实现，这也是本条规定的立法意旨所在。本条规定系在借鉴比较法经验，并总结、概括司法实践经验的基础上得以制定。

"第三人代为履行"要区分于"由第三人履行债务"，两者均构成对债的相对性的突破，但存在区分。当事人经由约定可由第三人向债权人履行债务，此为《民法典》第523条规定的由第三人履行债务，其履行债务的依据是债权人和债务人间的约定，且需经第三人同意才能对其产生约束力，债权人和债务人均不得拒绝第三人的履行，但是否发生债权转让的效果取决于当事人间约定的情况。而债权人与债务人未约定某债务由第三人履行，第三人对履行该债务具有合法利益的，便有权向债权人代为履行，债权人和债务人均不得拒绝，同时发生法定的债权转让效果。此种情形，第三人系以自己的名义有意识地清偿他人债务，称为第三人代为履行（清偿）。[①]

"第三人代为履行"要区分于"履行辅助人的履行"。第三人代为履行中，第三人系独立于债务人之主体，依据自己的利益和意愿并以自己的名义履行债务、介入债的关系，其清偿不视为债务人的清偿。在第三人履行不符合债的要求时，债权人不能据此请求债务人承担债务不履行的责任。而在履行辅助人场合，清偿系以债务人之名义进行，视为债务人的履行行为。

（一）第三人代为履行的适用范围

在债法上，由债务人以外的第三人清偿债务的，原则上应当准许，但其适用范围并非没有限制。根据本条的规定，适用第三人代为履行规则的前提是：（1）债务人不履行债务；（2）第三人对履行该债务具有合法利益。从《民法典》第524条的文义来看，立法者并没有对意定代位清偿设

[①] 韩世远：《合同法总论》，法律出版社2011年版，第236页。

定适用规则，意味着"对履行该债务无合法利益"的第三人无权主张代为履行。从境外立法例来看，第三人代为履行一般区分"就债务履行有合法利益的第三人"和"非就债务履行有合法利益的第三人"，分别确立法定代位制度和意定代位制度。非就债务履行有合法利益的第三人代为履行债务，不得违反债务人的意思和债权人的意思。例如，《法国民法典》第1236条和第1237条规定，未经债务人同意，禁止无利害关系的第三人因清偿而代位。《日本民法典》第474条第2款规定，无利害关系的第三人不能违反债务人的意思进行清偿。而依据《德国民法典》第267条，对于第三人的清偿，债务人之允许非为必要，债务人对第三人的清偿有异议时，仅债权人可以拒绝清偿。我国亦有学者主张应确立意定代位制度，允许无利害关系的第三人代为履行，但在债务人有异议时，债权人有拒绝清偿的权利。[1] 在不违背《民法典》第524条第1款但书前提下，法律并无否定当事人自我利益安排之充分理由。[2] 本条规定并未采纳该类主张，第三人代为履行本质是对债的相对性的突破，必须对其适用条件进行必要的限制使其被限制在合理范围内，否则任何人都可以随意介入债的关系，将在很大程度上架空债的相对性原则，导致规则在适用中相互冲突。[3] 但对于"合法利益"的判断应采取从宽认定的立场，客观上扩大法定代位制度的适用范围，这体现在《民法典合同编通则司法解释》第30条规定之中。

当然，具有合法利益的第三人并不是在所有情况下都享有代为履行的权利，本条设置的但书条款即为第三人代为履行适用范围的除外空间。主要受到以下几个方面的限制：第一，根据债务性质只能由债务人履行的情形。债之标的具有人身专属性，并以债务人的性质、人品、技能以及其熟练程度为给付条件设定的合同，如由第三人代为履行，会使代清偿后的合同内容与约定内容失去同一性。此类合同形态主要包括：一是基于信赖关

---

[1] 参见冉克平：《民法典编纂视野中的第三人清偿制度》，载《法商研究》2015年第2期。
[2] 陆家豪：《民法典第三人清偿代位制度的解释论》，载《华东政法大学学报》2021年第3期。
[3] 参见王利明：《论第三人代为履行——以〈民法典〉第524条为中心》，载《法学杂志》2021年第8期。

系订立的合同，若由第三人代为履行，将使当事人之间的信赖基础遭到破坏，而难以实现合同目的；二是以选定债务人为基础而发生的债务，如以选定演员为基础发生的演出合同，合同目的是否实现还取决于观众的满意程度，不能任由第三人代为履行。第二，当事人约定禁止第三人清偿的合同。依据合同自由原则，当事人可以约定债务只能由债务人履行，此处之约定须为明确之约定。此时第三人代为履行并不发生合同履行的法律效果，对于就债务履行有合法利益的第三人亦具有对抗效力。第三，依据法律规定只能由债务人履行的合同。在特定情形下，法律会对债的履行主体进行一定的限制，如《民法典》第791条第3款规定"建设工程主体结构的施工必须由承包人自行完成"，由于承包人在建造工程方面的资质将直接影响到建设工程的质量，法律直接规定建设工程的主体结构必须由承包人自行完成，而不得转包他人。

然而，对于何谓"对债务履行具有合法利益的第三人"，本条并未作出细化规定，仍留待合同编解释进行更新。立法机关给出的意见是，"合法利益的情形需要根据实践情况的需要和发展进行判断和归纳总结，考虑到本条就债务履行就有合法利益的第三人履行债务的法律效果规定为法定的债权移转，对第三人的利益保护较强，在具体认定是否属于'对债务履行具有合法利益的第三人'时，也要注意考量多方利益的平衡问题"。[①]

(二) 第三人代为履行的效果

法定清偿制度下，就债务履行有合法利益的第三人在清偿范围内有权要求债务人偿还其所为的给付，同时为保障第三人求偿权的实现，法律规定将债权人享有的担保权及其他从权利在求偿权的范围内移转至第三人。对于此种清偿性质，学界存在不同的观点，主要有"债权拟制的移转说""赔偿请求权说""追偿权发生说""不当得利返还说"和"债权移转说"几种。"债权移转说"认为，债权人之债权因第三人清偿而发生相对消灭，

---

① 黄薇主编：《中华人民共和国民法典合同编解读》（上册），中国法制出版社2020年版，第214页。

由清偿人代替原债权人的地位行使其权利。《民法典》第 524 条采取了"债权移转说","清偿债务消灭之效力无须为绝对……对于清偿人之关系,认为债权依然存续而规定其地位之移转也",[①] 此种模式意味着原债权人与债务人的债之关系中的抗辩仍然存在,即债权人接受第三人的履行后,将发生法定的债权转让,第三人在履行债务的范围内取得原债权人对债务人的债权,而且该债权的担保性权利及其他从权利都一并移转给第三人。[②] 具体来说,第三人代为履行发生的效力如下:

其一,债权人与债务人之间的效力。第三人清偿后,债务人对债权人所负的债务应作相应的扣减。但第三人不因其代为履行而成为合同当事人,基于合同当事人地位享有的撤销权、解除权等仍应由原债权人享有。

其二,第三人与债务人之间的效力。第三人清偿发生债权移转的法定效果,意味着第三人非新创债权内容,而是取代原债权人之地位。可以类推适用《民法典》第 547 条第 1 款的债权转让效果,原债权人享有的债权及从权利均一并转移至第三人,包括履行请求权、损害赔偿请求权、债权人代位权、债权人撤销权等,还包括各种担保性权利,如保证、质权、留置权、抵押权等,以及利息债权、违约金债权等从权利。同时,基于原债权地位的瑕疵亦应由第三人承受,此与债权让与并无不同,债务人对原债权人所享有的抗辩可以向第三人主张,《民法典》第 548 条规定,债务人对原债权人的抗辩权仍然可以对抗新的债权人,如同时履行抗辩、时效完成的抗辩、债权未发生的抗辩等。但基于代为履行而发生的债权转让是法定的,根据《民法典》第 524 条第 2 款的规定,债权转让的时间是债权人接受第三人履行时,且在转让事由发生时即自然发生债权移转的效力,通知债务人并非此种债权转让生效的法定条件。[③]

其三,第三人与债权人之间的效力。就债务履行有合法利益的第三人

[①] 史尚宽:《债法总论》,中国政法大学出版社 2000 年版,第 805 页。
[②] 参见郑玉波:《民法债编总论》,中国政法大学出版社 2004 年版,第 480 页。
[③] 参见最高人民法院民法典贯彻实施工作领导小组:《中华人民共和国民法典合同编理解与适用》,人民法院出版社 2020 年版,第 424 页。

代为履行后，第三人取得原债权人的地位，债权人应将证明债权之文件及其占有的担保物一并交付第三人，并应告知其关于主张该债权所必要之一切情形。① 第三人代为履行与债务人履行发生同样的效果，债权人无正当理由拒绝受领的，构成延迟受领。② 债权人对于第三人还应负有保存担保之间接义务，对此可参照《日本民法典》第 504 条规定，债权人因故意或懈怠而丧失或减少担保时，这种因债权人之过失造成的担保责任不当扩大之后果，自不应由保证人承担。③

三、司法解释条文理解

本条司法解释是对第三人代为履行规则适用的规定，针对"对履行债务具有合法利益"进行了类型化解读，并明确了第三人代为履行场合下的债权人保护规则。

（一）"合法利益"的类型化解读

本条所称"合法利益"与比较法中"正当利益""利害关系"等表述同义，均构成对第三人代为履行的限制。关于"对履行债务具有合法利益的第三人"范围界定，目前主要有三种立法模式：（1）概括主义立法模式。《日本民法典》第 500 条规定，就清偿享有正当利益的人，因清偿而当然代位债权人。日本法中的"有正当利益人或有利害关系人"仅指向法律上的利害而不包括事实上的利害，如保证人、连带债务人、物上保证人、担保不动产的受让人、同一不动产的后顺位抵押权人等，但仅单纯具有亲属关系不能认定为有此利害关系。④ ②列举主义立法模式。《法国民法典》第 1251 条和第 1252 条列举了债务人的其他后顺位债权人、不动产抵押物的第三取得人、有义务与他人共同清偿债务或者有义务为他人清偿债务的人、清偿遗产债务的继承人以及保证人为有正当利益之第三人。（3）例示主义立法模式。学说上，对于合法利益的解读也主

---

① 参见史尚宽：《债法总论》，中国政法大学出版社 2000 年版，第 813 页。
② 韩世远：《合同法总论》（第三版），法律出版社 2011 年版，第 237 页。
③ 参见冉克平：《民法典编纂视野中的第三人清偿制度》，载《法商研究》2015 年第 2 期。
④ 参见［日］我妻荣：《新订债法总论》，王焱译，中国法制出版社 2008 年版，第 218 页。

要有"广义说"和"狭义说"两种立场：①持广义说立场的学者，主要基于"法无禁止即可为"，认为立法限制无利害关系之第三人清偿不妥，只要第三人履行该债务目的合法或不违反法律法规和规章的禁止性规定，即可认为第三人对履行该债务具有合法利益；[①]②持狭义说主场的学者，也大多对合法利益的解读持"从宽认定"的立场。对于第三人所清偿之债务本身亦为自己之债务的，其对于超过自己应负担的部分作出清偿的，亦应当发生债权移转的效力。由此，具有合法利益之第三人应当涵盖保证人和连带债务人，由此实现了清偿债务从他债到自债的范围扩张。

本条对于合法利益的解读，虽持狭义解释的立场，但认定范围上采取了更为宽松的"从宽认定"方法，这也是对债权人利益、债务人利益、第三人利益多方利益平衡的结果。本条要求第三人须对债务的履行具有受法律保护的特殊利益，包括事实上的利益和法律上的利益两个方面。实质上，对"合法利益"采取广义解释还是狭义解释的关键在于求偿权的配套措施是否到位，若立法给予求偿权更多的权利实现保障，则偏向于采取狭义解释，反之，则采广义解释为优。[②]《民法典》第524条为第三人求偿权设定了债权移转的法定效力保障，且债权人、债务人对于第三人清偿无权拒绝，由此对条款中"合法利益"的解读宜采"狭义解释"之立场。具体情形如下：

第1项，保证人或者提供物的担保的第三人有自己债务之存在，其清偿行为属于自己债务之履行。基于此，有学说认为此并非第三人清偿，但本条对合法利益的解读采取了"从宽认定"的立场，保证人或者提供物的担保的第三人虽谓之自己债务之履行，"惟其得满足债权，其效果则与清偿无异"[③]，亦应构成第三人清偿而承受原债权人之地位。

[①] 参见［日］我妻荣：《新订债法总论》，王焱译，中国法制出版社2008年版，第218页；最高人民法院民法典贯彻实施工作领导小组：《中华人民共和国民法典合同编理解与适用》，人民法院出版社2020年版，第422页。

[②] 参见陆家豪：《民法典第三人清偿代位制度的解释论》，载《华东政法大学学报》2021年第3期。

[③] 林诚二：《民法债编总论——体系化解说》，中国人民大学出版社2003年版，第529页。

第2项，为避免担保权利的实现而使担保财产上的受让人、用益物权人和合法占有人，丧失其对于担保财产的合法权益，该类主体有权向债权人代为履行。值得注意的是，此处的受让人、用益物权人和合法占有人所为之代为履行并非义务，而是一种权利。例如，甲渔业公司之渔船，先抵押于丙，后出卖于乙，倘因甲公司不能偿还丙之债务，而丙将实行抵押权时，乙可出面偿还甲对丙之债务，① 构成"就债务履行具有合法利益"的第三人代为履行。

第3项，担保财产上的后顺位担保权人为后次序之担保权人，其得清偿先次序抵押权之债权，而产生债权移转之效力，否则该担保财产将由先次序之抵押权人优先实行，而自己之债权难免有不能受偿之虞，② 后次序之担保权人应为"就债务履行具有合法利益"的第三人。

第4项，对债务人的财产享有合法权益且该权益将因财产被强制执行而丧失的第三人，应为"就债务履行具有合法利益"之第三人。纵使债权之满足乃基于债权人之权利实行，而非财产所有权人之清偿，但其仍可以第三清偿人地位清偿，以避免该财产被强制执行。

第5项，债务人为非法人组织的，其出资人或者设立人应当对非法人组织财产不足以清偿的部分，承担无限责任。其中，责任连带是认定出资人或设立人对债务履行具有合法利益的主要依据。法人出资人或设立人和法人之间系天然的利益共同体，利益具有一致性，法人债务的清偿将直接影响法人资产情况，从而间接影响到出资人或设立人的利益，因而法人的出资人或设立人应当认定为对法人债务履行具有合法利益的第三人。

第6项，债务人为自然人的，其近亲属为合法利益之第三人。尽管通说认为，纯粹人身关系仅属于事实上的利害关系，并不满足合法利益的要求。③ 本条对于合法利益的认定采从宽立场，将债务人的近亲属纳入合法

---

① 郑玉波：《民法债编总论（修订二版）》，中国政法大学出版社2004年版，第478页。
② 参见郑玉波：《民法债编总论（修订二版）》，中国政法大学出版社2004年版，第478页。
③ 参见［德］迪尔克·罗歇尔德斯：《德国债法总论》，沈小军、张金海译，中国人民大学出版社2014年版，第99页。

利益第三人的范围,尤其是父母对于未成年子女之债务更有利害之关系,如此规定,既有利于实现债权人利益,也能一定程度上弥补意定代为履行制度的缺位。

第 7 项为对履行该债务具有合法利益之第三人范围界定的兜底性规定。对于合法利益的类型化解读,应当为实务上的新案型预留一定的开放性。例如,母公司为子公司代为偿还债务,子公司的债务问题可能会对母公司的信用评级产生不利影响,因此母公司可代子公司清偿债务。① 此外应当注意,合法利益的判断应以清偿时为准,如果清偿时存在合法利益,即使嗣后其产生合法利益的基础事实消灭,第三人仍能够取得原债权人之地位。

(二) 第三人代为履行场合下的债权人保护

不得使债权人之利益因第三人清偿而受损害,是第三人代为履行的制度意旨。本条第 2 款为"债权人不利地位之禁止"的但书条款,是第三人代为履行场合下的债权人保护规则,与《民法典》第 700 条的"保证人追偿"的但书条款保持了体系一致性。此外,为确保求偿权所设之债权转让效力,唯于债权人有满足时始得发生,然在第三人部分清偿之场合应有特别之限制。对于第三人与债权人之间的关系,学理上有"顺位劣后说"和"准共有说"两种方案。然若采"准共有说",将使代位人与债权人处于同等位次,可能产生损害债权人利益的结果。例如,第三人仅清偿部分抵押债权的情形,第三人将与原债权人处于平等地位,并可在其清偿范围内单独行使抵押权,产生支配担保物之全部权利的结果,违背担保物权的不可分性,明显损害债权人权益。故被担保债权被部分清偿,担保物权仍应为余存债权而存在。②

对于第三人与债权人的关系,本条宜采"顺位劣后说"。参照《法国民法典》第 1346—3 条规定,"如果债权人仅得到部分清偿,代位人不得侵害债权人;在此情况下,债权人就其剩余部分可行使其权利,且对剩余

---

① 王利明:《论第三人代为履行——以〈民法典〉第 524 条为中心》,载《法学杂志》2021 年第 8 期。

② 梁慧星、陈华彬:《物权法》(第七版),法律出版社 2021 年版,第 316 页。

部分的权利优先于使其接收部分清偿的人"。若债权设有担保物权,清偿人因部分清偿所生之债权转让效力,其所取得之担保物权次序,应后于债权人;若债权因数次部分清偿而满足,各清偿人应依其清偿数额,按比例享有担保权利。[1] 就担保物拍卖所得之价金,优先清偿债权人的剩余债权额,再由第三清偿人按比例平等受偿。

(三) 担保人复数情形下的代为履行规则

当清偿有正当利益者为多数时,为避免产生先清偿者获得不当利益,本条司法解释第3款设定了代为履行在数担保人之间的效力。为债务提供担保的人有数人时,其中一人如就债权人全额行使债权人之权利,则产生其亦就自己分担部分行使权利的结果。因此,法律有必要规定担保人间的追偿比例及其限度,以避免无穷极之辗转求偿。[2] 结合《民法典》和《民法典担保制度司法解释》的相关规定,具体情形应依以下法理定之:

1. 保证人与物上保证人之间。对于混合担保中物的担保和人的担保之间的关系,《民法典》第392条采取了"物的担保责任与人的担保责任平等说"的立场,[3] 明确规定:"被担保的债权既有物的担保又有人的担保的,债务人不履行到期债务或者发生当事人约定的实现担保物权的情形,债权人应当按照约定实现债权;没有约定或者约定不明确,债务人自己提供物的担保的,债权人应当先就该物的担保实现债权;第三人提供物的担保的,债权人可以就物的担保实现债权,也可以请求保证人承担保证责任。提供担保的第三人承担担保责任后,有权向债务人追偿"。在债务的担保人既有保证人又有物上保证人时,宜采"按价值比例代位债权人"的责任分担方式,第三人就超过其应分担额的范围承受原债权人的债权,并对其他担保人享有追偿权,更符合人的担保责任与物的担保责任平等原则。[4]

2. 保证人相互之间。在债务存在数个保证人时,构成共同保证。依据

---

[1] 参见史尚宽:《债法总论》,中国政法大学出版社2000年版,第807~808页。
[2] 参见史尚宽:《债法总论》,中国政法大学出版社2000年版,第810页。
[3] 最高人民法院民法典贯彻实施工作领导小组主编:《中华人民共和国民法典物权编理解与适用(下)》,人民法院出版社2020年版,第1019~1020页。
[4] 参见冉克平:《民法典编纂视野中的第三人清偿制度》,载《法商研究》2015年第2期。

《民法典担保制度司法解释》第 13 条的规定，对于保证人间约定了保证份额的，承担了担保责任的担保人在其约定负担的份额内，对主债务人享有求偿权，并在超出部分的范围承受原债权人的债权，有权向其他担保人追偿其各自应承担的份额；对于担保人约定承担连带共同担保的，或者约定相互追偿但是未约定分担份额的，或者担保人之间未对相互追偿作出约定且未约定承担连带共同担保，但是各担保人在同一份合同书上签字、盖章或者按指印的，在担保人承担担保责任后，对于债务人不能清偿的部分由各担保人按照比例分担，清偿人在超出自己负担比例的范围承受原债权人的地位，有权向其他担保人追偿。

3. 物上保证人之间。在以数项抵押财产担保同一债务时，若当事人间未就各抵押财产所担保的债权数额作出约定或者顺序没有约定或者约定不明的，抵押权人可以就其中任一或者各个财产行使抵押权。对此，可借鉴《日本民法典》第 501 条第 4 款的做法，物上保证人中的一人对于其他物上保证人，按各财产的价格代位债权人。为避免担保人之间的利益失衡，应认可担保人之间的追偿权和代位权，物上保证人在清偿债务之后，就超过其担负金额的部分承受原债权人的地位，可请求其他物上保证人偿还其应当分担的部分。①

【典型案例】

胡某某与某工程公司、何某某追偿权纠纷案

［案　号］（2021）苏 08 民终 885 号

［审理法院］江苏省淮安市中级人民法院

［来　源］中国裁判文书网

［关 键 词］代为履行　第三人　追偿权纠纷

---

① 参见史尚宽：《债法总论》，中国政法大学出版社 2000 年版，第 812 页；亦有学者认为宜采混合担保人内部追偿权的否定说，以彰显意思自治的私法精神，参见彭诚信、吴越：《混合担保人内部追偿权否定论证成——兼评"民法典担保制度解释"第 13 条》，载《南京社会科学》2021 年第 7 期。

[裁判摘要] 债务人不履行债务，第三人对履行该债务具有合法利益的，第三人有权向债权人代为履行。债权人接受第三人清偿后，其对债务人的债权转让给第三人。本案中，胡某某向工人出具工资欠条，虽载明以对工工日为准，多少就多少发放，但后一直亦未与工人对工，工人因索要工资至某市人力资源和社会保障局劳动保障监察部门，由某工程公司代胡某某向工人发放工资，故依法可向胡某某要求偿还。

[基本案情] 2017年9月，某工程公司（甲方）与胡某某（乙方）签订《施工合同》1份，载明：某市快速路一期工程6标段挡墙工程项目由某工程公司中标承建，并负责组织工程实施。甲方与乙方协商一致决定在完全履行总承包单位与业主签订的工程承包合同的前提下，就上述项目合作施工，签订本协议。施工工期2017年7月13日到9月30日。甲方负责提供钢筋及钢筋加工场地，挡墙基坑的开挖、整型、降水、碎石垫层的施工等，乙方负责挡墙垫层、底板、墙身混凝土的施工、负责相关混凝土的浇筑及养护，模板的安装与加固，挡墙钢筋的加工与安装等。乙方完成合同工程量后，甲方在考虑项目资金平衡的前提下向乙方支付全部工程计量结算款。双方在合同下方签字盖章确认。

胡某某安排工人进行上述工程施工，某工程公司亦陆续支付工程款项。2019年2月19日，胡某某向工地工人谈某某、王某某、王某、刘某某支付工资共计8000元，并向四人分别出具欠条1份，载明："欠条谈某某工资贰万玖仟捌佰元整。最终以对工工日为准，多少就多少发放""欠条王某某工资壹万伍仟元整。最终以对工工日为准，多少就多少发放""欠条王某陆仟伍佰元。最终以对工工日为准，多少就多少发放""欠条刘某某壹万贰仟元。最终以对工工日为准，多少就多少发放"。

2019年6月17日，胡某某向某工程公司出具证明1份，载明：截至2019年6月17日与某工程公司的工程项目结算已完，累计收到工程款829518元，其中付到胡某某账户460000元，付到何某某账户34万元（系本人委托），代付工资款29518元（系本人委托），本人承诺不欠农民工工资。余款67623元全部付清。

2020年3月25日，谈某某、王某某、王某、刘某某因索要工资未果至某市人力资源和社会保障局劳动保障监察部门。2020年4月19日，某工程公司代胡某某分别向谈某某、王某某、王某、刘某某支付工资20916元、11152元、6388元、10330元。

（撰稿人：崔雪炜）

第三十一条　【同时履行抗辩权与先履行抗辩权】

当事人互负债务，一方以对方没有履行非主要债务为由拒绝履行自己的主要债务的，人民法院不予支持。但是，对方不履行非主要债务致使不能实现合同目的或者当事人另有约定的除外。

当事人一方起诉请求对方履行债务，被告依据民法典第五百二十五条的规定主张双方同时履行的抗辩且抗辩成立，被告未提起反诉的，人民法院应当判决被告在原告履行债务的同时履行自己的债务，并在判项中明确原告申请强制执行的，人民法院应当在原告履行自己的债务后对被告采取执行行为；被告提起反诉的，人民法院应当判决双方同时履行自己的债务，并在判项中明确任何一方申请强制执行的，人民法院应当在该当事人履行自己的债务后对对方采取执行行为。

当事人一方起诉请求对方履行债务，被告依据民法典第五百二十六条的规定主张原告应先履行的抗辩且抗辩成立的，人民法院应当驳回原告的诉讼请求，但是不影响原告履行债务后另行提起诉讼。

【关联规定】

《民法典》(2020 年 5 月 28 日)

第 525 条 当事人互负债务,没有先后履行顺序的,应当同时履行。一方在对方履行之前有权拒绝其履行请求。一方在对方履行债务不符合约定时,有权拒绝其相应的履行请求。

第 526 条 当事人互负债务,有先后履行顺序,应当先履行债务一方未履行的,后履行一方有权拒绝其履行请求。先履行一方履行债务不符合约定的,后履行一方有权拒绝其相应的履行请求。

【理解与适用】

一、本条主旨

本条是关于同时履行抗辩权和先履行抗辩权的细化规定。

二、规范对象

本条是对我国《民法典》第 525 条、第 526 条所作出的细化规定。我国《民法典》第 525 条、第 526 条分别规定了同时履行抗辩权和先履行抗辩权,该两条系对我国《合同法》第 66 条和第 67 条规定的延续。所谓同时履行抗辩权,是指双务合同的一方当事人,在对方当事人未为对待给付以前,可拒绝履行自己债务的权利。[1] 所谓先履行抗辩权,是指在双务合同中,约定有先后履行顺序的,负有先履行债务的一方当事人未依照合同约定履行债务,后履行债务的一方当事人为保护自己的预期利益或为保证自己履行合同的条件而拒绝对方当事人请求履行的权利。[2] 在学理上,先履行抗辩权也被称为"后履行抗辩权"或"先违约抗辩权"。在德国传统民法理论中,先履行抗辩权的概念并不存在,其属于同时履行抗辩权的情

---

[1] 韩世远:《合同法总论》(第四版),法律出版社 2018 年版,第 381 页。
[2] 崔建远:《合同法》(第七版),法律出版社 2021 年版,第 113 页。

形之一。① 因此，我国民法上对于先履行抗辩权的规定也被认为是民法理论上的创新。在规范目的上，同时履行抗辩权和先履行抗辩权兼具强制债务人清偿、担保债权实现的二重功能，以促进债务人履行对待给付义务。②

在适用时，同时履行抗辩权和先履行抗辩权的构成一般需要具备以下要件：第一，须发生在互为对待给付的双务有偿合同中。一般认为，同时履行抗辩权和先履行抗辩权的理论基础为双务合同的牵连性理论。③ 具体而言，双务合同建立在"你给则我给"原则上，一方当事人之所以愿意负担给付义务，旨在使对方当事人亦负对待给付义务。此种给付与对待给付之间不可分离的关系，即为双务合同牵连性的体现。④ 第二，须是双方互负的债务已届清偿期。对于同时履行抗辩权而言，我国《民法典》第525条还要求当事人互负的债务履行没有先后顺序。对于先履行抗辩权而言，我国《民法典》第526条则要求当事人双方的合同义务有先后履行的顺序。这种顺序既可以由双方约定，也可以由法律规定或者按习惯规定。第三，必须是对方未履行债务或其履行不符合约定。在同时履行抗辩权的情况下，当事人一方向对方请求履行债务时，请求方对自己所负有对价关系的债务未履行，相对方可据此主张同时履行抗辩而拒绝履行债务。在先履行抗辩权的情况下，如果先履行一方的债务已届履行期而不履行或履行债务不符合合同约定，后履行一方在其债务届期的情况下可以行使先履行抗辩权，拒绝其相应的履行请求。第四，必须对方的对待给付是可能履行的。⑤ 同时履行抗辩权和先履行抗辩权的规范目的，旨在促进债务人履行对待给付义务，担保债权实现。若对方所负担的债务已经丧失履行的可能性，则同时履行抗辩、先履行抗辩的目的便无法实现。在此情况下，当事人依据《民法典》关于合同解除的规定径行解除合同即可，而不产生履行

---

① 李建星：《先履行抗辩权之解构》，载《法学家》2018年第5期。
② 韩世远：《合同法总论》（第四版），法律出版社2018年版，第381~382页。
③ 王泽鉴：《民法学说与判例研究》，北京大学出版社2015年版，第1227~1228页。
④ 张金海：《论双务合同中给付义务的牵连性》，载《法律科学》2013年第2期。
⑤ 王闯：《论双务合同履行中的同时履行抗辩权——兼释合同法第六十六条及其适用中的相关疑难问题》，载《法律适用》2002年第12期。

抗辩的问题。①

同时履行抗辩权和先履行抗辩权的法律性质为何，传统民法理论上素来存在两种见解。第一种学说为交换请求权说，其认为在双务合同中，当事人仅享有请求他方为给付的权利，进而原告必须证明其已经履行义务或本身没有给付义务。换言之，一方的给付须以另一方的给付为前提。第二种学说则为抗辩权说，其认为双务合同中当事人的请求权互相独立，二者之间不存在任何附加条件，同时履行抗辩和先履行抗辩仅发生暂时阻却对方给付请求权的效果。②《德国民法典》第320条采抗辩权说。从我国《民法典》第525条"一方在对方履行之前有权拒绝其履行请求"、第526条"后履行一方有权拒绝其履行请求"等表述来看，可以确定我国亦采抗辩权说。

三、司法解释条文理解

《民法典合同编通则司法解释》第31条规定了当事人主张同时履行抗辩权、先履行抗辩权后，法院进行判决时的具体操作。从司法实践的情况来看，我国民法中同时履行抗辩权和先履行抗辩权的实际适用主要存在以下问题：第一，在双务合同中，从给付义务和附随义务和主给付义务之间是否存在对待给付关系，进而能否适用同时履行抗辩权或先履行抗辩权，这一问题存在争议；第二，同时履行抗辩权和先履行抗辩权应以何种方式行使，这在我国的实践中也尚不明晰；第三，审判过程中，当事人主张同时履行抗辩权或先履行抗辩权后，法院该如何进行判决，这亦是司法实践中长期未能形成共识的问题。《民法典合同编通则司法解释》第31条则对以上问题进行解决。

首先，《民法典合同编通则司法解释》第31条第1款明确了同时履行抗辩权和先履行抗辩权的行使范围。该款指出，当事人不得以对方没有履行非主要债务为由拒绝履行自己的主要债务，除非当事人另有约定或该非主要债务关乎合同目的的实现。此处需要对司法解释中"非主要债务"这

---

① 最高人民法院民法典贯彻实施工作领导小组主编：《中华人民共和国民法典合同编理解与适用（一）》，人民法院出版社2020年版，第431页。
② 王泽鉴：《民法学说与判例研究》，北京大学出版社2015年版，第1228页。

一表述进一步明确,其应指双务合同中的从给付义务和附随义务。一般而言,针对从给付义务和附随义务并不能形成同时履行抗辩权和先履行抗辩权。因为从给付义务、附随义务通常不具有充分的意义,并不必然与主债务构成对待给付关系。① 例如,在普通的商事交易中,债务人并不能以对方没有开具发票为由,拒不履行支付价款的主给付义务。但若在双务合同中当事人有特别约定,或从给付义务和附随义务与合同目的的实现关系密切时,从给付义务和附随义务与主给付义务之间构成对待给付关系。② 典型的例子,如名马的买受人在出卖人未交付血统证书前可拒绝支付价款,③ 手机用户在电信部门未出具话费清单时可拒绝缴纳话费等。④

其次,《民法典合同编通则司法解释》第31条第2款、第3款明确了同时履行抗辩权和先履行抗辩权须通过被告明确主张的方式行使,消除了实践中的困惑。在我国司法实践中,对于同时履行抗辩权、先履行抗辩权行使方式的争议主要集中在其是否必须以明示方式行使以及在何时行使的问题。在同时履行抗辩权和先履行抗辩权的效力问题上,学说中一直有"存在效果说"和"行使效果说"的分歧。"存在效果说"认为,法院可依职权审查债务人的履行抗辩权是否成立,若成立,债务人即便未明确主张,亦可发生拒绝履行、阻碍违约责任构成的效果。⑤ "行使效果说"则认为,享有履行抗辩权的债务人须在合理时间内以恰当方式主张同时履行抗辩权,法院始得依债务人的主张审查其抗辩权是否成立,进而发生拒绝履行、阻碍违约责任构成的效果。⑥ 我国还有学者持"折中说",将履行抗辩权的效力区分为行使的效力和存在的效力。⑦ 前者体现为债务人主张履行

---

① 王洪亮:《〈合同法〉第66条(同时履行抗辩权)评注》,载《法学家》2017年第2期。
② 施建辉:《同时履行抗辩之适用限制》,载《法学论坛》2007年第4期。
③ 王泽鉴:《民法学说与判例研究》,北京大学出版社2015年版,第1230页。
④ 韩世远:《合同法总论》(第四版),法律出版社2018年版,第410~411页。
⑤ 李永军:《合同法》(第六版),中国人民大学出版社2021年版,第222页。
⑥ 王利明:《合同法研究》(第2卷)(第二版),中国人民大学出版社2015年版,第52页;王闯:《论双务合同履行中的同时履行抗辩权——兼释合同法第六十六条及其适用中的相关疑难问题》,载《法律适用》2000年第12期。
⑦ 韩世远:《合同法总论》(第四版),法律出版社2018年版,第398~399页。

抗辩权后发生拒绝履行的法律效果,后者则体现为履行抗辩权一旦成立则排除履行迟延等违约责任的构成,而无须债务人的主张。从我国《民法典》第525条、第526条的文义来看,尚无法明确我国立法持何种立场。而《民法典合同编通则司法解释》第31条第2款、第3款则明确,同时履行抗辩权、先履行抗辩权的行使,须经被告明确主张,进而由法院审查其同时履行抗辩权、先履行抗辩权是否成立。需要指出的是,同时履行抗辩权、先履行抗辩权的主张在诉讼外以及诉讼中均可主张,在民诉原理上属于事实上的主张,被告应当在第二审言词辩论终结前提出。并且,在主张的过程中,被告无须证明原告未履行,仅须表示援用抗辩的意思即可。[1]

最后,《民法典合同编通则司法解释》第31条第2款明确了被告同时履行抗辩权成立后对待给付判决的具体方式。德国民法上,对于当事人主张同时履行抗辩的案件,法院通常采用"对待给付判决"的方式来解决纠纷。根据《德国民事诉讼法》第756条的规定,对于债务人主张《德国民法典》第320条所规定的抗辩权时,仅当债权人对债务人为对待给付后方可执行判决,在向债务人提供对待给付且该债务人未迟延受领之前,执行员不得开始实施强制执行。[2] 我国虽然在实体法上沿袭了传统大陆法系中的同时履行抗辩权制度,但在民事程序法应如何进行相应的判决,一直缺乏相关的规定。我国司法实践中的做法并不一致,主要存在驳回原告诉讼请求的消极型判决,和判令原告、被告同时或先后履行义务的积极型判决。[3] 这两种判决模式在一定程度上都存在问题。具体而言,驳回原告诉讼请求的消极型判决看似暂时平息了纠纷,但实际上双务合同当事人之间的履行僵局仍然存在,很容易造成司法程序空转,引发二次诉讼,造成司法资源的浪费。[4] 而判令原告、被告同时或先后履行义务的积极型判决虽

---

[1] 韩世远:《合同法总论》(第四版),法律出版社2018年版,第401页。
[2] 《德国民事诉讼法》,丁启明译,厦门大学出版社2016年版,第158~159页。
[3] 刘文勇:《论同时履行抗辩权成立时对待给付判决之采用》,载《国家检察官学院学报》2020年第4期。
[4] 王凤:《我国合同法中同时履行抗辩权的效力问题研究——以实体法与程序法为透析视角》,载《河北法学》2015年第2期。

然能够高效解决双方的纠纷,但由于主张履行抗辩权的一方并未提起独立的诉或抗诉,这类判决实际上也有违民事诉讼的不告不理原则,可能构成诉外裁判。①《民法典合同编通则司法解释》第 31 条第 2 款规定,被告主张同时履行抗辩权且成立的情况下,被告未提起反诉的,人民法院应当判决被告在原告履行债务的同时履行自己的债务;被告提起反诉的,人民法院应当判决双方同时履行自己的债务。这实际上明确了我国司法上"对待给付判决"的操作模式,在高效解决双务合同履行纠纷的同时,也避免了前述消极型判决和积极型判决的弊端。并且,在被告主张先履行抗辩权且成立的情况下,《民法典合同编通则司法解释》第 31 条第 3 款亦规定,人民法院应当驳回原告的诉讼请求,但是不影响原告履行债务后另行提起诉讼,同样明确了审判中先履行抗辩权案件的处理模式。

【典型案例】

房地产公司与袁某华商品房预售合同纠纷案

[案号](2021)京民终 51 号

[审理法院] 北京市高级人民法院

[来源] 中国裁判文书网

[关键词] 同时履行抗辩权

[裁判摘要] 在判项中对同时履行抗辩作出表述,并未超出原告的诉讼请求。事实上,此种表述只是在支持原告有关返还请求的基础上,对原告诉讼请求的实现进行了限制,即在其未返还被告财产前,不能请求被告返还;这既解决了单方返还面临的利益失衡问题,又为执行阶段的双方返还提供了依据,是一种两全其美的做法,应予提倡和鼓励。为平等保护各方权益、一次性解决纠纷、减少当事人诉累,应判令被告袁某华在原告房地产公司将应返还的 9600117 元购房款交付执行的同时,配合原告房地产

---

① 董昊霖:《论同时履行抗辩权——以程序法的基本理论为视角》,载《广东社会科学》2020 年第 5 期。

公司办理案涉房屋的网上签约注销登记手续。

[基本案情] 2011年1月22日，袁某华与房地产公司签订《预售合同》，合同约定由袁某华购买案涉房屋，房屋总价款为人民币20200117元，付款方式为分期支付，袁某华分别于2011年1月22日之前支付2020012元，2月22日之前支付2020012元，3月22日之前支付3030018元，4月22日之前支付3130075元，余款由袁某华申请银行按揭贷款。袁某华应在2011年7月1日起十个工作日内提交申请贷款所需的全部材料，并提出按揭申请和按银行要求期限履行相关银行按揭手续。双方还约定，房地产公司应当在2012年11月30日前向袁某华交付案涉房屋，房地产公司应在2014年4月30日前取得案涉房屋楼栋的权属证书，并且应在房屋交付使用后共同向登记机关申请办理房屋权属转移登记。《预售合同》签约当日，双方办理网签备案登记手续。

其后，袁某华按期支付了前四期的购房款，未办理最后一期银行按揭贷款。案涉房屋已由房地产公司办理初始登记，尚未对袁某华实际进行交付，也未向袁某华办理所有权转移登记，对于未交付及未办理所有权转移登记原因，双方各执一词。2019年3月8日，房地产公司向袁某华发出《解除合同通知书》，以袁某华未按合同约定以银行按揭贷款支付余款为由，要求解除双方订立的《预售合同》。而后，房地产公司向一审法院起诉请求：1. 判令解除房地产公司与袁某华签署的《预售合同》；2. 判令袁某华配合办理案涉房屋网上签约注销登记手续；3. 判令袁某华支付房地产公司解除合同违约金2020011.7元等。

案涉《预售合同》解除后，袁某华、房地产公司互负配合办理网上签约注销登记手续和返还剩余购房款的义务。诉讼中，房地产公司请求袁某华配合办理网上签约注销登记手续，袁某华没有就返还购房款提出反诉，但以其享有同时履行抗辩权为由加以对抗。

（撰稿人：陈浩林）

第三十二条　【情势变更制度的适用】合同成立后，因政策调整或者市场供求关系异常变动等原因导致价格发生当事人在订立合同时无法预见的、不属于商业风险的涨跌，继续履行合同对于当事人一方明显不公平的，人民法院应当认定合同的基础条件发生了民法典第五百三十三条第一款规定的"重大变化"。但是，合同涉及市场属性活跃、长期以来价格波动较大的大宗商品以及股票、期货等风险投资型金融产品的除外。

合同的基础条件发生了民法典第五百三十三条第一款规定的重大变化，当事人请求变更合同的，人民法院不得解除合同；当事人一方请求变更合同，对方请求解除合同的，或者当事人一方请求解除合同，对方请求变更合同的，人民法院应当结合案件的实际情况，根据公平原则判决变更或者解除合同。

人民法院依据民法典第五百三十三条的规定判决变更或者解除合同的，应当综合考虑合同基础条件发生重大变化的时间、当事人重新协商的情况以及因合同变更或者解除给当事人造成的损失等因素，在判项中明确合同变更或者解除的时间。

当事人事先约定排除民法典第五百三十三条适用的，人民法院应当认定该约定无效。

【关联规定】

《民法典》（2020年5月28日）

第533条 合同成立后，合同的基础条件发生了当事人在订立合同时无法预见的、不属于商业风险的重大变化，继续履行合同对于当事人一方明显不公平的，受不利影响的当事人可以与对方重新协商；在合理期限内协商不成的，当事人可以请求人民法院或者仲裁机构变更或者解除合同。

人民法院或者仲裁机构应当结合案件的实际情况，根据公平原则变更或者解除合同。

【理解与适用】

一、本条主旨

本条是对《民法典》第533条情势变更原则规定的解释；本条以合同履行过程中未能事先预见的风险分配为调整对象，故本质上属于对合同关系开始履行、尚未终结前的风险进行妥善配置的制度。

第1款以列举方式对"合同的基础条件"予以正面说明，并从反面对部分不构成基础条件变化的现象加以排除；第2款、第3款则对情势变更的法律效果及其适用路径进行细化；第4款旨在明确情势变更原则的强制性规范属性。

二、规范来源

本条常被认为滥觞自《合同法司法解释（二）》（法释〔2009〕5号）第26条。但根据立法机关的见解，《合同法司法解释（二）》第26条在《民法典》编纂进程中被吸收，即体现为《民法典》第533条。[①] 故最高人民法院此次再以《民法典》第533条为基础创制本条，实系新设规

---

① 参见石宏：《合同编的重大发展和创新》，载《中国法学》2020年第4期。

则，而非承继自《合同法司法解释（二）》第 26 条。比较本条与《合同法司法解释（二）》第 26 条的规范内容，也能发现二者存在较大差别，故前述立法机关的观点值得赞同。

三、司法解释条文理解

（一）规范定位和发展历史

本条是对《民法典》第 533 条情势变更原则的细化展开，故规范定位上受制于后者。通说认为，情势变更原则系衡平规范，介于严法规范和法律原则之间，构成要件及法律效果皆有明显的灵活和弹性色彩。故在司法适用中，情势变更原则的内容仍有赖法官结合个案全部情事、妥当运用裁量权进行有效的具体化。本条的设计，要义即在于通过典型情况的示例、排除及法律效果上两重选项关系的勘定，一方面令私法基本法（《民法典》）中原本抽象程度较高的条文具体化，防范司法裁量权的过分膨胀；另一方面也为规则适用提供适当指引，缩短情势变更原则与具体个案的距离，以利裁判作出。即便如此，本条依然遗留大量裁量空间。条文第 1 款中的"等原因""明显不公平""等风险投资型金融产品"，第 2 款中的"案件的实际情况""公平原则"，第 3 款中的"综合考虑""等因素"术语的存在，就是本条弹性的最佳例证。故这一司法解释规则依然属于衡平规范。

自比较法发生史角度来看，情势变更原则最初并非成文规范，而是法律漏洞。但出于应对新型案件的需要，司法机关遂在诚信原则的指引下开展填补漏洞、续造规则的活动，由此生成的"法官法"规则构成了情势变更原则的早期雏形。在时间推移和司法经验累积之下，针对合同基础发生重大变化以致冲击合同履行公平性的案型，本来仅有个案效力的"法官法"规则逐渐升格和固定为习惯法规则。此时的情势变更原则已经具有与成文法完全等同的效力，后续又在法律修订进程中得以成文化。情势变更原则在我国亦有大体相当的发展历程，只不过我国语境下，情势变更原则成为法源的现象直接以最高人民法院制定司法解释的方式呈现出来。即体现为前文提及的《合同法司法解释（二）》第26条。可见，情势变更原则脱胎于诚信原则，本条自然亦应将诚信原则作为自己的根基。从诚信原则的开放性出发，在本条明确列举的价格与供求关系异常波动的情形之外，不排除有适用情势变更原则的新案型应时出现。

（二）规范要素

本条第1款主要针对《民法典》第533条中"基础条件的重大变化"这一构成要件进行了详细的规定和阐释。[1] 本款中的如下要素或特点值得特别留意：

1. 基础条件的重大变化应不可合理预见、非属商业风险。

如嗣后发生的风险在缔约当时已能合理预见，或者从事物本质考量构成相应交易或行业内在的商业风险，则不得以情势变更为由排斥合同的履行。对于能够预见的风险，理性的交易当事人一般经由特约方式作出约定和分配，或者借助于合同解释探求当事人的真意，亦能查明风险应由何方承担。应承担风险的一方如在风险现实化后欲以情势变更为由否定此前合意，构成自我矛盾行为，应依禁反言原理不予考虑。对于特定行业或交易内在的商业风险，同样可依托合同内容及其查明的方式，判定本应承担的一方。

反之，既非固有商业风险，亦不可合理预见的场合，相应风险实质上处于当事人合意空白地带。任何一者皆未表达承接或将该种风险纳入自己负责范围的意图，从私法自治的基本原则出发，也不宜恣意地将风险单纯地交由某一方承受。故作为一种合同上风险配置的制度，情势变更原则与本条司法解释在适用上具有候补性、备位性。

2. 基础条件变化的严重性应达到足以造成"明显不公平"的烈度。

基础条件的变化应有严重性。从结果的面向观察，其对合同履行的冲击，应达到对于一方当事人而言"明显不公平"效果的强度。何谓"明显不公平"，有待司法者以理性第三人的通常观念为基准，综合权衡个案全

---

[1] 参见［德］卡斯滕·海尔斯特尔、许德风：《情事变更原则研究》，载《中外法学》2004年第4期。

部情事、相应交易的特点进行判断。

3. 以金融产品为代表的高风险投资型行为不适用情势变更原则。

商事交易本身即具有相当风险性，资本市场金融产品的投资，如基金、股票、债券、期货、期权等更是典型的高风险领域，此亦是投资者教育制度及金融机构投资者适当性义务产生的根源。鉴于此，本条第1款特意以但书方式予以明确，不得以情势变更原则的适用扰乱资本市场和金融投资行业本身的运作规律。当然，金融投资风险现实化造成的损失如可归咎于对方的义务违反，民事赔偿责任制度可为受损方提供救济途径。

4. 非封闭性。

本条第1款特别列明，价格的异常涨跌波动可能构成情势变更的适用情形。这是正确的，价格剧烈变化是情势变更原则最重要的适用情境。以情势变更原则在德国的发展史为例，最初令情势变更或情势如恒思想进入人们视阈的，就是第一次世界大战所导致的通货膨胀、物价飞涨的经济环境。其后每隔十年左右就发生一次的资本主义世界经济、金融危机，也多体现为价格领域的重大波动，一再印证了上述判断。

不过，情势变更原则的辐射范围显然不止于此。理论中借助类型化思维整理提炼出的（使用）目的（二次性目的）落空、双方动机错误，[1] 亦能导致合同基础条件发生重大变化，从而逸出当事人初始合同规划及风险配置框架，引发风险再分配的议题，令情势变更原则之适用成为必要。[2] 举例来说，政策措施导致商铺停业、正常经营受到干扰，尽管标的商铺的租金并无变化，但承租人经由商事租赁合同缔结而意欲追求的经济性目的落空，此非当事人缔约当时所能合理预见，依托情势变更原则对合同当事人权利义务加以调整，似为较优的处理策略和模式。是故，本条第1款的列举并非封闭。

---

[1] 关于双方动机错误作为情势变更的亚类型，参见［德］赫尔穆特·科勒：《德国民法总论》（第四十四版），刘洋译，北京大学出版社2022年版，第129页。

[2] 以类型化方法研究情势变更原则的作品，参见韩强：《情势变更原则的类型化研究》，载《法学研究》2010年第4期。

(三) 法律效果

情势变更原则的法律效果包括合同变更与解除，前者在比较法上也称为调整。程序上，当事人可以首先自行通过再磋商的方式达成合意，根据变化了的情势或基础条件，对合同内容加以变更，继续推进合同内容的实现和履行。当然，当事人亦可直接进入诉讼程序寻求合同变更或解除。但对于变更和解除两重法律效果之间的关系，《民法典》第533条并未规定，本条司法解释第2款、第3款即意在对此加以明确。

1. 变更优先。[①]

依本条第2款规定，双方当事人仅请求变更合同的场合，如通过合同内容的更新调整，能够达到双方当事人地位复归公平的效果，则司法机关不得径直解除合同。其背后是鼓励交易的观念在发挥作用。当然，也不排除当事人无法就情势变更的后续处理和法律效果达成一致的情形。若当事人在变更和解除的两重选择中出现分歧，则由司法机关结合合同内容、当事人合意、基础条件变化的烈度、双方信任状态等诸种因素和案件实际情况，经由综合性的斟酌权衡，加以裁量和决定法律效果。如果基础条件的变化过于严重，以致合同继续履行已经丧失任何基础与可能性。此时亦不可期待合同关系的维系，裁判机关自亦可在充分审查的基础上解除合同。反之，若当事人直接谋求废止合同，法院亦可行使裁量权，决定是否允许。这里，合同变更机制依然应予优先考虑。

2. 裁量因素。

诉讼程序中，司法机关对于法律效果的选择和确定有裁量权，在此过程中应参考如下因素综合衡酌：合同基础条件发生重大变化的时间、当事人重新协商的情况以及因合同变更或者解除给当事人造成的损失等。

一般而言，基础条件重大变化持续越久，对合同关系冲击越大，经由变更维系合同关系的可能性越小。当事人重新协商情况对于法院裁判的影

[①] 关于情势变更原则法律效果的详细研究，参见吕双全：《情事变更原则法律效果的教义学构造》，载《法学》2019年第11期。

响在于，如已经诉外协商却依旧未能达成协议，或虽经重新协商达成协议但并未有效履行，最终仍进入诉讼程序，合同关系多半已丧失了继续存续和履行的前提。不过，若当事人并未经过再磋商便直接启动诉讼程序，那么合同变更应为司法者裁判的首选项。司法机关裁判过程中，还有必要在变更与解除中选择对于当事人可能造成的损失较小者确定情势变更的法律效果。

（四）体系定位

体系的视角下，情势变更原则是对合同神圣、契约信守基本原则的打破，在合同法的规范体系中居于例外地位。此亦其在中外早期立法进程中无法进入成文法内的核心原因。此种担忧是有道理的，情势变更原则过分扩张，将会导致合同关系稳定性面临威胁，进而扰乱民商事主体的交换计划或使其预期落空，给经济带来负面效果和影响。

宏观地看，突破契约信守原则、导致合同交换计划被废弃的制度还有基于给付负担过重或履行艰难而引发的（合同）债务关系上实际履行请求权排除的规范。这规定在《民法典》第580条第1款第2项第2种情况。理论上亦有称之为所谓"经济上履行不能"者，本文以"履行费用过高"术语指代。通说认为，履行费用过高的成立，须通过比较债务人一边为克服履行过障碍而不得不付出的费用和债权人一边基于债务人实际履行所能够获取的全部利益，加以判定。[①] 一旦债务人方面因履行障碍发生而须付出的费用、承受的负担超出债权人在如约实际履行场合所能够享受的利益，则应赋予债务人以拒绝实际履行的权利。这极可能与情势变更原则亚类型中的"等值性障碍"案型形成重叠，故有考虑两者关系在司法实践中如何处理的必要。

就此，部分学者认为，额外费用的升高未达牺牲界限时，则应尊重立法者本于实际履行原则优位的基本价值判断，从而将诸此低度风险配置于

[①] 详细的研究，参见刘洋：《履行费用过高作为排除履行请求权的界限》，载《政治与法律》2018年第2期。

债务人方面的特别安排。相应地，《民法典》第580条第1款第2项第2种情况就为情势变更原则的适用设置了排除标准。若额外费用确已越出牺牲界限，固当认可规范竞合的存在，然有鉴于情势变更原则法律效果上的温和性及其与我国合同法价值基点的匹配度，从静态的规范逻辑角度言之，宜使情势变更制度优先适用。但在实践操作中，当事人实际上拥有一定程度选择权和决定权是不可否认的。① 这就对二者的关系作出了较为妥善的协调处理，可资采纳。

四、适用指导

司法实践中，对于情势变更原则的认定和适用应当持守克制审慎的态度，这既是与其作为例外规范的体系定位相匹配的，也是贯彻契约信守原则、防止交易计划被恣意毁坏或摒弃所必要的。我国语境下，通常各省、自治区、直辖市的高级人民法院才有适用情势变更原则的权限，基层和中级人民法院遇有需要适用情势变更原则的案型时，应当及时层报至相应辖区所在的高级人民法院。这也是我国司法机关对于情势变更原则采取谨慎适用态度的明证，值得赞同。

实务中，常常将经济或金融危机、重大的汇率变动作为情势变更原则适用的典型场合和案型。② 当然，除此之外，税收制度的重大调整更新亦可能构成情势变更，从而需要对当事人之间的合同内容予以调整更新或解除。③

【典型案例】

1. 煤气公司诉仪表厂煤气表装配线
技术转让合同、煤气表散件购销合同纠纷案

［审理法院］湖北省武汉市中级人民法院

---

① 参见刘洋：《履行费用过高作为排除履行请求权的界限》，载《政治与法律》2018年第2期。
② 参见石宏：《合同编的重大发展和创新》，载《中国法学》2020年第4期。
③ 详细的讨论，参见班天可：《增值税中性原则与民事制度》，载《法学研究》2020年第4期。

[来源]《最高人民法院公报》1996年第2期

[关键词] 技术转让合同　货物购销合同　合同履行　情势变更原则　显失公平

[裁判摘要] 情势变更原则是指在合同履行过程中，由于不可抗力的影响，使得合同履行的情势发生巨大变化，合同继续履行将对一方当事人显失公平时，当事人可以请求变更或解除合同。由于经济改革过程中的价格变动，使得合同履行时的价格成本远远高于合同订立时，合同继续履行对于一方当事人显然不公平，而且这种经济发展过程中的价格变动是由不可抗力所引起的，根据《民法通则》第4条规定的公平和诚信原则及《经济合同法》第27条第1款第4项的规定，可以适用情势变更原则，当事人可以依此请求变更或解除合同，防止合同履行不公平合理。

[基本案情] 煤气公司与仪表厂签订技术转让合同及其补充协议，同时还签订了一份《关于J2.5煤气表散件供应合同》及补充协议，约定：由仪表厂供给煤气公司国产J2.5煤气表散件7万套。其中1988年供3万套（60%正向表散件，从当年4月25日起每月平均供货；40%反向表散件，从当年9月25日起每月平均供货）；1989年供4万套（40%为反向表散件），按月平均供货，每套散件单价57.3元（含包装费），总价款为401.1万元，货到经煤气公司验收后10日内由银行托收承付。合同还对产品质量、运输方式、产品包装及违约责任等作了约定。此后，仪表厂于1988年5月6日、6月23日、8月19日三次向煤气公司发运正向表散件1万套，煤气公司实际承付货款及运费525364.35元后，以仪表厂供货数量不足、质量不合格为由拒付50287.14元，另欠仪表厂购材料款3597.84元。同年11月23日，煤气公司向仪表厂发函要求仪表厂履行散件供应合同。仪表厂于同年12月20日复函煤气公司，以市场变化过快，物价上涨为由要求散件价格上调。1989年3月25日，仪表厂向煤气公司发出《关于再次磋商J2.5煤气表散件价格的联系函》，提出在散件的成本上涨到每套79.22元，物价部门核实的价格为每套83元的情况下，愿意不计利润并尽可能承担一定的经济损失，以J2.5煤气表散件每套75.5元作为变更或

解除双方签订的煤气表散件供应合同的最后报价。煤气公司仍要求仪表厂按原合同价格履行，仪表厂则停止向煤气公司供应煤气表散件，双方因此发生纠纷。

［评析］本案被认为是我国"情势变更原则第一案"。本案发生时，我国1999年版本的统一《合同法》尚未颁行。本案的裁判对于后来最高人民法院《合同法司法解释（二）》第26条情势变更原则的条文设计，也有一定的助推作用。本案存在双重合同关系，一为技术转让合同，一为煤气表散件批量购销（买卖）合同，争议主要由后者引发。关键因素在于，出卖人仪表厂生产仪表散件的原料铝锭价格上涨过快，已经超出当事人缔约当时所能够合理预见的范围。如严格按照缔约当时约定的内容履行，将可能给出卖人一方造成严重的经济损失。故最高人民法院在向湖北省高级人民法院就此案复函时，即明确指出："在合同履行过程中，由于发生了当事人无法预见和防止的情事变更，即生产煤气表散件的主要原材料铝锭的价格，由签订合同时国家定价为每吨4400元至4600元，上调到每吨16000元，铝外壳的售价也相应由每套23.085元上调到41元，如要求重庆检测仪表厂仍按原合同约定的价格供给煤气表散件，显失公平，对于对方由此而产生的纠纷，你院可依照《经济合同法》第27条第1款第4项之规定，根据本案实际情况，酌情予以公平合理的解决。"而依《经济合同法》第27条第1款第4项之规定，"由于不可抗力或由于一方当事人虽无过失但无法防止的外因，致使经济合同无法履行"的情形中，一方当事人可以主张"变更或解除经济合同"。这里其实已将情势变更原则的思想实质地包含在内，为本条司法解释规则的出现铺垫了基础。

2. 实业公司与县政府、采矿办采矿权纠纷案

［案号］（2008）民二终字第91号

［审理法院］最高人民法院

［来源］《最高人民法院公报》2010年第4期

［关键词］非不可抗力　合同目的　公平原则　情势变更　解除合同

[裁判摘要] 公平原则是当事人订立、履行民事合同所应遵循的基本原则。《合同法司法解释（二）》根据《民法通则》关于公平原则的规定，确立了合同履行过程中的情势变更原则，该解释第26条规定："合同成立以后客观情况发生了当事人在订立合同时无法预见的、非不可抗力造成的不属于商业风险的重大变化，继续履行合同对于一方当事人明显不公平或者不能实现合同目的，当事人请求人民法院变更或者解除合同的，人民法院应当根据公平原则，并结合案件的实际情况确定是否变更或者解除。"据此，由于无法预料的自然环境变化的影响导致合同目的无法实现，若继续履行合同则必然造成一方当事人取得全部合同收益，而另一方当事人承担全部投资损失，受损方当事人请求变更合同部分条款的，人民法院应当予以支持。

[基本案情] 2006年，县政府决定以拍卖的方式出让鄱阳湖永修县水域5、6、7、8号4个采区的采砂权。实业公司以4678万元竞得鄱阳湖永修县水域6、7、8号采区采砂权，并于同年5月10日与采砂办正式签订《鄱阳湖永修县6、7、8号采区采砂权出让合同》（以下简称《采砂权出让合同》），约定："一、采砂权使用期限自签订本合同之日至2006年12月31日止，同时满足防汛要求；采砂船数量28艘（功率4000kW以内/艘）；年控制采量1740万吨；二、拍卖成交金额8228万元（包括税费）……十、本合同约定的采区采砂权使用期限，是根据上级主管部门的批文当年度的有效可采期，实际可采期限以当年水位不能供采砂船只作业时为准。"自2006年7月以后，江西省持续高温干旱天气，降雨偏少，长江江西段出现同期罕见枯水位，鄱阳湖水大量流入长江，水位急剧下降，出现自20世纪70年代初期以来罕见的低水位。因鄱阳湖水位过低造成运砂船难以进入采区，鹏伟公司被迫停止采砂。为此，鹏伟公司致函采砂办要求解决开采时间缩短、砂源不足等问题。根据江西省水文局档案资料记载，2006年8月18日湖口水道星子站日平均水位为13.05米，该水位自1970年以来一般出现在10月中下旬以后。对上述事实双方均无异议。故可以认定，受36年未遇的鄱阳湖罕见低水位影响，鹏伟公司采砂提前结束，该自然

灾害与鹏伟公司的亏损具有直接的因果关系。对此，鹏伟公司和采砂办均无异议。

2007年8月，鹏伟公司向原审法院提起民事诉讼，请求解除其与采砂办签订的《采砂权出让合同》；采砂办、永修县政府依照合同约定补足135天采期并提供全部税费发票；如采砂办、永修县政府不能补足采期，则应退还鹏伟公司多支付的拍卖成交款4727万元（含税费）；诉讼费用由采砂办、永修县政府承担。

[评析] 本案纠纷因采砂权出让合同的履行而引发。采砂权被许可人鹏伟公司虽付出巨额采砂权许可费，却因鄱阳湖出现36年未遇的罕见低水位，导致采砂船不能在采砂区域作业，采砂提前结束，未能达到《采砂权出让合同》约定的合同目的，形成巨额亏损。这一客观情况是鹏伟公司和采砂办在签订合同时不可能预见到的，鹏伟公司的损失也非商业风险所致。在此情况下，仍旧依照合同的约定履行，必然导致采砂办取得全部合同收益，而鹏伟公司承担全部投资损失，对鹏伟公司而言是不公平的。鹏伟公司诉讼请求中，要求补足采期和退还部分许可费（成交款）的主张，实质上均属变更合同的要求。对此，鉴于合同已经部分履行，为避免解除合同导致烦琐的返还关系，最终通过变更合同的方式解决了本案纠纷。

本案展示，除经济金融危机或国家政策重大调整导致合同履行遭遇当事人无法预见的障碍可能构成情势变更外，超出当事人预期之外的重大自然灾害如果造成合同不能顺畅进行，同样可能被纳入情势变更原则的制度框架之下进行规范评价。

（撰稿人：刘洋）

五、合同的保全

> **第三十三条　【怠于行使权利影响到期债权实现的认定】** 债务人不履行其对债权人的到期债务，又不以诉讼或者仲裁方式向相对人主张其享有的债权或者与该债权有关的从权利，致使债权人的到期债权未能实现的，人民法院可以认定为民法典第五百三十五条规定的"债务人怠于行使其债权或者与该债权有关的从权利，影响债权人的到期债权实现"。

【关联规定】

一、《民法典》（2020 年 5 月 28 日）

第 535 条　因债务人怠于行使其债权或者与该债权有关的从权利，影响债权人的到期债权实现的，债权人可以向人民法院请求以自己的名义代位行使债务人对相对人的权利，但是该权利专属于债务人自身的除外。

代位权的行使范围以债权人的到期债权为限。债权人行使代位权的必要费用，由债务人负担。

相对人对债务人的抗辩，可以向债权人主张。

二、司法指导性文件

《九民纪要》（法〔2019〕254号）

8. 民法典第五百三十五条规定的"债务人怠于行使其债权或者与该债权有关的从权利，影响债权人的到期债权实现的"，是指债务人不履行其对债权人的到期债务，又不以诉讼方式或者仲裁方式向相对人主张其享有的债权或者与该债权有关的从权利，致使债权人的到期债权未能实现。相对人不认为债务人有怠于行使其债权或者与该债权有关的从权利情况的，应当承担举证责任。

【理解与适用】

一、本条主旨

本条是关于代位权行使的实质要件的细化规定。

二、《民法典》条文理解以及有待细化的问题

《民法典》第535条第1款针对债权人代位权的行使要件所作的规定，是在《合同法》第73条的基础上进行扩张而产生的。其中，"因债务人怠于行使其到期债权，对债权人造成损害的"，被扩张为"因债务人怠于行使其债权或者与该债权有关的从权利，影响债权人的到期债权实现的"，但该款规定并未对其内涵进一步明晰。

对于该款规定如何理解，《合同法司法解释（一）》第13条第1款以及《九民纪要》第8条规定均可作为解释资料而予以借鉴。对此，《合同法司法解释（一）》第13条第1款规定："合同法第七十三条规定的'债务人怠于行使其到期债权，对债权人造成损害的'，是指债务人不履行其对债权人的到期债务，又不以诉讼方式或者仲裁方式向其债务人主张其享有的具有金钱给付内容的到期债权，致使债权人的到期债权未能实现。"由此，"债务人怠于行使其到期债权，对债权人造成损害的"就被具体为：（1）债务人不履行其对债权人的到期债务；（2）债务人又不以诉讼方式或者仲裁方式向其债务人主张其享有的具有金钱给付内容的到

期债权；以及（3）致使债权人的到期债权未能实现。在《民法典》实施之后，因《合同法》及其司法解释的废止，为了正确适用民法典合同编的相关制度，《全国法院贯彻实施民法典工作会议纪要》第8条围绕《民法典》第535条第1款作了细化规定，即该条所规定的"债务人怠于行使其债权或者与该债权有关的从权利，影响债权人的到期债权实现的"主要表现为：（1）债务人不履行其对债权人的到期债务；（2）债务人又不以诉讼方式或者仲裁方式向相对人主张其享有的债权或者与该债权有关的从权利；以及（3）致使债权人的到期债权未能实现。同时，在相对人不认为债务人有怠于行使其债权或者与该债权有关的从权利情况的情形下，相对人应承担举证责任。前后表述之所以变化，主要是因为《民法典》第535条第1款对《合同法》第73条规定进行了前述修改和扩张。

三、司法解释条文理解

本条就"债务人怠于行使其债权或者与该债权有关的从权利，影响债权人的到期债权实现的"所作的规定，与《全国法院贯彻实施民法典工作会议纪要》第8条规定并无二致。而此二者均是从《合同法司法解释（一）》第13条第1款规定演化而来。因此，在对前述规定进行解释的过程中，对于"债务人不履行其对债权人的到期债务"以及"不以诉讼方式或者仲裁方式（向相对人主张权利）"的解释，仍可遵循《合同法司法解释（一）》起草者的解释思路。即"不要求债务人的债权到期后持续一定的期间"，以及"债务人只有以诉讼或仲裁的方式向次债务人主张权利，才不构成'怠于'，仅以私力救济方式主张权利，如直接向次债务人主张权利，或向其代理人主张权利，甚至包括向民间调解委员会或行政机关请求处理，都属于'怠于'之列"。[①] 同时，"只要债务人未履行其对债权人的债务，债权人的债权未能实现"，即可视为债权人的债权实现受到了影响。

[①] 参见曹守晔等：《〈关于适用合同法若干问题的解释（一）〉的理解与适用》，载《人民司法》2000年第3期。

如前所述，本条规定与《合同法司法解释（一）》第13条第1款规定的差异主要体现在债权人所能够代位行使的债权类型和范围的不同，即从债务人对次债务人享有的"具有金钱给付内容的到期债权"，转变为其对次债务人享有的"债权或者与该债权有关的从权利"。从立法演进脉络来看，在《合同法司法解释（一）》第13条将债务人对第三人所享有的到期债权限缩为"具有金钱给付内容的到期债权"之后，非金钱债权就被排除在债权人代位权制度外。[①] 而该司法解释之所以作此限缩解释，是因为制定该司法解释之时，我国刚通过《合同法》新设立该项制度，司法实践经验不足，作此限缩更容易确定到期债权的内容并方便清偿债务。[②] 而且，作此限定有利于迅速实现金钱债权的回收，方便解决当时的"三角债"问题。[③] 同时，"对非金钱给付内容的权利行使代位权对于债权的保障意义不大而且程序复杂，并有过多干预债务人权利之嫌"。[④] 但是，《合同法司法解释（一）》的此种做法招致了学界的批评，认为此种限缩解释貌似合理，但并不具有说服力，[⑤] 故应对其进行目的性扩张。即债权人代位权的客体除债权外，还应包括物权及物上请求权、形成权、债权人代位权和撤销权，以及诉讼法上的权利或公法上的权利，如登记请求权。[⑥] 同时，从我国司法实践来看，针对非金钱债权的特定债权（如拆迁安置补偿协议中交付调换产权房的行为），同样也允许债权人行使代位权。[⑦] 由此，《民法典》第535条抛弃了《合同法司法解释（一）》所作的限缩解释，并进一步将其从"债权"扩张为"债权或者与该债权有关的从权利"。但须注意的是，根据立法机关释义书，此处所规定的"与该债权有关的从权

[①] 参见雷群安：《我国债权人代位权制度重构思考》，载《求索》2005年第1期。
[②] 参见王利明：《论代位权的行使要件》，载《法学论坛》2001年第1期。
[③] 参见周江洪：《债权人代位权与未现实受领之"代物清偿"》，载《交大法学》2013年第1期；李琴：《代位权受偿规则微探》，载《法学杂志》2008年第6期。
[④] 曹守晔等：《〈关于适用合同法若干问题的解释（一）〉的理解与适用》，载《人民司法》2000年第3期。
[⑤] 参见韩世远：《合同法总论》（第四版），法律出版社2018年版，第443页。
[⑥] 参见崔建远、韩世远：《合同法中的债权人代位权制度》，载《中国法学》1999年第3期。
[⑦] 参见陈林、贾宏斌：《特定债权可以作为代位权行使的对象》，载《人民司法·案例》2011年第8期。

利",主要是指担保权利(包括担保物权和保证)。[1]

从本质来看,我国立法及司法解释作此种转换,实则表明立法者对债权人代位权制度的本来趣旨及功能的认识有所转变,而相应的解释论也可因此进行扩张。债权人代位权制度允许债权人以自己的名义代位行使债务人对第三人所享有的权利,本是为了维系债务人的责任财产。[2]而财产绝对原则作为近代民法的基础,债务人对自己的财产可以自由地加以管理和处分。只有在确有财产保全必要的情形下,才例外地允许债权人对债务人的财产管理行为进行介入。故针对债权人代位权制度而言,设置债务人无资力这一要件就成为必要。所谓债务人无资力,是指债务人的资力不足而导致债权人所享有的债权无法获得清偿,一般表现为债务人的负债额超过其资产总额。只有在债务人所享有的责任财产不充足,且债权人不代位行使债务人对第三人所享有的权利,将导致其自身所享有的债权面临无法获得完全满足的风险之时,才允许债权人行使代位权。此时,债权人行使代位权主要是为了保全债务人的责任财产。依据我国《合同法》第 73 条规定,因债务人怠于行使其到期债权,对债权人造成损害的,才允许代位权的行使。《合同法司法解释(一)》第 13 条第 1 款进一步将其解释为"债务人不履行其对债权人的到期债务,又不以诉讼方式或者仲裁方式向其债务人主张其享有的具有金钱给付内容的到期债权,致使债权人的到期债权未能实现"。对此,我国有学者认为,此种将保全债权限定为金钱债权的做法,实则表明以债务人有无资力为判断依据。[3] 换言之,在我国《合同法》时代,债权人代位权制度主要是通过有效地保持债务人的责任财产,从而保障合同债权人的权利实现。[4] 其仍是将其作为责任财产保全的一种

---

[1] 参见黄薇主编:《中华人民共和国民法典合同编释义》,法律出版社 2020 年版,第 167 页。
[2] 参见王利明:《债权人代位权与撤销权同时行使之质疑》,载《法学评论》2019 年第 2 期。
[3] 参见洪学军:《债权人代位权的性质及其构成研究》,载《现代法学》2002 年第 4 期。
[4] 参见曹守晔等:《〈关于适用合同法若干问题的解释(一)〉的理解与适用》,载《人民司法》2000 年第 3 期;王利明:《合同法新问题研究》,中国社会科学出版社 2003 年版,第 451~452 页。

手段，以保全债务人的责任财产为基本趣旨，① 如此才需要通过设置债务人无资力要件以限制债权人对债务人财产管理的不当干涉。对此，我国学界也有学者主张，不应将"对债权人造成损害"的内涵当然局限于债务人无资力这一要件，② 只要债权人的债权存在不能依其内容获得满足的危险，就允许行使代位权。③ 具体而言，应当区分债权人所享有的债权是否为金钱债权，只有在不特定债权及金钱债权的场合下，才应当采纳"无资力说"，以债务人无资力为要件，④ 否则应采纳"特定物债权说"，不应以债务人无资力为要件，而应以是否有必要保全债权为要件。⑤

从《民法典》第535条的规定来看，其虽大体沿袭了我国《合同法》第73条规定的文义表述，但并未明确表明是否以债务人无资力作为债权人行使代位权的要件。⑥ 若从债权人代位权制度的本来趣旨出发，在一般情形下似仍应以债务人无资力为要件。⑦ 而且，从《民法典》第536条规定来看，在债务人的权利可能因诉讼时效期间届满或者未及时申报破产债权等情形而影响债权人的债权实现的，允许债权人在其债权到期之前代位保存。对于前述行为，因债权人提前代位行使并不会使债务人遭受不利益，故而允许在债权人的债权到期之前而对债务人的财产管理行为加以介入。据此来看，虽然《民法典》第535条并未明确保全债务人的责任财产是否为该制度的本来趣旨，但其新设的第536条允许基于保存行为的需要而在债权人的债权到期前行使代位权，从而避免债务人的权利因诉讼时效届满等难以实现，这似乎表明第535条规定的是债权人代位权的一般情形（在债权人债权到期后），目的仍在于保全债务人的责任财产。但从文义解

---

① 参见王利明主编：《中国民法典学者建议稿及立法理由（债法总则编·合同编）》，法律出版社2005年版，第110页。
② 参见崔建远：《债权人代位权的新解说》，载《法学》2011年第7期。
③ 参见崔建远、韩世远：《合同法中的债权人代位权制度》，载《中国法学》1999年第3期。
④ 参见韩世远：《合同法总论》（第四版），法律出版社2018年版，第440页。
⑤ 参见谢怀栻等：《合同法原理》，法律出版社2000年版，第174~175页。
⑥ 参见韩世远：《合同法学》（第二版），高等教育出版社2022年版，第141~142页。
⑦ 参见崔建远：《债权人代位权的新解说》，载《法学》2011年第7期；洪学军：《债权人代位权的性质及其构成研究》，载《现代法学》2002年第4期。

释的角度来看，我国《民法典》第535条规定并未明确将债务人无资力作为限制债权人不当干涉的要件。而且，从其放弃"金钱债权"这一限缩解释，并将"与该债权有关的从权利"也纳入其中的做法来看，在法解释学上，除了债务人对相对人享有的担保权利（包括担保物权和保证）之外，允许债权人为保全自身的到期债权而行使债务人对相对人享有的"非金钱债权"似属当然。如此，在此类特殊情形下，债务人无资力不应被作为要件，债权人行使代位权也并非为了保全债务人的责任财产，而是为了实现债权人自身对债务人所享有的特定债权。除此之外，在债权人所享有的债权为金钱债权等情形下，仍应以债务人无资力作为要件，以限制债权人不当干涉债务人的财产管理行为。

【典型案例】

Y银行河北支行与董某等债权人代位权纠纷案

［案号］（2021）津01民终5809号

［审理法院］天津市第一中级人民法院

［来源］中国裁判文书网

［关键词］债权人代位权　房屋过户登记　涂销抵押登记

［裁判摘要］"开发商怠于行使对其债务人的房屋过户和注销抵押权等与债权有关的从权利，严重影响房屋买受人合法利益的，房屋买受人可代位行使开发商的上述权利，直接向第三人主张特定物债权请求权和担保物权请求权，要求第三人履行协助办理房屋过户、涂销抵押登记信息等义务。"[①]

［基本案情］2002年12月10日，X房地产公司（出卖人）与其公司职员刘某（买受人）签订《天津市商品房买卖合同》，约定刘某向该房地产公司购买涉案房屋。2003年4月11日，Y银行河北支行（贷款人）、刘

---

① 刘锟、李文杰：《房屋买受人可否代位行使特定物债权请求权和担保物权请求权——天津一中院判决董某某诉鸿基公司等债权人代位权纠纷案》，载《人民法院报》2022年12月22日。

某（借款人）、X 房地产公司（保证人）签订《个人住房抵押借款合同》，约定刘某为购买涉案房屋向 Y 银行河北支行借款 20 万元，借款总期限自 2003 年 4 月 15 日至 2018 年 4 月 15 日。

2003 年 4 月 16 日，当事人在涉案房屋上办理了抵押登记，抵押人为刘某，抵押权人为 Y 银行河北支行。

2008 年 3 月 12 日，Y 银行河北支行以借款合同纠纷为由将 X 房地产公司、刘某诉至天津市河北区人民法院，诉请解除 Y 银行河北支行与刘某、X 房地产公司之间的《个人住房抵押借款合同》，由刘某承担本息偿还的责任，并由 X 房地产公司对该债务承担连带给付责任。对此，天津市河北区人民法院组织双方进行调解，并作出（2008）北民初字第 1261 号民事调解书，支持解除当事人之间的《个人住房抵押借款合同》，并由 X 房地产公司在 2008 年 5 月 25 日前将所欠本金及利息一次性给付 Y 银行河北支行。

2009 年 12 月 31 日，Y 银行河北支行向河北法院提出执行申请，申请执行前述民事调解书。天津市河北区人民法院作出（2010）执字第 191 号执行裁定，裁定因 X 房地产公司无能力履行，终结（2008）北民初字第 1261 号民事调解书的本次执行程序。

2009 年 7 月 25 日，X 房地产公司（出卖人）与董某（买受人）签订《定购协议》，将前述登记在刘某名下的涉案房屋（抵押权人为 Y 银行河北支行）出卖给董某。其后（2009 年 8 月左右），董某缴纳了全部购房款，X 房地产公司也已将涉案房屋交付其使用。

故董某向法院起诉，请求判令 Y 银行河北支行、X 房地产公司、刘某解除涉案房屋的抵押手续，并由 X 房地产公司、刘某协助将涉案房屋过户至董某名下。

（撰稿人：张尧）

> **第三十四条 【专属于债务人自身的权利】** 下列权利,人民法院可以认定为民法典第五百三十五条第一款规定的专属于债务人自身的权利:
> (一) 抚养费、赡养费或者扶养费请求权;
> (二) 人身损害赔偿请求权;
> (三) 劳动报酬请求权,但是超过债务人及其所扶养家属的生活必需费用的部分除外;
> (四) 请求支付基本养老保险金、失业保险金、最低生活保障金等保障当事人基本生活的权利;
> (五) 其他专属于债务人自身的权利。

【关联规定】

《民法典》(2020 年 5 月 28 日)

第 535 条第 1 款 因债务人怠于行使其债权或者与该债权有关的从权利,影响债权人的到期债权实现的,债权人可以向人民法院请求以自己的名义代位行使债务人对相对人的权利,但是该权利专属于债务人自身的除外。

第 547 条 债权人转让债权的,受让人取得与债权有关的从权利,但是该从权利专属于债权人自身的除外。

受让人取得从权利不因该从权利未办理转移登记手续或者未转移占有而受到影响。

第 554 条 债务人转移债务的,新债务人应当承担与主债务有关的从债务,但是该从债务专属于原债务人自身的除外。

【理解与适用】

一、本条主旨

本条是关于代位权行使的消极条件，亦是代位权客体范围的排除性规定的细化。

二、规范来源

立足于中国的实际需求，并在参考国外立法例的基础上，我国《合同法》明确了代位权制度及排除特定客体的适用情形。[①] 代位权客体是债权人确定其能否以及在多大程度上行使代位权范围的标准。我国《合同法》第73条第1款规定债权人代位权的客体为非专属于债务人自身的债权。但关于"专属于债务人的权利"涉及何种权利？理论上存在诸多争论和分歧。对此，《合同法司法解释（一）》进一步明确了专属于债务人自身的债权的范围，包括"基于扶养关系、抚养关系、赡养关系、继承关系产生的给付请求权和劳动报酬、退休金、养老金、抚恤金、安置费、人寿保险、人身伤害赔偿请求权等权利"，起到了定分止争的作用。这对于《合同法》第73条第1款以及《合同法司法解释（一）》第13条将代位权的客体限定在"具有金钱给付内容的到期债权"，属于其但书条款和反面规定。值得强调的是，学者指出这里的专属权利是指行使的专属权而非归属的专属权，两者不可同一而论。[②]

随着实践的发展，《民法典》合同编在延续原有规定的基础上，根据新时代的需求作出了相应的修改。《民法典》第535条第1款将《合同法》规定的代位权客体范围从"到期债权"，变更为"其债权或者与该债权有关的从权利"，将影响程度从"对债权人造成损害"变更为"影响债权人的到期债权实现"，关于代位权客体的排除性规定也从"但该债权专属于

[①] 黄薇主编：《中华人民共和国民法典合同编解读》（上册），中国法制出版社2020年版，第250页。

[②] 韩世远：《合同法总论》（第四版），法律出版社2018年版，第445页。

债务人自身的除外"变更为"但是该权利专属于债务人自身的除外"。此种变化除了是将专属于债务人自身的"债权"的表述更为精准地界定为"权利"外,更是为了回应理论和实践的相关争议。① 对此,本条较《合同法司法解释(一)》,也将"专属于债务人自身的债权"变更为了"专属于债务人自身的权利",并在原司法解释的基础上,进一步按照不同权利的类型区分为了四种基本情形,并规定了"其他专属于债务人自身的权利"的兜底条款,也使得代位权客体的排除性规定更加有条理以及内容更加丰富。

所谓代位权的行使范围是由债权人代位权的规范意旨决定的,"应被限制在保留债权的必要范围内"。② 可见,本条规定代位权客体的排除范围也决定了债权人行使代位权的范围。对于"专属于债务人自身的权利"的,债权人不得向人民法院请求以自己的名义代位行使债务人对相对人的权利,也不能实现行使代位权的法律效果。这也意味着本条的规定,与《民法典》第531条第1款规定债权人能否行使代位权不可分割。债权人行使代位权除对债务人享有对外债权、债务人怠于行使其债权或该债权有关的从权利、债务人怠于行使自己的权利影响到债权人到期债权的实现、债务已陷入迟延履行等积极条件外,还须满足非专属于债务人自身的权利这一消极的条件。③ 关于代位权的行使范围具体体现在积极条件和消极条件两个方面。④ 本条的规范对象即是债权人行使代位权的消极条件。

三、司法解释条文理解

关于如何界定专属于债务人的权利,在司法解释出台之前,理论上存在较大的争论。代表性观点如下:一种观点认为,专属于债务人的权利是指继承权、抚养费请求权等与身份权密切相关的权利,以及生命、健康、名誉等人身权利受到侵害的损害赔偿权等;也有观点认为,专属于债务人

---

① 黄薇主编:《中华人民共和国民法典合同编解读》(上册),中国法制出版社2020年版,第252~253页。
② 崔建远:《合同法》(第六版),法律出版社2015年版,第120页。
③ 王利明:《合同法研究》(修订版),中国人民大学出版社2011年版,第124~125页。
④ 曹守晔:《代位权的解释与适用》,载《法律适用》2000年第3期。

的权利是指债务人亲身行使的权利,包括养老金、慰抚金、退休金等;还有一种观点认为,专属于债务人的权利主要包括法律规定不得继承或不得让与的权利,具体是指以个人信任关系或特定身份为基础的权利。[1]《民法典合同编通则司法解释(草案)》综合考虑了各种观点,并规定了基于赡养关系、扶养关系、抚养关系产生的给付请求权;基本养老保险金、失业保险金、最低生活保障金等保障当事人基本生活的权利;人身损害赔偿请求权、精神损害赔偿请求权;抚恤金、安置费请求权;劳动报酬请求权五类权利。

对此,本条在草案的基础上,顺应时代的发展和实践的需求,根据不同的权利类型进一步整合了草案的对应,并确定了四种基本的专属于债务权的权利,包括:其一,基于抚养费、赡养费或者扶养费请求权;其二,人身损害赔偿请求权;其三,劳动报酬请求权,但是超过债务人及其所扶养家属的生活必需费用的部分除外;其四,请求支付基本养老保险金、失业保险金、最低生活保障金等保障当事人基本生活的权利。这四类权利的性质和内涵存在明确的区别,如此划分不仅能够更好地涵盖专属于债务人的权利范围,也有利于清楚准确地界定不同类型的专属于债务人自身的权利。除此之外,本条还设置了相应的兜底条款,即"其他专属于债务人自身的权利"的规定。相较于草案的规定,本条延续了《合同法司法解释(一)》关于"等权利"等外等的规定。"原司法解释第12条既然采用的是列举方式,自然就意味着并未穷尽专属于债务人自身的债权的种类,这还有待于各级人民法院在审判实践中不断总结。"[2] 依法理,在现行法律体系之内,关于不得强制执行的权利、不得转让的权利以及不许扣押的权利,均可以适用兜底条款,归入其他专属债务人自身的权利这一类,基于法律规定以及权利性质等原因,债权人事实上也无法代位行使这些权利。

---

[1] 具体可参见谢在全:《民法物权论》(中册),新学林出版股份有限公司2009年版,第497页;史尚宽:《债法总论》,中国政法大学出版社2000年版,第88页;王利明:《债权人代位权与撤销权同时行使之质疑》,载《法学评论》2019年第2期;刘文:《我国代位权制度若干问题研究》,载《当代法学》2002年第5期。

[2] 曹守晔:《代位权的解释与适用》,载《法律适用》2000年第3期。

比较法上也存在扩大专属于债务人的权利范围的立法先例，如日本新修《日本民法典》第423条第3款也明确将"被禁止扣押的权利"，列入了不属于债权人代位权的客体范围。

至于本条对于"专属于债务人自身的权利"的细化规定，是否可以扩张到其他条文的适用，应当结合民法典的体系性予以解释适用之。《民法典》第547条关于"但是该从权利专属于债权人自身的除外"，以及第554条关于"但是该从债务专属于原债务人自身的除外"的规定，与第535条第1款关于"但是该权利专属于债务人自身的除外"同样位于《民法典》合同编总则部分之中，并且使用了相同的法律术语和表达方式，根据同一解释原则和权利义务对等的基本法理，《民法典》第547条和第554条的但书条款所规定的专属债务人的权利也应当可以适用本条的规定，对专属于债务人自身的权利予以认定并适用之。①

【典型案例】

邹某某、吴某债权人代位权纠纷案

[案号]（2021）赣02民终185号

[审理法院] 江西省景德镇市中级人民法院

[来源] 中国裁判文书网

[关键词] 代位权 代位权行使的客体范围 专属于债务人自身的权利

[裁判摘要] 代位权的客体范围一般为债务人的责任财产，但对于专属于债务人自身的权利如人身损害赔偿请求权，以及生活必需费用，不属于代位权的客体范畴。在本案中，根据一审查明的事实，债务人邹某某与殷某某于2005年11月1日生育一女邹某，该女有智力障碍，为二级残疾。本院认为，人的生存权利为基本权利，理应优先于一般债权而得到法律的

---

① 韩世远：《债权人代位权的解释论问题》，载《法律适用》2021年第1期。

保护。在本案中，即使债务人邹某某的女儿邹某成年，仍然不具备独立生活的能力，因此必须为其保留必要的生活费用。至于债权人贺某的债权，理应受到司法保护，事实上也得到了法院的生效判决。但法律对不同的权利设定了不同的保护顺位，在债权与生存权之间，法律优先保护生存权利。综上，为实现法律保护未成年弱势主体、保障基本生存权利之价值导向。故本院认为，应驳回贺某全部诉讼请求。

[基本案情] 2017年棚户改造，对案外人邹某某名下的房产进行征收，因邹某某无法亲自办理相关手续，于2017年4月7日出具委托书授权被告邹甲全权办理征收事宜，该委托书载明："本人享有部分房产权，现特别委托邹甲全权代表本人与棚户区改造项目部洽谈征收事宜，所有征迁款项全部打到邹甲账户上。" 2017年10月26日该拆迁补偿款共计793326.72元汇入被告邹甲的账户。

2017年10月27日被告邹甲向被告吴某转款793000元。被告吴某分别于2017年12月19日、20日、23日向另一案外人邹乙转账20万元、20万元、10万元，共计50万元。

贺某于2019年4月为维护其自身权益以民间借贷纠纷诉至法院要求邹某某偿还借款本金10万元及利息，法院于2019年7月23日作出（2019）赣0203民初549号民事判决书，判决："邹某某于判决生效之日起三日内一次性偿还原告借款本金10万元及利息（自2007年12月24日起至本息清偿时止，按照年利率24%计算），案件受理费3140元，由邹某某承担。"该判决已发生法律效力，邹某某未履行判决内容，原告向该院申请执行，该院于2020年1月立案受理，现暂未实现原告债权。

2020年6月16日邹某某给被告邹甲儿子的信函中载明："关于房款，我几年前已委托你们帮我把用来改造、装修的钱（从邹甲那里借来的20万和从邹乙那里借来的50万）还上了，贺某那里你解释一下，她的事情我一定会处理好的。" 2020年6月28日邹某某出具了《证明》，载明："因本人情况特殊无法亲自前往处理，已于三年前委托姐姐邹甲全权处理拆迁赔偿款等相关事宜，同时退还用于甲改造、装修（从姐姐邹甲处所借

20万元和从哥哥邹乙处所借50万元）的借款，以上退还借款是按照本人意愿处理的。"

（撰稿人：夏沁）

> **第三十五条　【代位权诉讼的管辖】** 债权人依据民法典第五百三十五条的规定对债务人的相对人提起代位权诉讼的，由被告住所地人民法院管辖，但是依法应当适用专属管辖规定的除外。
>
> 债务人或者相对人以双方之间的债权债务关系订有管辖协议为由提出异议的，人民法院不予支持。

【关联规定】

一、《民法典》（2020年5月28日）

第535条　因债务人怠于行使其债权或者与该债权有关的从权利，影响债权人的到期债权实现的，债权人可以向人民法院请求以自己的名义代位行使债务人对相对人的权利，但是该权利专属于债务人自身的除外。

代位权的行使范围以债权人的到期债权为限。债权人行使代位权的必要费用，由债务人负担。

相对人对债务人的抗辩，可以向债权人主张。

二、其他法律

《民事诉讼法》（2023年9月1日）

第22条　对公民提起的民事诉讼，由被告住所地人民法院管辖；被告住所地与经常居住地不一致的，由经常居住地人民法院管辖。

对法人或者其他组织提起的民事诉讼，由被告住所地人民法院管辖。

同一诉讼的几个被告住所地、经常居住地在两个以上人民法院辖区的，各该人民法院都有管辖权。

第34条 下列案件，由本条规定的人民法院专属管辖：

（一）因不动产纠纷提起的诉讼，由不动产所在地人民法院管辖；

（二）因港口作业中发生纠纷提起的诉讼，由港口所在地人民法院管辖；

（三）因继承遗产纠纷提起的诉讼，由被继承人死亡时住所地或者主要遗产所在地人民法院管辖。

第35条 合同或者其他财产权益纠纷的当事人可以书面协议选择被告住所地、合同履行地、合同签订地、原告住所地、标的物所在地等与争议有实际联系的地点的人民法院管辖，但不得违反本法对级别管辖和专属管辖的规定。

第270条 在中华人民共和国领域内进行涉外民事诉讼，适用本编规定。本编没有规定的，适用本法其他有关规定。

第276条 因涉外民事纠纷，对在中华人民共和国领域内没有住所的被告提起除身份关系以外的诉讼，如果合同签订地、合同履行地、诉讼标的物所在地、可供扣押财产所在地、侵权行为地、代表机构住所地位于中华人民共和国领域内的，可以由合同签订地、合同履行地、诉讼标的物所在地、可供扣押财产所在地、侵权行为地、代表机构住所地人民法院管辖。

除前款规定外，涉外民事纠纷与中华人民共和国存在其他适当联系的，可以由人民法院管辖。

第277条 涉外民事纠纷的当事人书面协议选择人民法院管辖的，可以由人民法院管辖。

三、司法解释

《民事诉讼法司法解释》（法释〔2022〕11号）

第3条 公民的住所地是指公民的户籍所在地，法人或者其他组织的住所地是指法人或者其他组织的主要办事机构所在地。

法人或者其他组织的主要办事机构所在地不能确定的，法人或者其他组织的注册地或者登记地为住所地。

第 28 条　民事诉讼法第三十四条第一项规定的不动产纠纷是指因不动产的权利确认、分割、相邻关系等引起的物权纠纷。

农村土地承包经营合同纠纷、房屋租赁合同纠纷、建设工程施工合同纠纷、政策性房屋买卖合同纠纷，按照不动产纠纷确定管辖。

不动产已登记的，以不动产登记簿记载的所在地为不动产所在地；不动产未登记的，以不动产实际所在地为不动产所在地。

第 29 条　民事诉讼法第三十五条规定的书面协议，包括书面合同中的协议管辖条款或者诉讼前以书面形式达成的选择管辖的协议。

第 30 条　根据管辖协议，起诉时能够确定管辖法院的，从其约定；不能确定的，依照民事诉讼法的相关规定确定管辖。

管辖协议约定两个以上与争议有实际联系的地点的人民法院管辖，原告可以向其中一个人民法院起诉。

第 31 条　经营者使用格式条款与消费者订立管辖协议，未采取合理方式提请消费者注意，消费者主张管辖协议无效的，人民法院应予支持。

第 32 条　管辖协议约定由一方当事人住所地人民法院管辖，协议签订后当事人住所地变更的，由签订管辖协议时的住所地人民法院管辖，但当事人另有约定的除外。

第 33 条　合同转让的，合同的管辖协议对合同受让人有效，但转让时受让人不知道有管辖协议，或者转让协议另有约定且原合同相对人同意的除外。

第 34 条　当事人因同居或者在解除婚姻、收养关系后发生财产争议，约定管辖的，可以适用民事诉讼法第三十五条规定确定管辖。

第 520 条　有下列情形之一，人民法院可以认定为涉外民事案件：

（一）当事人一方或者双方是外国人、无国籍人、外国企业或者组织的；

（二）当事人一方或者双方的经常居所地在中华人民共和国领域外的；

（三）标的物在中华人民共和国领域外的；

（四）产生、变更或者消灭民事关系的法律事实发生在中华人民共和国领域外的；

（五）可以认定为涉外民事案件的其他情形。

【理解与适用】

一、本条主旨

本条是关于代位权诉讼的地域管辖的规定。

二、司法解释条文理解

本条包括两款条文，第1款是关于代位权诉讼的地域管辖的规定，第2款是关于债务人或者相对人以双方之间订有管辖协议为由提出管辖权异议的规定。

《民法典》第535条第1款规定："因债务人怠于行使其债权或者与该债权有关的从权利，影响债权人的到期债权实现的，债权人可以向人民法院请求以自己的名义代位行使债务人对相对人的权利，但是该权利专属于债务人自身的除外。"据此，债权人享有代位权时，可以以债务人的相对人为被告向人民法院提起诉讼。不过，无论是《民法典》还是《民事诉讼法》，均未明确规定代位权诉讼的地域管辖规则。债权人向人民法院提起代位权诉讼时，是适用一般地域管辖规则，还是适用特殊地域管辖规则，哪一个或者哪些个人民法院对代位权诉讼享有地域管辖权，债务人或者相对人能否以双方之间的债权债务关系订有管辖协议为由提出管辖权异议等问题，在理论和实践中存在一定的争议。

地域管辖，又称土地管辖、区域管辖，是以人民法院的辖区和案件的隶属关系确定诉讼管辖，即确定同级人民法院之间在各自的区域内受理第一审民事案件的分工和权限。"从各国民事诉讼法关于地域管辖的规定来看，确定地域管辖的标准主要有两个：其一是诉讼当事人的所在地（尤其是被告的住所地）与法院辖区之间的联系；其二是诉讼标的、诉讼标的物或者法律事实与法院辖区之间的联系。根据上述标准，当当事人的所在地、诉讼标的等在某一法院辖区内时，诉讼就由该地区的人民法院管辖。其中，按照第一个标准确定的管辖，就是一般地域管辖；按照第二个标准确定的管辖，就是特殊地域管辖。"① 我国《民事诉讼法》确定地域管辖时，也采用了上述标准。

之所以将诉讼当事人的所在地、诉讼标的物所在地或者引起民事法律关系发生、变更、消灭的法律事实所在地作为地域管辖的连结点，主要是为了便利当事人进行诉讼和便利人民法院行使审判权。作为我国长期司法实践经验的总结，两便原则是构建我国民事诉讼地域管辖制度所遵循的基本原则。"在两便原则的指导下，民事诉讼地域管辖制度的构建，不仅要便利当事人起诉、应诉以及参加其他诉讼活动、减轻当事人长途或者来回奔波所造成的精力和时间上的浪费以及由此支出的费用负担，而且要兼顾便利人民法院履行审判职责的需要，方便人民法院对案件进行审理和对案件裁判的执行。"②

虽然债务人怠于行使其债权或者与该债权有关的从权利，影响债权人的到期债权实现时，债权人享有代位权，但代位权作为债权的法定权能，其并不是一种与物权、债权等权利相对应的民事权利，而是一种依附于债权的权利。③ 具体来说："债权本属相对权，仅在债权人与债务人之间有其拘束力，这是债权相对性或者合同相对性原则的体现。债权人为了保全其债权，可以行使债务人的权利，换言之，债权人可以基于自己的债权请求债务人之外的第三人为或者不为某种行为，故通说将债权人代位权称为债权的对外效力，是从属于债权的特别权利。又须注意的是，债权人代位权虽是一项从权利，却不得由此认为代位权属于债权，正如作为债之担保的抵押权并非债权一样。"④

由于债权人的代位权只是其债权的一项权能，因此债权人与债务人的

---

① 江伟、肖建国主编：《民事诉讼法》，中国人民大学出版社2018年版，第99页。
② 廖永安：《我国民事诉讼地域管辖制度之反思》，载《法商研究》2006年第2期。
③ 参见王利明：《债法总则》，中国人民大学出版社2018年版，第406页。
④ 韩世远：《合同法总论》，法律出版社2015年版，第327页。

相对人之间并不存在债权债务法律关系，债权人以债务人的相对人为被告向人民法院提起代位权诉讼时，无法将诉讼标的物所在地或者引起民事法律关系发生、变更、消灭的法律事实所在地作为地域管辖的连结点，即无法适用特殊地域管辖规则。"我国民事诉讼制度划分一般地域管辖采取的是'原告就被告'的原则，即凡是打算提起诉讼的原告，原则上都必须到被告所在地的法院起诉，而被告则只需在本地法院应诉即可。该原则基本的合理性在于，试图启动诉讼程序利用司法公共资源、并将把被告置于耗费成本进行防御之地位的原告，其自身有必要首先付出一定的代价或在某种程度上先行承受诉讼成本的负担。对于被告所在地的法院来讲，也可能有易于向被告送达、可就地进行财产保全或现场勘验等方便。"① 债权人以债务人的相对人为被告向人民法院提起代位权诉讼时，仍应当适用《民事诉讼法》第 22 条关于一般地域管辖的原则性规定，以被告的住所地人民法院作为地域管辖的连结点。如此一来，既能够抑制债权人滥诉，使债务人的相对人免受债权人不当诉讼的侵扰；也有利于人民法院传唤债务人的相对人参与诉讼，对诉讼标的物进行保全或勘验，有利于判决的执行。② 此外，根据《民事诉讼法司法解释》第 3 条的规定："公民的住所地是指公民的户籍所在地，法人或者其他组织的住所地是指法人或者其他组织的主要办事机构所在地。法人或者其他组织的主要办事机构所在地不能确定的，法人或者其他组织的注册地或者登记地为住所地。"

债权人以债务人的相对人为被告向人民法院提起代位权诉讼时，虽然应当适用《民事诉讼法》第 22 条关于一般地域管辖的原则性规定，以被告的住所地人民法院作为地域管辖的连结点，但凡是法律规定为专属管辖的案件，均应当适用专属管辖规则，不得适用一般地域管辖规则或者特殊地域管辖规则。专属管辖，是指法律规定某些特殊类型的案件专门由特定的人民法院管辖。与其他法定管辖相比，专属管辖具有极强的排他性。其

---

① 王亚新：《民事诉讼管辖：原理、结构及程序的动态》，载《当代法学》2016 年第 2 期。
② 参见肖建国、庄诗岳：《论互联网法院涉网案件地域管辖规则的构建》，载《法律适用》2018 年第 3 期。

排他性之一表现为，当法律规定某类案件专属于某一或者某些法院管辖，便意味着唯有法律规定的法院才有权受理和裁判这类案件，其他法院均无权管辖这类案件，当事人不得向其他法院提起诉讼，其他法院也不得以任何理由来受理这类案件。[1]

《民事诉讼法》第34条规定："下列案件，由本条规定的人民法院专属管辖：（一）因不动产纠纷提起的诉讼，由不动产所在地人民法院管辖；（二）因港口作业中发生纠纷提起的诉讼，由港口所在地人民法院管辖；（三）因继承遗产纠纷提起的诉讼，由被继承人死亡时住所地或者主要遗产所在地人民法院管辖。"《民事诉讼法司法解释》第28条规定："民事诉讼法第三十四条第一项规定的不动产纠纷是指因不动产的权利确认、分割、相邻关系等引起的物权纠纷。农村土地承包经营合同纠纷、房屋租赁合同纠纷、建设工程施工合同纠纷、政策性房屋买卖合同纠纷，按照不动产纠纷确定管辖。不动产已登记的，以不动产登记簿记载的所在地为不动产所在地；不动产未登记的，以不动产实际所在地为不动产所在地。"

从历史沿革来看，本条第1款的规定，其实主要是承继了已经失效的《合同法司法解释（一）》第14条的规定。《合同法司法解释（一）》第14条规定："债权人依照合同法第七十三条的规定提起代位权诉讼的，由被告住所地人民法院管辖。"

债权人对债务人的相对人提起代位权诉讼由被告住所地人民法院管辖的前提，是债务人的相对人或者被告的住所地在中华人民共和国领域内。债权人以境外当事人为被告提起代位权诉讼时，如果仍以被告的住所地法院作为地域管辖的连结点，则管辖法院可能是外国法院。此时，既不能实现两便原则，也不能维护国家主权。就后者而言，"管辖权是国家主权的重要体现，司法管辖权的充分程度在一定程度上体现了国家主权的独立程度。我国作为一个主权国家，在尊重国际条约和国际惯例的前提下，应尽可能在合理的范围内拓宽我国人民法院对涉外民事案件的管辖权，以维护

---

[1] 李浩：《民事诉讼专属管辖制度研究》，载《法商研究》2009年第2期。

国家主权和我国公民的利益"。① "为了维护我国的国家尊严，正确解决涉外民事纠纷，保护我国当事人的合法权益，同时也为了尊重其他国家的主权和法律制度，我国《民事诉讼法》在确定我国法院对涉外民事诉讼的管辖时，主要遵循了以下三项原则：一是维护国家主权原则。维护国家主权是我国涉外民事诉讼的重要原则，在确定涉外民事诉讼管辖时体现国家主权原则，能够更好地维护国家尊严。二是诉讼与法院所在地实际联系原则。根据这一原则，凡是诉讼与我国法院所在地有一定实际联系，我国法院就有管辖权。三是尊重当事人原则。根据这一原则，当事人在不违反级别管辖和专属管辖的前提下，可以选择与争议有实际联系的法院管辖。"②

债权人以境外当事人为被告提起代位权诉讼时，根据《民事诉讼法司法解释》第520条的规定，该代位权诉讼属于涉外民事诉讼。根据《民事诉讼法》第270条的规定，在中华人民共和国领域内进行涉外民事诉讼，适用《民事诉讼法》第四编（涉外民事诉讼程序的特别规定）的规定，第四编没有规定的，适用《民事诉讼法》其他有关规定。《民事诉讼法》第四编关于地域管辖的规定是《民事诉讼法》第276条和第277条。《民事诉讼法》第276条规定："因涉外民事纠纷，对在中华人民共和国领域内没有住所的被告提起除身份关系以外的诉讼，如果合同签订地、合同履行地、诉讼标的物所在地、可供扣押财产所在地、侵权行为地、代表机构住所地位于中华人民共和国领域内的，可以由合同签订地、合同履行地、诉讼标的物所在地、可供扣押财产所在地、侵权行为地、代表机构住所地人民法院管辖。除前款规定外，涉外民事纠纷与中华人民共和国存在其他适当联系的，可以由人民法院管辖。"第277条规定："涉外民事纠纷的当事人书面协议选择人民法院管辖的，可以由人民法院管辖。"依据以上法条，根据维护国家主权原则和诉讼与法院所在地实际联系原则，债权人以

---

① 江伟、肖建国主编：《民事诉讼法》，中国人民大学出版社2018年版，第92页。
② 张卫平：《民事诉讼法》，法律出版社2019年版，第428页。

境外当事人为被告提起的代位权诉讼，人民法院应当依据《民事诉讼法》第 276 条和第 277 条的规定确定管辖。

2022 年 11 月 4 日最高人民法院发布的《关于适用〈中华人民共和国民法典〉合同编通则部分的解释（征求意见稿）》第 36 条第 2 款规定："债权人以境外当事人为被告提起的代位权诉讼，人民法院应当依据民事诉讼法第二百七十二条的规定确定管辖。"从历史沿革来看，这一规定其实是承继了已经失效的《合同法司法解释（二）》第 17 条的规定。《合同法司法解释（二）》第 17 条规定："债权人以境外当事人为被告提起的代位权诉讼，人民法院根据《中华人民共和国民事诉讼法》第二百四十一条的规定确定管辖。"不过，本条没有保留《关于适用〈中华人民共和国民法典〉合同编通则部分的解释（征求意见稿）》第 36 条第 2 款的规定。

此外，《民事诉讼法》第 35 条规定："合同或者其他财产权益纠纷的当事人可以书面协议选择被告住所地、合同履行地、合同签订地、原告住所地、标的物所在地等与争议有实际联系的地点的人民法院管辖，但不得违反本法对级别管辖和专属管辖的规定。"该条是关于协议管辖的规定。协议管辖，又称合意管辖、约定管辖，是指双方当事人在纠纷发生前后，以书面协议的方式约定案件的管辖法院。司法实践中，债务人及其相对人可能依据《民事诉讼法》第 35 条的规定就他们之间的债权债务关系订立管辖协议。由此引发的问题是，债权人以债务人的相对人为被告向人民法院提起代位权诉讼时，债权人是否要受债务人与其相对人就他们之间的债权债务关系订立的管辖协议的约束，债务人或者相对人能否以双方之间的债权债务关系订有管辖协议为由提出管辖权异议的，人民法院对于该管辖权异议应否支持。从司法实践来看，对于以上问题存在两种截然不同的观点。具体如下：

有的人民法院认为，债权人不受债务人与其相对人就他们之间的债权债务关系订立的管辖协议的约束，债务人或者相对人以双方之间的债权债务关系订有管辖协议为由提出管辖权异议的，人民法院对于该管辖权异议不予支持。例如，在置业公司、某银行债权人代位权纠纷一案中，最高人民法院认为："本院经审查认为，关于债权人代位权之诉的法院管辖是由司法解释规定的一种特殊地域管辖，其效力高于当事人间的约定。本案中，置业公司主张某银行行使代位权应该受能源公司与城开集团等之间《还款及债务加入协议》第五条的约定管辖条款约束与《合同法司法解释（一）》第14条规定相冲突，《还款及债务加入协议》第五条不能作为债权人华润银行对振戎能源公司等次债务人提起代位权诉讼的管辖依据，因此，原审法院认为本案管辖法院应为城开集团的住所地法院有法律依据。"①

有的人民法院则认为，债权人受债务人与其相对人就他们之间的债权债务关系订立的管辖协议的约束，债务人或者相对人以双方之间的债权债务关系订有管辖协议为由提出管辖权异议的，人民法院对于该管辖权异议应予支持。例如，在吕某杰与建筑公司债权人代位权纠纷一案中，上海市浦东新区人民法院认为："本院经审查认为，民事诉讼法规定，当事人之间书面协议管辖的，不得违反对级别管辖和专属管辖的规定。债权人代位权诉讼由被告住所地所在地人民法院管辖，但此系债权人代位权诉讼的一般管辖规定，并非为法定的专属管辖，因此如存在管辖协议的应适用协议管辖。同时根据合同法的相关规定，在代位权诉讼中，次债务人对债务人的抗辩可以向债权人主张。而此处的抗辩不仅包括实体性的抗辩，还包括程序性的抗辩。如果债务人与次债务人事先就到期债权的争议约定了协议管辖，且次债务人以此为由向原告提出了管辖权异议之程序性抗辩，则债权人也应受上述协议管辖约定的拘束。本案中，建筑公司大连分公司与第三人辽宁某公司签订的营口某广场工程的《机械设备租赁合同》、长春某广场工程的《塔吊专业分包合同》、沈阳某国际中心的《施工电梯租赁合同》及《机械设备租赁合同》、沈阳某工程的《施工电梯租赁合同》、汽车公司发动机工厂建设项目铸造车间工程的《机械设备租赁合同》、通辽某广场工程的《机械设备租赁合同》，均约定如发生争议，可向甲方即建筑公司大连分公司注册所在地有管辖权的人民法院诉讼解决。该公司的注册地为大连市沙河口区。此外，建筑公司与辽宁某公司签订的抚顺某项目工

---

① 最高人民法院（2018）最高法民辖终107号民事裁定书。

程的《建筑施工机械设备租赁合同》则约定向合同订立地即青岛市市南区的人民法院提起诉讼。经本院释明，被告建筑集团明确要求将本案移送至辽宁省大连市沙河口区人民法院处理。据此，现被告所提出的管辖权异议成立，本院依法将本案移送至辽宁省大连市沙河口区人民法院管辖。"[1]

管辖协议，本质上属于诉讼契约的一种，其应当同时适用民事实体法与民事诉讼法的规定。基于合同的相对性，管辖协议对当事人双方有约束力。不过，在特定情况下，基于当事人与当事人之外的第三人之间的权利义务继受关系，管辖协议可以突破合同相对性的限制，对管辖协议当事人之外的第三人产生扩张效力，即对当事人的一般继受人和当事人的特定继受人产生扩张效力。关于管辖协议对当事人的特定继受人的效力扩张，现行法作出了明确规定。即《民事诉讼法司法解释》第33条规定："合同转让的，合同的管辖协议对合同受让人有效，但转让时受让人不知道有管辖协议，或者转让协议另有约定且原合同相对人同意的除外。"债权人并非债务人与其相对人就他们之间的债权债务关系订立的管辖协议的当事人，也不是债务人与其相对人的权利义务继受人，因此，债权人不受债务人与其相对人就他们之间的债权债务关系订立的管辖协议的约束，债务人或者相对人以双方之间的债权债务关系订有管辖协议为由提出管辖权异议的，人民法院对于该管辖权异议不应支持。

本条第2款也规定："债务人或者相对人以双方之间的债权债务关系订有管辖协议为由提出异议的，人民法院不予支持。"本条第2款是新增的条款。

【典型案例】

甲公司、乙公司债权人代位权纠纷案

[案号]（2017）鄂民辖终175号

---

[1] 上海浦东新区人民法院（2021）沪0115民初39158号民事裁定书。

[审理法院] 湖北省高级人民法院

[来源] 中国裁判文书网

[关键词] 代位权诉讼　管辖权异议　地域管辖　专属管辖

[裁判摘要] 本案中，甲公司为乙公司的债权人，向乙公司的债务人即次债务人丙公司直接主张债权，属债权人代位权诉讼。在债权人代位权诉讼中，作为债务人的乙公司，不能独立主张实体权利，属无独立请求权第三人。依照《民事诉讼法》第59条第2款"对当事人双方的诉讼标的，第三人虽然没有独立请求权，但案件处理结果同他有法律上的利害关系的，可以申请参加诉讼，或者由人民法院通知他参加诉讼。人民法院判决承担民事责任的第三人，有当事人的诉讼权利义务"的规定，在尚未对民事责任作出认定的管辖权异议审查阶段，乙公司不享有当事人的诉讼权利义务，不能对原裁定提出上诉。2007年12月12日丙公司与乙公司签订的《房地产转让合同》，属基于物权变动的原因关系形成的具有债权性质的合同，从甲公司主张偿还合同价款的诉讼请求判断，案涉纠纷与不动产的权利确认、分割、相邻关系无关，依照《民事诉讼法司法解释》第28条第1款"民事诉讼法第三十四条第一项规定的不动产纠纷是指因不动产的权利确认、分割、相邻关系等引起的物权纠纷"的规定，不属不动产纠纷。原审法院依照《合同法司法解释（一）》第14条规定，将本案所涉代位权纠纷裁定移送原审被告丙公司住所地湖北省武汉市新洲区人民法院管辖，并无不当。

[基本案情] 2007年12月12日，丙公司与乙公司签订《房地产转让合同》，就某土地使用权及地上附着物转让达成协议。2008年4月30日，乙公司与甲公司签订《合同权利转移协议书》，将前述《房地产转让合同》项下的权利义务概括转移给甲公司。当事人因合同履行发生争议后，湖北省高级人民法院先后作出（2013）鄂民一终字第00022号民事判决和（2016）鄂民终1078号民事判决，解除前述两份协议，并判令乙公司向甲公司返还基于《合同权利转移协议书》取得的财产。甲公司现以"乙公司作为债务人不履行返还合同价款的义务，又怠于向其债务人丙公司主张债

权,其行为严重损害了甲公司的合法权益"为由,向湖北省鄂州市中级人民法院提起诉讼,主张丙公司应返还乙公司的710万元合同价款直接向甲公司偿还。丙公司在向湖北省鄂州市中级人民法院提交答辩状期间,对管辖权提出异议。丙公司认为:"原告提起债权人代位权之诉应由被告住所地人民法院管辖。《合同法司法解释(一)》第14条规定:'债权人依照合同法第七十三条的规定提起代位权诉讼的,由被告住所地人民法院管辖。'甲公司作为乙公司债权人,代位向丙公司提起诉讼,应由丙公司住所地武汉市新洲区人民法院管辖,请求将本案移交被告住所地武汉市新洲区人民法院管辖。"湖北省鄂州市中级人民法院裁定,丙公司对管辖权提出的异议成立,本案移送湖北省武汉市新洲区人民法院处理。乙公司不服湖北省鄂州市中级人民法院(2017)鄂07民初74号民事裁定,向湖北省高级人民法院提起上诉。乙公司上诉称:"2007年12月12日丙公司与乙公司签订的《房地产转让合同》,属于不动产买卖,债权人代位权诉讼由被告住所地人民法院管辖,属一般地域管辖规定,本案涉及不动产纠纷,应当由不动产所在地湖北省武汉市武昌区人民法院专属管辖,请求撤销原裁定,将本案移送湖北省武汉市武昌区人民法院审理。"湖北省高级人民法院裁定,驳回上诉,维持原裁定。

(撰稿人:庄诗岳)

第三十六条 【代位权诉讼与仲裁协议】 债权人提起代位权诉讼后,债务人或者相对人以双方之间的债权债务关系订有仲裁协议为由对法院主管提出异议的,人民法院不予支持。但是,债务人或者相对人在首次开庭前就债务人与相对人之间的债权债务关系申请仲裁的,人民法院可以依法中止代位权诉讼。

【关联规定】

一、《民法典》(2020年5月28日)

第535条　因债务人怠于行使其债权或者与该债权有关的从权利，影响债权人的到期债权实现的，债权人可以向人民法院请求以自己的名义代位行使债务人对相对人的权利，但是该权利专属于债务人自身的除外。

代位权的行使范围以债权人的到期债权为限。债权人行使代位权的必要费用，由债务人负担。

相对人对债务人的抗辩，可以向债权人主张。

二、其他法律

1.《民事诉讼法》(2023年9月1日)

第22条　对公民提起的民事诉讼，由被告住所地人民法院管辖；被告住所地与经常居住地不一致的，由经常居住地人民法院管辖。

对法人或者其他组织提起的民事诉讼，由被告住所地人民法院管辖。

同一诉讼的几个被告住所地、经常居住地在两个以上人民法院辖区的，各该人民法院都有管辖权。

第153条　有下列情形之一的，中止诉讼：

（一）一方当事人死亡，需要等待继承人表明是否参加诉讼的；

（二）一方当事人丧失诉讼行为能力，尚未确定法定代理人的；

（三）作为一方当事人的法人或者其他组织终止，尚未确定权利义务承受人的；

（四）一方当事人因不可抗拒的事由，不能参加诉讼的；

（五）本案必须以另一案的审理结果为依据，而另一案尚未审结的；

（六）其他应当中止诉讼的情形。

中止诉讼的原因消除后，恢复诉讼。

第276条　因涉外民事纠纷，对在中华人民共和国领域内没有住所的被告提起除身份关系以外的诉讼，如果合同签订地、合同履行地、诉讼标的物所在地、可供扣押财产所在地、侵权行为地、代表机构住所地位于中华人民共和国领域内的，可以由合同签订地、合同履行地、诉讼标的物所在地、可供扣押财产所在地、侵权行为地、代表机构住所地人民法院管辖。

除前款规定外，涉外民事纠纷与中华人民共和国存在其他适当联系的，可以由人民法院管辖。

第288条 涉外经济贸易、运输和海事中发生的纠纷，当事人在合同中订有仲裁条款或者事后达成书面仲裁协议，提交中华人民共和国涉外仲裁机构或者其他仲裁机构仲裁的，当事人不得向人民法院起诉。

当事人在合同中没有订有仲裁条款或者事后没有达成书面仲裁协议的，可以向人民法院起诉。

2.《仲裁法》（2017年9月1日）

第5条 当事人达成仲裁协议，一方向人民法院起诉的，人民法院不予受理，但仲裁协议无效的除外。

第26条 当事人达成仲裁协议，一方向人民法院起诉未声明有仲裁协议，人民法院受理后，另一方在首次开庭前提交仲裁协议的，人民法院应当驳回起诉，但仲裁协议无效的除外；另一方在首次开庭前未对人民法院受理该案提出异议的，视为放弃仲裁协议，人民法院应当继续审理。

三、司法解释

《仲裁法司法解释》（法释〔2006〕7号）

第9条 债权债务全部或者部分转让的，仲裁协议对受让人有效，但当事人另有约定、在受让债权债务时受让人明确反对或者不知有单独仲裁协议的除外。

【理解与适用】

一、本条主旨

本条是关于代位权诉讼与仲裁协议的关系问题。

二、司法解释条文理解

本条系关于债权人代位权诉讼与仲裁协议的适用关系规定，本条明确规定债务人与其相对人之间的仲裁协议原则上不能排除代位权诉讼管辖，仅在首次开庭前申请仲裁的，方可依法中止代位权诉讼。

关于债务人与相对人之间的仲裁协议能否排除债权人代位权的诉讼管辖，理论与实务上向存争议。[①] 肯定者认为，仲裁协议能够排除代位权诉讼管辖，具体表现为在代位权诉讼中，债务人或者相对人可以存在仲裁协议为由提出管辖权异议。其理由主要有以下几点：一是根据《民法典》第535条之规定，相对人可以向债权人行使其对债权人的抗辩权，这种抗辩不仅包括实体上的抗辩，也包括程序上的抗辩。二是参照《民法典》第548条债权转让规定，债务人对让与人的抗辩可以向受让人主张，同时参照《仲裁法司法解释》第9条之规定，仲裁协议对受让人有效。因而代位权纠纷亦受仲裁协议效力之约束，法院无权受理代位权诉讼。[②] 否定者则认为，仲裁协议不能排除代位权诉讼管辖，具体表现为代位权诉讼中，债务人或者相对人不得以存在仲裁协议为由提出管辖权异议。其理由如下：一是代位权系法定权利，债权人并非债务人与相对人法律关系的当事人，债权人代位权纠纷与债务人、相对人之间纠纷并非同一法律关系，因而债务人与相对人之间的仲裁协议无法约束债权人，这与债权转让情形存在本质区别。[③] 二是代位权作为一项法定权利，其行使只能依据法律规定的诉讼方式进行，其管辖规则不受当事人仲裁协议效力影响。[④]

对此问题，最高人民法院向来秉持债务人与相对人的仲裁协议无法排除代位权诉讼管辖的立场。《合同法司法解释（一）》起草者认为，尽管《合同法司法解释（一）》并未明确规定债权人代位权不受仲裁协议约束，但债权人代位权诉讼管辖属于特殊地域管辖，相对人不得以其与债务

[①] 参见曲昇霞、朱愈明：《仲裁协议抗辩能否对抗债权人代位权之诉？以矛盾裁判为视角的分析》，载《扬州大学学报》（人文社会科学版）2018年第6期。
[②] 参见甘肃省庆阳市中级人民法院（2016）甘10民终111号民事裁定书。
[③] 参见最高人民法院（2019）最高法民辖终73号民事裁定书。
[④] 参见广东省高级人民法院（2019）粤民辖终207号民事裁定书。

人之间存在仲裁协议为由提出司法管辖异议。① 其后，最高人民法院民二庭的司法复函亦认为债权人并非债务人与相对人之仲裁协议当事人，不应受其约束。《合同法司法解释（一）》被废止后，最高人民法院仍认为，该规定与现行民事诉讼法等规定不相冲突，可以在办理程序性事项时将其作为参考。② 此外，在最高人民法院编著的"民法典理解与适用丛书"中，最高人民法院也坚持了这种观点。③

本条前段规定"债权人提起代位权诉讼后，债务人或者相对人以双方之间的债权债务关系订有仲裁协议为由对法院主管提出异议的，人民法院不予支持"。本条前段规定采取该立场主要从以下两方面考虑：一是从规范体系上看，符合《民法典》立法目的，有效防止债权人代位权落空；二是从审判实践上看，符合裁判实践的一贯立场，维系既有司法政策的稳定。④

协调代位权诉讼管辖与仲裁协议适用的关键，在于如何平衡保障债权人之债权实现与尊重当事人意思自治之间的法律关系。⑤ 如果仲裁协议一律可以排除代位权诉讼管辖，则意味着债权人代位权制度某种程度上的落空；如果置债务人与相对人之间的仲裁协议于不顾，则无疑限制了当事人意思自治的私法原则。本条在保障债权人代位权诉讼管辖有效性的同时，也给债务人或者相对人通过仲裁方式解决纠纷提供了合理空间。理解本条后段规定需要注意以下几点：

第一，债务人或者相对人须在首次开庭前申请仲裁。为避免债务人或者相对人随时申请仲裁以拖延代位权诉讼，需要对其仲裁申请期限作出限制，本条规定为在首次开庭前提出。征求意见稿曾将申请仲裁时间

---

① 参见曹守晔等：《〈关于适用合同法若干问题的解释（一）〉的理解和适用》，载《人民司法》2000年第3期。
② 参见最高人民法院发布的《全国法院贯彻实施民法典工作会议纪要》（法〔2021〕94号）第12条。
③ 参见最高人民法院民法典贯彻实施工作领导小组主编：《中华人民共和国民法典合同编理解与适用》（一），人民法院出版社2020年版，第504页。
④ 参见陈龙业：《代位权规则的细化完善与司法适用》，载《法律适用》2023年第12期。
⑤ 参见曲昇霞、朱愈明：《仲裁协议抗辩能否对抗债权人代位权之诉？以矛盾裁判为视角的分析》，载《扬州大学学报》（人文社会科学版）2018年第6期。

节点限制在"一审法庭辩论终结前",本条修改为"首次开庭前"主要参考《仲裁法》的相关规定。根据《仲裁法》第26条之规定,当事人达成仲裁协议后,一方向人民法院起诉未声明有仲裁协议的,另一方须在首次开庭前提出管辖异议,否则,视为放弃仲裁协议。根据本解释起草者意见,本条将债务人或者相对人申请仲裁时间规定为"首次开庭前","既有利于促进当事人及时申请仲裁,又有利于防止司法程序空转、避免司法资源浪费"。[①]

第二,债务人或者相对人申请仲裁的,人民法院可以依法中止代位权诉讼。债务人或者相对人申请仲裁后,债务人与相对人之间的债权债务关系有待明确,债权人代位权能否成立、行使范围如何均有赖于仲裁结果,因而根据《民事诉讼法》第153条规定,人民法院可以中止代位权诉讼。若仲裁申请被驳回,则人民法院可依债权人申请或者依职权恢复诉讼;若仲裁裁决未支持债务人之债权,则意味着不满足代位权成立条件,人民法院应驳回债权人诉讼请求,终结诉讼;若仲裁裁决支持或者部分支持债务人之债权,则人民法院可依债权人申请或者依职权恢复诉讼,并就债权人与债务人之间的法律关系进行审理。[②]

第三,债务人或者相对人据以申请仲裁的协议须在债权人提起代位权诉讼前达成。根据本条后段规定,债权人提起代位权诉讼后,若债务人或相对人申请仲裁的,则中止代位权诉讼。为了避免债务人与相对人串通,通过恶意签订仲裁协议来干扰、拖延债权人主张债权,应将债权人提起代位权诉讼后达成的仲裁协议排除本条但书条款的适用范围。[③] 同时,为保障债权人代位权诉讼之进行,债务人或者相对人应于主张中止代位权诉讼时,就仲裁协议签订时间早于债权人提起代位权诉讼时间承担举证责任。

值得注意的是,本条规范的主要是债权人代位权诉讼管辖与债务人、

---

① 陈龙业:《代位权规则的细化完善与司法适用》,载《法律适用》2023年第12期。
② 参见曲昇霞、朱愈明:《仲裁协议抗辩能否对抗债权人代位权之诉?——以矛盾裁判为视角的分析》,载《扬州大学学报》(人文社会科学版)2018年第6期。
③ 参见马慧莲、古黛:《债权人代位权与仲裁协议之间的博弈——基于司法案例的分析》,载《仲裁研究》2021年第2辑。

相对人之间仲裁协议的关系问题。若债权人与债务人之间存在仲裁协议时，债权人提起代位权诉讼的，债务人或者相对人能否以订有仲裁协议为由对法院主管提出异议？对此，应参照本条前段规定，不予支持债务人或者相对人的法院主管异议。同时，在债权人提起代位权诉讼后，债权人或者债务人在首次开庭前申请仲裁的，则应参照本条后段规定中止代位权诉讼。[1] 此外，也有观点提出应适当扩张仲裁协议的效力，认可代位仲裁的可行性，即在债务人与相对人存在仲裁协议时，允许债权人提起代位仲裁。[2] 对此，从《民法典》的体系看，立法者旨在明确债权人代位权之行使只能通过诉讼方式，不宜肯定代位仲裁之可行性。[3]

【典型案例】

1. 某风能公司、某科技公司债权人代位权纠纷案

［案号］（2019）最高法民辖终73号

［审理法院］最高人民法院

［来源］中国裁判文书网

［关键词］代位权纠纷　法院管辖　仲裁约定

［裁判摘要］本案系债权人某科技公司以债务人某新能源公司怠于行使其对次债务人某风能公司的到期债权，对某科技公司造成损害，某科技公司以自己的名义代位行使某新能源公司对某风能公司的债权而引起的诉讼，并非因债权转让而引起的诉讼。虽然某风能公司主张其与某新能源公司所签订的合同明确约定了仲裁条款，本案应由湘潭仲裁委员会审理，但由于某科技公司既非该仲裁条款所涉合同的一方当事人，亦非该仲裁条款所涉合同权利义务的受让人，故原审裁定认定某科技公司不受该仲裁条款

---

[1] 参见陈龙业：《代位权规则的细化完善与司法适用》，载《法律适用》2023年第12期。

[2] 参见羊芙蓉：《代位仲裁的可行性研究——以债务人与次债务人合同仲裁条款对代位权人的效力为中心》，载《广东开放大学学报》2019年第6期。

[3] 参见王利明：《仲裁协议效力的若干问题》，载《法律适用》2023年第11期。

的约束，于法有据。

［基本案情］上诉人某风能公司因与被上诉人某科技公司及原审第三人某新能源公司债权人代位权纠纷管辖权异议一案，不服湖南省高级人民法院（2018）湘民初31号民事裁定，提起上诉。某风能公司上诉称，某风能公司与某新能源公司签订的合同明确约定了仲裁条款，该仲裁条款是双方当事人的真实意思表示，符合现行法律规定，依法发生法律效力。一审法院依据《买卖合同》的履行情况审理案件，却不按该合同约定的方式解决纠纷，于法无据。综上，请求撤销湖南省高级人民法院（2018）湘民初31号民事裁定，将本案移送湘潭仲裁委员会审理。

2. 某安装公司、某建材公司债权人代位权纠纷案

［案号］（2022）津03民辖终424号

［审理法院］天津市第三中级人民法院

［来源］中国裁判文书网

［关键词］代位权纠纷　法院管辖　仲裁约定

［裁判摘要］某建材公司作为债权人向次债务人某安装公司主张权利，某建材公司不是某安装公司与某建城公司案涉合同的合同方，故某建材公司不受该合同中仲裁条款的约束。

［基本案情］上诉人某安装公司因与被上诉人某建材公司及原审第三人某建城公司债权人代位权纠纷管辖权异议一案，不服天津市滨海新区人民法院（2022）津0116民初15929号之一民事裁定，提起上诉。某安装公司上诉称，一审裁定以某建材公司并非某安装公司与某建城公司案涉合同当事人为由，排除合同有关仲裁条款的适用，后又依据该合同涉及工程地点认定工程所在地法院专属管辖，前后表述自相矛盾。某安装公司与某建城公司之间签订的合同约定，双方因履行本合同发生争议的，经协商不能解决的，双方均可向南京仲裁委员会申请仲裁，该约定合法有效，故本案应由南京仲裁委员会仲裁。

（撰稿人：魏振华）

第三十七条 【代位权诉讼中债务人、相对人的诉讼地位及合并审理】 债权人以债务人的相对人为被告向人民法院提起代位权诉讼，未将债务人列为第三人的，人民法院应当追加债务人为第三人。

两个以上债权人以债务人的同一相对人为被告提起代位权诉讼的，人民法院可以合并审理。债务人对相对人享有的债权不足以清偿其对两个以上债权人负担的债务的，人民法院应当按照债权人享有的债权比例确定相对人的履行份额，但是法律另有规定的除外。

【关联规定】

一、《民法典》（2020 年 5 月 28 日）

第 535 条 因债务人怠于行使其债权或者与该债权有关的从权利，影响债权人的到期债权实现的，债权人可以向人民法院请求以自己的名义代位行使债务人对相对人的权利，但是该权利专属于债务人自身的除外。

代位权的行使范围以债权人的到期债权为限。债权人行使代位权的必要费用，由债务人负担。

相对人对债务人的抗辩，可以向债权人主张。

第 537 条 人民法院认定代位权成立的，由债务人的相对人向债权人履行义务，债权人接受履行后，债权人与债务人、债务人与相对人之间相应的权利义务终止。债务人对相对人的债权或者与该债权有关的从权利被采取保全、执行措施，或者债务人破产的，依照相关法律的规定处理。

二、其他法律

《民事诉讼法》（2023年9月1日）

第59条第1款、第2款 对当事人双方的诉讼标的，第三人认为有独立请求权的，有权提起诉讼。

对当事人双方的诉讼标的，第三人虽然没有独立请求权，但案件处理结果同他有法律上的利害关系的，可以申请参加诉讼，或者由人民法院通知他参加诉讼。人民法院判决承担民事责任的第三人，有当事人的诉讼权利义务。

【理解与适用】

一、本条主旨

代位权诉讼中债务人、相对人的诉讼地位及合并审理。

二、《民法典》条文理解以及有待细化的问题

代位权作为一种典型的合同保全，主要是为了保持债务人的责任财产而设，适用于债务人的责任财产应当增加但由于债务人的懈怠而未予增加的情形。[①] 按照我国《民法典》第535条的规定，债权人只能以诉讼这一方式行使代位权，而不能通过仲裁等方式来实现，这就涉及债权人、债务人以及债务人的相对人（又称次债务人）的诉讼地位问题。鉴于民法乃实体法的属性，其不能也不宜直接规定代位权诉讼中的相关问题，但是不对债务人、次债务人的诉讼地位以及债权实现规则进行明确，就容易造成法律适用上的分歧，进而影响到当事人权利、义务和民事责任，因此迫切需要通过司法解释进行细化。

三、司法解释条文理解

（一）当事人的诉讼地位问题

当事人的诉讼地位，是指当事人在诉讼程序中处于何种法律地位，享

---

① 王利明：《民法》（第八版），中国人民大学出版社2020年版，第124页。

有哪些权利，承担哪些义务。其中，当事人主要包括原告、被告和第三人。根据我国《民事诉讼法》第 59 条第 1 款和第 2 款的规定，第三人还可以进一步被划分为有独立请求权的第三人和无独立请求权的第三人，二者的核心区别在于第三人对原告和被告之间的诉讼标的有无独立的请求权，前者享有独立请求权，故称之为有独立请求权的第三人，后者不享有独立请求权，但案件处理结果同其具有法律上的利害关系，故称之为无独立请求权的第三人。在代位权诉讼中，债权人为原告，其以自己的名义对次债务人提起诉讼，因此次债务人处于被告的诉讼地位。由于第三人对该原被告之间的代位权诉讼没有独立的请求权，但是一旦代位权诉讼成功，无疑与债务人存在法律上的利害关系，因此债务人属于无独立请求权的第三人。

(二) 法院管辖问题

1. 法院管辖的一般原则。

根据我国《民事诉讼法》第 22 条的规定，被告可以分为公民和法人、其他组织两类。对于被告为公民的，由被告住所地的人民法院管辖，被告住所地与经常居住地不一致的，由经常居住地人民法院管辖。按照《民事诉讼法司法解释》第 3 条和第 4 条的规定，公民的住所地是指公民的户籍所在地，公民的经常居住地是指公民离开住所地至起诉时已连续居住一年以上的地方，但公民住院就医的地方除外；对于被告是法人或者其他组织的，由被告住所地人民法院管辖，这里的住所地是指法人或者其他组织的主要办事机构所在地。由此可见，代位权诉讼的管辖法院一般为被告住所地的人民法院管辖，只有在被告为公民且住所地和经常居住地不一致的情况下，才由被告经常居住地的人民法院管辖。

2. 法院管辖的难点或者例外。

代位权诉讼确立了以被告住所地法院管辖的一般原则，但实务中还存在一些难点甚至例外情形。第一个难点在于，若是被告即次债务人存在两个以上，且住所地、经常居住地并不属于同一个人民法院管辖区域，应当由哪一个人民法院管辖？按照我国《民事诉讼法》关于地域管辖的规定，各个辖区的人民法院均具有管辖权。第二个难点在于，当代位权诉讼的地域管辖与专属管辖（如建设工程施工合同纠纷按照不动产纠纷确定管辖等）发生冲突时，应当如何协调？对此理论界和实务界并未达成一致的观点。上海市高级人民法院和北京市第二中级人民法院大致持有相似的观点，认为专属管辖属于强制性规定，可以排除代位权诉讼由被告住所地法院管辖的法律适用。第三个难点问题在于，如果债务人和次债务人之间存在纠纷处理的仲裁约定条款，该条款是否约束或者对抗债权人提起的代位权之诉？最高人民法院曾在（2018）最高法民辖终107号案件中表达了自身的观点，即"关于债权人代位权之诉的法院管辖是由司法解释规定的一种特殊地域管辖，其效力高于当事人间的约定"。因此，整体上认为债务人和次债务人之间约定的纠纷处理的仲裁条款不能对抗债权人的代位权之诉。有的实务专家则进一步指出，"因民法典没有规定代位仲裁制度，在债务人与相对人之间约定了仲裁协议的情况下，如果不允许债权人代位诉讼，将架空代位权制度，而如果允许债权人代位权诉讼，则与债务人相对人以仲裁解决争议的意愿相背离。故可考虑折中方案，即允许债权人提起代位诉讼，如果债务人相对人有异议，可申请仲裁解决其与债务人之间的纠纷，代位权诉讼中止审理"。[①]

3. 诉讼第三人的追加问题。

债权人作为原告，将被告次债务人诉至管辖法院，如果没有申请追加债务人作为诉讼第三人，法院是否应当追加债务人为诉讼第三人？1999年出台的《合同法司法解释（一）》对此的态度是"可以"追加，言外之意，也可以不追加，具有一定的选择性。但是《民法典合同编通则司法解释》将"可以"追加修正为"应当"追加，具有较严的强制性。至少基于以下三点考虑：一是债务人作为无独立请求的第三人加入，使得债权人、债务人和次债务人之间的法律关系以及权利、义务更加明晰，有利于法院查清案件事实，作出公正裁判；二是债务人作为无独立请求权的第三人加入代位权之诉，更有利于纠纷的定分止争，防止有些案件派生出更多

[①] 刘贵祥：《关于金融民商事审判工作中的理念、机制和法律适用问题》，载《法律适用》2023年第1期。

的诉讼，徒增讼累；三是有利于在一定程度上避免虚假诉讼，防止债权人和次债务人通过恶意串通等方式损害债务人的合法权益。

4. 代位权诉讼中的合并审理问题。

在代位权诉讼中，有时债权人只有一个，此时诉讼结构较为简单。但现实中常常出现债权人为两个或者两个以上，且分别将次债务人作为被告提起代位权诉讼，此时诉讼结构相对复杂，需要首先考虑或者解决的问题是，两个以上的代位权诉讼是分别审理还是合并审理？根据《民法典合同编通则司法解释》第37条的规定，此时人民法院可以合并审理，构成普通的共同诉讼。是否合并审理，一个重要的考量标准就是多个债权人是否存在紧密关联，如果是毫无相关或者弱相关（如按份共有的两个以上债权人）则可以分别审理，但如果是紧密相关（如共同共有的两个以上债权人），则需合并审理。整体而言，合并审理有利于法院全面查明案件的真实情况，在提高诉讼效率的同时，能够最大限度地避免法院因为分别审理出现尺度不一甚至相互矛盾的裁决，有利于实现司法上统一、公正，更容易被诉讼当事人所接受。

5. 多个债权人并存情况下的债权实现问题。

在代位权诉讼中，当只有一个债权人时，其债权实现比较简单，无论其债权能否完全实现，其并不会涉及各债权人之间的权利行使和权利效力问题。如果其债权完全实现，其维权成功，如果其债权不完全实现，其需要想方设法让债务人继续履行。但是当债权人为两个以上时，无论是合并审理，还是分别审理，都涉及多个债权人如何分享债权的问题。首先，与物权不同，债权具有平等性和相容性，任何一个债权人的债权均具有相同的法律地位，均平等地受到法律保护，不论代位权成立在前还是成立在后，也不论其提起的代位权之诉在前还是在后，均统一适用平等性、相容性规则。其次，当次债务人对债务人的债权大于等于所有债权人的债权总额且具有偿付能力时，此时多个债权人之间并无冲突，且各自的债权均能得到实现。但是当次债务人对债务人的债权小于债权人的债权总额时，或者虽然数额大于所有债权人的债权总额但其责任财产不足以支付时，就会涉及多个债权人的债权实现问题。基于"债权具有平等性、相容性"的一般原理，由各债权人按照自己的债权占次债务人的偿付总额比例进行分配，是一种较为公平合理的做法。最后，《民法典合同编通则司法解释》第37条还设置了但书条款，即"法律另有规定的除外"，这不仅是为了法律表述上的周延，而是在现实中有些民事权利具有优先性，此时在多个债权人之间就无法遵循"平等受偿"的原则，而是需要按照效力先后进行分配，保持了一定的开放性。

【典型案例】

1. 马某、宋某等债权人代位权纠纷案

[案号]（2022）黑0381民初2439号

[审理法院] 黑龙江省虎林市人民法院

[来源] 中国裁判文书网

[关键词] 代位权　担保　到期债权　缺席判决

[裁判摘要] 代位权的行使条件之一就是债权人与债务人、债务人与次债务人的债权均已到期，且因为债务人怠于行使其对次债务人的债权，导致其责任财产应当增加而未予增加，进而影响到债权人对债务人到期债权的实现。尽管债权人与次债务人之前并未建立任何民事法律关系，但是代位权制度的建立，尤其是我国民法典吸收了相关司法解释的观点，没有采纳"入库"规则，使得债权人能够以自己的名义对次债务人提起诉讼，此时次债务人处于被告的诉讼地位，债务人（次债务人的债权人）应当以诉讼第三人的身份加入诉讼之中，有利于查清事实真相，彻底化解纠纷，保护债权人的合法权益。

[基本案情] 2018年12月20日，第三人颜某因急需用钱向原告马某借款90000元，双方约定借款期限为一年，借款月利率15‰。该借款逾期后，经原告多次催要，颜某未能给付。被告宋某、李某系夫妻关系，被告宋某、李某与宋某某系父子、母子关系。被告宋某、李某、宋某某于2016

年3月28日向钱某借款99200元,该借款由颜某和鲍某担保。双方约定2016年9月28日前偿还借款本息。该借款逾期后,三被告未能偿还。钱某于2016年12月20日诉至虎林市人民法院。经开庭审理,虎林市人民法院于2017年1月17日作出(2016)黑0381民初2041号民事判决:一、宋某、李某、宋某某给付钱某借款本金99200元及利息;二、颜某、鲍某对以上债务承担连带清偿责任。该案进入执行程序,虎林市人民法院于2017年8月2日下达(2017)黑0381执646号执行通知书,并冻结第三人颜某的银行工资。颜某于2017年12月7日给付钱某案件款57000元并达成和解,约定此后陆续给付。截至2019年10月15日,颜某共代三被告向钱某偿还77700元。颜某多次向三被告催要代其偿还的欠款,三被告未能给付。但颜某未依法向法院提起诉讼。

2. A公司、B公司代位权纠纷案

[案号](2022)豫10民终2967号

[审理法院]河南省许昌市中级人民法院

[来源]中国裁判文书网

[关键词]代位权 债权不确定

[裁判摘要]一审法院认为,C公司虽然对B公司享有债权,但该笔债权的数额处于不确定状态,若该笔债权经其他司法措施处置,则C公司与B公司的债权债务即结清,A公司就无权向B公司主张代位权,故本案存在履行不能的可能。二审法院撤销了一审法院的判决,其从代位权的构成要件进行分析,认定代位权成立。C公司在B公司有多少到期债权被冻结和被执行是在执行过程中对执行顺位如何判断的问题,与A公司能否行使代位权无关,即便C公司与B公司之间的债权被采取了保全、执行的措施,并不影响人民法院认定A公司代位权的成立。

[基本案情]2016年10月21日,B公司与C公司签订了《B公司与C公司某市委政法委平安乡镇监控项目合作分成合同》,约定由C公司负责建设、安装某市平安乡镇监控设备,后双方于2016年12月29日对原合同进行

部分变更，重新签订了《B公司与C公司某市平安乡镇监控项目合作分成合同》以及补偿协议一份，对合作模式变更为租赁经营，双方约定，由C公司建设安装平安乡镇监控设备，并享有设备的所有权，由B公司向C公司租赁平安乡镇监控设备并向某市级单位提供相关服务，在B公司收到某市级单位或财政局针对本项目支付的费用后，根据某市级单位考核结果，先由C公司开具发票，再向C公司支付费用。2016年9月28日，C公司与A公司签订了《某市平安乡镇视频监控系统项目施工合同》，约定某市平安乡镇视频监控系统项目由A公司施工建设。合同签订后，A公司按照合同约定，履行了合同义务，C公司在支付了1500000元合同价款后，即不再履行支付义务。A公司向某市法院起诉要求C公司履行其合同义务，支付工程款项，经某市法院调解，于2020年8月16日作出（2020）豫1081民初3157号民事调解书，约定："截至2020年8月26日，C公司欠A公司工程价款280万元及利息80万元，共计360万元，由C公司定于2020年9月6日之前向A公司一次性支付完毕。A公司对第二项工程价款280万元依法享有优先受偿权。A公司自愿放弃其他诉讼请求。"该民事调解书生效后，C公司未按照调解协议约定履行，A公司向某市法院申请强制执行。随后，B公司于2019年7月3日起陆续收到数份协助执行通知书。

（撰稿人：刘炫麟）

第三十八条　【起诉债务人后又提起代位权诉讼】债权人向人民法院起诉债务人后，又向同一人民法院对债务人的相对人提起代位权诉讼，属于该人民法院管辖的，可以合并审理。不属于该人民法院管辖的，应当告知其向有管辖权的人民法院另行起诉；在起诉债务人的诉讼终结前，代位权诉讼应当中止。

【关联规定】

一、《民法典》（2020 年 5 月 28 日）

第 535 条　因债务人怠于行使其债权或者与该债权有关的从权利，影响债权人的到期债权实现的，债权人可以向人民法院请求以自己的名义代位行使债务人对相对人的权利，但是该权利专属于债务人自身的除外。

代位权的行使范围以债权人的到期债权为限。债权人行使代位权的必要费用，由债务人负担。

相对人对债务人的抗辩，可以向债权人主张。

第 536 条　债权人的债权到期前，债务人的债权或者与该债权有关的从权利存在诉讼时效期间即将届满或者未及时申报破产债权等情形，影响债权人的债权实现的，债权人可以代位向债务人的相对人请求其向债务人履行、向破产管理人申报或者作出其他必要的行为。

第 537 条　人民法院认定代位权成立的，由债务人的相对人向债权人履行义务，债权人接受履行后，债权人与债务人、债务人与相对人之间相应的权利义务终止。债务人对相对人的债权或者与该债权有关的从权利被采取保全、执行措施，或者债务人破产的，依照相关法律的规定处理。

二、其他法律

《民事诉讼法》（2023 年 9 月 1 日）

第 55 条第 1 款　当事人一方或者双方为二人以上，其诉讼标的是共同的，或者诉讼标的是同一种类、人民法院认为可以合并审理并经当事人同意的，为共同诉讼。

第 122 条　起诉必须符合下列条件：

（一）原告是与本案有直接利害关系的公民、法人和其他组织；

（二）有明确的被告；

（三）有具体的诉讼请求和事实、理由；

（四）属于人民法院受理民事诉讼的范围和受诉人民法院管辖。

第 143 条　原告增加诉讼请求，被告提出反诉，第三人提出与本案有关的诉讼请求，可以合并审理。

第 153 条　有下列情形之一的，中止诉讼：

（一）一方当事人死亡，需要等待继承人表明是否参加诉讼的；

（二）一方当事人丧失诉讼行为能力，尚未确定法定代理人的；

（三）作为一方当事人的法人或者其他组织终止，尚未确定权利义务承受人的；

（四）一方当事人因不可抗拒的事由，不能参加诉讼的；

（五）本案必须以另一案的审理结果为依据，而另一案尚未审结的；

（六）其他应当中止诉讼的情形。

中止诉讼的原因消除后，恢复诉讼。

三、司法解释

1. 《民事诉讼法司法解释》（法释〔2022〕11 号）

第 221 条　基于同一事实发生的纠纷，当事人分别向同一人民法院起诉的，人民法院可以合并审理。

第 232 条　在案件受理后，法庭辩论结束前，原告增加诉讼请求，被告提出反诉，第三人提出与本案有关的诉讼请求，可以合并审理的，人民法院应当合并审理。

第 233 条第 2 款　反诉与本诉的诉讼请求基于相同法律关系、诉讼请求之间具有因果关系，或者反诉与本诉的诉讼请求基于相同事实的，人民法院应当合并审理。

第 246 条　裁定中止诉讼的原因消除，恢复诉讼程序时，不必撤销原裁定，从人民法院通知或者准许当事人双方继续进行诉讼时起，中止诉讼的裁定即失去效力。

2. 《民法典诉讼时效司法解释》（法释〔2020〕17 号）

第 16 条　债权人提起代位权诉讼的，应当认定对债权人的债权和债务人的债权均发生诉讼时效中断的效力。

【理解与适用】

一、本条主旨

本条是关于债权人起诉债务人后又提起代位权诉讼的规定。

二、规范来源

本条规定源于《合同法司法解释（一）》第 15 条。

本条的修改体现在以下几点：

（1）在条文款项设置上，本条将原《合同法司法解释（一）》第 15 条的两款合并为一款。

（2）本条将《合同法司法解释（一）》第 15 条中的"对次债务人提起代位权诉讼"修改为"对债务人的相对人提起代位权诉讼"。

（3）本条首次明确了在两诉可归于同一法院管辖的前提下可将两诉合并审理。

（4）本条将《合同法司法解释（一）》第 15 条中的"向次债务人住所地人民法院另行起诉"修改为"向有管辖权的人民法院另行起诉"。此处修改扩张了管辖连接点的范围，因为除由被告住所地人民法院管辖外，还可能存在专属管辖、对境外当事人提起诉讼的管辖问题。此项修改更有利于债权人从自身利益最大化角度出发选择代位权诉讼管辖法院，有利于债权人的保护。

（5）本条将《合同法司法解释（一）》第 15 条中的"诉讼裁决发生法律效力以前"修改为"诉讼终结前"，更加准确地界定了诉讼进程，有利于判断被中止诉讼的原因消除后，恢复诉讼的时间。

（6）本条略去了《合同法司法解释（一）》第 15 条对"《中华人民共和国民事诉讼法》第一百三十六条第（五）项的规定"的直接指引，在条文呈现上更为简洁。

原《合同法》第 73 条首次规定了债权人代位权，后最高人民法院出台了《合同法司法解释（一）》，通过第 11 条至第 22 条对债权人代位权制度予以细化规定。《民法典》制定时，总结吸收成熟的司法经验，在合同的保全章节中通过三个条文（第535条至第537条）简要规定了债权人代位权制度。

其中，《民法典》第535条和第536条主要规定了被保全的债权人债权在到期和未到期情形下，债权人代位权的成立要件，第537条主要规定了代位权成立后的法律效果。可见，《民法典》中关于债权人代位权制度的相关规定主要涉及实体上代位权的构成要件和法律效果，与债权人代位权相关的民事诉讼构造规定在民法典中几乎未有涉及，这点从《民法典》并未吸纳《合同法司法解释（一）》中关于民事诉讼的规定亦可看出。考虑到关于债权人代位权之诉讼构造的若干细化问题已经由《民法典合同编通则司法解释》处理，因此，下文主要集中对本条所涉及的债权人代位权的诉讼衔接进行解释。

三、司法解释条文理解

本条是对债权人起诉债务人后又提起代位权诉讼的规定，本质上是债权人代位权制度在民事程序法上的衔接。

本条共计2款，第1款重点明确了两项起诉（债权人起诉债务人、债权人行使代位权起诉债务人的相对人）之间的关系，即债权人起诉债务人后，不影响其向同一人民法院针对债务人的相对人提起代位权诉讼。该款要点有四：

其一，明确两个诉可依法并存。依本条第1句规定，债权人可以同时向债务人提起普通的债权债务诉讼和向债务人的相对人提起代位权诉讼，即债权人代位权诉讼和普通的债权债务诉讼可以并存。对两项诉讼并存问题的理解，应当回到《民法典》第535条中对于"以自己的名义代位行使债务人对相对人的权利"的解释上。此处所谓"以自己的名义"，实际上指债权人可以单独以原告身份提起代位权诉讼。[1]《民法典合同编通则司法解释》第37条第1款可予证明。同时，这两个诉可以并存的实体原因在

---

[1] 参见李锡鹤：《民法原理论稿》，法律出版社2008年版，第364页。

于，各自所依托的债之关系并不相同：债权人向债务人提起诉讼系因二人之间的债权债务关系；债权人向债务人的相对人提起代位权诉讼系以债务人与其相对人之间的债权债务关系为给付内容。

其二，明确法院的管辖权和合并审理方式。亦即，只有当发生管辖竞合时，才能够由同一法院受理。① 本条第 1 句规定系针对债权人向法院起诉债务人后，又向同一法院对债务人的相对人提起代位权诉讼的特定情形，明确了可由"同一人民法院管辖"的规则。同时，结合本条第 2 句前半句的体系解释，只有债权人起诉债务人的管辖法院与代位权诉讼的管辖法院（参见《民法典合同编通则司法解释》第 35 条第 1 款）正好为同一法院的，才能够由同一法院受理债权人对债务人的相对人的代位权诉讼。

在明确债权人对债务人之诉和债权人对债务人的相对人之诉可由同一法院管辖的前提下，本条第 1 句首次规定了合并审理方式。合并审理背后的学理逻辑在于诉的合并。诉的合并包括诉的主观合并和诉的客观合并。诉的主观合并主要涉及当事人一方或双方为两人以上的诉，以必要共同诉讼和以其为基础的群体诉讼为典型。而诉的客观合并是指诉讼标的之合并，包括单纯合并、预备合并和选择合并。② 从本条所涉规范对象来看，债权人对债务人之诉与债权人对债务人的相对人的代位权之诉系同一主体对不同主体提起的诉讼，此时并无一方主体涉及两人以上，故其与诉的主观合并无涉。

而本条所涉规范对象是否构成诉的客观合并，需要明确我国民法典视域下代位权诉讼的诉讼标的究竟为何。就此而言，关于债权人代位权诉讼的诉讼标的，存在"一诉讼标的说""二诉讼标的说"和"代位权说"的学说争议。③ 其中，"一诉讼标的说"系与传统"入库规则"相匹配的学

---

① 参见曹守晔等：《〈关于适用合同法若干问题的解释（一）〉的理解和适用》，载《人民司法》2000 年第 3 期。
② 关于诉的合并基本理论介绍，参见邵明：《中国民事诉讼法学探析》，中国人民大学出版社 2023 年版，第 96~98 页。
③ 相关学说简介，参见蒲一苇：《〈民法典〉第 537 条（债权人代位权行使效果）诉讼评注》，载《法学杂志》2023 年第 3 期。

说，在《民法典》采"优先受偿规则"的语境下，难以与我国现行代位权制度相洽。相较而言，更符合我国民法典视域下代位权行使效果的是"二诉讼标的说"，即代位权诉讼中包含两个诉：（1）债权人是否享有代位权的确认之诉；（2）债权人请求债务人的相对人向自己履行的给付之诉。①

从这个意义而言，本条所涉及的合并审理，实际上与理论层面诉的预备合并相对应。亦即，债权人对债务人的诉讼属于先位之诉，此诉的审理结果直接关系到居于后序的代位权诉讼是否还有必要进行的结果。如果在债权人对债务人的诉讼中，债权人如愿得以清偿，那么作为后位之诉的代位权诉讼便无必要。同时，如果债权人在先位之诉中求偿失败，但法院在先位之诉中所确认的债权人对债务人的债权等事实，也构成后位之诉中债权人是否享有代位权这一确认之诉的重要基础。实际上，本条所涉及的合并审理情形构成《民事诉讼法司法解释》第 221 条的特别情形。亦即，债权人与债务人之间的欠债事实，同时构成债权人向债务人起诉和债权人向债务人的相对人起诉的事实基础。故而本条中债权人基于同一事实发生的纠纷，向同一法院先后起诉的情形符合《民事诉讼法司法解释》第 221 条中"基于同一事实发生的纠纷，当事人分别向同一人民法院起诉的"规定。

其三，本条第 2 句前半句中"有管辖权的人民法院"的释义。判断法院是否对债权人代位权诉讼具有管辖权，应当回到《民法典合同编通则司法解释》第 35 条的规定。依《民法典合同编通则司法解释》第 35 条，代位权诉讼的管辖包括被告住所地法院管辖和专属管辖。而专属管辖主要包括《民事诉讼法》第 34 条规定的三种情形和《海事诉讼特别程序法》第 7 条规定的三种情形。

其四，本条第 2 句后半句表明了债权人代位权诉讼与债权人对债务人之诉之间在诉讼审理上的关系。如前所述，代位权诉讼中代位权是否

---

① 参见唐力：《〈民法典〉上代位权实现的程序规制》，载《政法论丛》2023 年第 1 期。

成立的确认之诉系以债权人对债务人之诉为前提，故代位权之诉的审理必须以债权人对债务人之诉的审理结果为依据。因此，在债权人与债务人之诉终结前，代位权诉讼应依据《民事诉讼法》第153条第1款第5项的情形依法中止审理。同时，根据《民事诉讼法司法解释》第246条，待债权人对债务人之诉审结后，当审理结果符合代位权行使的构成要件时，便可恢复代位权诉讼的审理，而无须在程序上撤销原中止诉讼的裁定。

【典型案例】

某燃料有限公司诉某物流有限公司买卖合同纠纷案

［案号］（2019）最高法民终6号

［审理法院］最高人民法院

［来源］最高人民法院指导案例第167号（第30批指导案例）

［关键词］民事　买卖合同　代位权诉讼　未获清偿　另行起诉

［裁判摘要］代位权诉讼执行中，因相对人无可供执行的财产而被终结本次执行程序，债权人就未实际获得清偿的债权另行向债务人主张权利的，人民法院应予支持。

［基本案情］2012年1月20日至2013年5月29日，某燃料有限公司与某物流有限公司之间共签订采购合同41份，双方约定某物流有限公司向某燃料有限公司销售矿物货物，采取滚动结算方式支付货款。后经双方对账，某物流有限公司仍需向某燃料有限公司支付36369405.32元。2014年11月25日，某燃料有限公司作为原告，以某进出口有限公司为被告，某物流有限公司为第三人，向浙江省宁波市中级人民法院提起债权人代位权诉讼。该院作出（2014）浙甬商初字第74号民事判决书，判决某进出口有限公司向某燃料有限公司支付款项36369405.32元。但由于某进出口有限公司逾期仍未履行执行通知书规定义务、某燃料有限公司在限期内未能提供某进出口有限公司可供执行的财产，也未向该院提出异议。该院于

2017年3月25日作出（2016）浙0225执3676号执行裁定书，终结本次执行程序。后某燃料有限公司以某物流有限公司为被告，向山东省高级人民法院提起本案诉讼，请求判令某物流有限公司向其返还本金及利息。

[本案与本条的联系] 本案重点明确了代位权诉讼与对债务人的诉讼不会构成"重复起诉"。

根据《民事诉讼法司法解释》第247条的规定，判断是否构成重复起诉的主要条件是当事人、诉讼标的、诉讼请求是否相同，或者后诉的诉讼请求是否实质上否定前诉裁判结果等。代位权诉讼与对债务人的诉讼并不相同，主要体现在两大方面。一方面，从当事人角度看，代位权诉讼以债权人为原告、债务人的相对人为被告，而对债务人的诉讼则以债权人为原告、债务人为被告，两者被告身份不具有同一性。另一方面，从诉讼标的及诉讼请求上看，代位权诉讼虽然要求债务人的相对人直接向债权人履行清偿义务，但针对的是债务人与其相对人之间的债权债务，而对债务人的诉讼则是要求债务人向债权人履行清偿义务，针对的是债权人与债务人之间的债权债务，两者在标的范围、法律关系等方面亦不相同。

基于上述不同，代位权诉讼与对债务人的诉讼并非同一事由，两者仅具有法律上的关联性，故某燃料有限公司提起本案诉讼并不构成重复起诉。

（撰稿人：袁野）

第三十九条 【代位权诉讼中债务人起诉相对人】

在代位权诉讼中，债务人对超过债权人代位请求数额的债权部分起诉相对人，属于同一人民法院管辖的，可以合并审理。不属于同一人民法院管辖的，应当告知其向有管辖权的人民法院另行起诉；在代位权诉讼终结前，债务人对相对人的诉讼应当中止。

【关联规定】

一、《民法典》（2020 年 5 月 28 日）

第 535 条 因债务人怠于行使其债权或者与该债权有关的从权利，影响债权人的到期债权实现的，债权人可以向人民法院请求以自己的名义代位行使债务人对相对人的权利，但是该权利专属于债务人自身的除外。

代位权的行使范围以债权人的到期债权为限。债权人行使代位权的必要费用，由债务人负担。

相对人对债务人的抗辩，可以向债权人主张。

第 537 条 人民法院认定代位权成立的，由债务人的相对人向债权人履行义务，债权人接受履行后，债权人与债务人、债务人与相对人之间相应的权利义务终止。债务人对相对人的债权或者与该债权有关的从权利被采取保全、执行措施，或者债务人破产的，依照相关法律的规定处理。

二、其他法律

《民事诉讼法》（2023 年 9 月 1 日）

第 153 条 有下列情形之一的，中止诉讼：

（一）一方当事人死亡，需要等待继承人表明是否参加诉讼的；

（二）一方当事人丧失诉讼行为能力，尚未确定法定代理人的；

（三）作为一方当事人的法人或者其他组织终止，尚未确定权利义务承受人的；

（四）一方当事人因不可抗拒的事由，不能参加诉讼的；

（五）本案必须以另一案的审理结果为依据，而另一案尚未审结的；

（六）其他应当中止诉讼的情形。

中止诉讼的原因消除后，恢复诉讼。

第 154 条 有下列情形之一的，终结诉讼：

（一）原告死亡，没有继承人，或者继承人放弃诉讼权利的；

（二）被告死亡，没有遗产，也没有应当承担义务的人的；

（三）离婚案件一方当事人死亡的；

（四）追索赡养费、扶养费、抚养费以及解除收养关系案件的一方当事人死亡的。

三、司法解释

《民法典诉讼时效司法解释》（法释〔2020〕17号）

第16条　债权人提起代位权诉讼的，应当认定对债权人的债权和债务人的债权均发生诉讼时效中断的效力。

四、司法指导性文件

《最高人民法院关于认真贯彻实施民事诉讼法及相关司法解释有关规定的通知》（法〔2017〕369号）

在对到期债权的执行中，应当依法保护次债务人的利益，对于次债务人在法定期限内提出异议的，除到期债权系经生效法律文书确定的外，人民法院对提出的异议不予审查，即应停止对次债务人的执行，债权人可以另行提起代位权诉讼主张权利。

【理解与适用】

一、本条主旨

本条是关于代位权诉讼中债务人起诉相对人的程序性规定。

二、规范来源

《合同法司法解释（一）》第22条规定："债务人在代位权诉讼中，对超过债权人代位请求数额的债权部分起诉次债务人的，人民法院应当告知其向有管辖权的人民法院另行起诉。债务人的起诉符合法定条件的，人民法院应当受理；受理债务人起诉的人民法院在代位权诉讼裁决发生法律效力以前，应当依法中止。"

三、司法解释条文理解

根据《民法典》第535条第1款的规定，"债权人可以向人民法院请求以自己的名义代位行使债务人对相对人的权利"，代位权必须通过诉讼程序行使，本条中的"债权人可以"是指债权人诉权的自由，而不是对非诉方式的肯定。① 代位权诉讼突破合同的相对性，涉及三方甚至多方主体，法律关系较为复杂，所以在司法实践中，代位权行使争议较多的是程序问题。本条规定了代位权诉讼中债务人起诉相对人的程序性规定，旨在《民法典》第535条和原《合同法司法解释（一）》第22条的基础上，进一步优化表述、完善诉讼程序规则。和原《合同法司法解释（一）》第22条相比较，本条一是将"次债务人"修改为"债务人的相对人"，二是将"诉讼裁决发生法律效力以前"修改为"诉讼终结前"，三是根据审判实务的需要，增加了依法合并审理的内容，以更有利于纠纷的实质性化解。②

对于债权人已经提起代位权诉讼的债权部分，债务人不得就该部分债权再另行向相对人提起诉讼。代位权的行使限制了债务人对相对人的债权权能，与之相应的，基于代位权诉讼对代位标的的保全性能，债权人提起代位权诉讼后，在债权人请求范围内，相对人亦不能再向债务人履行给付，否则将不能对抗债权人。债权人行使代位权的范围，以债务人的债权额和债权人的债权额为限，超过此范围，债权人不能行使。例如，债权人对债务人的债权额为60万元，债务人对相对人的债权额为100万元，债权人行使代位权的请求数额只能是60万元，而不能请求偿还100万元。对于该60万元的债权部分，债务人不能对相对人再另行起诉，否则违反一事不再理原则。债务人对超过债权人代位请求数额的债权部分起诉相对人，则可以向有管辖权的法院另行起诉。③ 对此部分，便不违反一事不再理原则。例如，在重庆市第三中级人民法院（2019）渝03民初1381号民事判决书中，法院认为，某银行在代位权诉讼中请求的数额低于某生物科技公司所负债务额，根据《合同法司法解释（一）》第22条之规定，某融资租赁公司可以就超过某银行代位请求数额的债权起诉某生物科技。故某融

---

① 最高人民法院民法典贯彻实施工作领导小组主编：《中华人民共和国民法典合同编理解与适用》，人民法院出版社2020年版，第503页。
② 陈龙业：《代位权规则的细化完善与司法适用》，载《法律适用》2023年第12期。
③ 黄薇主编：《中华人民共和国民法典合同编释义》，法律出版社2020年版，第169页。

资租赁公司对某银行未请求的债务数额提起诉讼，不构成重复起诉。

何为"超过债权人代位请求数额的债权部分"？这里需要注意的是，根据《民法典》第535条第2款的规定，"债权人行使代位权的必要费用，由债务人负担"。对该款的理解详见本书前文。如果在代位权诉讼中，相对人承担了债权人的必要费用并在实现的债权中优先支付，那么债务人向相对人的主张范围不仅要去除债权人代位请求数额，还要减去在代位权诉讼中从实现的债权中优先支付的必要费用。

债权人所提起的代位权诉讼和债务人对超过债权人代位请求数额的债权部分向相对人提起的诉讼，在程序法上是两个诉。诉是指当事人向法院提出的，请求特定的法院就特定的法律主张或权利主张（诉讼上的请求）进行裁判的诉讼行为。诉讼行为以诉讼标的为基础，不同的诉之间在诉讼标的上存在差异，"禁止重复起诉"原则便是强调不得对同一诉讼标的重复起诉。代位权诉讼和债务人对超过债权人代位请求数额的债权部分向相对人提起的诉讼，虽然都以相对人为被告，指涉相对人的同一债务，但是在诉讼标的、权利依据等方面均存在差异，所以应将这两个诉独立看待、处理。债务人对超过债权人代位请求数额的债权部分向相对人提起的诉讼，其管辖、当事人、程序等，均依照民事诉讼法律规范处理。

如果两个诉属于同一人民法院管辖的，可以依法合并审理。该规则是对原《合同法司法解释（一）》第22条的补充。合并审理有利于简化诉讼程序，实现诉讼经济，也可以防止裁判之间的矛盾，有助于两个诉之间的衔接。

如果两个诉不属于同一人民法院管辖的，应当告知债务人向有管辖权的人民法院另行起诉。在代位权诉讼终结前，受理债务人起诉的人民法院应当依法中止审理。根据《民法典》第535条第2款的规定，代位权的行使范围以债权人的到期债权为限，代位权诉讼系一个独立的诉，代位权诉讼中，债务人的诉讼地位系第三人，不管其是有独立请求权的第三人还是无独立请求权的第三人，受代位权范围所限，超出代位权部分的金额本就不应当在代位权诉讼中理涉，未理涉的债务应由债务人依据原法律关系另行起诉相对人,并且不适用代位权诉讼管辖规则。《民事诉讼法》第153条规定:"有下列情形之一的,中止诉讼:(一)一方当事人死亡,需要等待继承人表明是否参加诉讼的;(二)一方当事人丧失诉讼行为能力,尚未确定法定代理人的;(三)作为一方当事人的法人或者其他组织终止,尚未确定权利义务承受人的;(四)一方当事人因不可抗拒的事由,不能参加诉讼的;(五)本案必须以另一案的审理结果为依据,而另一案尚未审结的;(六)其他应当中止诉讼的情形。中止诉讼的原因消除后,恢复诉讼。"债务人对超过债权人代位请求数额的债权部分向相对人提起的诉讼,其诉讼请求的内容以代位权诉讼的审理结果为依据,在代位权诉讼未终结的情况下,暂时无法确认剩余债务有多少,所以对债务人的起诉应中止审理。待代位权诉讼终结,确认剩余债务的数量额度,诉讼中止的事由消除,法院应当恢复诉讼程序。在表述上,本条将原《合同法司法解释(一)》第22条中的"裁决发生法律效力以前"修改为"诉讼终结前",更为严谨科学。《民事诉讼法》第154条规定:"有下列情形之一的,终结诉讼:(一)原告死亡,没有继承人,或者继承人放弃诉讼权利的;(二)被告死亡,没有遗产,也没有应当承担义务的人的;(三)离婚案件一方当事人死亡的;(四)追索赡养费、扶养费、抚养费以及解除收养关系案件的一方当事人死亡的。"所以,"诉讼终结前"的表述能够将代位权诉讼因原告(债权人)死亡等情形而终结,以及裁决发生法律效力、撤诉等情形予以涵盖。

【典型案例】

某投资公司诉某实业公司等民间借贷纠纷案

[案号](2019)赣01民初185号

[审理法院]江西省南昌市中级人民法院

[来源]中国裁判文书网

[关键词]代位权诉讼　民间借贷　另行起诉

[裁判摘要]债务人在债权人行使代位权后,就超过债权人代位请求

数额的债权部分向相对人另行起诉,有事实和法律依据,法院依法予以受理。

[基本案情]褚某某与某投资公司在2013年签订借款协议,向某投资公司借款1.2亿元,某投资公司如约支付了借款,截至2016年3月7日,褚某某仍欠某投资公司借款本金1.2亿元及相应利息。截至2017年7月6日,某投资公司尚欠某某公司本金1.2亿元及利息108626.02元。2017年7月,某某公司以对某投资公司享有到期债权、而某投资公司怠于行使对褚某某及某实业公司的到期债权为由,将褚某某、熊某某(褚某某之妻)、某实业公司(保证人)作为被告,某投资公司作为第三人诉至南昌市中级人民法院,行使代位权,请求法院判决褚某某等向某某公司履行代位清偿义务。2018年1月15日,南昌市中级人民法院判决[案号:(2017)赣01民初318号]:被告褚某某、熊某某于判决生效之日起十五日内代为偿还某某公司借款本金1.2亿元及利息(截至2017年7月6日的利息为108626.02元;2017年7月7日起,以1.2亿元为本金按年利率24%计算利息至借款本金还清为止),但前述偿还的本息总和不能超过被告褚某某、熊某某欠第三人某投资公司的借款本息总和(具体计算:截至2017年7月6日褚某某尚欠某投资公司借款本息183582049.17元,2017年7月7日起应以110724999.94元为本金按年利率24%计算利息至借款本金还清之日止);被告某实业公司对判决第一项承担连带清偿责任。

2019年3月,原告某投资公司以民间借贷纠纷为由,将褚某某、熊某某、某实业公司诉至南昌市中级人民法院,请求判决被告褚某某、熊某某向原告归还自2017年7月7日起借款本金63473423.15元及借款本金还清之日止的逾期利息(利息按年利率24%计算,暂计算至2018年6月26日利息为14979727.86元);请求判令被告某实业公司对上述债务本息承担连带清偿责任。

南昌市中级人民法院经审理认为,合法的借贷关系受国家法律保护。根据《合同法司法解释(一)》第22条"债务人在代位权诉讼中,对超过债权人代位请求数额的债权部分起诉次债务人的,人民法院应当告知其向有管辖权的人民法院另行起诉。债务人的起诉符合法定条件的,人民法院应当受理"之规定,原告某投资公司在某某公司行使代位权后就超过某某公司代位请求数额的债权部分对被告褚某某、熊某某另行起诉,有事实和法律依据,法院依法予以受理。截至2017年7月6日,在扣除某投资公司欠某某公司的本息120105626.02元后,被告褚某某欠某投资公司的款项为63473423.15元(183582049.17元-110724999.94元)。自2017年7月7日起,某投资公司欠某某公司的利息是以1.2亿元本金为基数按年利率24%计算至借款还清之日止,而褚某某欠某投资公司的利息是以110724999.94元本金为基数按年利率24%计算至借款还清之日止,之间的利息差额应以本金差额9275000.06元(1.2亿元-110724999.94元)为基数自2017年7月7日起按年利率24%计算至被告褚某某、熊某某还清(2017)赣01民初318号民事判决中的欠款本息之日止。因此,被告褚某某尚欠某投资公司的款项应在63473423.15元的基数上减去以本金差额9275000.06元为基数自2017年7月7日起按年利率24%计算至被告褚某某、熊某某还清(2017)赣01民初318号民事判决中的欠款本息之日止的利息差额。南昌市中级人民法院判决,被告褚某某、熊某某于本判决生效之日起十日内一次性归还原告某投资公司欠款,该欠款以63473423.15元为基数,减去以9275000.06元为基数自2017年7月7日起按年利率24%计算至被告褚某某、熊某某还清(2017)赣01民初318号民事判决中欠款本息之日止的利息;被告某实业公司承担连带清偿责任。

(撰稿人:吴昭军)

第四十条 【代位权不成立的处理】 代位权诉讼中,人民法院经审理认为债权人的主张不符合代位权行使条件的,应当驳回诉讼请求,但是不影响债权人根据新的事实再次起诉。

> 债务人的相对人仅以债权人提起代位权诉讼时债权人与债务人之间的债权债务关系未经生效法律文书确认为由,主张债权人提起的诉讼不符合代位权行使条件的,人民法院不予支持。

【关联规定】

一、《民法典》(2020年5月28日)

第535条 因债务人怠于行使其债权或者与该债权有关的从权利,影响债权人的到期债权实现的,债权人可以向人民法院请求以自己的名义代位行使债务人对相对人的权利,但是该权利专属于债务人自身的除外。

代位权的行使范围以债权人的到期债权为限。债权人行使代位权的必要费用,由债务人负担。

相对人对债务人的抗辩,可以向债权人主张。

二、司法解释

《民法典合同编通则司法解释》(法释〔2023〕13号)

第33条 债务人不履行其对债权人的到期债务,又不以诉讼或者仲裁方式向相对人主张其享有的债权或者与该债权有关的从权利,致使债权人的到期债权未能实现的,人民法院可以认定为民法典第五百三十五条规定的"债务人怠于行使其债权或者与该债权有关的从权利,影响债权人的到期债权实现"。

第34条 下列权利,人民法院可以认定为民法典第五百三十五条第一款规定的专属于债务人自身的权利:

(一)抚养费、赡养费或者扶养费请求权;

(二)人身损害赔偿请求权;

(三)劳动报酬请求权,但是超过债务人及其所扶养家属的生活必需费用的部分除外；

（四）请求支付基本养老保险金、失业保险金、最低生活保障金等保障当事人基本生活的权利；

（五）其他专属于债务人自身的权利。

【理解与适用】

一、本条主旨

本条是代位权不成立的处理条款。债权人的代位权是指因债务人怠于行使其到期债权，对债权人造成损害的，债权人可以向人民法院请求以自己的名义代为行使债务人债权的权利。[①]

二、司法解释条文理解

代位权的行使应当满足一定条件，根据《民法典》第535条规定，代位权的行使需同时满足以下三个条件。第一，因债务人怠于行使其债权或者与该债权有关的从权利，影响债权人的到期债权实现的。所谓怠于行使权利是指债务人不履行其对债权人的到期债务，又不以诉讼或者仲裁方式向相对人主张其享有的债权或者与该债权有关的从权利。即债务人没有及时清偿对债权人的债务，在构成延迟履行的前提下，还怠于行使对相对人的到期债权，致使债务人没有足够的财产清偿债务，客观上造成了对债权人的损害。也就是说，债务人怠于行使到期债权的行为与债权人受偿不能之间具有一定的因果关系。出现以上情形，致使债权人的到期债权未能实现的，可以作为债权人提起代位权的前提条件；这里需要注意的是，债务人对相对人主张到期债权的方式应当是诉讼或者仲裁方式，否则不能对抗债权人提起的代位权诉讼。第二，债务人的债权不是专属于债务人自身的债权。依据《民法典合同编通则司法解释》第34条的规定，专属于债务人自身的权利包括："（一）抚养费、赡养费或者扶养费请求权；（二）人

[①] 王利明：《合同法》，中国人民大学出版社2015年版，第153页。

身损害赔偿请求权；（三）劳动报酬请求权，但是超过债务人及其所扶养家属的生活必需费用的部分除外；（四）请求支付基本养老保险金、失业保险金、最低生活保障金等保障当事人基本生活的权利；（五）其他专属于债务人自身的权利。"这些专属性权利与权利人之间具有较强的人身依附性，因此不宜转让。这些权利通常只能由债务人自己行使，不能由他人代为行使。第三，代位权的行使范围以债权人的到期债权为限。代位权针对的是债务人怠于履行债务致使债权人受到损害，债权人代替债务人行使与债务人相关债权的行为。而对于债权人未到期的债权，债权人实则难以判断债权人是否有能力清偿债务或者是否会存在怠于请求相对人履行债务的行为，更不可能出现造成债权人受损害的结果。因此，在债务期限届满之前，债权人不享有代位权。需要注意的是，债权人行使代位权只能以自己的债权为基础。理由在于债权人是以自己的名义和自身的利益提起诉讼，故只能以自己债权为基础提出诉讼请求。因此，债权人只能行使与其相关的到期债权，对于超出范围的债权，债权人不享有行使权利。当然，如果债权人向相对人主张债权后，仍有部分债权未获得清偿，这时债权人还是可以就未实际获得清偿的债权另行向债务人主张权利。综上，人民法院经审理认为债权人的主张不符合《民法典》第535条规定的，应当驳回债权人的诉讼请求。代位权制度的主要目的在于解决债务人怠于行使次债权时如何保护债权人权利的问题，当债权人向人民法院提交新的事实和证据后，人民法院须依法受理。此前《合同法》及相关司法解释并未明确规定债权人可以根据新的事实再次起诉，导致实践中出现了一些争议，《民法典合同编通则司法解释》第40条第1款的规定为实践中债权人代位权诉讼的重新提起进行了明确赋权。

依据此前《合同法司法解释（一）》第11条第1款的规定，债权人依照《合同法》第73条的规定提起代位权诉讼，债权人对债务人的债权应当是合法的。债权人与债务人之间的债权关系合法是债权人行使代位权的必要前提。如果债权人与债务人之间的债务关系尚未经确认、不成立或者已经消灭，则债权人提起代位权诉讼就不存在合法的基础，因此代位权诉讼需要先明确债权人与债务人之间的债权债务关系的合法性。《民法典》第535条是在《合同法》第73条的基础上形成的，但是《民法典》并未完全采用《合同法》第73条及其相关司法解释的表述，而是在《民法典合同编通则司法解释》第40条第2款中规定"债务人的相对人仅以债权人提起代位权诉讼时债权人与债务人之间的债权债务关系未经生效法律文书确认为由，主张债权人提起的诉讼不符合代位权行使条件的，人民法院不予支持"。即在代位权诉讼中，"债权人与债务人之间的债权债务关系尚未经生效法律文书确认"不能当然成为中止代位权诉讼的法定事由，也不能成为债务人或者相对人抗辩债权人行使代位权的理由。之所以如此规定，一方面是因为此前合同法司法解释对代位权诉讼中证明责任规定不清，导致实践中司法裁断不一。如在"某银行对物流公司等债权人代位权纠纷案"①中，最高人民法院经审理后认定，原审法院以某银行未提供证据证明物流公司是否向实业公司承担赔偿责任为由，认定某银行未提供充分证据证明其对物流公司享有的债权数额，进而认定其主张的代位权不能成立，属于举证责任分配不当，适用法律错误。可见，代位权诉讼并不以实体审判为前提，债务人或者次债务人在代位权诉讼中对债权人的债权提出异议，在举证责任分配上，债权人只需承担初步举证责任即可。而如果一味强调行使代位权需要以"债权人与债务人之间的债权债务关系经生效法律文书确认"为前提，在债务人怠于确定的情况下，债权人就无法行使代位权，则代位权制度的目的将完全落空。因此，对于债权人而言，应当提供证据证明对债务人享有非专属于其自身的到期债权且其有怠于行使对次债务人债权的初步证据，至于次债务人提出的抗辩是否成立，应是在代位权诉讼中予以解决的问题。《民法典合同编通则司法解释》第40条第2款的规定，明确了代位权诉讼中举证责任的分配，符合法律保障债权人正确行使权利的意旨，也为实践中司法机关正确适用法律规定提供了明确的指引。另一方面是因为依据《合同法司法

---

① 参见最高人民法院（2022）最高法民再16号民事裁定书。

解释（一）》第14条规定，债权人提起代位权诉讼的，由被告住所地人民法院管辖，此时代位权诉讼的受理法院对债权人与债务人之间的债务事实可能没有管辖的权限，这就需要中止代位权诉讼，等待债权人与债务人之间的债务事实另案审理的结果。以往的司法解释立足于督促当事人尽早提起诉讼明确自身的债权债务关系，以免在程序上拖慢代位权诉讼的进展，但效果似乎不尽如人意。《民法典合同编通则司法解释》第40条第2款对此进行了完善，规定了"债权人与债务人之间的债权债务关系尚未经生效法律文书确认"不再成为中止代位权诉讼的理由，即债权人如已满足代位权诉讼的条件，则不必先对债权债务关系本身提起一个诉讼，如此避免了在程序上拖慢代位权诉讼进展的情形，也在很大程度上节约了司法成本，提高了司法审判效率。

【典型案例】

某电子公司与某银行、某网络公司债权人代位权纠纷案

［案号］（2016）沪02民终7658号

［来源］中国裁判文书网

［关键词］代位权　到期债权

［裁判摘要］实际售卡方作为债权人向发卡银行提起代位权诉讼，要求其支付逾期账户管理费，应以债权人对债务人享有合法到期债权为前提。对于不合法或未到期债权，应认定债权人提起代位权诉讼的前提并不成立。

［基本案情］2011年11月，某网络公司与某银行签订合作协议，约定利用某网络公司的银行卡系统合作发行×通卡，约定逾期卡延期手续费及账户管理费收益归某网络公司享有，由某网络公司委托某银行从持卡人账户扣收。2011年12月16日，某网络公司与案外人某投资公司签订合作协议，约定某网络公司所得的逾期卡延期手续费及账户管理费收益归某投资公司享有。2013年9月24日，某投资公司向某网络公司发出书面催收函

要求支付拖欠的账户管理费等,但某网络公司仍未支付。2013年12月13日,某网络公司、案外人某商务公司、某投资公司、某电子公司签订"四方协议",对前述合作协议的相对内容作出部分变更,同时约定由某电子公司概括承受某投资公司与某网络公司相关合作协议中的所有权利义务。根据相关合同、协议的约定,某银行收取的账户管理费应当按月全额支付给某网络公司,再由某网络公司按月全额支付给某电子公司。但经某电子公司多次向某网络公司催讨,某网络公司均以被告某银行未向其支付为由拒付。因某网络公司怠于向某银行行使其到期债权,导致某网络公司的债权人某电子公司的合法权益被侵害,故某电子公司起诉至法院。审理法院认为,债权人(某电子公司)提起代位权诉讼的,应以债权人对债务人(某网络公司)享有合法到期债权为前提。本案中,根据"四方协议"中约定,逾期账户管理费在×通卡到期后一个月内支付,×通卡有效期以某银行公告的卡章程规定的期限为准,由于《×通卡章程》未对有效期期限做明确规定,而某银行、某网络公司均明确已对×通卡的有效期进行了延长,故现×通卡仍处于有效期内,收取逾期账户管理费的条件并不成就,因此某电子公司主张对某网络公司享有关于收取逾期账户管理费的到期债权,依据不足,故某电子公司提起代位权诉讼的前提不成立。

综上,债务人的债权已到期是债权人提起代位权诉讼的必要条件。从本案来看,某银行有权延长而且已经延长了储值卡的有效期,其不能向持卡人收取账户管理费,自然也就不存在针对账户管理费的债权,故某电子公司的诉请主张不符合"债务人的债权已到期"这一条件。即便认为当前能够收取账户管理费,某电子公司对某网络公司的相应债权也因协议中的约定而未到期,无法认定债权受到损害。因此某电子公司不符合提起代位权诉讼的条件,其诉讼请求缺乏事实和法律依据,故判决驳回了某电子公司的诉请。

(撰稿人:赖成宇)

第四十一条 【代位权诉讼中债务人处分行为的限制、相对人不能履行】 债权人提起代位权诉讼后,债务人无正当理由减免相对人的债务或者延长相对人的履行期限,相对人以此向债权人抗辩的,人民法院不予支持。

【关联规定】

一、《民法典》(2020年5月28日)

第535条 因债务人怠于行使其债权或者与该债权有关的从权利,影响债权人的到期债权实现的,债权人可以向人民法院请求以自己的名义代位行使债务人对相对人的权利,但是该权利专属于债务人自身的除外。

代位权的行使范围以债权人的到期债权为限。债权人行使代位权的必要费用,由债务人负担。

相对人对债务人的抗辩,可以向债权人主张。

第536条 债权人的债权到期前,债务人的债权或者与该债权有关的从权利存在诉讼时效期间即将届满或者未及时申报破产债权等情形,影响债权人的债权实现的,债权人可以代位向债务人的相对人请求其向债务人履行、向破产管理人申报或者作出其他必要的行为。

第537条 人民法院认定代位权成立的,由债务人的相对人向债权人履行义务,债权人接受履行后,债权人与债务人、债务人与相对人之间相应的权利义务终止。债务人对相对人的债权或者与该债权有关的从权利被采取保全、执行措施,或者债务人破产的,依照相关法律的规定处理。

第975条 合伙人的债权人不得代位行使合伙人依照本章规定和合伙合同享有的权利,但是合伙人享有的利益分配请求权除外。

二、其他法律

《合伙企业法》（2006年8月27日）

第41条　合伙人发生与合伙企业无关的债务，相关债权人不得以其债权抵销其对合伙企业的债务；也不得代位行使合伙人在合伙企业中的权利。

三、司法解释

1.《建设工程施工合同解释（一）》（法释〔2020〕25号）

第44条　实际施工人依据民法典第五百三十五条规定，以转包人或者违法分包人怠于向发包人行使到期债权或者与该债权有关的从权利，影响其到期债权实现，提起代位权诉讼的，人民法院应予支持。

2.《民法典诉讼时效司法解释》（法释〔2020〕17号）

第16条　债权人提起代位权诉讼的，应当认定对债权人的债权和债务人的债权均发生诉讼时效中断的效力。

【理解与适用】

一、本条主旨

本条系对代位权诉讼中债务人处分行为的限制以及相对人履行不能部分的细化规定。

二、《民法典》条文理解以及有待细化的问题

《民法典》第535条、第536条以及第537条对债权人代位权制度有所规定。所谓债权人代位权，系指债务人怠于行使其对第三人享有的权利而有害于债权人债权时，债权人基于保全其债权的目的，而以自己名义行使债务人对第三人之权利的权利。[①]

就法律性质而言，债权人代位权构成实体法上的权利。尽管债权人代位权在行使上须以诉讼方式为之，但债权人却并非程序法上的权利，而系

---

① 参见郭明瑞：《合同法通义》，商务印书馆2020年版，第138~139页。

实体法上的民事权利，一旦债权人契合《民法典》所设定的代位权要件，债权人即可以其名义提起债权人代位权之诉，代替债务人而向第三人主张债务人对第三人所享有的权利。与此同时，尽管债权人代位权名为"代位权"，但其实质上却并非构成债权人对债务人权利的行使，相反，债权人代位权系属债权人的权利，而非债务人权利。此外，债权人代位权的制度目的在于保全债权，而非直接实现自己的债权，债权人代位权的主要旨趣在于避免债务人怠于行使其对第三人的权利，而削弱债务人对债权人的债务清偿能力。债权人代位权亦构成债权的固有效力，债权人代位权并非独立权利，其伴随合同债权的发生而发生，亦伴随合同债权的移转与消灭发生移转与消灭的法律效力。[1] 根据《民法典》第535条之规定，债权人行使代位权应当契合以下要件。[2]

第一，合同中的一方当事人对另一方当事人享有债权。通常而言，合同中的债权人对债务人享有的债权应为到期债权，不过，根据《民法典》第536条之规定，如若债务人的债权抑或与该债权有关的从权利存在诉讼时效期间即将届满或者未及时申报破产债权等情形，则即使债权人债权尚未到期，债权人亦可代位向债务人的相对人请求其向债务人履行、向破产管理人申报或者作出其他必要行为，以免债务人的债务清偿能力受到削弱。

第二，债务人对第三人享有债权，但该债权专属于债务人自身的除外。债权人代位权成立的逻辑前提须为债务人对第三人享有债权，倘若债务人对第三人根本不具有债权，则债权人亦无从对第三人主张代位权。此外，须予以提示之处在于，即使债务人对第三人享有债权，但假如债务人对第三人的债权具有专属于债务人自身的性质，则债权人亦不可对该债务人债权行使债权人代位权。所谓专属于债务人自身的债权，主要是指与债务人人身不可分离的专属性债权，譬如基于扶养关系、继承关系产生的给付请求权，以及劳动报酬、退休金、养老金、抚恤金、安置费、人寿保

---

[1] 参见郭明瑞：《合同法通义》，商务印书馆2020年版，第139~140页。
[2] 参见李克武、聂圣：《合同法新论》，华中师范大学出版社2022年版，第82~84页。

险、人身伤害赔偿请求权等权利。①

第二，须债务人怠于行使其对第三人所享有的债权。一般认为，所谓"怠于行使债权"，系指债务人在有能力行使并且确实应当行使的情形中却陷于消极不行使债权的状态，譬如怠于行使诉讼时效或者除斥期间即将届满的权利。由于发生诉讼时效或者除斥期间届满的法律事实将会导致债务人对第三人的债权效力的削弱，减弱债务人的偿债能力，故而《民法典》第535条才规定债权人可以在债务人不积极行使其对第三人的权利时行使债权人代位权。

第四，债务人怠于行使债务人对第三人所享有的权利不利于债务人对债权人债权的清偿。具体而言，一旦债务人因怠于行使债权而导致其失去对第三人的债权，则债务人的一般责任财产会相应减少。因此，为维持债务人的清偿能力与作为责任财产的债务人财产，《民法典》允许债权人代位债务人，行使债务人对第三人的部分债权。

而在法律后果方面，一旦债权人通过诉讼方式成功行使债权人代位权，则会发生一系列法律后果。首先，对于债务人的相对人而言，根据《民法典》第535条之规定，债务人的相对人负担向债权人履行义务的法律责任，换言之，相对人对债务人所负担的债务履行义务或者其他义务，应当对债权人履行。其次，对于债权人而言，债权人有权受领相对人的履行。最后，对于债务人而言，相对人对债权人的履行将使得债务人与相对人之间，以及债务人与债权人之间相应的权利义务关系发生终止的法律效果。②

尽管《民法典》对代位权的行使与法律后果有所规定，但仍旧存在部分需要释明之处。譬如假如债务人怠于行使其债权或者从权利，但在债务人知道或者应当知道债权人提起代位权诉讼后，债务人即无正当理由地减少或者免除相对人的债务，将会使债权人所提起的代位权诉讼因相对人债

---

① 参见王惠民编著：《借贷担保与法律风险防控》，河北科学技术出版社2020年版，第24~25页。

② 参见郭明瑞：《合同法通义》，商务印书馆2020年版，第141~143页。

务的减少或者消灭而难以最终发生债权人获得实益的法律后果。与此同时，如若债务人在知道或者应当知道债权人提起代位权诉讼后选择延长相对人的履行期限，将使代位权行使中的"到期债权"要件落空，进而使债权人除符合《民法典》第536条规定的情形外，无法通过代位权诉讼维护自身权益。由此可见，在前述所提及的情形中，须借由司法解释加以补充。

三、司法解释条文理解

本条司法解释主要针对债权人提起代位权诉讼后，债务人对其所享有的对相对人债权的处分行为的限制。

如若在债权人提起代位权诉讼后，债务人不正当地减少或者免除相对人债务，抑或延长相对人债务的履行期限，的确会使债权人行使代位权的目的落空，因为一旦债务人就其权利而为处分，则会削弱债务人的债务清偿能力或者使债权人代位权的构成要件发生变化（例如，使原本到期的债务人对相对人的债权转变为未到期债权）。有鉴于此，司法解释主张，在债权人提起代位权诉讼后，假如债务人知道或者应当知道此事，则债务人对相对人债务所为之处分对债权人不发生相应的法律效力，相对人以债务人已经减少、免除其债务，或者延长其债务履行期限为由而向债权人提出抗辩，主张债权人代位权不成立或者应当减少债权人代位权所可以代位主张的债务范围的，人民法院不应支持相对人的抗辩主张，而应当认定债务人所做出的债务处分行为仅对相对人具有法律效力，相对人不得以此为据抗辩债权人代位权，而应当根据原有的债务及其履行期限，对债权人做出相应的履行。

须予以提示之处在于，根据该条司法解释之规定，债权人行使其代位权击破债务人债务处分行为的法律效力，应当契合两项要件。第一项要件是"债权人提起代位权诉讼"，申言之，唯有债权人提起代位权诉讼后所做出的债务处分行为，方可被认定为不影响债权人代位权效力的债务处分行为，假如债务人在债权人提起代位权诉讼之前即已与相对人就债务减少、债务免除或者债务履行期限的延长达成合意，则债权人事后提起代位权诉讼，请求相对人根据原有的债务履行期限履行对债务人的原有债务，相对人可以向债权人提出抗辩，主张债权人代位权不成立，而人民法院也应当支持相对人的抗辩主张。

而第二项要件则是"债务人无正当理由减免相对人的债务或者延长相对人的履行期限"。要言之，即使债务人在债权人提起代位权诉讼后，仍旧对其对相对人所享有的债权做出处分行为，该处分行为亦非一概对债权人代位权不发生影响。例如，在债权人提起代位权诉讼之前，债务人即根据正当理由而对其债权及其相关权利加以处分，则债务人的处分行为可以被认定为"正常商业行为"，而不受债权人代位权诉讼效力之影响。[1] 事实上，唯有债务人所为之债务处分行为欠缺正当理由时，该债务处分行为才会被认定为不影响债权人代位权效力的债务处分行为。因此，倘若债务人在知道或者应当知道债权人提起代位权诉讼后，仍旧无正当理由地减少或者免除相对人的债务，延长相对人的履行期限，则债务人的债务处分行为构成有损债权人代位权的不当债务处分行为，债务人的不当债务处分行为不会被人民法院认定为可以对债权人发生效力，相对人以债务人的不当债务处分行为为由而抗辩债权人代位权不成立的，人民法院不会予以支持。

【典型案例】

1. 某燃料公司诉某物流公司买卖合同纠纷案

［案号］（2019）最高法民终 6 号

［审理法院］最高人民法院

［来源］最高人民法院指导案例 167 号（第 30 批指导案例）

［关键词］民事　买卖合同　代位权诉讼　未获清偿　另行起诉

［裁判要点］代位权诉讼执行中，因相对人无可供执行的财产而被终

---

[1] 参见上海市第二中级人民法院（2007）沪二中民四（商）终字第 601 号民事判决书。

结本次执行程序,债权人就未实际获得清偿的债权另行向债务人主张权利的,人民法院应予支持。

[相关法条]《合同法司法解释(一)》第20条(注:现行有效的法律为《民法典》第537条)

[基本案情] 2012年1月20日至2013年5月29日,某燃料公司与某物流公司之间共签订采购合同41份,约定某物流公司向某燃料公司销售镍铁、镍矿、精煤、冶金焦等货物。双方在履行合同过程中采用滚动结算的方式支付货款,但是每次付款金额与每份合同约定的货款金额并不一一对应。自2012年3月15日至2014年1月8日,某燃料公司共支付某物流公司货款1827867179.08元,某物流公司累计向某燃料公司开具增值税发票总额为1869151565.63元。某燃料公司主张某物流公司累计供货货值为1715683565.63元,某物流公司主张其已按照开具增值税发票数额足额供货。

2014年11月25日,某燃料公司作为原告,以某进出口公司为被告,某物流公司为第三人,向浙江省宁波市中级人民法院提起债权人代位权诉讼。该院作出(2014)浙甬商初字第74号民事判决书,判决某进出口公司向某燃料公司支付款项36369405.32元。某燃料公司于2016年9月28日就(2014)浙甬商初字第74号民事案件向浙江省象山县人民法院申请强制执行。该院于2016年10月8日依法向某进出口公司发出执行通知书,但某进出口公司逾期仍未履行义务,某进出口公司尚应支付执行款36369405.32元及利息,承担诉讼费209684元、执行费103769.41元。经该院执行查明,某进出口公司名下有机动车二辆,该院已经查封但实际未控制。某燃料公司在限期内未能提供某进出口公司可供执行的财产,也未向该院提出异议。该院于2017年3月25日作出(2016)浙0225执3676号执行裁定书,终结本次执行程序。

某燃料公司以某物流公司为被告,向山东省高级人民法院提起本案诉讼,请求判令某物流公司向其返还本金及利息。

[裁判结果] 山东省高级人民法院于2018年8月13日作出(2018)鲁

民初 10 号民事判决：一、某物流公司向某燃料公司返还货款 75814208.13 元；二、某物流公司向某燃料公司赔偿占用货款期间的利息损失（以 75814208.13 元为基数，自 2014 年 11 月 25 日起至某物流公司实际支付之日止，按照中国人民银行同期同类贷款基准利率计算）；三、驳回某燃料公司其他诉讼请求。某燃料有限公司不服一审判决，提起上诉。最高人民法院于 2019 年 6 月 20 日作出（2019）最高法民终 6 号民事判决：一、撤销山东省高级人民法院（2018）鲁民初 10 号民事判决；二、某物流公司向某燃料公司返还货款 153468000 元；三、某物流公司向某燃料公司赔偿占用货款期间的利息损失（以 153468000 元为基数，自 2014 年 11 月 25 日起至某物流公司实际支付之日止，按照中国人民银行同期同类贷款基准利率计算）；四、驳回某燃料公司的其他诉讼请求。

[裁判理由] 最高人民法院经审理认为：关于（2014）浙甬商初字第 74 号民事判决书涉及的 36369405.32 元债权问题。某燃料公司有权就该笔款项另行向某物流公司主张。

第一，《合同法司法解释（一）》第 20 条规定，债权人向次债务人提起的代位权诉讼经人民法院审理后认定代位权成立的，由次债务人向债权人履行清偿义务，债权人与债务人、债务人与次债务人之间相应的债权债务关系即予消灭。根据该规定，认定债权人与债务人之间相应债权债务关系消灭的前提是次债务人已经向债权人实际履行相应清偿义务。本案所涉执行案件中，因并未执行到某进出口公司的财产，浙江省象山县人民法院已经作出终结本次执行的裁定，故在某进出口公司并未实际履行清偿义务的情况下，某燃料公司与某物流公司之间的债权债务关系并未消灭，某燃料公司有权向某物流公司另行主张。

第二，代位权诉讼属于债的保全制度，该制度是为防止债务人财产不当减少或者应当增加而未增加，给债权人实现债权造成障碍，而非要求债权人在债务人与次债务人之间择一选择作为履行义务的主体。如果要求债权人择一选择，无异于要求债权人在提起代位权诉讼前，需要对次债务人的偿债能力作充分调查，否则应当由其自行承担债务不得清偿的风险，这不仅加大了债权人提起代位权诉讼的经济成本，还会严重挫伤债权人提起代位权诉讼的积极性，与代位权诉讼制度的设立目的相悖。

第三，本案不违反"一事不再理"原则。根据《民事诉讼法司法解释》第247条规定，判断是否构成重复起诉的主要条件是当事人、诉讼标的、诉讼请求是否相同，或者后诉的诉讼请求是否实质上否定前诉裁判结果等。代位权诉讼与对债务人的诉讼并不相同，从当事人角度看，代位权诉讼以债权人为原告、次债务人为被告，而对债务人的诉讼则以债权人为原告、债务人为被告，两者被告身份不具有同一性。从诉讼标的及诉讼请求上看，代位权诉讼虽然要求次债务人直接向债权人履行清偿义务，但针对的是债务人与次债务人之间的债权债务，而对债务人的诉讼则是要求债务人向债权人履行清偿义务，针对的是债权人与债务人之间的债权债务，两者在标的范围、法律关系等方面亦不相同。从起诉要件上看，与对债务人诉讼不同的是，代位权诉讼不仅要求具备民事诉讼法规定的起诉条件，同时还应当具备《合同法司法解释（一）》第11条规定的诉讼条件。基于上述不同，代位权诉讼与对债务人的诉讼并非同一事由，两者仅具有法律上的关联性，故某燃料公司提起本案诉讼并不构成重复起诉。

2. 某染织厂与某股份公司等代位权纠纷案

[案号]（2007）沪二中民四（商）终字第601号

[审理法院] 上海市第二中级人民法院

[来源]《人民司法·案例》2009年第18期

[关键词] 主、次债务人处分权利行为 债权人代位权

[裁判摘要] 债权人行使代位权受阻，起诉要求撤销主债务人与次债务人变更债务清偿条件导致履行期限不确定的行为。法院经审查认为，如果变更行为尚属主债务人与次债务人之间的正常商业行为范畴，无明显证据证明系恶意损害债权人的利益，则法院一般不宜直接干预，债权人主张撤销权不能支持。

[基本案情] 上海市卢湾区人民法院判决某股份公司应给付某染织厂人民币 4065351 元，该判决于 2005 年 4 月 7 日生效，但某股份公司未能履行付款义务。卢湾区法院执行过程中发现某置业公司因业务关系应支付某股份公司股权转让费 4101784 元。2005 年 9 月 7 日，卢湾区法院向某置业公司送达协助执行通知书，冻结该笔股权转让费。在执行程序中，因当事人提出异议原因，某染织厂未能直接取得某置业公司应支付某股份公司的款项。为此，某染织厂于 2006 年 11 月 7 日向上海市静安区人民法院对某置业公司提起代位权诉讼。

但在代位权一案的诉讼过程中，某股份公司与某置业公司提供的初步证据表明，2005 年 8 月 20 日，某股份公司与某置业公司签订债务转移协议之补充协议约定，某置业公司同意将欠某股份公司 1700 万元中的 1500 万元于 2006 年 6 月 30 日前支付给成都某科技有限公司，余款 200 万元于 2006 年 9 月 30 日支付给某股份公司。同日，某股份公司、某置业公司还签订股权转让合同之补充协议，约定一次性支付某股份公司转让费 275 万元。此后，2006 年 7 月 14 日，某股份公司、某置业公司又签订《股权债务转移协议之补充协议（二）》，约定某置业公司一次性支付某股份公司债务转让余款 200 万元。

因为上述证据使得某染织厂行使代位权受到阻碍，2006 年 12 月 19 日某染织厂对代位权一案撤诉。同年 12 月 27 日，某染织厂又向上海市静安区人民法院提起撤销权诉讼（本案诉讼），请求撤销某股份公司与某置业公司于 2006 年 7 月 14 日订立的《股权债务转移协议之补充协议（二）》。该案最终上诉至上海市第二中级人民法院。

在撤销权一案中，一审、二审法院经审理后认为，根据《合同法》第 74 条规定，债务人放弃到期债权或无偿转让财产，影响其清偿债务的能力，对债权人造成损害的，债权人可以请求人民法院撤销债务人的行为。债务人以明显不合理的低价转让财产，影响其清偿债务的能力，对债权人造成损害的，并且受让人知道该情形的，债权人也可以请求人民法院撤销债务人的行为。本案中某股份公司、某置业公司签订的《股权债务转移协议之补充协议（二）》仅仅是对某置业公司付款条件和期限重新作了约定，某股份公司并无放弃到期债务或无偿转让财产及以不合理的低价转让财产的行为，某染织厂的债权并未因此受到损害，仅仅是债权实现的期限延长。某染织厂主张撤销权与法律规定撤销权的三种形式不相符合。另外，法院查明了房屋拆迁许可证亦证明该项目至今尚未动迁。因此，两被告于2006年7月14日在未减少债权的情况下仅约定迟延支付债务转让余款，尚属于双方权利义务关系的正常制约，此行为即使发生在人民法院送达协助执行通知之后，形式上亦具有合理理由，难谓恶意损害某染织厂的债权。某染织厂未能证明某股份公司、某置业公司具有恶意串通的故意。故判决不予支持某染织厂之诉请。

（撰稿人：谢潇）

第四十二条　【债权人撤销权诉讼中明显不合理低价或者高价的认定】 对于民法典第五百三十九条规定的"明显不合理"的低价或者高价，人民法院应当按照交易当地一般经营者的判断，并参考交易时交易地的市场交易价或者物价部门指导价予以认定。

转让价格未达到交易时交易地的市场交易价或者指导价百分之七十的，一般可以认定为"明显不合理的低价"；受让价格高于交易时交易地的市场交易价或者指导价百分之三十的，一般可以认定为"明显不合理的高价"。

债务人与相对人存在亲属关系、关联关系的，不受前款规定的百分之七十、百分之三十的限制。

【关联规定】

一、《民法典》(2020年5月28日)

第539条 债务人以明显不合理的低价转让财产、以明显不合理的高价受让他人财产或者为他人的债务提供担保,影响债权人的债权实现,债务人的相对人知道或者应当知道该情形的,债权人可以请求人民法院撤销债务人的行为。

二、司法解释

1.《最高人民法院关于审理与企业改制相关的民事纠纷案件若干问题的规定》(法释〔2020〕18号)

第29条 出售企业的行为具有民法典第五百三十八条、第五百三十九条规定的情形,债权人在法定期限内行使撤销权的,人民法院应当予以支持。

2.《企业破产法司法解释(二)》(法释〔2020〕18号)

第13条 破产申请受理后,管理人未依据企业破产法第三十一条的规定请求撤销债务人无偿转让财产、以明显不合理价格交易、放弃债权行为的,债权人依据民法典第五百三十八条、第五百三十九条等规定提起诉讼,请求撤销债务人上述行为并将因此追回的财产归入债务人财产的,人民法院应予受理。

相对人以债权人行使撤销权的范围超出债权人的债权抗辩的,人民法院不予支持。

三、司法指导性文件

《全国法院贯彻实施民法典工作会议纪要》(法〔2021〕94号)

9.对于民法典第五百三十九条规定的明显不合理的低价或者高价,人民法院应当以交易当地一般经营者的判断,并参考交易当时交易地的物价部门指导价或者市场交易价,结合其他相关因素综合考虑予以认定。

转让价格达不到交易时交易地的指导价或者市场交易价百分之七十

的，一般可以视为明显不合理的低价；对转让价格高于当地指导价或者市场交易价百分之三十的，一般可以视为明显不合理的高价。当事人对于其所主张的交易时交易地的指导价或者市场交易价承担举证责任。

【理解与适用】

一、本条主旨

本条是关于债权人撤销权诉讼中明显不合理低价或者高价的认定规则的细化规定。

本条司法解释包括三款条文，针对三个问题进行规定。其中，第1款针对的是抽象标准，即应当按照交易当地一般经营者的判断，并参考交易时交易地的市场交易价或者物价部门的指导价予以认定；第2款针对的是具体标准，即转让价格有无达到交易时交易地的市场交易价或者指导价百分之七十、受让价格是否高于交易时交易地的市场交易价或者指导价百分之三十；第3款针对的是例外情形，即债务人与相对人存在亲属关系或者关联关系的，可以不受前款比例的限制。

就整体而言，三个条款之间构成了逐级递进关系。详言之，在认定价格是否合理之时，首先要找到抽象标准，其次要对照具体标准，最后要看有无例外情形。

二、司法解释条文理解

本条源于《合同法司法解释（二）》。该解释第19条规定："对于合同法第七十四条规定的'明显不合理的低价'，人民法院应当以交易当地一般经营者的判断，并参考交易当时交易地的物价部门指导价或者市场交易价，结合其他相关因素综合考虑予以确认。转让价格达不到交易时交易地的指导价或者市场交易价百分之七十的，一般可以视为明显不合理的低价；对转让价格高于当地指导价或者市场交易价百分之三十的，一般可以视为明显不合理的高价。债务人以明显不合理的高价收购他人财产，人民法院可以根据债权人的申请，参照合同法第七十四条的规定予以撤销。"

两条规定各有三个条款。首先，两者的第一个条款并无明显区别，只不过《合同法司法解释（二）》第19条在交易当时交易地的物价部门指导价或者市场交易价之外又列举了一个"其他相关因素"。其次，两者的第二个条款只有形式上的差异。一方面，在《合同法司法解释（二）》第19条第2款中，使用的是"视为"，而在本条之中，使用的是"认定为"；另一方面，在《合同法司法解释（二）》第19条第2款中，"明显不合理的低价"和"明显不合理的高价"都没有使用双引号，而本条第2款中相关的表述都增加了双引号。显然，本条第2款的表述更符合科学立法的要求，两者并无实质不同。但是，两个条文的第3款存在明显不同。这是因为，《民法典》第539条在列举债务人"以明显不合理的低价转让财产"情形的同时，也列举了"以明显不合理的高价受让他人财产"的情形。① 如此一来，《合同法司法解释（二）》第19条第3款已无存在必要。

与之不同的是，本条第3款在《合同法司法解释（二）》第19条的基础上增加了有关例外情形的规定，是一个明显的进步。因为交易价格有无达到或者是否高于特定的比例尽管是判断债务人有无侵害债权人故意最为客观的标准，但并不是唯一的标准。在债务人与相对人存在亲属关系或者关联关系的情况下，即便交易价格在形式上满足了合理价格的比例要求，但仍然存在故意侵害债权人利益的可能。这主要是因为，双方合同约定的价格很可能并非实际交易价格，而实际交易价格在很多情况下是难以举证的。

在理解本条第1款时，一方面要正确理解"交易当地一般经营者"标准与"交易时交易地的市场交易价或者物价部门指导价"标准之间的关系；另一方面要正确理解"交易时交易地的市场交易价"标准与"交易时交易地的物价部门指导价"标准之间的关系。从表面上看，由于与"交易当地一般经营者"对应的表述是"应当按照"，而与"交易时交易地的市

---

① 与之不同的是，《合同法》仅仅列举了不合理的低价转让这一种情形。《合同法》第74条规定："因债务人放弃其到期债权或者无偿转让财产，对债权人造成损害的，债权人可以请求人民法院撤销债务人的行为。债务人以明显不合理的低价转让财产，对债权人造成损害，并且受让人知道该情形的，债权人也可以请求人民法院撤销债务人的行为。撤销权的行使范围以债权人的债权为限。债权人行使撤销权的必要费用，由债务人负担。"

场交易价或者物价部门指导价"对应的表述是"并参考",故而,很容易将前者理解为一般标准,而将后者理解为参照标准。实际上,只要存在"交易时交易地的市场交易价或者物价部门指导价"的情况下,人民法院就应当直接以这种相对具体的价格作为判断标准,而不应该以更为抽象的"交易当地一般经营者"作为判断标准。

在理解本条第2款时,要尤为关注"一般"二字。从表面上看,"一般"所针对的正是本条第3款中的例外情形。但稍加分析就会发现,这一理解未必完全正确。因为在《合同法司法解释(二)》第19条中尽管没有类似于本条第3款中例外情形的规定,但其第2款中也有"一般"二字。可见,本条第2款中的"一般"所针对的尽管包含本条第3款中的例外情形,但却不限于此。换言之,与本条第2款中的"一般"所对应的并不仅仅是本条第3款中的例外情形。也即,在本条第3款所规定的例外情形之外,还存在其他的"不受前款规定的百分之七十、百分之三十的限制"的情形。从既有研究来看,季节性产品与易腐变质的时令果蔬在临近换季或者即将过期的情形似乎也被认为是一种例外情形。[①] 可见,本款中的比例尽管非常具体,但仍然通过"一般"二字赋予了法官一定的自由裁量权。当然,在具体的案件中,倘若法官认为可以"不受前款规定的百分之七十、百分之三十的限制",应当详细说明理由。

在理解本条第3款时,一方面要正确理解"亲属关系"的含义;另一方面要正确理解"不受前款规定的百分之七十、百分之三十的限制"的含义。首先,"亲属关系"尽管并非漫无边际,但本款中的"亲属关系"并不限于"近亲属关系"。只要债权人与相对人均为自然人且两者具有血亲或者姻亲关系,即便一方并非另一方的近亲属,也并不妨碍双方构成本条要求的"亲属关系"。其次,在理解"不受前款规定的百分之七十、百分之三十的限制"的含义时,不能仅从文字出发,而要同时结合本款的立法目的。从文字层面来看,"不受前款规定的百分之七十、百分之三十的限

[①] 参见谭启平主编:《中国民法学》,法律出版社2021年版,第513页。

制"的含义有四，即其一，转让价格虽然已经达到交易时交易地的市场交易价或者指导价的百分之七十，但也可以认定为明显不合理的低价；其二，转让价格虽然尚未达到交易时交易地的市场交易价或者指导价的百分之七十的，但也不认定为明显不合理的低价；其三，受让价格虽然已经高于交易时交易地的市场交易价或者指导价的百分之三十，但也不认定为明显不合理的高价；其四，受让价格虽然尚未高于交易时交易地的市场交易价或者指导价的百分之三十的，但也可以认定为明显不合理的高价。但是，结合《民法典》第539条所固有的保护债权人的合法权益这一特定的立法目的就会发现，其真实含义原则上限于第一种和第四种。因为倘若采第二种和第三种含义，对债权人似乎更为不利。

值得注意的是，在《合同法司法解释（二）》第19条和《最高人民法院关于印发〈全国法院贯彻实施民法典工作会议纪要〉的通知》（法〔2021〕94号）第9条中，"市场交易价"都位于"（物价部门）指导价"之后；而在本条之中，"市场交易价"位于"（物价部门）指导价"之前。这很可能是为了强调对市场交易的尊重。但是，笔者认为，这并不意味着市场交易价标准在今后就获得了优于指导价标准的地位。一般而言，只要存在指导价，原则上就应当以之为准。这一方面是因为指导价更为明确；另一方面是因为物价部门制定的指导价往往承载着公共利益。例如，维护良好的市场交易秩序、确保社会经济的正常运行等。倘若人民法院对于物价部门制定的指导价弃之不顾，而采用市场交易价，不仅会降低物价部门指导价的权威性，而且可能损害公共利益。尽管私法尤为强调自治，但这种自治也要受到公共利益的限制。事实上，对于价款约定不明的情形，倘若依照《民法典》第510条[1]的规定仍无法确定，《民法典》第511条[2]选择的就是政府定价或者政府指导价优于市场价格的原则。

---

[1] 《民法典》第510条规定："合同生效后，当事人就质量、价款或者报酬、履行地点等内容没有约定或者约定不明确的，可以协议补充；不能达成补充协议的，按照合同相关条款或者交易习惯确定。"

[2] 《民法典》第511条规定："当事人就有关合同内容约定不明确，依据前条规定仍不能确定的，适用下列规定……（二）价款或者报酬不明确的，按照订立合同时履行地的市场价格履行；依法应当执行政府定价或者政府指导价的，依照规定履行……"

【典型案例】

1. 马某池、王某华诉王某娜、宋某波撤销权纠纷案

[案号]（2021）鲁07民终2988号

[审理法院] 山东省潍坊市中级人民法院

[来源] 中国裁判文书网

[关键词] 债权人撤销权 备案合同价格 明显不合理的低价

[裁判摘要] 被上诉人与原审第三人在房管部门备案的合同价格虽记载为250000元，但根据房款的支付情况，实际履行的交易价并非该备案价，故上诉人主张债务人系明显不合理的低价转让财产的主张并不成立，撤销权的行使条件不具备。

[基本案情] 2016年6月20日，王某娜、宋某波与某银行签订流动资金借款合同，合同约定借款40万元，马某池、王某华为其担保。借款到期，王某娜、宋某波未予还款，某银行起诉，法院作出（2017）鲁0786民初1559号民事判决书，判令王某娜、宋某波偿还某银行借款400000元，马某池、王某华履行担保责任。马某池、王某华分别于2019年11月14日和2019年12月12日，代王某娜、宋某波向银行还款400000元。因王某娜、宋某波未履行还款责任，马某池、王某华于2019年12月18日诉至法院，追偿代偿款400000元，法院作出（2019）鲁0786民初4048号民事判决书，判令王某娜、宋某波偿还马某池、王某华代偿款400000元，并支付利息承担诉讼费用。

在执行过程中，某银行同意解除对王某娜、宋某波名下涉案房产的查封，法院作出（2019）鲁0786执1366号执行裁定书，裁定解除对王某娜、宋某波名下住房一套及车库一个的查封。

2019年11月19日，王某娜、宋某波与第三人王某杰、李某乔签订房屋买卖合同，将涉案房屋卖于第三人，双方买卖合同约定成交价格为480000元，第三人李某乔于当天向王某娜建设银行账户转账270000元，

于第二天转账 200000 元。双方于 2019 年 11 月 20 日到某市自然资源和规划局不动产登记中心办理了不动产转移登记。据查，王某娜、宋某波与第三人王某杰、李某乔不动产登记备案的房屋买卖契约载明的涉案房屋成交价格为 250000 元。

2. 穰某玉、陈某花等债权人撤销权纠纷案

[案号] 福建省漳州市中级人民法院（2021）闽 06 民终 777 号

[裁判摘要] 2013 年 12 月 4 日，吴某向陈某花购买涉案房产，价格 4000 元/㎡，根据某房地产评估公司出具房地产抵押估价报告，在 2016 年 4 月 27 日的价值时点，涉案房产 202 号房屋评估单价为 4556 元/㎡。因此，可以认定涉案房产在 2013 年交易价 4000 元/㎡属于合理价格。穰某玉虽然主张因陈某花与吴某关系密切，两人存在恶意串通，但关系亲密并不妨碍买卖房屋，且关系亲密也并不必然存在恶意串通。因此穰某玉以此为由主张陈某花与吴某存在恶意串通的上诉理由不足。

3. 王某兰、王某乐等债权人撤销权纠纷案

[案号] 福建省福州市中级人民法院（2021）闽 01 民终 9794 号

[裁判摘要] 上诉人王某乐系上诉人王某兰姐姐的儿子，因王某乐与王某兰之间长期存在大量的资金往来，故王某乐与王某兰的借贷关系是否真实存在难以判断。2018 年 12 月 20 日王某乐与王某兰约定的案涉不动产转让价格远低于当时当地的市场价，上诉人王某兰在上诉状中也自认其转让不动产时未将自己与被上诉人（张某旭）之间借贷关系告知给王某乐，故一审法院认可被上诉人张某旭行使撤销权符合事实和相关法律规定。

（撰稿人：庞伟伟）

第四十三条 【其他不合理交易行为的认定】 债务人以明显不合理的价格,实施互易财产、以物抵债、出租或者承租财产、知识产权许可使用等行为,影响债权人的债权实现,债务人的相对人知道或者应当知道该情形,债权人请求撤销债务人的行为的,人民法院应当依据民法典第五百三十九条的规定予以支持。

【关联规定】

一、《民法典》(2020年5月28日)

第410条第1款 债务人不履行到期债务或者发生当事人约定的实现抵押权的情形,抵押权人可以与抵押人协议以抵押财产折价或者以拍卖、变卖该抵押财产所得的价款优先受偿。协议损害其他债权人利益的,其他债权人可以请求人民法院撤销该协议。

第538条 债务人以放弃其债权、放弃债权担保、无偿转让财产等方式无偿处分财产权益,或者恶意延长其到期债权的履行期限,影响债权人的债权实现的,债权人可以请求人民法院撤销债务人的行为。

第539条 债务人以明显不合理的低价转让财产、以明显不合理的高价受让他人财产或者为他人的债务提供担保,影响债权人的债权实现,债务人的相对人知道或者应当知道该情形的,债权人可以请求人民法院撤销债务人的行为。

二、其他法律

《企业破产法》(2007年)

第31条 人民法院受理破产申请前一年内,涉及债务人财产的下列行为,管理人有权请求人民法院予以撤销:

（一）无偿转让财产的；

（二）以明显不合理的价格进行交易的；

（三）对没有财产担保的债务提供财产担保的；

（四）对未到期的债务提前清偿的；

（五）放弃债权的。

三、司法解释

1.《最高人民法院关于人民法院办理执行异议和复议案件若干问题的规定》（法释〔2020〕21号）

第31条第2款 承租人与被执行人恶意串通，以明显不合理的低价承租被执行的不动产或者伪造交付租金证据的，对其提出的阻止移交占有的请求，人民法院不予支持。

2.《企业破产法司法解释（二）》（法释〔2020〕18号）

第13条 破产申请受理后，管理人未依据企业破产法第三十一条的规定请求撤销债务人无偿转让财产、以明显不合理价格交易、放弃债权行为的，债权人依据民法典第五百三十八条、第五百三十九条等规定提起诉讼，请求撤销债务人上述行为并将因此追回的财产归入债务人财产的，人民法院应予受理。

相对人以债权人行使撤销权的范围超出债权人的债权抗辩的，人民法院不予支持。

四、司法指导性文件

《全国法院贯彻实施民法典工作会议纪要》（法〔2021〕94号）

9. 对于民法典第五百三十九条规定的明显不合理的低价或者高价，人民法院应当以交易当地一般经营者的判断，并参考交易当时交易地的物价部门指导价或者市场交易价，结合其他相关因素综合考虑予以认定。

转让价格达不到交易时交易地的指导价或者市场交易价百分之七十的，一般可以视为明显不合理的低价；对转让价格高于当地指导价或者市场交易价百分之三十的，一般可以视为明显不合理的高价。当事人对于其所主张的交易时交易地的指导价或者市场交易价承担举证责任。

【理解与适用】

一、本条主旨

本条是关于债务人实施不合理交易行为时债权人撤销权的规定，旨在填补《民法典》第539条的规范漏洞。

二、规范来源

债权人撤销权，是指债权人对于债务人所为的危害债权的行为，可请求法院撤销以维持债务人责任财产的权利。[①] 债权人撤销权针对的是债务人不当处分财产的积极行为，其旨在撤销债务人与第三人之间的民事行为，从而恢复债务人的责任财产，以保障债权人的债权得以实现。债权人撤销权和债权人代位权同属合同债的保全制度，旨在发挥保全债务人责任财产的功能。但两者在规范对象和制度功能上存在本质的差异。债权人代位权着眼于债务人的消极行为，当债务人有权利而怠于行使，以致影响债权人债权的实现时，法律允许债权人代债务人之位，以自己的名义向第三人主张债务人怠于主张的权利。债权人撤销权则是着眼于债务人的积极行为，于债务人不履行其债务却积极减少其责任财产从而损及债权人债权的实现之场合，法律允许债权人请求法院撤销债务人的行为。[②]

根据债务人是否有偿处分财产，可以将债务人不当处分财产的行为分为无偿处分行为和有偿处分行为，据此债权人撤销权的类型也就可以区分为对债务人实施无偿处分财产行为的撤销和对债务人实施不合理交易行为的撤销。

《民法典》沿袭了原《合同法》第74条无偿处分和有偿处分二分的模式，分别在第538条和第539条对其作了规定，并且分别对各自的适用范

[①] 参见韩世远：《合同法总论》，法律出版社2018年版，第453页。
[②] 参见韩世远：《合同法总论》，法律出版社2018年版，第432页。

围进行了扩张。[①] 对于无偿行为而言，《民法典》第538条相较于原《合同法》第74条：（1）放弃债权不再限于"到期债权"，意味着放弃未到期的债权也属于可以撤销的行为；（2）增加"放弃债权担保"的情形；（3）增加"等方式无偿处分财产权益"；（4）增加"恶意延长其到期债权的履行期限"的情形。对于有偿行为而言，《民法典》第539条相较于原《合同法》第74条：（1）增加"以明显不合理的高价受让他人财产"；（2）增加"为他人的债务提供担保"的情形。

原《合同法》第74条第1款后段："债务人以明显不合理的低价转让财产，对债权人造成损害，并且受让人知道该情形的，债权人也可以请求人民法院撤销债务人的行为。"鉴于《合同法》第74条仅规定了债务人以明显不合理低价转让财产这一种情形，存在类型列举不足之弊端，原《合同法司法解释（二）》第19条第3款补充了债务人以明显不合理的高价收购他人财产参照适用第74条的规定。

在原《合同法》和原《合同法司法解释（二）》第19条第3款的基础上，《民法典》第539条合并了以不合理价款转让财产的两种行为类型，并依据实践经验增加了债务人为他人债务提供担保的行为类型。同时，《民法典》第539条将原《合同法》第74条中的"知道"修改为"知道或者应当知道"，试图将相对人的恶意客观化，相对减轻债权人的证明责任，以使债权人撤销权能够发挥功效。据此，《民法典》第539条对于债权人有偿实施不合理交易情形下的撤销权进行了实质性的修正。但是，由于对于撤销权行使的范围第539条并未像《民法典》第538条一样，采取"列举+兜底"的立法技术，而是采取了封闭式列举的方式，导致第539条始终面临着列举不完整之弊端。除《民法典》第539条规定的情形外，实践中同样能够被撤销的还包括对价严重失衡的股权置换、低价出租、高价承租等诸多情形，[②] 甚至还有不合理的协议抵销、以物抵债以及不合理对

[①] 参见龙俊：《民法典中的债之保全体系》，载《比较法研究》2020年第4期。
[②] 参见最高人民法院（2008）最高法民二终字第23号民事判决书；江苏省连云港市中级人民法院（2020）苏07民终27号民事判决书。

价的自益信托等。

基于此,本条综合《民法典》第410条第1款之规定,同时借鉴《企业破产法》第31条第2项"以明显不合理的价格进行交易的"之规定,在《民法典》第539条的基础上进一步拓展债权人撤销权行使的范围。较之《民法典》第539条仅仅将债权人撤销权适用的范围限定在"以明显不合理的低价转让财产""以明显不合理的高价受让他人财产"和"为他人的债务提供担保"这三种情形,本条司法解释将之扩展到"以明显不合理的价格,实施互易财产、以物抵债、出租或者承租财产、知识产权许可使用等行为"。据此,一方面,本条根据实践案例增加了债权人可以撤销的债务人不合理交易行为的类型;另一方面,本条通过"等行为"这种立法技术,弥补类型列举不完整之弊端,为实践的发展预留了空间,弥补了《民法典》第539条的规范漏洞。

三、司法解释条文理解

(一) 债务人实施明显不合理交易时债权人撤销权行使的条件

与同为债权保全制度的债权人代位权相比,债权人撤销权的效力更强,因为债权人代位系代位行使债务人现有的权利,这无论对于债务人抑或第三人而言,均为本来应有事态的重申而已;而债权人撤销权乃是撤销债务人所为的行为,由第三人处取回责任财产,是对已成立的法律关系加以破坏,使债务人与第三人之间发生本不应有的事态。[1] 所以,对于债权人撤销权之行使应严格限制其条件,以实现三方利益平衡:债权人债权实现、债务人处分财产的自由与债务人的相对人的交易安全。既然债权人撤销权涉及三方利益的权衡,那么以该三方当事人为视角对债权人撤销权行使的条件进行剖析也就顺理成章。[2] 具体而言,债权人撤销权应当满足以下三方面的构成要件:

---

[1] 参见王洪亮:《债法总论》,北京大学出版社2016年版,第148页。
[2] 参见韩世远:《合同法学》,高等教育出版社2022年版,第151~155页。

1. 债权人方面：债权人对债务人享有合法有效的债权。

（1）债权人对债务人的债权在债务人实施不合理交易行为之前成立并生效且未消灭。

首先，债权人的债权只有在已经成立并生效且未消灭之时，债权人的债权才依法具有强制执行的效力，债权人才可以请求债务人履行债务，进而才有债权人行使债权人撤销权的可能。其次，债权人的债权原则上在债务人实施不合理交易行为之前已经成立并生效。如果在债务人从事处分财产的行为时，债权尚未成立，就不能认为债务人处分财产的行为给债权人的债权造成了损害，对此行为当然不能行使撤销权。[①] 但对此并非没有例外，如债权发生的概率非常高，为了逃避将来会发生的债务的履行，事先处分自己的财产，仍可构成诈害行为。[②] 例如，附期限的债权，即使期限未到，或者附条件债权，即使条件未成就但成就概率很高，债务人为了达到到期后不清偿债权人债务而实施不合理交易行为影响债权实现的情形下，应当例外地允许附条件或附期限的债权人享有债权人撤销权。最后，债权人的债权，并不以履行期限的到来为必要。另外，亦不以债权额已确定为必要。到期与否主要影响撤销权人能否在撤销权行使后立即要求债务人履行债务；数额的大小主要影响撤销权行使的范围，对此《民法典》第540条第1句规定"撤销权的行使范围以债权人的债权为限"。

（2）债权人的债权合法。

债权人的债权应当合法成立，非法债权本身不受保护，不能产生债权人撤销权的债权效力。例如，赌博之债是不合法，债权本身无法获得保护，自然也不得行使债权人撤销权。

[①] 王利明：《债法总则研究》，中国人民大学出版社2018年版，第718页；类似观点参见崔建远：《合同法》，北京大学出版社2021年版，第191页；王洪亮：《债法总论》，北京大学出版社2016年版，第149页；参见朱广新、谢鸿飞主编：《民法典评注·合同编通则（2）》，中国法制出版社2020年版，第41页（本部由丁宇翔撰写）；中国审判理论研究会民事审判理论专业委员会主编：《民法典合同编条文理解与司法适用》，法律出版社2020年版，第177~178页。

[②] 参见韩世远：《合同法学》，高等教育出版社2022年版，第152页；黄薇主编：《中华人民共和国民法典合同编解读》（上册），中国法制出版社2020年版，第266~267页。

（3）债权人的债权须为金钱债权或可转换为金钱债权。

债权人撤销权是以保全债务人的责任财产为目的，因此只有债权人的债权为金钱债权或可转换为金钱债权（如因债务不履行而转化为损害赔偿）之时，此种债权保全措施才能够实现其规范目的。对于诉讼时效届满的债权人是否享有撤销权存在不同观点。[①] 对此，笔者认为《民法典》第192条第1款对诉讼时效届满的法律效果明确采用"抗辩权发生说"而非"胜诉权丧失说"的情况下，应当允许该类债权人提起债权人撤销权之诉，但在债务人提出诉讼时效届满之时，法院应当判决驳回债权人的诉讼请求。有特别担保的债权，在特别担保不充分之时（例如，抵押物价值低于被担保债权数额或者保证人丧失偿债能力）债权人可以行使撤销权。

2. 债务人方面：债务人实施了影响债权人债权实现的明显不合理交易。

（1）债务人实施了明显不合理的交易。

首先，该行为是由债务人或者债务人的有权代理人实施的行为，除此之外的第三人实施的行为一般不能成为债权人撤销权的对象。其次，债务人实施的行为属于交易行为。所谓交易行为是指以财产交换为目的的法律行为。这意味着事实行为（例如，物的毁弃等行为）和非以财产交换为目的的法律行为（例如，结婚、离婚、收养等纯粹身份行为，如果其中包含不合理的财产转移行为仍然有被撤销的可能性）均无从撤销。最后，债务人实施的交易行为明显不合理。所谓交易行为明显不合理一般是指交易价格明显不合理，典型表现为明显不合理的高价或者明显不合理的低价。对于何谓明显不合理，本司法解释第42条在原《合同法司法解释（二）》第19条、《全国法院贯彻实施民法典工作会议纪要》第9条的基础上，按照交易当地一般经营者的判断，并参考交易时交易地的市场交易价或者物价部门指导价予以认定；同时，为了便于认定，价格未达到交易时交易地的市场交易价或者指导价70%或者高于30%的，一般可以认定为明显不合

[①] 赞同观点参见崔建远：《合同法》，北京大学出版社2021年版，第191页；反对观点参见王洪亮：《债法总论》，北京大学出版社2016年版，第149页。

理的价格。当然,"一般可以"意味着这个比例仅是一般性的基准,并非唯一基准,债务人和相对人可以提出相反事实和证据予以推翻。[①] 对此,《民法典合同编通则司法解释》第42条第3款规定:"债务人与相对人存在亲属关系、关联关系的,不受前款规定的百分之七十、百分之三十的限制。"这有助于特别打击内部交易的行为,在立法政策上殊值赞同。

基于此,本条司法解释在《民法典》第539条仅仅将债权人撤销权适用的范围限定在"以明显不合理的低价转让财产""以明显不合理的高价受让他人财产"和"为他人的债务提供担保"这三种情形的基础之上,新增了"以明显不合理的价格,实施互易财产、以物抵债、出租或者承租财产、知识产权许可使用等行为"这四种以明显不合理价格进行交易的类型,并且通过"等行为"这种立法技术为未来出现的其他以明显不合理价格进行交易的行为预留适用空间。

所谓互易合同,是指买卖双方相互移转各自所有的标的物所有权给对方的合同。其与买卖合同的主要差异在于作为标的物所有权移转的对价不是货币而是另外的物,[②] 因此一般情况下债务人实施合理的互易行为,债权人并不享有债权人撤销权,除非互易行为是以明显不合理的价格进行的。司法实践中互易的典型情形就是股权的互易。如果债务人将自己高价值的股权与相对人低价值的股权进行互易,且两者的对价明显失衡,则债权人可以主张撤销债务人与相对人的股权互易合同。例如,在"某银行与某开关公司、某电气公司等借款合同、债权人撤销权纠纷案"中,最高法院认为:"某开关公司将其13000万元的资产与某电气公司价值约2787.88万元的资产相置换,且据某电气公司公开的《2004年年度会计报表及审计

[①] 最高人民法院(2012)最高法民四终字第1号民事判决书认为:"'一般'意味着排除特殊情形,如季节性产品和易腐烂变质的时令果蔬在临近换季或者保质期前回笼资金的甩卖;'可以'意味着应视具体情形而定,不作刚性约束;'视为'是立法和解释上使用的法律拟制用语,债务人、受让人可以提出相反事实和证据予以推翻。审判实务中,对以明显不合理的低价转让财产,原则上应当按照上述司法解释……的判断基准和基本方法综合进行分析,并予以个案确认。"同时值得注意的是,本司法解释第45条第2款将原《合同法司法解释(二)》第19条、《全国法院贯彻实施民法典工作会议纪要》第9条规定中的"视为"修改为"认定为",使立法用语更加准确。

[②] 参见崔建远:《合同法》,北京大学出版社2021年版,第447页。

报告》,某电气公司明知自己与某开关公司交易支付的十台汽轮发电机组价值仅为2787.88万元,还仍然与某开关公司进行股权置换,该交易行为严重损害了某开关公司债权人某银行的利益,根据《合同法》第七十四条关于'债务人以明显不合理的低价转让财产,对债权人造成损害,并且受让人知道该情形的,债权人也可以请求人民法院撤销债务人的行为'之规定,某银行关于某开关公司与某电气公司有关某隔离公司的股权交易合同应当依法撤销的上诉请求本院予以支持。原审判决以某开关公司将所取得的某通讯公司98.5%的股权以13000万元的价格转让给某经贸公司为由认定某电气公司在与某开关公司就股权置换向某开关公司支付了对价不当,本院予以纠正。"[1]

所谓以物抵债,是指当事人双方达成以他种给付替代原定给付的协议。以物抵债包括两种类型,一种是仅仅具有以他种给付替代原定给付的合意,尚无债权人受领债务人的他种给付的事实,该种以物抵债属于非典型合同中的诺成性合同;另一种是双方当事人不但达成了以他种给付替代原定给付的合意,而且债权人受领了债务人的他种给付,该种以物抵债属于非典型合同中的实践性合同,对此传统民法称之为代物清偿。[2] 但无论何种类型的以物抵债协议,如果交易价格上不合理且影响债权人债权实现的,债权人都可以向人民法院申请撤销。对此,《民法典》第410条第1款规定,债务人不履行到期债务或者发生当事人约定的实现抵押权的情形,抵押权人与抵押人协议以抵押财产折价之时,如果协议损害其他债权人利益的,其他债权人可以请求人民法院撤销该协议。类似地,《最高人民法院关于当前商事审判工作中的若干具体问题》第9条规定:"对当事人利用以物抵债恶意逃债,第三人既可依据《合同法》第五十二条的规定主张抵债行为无效,也可依据《合同法》第七十四条的规定行使撤权。"

所谓租赁合同,是指出租人将租赁物交付承租人使用、受益,承租人支付租金的合同。如果债务人以不合理的价格向相对人出租自己的租赁物

---

[1] 最高人民法院(2008)民二终字第23号民事判决书。
[2] 崔建远:《以物抵债的理论与实践》,载《河北法学》2012年第3期。

或者承租相对人的租赁物，该行为也会导致债务人责任财产的减少，在影响债权人债权实现之时，也可以成为债权人撤销权的对象。例如，在"刘某如与某实业公司、某物流公司债权人撤销权纠纷案"中，江苏省连云港市中级人民法院认为："某物流公司辩称某实业公司低价出租行为并非转让财产，不能适用撤销权，对此，本院认为，撤销权设立的目的主要在于保护债权人的利益，也就是债务人以明显不合理的低价转让财产的行为，对债权人造成损害，如债务人积极减少财产或消极地增加债务（不限于转让所有权），使自己陷于资力不足、不能清偿所有债权或者发生清偿困难，且此种状态持续到撤销权行使时仍然存在的，债权人可以请求撤销，转让财产不能狭义地理解为买卖，宜理解为处分财产权益，本院对某物流公司答辩称本案不适用债权人撤销权的答辩意见不予采纳。"①

所谓知识产权许可合同，是指知识产权人将现有的特定的知识产权（著作权、商标权、专利权等）许可他人实施或使用，被许可方支付知识产权许可使用价款的合同。与房屋出租类似，知识产权是否被许可使用以及许可使用了多少次均会影响知识产权本身的剩余价值，如果知识产权被许可使用后导致影响债权人债权实现的情形发生，此时债权人在符合债权人撤销权其他构成要件时，可以对该知识产权许可使用的行为予以撤销。

除此之外，以明显不合理价格交易的行为还包括以明显不合理的价格进行数据许可使用、不合理对价的抵销等行为。

值得讨论的是，除了以不合理的对价进行交易之外，是否存在其他以不合理条件进行的交易且该交易不当减少了债务人的责任财产。对此，有学者认为，在合理对价的交易情形中也可能存在可撤销的诈害行为，而被认为是不合理条件的交易，如与明显缺乏履行能力者进行交易并先行履行义务。②另外，债务人进行交易时价格是合理的但是履行期限不合理，亦应该承认债权人撤销权的存在。例如，约定相对人在20年之后再进行履行。对此，有破产法学学者主张将《企业破产法》第31条第2项"以明

---

① 江苏省连云港市中级人民法院（2020）苏07民终27号民事判决书。
② 参见朱广新：《合同法总则研究》（下册），中国人民大学出版社2018年版，第456页。

显不合理的价格进行交易的"中的"以明显不合理的价格"修改为"以明显不合理的条件",以此彻底实现债权撤销权制度的扩容。① 由于,在此种情形下,破产撤销权与债权人撤销权并不存在本质差异,两者在适用范围上保持一致,因此本条的"以明显不合理的价格"亦应当扩张解释为"以明显不合理的条件"。这也是本文在一开始说本条仅部分填补了《民法典》第539条规范漏洞的原因。

(2)债务人实施的明显不合理交易影响债权人债权实现。

只有在债务人实施明显不合理交易影响了债权人债权实现,即损害了债权人利益时,才有赋予债权人以债权人撤销权来保护其自身合法利益之必要;反之则没有必要,债权人不享有债权人撤销权。对于何谓影响债权人债权实现应当把握以下两点:

第一,就影响债权人债权实现的判断时点而言,债务人实施的明显不合理交易在撤销权成立之时和行使之时都应当影响债权人债权的实现。

第二,就影响债权人债权实现的判断方法而言,存在"形式说"和"实质说"。"形式说"主张以"债务超过"与否为判断标准,即如果债务人处分其财产后便不具有足够资产清偿债务,就认定该行为有害债权("无资力说")。② 对于何谓"债务超过",有学者主张应当借鉴《最高人民法院关于适用〈中华人民共和国企业破产法〉若干问题的规定(一)》第4条之规定,③ 所谓债务人在处分其财产后便不具有足够资产清偿债权人的债权,不宜采取债务人的正资产与负债简单地对比数量的判断方法,

---

① 参见徐阳光、陈科林:《民法典视域下的破产撤销权》,载《人民司法·应用》2022年第4期。

② 崔建远:《合同法》,北京大学出版社2021年版,第193~194页;王利明:《债法总则研究》,中国人民大学出版社2018年版,第722~723页;王洪亮:《债法总论》,北京大学出版社2016年版,第151页;中国审判理论研究会民事审判理论专业委员会主编:《民法典合同编条文理解与司法适用》,法律出版社2020年版,第140页。

③ 《最高人民法院关于适用〈中华人民共和国企业破产法〉若干问题的规定(一)》第4条规定:"债务人账面资产虽大于负债,但存在下列情形之一的,人民法院应当认定其明显缺乏清偿能力:(一)因资金严重不足或者财产不能变现等原因,无法清偿债务;(二)法定代表人下落不明且无其他人员负责管理财产,无法清偿债务;(三)经人民法院强制执行,无法清偿债务;(四)长期亏损且经营扭亏困难,无法清偿债务;(五)导致债务人丧失清偿能力的其他情形。"

而应树立只要债务人可控制或可支配的财产不足以清偿到期债权的观念。[1] 对于"无资力"的判断标准也有学者提出了类似的解读，认为审判实践中既要按照"债务超过""支付不能"等形式标准审查，又要把握实质判断标准，综合主客观相关情势，考虑债务人是否具备行为目的的正当性、是否具备行为手段的妥当性等因素具体判断，区别不同情况对形势审查标准和实质标准把握侧重，不能仅仅依据算术上的结论进行简单判断。[2] "实质说"则认为，债务人的行为是否有害债权，不应作简单的算术上的判断，而应综合主客观相关情况具体地判断。比如，应考虑债务人行为目的动机是否正当、行为手段方法是否妥当等。[3] 经过比较可知，"形式说"或者"实质说"两者并不存在本质上的差异，仅仅是对于不同的判断要素赋予了不同的权重，各有侧重。对此，笔者认为，对于债务人行为是否有害债权的判断，原则上宜采"形式说"的解释，同时吸收"实质说"解释的合理之处，修正"形式说"解释可能出现的偏颇。对于何谓影响债权人债权实现，要在个案中根据具体情况，综合考虑债务人的行为是否具备正当性、妥当性，结合债权人的债权情况、债务人的责任财产状况等在个案中予以具体判断，既要防止对债务人行为的不当、过分干预，也要防止设定过于严苛的条件损害撤销权的正常行使。[4]

3. 债务人的相对人方面：债务人的相对人主观上存在恶意。

与撤销无偿行为不需要债务人相对人主观上存在恶意不同，在债务人实施明显不合理交易时，该条要求相对人主观上存在恶意。区别对待的正当性基础在于，在前一种情形下相对人因为无偿取得财产不需要保护，后一种情形，只有在相对人主观上存在恶意之时才不值得保护。对此也体现了在有偿行为之时，强化相对人交易安全的利益权衡。

---

[1] 崔建远：《合同法》，北京大学出版社2021年版，第194页。
[2] 参见最高人民法院民法典贯彻实施工作领导小组主编：《中华人民共和国民法典合同编理解与适用（一）》，人民法院出版社2020年版，第529页。
[3] 参见韩世远：《合同法学》，高等教育出版社2022年版，第154页。
[4] 参见黄薇主编：《中华人民共和国民法典合同编解读》（上册），中国法制出版社2020年版，第267页。

所谓相对人主观上存在恶意，是指相对人知道或者应当知道债务人以明显不合理的低价或者高价实施互易财产、以物抵债、设定用益物权、出租或者承租财产、知识产权许可使用等行为，影响债权人的债权实现。①《民法典》第539条将原《合同法》第74条中的"知道"修改为"知道或者应当知道"，使得相对人的恶意客观化，减轻债权人的证明责任，有助于强化其制度功能。

（二）债务人实施明显不合理交易时债权人撤销权行使的方式、范围与期限

1. 行使方式。

根据《民法典》第539条规定，债权人撤销权只能向法院提起，属于"形成诉权"。如此安排的理由在于债权人撤销权是对债务人行为自由的干预，突破了合同的相对性原则，直接对第三人的利益产生直接影响，让法院对其进行审查既有助于撤销权的不当行使，也有助于各方法律关系的明确。② 此外，债务人实施不合理交易时是否影响债权人债权实现，本身难以判断，法院介入有其必要性。基于此，本条也特意排除了债权人撤销权通过仲裁方式行使。

2. 行使的范围。

根据《民法典》第540条第1句之规定，撤销权的行使范围以债权人的债权为限。根据被撤销的行为是否可分，《民法典合同编通则司法解释》第45条第1款规定："在债权人撤销权诉讼中，被撤销行为的标的可分，当事人主张在受影响的债权范围内撤销债务人的行为的，人民法院应予支持；被撤销行为的标的不可分，债权人主张将债务人的行为全部撤销的，人民法院应予支持。"例如，被撤销的交易是债务人将自己所有的一栋价值1000万元的房屋与相对人价值100万元的汽车进行互易的行为，此时由

---

① 参见黄薇主编：《中华人民共和国民法典合同编解读》（上册），中国法制出版社2020年版，第270页；杨代雄主编：《袖珍民法典评注》，中国民主法制出版社2022年版，第478~479页；崔建远：《合同法》，北京大学出版社2021年版，第200页。

② 参见黄薇主编：《中华人民共和国民法典合同编解读》（上册），中国法制出版社2020年版，第267~268页；崔建远：《合同法》，北京大学出版社2021年版，第203页。

于房屋不可分，债权人只能撤销整个互易合同。再如，被撤销的行为是债务人将两个价值各200万元和100万元的商铺经营权与相对人价值100万元的汽车进行互易的行为，此时由于存在两个可分的商铺经营权，债权人可以撤销其中价值200万元的商铺经营权互易合同而让价值100万元的商铺经营权合同继续有效。如此限制撤销权行使的范围，意在尽可能地保护相对人的交易安全，显示出债权人撤销权的私益属性。与此不同，在破产程序中，破产管理人在行使破产撤销权时并不存在此种限制，因为破产管理人代表的是债务人所有的债权人而非仅仅是某一个债权人，其"共益性"更强。

3. 行使的必要费用。

《民法典》第540条第2句规定："债权人行使撤销权的必要费用，由债务人负担。"但是对于何谓必要费用，《民法典合同编通则司法解释》第45条第2款规定："债权人行使撤销权所支付的合理的律师代理费、差旅费等费用，可以认定为民法典第五百四十条规定的'必要费用'。"

4. 行使的期限。

根据《民法典》第541条规定，撤销权自债权人知道或者应当知道撤销事由之日起一年内行使。自债务人的行为发生之日起五年内没有行使撤销权的，该撤销权消灭。如此规定的理由在于一方面有助于尽早确定各方法律关系；另一方面，有助于减轻举证的难度。[1]

（三）债务人实施明显不合理交易时债权人撤销权行使的法律效果

根据《民法典》第542条规定，债权人撤销权行使的法律效果是，债务人与相对人的行为被撤销且自始没有法律效力。但是对于何谓自始没有法律效力则有进一步解释的必要。该问题主要涉及债权人撤销权的性质的问题。根据学者的总结债权人撤销权的性质存在以下四种学说：形成权

---

[1] 崔建远：《合同法》，北京大学出版社2021年版，第203页；韩世远：《合同法学》（第二版），高等教育出版社2022年版，第156页。

说、请求权说、责任说和折中说。①

关于撤销权性质的讨论主要涉及以下价值判断问题：(1) 何种学说更加符合比例原则；(2) 相对人破产或者财产被强制执行时，撤销权人可否自行或者代位取回财产或者提出执行异议；(3) 债务被免除后，相关的担保是否恢复、优先顺位为何；(4) 超过撤销权人债权额的剩余财产价值归属于谁；(5) 相关的诉讼构造怎么设置等。②

对此，《民法典合同编通则司法解释》第46条规定："债权人在撤销权诉讼中同时请求债务人的相对人向债务人承担返还财产、折价补偿、履行到期债务等法律后果的，人民法院依法予以支持。债权人请求受理撤销权诉讼的人民法院一并审理其与债务人之间的债权债务关系，属于该人民法院管辖的，可以合并审理。不属于该人民法院管辖的，应当告知其向有管辖权的人民法院另行起诉。债权人依据其与债务人的诉讼、撤销权诉讼产生的生效法律文书申请强制执行的，人民法院可以就债务人对相对人享有的权利采取强制执行措施以实现债权人的债权。债权人在撤销权诉讼中，申请对相对人的财产采取保全措施的，人民法院依法予以准许。"

对此可以理解为，债务人行为被撤销后，该行为仅相对于撤销权人而言无效，即债务人行为相对无效；债权人在撤销权诉讼中可以一并请求法院审理其与债务人之间的债权债务关系，并通过强制执行的方式获得债权清偿，据此使得债权人撤销权的法律效果与债权人代位权的法律效果保持了实质上的一致。③

---

① 相关介绍请参见韩世远：《合同法学》，高等教育出版社2022年版，第150~151页；崔建远：《合同法》，北京大学出版社2021年版，第188~190页；史尚宽：《债法总论》，中国政法大学出版社2000年版，第475~479页；[日] 我妻荣：《新订债权总论》，王燚译，中国法制出版社2008年版，第154~157页；[日] 於保不二雄：《日本民法债权总论》，庄胜荣校订，五南图书出版有限公司1998年版，第169~171页；[日] 下森定：《日本民法中的债权人撤销权制度及其存在的问题》，钱伟荣译，载《清华法学》第4辑。

② 参见朱虎：《债权人撤销权的法律效果》，载《法学评论》2023年第6期。

③ 参见朱虎：《债权人撤销权的法律效果》，载《法学评论》2023年第6期。

五、适用指导

（一）从不合理价格的交易到不合理条件的交易拓展

尽管本条规定的是"以明显不合理的价格，实施……行为"，意味着从文义上本条只调整"以不合理价格进行的交易"，但是基于撤销权旨在防止债务人责任财产不当减少的制度目的考虑，有必要将本条的"以明显不合理的价格"扩张解释为"以明显不合理的条件"。这种不合理的条件包括但不限于履行期限不合理、相对人明显缺乏履行能力、将不动产或重要动产以相当价格出售等情形。

（二）注意掌握特别打击内部关系的政策考量

《民法典合同编通则司法解释》第42条第3款规定，债务人与相对人存在亲属关系、关联关系的，不受前款规定的百分之七十、百分之三十的限制。这表明了立法政策上对于重点打击通过内部关联关系实施不合理交易的行为，除了不受"百分之七十、百分之三十的限制"以外，当债务人与相对人存在特定关联关系时，也可以推定相对人"知道或者应当知道的"债务人以明显不合理的价格，实施互易财产、以物抵债、出租或者承租财产、知识产权许可使用等行为，影响债权人的债权实现。随后，由相对人对其自身不存在恶意进行举证证明。

（三）债务人为自己的债务提供担保的情形处理

《企业破产法》第31条第3项规定债务人"对没有财产担保的债务提供财产担保的"，管理人有权请求人民法院予以撤销。对此《民法典》第349条和《民法典合同编通则司法解释》第4条均未对此种情形作出规定，而仅仅规定债务人为他人的债务提供担保的情形。对此，笔者认为，"对没有财产担保的债务提供财产担保的"改变的仅仅是债务人对债权人清偿的顺位属于偏颇清偿而非诈害行为，应当属于破产撤销权的对象而非债权人撤销权的对象。但是应当注意的是，如果符合《民法典》第409条第1款第2句的情形，即抵押权人与抵押人协议变更抵押权顺位以及被担保的债权数额等内容时，抵押权的变更未经其他抵押权人书面同意，该抵押权的变更不对其他抵押权人产生不利影响。此外，如果符合恶意串通损害他人合法权益的情形，应当适用恶意串通的规则。

（四）债权人撤销权与恶意串通规则的竞合处理

当债务人明显不合理交易同时符合债权人撤销权要件和恶意串通要件时，应当允许债权人选择撤销或者主张合同相对无效。[①] 在"某国际公司诉某制油公司等确认合同无效纠纷案"[②] 中，法院认为债务人将主要财产以明显不合理低价转让给其关联公司，关联公司在明知债务人欠债的情况下，未实际支付对价的，可以认定债务人与其关联公司恶意串通、损害债权人利益，与此相关的财产转让合同应当认定为无效。但是，在本案中被告的行为同时符合债权人撤销权的构成要件，如果原告提起债权人撤销之诉，请求撤销被告之间的交易行为，法院也应当支持。

【典型案例】

1. 林某某与周某某、陈甲债权人撤销权纠纷案

[案号]（2015）民申字第2174号

[审理法院] 最高人民法院

[来源] 中国裁判文书网

[关键词] 以股抵债　非上市公司股权转让价格计算　个别清偿　明显不合理低价

[裁判摘要] 被告向第三人转让股份行为属于"以物抵债"，系双方当事人对于债务履行的一种约定变更，不存在恶意串通。因为，另有生效判决已认定第三人与被告之间确有借贷关系，双方之间仅是普通经济往来关系，现无证据证明案涉《股权转让协议》系双方当事人恶意串通为被告逃避债务之目的而签订；不应将破产法以及民事执行程序中的债权人平等

---

① 最高人民法院民法典贯彻实施工作领导小组主编：《中华人民共和国民法典合同编理解与适用（一）》，人民法院出版社2020年版，第533~534页。

② 最高人民法院指导性案例33号。

理念扩大适用于自然人债务人的个别正常债务清偿，并由此认为清偿行为无效，因此，双方股份转让行为有效。

此外，股份交易价格的确定与每股对应净资产的价格、交易各方谈判能力、交易各方对企业经营前景的判断等诸多因素相关，放在同一时期内可以存在不同的价格。本案交易价格与相近时间内股份交易价格接近或一致，不属于明显不合理低价，故不满足债权人行使撤销权的条件。

[基本案情] 2013年4月15日，陈甲出具《借款借据》一份，确认共向周某某借款11168.6292万元（其中借款本金8925.2905万元，利息2243.3387万元）。2013年4月25日，陈甲与周某某签订《股权转让协议》，约定，陈甲将其持有J集团1200万股股份，转让给周某某，转让价格为4200万元，约定交易价格已于协议签署前支付完毕。周某某确认，其与陈甲签订的《股权转让协议》中的股份转让对价，系陈甲对周某某所负债务中的4200万元债务。陈甲因对外结欠巨额债务（已经达到"资不抵债"的自然人破产状态），其债权人已相继于2013年向各地法院起诉陈甲。原告陈乙于2013年5月2日起诉主张借款的偿还，法院于同年12月3日判决被告陈甲偿还原告本金6865万元及其利息。针对被告陈甲和第三人周某某之间的《股权转让协议》原告提起债权人撤销之诉，请求法院撤销该协议，被告也称案涉协议并未真正实际履行，案涉款项仅寄存在第三人名下属于形式上的转让。第三人周某某辩称其与被告签订的《股权转让协议》中的股份转让对价系被告对自己所负债务中的4200万元。二审期间原告将其对被告陈甲的债权转让给林某某，由其承受原告陈乙的诉讼地位。一审法院认为构成恶意串通，认定被告和第三人的协议无效；二审认为不符合债权人撤销权要件也不符合恶意串通要件，判决撤销原判，驳回原告诉讼请求。随后，林某某申请再审，最高院判决裁定驳回再审申请。

2. 刘某如与某实业公司、某物流公司债权人撤销权纠纷案

[案号]（2020）苏07民终27号

[审理法院] 江苏省连云港市中级人民法院

[来源] 中国裁判文书网

[关键词] 低价租赁　高价转租　以租抵债　明显不合理低价

[裁判摘要] 本案中，刘某如债权形成时间早于某实业公司和某物流公司签订租赁合同的时间，如前所述，该租赁合同真实有效，某实业公司和某物流公司在签订该合同时均知晓涉案场地正常出租价格不低于100万元，以30万元价格将该场地进行出租，积极减少某实业公司财产，危及刘某如的债权实现，刘某如请求撤销该租赁合同符合法律规定，应予支持。某物流公司辩称某实业公司低价出租行为并非转让财产，不能适用撤销权，对此，本院认为，撤销权设立的目的主要在于保护债权人的利益，也就是债务人以明显不合理的低价转让财产的行为，对债权人造成损害，如债务人积极减少财产或消极地增加债务（不限于转让所有权），使自己陷于资力不足、不能清偿所有债权或者发生清偿困难，且此种状态持续到撤销权行使时仍然存在的，债权人可以请求撤销，转让财产不能狭义地理解为买卖，宜理解为处分财产权益，本院对某物流公司答辩称本案不适用债权人撤销权的答辩意见不予采纳。

[基本案情] 2017年9月5日，连云区人民法院的（2017）苏0703民初2562号民事判决书认定某实业公司借刘某如人民币20万元没有偿还，判令某实业公司偿还刘某如借款本金20万元及利息，并承担该案案件受理费4300元。判决生效后，刘某如向一审法院申请对某实业公司强制执行，经执行，刘某如的债权至今分文没有得到实现。随后被告某实业公司和被告某物流公司签订租赁合同，两被告在签订该合同时均知晓涉案场地正常出租价格不低于100万元，但双方以30万元价格将该场地进行出租。被告某实业公司的债权人刘某如向人民法院请求撤销该租赁合同。

3. 某小额贷款公司与某科技公司债权人撤销权纠纷案

[案号]（2015）浙台商终字第836号
[审理法院] 浙江省台州市椒江区人民法院

[来源] 中国裁判文书网

[关键词] 专利许可使用 专利独占性 专利价值计算 明显不合理低价

[裁判摘要] 专利权人许可他人使用专利，会削弱专利的独占性、进而影响专利的价值。受让此种专利时，专利的价值需要在市场评估价基础上进行折减。第三人周某凯受让六项专利，享有专利期限8年的对价是2320000元，一年的使用费290000元左右。根据《合同法司法解释（二）》第19条第2款的规定，"转让价格达不到交易时交易地的指导价或者市场交易价的百分之七十的，一般可以视为明显不合理的低价……"，本案六项专利的市场评估价为5270000元，70%为3689000元，与第三人周某凯的出价2320000元还差1360000元，虽然无法准确确定案外人杨某及被告使用该专利的对应价值，但根据上述分析，本院认为该六项专利由案外人杨某及被告无偿使用3~5年，对应的价值应不低于1360000元。不管案外人杨某与被告如何约定使用专利3~5年的对价，对第三人周某凯来说，其受让的专利权不是享有完全独占性的专利权。故其取得专利权的价格并不属于明显低价，不符合债权人撤销权的构成要件。

[基本案情] 2012年8月1日，法院判决被告在判决生效后十日内支付给原告某小额贷款公司借款本金500000元及利息，该判决生效后进入执行程序，但被告尚未履行法律文书确定的义务。被告某科技公司原为专利号ZL20102020××××.4、ZL20102020××××.5、ZL20102020××××.0、ZL20102020××××.9、ZL20103070××××.0、ZL20103070××××.5的六项专利的专利权人。某科技公司作为乙方、案外人杨某作为丙方、周某凯作为甲方签订合作协议，其中约定有周某凯许可某科技公司、杨某在3~5年的合作期限内无偿使用周某凯拥有的六项专利。后，被告与第三人周某凯签订专利转让款协议一份，载明：根据双方2012年6月15日三方签订的合作协议和专利转让协议，转让费共计2320000元，此款已由第三人周某凯借给被告（以王某出面）的2320000元借款抵作转让费。在（2013）台椒商初字第1184号案件中，原告申请对本案所涉六项专利的价值进行评估，

法院依法委托某资产评估公司进行评估，某资产评估公司于 2014 年 3 月 17 日作出资产评估报告，确认该六项专利的市场价值为 5270000 元，司法处置价值为 4216000 元。

（撰稿人：雷志富）

> **第四十四条 【债权人撤销权诉讼的当事人、管辖和合并审理】** 债权人依据民法典第五百三十八条、第五百三十九条的规定提起撤销权诉讼的，应当以债务人和债务人的相对人为共同被告，由债务人或者相对人的住所地人民法院管辖，但是依法应当适用专属管辖规定的除外。
>
> 两个以上债权人就债务人的同一行为提起撤销权诉讼的，人民法院可以合并审理。

【关联规定】

一、《民法典》（2020 年 5 月 28 日）

第 538 条　债务人以放弃其债权、放弃债权担保、无偿转让财产等方式无偿处分财产权益，或者恶意延长其到期债权的履行期限，影响债权人的债权实现的，债权人可以请求人民法院撤销债务人的行为。

第 539 条　债务人以明显不合理的低价转让财产、以明显不合理的高价受让他人财产或者为他人的债务提供担保，影响债权人的债权实现，债务人的相对人知道或者应当知道该情形的，债权人可以请求人民法院撤销债务人的行为。

二、其他法律

《民事诉讼法》（2023年9月1日）

第22条　对公民提起的民事诉讼，由被告住所地人民法院管辖；被告住所地与经常居住地不一致的，由经常居住地人民法院管辖。

对法人或者其他组织提起的民事诉讼，由被告住所地人民法院管辖。

同一诉讼的几个被告住所地、经常居住地在两个以上人民法院辖区的，各该人民法院都有管辖权。

第34条　下列案件，由本条规定的人民法院专属管辖：

（一）因不动产纠纷提起的诉讼，由不动产所在地人民法院管辖；

（二）因港口作业中发生纠纷提起的诉讼，由港口所在地人民法院管辖；

（三）因继承遗产纠纷提起的诉讼，由被继承人死亡时住所地或者主要遗产所在地人民法院管辖。

第55条　当事人一方或者双方为二人以上，其诉讼标的是共同的，或者诉讼标的是同一种类、人民法院认为可以合并审理并经当事人同意的，为共同诉讼。

共同诉讼的一方当事人对诉讼标的有共同权利义务的，其中一人的诉讼行为经其他共同诉讼人承认，对其他共同诉讼人发生效力；对诉讼标的没有共同权利义务的，其中一人的诉讼行为对其他共同诉讼人不发生效力。

三、司法指导性文件

《九民纪要》（法〔2019〕254号）

42. 撤销权应当由当事人行使。当事人未请求撤销的，人民法院不应当依职权撤销合同。一方请求另一方履行合同，另一方以合同具有可撤销事由提出抗辩的，人民法院应当在审查合同是否具有可撤销事由以及是否超过法定期间等事实的基础上，对合同是否可撤销作出判断，不能仅以当事人未提起诉讼或者反诉为由不予审查或者不予支持。一方主张合同无效，依据的却是可撤销事由，此时人民法院应当全面审查合同是否具有无效事由以及当事人主张的可撤销事由。当事人关于合同无效的事由成立的，人民法院应当认定合同无效。当事人主张合同无效的理由不成立，而可撤销的事由成立的，因合同无效和可撤销的后果相同，人民法院也可以结合当事人的诉讼请求，直接判决撤销合同。

【理解与适用】

一、本条主旨

《民法典》第538条、第539条分别规定债务人无偿处分与以不合理价格处分行为情形下的债权人撤销权，即在债务人实施可能危害债权的行为时债权人有权请求法院予以撤销，旨在维持债务人的责任财产。本条是关于债权人撤销权诉讼的当事人资格、管辖和合并审理的程序性规则，在结构上可分为两款：第1款规定债权人撤销权诉讼应当以债务人与债务人相对人为共同被告，由债务人或相对人住所地法院管辖；第2款规定两个或两个以上债权人对债务人的同一行为提起撤销权诉讼的，法院可以合并审理。

二、规范来源

《合同法司法解释（一）》第23条至第25条针对债权人撤销权诉讼的程序问题进行了规定，但是《民法典》出台后该司法解释即被废止，导致债权人撤销权诉讼的程序实施缺乏明确依据。本条填补当前的规范空白，承继《合同法司法解释（一）》有关多个债权人撤销权诉讼合并审理的内容，修改被告资格、管辖法院的相关规定。《民法典》第538条、第539条规定无偿处分时的债权人撤销权行使与不合理价格交易时的债权人撤销权行使，由于债权人只能通过诉讼的方式行使撤销权，需要增加规范确定诉讼当事人和管辖法院、多个债权人撤销权诉讼如何审理等程序性内容。

三、司法解释条文理解

针对债权人撤销权诉讼的被告范围问题，理论界与实务界存在争议，主要包括以下三种观点：第一种观点认为，债权人撤销权诉讼应当以受益人或转得人为被告，不论是基于撤销权具有财产返还请求权性质，还是基于撤销权行使产生相对无效或责任无效的法律效果，债权人撤销权都仅在债权人与受益人或债权人与转得人之间发生效力。① 第二种观点认为，应当根据不同情形下债权人撤销权诉讼的性质来确定被告。当物权尚未移转至受益人时，债权人仅需撤销债务人的诈害行为，故债权人撤销权诉讼为形成之诉，应当以债务人为被告；当物权已经移转至受益人时，债权人需要撤销债务人的诈害行为并请求受益人或转得人返还财产，故债权人撤销权诉讼兼为形成之诉与给付之诉，应当以债务人、受益人以及转得人（如有）为共同被告。② 第三种观点认为，应当结合债务人诈害行为的性质以及债权人撤销权诉讼的性质来综合判断被告地位。若债务人的诈害行为为单方法律行为，债权人应当以债务人为被告；若债务人的行为为双方法律行为，债权人应当以债务人及其相对人为共同被告；债权人兼提出财产返还请求的，债权人应当以债务人、相对人以及受益人为共同被告。第三种观点为我国目前学理上的通说。③ 事实上，当下司法实践大多遵循原《合同法司法解释（一）》第24条的规定，将债权人撤销权诉讼的被告限定为债务人，同时允许受益人或者受让人以第三人的身份参与诉讼。在债权人只以债务人为被告、未将受益人或受让人列为第三人的情形下，法院可以追加该受益人或受让人为第三人。但是，这一规定过于限缩债权人撤销权的被告范围，尤其在债权人请求撤销双方法律行为的场合下，相对人的实体权利义务直接受到判决效力的影响，理应获得充分的程序保障。④

本条将债务人及其相对人作为共同被告，是由现行法上债权人撤销权

---

① 参见云晋升：《论债权人撤销权行使的法律效果——以〈民法典〉第542条为中心的分析》，载《社会科学》2022年第3期。
② 参见杨立新：《合同法》，法律出版社2021年版，第159页。
③ 参见张广兴主编：《债法》，社会科学文献出版社2009年版，第81页；王家福主编：《民法债权》，中国社会科学出版社2015年版，第174页；王利明：《合同法研究》（第2卷），中国人民大学出版社2015年版，第148~149页；李永军：《合同法》，中国人民大学出版社2021年版，第149页。
④ 参见最高人民法院民法典贯彻实施工作领导小组主编：《中华人民共和国民法典合同编理解与适用（一）》，人民法院出版社2020年版，第531页；朱广新、谢鸿飞主编：《民法典评注·合同编通则（2）》，中国法制出版社2020年版，第46页。

的性质及其法律效力所决定的。依据《民法典》第542条的规定，债务人诈害行为被撤销后则自始没有法律约束力，债权人撤销权行使的法律效果是债务人诈害行为的绝对无效，与一般撤销权的法律效果相同。① 而且，本司法解释第46条第1款规定，债权人提起撤销权诉讼，同时请求债务人的相对人向债务人返还财产或是折价补偿等，法院依法予以支持。这表明在债务人财产已经发生物权变动的情形下，债权人需要结合法律行为被撤销的法律后果来请求相对人恢复原状，现实地保全债务人的责任财产。由此可知，我国现行法中债权人撤销权的功能侧重于撤销债务人不正当的诈害行为，而非直接指向债务人的财产，债务人责任财产的恢复可以结合《民法典》的关联制度予以解决。② 尽管债权人撤销权的性质在学理上仍有争议，但就目前实体法规范而言，债权人撤销权应当属形成诉权。③ 因此，债权人撤销权诉讼突破债务人及其相对人之间合同的相对性原则，以变更、消灭他人之间的权利义务关系为目的，应当以该权利义务关系的主体为共同被告。④

在诈害行为为双方法律行为的情形下，如债务人与相对人订立有偿财产转让合同，债务人与相对人作为合同的双方主体，与该诈害行为是否被撤销具有共同的利害关系，受到债权人撤销权诉讼判决效力的拘束，应当以共同被告的地位进行诉讼。⑤ 而在诈害行为为单方法律行为的情形下，例如，债务人放弃债权、放弃债权担保，相对人是否应当作为债权人撤销权诉讼的被告存有争议。如前所述，我国的通说对此持否定态度，理

---

① 参见黄薇主编：《中华人民共和国民法典合同编释义》，法律出版社2020年版，第208页；朱晶晶：《论债权人撤销权的私益性及其实现》，载《新疆社会科学》2021年第6期。
② 参见徐涤宇、张家勇主编：《〈中华人民共和国民法典〉评注》（精要版），中国人民大学出版社2022年版，第595~596页。
③ 参见最高人民法院民法典贯彻实施工作领导小组主编：《中华人民共和国民法典合同编理解与适用（一）》，人民法院出版社2020年版，第552页；龙俊：《民法典中的债之保全体系》，载《比较法研究》2020年第4期。
④ 参见江必新主编：《新民事诉讼法条文理解与适用》（上册），人民法院出版社2022年版，第228页。
⑤ 参见王亚新、陈杭平、刘君博：《中国民事诉讼法重点讲义》，高等教育出版社2021年版，第166页。

由在于相对人并非诈害行为的积极实施者，诈害行为被撤销后相对人仅需继续承担原来的债务或是担保责任，不对债务人负担返还给付的义务。而且，依据《民法典》第538条的规定，债权人行使撤销权也不以相对人的恶意为要件，故无须相对人参与诉讼。但是，这在一定程度上忽视了债权人撤销权诉讼的判决对相对人的实体权利义务关系的影响。从实体和程序的双重视角来看，本条将作出单方法律行为的债务人和相对人列为共同被告具有合理性。债权人撤销权诉讼虽然形式上指向债务人的诈害行为，但其实质上指向诈害行为所变动的债务人及其相对人之间债的法律关系。换言之，债权人提起撤销权诉讼的目的不仅在于撤销债务人的诈害行为，还在于阻止相对人基于诈害行为获得财产利益，并非以债务人诈害行为是单方法律行为或是双方法律行为而存在差异。一旦诈害行为被法院判决撤销，相对人又将重新负担已被免除的债务，其权利义务因形成判决而直接发生增减，债务人及其相对人之间法律关系的安定性也受到影响。赋予相对人共同被告的诉讼地位能够给予其充分的程序保障，从而为债权人撤销权诉讼判决对相对人产生拘束力提供依据。[①] 例如，相对人可以在诉讼中主张债务人免除其债务的行为不影响债权人债权实现、债权人的债权成立于债务免除之后等抗辩，帮助法院查明债权人撤销权要件是否成立；在特定情形下相对人还可以阻止债务人做出于己不利的自认、和解，防止债权人和债务人恶意串通，维护自身的财产权益。此外，债务人与相对人就诈害行为正在进行诉讼或是已经启动强制执行程序的，不影响债权人依据《民法典》第538条、第539条的规定提起撤销权诉讼。[②] 因此，债务人和相对人对于诈害行为是否撤销具有共同的权利义务关系，依据《民事诉讼法》第55条第1款的规定，二者属于必要共同诉讼的共同被告。

债权人撤销权诉讼应当由债务人或相对人住所地人民法院管辖。债权人撤销权诉讼以债务人及其相对人为共同被告，依据《民事诉讼法》第

---

① 参见［日］新堂幸司：《新民事诉讼法》，林剑锋译，法律出版社2008年版，第90页。
② 参见金印：《诉讼与执行对债权人撤销权的影响》，载《法学》2020年第11期。

22条第3款的规定，共同被告的住所地在两个以上人民法院辖区的，各人民法院均有管辖权，债权人可以择一提起诉讼，但不得违反专属管辖的相关规定。具体而言，债务人为公民的，住所地即户籍所在地；债务人为法人或者其他组织的，住所地即主要办事机构所在地。债务人住所地与经常居住地不一致的，由经常居住地人民法院管辖。

当债务人的同一诈害行为影响数个债权的实现时，各个债权人均可以提起撤销权诉讼，法院可以合并审理。依据《民法典》第540条的规定，各个债权人是在自己的债权数额范围内保全债务人的责任财产，对于债务人的诈害行为有独立的诉讼实施权，故债权人其中之一先提起撤销权诉讼，并不妨碍其他债权人就同一诈害行为另行提起撤销权诉讼。但是，由于数个债权人撤销权诉讼的目的均是撤销同一诈害行为，属于同一种类的诉讼标的，法院可以将之作为普通共同诉讼合并审理，从而实现诉讼的经济性和效率性。因此，本条承袭原《合同法司法解释（一）》第25条第2款的规定，明确法院可以将针对同一诈害行为的数个债权人撤销权诉讼合并审理。

四、适用指导

债权人提起撤销权诉讼的，须以债务人和债务人的相对人为共同被告，构成必要共同诉讼。此处债务人的相对人是指债务人所为诈害行为的受益人，不包括因受益人再次转让财产而间接受益的转得人。依据《民事诉讼法》及其司法解释的规定，债权人若仅以债务人或相对人一方为被告提起撤销权诉讼，法院应当依职权通知未参加诉讼的债务人或相对人参加诉讼；当事人也可以申请追加债务人或相对人为共同被告，由法院审查决定是否追加。将数个债权人撤销权诉讼作为普通共同诉讼合并审理，需要满足《民事诉讼法》规定的适用条件：第一，数个债权人撤销权诉讼需要由同一法院管辖，适用同一诉讼程序，否则合并审理将面临现实不能；第二，符合合并审理的目的，即数个债权人撤销权诉讼的合并有助于实现诉讼经济，节约司法资源；第三，除了本条规定的法院认为可以合并审理之外，还须经当事人同意，法院不能依职权合并审理。

【典型案例】

梁某锋、林某文等债权人撤销权纠纷民事管辖上诉案

[案号]（2022）粤01民辖终1298号

[审理法院] 广东省广州市中级人民法院

[来源] 中国裁判文书网

[关键词] 债权人撤销权　居间合同　财产保全

[裁判摘要] 本案系林某文提出其与某房地产代理公司因居间合同纠纷一案，申请对该公司名下41套房产进行财产保全，梁某锋与某房地产代理公司通过设定抵押权的方式规避某房地产代理公司财产不被强制执行，损害了林某文的利益，故林某文提起本案诉讼。据此，本案系债权人撤销权纠纷。《合同法司法解释（一）》第23条规定，债权人依照合同法第74条的规定提起撤销权诉讼的，由被告住所地人民法院管辖。原审被告之一某房地产代理公司，其作为债务人，其住所地位于广州市越秀区，故原审法院对本案具有管辖权。

[基本案情] 上诉人梁某锋因与被上诉人林某文、原审被告某房地产代理公司债权人撤销权纠纷一案，不服广东省广州市越秀区人民法院（2022）粤0104民初18952号民事裁定，向本院提起上诉。本院立案后，根据《民事诉讼法》第41条第2款的规定，本案由审判员独任审理。

梁某锋上诉称，本案林某文请求撤销肇庆市高要区某处房产上设定的抵押，该抵押权是设立在不动产之上的权利，而且按照物权优先于债权的原则，本案属于不动产纠纷，应当由肇庆市高要区人民法院管辖。因此，请求撤销原审民事裁定，将本案移送至肇庆市高要区人民法院审理。

林某文答辩称，本案系债权人撤销权纠纷，按照"原告就被告"的原则，由被告住所地人民法院管辖。其与某房地产代理公司等案件为居间合

同，不涉及不动产纠纷，梁某锋上诉称本案属于不动产纠纷没有理据。因此，请求驳回梁某锋的上诉请求，维持原审裁定。

（撰稿人：谢妮轩　夏庆锋）

> **第四十五条　【债权人撤销权的效力范围及"必要费用"的认定】** 在债权人撤销权诉讼中，被撤销行为的标的可分，当事人主张在受影响的债权范围内撤销债务人的行为的，人民法院应予支持；被撤销行为的标的不可分，债权人主张将债务人的行为全部撤销的，人民法院应予支持。
>
> 债权人行使撤销权所支付的合理的律师代理费、差旅费等费用，可以认定为民法典第五百四十条规定的"必要费用"。

【关联规定】

《民法典》（2020年5月28日）

第156条　民事法律行为部分无效，不影响其他部分效力的，其他部分仍然有效。

第540条　撤销权的行使范围以债权人的债权为限。债权人行使撤销权的必要费用，由债务人负担。

第542条　债务人影响债权人的债权实现的行为被撤销的，自始没有法律约束力。

第545条　债权人可以将债权的全部或者部分转让给第三人，但是有下列情形之一的除外：

（一）根据债权性质不得转让；
（二）按照当事人约定不得转让；
（三）依照法律规定不得转让。

当事人约定非金钱债权不得转让的，不得对抗善意第三人。当事人约定金钱债权不得转让的，不得对抗第三人。

【理解与适用】

一、本条主旨

本条是关于债权人撤销权效力范围和债权人行使撤销权必要费用的细化规定。

二、《民法典》条文理解以及有待细化的问题

（一）债权人撤销权的效力范围

债权人撤销权旨在通过否定债务人诈害行为的效力，将已脱离债务人一般财产的部分恢复为债务人的一般财产，保证债务人责任财产不因诈害行为而不当减少，使债务人恢复原有的清偿能力，进而保证债权人债权的实现。[1] 债权人行使撤销权，突破债之相对性，将权利延伸至债之关系之外，干预债务人与第三人的法律行为，进而影响债务人与第三人的交易秩序稳定或者财产约定自由。可见，债权人撤销权的行使异于债权请求权的行使，绝非债的效力的常态化状态。故此，法律对债权人撤销权的构成要件、行使方法、法律效果等进行了严格的限制。

在《民法典》颁布之前，《合同法》第74条第2款规定，"撤销权的行使范围以债权人的债权为限"。《合同法司法解释（一）》第25条第1款规定："债权人依照合同法第七十四条的规定提起撤销权诉讼，请求人民法院撤销债务人放弃债权或转让财产的行为，人民法院应当就债权人主

---

[1] [日] 我妻荣：《我妻荣民法讲义IV·新订债权总论》，王燚译，中国法制出版社2008年版，第154页。

张的部分进行审理，依法撤销的，该行为自始无效。"可见，《民法典》第540条的规定完全沿袭了《合同法》第74条第2款的规定而未作变动，对债权人撤销权的行使范围进行了限定。同时，《民法典》新增第542条，将前述司法解释的规定引入《民法典》中，进一步明确人民法院撤销权案件的审理范围以及债权人行使撤销权的法律效果。

当债权人撤销权成立后，首先需要明确的问题是债权人行使撤销权的范围，是以行使撤销权的债权人的债权为限，还是以全体债权人的债权为限。这两个标准折射出撤销权制度的目标定位是出于"共益性"还是"私益性"。[1] 基于《民法典》第540条，撤销权的范围应当以行使撤销权的债权人自己的债权为限。[2] 当债权人行使撤销权的范围限定在撤销权人的债权范围内后，即便此时债务人存在其他债权人，债权人仍不得超过自己的债权数额行使撤销权，此时，如果债务人诈害行为处分的财产数额低于债权人的债权数额，则撤销权的效力范围当然及于诈害行为的全部。反之，如果诈害行为处分的财产数额高于债权人的债权数额时，撤销权的效力是及于诈害行为的全部还是部分，意即撤销权的效力范围如何，《民法典》第540条和第542条的规定较为原则。本条司法解释第1款，是对这一问题的细化规范。

（二）债权人行使撤销权的必要费用

债权人行使撤销权是由于债务人实施了诈害债权的行为，而根据《民法典》第539条的规定，债权人行使撤销权，需要通过提起撤销权之诉的方式进行。由于债权人提起民事诉讼必然会发生费用支出，例如，诉讼费、保全费、律师费、差旅费、复印费、评估费、保管费等。因此，这些费用应由谁承担，需要法律予以明确。按照《诉讼费用交纳办法》第29条第1款的规定："诉讼费用由败诉方负担，胜诉方自愿承担的除外。"可

---

[1] 陈韵希：《我国债权人撤销权制度的目标定位和法律效果》，载《求索》2020年第6期。
[2] 黄薇：《中华人民共和国民法典释义（中）·合同编》，法律出版社2020年版，第1036页。最高人民法院民法典贯彻实施工作领导小组主编：《中华人民共和国民法典合同编理解与适用（一）》，人民法院出版社2020年版，第541页。

见，一般而言，诉讼费、保全费等交由法院的费用是由败诉方承担。而对于诉讼费、保全费等交由法院之外的费用，虽然，《民法典》第540条规定，"债权人行使撤销权的必要费用，由债务人负担"。但该条仅规定了费用负担，对于律师费、交通费、复印费等这些非属于诉讼费用，但是往往又属于提起诉讼通常发生的费用是否属于该条规定的"必要费用"，能否由债务人承担，则需要进一步细化，而本条司法解释第2款，是对这一问题的明确规定。

三、司法解释条文理解

本条司法解释包括两款条文，第1款是关于债权人撤销权效力范围的规定，第2款是关于债权人行使撤销权必要费用的规定。

（一）本条第1款释义

对于撤销权的客体，《民法典》第538条、第539条沿用了《合同法》无偿行为、有偿行为的二分模式，并且分别进行了扩张。[①] 但无论是有偿行为还是无偿行为，撤销权的客体均应为法律行为，而不包括事实行为，当然，这里的法律行为既包括单方行为，亦包括双方行为。[②] 而对于债权人行使撤销权的效力范围，本条司法解释并未根据有偿行为、无偿行为进行区分，而是以被撤销的债务人诈害行为的标的是否可分，分别对债务人所为之诈害行为被撤销后的效力范围加以明确规定。虽然该条司法解释只有一句，但实际包含两层含义，前一分句针对的是诈害行为标的可分的情形，后一分句针对的是诈害行为标的不可分的情形。

1. 诈害行为标的可分。

债权人行使撤销权，一方面为使流出之财产实际上回复至债务人的手中；另一方面考量对于受益人或转得人所造成之影响，如撤销一部分之诈害行为即得达成保全债权之目的，则无须容许超过该范围之撤销。《民法典》第156条规定："民事法律行为部分无效，不影响其他部分效力的，

[①] 龙俊：《民法典中的债之保全体系》，载《比较法研究》2020年第4期。
[②] 崔建远：《论债权人撤销权的构成》，载《清华法学》2020年第3期。

其他部分仍然有效。"因此，当诈害行为标的可分时，撤销诈害行为一部分导致其不发生法律效力，并不会影响其他部分的效力。在此情形下，债权人仅能于债权数额范围内对诈害行为一部分予以撤销，与保全无关的部分，不得一并予以撤销，未撤销部分则仍然有效，以保障债务人的财产处分自由和对第三人的交易秩序稳定。当然，本条解释的表述为"受影响的债权范围内"，应理解为诈害行为所导致的债权人不能得到清偿的债权数额，这一数额不应超过撤销权人的债权数额。

例如，债务人将名下仅有的100吨价值200万元的优质大米无偿赠与受益人，该行为导致债权人的撤销权成立，但债权人的债权价值仅为80万元，则债权人行使撤销权时，只能撤销债务人40吨价值80万元大米的赠与行为，仅会导致该赠与合同部分无效，而关于60吨价值120万元大米的赠与部分仍然有效。

因此，人民法院在此类案件的司法文书中，应当明确债权人行使撤销权的效力范围，而不应一概整体撤销债务人所实施的法律行为，避免出现债权人债权数额远远小于债务人处分的财产数额而全部予以撤销的情形。[1] 此外，如果债务人和第三人在一个协议中分别实施了几项处分其财产的法律行为，例如，夫妻双方在离婚协议中约定对房产、车辆等财产全部归于一方，则夫或妻的债权人仅能根据债权数额撤销对部分标的物的处分，其他处分财产的行为仍然有效。[2]

2. 诈害行为标的不可分。

若诈害行为标的系不可分，为了实现撤销权制度的立法目的，行使撤销权的债权人亦得超过自己的债权数额，就该行为的全部请求人民法院予以撤销。这是因为，撤销权制度的立法目的之一是使因债务人诈害行为而

---

[1] 参见山东省潍坊市中级人民法院（2021）鲁07民终9082号民事判决书、广西壮族自治区梧州市中级人民法院（2022）桂04民终393号民事判决书。

[2] 参见北京市高级人民法院（2021）京民申3548号民事裁定书，该裁定书载明"二审法院综合考虑邢某某的债权数额、3套房产的具体情况及价值，对于邢某某主张撤销《离婚协议书》中关于夫妻双方名下的财产分割中房屋分割的部分予以撤销，关于其所主张的撤销车辆分割的部分不予支持，亦无不当。"

不当减少的责任财产重新回复到债务人手中，如果诈害行为的标的是不宜分割的非金钱债权或者不可分物，例如诈害行为转让的标的物是一栋房屋，则无法部分撤销诈害行为。在此种情形下，即便诈害行为处分的财产数额高于债权人的债权数额，亦不能按照债权人受影响的债权数额予以撤销，只能整体撤销诈害行为。

例如，债权人对债务人享有 50 万元的金钱债权，债务人将唯一所有的一栋价值 100 万元的房屋以 30 万元的价格出售给受让人，则此时，债权人可以就债务人处分该房屋的整个行为主张撤销，而不必限定于未受清偿的债权数额的范围。

因此，人民法院在此类案件的司法文书中，可以径直裁判撤销债务人实施的全部诈害行为，而不必以债权人的债权数额为限。[①] 但是，这里要注意一点，当诈害行为的标的物已由受益人转让给转得人，转得人善意取得该标的物所有权，或者其他原因导致受益人无法返还标的物时，债权人仅能在其债权数额范围内请求受益人赔偿，而不能要求受益人赔偿标的物的全部价款。

（二）本条第 2 款释义

《民法典》第 540 条承继了原《合同法》第 74 条第 2 款的规定，而本条司法解释第 2 款是对《民法典》第 540 条第 2 句"必要费用"的具体解释。这里值得注意的是，原《合同法司法解释（一）》第 26 条规定，"债权人行使撤销权所支付的律师代理费、差旅费等必要费用，由债务人负担；第三人有过错的，应当适当分担。"而本款解释相比于第 26 条的规定而言，新增了"合理"两字，并删除了"第三人有过错的，应当适当分担"的规定。对于前者，如何理解"合理"，笔者认为，"合理的律师代理费"应当符合各地司法行政部门关于律师代理费收费标准的规定；"合理的差旅费"可以参照财政部《中央和国家机关工作人员赴地方差旅住宿

[①] 参见江苏省高级人民法院（2018）苏民申 5447 号民事裁定书，该裁定书载明："本案撤销权所涉的标的物为房屋，系不可分物。如前所述，某公司有权对李某某无偿赠与其财产的行为行使撤销权，二审据此判决撤销李某某将案涉房屋赠与给李某某的行为，符合法律规定。"

费标准明细表》确定；此外，本款中的"等"字意指"其他合理的费用"，包括债权人实际发生的合理的通信费、复印费、保管费等，当然，这些费用无法统一标准，应结合个案实际情况，由人民法院据实确定。对于后者，本款解释是为了和《民法典》第540条的规定保持一致，上述"必要费用"不存在第三人分担的问题，只要是债权人行使撤销权的"必要费用"就全部由债务人承担。当然，对于上述"必要费用"的负担，如果债权人和债务人存在合同约定，则应按照合同约定负担。

【典型案例】

1. 邢某某、许某、徐某某、徐甲、徐乙债权人撤销权纠纷案

[案号]（2020）京03民终13184号

[审理法院] 北京市第三中级人民法院

[来源] 中国裁判文书网

[关键词] 债权人撤销权　离婚协议　债权范围　部分撤销

[裁判摘要] 夫妻关系双方在离婚时签订《离婚协议书》对夫妻共同财产进行处分是夫妻双方的财产自由。但是，在夫妻一方对外负有债务的情形下，作为债务人的夫妻一方其对财产的处分不能减损其作为债务人的偿债能力，影响债权人债权的实现，否则，将会导致债权人撤销权的发生。当离婚协议中的财产约定涉及数个标的物时，债权人行使撤销权，应当充分考虑各个标的物的具体情况及价值，如果撤销债务人对部分财产的处分即能恢复债务人的偿债能力，则只能按照债权人的债权范围部分撤销债务人的诈害行为，而不能撤销离婚协议中夫妻双方的全部财产约定和处分。

[基本案情] 债权人邢某某对债务人徐丙享有债权2212500元，双方于2018年12月15日达成还款《协议书》。2019年1月23日，徐丙和前妻许某在北京市顺义区民政局登记离婚，双方在《离婚协议书》中约定："……三、夫妻双方名下的财产分割。（一）房屋：1. 女方名下位于顺义区的129平方米房屋，是婚后2009年由女方父母为女方许某所购，属于许

某的个人财产，归许某个人所有。2. 男方名下位于顺义区的 108 平方米的房屋，是夫妻共同财产。双方同意该房产归女方许某个人所有。3. 男方名下位于顺义区的 128 平方米的房产归许某所有，女方许某代男方徐丙借款合计 351 万元由许某负责向亲友偿还。（二）车辆：1. 女方许某名下车牌号为×××的别克牌小轿车一辆，这辆车的实际出资人和持有人是许某某，该车归许某所有。2. 男方徐丙名下车牌号×××的雪佛兰牌小轿车一辆，归女方许某所有。"2019 年 6 月，徐丙因病去世，生前未按协议书约定向邢某某返还投资款本金。

2019 年 10 月 9 日，邢某某在北京市顺义区人民法院提起被继承人债务清偿纠纷诉讼，将徐丙之父徐某某，徐丙之子徐乙、徐甲，徐丙前妻许某以被继承人的身份列为被告，要求其在继承徐丙遗产范围内承担给付义务，邢某某胜诉。后徐某某、徐乙、徐甲不服上诉至北京市第三中级人民法院，二审法院驳回上诉、维持原判。

2020 年 6 月 3 日，邢某某在北京市顺义区人民法院提起债权人撤销权纠纷诉讼。

2. 黄某某与林某债权人撤销权纠纷案

［案号］（2016）闽民终 972 号

［审理法院］福建省高级人民法院

［来源］中国裁判文书网

［关键词］债权人撤销权　承包合同转让协议　债权范围　被撤销行为标的不可分　全部撤销

［裁判摘要］撤销权的行使范围以债权人的债权为限，但当债务人转让的财产权益不可分时，可就转让行为整体主张撤销。项目承包经营权包括自主经营、自负盈亏等内容，其根本目的在于承包人获取收益，该权利本质上是财产权。债务人无偿转让承包经营权这种非金钱债权，该转让行为的标的其性质应为不可分，无法部分撤销，即使该转让行为所涉及的财产权益大于债权人的债权数额，为了实现撤销权制度的目的，保护债权人

的债权，债权人仍可主张全部予以撤销。

[基本案情] 林某对黄某某享有2402万元本金债权及利息。

2012年12月16日，某公司作为发包人与作为承包人的黄某某签订《承包合同》。合同约定：某广场项目由黄某某承包全额投资，自主经营，自负盈亏。承包款35600万元由黄某某负责支付，付款方式：自协议签订之日起30日内一次性向某公司支付5000万元，逾期未支付部分按日千分之一支付违约金。自协议签订之日起90日内一次性向某公司支付6630万元，逾期未付部分按日千分之一支付违约金。余下承包金23970万元，在三年内分期支付，以年回报率18%计算，回报款一年一付，逾期未付部分按日千分之一支付违约金。

2014年3月8日，某公司作为发包人方、黄某某作为转让方、阮某某作为受让方共同签订了《承包合同转让协议书》，其第一条约定，某公司同意黄某某将《承包合同》中的权利义务一并转让给阮某某，阮某某履行《承包合同》中承包方的义务、享有《承包合同》中承包方的权利。第二条约定，《承包合同》转让价款等事项，黄某某和阮某某已协商一致另立协议。

2015年3月，林某在福建省宁德市中级人民法院提起债权人撤销权纠纷诉讼。黄某某、阮某某在庭审中一致认可，黄某某将《承包合同》中的权利义务转让给阮某某时，并未收取对价。

（撰稿人：霍原）

第四十六条 【撤销权行使的法律效果】债权人在撤销权诉讼中同时请求债务人的相对人向债务人承担返还财产、折价补偿、履行到期债务等法律后果的，人民法院依法予以支持。

债权人请求受理撤销权诉讼的人民法院一并审理其与

> 债务人之间的债权债务关系，属于该人民法院管辖的，可以合并审理。不属于该人民法院管辖的，应当告知其向有管辖权的人民法院另行起诉。
>
> 债权人依据其与债务人的诉讼、撤销权诉讼产生的生效法律文书申请强制执行的，人民法院可以就债务人对相对人享有的权利采取强制执行措施以实现债权人的债权。债权人在撤销权诉讼中，申请对相对人的财产采取保全措施的，人民法院依法予以准许。

【关联规定】

一、《民法典》（2020年5月28日）

第542条 债务人影响债权人的债权实现的行为被撤销的，自始没有法律约束力。

二、司法解释

1.《民事诉讼法司法解释》（法释〔2022〕11号）

第499条 人民法院执行被执行人对他人的到期债权，可以作出冻结债权的裁定，并通知该他人向申请执行人履行。

该他人对到期债权有异议，申请执行人请求对异议部分强制执行的，人民法院不予支持。利害关系人对到期债权有异议的，人民法院应当按照民事诉讼法第二百三十四条规定处理。

对生效法律文书确定的到期债权，该他人予以否认的，人民法院不予支持。

2.《企业破产法司法解释（二）》（法释〔2020〕18号）

第9条第1款 管理人依据企业破产法第三十一条和第三十二条的规

定提起诉讼，请求撤销涉及债务人财产的相关行为并由相对人返还债务人财产的，人民法院应予支持。

第13条 破产申请受理后，管理人未依据企业破产法第三十一条的规定请求撤销债务人无偿转让财产、以明显不合理价格交易、放弃债权行为的，债权人依据民法典第五百三十八条、第五百三十九条等规定提起诉讼，请求撤销债务人上述行为并将因此追回的财产归入债务人财产的，人民法院应予受理。

相对人以债权人行使撤销权的范围超出债权人的债权抗辩的，人民法院不予支持。

【理解与适用】

一、本条主旨

本条是关于债权人撤销权行使的法律效果规定。

二、司法解释条文理解

（一）债务人行为相对无效及其后果

就撤销权行使后的法律效果而言，学理上存在不同的争论观点。[①] 形成权说或者物权说认为，债务人行为溯及自始地绝对无效，物权变动无效，所涉财产当然恢复为债务人自始所有这种归属状态，产生物权性质的返还。请求权说或者债权说认为，撤销权的实质内容并非否定行为效力而是取回债务人财产，故产生返还请求之债。责任说认为，撤销权主要调整债务人责任财产数额的减少，在责任法上为债权人利益而使得债务人行为相对地不生效，以撤销这一责任效果而恢复责任财产，此时并不产生返还的义务，财产仍然归属于相对人，但债权人能够就所涉财产对相对人提起

[①] 关于不同学说的介绍，参见崔建远：《合同法》，北京大学出版社2021年版，第189页；韩世远：《合同法总论》，法律出版社2018年版，第454~458页；许德风：《破产法论：解释与功能比较的视角》，北京大学出版社2015年版，第419~424页；[日]下森定：《日本民法中的债权人撤销权制度及其存在的问题》，钱伟荣译，载《清华法学》第4辑。

容忍强制执行之诉，相对人在不丧失对所涉财产之权利的情况下对债务人的债务承担物的有限责任。[①]

原《合同法》未规定撤销权的法律效果，而原《合同法司法解释（一）》第 25 条第 1 款规定被撤销的债务人行为自始无效。《民法典》第 542 条吸取了该司法解释，且在用语上有意地与《民法典》第 155 条保持一致，据此明确规定："债务人影响债权人的债权实现的行为被撤销的，自始没有法律约束力。"这意味着，《民法典》对撤销权行使后的法律后果，并未采取债权说和责任说。但是，为了更好地平衡债权人保障和交易安全，可以弱化物权说所采取的债务人行为绝对无效观点，而采取相对无效观点，使得撤销效果仅发生在撤销权人和相对人之间，而不发生在债务人和相对人之间。如此一来，在价值上，既然撤销权的目的是保护撤销权人的利益，此时，债务人行为在债务人和相对人之间的效力仍然维持，仅否定该行为对撤销权人的效力，切断该行为对撤销权人的影响，这足以保障撤销权目的实现，更为符合比例原则。由于债务人的行为"相对"无效，故只有撤销权人才能对相对人提出上述请求，但是，债务人并未取得相应权利，无权对相对人提出上述请求。

《民法典合同编通则司法解释》第 46 条第 1 款在债务人行为相对无效的基础上，结合《民法典》第 157 条作出进一步规定。债务人尚未给付给相对人的，不得再向相对人给付，相对人就其获得的债务人给付负有原物返还、价值返还（折价补偿）责任。债务人为他人债务提供担保的行为被撤销后，债务人不再负有担保责任，债务人已经实际承担担保责任的，担保权人对债务人负有返还责任。在债务人恶意延长债务履行期限、免除相对人债务的行为被撤销后，相对人对于撤销权人就不能主张期限未届至、债权消灭的抗辩，撤销权人有权请求相对人向债务人履行到期债务。在债务人放弃担保的情形下，撤销权人有权请求相对人承担担保责任。

[①] ［德］莱茵哈德·波克：《德国破产法导论》，王艳柯译，北京大学出版社 2014 年版，第 125~126 页。

(二) 形成和请求的双重主张

对债权人撤销权,之前司法实践中关于能否同时请求撤销和请求相对人承担责任并不一致。《民法典合同编通则司法解释》第46条第1款则明确了撤销权人可以在撤销权诉讼中"同时"请求相对人承担返还财产、折价补偿、履行到期债务等法律后果,这有助于解决司法实践之前的不一致,并降低撤销权目的实现的成本。[1] 行使撤销权的债权人可以提出形成和请求的双重主张。

但是,按照上述规定,在程序上,可以通过主观性的重叠合并之诉实现此种双重内容,法院在确认撤销主张成立后,再审理撤销权人请求相对人承担责任的主张。[2] 此时,在审执分离和执行采取形式判断标准的前提下,如撤销权判决主文中明确了相对人的责任,就符合《民事诉讼法司法解释》第461条第1款第2项执行依据"给付内容明确"的要求,更有利于与强制执行的衔接。这也有助于债权人撤销权和破产撤销权在法律效果方面的协调,《企业破产法》第34条区分了撤销和追回,而《企业破产法司法解释(二)》第9条第1款同样规定管理人在破产撤销权诉讼中有权请求撤销涉及债务人财产的相关行为并由相对人返还债务人财产。如果撤销权人并未同时提出返还请求,此时,依据处分原则,法院不应直接在判决书中对返还请求作出裁判。[3]

《民法典合同编通则司法解释》第46条第2款还进一步规定,债权人请求受理撤销权诉讼的人民法院一并审理其与债务人之间的债权债务关

---

[1] 我国通说观点认为,债权人撤销权兼具撤销和财产返还的双重目的,形成之诉和给付之诉法定合并。但也有观点认为,撤销权诉讼属于形成之诉,返还请求并非撤销权本身的效力,但如撤销权人另外提出返还请求则应尽可能合并审理,参见曹志勋:《论我国法上确认之诉的认定》,载《法学》2018年第11期;任重:《民事判决既判力与执行力的关系——反思穿透式审判思维》,载《国家检察官学院学报》2022年第5期。

[2] 所谓重叠合并,即一个请求与该请求有理由时才被认可的其他请求合并的请求,只有当第一顺位的请求有理由时,法院才对第二顺位的请求进行审理;反之,如果法院认定第一顺位的请求不成立,那么诉讼就因此而终结,审理第二顺位的请求已无必要。参见[日]中村英郎:《新民事诉讼法讲义》,陈刚等译,法律出版社2001年版,第127~128页。

[3] 参见朱禹臣:《债权人撤销权程序的诉判关系与审执关系——兼评最高人民法院118号指导案例》,载《法学》2023年第8期。

系,属于该人民法院管辖的,可以合并审理。不属于该人民法院管辖的,应当告知其向有管辖权的人民法院另行起诉。这意味着,债权人行使撤销权的法律关系和债权人与债务人之间的法律关系是不同的法律关系,因此,在诉讼中是不同的诉讼标的,并非一个诉,需要分别提出。但是,如果这两个诉属于同一法院管辖,则法院可以合并审理。

(四) 撤销权的私益性及其执行路径

基于债权人撤销权和破产撤销权的功能分工,后者的目标定位更应强调全体债权人的共益,因此,按照《企业破产法》第34条,破产撤销权的法律效果是将相对人返还或者履行的利益作为破产财产,以增进破产财产价值。如果在债权人撤销权中也完全贯彻此种"入库",则可能会出现行为激励不足的问题,债权人付出成本提起撤销权诉讼并承担败诉风险,但在债务人有其他债权人时,撤销权人却无法独享胜诉利益。同时,从体系内部协调上而言,此种入库后果也可能与《民法典》第537条所规定的代位权后果不相一致,债权人代位权应对债务人消极不作为损害债权人的情形,债权人撤销权应对债务人积极作为损害债权人的情形,但后果上撤销权反而可能弱于代位权。从价值上而言,债权人平等是机会平等,但机会平等不见得是结果平等,结果上的平等可以在破产和强制执行的参与分配制度中实现,在其他制度中则应贯彻"勤勉原则",强调"先来后到"和"早起的鸟儿有虫吃"。因此,在债权人撤销权中,可以考虑更为强调私益性。[1]

事实上,承认债权人撤销权的私益性,才能够与撤销权行使范围的规则相配套。撤销权的行使范围和撤销权的法律效果密切相关,如果强调撤销权的共益性进而采取"入库"规则,则撤销权的行使范围不应限于撤销权人的债权。反之,如果撤销权的行使范围是撤销权人的特定债权,则应当强调撤销权的私益性而不采取"入库"规则。因此,在破产撤销权中,《企业破产法司法解释(二)》第13条第1款规定,如果管理人未行使破

---

[1] 参见陈韵希:《我国债权人撤销权制度的目标定位和法律效果》,载《求索》2020年第6期;朱晶晶:《论债权人撤销权的私益性及其实现》,载《新疆社会科学》2021年第6期;高旭:《优先主义理念下债权人撤销权的制度重构:以程序法为中心》,载《南大法学》2023年第4期。

产撤销权，债权人可以行使撤销权，请求撤销债务人的诈害行为并将追回的财产归入债务人财产。由于在此时撤销权采取"入库"规则，故该条第2款规定："相对人以债权人行使撤销权的范围超出债权人的债权抗辩的，人民法院不予支持。"但是，依据《民法典》第540条的规定，撤销权的行使范围以债权人的债权为限。依据《民法典合同编通则司法解释》第45条第1款，如果被撤销行为的标的可分，当事人主张在受影响的债权范围内撤销债务人的行为的，人民法院依法予以支持；只有在被撤销行为的标的不可分时，债权人才有权主张将债务人的行为全部撤销。此时，撤销权就不应采取"入库"规则。

就实现债权人撤销权的私益性从而保障撤销权人的个人债权受偿的手段而言，第一种方式是直接确立撤销权人直接受偿。但是，《民法典》并未对债权人撤销权作出此种规定。最高人民法院指导性案例第118号的裁判要点中认为相对人应向债务人返还财产；在关于与债权人撤销权存在密切关联的恶意串通的最高人民法院指导性案例第33号的裁判要点中同样认为，财产应返还给原财产所有人而不能返还给债权人。第二种方式是相对人向债务人承担责任，但债权人在行使撤销权时有权同时代位债务人行使对相对人的权利，即撤销权衔接代位权，使得撤销权人无须取得对债务人的执行依据便可直接收回债务人对相对人的权利。对此存在支持观点，[①]但也同样存在反对观点，认为两者同时行使会导致制度功能、适用对象、行使范围的混淆，且两者的行使条件也并不相同，无法完成两者衔接。[②]事实上，两者的衔接在实体法上的障碍是"债务人怠于行使"这个要件，因为债务人在其行为被撤销后才对相对人享有权利，故在债权人撤销权行使时尚不构成"怠于行使"，这需要规范明确作出规定实现对"债务人怠

[①] 参见朱晶晶：《论债权人撤销权的私益性及其实现》，载《新疆社会科学》2021年第6期；龙俊：《民法典中的债之保全体系》，载《比较法研究》2020年第4期；茅少伟：《恶意串通、债权人撤销权及合同无效的法律后果——最高人民法院指导案例33号的实体法评释》，载《当代法学》2018年第2期。民法典合同编的一审稿和二审稿均规定了"债权人请求人民法院撤销债务人行为的，可同时依法以自己的名义代位行使债务人在其行为被撤销后对相对人所享有的权利"，但之后删除，具体参见黄薇主编：《中华人民共和国民法典合同编解读》（上册），中国法制出版社2020年版，第274~276页。

[②] 参见王利明：《债权人代位权与撤销权同时行使之质疑》，载《法学评论》2019年第2期。

于行使"的拟制。

《民法典合同编通则司法解释》第 46 条则采取了执行路径。[①] 第 1 款规定撤销权人有权请求相对人"向债务人"承担法律后果；[②] 第 2 款规定债权人可以请求在撤销权诉讼中依据管辖一并审理其与债务人的债权债务关系；在此基础上第 3 款中进一步规定，"债权人依据其与债务人的诉讼、撤销权诉讼产生的生效法律文书申请强制执行的，人民法院可以就债务人对相对人享有的权利采取强制执行措施以实现债权人的债权"。

据此，债权人对债务人取得了执行根据，且在撤销权的生效法律文书中已经确认了债务人在其行为被撤销后请求相对人返还的权利时，如果相对人负有原物返还义务，则在采取物权变动有因性的前提下，撤销权判决能够直接回复债务人对财产的权属。依据《最高人民法院关于人民法院民事执行中查封、扣押、冻结财产的规定》第 2 条第 3 款，对属于债务人而只是由相对人占有或者只是登记在相对人名义下的财产，法院可以直接查扣冻，前提是相对人书面确认该财产属于债务人；但是，即使相对人没有书面确认，但由于执行根据已经确认了该财产属于债务人，法院同样应当可以直接查扣冻，且相对人不能提起第三人异议之诉。此时，无须相对人返还，执行法院也可以直接执行该财产，在将财产变价后，如果仍有剩余变价款，法院将剩余变价款留给相对人，从而实现了债权判决和撤销权判决。[③]

在债权人对债务人的债权因未到期等原因而未取得执行依据，或者采取价值返还因而债务人对相对人享有金钱债权时，由于执行中所采取的外观主义，事实状态推定所有权归属，这意味着法院一般不能就金钱债权到

[①] 比较法上的趋势也承认撤销权人可以在执行阶段直接执行脱逸财产以实现债权，具体整理参见高旭：《优先主义理念下债权人撤销权的制度重构：以程序法为中心》，载《南大法学》2023 年第 4 期。

[②] 撤销权人有权请求相对人向债务人承担责任，这并不与前文所述的撤销权使得被撤销的行为相对无效（或者相对不生效力）矛盾。换言之，被撤销的债务人行为对撤销权人不产生效力是一个问题，其解决的是谁有权撤销该行为或者被撤销的行为对谁不发生效力，而行为被撤销后相对人向谁承担责任则是另一个问题。

[③] 参见云晋升：《论债权人撤销权行使的法律效果——以〈民法典〉第 542 条为中心的分析》，载《社会科学》2022 年第 3 期；宋史超：《论债权人撤销权判决的实现路径——以指导案例 118 号为中心》，载《政治与法律》2021 年第 1 期。

相对人处执行非债务人的财产，也就意味着无法采取上述解释方案。但此时，在债权人取得对债务人的执行根据后，债务人未履行义务且其对相对人享有到期的债权，依据《民事诉讼法司法解释》第 499 条第 1 款，执行法院可以执行债务人对相对人的到期债权，作出冻结债权的裁定，并通知相对人向申请执行人（债权人）履行。由于债务人对相对人的债权已经取得生效法律文书，相对人的程序保障已经实现，即使相对人向执行法院提出异议，但相对人仍应当向申请执行人（债权人）履行债务。

同时，《民法典合同编通则司法解释》第 46 条第 3 款中还规定，"债权人在撤销权诉讼中，申请对相对人的财产采取保全措施的，人民法院依法予以准许"。这使得债权人在撤销权诉讼中通过对相对人财产的保全，避免相对人资力不足或者转移特定财产的风险，有助于进一步保障债权人的利益。

因此，依据《民法典合同编通则司法解释》第 46 条，债权人撤销权通过执行路径实质性实现了私益性，更有助于保障行使撤销权的特定债权人的利益。债务人的其他债权人如果也想到相对人处强制执行，必须取得自己的执行根据，如果债务人的多个债权人都取得了执行根据，对于所涉财产的变价款或者金钱债权款项的分配应按照查封时间确定顺序；而在符合参与分配条件时，财产变价款或者金钱债权款项原则上需要在各债权人之间进行平均分配。[①]《民事诉讼法司法解释》第 511 条至第 514 条还规定了"执转破"，明确规定在对未成功进入破产程序的主体的强制执行中，普通债权人按照各自采取查扣措施的先后顺序受偿，由此排除了参与分配制度的适用。由此，债权人平等受偿是通过破产和参与分配制度予以贯彻和实现，而破产程序之外的其他强制执行制度则以鼓励竞争的优先主义为原则。[②]

[①] 参见云晋升：《论债权人撤销权行使的法律效果——以〈民法典〉第 542 条为中心的分析》，载《社会科学》2022 年第 3 期。

[②] 类似观点，参见高旭：《优先主义理念下债权人撤销权的制度重构：以程序法为中心》，载《南大法学》2023 年第 4 期。

【典型案例】

某电气公司与某银行、甲开关公司等执行复议案

[来源] 最高人民法院指导案例118号（第23批指导案例）

[关键词] 执行　执行复议　撤销权　强制执行

[裁判要点] 1. 债权人撤销权诉讼的生效判决撤销了债务人与受让人的财产转让合同，并判令受让人向债务人返还财产，受让人未履行返还义务的，债权人可以债务人、受让人为被执行人申请强制执行。

2. 受让人未通知债权人，自行向债务人返还财产，债务人将返还的财产立即转移，致使债权人丧失申请法院采取查封、冻结等措施的机会，撤销权诉讼目的无法实现的，不能认定生效判决已经得到有效履行。债权人申请对受让人执行生效判决确定的财产返还义务的，人民法院应予支持。

[基本案情] 某银行与甲开关公司、某电气公司、某变压器公司、某工程公司、某电器公司、某隔离公司、某机械公司、某物流公司借款合同、撤销权纠纷一案，经北京市高级人民法院（以下简称北京高院）一审、最高人民法院二审，最高人民法院于2008年9月5日作出（2008）民二终字第23号民事判决，最终判决结果为：一、甲开关公司偿还某银行借款本金人民币15000万元及利息、罚息等，某变压器公司对债务中的14000万元及利息、罚息承担连带保证责任，某工程公司对债务中的1000万元及利息、罚息承担连带保证责任。二、撤销某发展公司以其对外享有的7666万元对外债权及利息与甲开关公司持有的在某机械公司95%的股权和在某物流公司95%的股权进行股权置换的合同；某发展公司与甲开关公司相互返还股权和债权，如不能相互返还，某发展公司在24711.65万元范围内赔偿甲开关公司的损失，甲开关公司在7666万元范围内赔偿某发展公司的损失。三、撤销甲开关公司以其在某隔离公司74.4%的股权与某发展公司持有的在某通讯公司98.5%的股权进行置换的合同。双方相互返还股权，如果不能相互返还，某发展公司应在13000万元扣除2787.88万

元的范围内赔偿甲开关公司的损失。依据上述判决内容,某发展公司需要向甲开关公司返还下列三项股权:在某机械公司的95%股权、在某物流公司的95%股权、在某隔离公司的74.4%股权,如不能返还,扣除甲开关公司应返还某发展公司的债权和股权,某发展公司需要向甲开关公司支付的款项总额为27000万余元。判决生效后,经某银行申请,北京高院立案执行,并于2009年3月24日,向某发展公司送达了执行通知,责令其履行法律文书确定的义务。

2009年4月16日,被执行人某发展公司向北京高院提交了《关于履行最高人民法院(2008)民二终字第23号民事判决的情况说明》(以下简称说明一),表明该公司已通过支付股权对价款的方式履行完毕生效判决确定的义务。北京高院经调查认定,根据中信银行沈阳分行铁西支行的有关票据记载,2007年12月20日,某发展公司支付的17046万元分为5800万元、5746万元、5500万元,通过转账付给甲开关公司;当日,甲开关公司向某电气公司(某通讯公司98.5%股权的实际持有人),某电气公司向某电器公司,某电器公司向某隔离公司,某隔离公司向某发展公司通过转账支付了5800万元、5746万元、5500万元。故北京高院对某发展公司已经支付完毕款项的说法未予认可。此后,北京高院裁定终结本次执行程序。

2013年7月1日,某银行向北京高院申请执行某发展公司因不能返还股权而按照判决应履行的赔偿义务,请求控制某发展公司相关财产,并为此提供保证。2013年7月12日,北京高院向工商管理机关发出协助执行通知书,冻结了某发展公司持有的某干燥设备公司67.887%的股权及沈阳凯毅电气有限公司10%(10万元)的股权。

对此,某发展公司于2013年7月18日向北京高院提出执行异议,理由是:一、北京高院在查封财产前未作出裁定;二、履行判决义务的主体为甲开关公司与某发展公司,某银行无申请强制执行的主体资格;三、某发展公司已经按本案生效判决之规定履行完毕向甲开关公司返还股权的义务,不应当再向某银行支付17000万元。同年9月2日,某发展公司向北京高院出具《关于最高人民法院（2008）民二终字第 23 号判决书履行情况的说明》（以下简称说明二），具体说明本案终审判决生效后的履行情况：1. 关于在某机械公司 95% 股权和某物流公司 95% 股权返还的判项。2008 年 9 月 18 日，某发展公司、甲开关公司、某电器公司（当时某机械公司 95% 股权的实际持有人）、某设备公司（当时某物流公司 95% 股权的实际持有人）签订四方协议，约定由某电器公司、恒宇机械代某发展公司向甲开关公司分别返还某机械公司 95% 股权和某物流公司 95% 股权；2. 关于某隔离公司 74.4% 的股权返还的判项。某发展公司与甲开关公司、某母线公司（当时某隔离公司 74.4% 股权的实际持有人）、某电气公司于 2008 年 9 月 18 日签订四方协议，约定由某母线公司代替某发展公司向甲开关公司返还某隔离公司 74.4% 的股权。2008 年 9 月 22 日，各方按照上述协议交割了股权，并完成了股权变更工商登记。相关协议中约定，股权代返还后，某发展公司对代返还的三个公司承担对应义务。

2008 年 9 月 23 日，甲开关公司将某隔离公司的股权、某机械公司的股权、某物流公司的股权转让给某经贸公司，并在工商管理机关办理完毕变更登记手续。

（撰稿人：朱虎）

六、合同的变更和转让

> **第四十七条　【债权债务转让纠纷的诉讼第三人】**
>
> 债权转让后，债务人向受让人主张其对让与人的抗辩的，人民法院可以追加让与人为第三人。
>
> 债务转移后，新债务人主张原债务人对债权人的抗辩的，人民法院可以追加原债务人为第三人。
>
> 当事人一方将合同权利义务一并转让后，对方就合同权利义务向受让人主张抗辩或者受让人就合同权利义务向对方主张抗辩的，人民法院可以追加让与人为第三人。

【关联规定】

一、《民法典》（2020年5月28日）

第545条　债权人可以将债权的全部或者部分转让给第三人，但是有下列情形之一的除外：

（一）根据债权性质不得转让；

（二）按照当事人约定不得转让；

（三）依照法律规定不得转让。

当事人约定非金钱债权不得转让的，不得对抗善意第三人。当事人约定金钱债权不得转让的，不得对抗第三人。

第547条　债权人转让债权的，受让人取得与债权有关的从权利，但是该从权利专属于债权人自身的除外。

受让人取得从权利不因该从权利未办理转移登记手续或者未转移占有而受到影响。

第548条　债务人接到债权转让通知后，债务人对让与人的抗辩，可以向受让人主张。

第553条　债务人转移债务的，新债务人可以主张原债务人对债权人的抗辩；原债务人对债权人享有债权的，新债务人不得向债权人主张抵销。

第555条　当事人一方经对方同意，可以将自己在合同中的权利和义务一并转让给第三人。

第556条　合同的权利和义务一并转让的，适用债权转让、债务转移的有关规定。

二、其他法律

《民事诉讼法》（2023年9月1日）

第59条　对当事人双方的诉讼标的，第三人认为有独立请求权的，有权提起诉讼。

对当事人双方的诉讼标的，第三人虽然没有独立请求权，但案件处理结果同他有法律上的利害关系的，可以申请参加诉讼，或者由人民法院通知他参加诉讼。人民法院判决承担民事责任的第三人，有当事人的诉讼权利义务。

前两款规定的第三人，因不能归责于本人的事由未参加诉讼，但有证据证明发生法律效力的判决、裁定、调解书的部分或者全部内容错误，损害其民事权益的，可以自知道或者应当知道其民事权益受到损害之日起六个月内，向作出该判决、裁定、调解书的人民法院提起诉讼。人民法院经审理，诉讼请求成立的，应当改变或者撤销原判决、裁定、调解书；诉讼请求不成立的，驳回诉讼请求。

三、司法解释

1. 《民事诉讼法司法解释》（法释〔2022〕11号）

第81条　根据民事诉讼法第五十九条的规定，有独立请求权的第三人有权向人民法院提出诉讼请求和事实、理由，成为当事人；无独立请求权的第三人，可以申请或者由人民法院通知参加诉讼。

第一审程序中未参加诉讼的第三人，申请参加第二审程序的，人民法院可以准许。

2. 《最高人民法院关于审理融资租赁合同纠纷案件适用法律问题的解释》（法释〔2020〕17号）

第13条　出卖人与买受人因买卖合同发生纠纷，或者出租人与承租人因融资租赁合同发生纠纷，当事人仅对其中一个合同关系提起诉讼，人民法院经审查后认为另一合同关系的当事人与案件处理结果有法律上的利害关系的，可以通知其作为第三人参加诉讼。

承租人与租赁物的实际使用人不一致，融资租赁合同当事人未对租赁物的实际使用人提起诉讼，人民法院经审查后认为租赁物的实际使用人与案件处理结果有法律上的利害关系的，可以通知其作为第三人参加诉讼。

承租人基于买卖合同和融资租赁合同直接向出卖人主张受领租赁物、索赔等买卖合同权利的，人民法院应通知出租人作为第三人参加诉讼。

【理解与适用】

一、本条主旨

本条是关于债权债务转让纠纷中，让与人能否以无独立请求权第三人的身份参加诉讼的规定。

二、司法解释条文理解

我国既有的立法对无独立请求权第三人制度的构建有待进一步完善，

理论上对于无独立请求权第三人的研究也有待进一步深化。① 在诉讼法上，无独立请求权第三人参与诉讼的法律依据是《民事诉讼法》第 59 条第 2 款。根据《民事诉讼法》第 59 条第 2 款的规定，第三人要参加诉讼需要和案件的处理结果具有法律上的利害关系。而在理论上，具有法律上的利害关系如何判断则成为难题。对于具有法律上的利害关系的判断理论上有狭义、中义和广义三种不同理解。狭义的理解认为法律上的利害关系仅指和本诉被告存在实体法上的义务关系。② 中义的理解认为法律上的利害关系应当是实体法上的权利义务关系。③ 广义的理解则认为只要裁判会影响第三人的法律地位或者民事权益，均应被认为具有法律上的利害关系。④ 由此，司法实践中，如何正确理解具有法律上的利害关系，对于查清案情，保障第三人的权利，维护司法公正，促进司法效率具有极大的影响。⑤ 本条司法解释主要解决的是在债权债务转让中如何判断第三人是否具有法律上的利害关系。本条在具体的实践应用中，需要从以下三个方面把握。

第一，必须已经完成了债权债务的转让。让与人成为第三人的前提在于债权债务已经完成了转让所应当完成的一切条件，让与人从原有的债权债务关系中独立出来。如果债权债务的转让尚未完成，则让与人依然是原债权债务的主体，理应成为诉讼的当事人，不存在成为诉讼第三人的可能和必要。至于让与的标的既可以是债权，也可以是债务，还可以是合同权利义务的概括转让。

第二，需要债务人、新债务人、合同的相对方或者受让人提出抗辩。

---

① 参见王亚新、陈杭平、刘君博：《中国民事诉讼法重点讲义》，高等教育出版社 2017 年版，第 166 页。
② 参见董国庆、易斌：《无独立请求权第三人若干问题探微》，载《人民司法》2006 年第 8 期。
③ 参见王亚新、陈杭平、刘君博：《中国民事诉讼法重点讲义》，高等教育出版社 2017 年版，第 166 页。
④ 参见刘东：《论无独立请求权第三人的识别与确定——以"有法律上的利害关系"的类型化分析为中心》，载《当代法学》2016 年第 2 期。
⑤ 参见汤维建：《民事诉讼中无独立请求权第三人研究》，载《贵州民族大学学报》（哲学社会科学版）2022 年第 4 期。

之所以将让与人作为第三人，是因为债务人、新债务人、合同的相对方或者受让人一旦抗辩成功，将会对让与人的利益产生影响。如果债务人、新债务人、合同的相对方或者受让人没有就债务关系或者合同的权利义务提出抗辩，则不会影响到让与人的利益，那么便没有将让与人拉入诉讼的必要。[①]

第三，法院是可以将出让人追加为第三人参加诉讼而不是必须追加出让人为第三人。至于是否需要追加让与人为第三人参加诉讼，则由法院根据案件的具体情况进行判断。当事人不能以法院没有追加让与人为第三人而认定诉讼程序存在问题。

根据本条的规定，还可能引申出的一个问题是：在法院未追加让与人为诉讼第三人的情况下，让与人是否可以主动申请参与诉讼？对此，本条司法解释并未有明确的规定。从《民事诉讼法》第59条第2款和本条司法解释的规定来看，本条解释既然认定法院能够追加债权债务的让与人为第三人，当然就认为债权债务的让与人与案件的处理具有法律上的利害关系。即只要是债权债务的让与人，就应当认为其符合具有法律上的利害关系这一要件。从此出发，让与人当然可以根据《民事诉讼法》第59条第2款的规定主动申请参与诉讼。

【典型案例】

某融资担保公司与某银行保证合同纠纷案

［案号］（2021）最高法民申4693号

［审理法院］最高人民法院

［来源］中国裁判文书网

［关键词］保证合同　连带保证　无独立请求权第三人

［裁判摘要］债务人向受让人主张对原债权人抗辩的，人民法院可以追

[①] 参见曹守晔、张进先、尹鲁先等：《关于适用合同法若干问题的解释（一）的理解和适用》，载《人民司法》2000年第3期。

加原债权人为第三人。但法院并不是必须要追加原债权人为第三人。法院在可以查清案件事实的情况下，未追加原债权人为诉讼第三人并无不当。

[基本案情] 2016 年 12 月 16 日，某经贸公司（甲方）、某证券公司（乙方）、某投资合伙企业（丙方）、某融资担保公司（丁方）经协商一致，就转让及回购丙方财产份额收益权事宜，签订《合伙企业财产份额收益权转让及回购协议》。协议约定甲方作为合伙人，向丙方出资，出资金额占丙方出资额的 50%，出资费用由乙方代为交付。甲方以一定的金额向乙方回购股权，回购的金额根据乙方出资金额和占有标的天数确定，具体计算公式为：转让价款+转让价款×5.5%×乙方持有转让标的实际总天数/360。

2012 年 12 月 16 日，某投资合伙企业与某银行签订《金融业务安排服务协议书》，内容为：某银行为某投资合伙企业提供金融业务安排服务，某投资合伙企业向某银行支付金融业务安排服务费。

2016 年 12 月 16 日，某融资担保公司及其法定代表人向某证券公司（乙方）和某银行出具担保函，内容为：某融资担保公司为某经贸公司与某证券公司签订的《合伙企业财产份额收益权转让及回购协议》，某银行与某投资合伙企业签订的《金融业务安排服务协议书》中某证券公司和某银行的合同权利承担连带责任保证，并对两合同中某证券公司和某银行的权利进行了确认。

2016 年 12 月 16 日，某投资合伙企业召开合伙人大会，某投资基金公司、某经贸公司参加，一致同意通过以下决议：一、同意某经贸公司向某证券公司转让其合法持有的合伙企业财产份额收益权，并承诺由某经贸公司溢价回购该合伙企业财产份额收益权，如某经贸公司未能履约，则由某投资合伙企业承担连带保证责任，代某经贸公司履行相关义务。二、同意某融资担保公司作为有限合伙人某经贸公司向某证券公司转让其合法持有的合伙企业财产份额收益权的保证人，为其提供连带保证责任。三、同意某证券公司代有限合伙人某经贸公司向本合伙企业履行实缴出资 3000 万元义务。四、同意按约定向某银行支付金融业务安排服务费。

2017年，某证券公司将享有的《合伙企业财产份额收益权转让及回购协议》项下的权利义务转让给某银行。某银行作为主债权人直接向某经贸公司主张债权、向某融资担保公司主张连带保证责任。

后因某经贸公司未按时支付《合伙企业财产份额收益权转让及回购协议》中的全部收益回购款，同时某融资担保公司未依约承担连带保证责任，被某银行诉至法院，要求某融资担保公司按照保证合同承担连带保证责任。一审法院判决某融资担保公司承担连带保证责任；二审法院维持原判。某融资担保公司以在其对让与人与新债权人之间的债权转让合同的真实性、客观性、合法性提出了明确的异议的情况下，法院仍未将让与人某证券公司列为第三人等为由申请再审。最高人民法院认为：某融资担保公司可以主张对原债权人某证券公司及受让人某银行的全部抗辩，原债权人某证券公司是可以列为的第三人，但不是必须追加的当事人。原审法院在可以查清案件事实的情况下，未追加某证券公司为本案第三人，并无不当。

[评析] 在再审申请人对新债权人提出抗辩后，本案在程序上的主要争议点即在于是否必须追加让与人为第三人。再审申请人认为法院有必要追加让与人为第三人。但是最高法院在本案中明确认为：是否追加让与人为第三人由法院根据案件的具体情况确定，在可以查清案件事实的情况下，法院没有将让与人列为第三人参加诉讼，并无不当。

（撰稿人：龙松熊）

第四十八条 【债权转让通知】 债务人在接到债权转让通知前已经向让与人履行，受让人请求债务人履行的，人民法院不予支持；债务人接到债权转让通知后仍然向让与人履行，受让人请求债务人履行的，人民法院应予支持。

> 让与人未通知债务人，受让人直接起诉债务人请求履行债务，人民法院经审理确认债权转让事实的，应当认定债权转让自起诉状副本送达时对债务人发生效力。债务人主张因未通知而给其增加的费用或者造成的损失从认定的债权数额中扣除的，人民法院依法予以支持。

【关联规定】

《民法典》（2020年5月28日）

第546条 债权人转让债权，未通知债务人的，该转让对债务人不发生效力。

债权转让的通知不得撤销，但是经受让人同意的除外。

第764条 保理人向应收账款债务人发出应收账款转让通知的，应当表明保理人身份并附有必要凭证。

【理解与适用】

一、本条主旨

本条是关于债权转让通知法律效果上的细化规定。

二、规范来源

债权人转让债权有利于债权的流通性，发挥债权的经济价值。但是，债权人转让债权的行为会给债务人的利益造成一定的影响，为了保护债务人的利益，《民法典》第546条规定了债权转让的通知义务。[1] 债权人转让债权本不必经债务人的同意，此时如若不存在债权转让通知债务人的相关

---

[1] 黄薇主编：《中华人民共和国民法典合同编释义》，法律出版社2020年版，第191页。

规则，债务人很可能面临重复履行或向错误债权人履行的风险，不仅会对债务人产生法律负担，也不利于经济社会的稳定发展。① 因此，《民法典》第 546 条规定的出发点主要是侧重于保护债务人的利益，通过限制债权让与对债务人产生的法律效果，达到债权流通性与债务人利益之间的平衡保护。

根据《民法典》第 546 条的规定，债权转让未通知债务人，该转让对债务人不发生效力，即使受让人取得了债权，债务人也有权拒绝受让人的履行请求；债务人向让与人履行债务的，债权消灭。如果债权转让通知了债务人，则债权转让对债务人发生效力，此时债务人即对受让人负有履行义务，并且有权以此拒绝让与人的履行请求；如果债务人仍然向让与人履行，则不发生债权消灭的效力。② 但是本条并未对债权让与通知的主体、有效形式，以及直接起诉或申请仲裁是否可得替代债权转让通知等内容予以说明，因此《民法典合同编通则司法解释》第 48 条对此作出了适用上的细化规定。

三、司法解释条文理解

本条司法解释共分为两款，其中第 1 款对债权转让通知后的法律效果进行了细化规定；第 2 款对让与人未直接通知债务人时，受让人起诉是否属于有效通知及其生效时点等问题予以释明。

就第 1 款而言，其主要是对《民法典》第 546 条中"该转让对债务人不发生效力"这一法律效果在适用上的再度细化，明确"不发生效力"的法律效果即为：当债务人在接到债权转让通知前已经向让与人（也即原债权人）履行的，该履行行为有效，受让人再行请求债务人履行的，人民法院不予支持。换言之，受让人此时只得向让与人主张不当得利的返还，抑或向让与人主张债权让与合同的违约责任之承担。而如若债务人接到债权转让通知后，仍向让与人履行的，则该履行行为不发生债权债务关系消灭的法律效力，受让人仍可要求债务人向其履行相关债务。

---

① 王利明主编：《中国民法典评释·合同编·通则》，中国人民大学出版社 2020 年版，第 576 页。
② 黄薇主编：《中华人民共和国民法典合同编解读》（上册），中国法制出版社 2020 年版，第 291 页。

但是本条款还是未能从正面规定债权转让通知的主体及方式。就通知主体而言，原债权人属于适格的债权转让通知主体是毋庸置疑的，但是对于受让人是否亦属适格的通知主体有待解释。从《民法典》第546条的规定来看，该条款并未明确受让人的通知是否属于有权通知。在审判实务中，有法院认为应当将通知主体严格限定为原债权人。比如，在"李某某与某热电公司债权人代位权纠纷案"[①]中，二审法院认为，如果允许除债权人之外的人进行通知，会使得债务人须被迫对通知所涉债权转让的真实性进行判断，为了保护债务人的权利，应当将通知的主体限定为债权人。再如，在"中国银行与某公司债权转让纠纷案"[②]中，该案审理法院也认为，转让通知应由债权让与人而非受让人做出。此种严格主义，在立法例上以日本为典型。

但是最近几年，在《民法典》第546条颁布后，并没有对债权转让通知的主体作出如此严格的限定。比如，在"某物流公司与某能源公司金融借款合同纠纷案"[③]中，受让人将保理合同中债权转让的情况对债务人进行了通知，而最高人民法院认可了此项通知的效力。虽然，此案的争议焦点并不在于债权转让通知是否有效，但最高人民法院对该债权转让真实性的确认，对债务人负有向保理人还款义务的认定，即从侧面反映出其对上述由受让人向债务人发出的《应收账款转让债权通知书》有效性的认可。[④]又如，在"任某与项某等股权转让纠纷案"[⑤]中，浙江省台州市椒江区人民法院认为，《民法典》第546条并未限制仅能由债权人作为债权转让通知主体，为促进交易便捷开展，债权的受让人应当也可以成为通知的主体，在债务人知晓债权转让事实后，债权转让通知发生法律效力。本案

[①] 福建省厦门市中级人民法院（2014）厦民终字第2768号民事判决书。
[②] 上海市第一中级人民法院（2013）沪一中民四（商）终字第1623号民事判决书。
[③] 最高人民法院（2018）最高法民再129号民事判决书。
[④] 也有学者对此持相同的观点，认为债权转让的保护还涉及债权人、债务人以及受让人之间的交易信用，而不能仅限于合同相对性只保护让与合同双方。参见王婷婷、范卫国：《论债权让与通知中的适格主体——兼评我国合同法第80条第1款》，载《中南大学学报》（社会科学版）2012年第5期。
[⑤] 浙江省台州市椒江区人民法院（2022）浙1002民初4228号民事判决书。

中，原告任某直接向法院起诉，并借助法院送达起诉状的方式，向债务人即被告项某送达债权转让通知，亦可以发生通知转让的法律效力。此外，国际上也存有允许受让人进行通知的观点，[1] 如《国际商事合同通则》就规定，在债权让与法律关系中，既可以是转让人向债务人进行通知，也可以是受让人向债务人发出通知，并且让与关系当事人中的任何一方做出的通知行为，其效力都是相同的。[2]

从立法目的看，在对《民法典》第 546 条进行解释时，将受让人同样纳入通知主体范围内，不仅有利于解决实际问题，还可保护受让人的利益。[3] 如若只允许让与人成为通知的适格主体，则会导致另一种不公：让与人有可能会延期进行通知或者拒绝履行通知义务，如此一来，受让人只得向其主张违约责任的履行，合同目的很有可能会落空。[4] 且受让人作为受让后的债权人，其当然有权对债务人提出通知，如若怕影响债务人的利益，辅以相关证明即可，而无须否认该通知的效力。[5] 我国《民法典》新增第 764 条对保理人向债务人作出债权让与通知时债务人可能承受的负担予以破除，[6] 因而在该条款之下，债权人和保理人（受让人）都是有效的债权让与通知主体，只是保理人（受让人）须附必要凭证予以证明，以减少债务人的识别成本。

---

[1] 一般认为，在判断债权转让通知主体的问题上绝不能只单纯考虑债务人利益，债务人知晓债权已被转让是保障受让人取得债权利益顺利实现的前提，因唯有如此债务人才有可能转向受让人履行。参见申建平：《债权让与通知论》，载《求是学刊》2005 年第 4 期。

[2] 持相同意见的还有《联合国国际贸易中应收账款转让公约》第 13 条：除非另行约定否则转让人和受让人都有权向债务人发出转让通知等。

[3] 参见崔建远：《债法总论》，法律出版社 2013 年版，第 236~237 页；方新军：《合同法第 80 条的解释论问题——债权让与通知的主体、方式及法律效力》，载《苏州大学学报》2013 年第 4 期；房绍坤、王洪平：《债法要论》，华中科技大学出版社 2013 年版，第 192 页。

[4] 参见黄斌：《国际保理——金融创新及法律实务》，法律出版社 2006 年版，第 92 页。

[5] 《联合国国际贸易中应收转让公约》第 17 条第 7 款也是如此规定的，即债务人在收到受让人所发出的让与通知后，其有权要求受让人在合理期限内提供各环节债权让与的充分证据，证明该做出通知的主体确实为债权的现实所有人，如受让人未能提供证据则债务人可因视为未收到受让人通知而免于清偿，载联合国国际贸易法委员会网站，https://uncitral.un.org/sites/uncitral.un.org/files/media-documents/uncitral/zh/ctc-assignment-convention-c.pdf，2024 年 1 月 5 日访问。

[6] 该条规定："保理人向应收账款债务人发出应收账款转让通知的，应当表明保理人身份并附有必要凭证。"

综上，本条司法解释第 1 款是否应当被解释为包含受让人进行有效通知的情形呢？原则上，为了减少债务人的识别成本，在进行债权转让通知时，还是应当由让与人为之；但是如果受让人在进行通知时能够提供如经公证的债权转让合同等能够确认债权转让事实的证据的，则该通知具备法律效力，属于有效通知。但亦有观点指出，如上规定将会不当扩大债务人的识别成本，对其造成负担。而在债权让与法律关系中，立法或司法解释的规定本就应当最大限度降低对债务人的影响，正因如此，本次司法解释又进一步删除了征求意见稿中债务人对债权转让通知"有效性"的判断要求，也即变为了"债务人接到债权转让通知后仍然向让与人履行，受让人请求债务人履行的，人民法院应予支持"。

从整体上看，本条司法解释第 1 款的规定将极大地保护债务人的权益，彻底撤除债务人对通知是否有效的判断，只要债务人接到债权转让通知，无须判断该转让通知的有效性，债权转让通知即对其发生效力。换言之，此时，债务人再向让与人履行，就不构成对债务的有效清偿。这一规则既增加了债权转让通知对债务人的确定性，又有利于降低债权转让对债务人的影响，减少其识别成本。但也正是因此，在理解本条司法解释第 1 款的通知主体时，应将其限定为让与人，也即债务人对让与人的通知无须判断其有效性，即可对债务人生效；如若第 1 款的通知主体可涵盖受让人，在受让人进行通知时，债务人亦无须判断其通知的有效性，这将与常理不符。

就第 2 款第 1 句解释而言，本条款所要解决的是让与人没有通知债务人时，受让人直接起诉债务人清偿债务的法律效果问题。从该款解释来看，债权转让事实经过人民法院审理并被予以认可后，受让人起诉债务人请求其履行债务的行为即可变为有效的债权转让通知，使得债权转让自起诉状副本送达时对债务人发生效力。这一规定，亦是对受让人何时可为有效的债权让与通知主体的规定。根据该条规定，受让人成为适格通知主体的情形为有且只有通过诉讼——债权转让事实经过人民法院审理并被予以认可后，受让人可得成为适格的债权让与通知主体。

而第 2 款第 2 句的解释，其所要解决的则是由于让与人未进行通知导致债务人受损，该损失由谁承担的问题。根据本条解释规定，债务人可在其与受让人相对抗的审判活动中，在认定债权数额时扣除因让与人未通知而导致其增加的履行费用或者造成的损失。从法理上看，这一损失还是应当由具有过错的一方予以承担，即如若是让与人无正当理由未通知的，其为该笔金额最终的承担主体；如若是受让人和让与人共同协商不通知的，则其应共同承担这笔金额的损失。如此一来，既敦促了让与人及时完成债权转让通知，也能明确让与人未予依法通知时债务人遭受损害的费用由谁承担的问题，尽最大可能降低债权让与时对债务人的不良影响。

【典型案例】

1. 任某芳、项某等股权转让纠纷案

［案号］（2022）浙 1002 民初 4228 号

［审理法院］浙江省台州市椒江区人民法院

［来源］中国裁判文书网

［关键词］债权转让　通知的法律效力　有效通知

［裁判摘要］关于涉案债权是否已转让给原告任某芳，债权转让是否发生效力。尽管原告任某芳经司法拍卖，与某能源公司签订《债权转让合同》，受让得某能源公司享有的 248 户债权，《标的债权明细》载明款项内容为借款的债权，但某燃气公司因系某能源公司的全资子公司，浙江省平湖市人民法院认为该公司已丧失独立法人人格，并入某能源公司破产清算，且某能源公司、某燃气公司共同出具的《债权转让通知书》明确载明与原告任某芳签订的《债权转让协议》转让的系被告项某所欠股权转让款，故应当认定案涉债权已转让给原告任某芳。虽然原告任某芳认可案涉《债权转让通知书》并未向被告项某发送，且《民法典》第 546 条第 1 款规定，债权人转让债权未通知债务人的，该转让不发生效力，但该条款应当理解为，在债权转让通知未送达债务人时，债务人对债权转让人的清偿仍发生债务清偿的法律效果，却并不影响债权受让人取得受让债权；且该

法条并未限制仅能由债权人作为债权转让通知主体，为促进交易便捷开展，债权的受让人应当也可以成为通知的主体，在债务人知晓债权转让事实后，债权转让通知发生法律效力，本案中，原告任某芳直接向法院起诉，并借助法院送达起诉状的方式，向债务人即被告项某送达债权转让通知，亦可以发生通知转让的法律效力，故对被告项某的相关抗辩，本院不予采纳。

[基本案情] 2021年6月29日，某能源公司与原告任某芳签订《债权转让合同》，约定，某能源公司将其在基准日2021年4月30日的《标的债权明细》列示248户标的债权转让给原告任某芳；账面余额表其中包括，客商单位名称为潘某杰，金额为10000000元、发生时间为2015年1月、款项内容为借款的债权。出具给潘某杰（项某）、落款为某能源公司与某燃气公司的《债权转让通知书》载明，任某芳女士于2021年6月25日通过公开拍卖的方式竞得本公司及全资子公司名下账面债权；其后，我公司与任某芳女士于2021年6月29日签订《债权转让协议》。你原欠本公司之债务也包括在上述债权转让范围之内，此后由任某芳女士与你接洽相关事宜。某能源公司与某燃气公司均在该通知书上盖章。庭审中，原告任某芳陈述，某燃气公司并未将上述《债权转让通知书》发送给被告项某。

2. 李某某与某热电公司债权人代位权纠纷案

[案号]（2014）厦民终字第2768号

[审理法院] 福建省厦门市中级人民法院

[来源] 中国裁判文书网

[关键词] 债权转让　适格通知主体

[裁判摘要] 作为一种观念通知，债权让与通知由债权让与人作出或者由债权受让人作出，在结果上本应无差异。唯于债权转让通知由债权受让人发出之场合，由于在债务人收到的转让通知为虚假的情况下，债务人对虚假受让人的清偿并不免除其向原债权人或者真正的债权受让人的清偿义务。因此，债务人不得不负有对通知所涉债权转让的真实性进行判断的义务，并承担由此带来的风险，其履行债务的负担被迫增加。因此，将债

权转让通知的主体严格限定为债权出让人，有利于维系债权流转关系的稳定，保护债务人的利益。我国合同法中虽未明确规定该通知应由债权人作出，但《合同法》第80条第1款规定："债权人转让权利的，应当通知债务人。未经通知，该转让对债务人不发生效力。"就文义理解，该款应指债权人在转让权利时负有通知债务人之义务。结合该条第2款之规定即"债权人转让权利的通知不得撤销，但经受让人同意的除外"，将该通知界定为仅指债权人的通知，更可体现，转让权利的通知应由债权人作出。因此，原审法院关于权利转让的通知应由债权人作出的理解和认识，并无不当，应予维持。

[基本案情]李某某与某银行原审庭审均举证《应收账款债权转让通知书》四份。某银行拟以之证明该行与某贸易公司将债权转让事宜书面通知了某热电公司；李某某拟以之证明讼争债权没有转让，通知书中某热电公司的章系伪造。某银行认为债权转让通知有效，而李某某认为债权转让的通知应由债权人发出，不能由受让人发出。某银行提交该通知的行为不能视为某贸易公司向某热电公司发出的通知行为。该通知书中某热电公司的公章系伪造，某贸易公司将虚构债权转让给某银行，通知的内容也存在实体问题。某银行也没有证据证明某热电公司已经收到上述通知。故李某某认为债权转让登记行为系某银行单方实施的，某银行关于该登记行为具有债权转让通知的效力也没有法律依据。

（撰稿人：何颖来）

第四十九条　【表见让与、债务人确认债权存在】
债务人接到债权转让通知后，让与人以债权转让合同不成立、无效、被撤销或者确定不发生效力为由请求债务人向其履行的，人民法院不予支持。但是，该债权转让通知被依法撤销的除外。

> 受让人基于债务人对债权真实存在的确认受让债权后，债务人又以该债权不存在为由拒绝向受让人履行的，人民法院不予支持。但是，受让人知道或者应当知道该债权不存在的除外。

【关联规定】

《民法典》（2020年5月28日）

第546条　债权人转让债权，未通知债务人的，该转让对债务人不发生效力。

债权转让的通知不得撤销，但是经受让人同意的除外。

第763条　应收账款债权人与债务人虚构应收账款作为转让标的，与保理人订立保理合同的，应收账款债务人不得以应收账款不存在为由对抗保理人，但是保理人明知虚构的除外。

【理解与适用】

一、本条主旨

本条两款虽在同一条文中，但对应不同事项，第1款是关于债权表见转让的规定，第2款是关于债务人确认债权真实存在的效力的规定。

二、《民法典》条文理解以及有待细化的问题

《民法典》第546条将通知设置为债权转让对于债务人生效的要件，以避免债务人因无法获知当前的真实债务人，而面临重复履行或向错误的债权人履行的风险。然而，债权转让合同本身可能存在不成立、无效、被撤销或者确定不发生效力等效力瑕疵，在这种情况下，债务人是否仍然可以信赖债权转让通知，原债权人是否有权要求债务人向其履行，对于债务

人利益而言具有重要意义。对此问题,《民法典》第 546 条并没有规定,《民法典合同编通则司法解释》第 49 条起到填补《民法典》之空白的作用。

《民法典》第 763 条规定了债权人与债务人通谋虚构应收账款并以该虚构应收账款为标的订立保理合同的情况下,债务人不得以应收账款不存在为由对抗保理人,但是保理人明知虚构的除外。尽管这一条规定在"保理合同"章节中,但依据《民法典》第 467 条,该条所设规则亦可参照适用于一般的债权让与中。《民法典》第 763 条存在两个方面的问题。首先,在实践中,并非仅存在债权人与债务人通谋虚构债权这一种情况,或者即便的确是债权人与债务人通谋虚构债权,受让人也未必能够证明债权人与债务人之间的恶意串通。其次,《民法典》第 763 条的"但书"仅仅将"保理人明知虚构"这种情况排除在外,而并没有排除"保理人应知"的情况。《民法典合同编通则司法解释》第 49 条第 2 款针对《民法典》第 763 条的这两个方面不足均作了补充和回应。

三、司法解释条文理解

1. 对《民法典合同编通则司法解释》第 49 条第 1 款的释义。

在债权转让通知到达债务人之后,如果债权转让合同的有效与否可以直接决定债务人的履行对象,换句话说,如果允许让与人以债权转让合同不成立、无效、被撤销或者确定不发生效力为由请求债务人向其履行的话,那么债务人就势必要承担严重的审查负担。因为合同是否真的存在效力瑕疵往往并非显而易见,对于债务人而言,其并没有参与到债权转让之中,很难确切地知悉债权让与本身是否存在瑕疵,更是难以仅凭让与人的一面之词作出判断。具体而言,如果债务人错误地相信了让与人而向其清偿,而债权转让合同实际上并不存在效力瑕疵,则债务人仍要向受让人履行,其虽可以向让与人请求不当得利返还,但要额外承担让与人破产的风险。反过来,如果债务人没有基于让与人的请求向其履行,而债权转让合同确实不成立、无效、被撤销或者确定不发生效力,则债务人可能会承担迟延履行的违约责任。从保护债务人利益、避免其陷入审查困境的角度出发,《民法典合同编通则司法解释》第 49 条第 1 款设置了债权表见转让的规则,债务人可以信赖有效通知之外观而向通知所指向的受让人履行债务,而不受到债权转让合同效力的影响,亦不必审查被让与债权的实际权利人。

《民法典合同编通则司法解释》第 49 条第 1 款的"但书"规定:"该债权转让通知被依法撤销的除外。"即便设置了债权表见转让的规则,如果允许债权人随意撤销债权转让通知,则仍然无法起到保护债务人的效果。基于此,债权转让通知的撤销受到了严格限制。根据《民法典》第 546 条第 2 款,唯有在经受让人同意的情况下,债权转让通知才能撤销。在这种情况下,对于债务人而言,其要履行债务的对象是确定的,不存在需要审查债权转让合同效力的必要。当然,债权人通知本身出现错误,如将受让人甲指示为乙,或者将被转让债权 A 债权指示为 B 债权,则通知作为准法律行为,亦存在类推适用《民法典》第 147 条的空间,只不过债权人要基于《民法典》第 157 条对于给债务人造成的损失进行赔偿。

既然《民法典合同编通则司法解释》第 49 条第 1 款的制度目的是保护债务人,避免其陷入审查困境,那么在人民法院或仲裁机构已经对债权转让合同作出撤销或确认其无效的生效判决或仲裁裁决的情况下,考虑到司法文书具有较强的公信力,债务人亦不存在审查合同效力方面的困难。因此,若让与人请求债务人向其履行的同时,提供了撤销或确认债权转让合同无效的生效判决或仲裁裁决,债务人应当向债权人履行。[①] 值得注意的是,《民法典合同编通则司法解释》第 49 条第 1 款未对此进行规定。

进一步的问题是,债务人在明知或应知债权转让合同存在效力瑕疵的情况下,其对通知的信赖是否仍然应当受到保护。《民法典合同编通则司法解释》第 49 条第 1 款未对债务人之善意作出要求,应认为无论债务人是否明知或应知债权转让合同存在效力瑕疵,在债权转让通知被撤销前,其都可以信赖通知并依通知履行进而使债务消灭。其理由在于,即使债务

[①] 参见朱虎:《债权转让中对债务人的程序性保护:债权转让通知》,载《当代法学》2020 年第 6 期。

人知道真实的效力状况,其也不必参与到让与人和表见受让人之间的争议中,以避免增加债务人的成本。

最后,值得思考的问题是,债权表见转让规则的设立是否意味着债权转让采取的是无因性构造。对此问题,乍看之下,易得出肯定结论,因为即便债权转让合同无效,也并不妨碍债务人向被让与人履行债务。但实际上,债权在让与人和受让人之间流转时的有因无因,与债权的流转对债务人的效力,是两个问题,前者涉及让与人、受让人以及债权流转的潜在受让人之间的利益平衡,后者则涉及债权流转中的债务人保护问题。就如同未经通知的债权转让对债务人不生效力并不妨碍相关债权已流转至受让人,通知未被撤销的情况下债务人不负有向让与人履行的义务,也并不意味着相关债权就一定没有回复至让与人处。从债务人保护的角度来看,有因无因的实质区别在于,在债权转让合同不成立、无效、被撤销、确定不发生效力的情况下,若对债权转让采取有因的构造,则债务人一方面固然可以基于《民法典合同编通则司法解释》第49条第1款对让与人的请求提出抗辩;另一方面其也可以选择放弃这种保护,而向已非实际债权人的受让人提出抗辩;而若采取无因构成,则受让人仍是债权人,债务人无法向其提出债权转让合同瑕疵的抗辩。虽然看起来有因的构造更有利于保护债务人,但无因构造在保护交易安全层面更胜一筹。[①] 有因无因,仍然是一个价值选择的问题,有待司法实践的发展和学理的进一步研究讨论。

2. 对《民法典合同编通则司法解释》第49条第2款的释义。

《民法典》第763条的"虚构"一词,从字面上理解指向的是"债务人"故意。当然,债务人确实存在故意虚构债权的可能,但受让人对此往往很难证明。《民法典合同编通则司法解释》第49条第2款放弃了对债务人主观方面的要求,使受让人在请求债务人承担履行债务不必再承担证明债务人故意的举证责任。

[①] 参见朱虎:《债权转让中对债务人的程序性保护:债权转让通知》,载《当代法学》2020年第6期。

实践中一种常见的情形是，当债权人向债务人发出债权转让通知书后，债务人向受让人发出无异议付款承诺。这类承诺通常以"确认书""回执""备忘录"或者直接在转让通知书上注明的方式呈现，其主要内容包括债务人确认已收到让与人按基础交易合同交付的货物、已知悉应收账款发生转让，并且承诺将按照合同约定如期向受让人履行债务等。[1] 这种情形下，债务人的确认未必是出于故意。在实践中，很有可能的一种情况是，债权人对债务人确实是享有债权，不过其转让给受让人的债权是虚构的，面对受让人的征询，债务人没有仔细审查，误以为债权转让的标的是债权人所实际享有的债权，故而予以确认。也有可能是，债务人已经清偿了其所欠债权人的债务，债权人试图将这笔已经被清偿的债权转让给受让人，面对受让人的征询，债务人的财务人员错误地以为这笔债务尚未清偿，故而予以了确认。[2] 在这些情况下，债务人均不存在虚构债权的故意，但依据《民法典合同编通则司法解释》第49条第2款，其仍然应当向受让人履行债务。其原因在于，相较于作为局外人的受让人而言，债务人对于确认被转让之债权是否真实存在的信息成本更低，由其承担责任更具效率。

值得注意的是，《民法典合同编通则司法解释》第49条第2款要求"受让人受让债权"与"债务人对债权真实存在的确认"之间存在因果关系。若是受让人在签订债权转让合同之前未向债务人就债权真实存在进行征询，而是直接与债权人签订了债权转让合同，那么债务人即便事后对债权真实存在作出了确认，也可以债权不存在为由拒绝履行。其理由在于，债权人并未基于债务人之确认而产生信赖利益——既然无利益，自然也就无保护。在实践中，常见的情形是，在订立债权转让合同之后，面对债权转让通知，债务人对通知作出确认。债权转让合同在债务人确认时已经签订，故而债务人可以债权不存在为由拒绝向受让人履行。不过，在此种情形中，债务人并非绝对地免予债务履行。例如，倘若受让人将债权转让给

---

[1] 蔡睿:《虚假债权转让中债务人的表见责任——〈中华人民共和国民法典〉第763条的解释论展开》，载《政治与法律》2023年第6期。

[2] 参见北京市高级人民法院（2021）京民终325号民事判决书。

第三人，并且在转让时出示了债务人对债权真实存在的确认，即便债务人的确认发生在第一次债权转让之后，尽管其不必向受让人履行债务，但由于其确认引起了次受让人的信赖利益，与其受让债权之间存在因果关系，故而在次受让人为善意的情况下，债务人应当向次受让人依其所确认之内容履行债务。

《民法典合同编通则司法解释》第49条第2款的目的是保护善意受让人的信赖利益，而若受让人非善意，则不值得保护，故该款"但书"排除了受让人知道或者应当知道该债权不存在的情况。与《民法典》第763条相比，《民法典合同编通则司法解释》第49条第2款的但书在"知道"之外增加了"应当知道"，值得肯定。

【典型案例】

某控股公司与某电器公司企业借贷纠纷、民间借贷纠纷案

［案号］（2012）杭萧义商初字第410号

［审理法院］浙江省杭州市萧山区人民法院

［来源］中国裁判文书网

［关键词］债权转让通知　债权转让合同无效　债权表见让与　债务人明知或应知

［裁判摘要］在该案中，因债权的受让人具有让与人公司股东、董事和高级管理人员的身份，法院根据《中华人民共和国公司法》第149条第1款第4项认定让与人和受让人之间的债权转让合同无效。在认定债权转让合同无效的基础上，法院认为，"让与协议效力的有效与否并不必然拘束债务人，因此有必要对被告作为债务人能否对债权让与的外观——债权让与通知产生合理信赖，构成表见让与进行认定"。法院进一步指出表见让与有三个构成要件：1. 债权让与未成立或未生效；2. 对债务人作出了有效的让与通知；3. 债务人为善意，即不知债权让与未发生效力。法院基于案件事实认为债务人对于债权转让合同的效力瑕疵应当知情，"在

接受通知时未作必要核查，不能认定为善意"，据此支持了让与人对债务人的履行请求。

（撰稿人：刘冲）

> **第五十条　【债权的多重转让】**让与人将同一债权转让给两个以上受让人，债务人以已经向最先通知的受让人履行为由主张其不再履行债务的，人民法院应予支持。债务人明知接受履行的受让人不是最先通知的受让人，最先通知的受让人请求债务人继续履行债务或者依据债权转让协议请求让与人承担违约责任的，人民法院应予支持；最先通知的受让人请求接受履行的受让人返还其接受的财产的，人民法院不予支持，但是接受履行的受让人明知该债权在其受让前已经转让给其他受让人的除外。
>
> 前款所称最先通知的受让人，是指最先到达债务人的转让通知中载明的受让人。当事人之间对通知到达时间有争议的，人民法院应当结合通知的方式等因素综合判断，而不能仅根据债务人认可的通知时间或者通知记载的时间予以认定。当事人采用邮寄、通讯电子系统等方式发出通知的，人民法院应当以邮戳时间或者通讯电子系统记载的时间等作为认定通知到达时间的依据。

【关联规定】

一、《民法典》（2020年5月28日）

第546条　债权人转让债权，未通知债务人的，该转让对债务人不发生效力。

债权转让的通知不得撤销,但是经受让人同意的除外。

第 768 条　应收账款债权人就同一应收账款订立多个保理合同,致使多个保理人主张权利的,已经登记的先于未登记的取得应收账款;均已经登记的,按照登记时间的先后顺序取得应收账款;均未登记的,由最先到达应收账款债务人的转让通知中载明的保理人取得应收账款;既未登记也未通知的,按照保理融资款或者服务报酬的比例取得应收账款。

二、司法解释

《民法典担保制度司法解释》(法释〔2020〕28 号)

第 66 条第 1 款　同一应收账款同时存在保理、应收账款质押和债权转让,当事人主张参照民法典第七百六十八条的规定确定优先顺序的,人民法院应予支持。

【理解与适用】

一、本条主旨

本条的规范对象是债权多重让与时多个债权让与通知对债务人的效力问题。本条分两款,第 1 款调整的是通知的时间与债权让与的效力间的关系,第 2 款则是关于通知时间的判断。

二、《民法典》条文理解以及有待细化的问题

根据《民法典》第 546 条第 1 款的规定,债权人转让债权,未通知债务人的,该转让对债务人不发生效力。据此,让与通知是债权让与对债务人生效之要件。在债权的单次让与中,债权让与对债务人的生效时间就是债务人收到让与通知时,在收到让与通知之后,债务人就只得向让与通知中载明的受让人清偿债务,这在学界中没有争议。然而,与移转物之所有权的买卖合同一样,在债权让与中,也经常出现"让与人将债权让与给受让人后,又向他人重复让与"的情形,此即债权的多重让与。当债权被多次让与时,债务人可能收到两个以上的让与通知,从而面临着"应向哪个

让与通知中载明的受让人履行债务"的问题,而这就是本条所欲调整的问题。

需要说明的是,在债权多重让与的情况下,会涉及两个问题:第一个问题是"债务人应当向哪个让与通知中载明的受让人履行债务"(各个让与通知之间的优先顺序);第二个问题是"哪个受让人能够实际取得该债权"(各个受让人之间的优先顺序)。本条只解决第一个问题,而不解决第二个问题。关于各债权受让人之间的优先顺序问题,则取决于其他法律规则(如《民法典》第 768 条、《民法典担保制度司法解释》第 66 条第 1 款)。然而,这两个问题是联系紧密的,因此,下文对这两个问题都会有所论及。

三、司法解释条文理解

(一) 债权多重让与时的债权归属问题

无论是《民法典》还是《民法典》之前的《合同法》,都没有规定债权让与何时在让与人与受让人之间生效。与所有权让与一样,债权让与也可以分为合同行为与履行行为两个层面。就债权让与合同而言,除非当事人另有约定,债权让与合同应自合同成立时生效;就作为履行行为的债权让与行为而言,由于立法没有像物权变动一样,明确债权在让与人与受让人之间变动的时间点,因此,学界对此存在争议。

学界的争议点在于:债权让与通知是否同时为让与人和受让人之间债权让与的生效要件;让与通知是否构成受让人得以对抗其他第三人(不限于债务人,也包含后续受让人、让与人的债权人等)的要件。对此,学界有两种观点。第一种观点认为,债权让与合同一旦生效,债权即由让与人移转于受让人,让与通知仅为债权让与对债务人的生效要件。[①] 由于这种观点认为债权由让与人移转于受让人的效果(债权让与的效果)乃因债权让与合同的生效而当然发生,因此可称为"合同发生说"。第二种观点认

[①] 参见崔建远主编:《合同法》,法律出版社 2016 年版,第 169~170 页;韩世远:《合同法总论》,法律出版社 2018 年版,第 598 页。

为，债权让与合同的生效不当然导致债权变动的效果，受让人仅取得向让与人请求为通知、转让债权之请求权。易言之，让与通知不仅为债权让与对债务人的生效要件，同时也是所让与债权由让与人移转于受让人的要件。① 这种观点可称为"通知要件说"。

依"合同发生说"，债权让与合同生效时，受让人即取得债权并因此可对抗其他第三人，是否作出让与通知不影响债权让与行为的效力。因此，在债权的多重让与时，先成立的债权让与合同的受让人（第一受让人）取得债权，第二受让人因后一债权让与合同系无权处分而无法取得债权；在债权的单次让与时，债权让与行为对债务人的效力取决于让与通知的作出。② 依"通知要件说"，让与通知决定债权让与行为之生效，受让人仅在通知债务人后方可对抗其他第三人。准此，在债权的多重让与时，受让人地位平等，先被通知的让与发生债权让与行为之效果，而让与合同本身生效的先后在所不论。③

持"合同发生说"与"通知要件说"的学者各有其理据。"通知要件说"的支持者认为，财产权的变动会给财产权人的普通债权人及其潜在交易人带来负外部性，因此，包括债权在内的财产权的变动都应以公示为要件，通知债务人有一定程度的公示效果，所以应作为债权让与行为的公示方式与生效要件。④ 但是，"合同发生说"的支持者则认为，让与通知之"立法目的在于保护债务人，而非保护债务人以外的第三人，无法将此特别立法目的扩张及于其他第三人"⑤。在《民法典》公布之前，学界主流观点仍然是"合同发生说"。

但是，《民法典》的实施在一定程度上改变了这一状况。《民法典》

---

① 参见申建平：《对债权让与通知传统理论的反思》，载《求是学刊》2009年第4期；尹飞：《论债权让与中债权转移的依据》，载《法学家》2015年第4期。
② 参见徐涤宇：《〈合同法〉第80条（债权让与通知）评注》，载《法学家》2019年第1期。
③ 参见尹飞：《论债权让与中债权转移的依据》，载《法学家》2015年第4期。
④ 参见［日］池田真朗：《指名债权让与中的对抗要件之本质》，载［日］加藤信雅等编：《民法学说百年史》，牟宪魁等译，商务印书馆2017年版，第511页。《日本民法典》第467条第1款规定，"通知债务人"是债权（包括现实债权与将来债权）转让对抗债务人与其他第三人的要件。
⑤ 参见韩世远：《合同法总论》，法律出版社2018年版，第619页。

第 768 条规定:"应收账款债权人就同一应收账款订立多个保理合同,致使多个保理人主张权利的,已经登记的先于未登记的取得应收账款;均已经登记的,按照登记时间的先后顺序取得应收账款;均未登记的,由最先到达应收账款债务人的转让通知中载明的保理人取得应收账款;既未登记也未通知的,按照保理融资款或者服务报酬的比例取得应收账款。"根据该条,在债权的多重让与时,债权的归属不是根据债权让与合同订立的先后来决定的,而是由是否登记、登记的先后以及通知的先后来决定的。例言之,如果应收账款债权人先将应收账款让与给保理商 X,再让与给保理商 Y,但是,保理商 Y 的应收账款让与登记在先,而保理商 X 的应收账款让与登记在后,那么,虽然保理商 X 的债权让与合同生效在先,但仍然是由保理商 Y 取得应收账款。不过,该条只适用于保理交易背景下的债权多重让与,而不适用于普通的民事债权让与。因此,在普通的民事债权多重让与的情况下,债权归属问题仍然无法律明文规定,而需求诸学说,而"合同发生说"在当下仍然是主流观点。

(二) 债权多重让与时的债务人清偿问题

上文分析的是"债权多重让与时的债权归属问题",而债权的归属问题与"债务人应当向哪个受让人有效清偿"是两个不同的问题。第一个问题所要解决的是,债权多重让与下谁才是真实的新债权人;第二个问题则仅涉及债务人所为清偿是否有效,无效则还须向真实的新债权人继续为清偿,有效则其置身事外,剩下的即由真实的新的债权人去向受领清偿者追索或追究出让人责任。诚然,通常来说,债务人向真实的新债权人实施清偿是最理想的方案。但在很多情况下,由于让与通知的不及时等问题,债务人(先)收到的让与通知中所载明的受让人,不是真实的新债权人。这时,就会出现下述的情形:债务人根据让与通知的要求向受让人清偿债务,但该受让人却不是真实的新债权人,从而导致真实的新债权人没有获得清偿。由此,就出现了如何平衡债务人与真实的新债权人之间的利益状态的问题。

在债权让与中,保护债务人是最根本性的价值取向,因为债权让与不需要经过债务人的同意即可生效,所以债权让与不应对债务人造成不利影响。但是,债权让与是让与人与受让人之间的内部关系,债务人对此天然地具有信息不对称,其很多时候无法及时地了解到债权人的变更状况。因此,为了保护债务人的利益,防止其错误履行与二次清偿,立法规定债权让与对于债务人生效的关键在于让与通知。① 但是,让与通知的内容不总是真实的。有些情况下,虽然债权让与没有实际发生或让与无效,但债权人仍然对债务人作出了错误的让与通知,这时,出于保护债务人之价值取向,债务人基于该错误的让与通知所实施的清偿行为仍然有效。这就是所谓的"表见让与"。

当债权人将债权让与第三人的事实通知债务人后,即使让与并未发生或者该让与无效,债务人基于对让与通知的信赖而向该第三人为的履行仍然有效。此类"虽无债权让与的事实,但让与通知仍然有效"的现象,被称为表见让与。表见让与一般只有在债权人为让与通知行为时才能产生,如果由受让人进行让与通知,则不产生表见让与的效力。也就是说,即使受让人已将债权让与通知了债务人,而债权未能让与或者让与无效时,债务人不能以其对抗受让人的事由对抗让与人。但如果受让人为债权让与通知行为时,提出了其享有债权的充分证据,足以表明债权已经发生了移转,仍可构成表见让与。②

债权表见让与的问题在实践中并不鲜见,其在债权多重让与中出现的概率尤其频繁。例言之,债权人将同一债权先后让与给了受让人 X 与受让人 Y,但是,债权人仅将第二次债权让与(对受让人 Y 的让与)通知给了债务人,而没有将第一次债权让与通知给债务人(或第一次让与通知后到达债务人)。假设上述案例是普通民事债权的让与,那么债权归属问题应采取"合同发生说",受让人 X 实际取得该债权。但问题在于,债务人无从知晓债权人与受让人 X 间的债权让与关系,如果两人不主动通知债务人,债务人事实上无法向受让人 X 履行。即使是在保理背景下,受让人 X

---

① 参见韩世远:《合同法总论》,法律出版社 2018 年版,第 624 页。
② 参见崔建远主编:《合同法》,法律出版社 2007 年版,第 217 页。

就受让应收账款办理了登记，但登记仍然不能代替让与通知。具体来说：首先，债务人默认的履行对象是转让人，与转让人的潜在交易对象不同，债务人没有主动查询登记信息的义务，而只需被动接受通知，如此才更具效率。其次，动产融资统一登记公示系统采取自助登记制，不确保登记信息的真实性，如债务人对于登记的受让人负有无条件的履行义务，那么，受让人可以伪造登记信息来骗取债务人履行，此时，让与通知起到了核实登记信息的作用。这一观点得到了不少裁判的支持。① 基于上述理由，如果当事人只办理了登记，而没有通知债务人，则该转让对于债务人也不生效。②

因此，从保护债务人的角度来看，如果债务人基于让与通知而履行了债务，那么即使被履行的受让人不是真实的新债权人，债务人的履行行为仍然有效，能消灭债权债务关系。有观点指出，倘若如此，那么受让在后的受让人 Y 虽然订立合同在后（普通债权让与的情形）或办理登记在后（保理债权让与的情形），但由于其先实施了让与通知，而优先于受让人 X 确定地取得了债权履行利益，这实际上是对"合同发生说"/《民法典》第 768 条的否定。③ 但是，这种观点是有待商榷的。受让人 Y 虽然取得了债权履行利益，但这种取得是"暂时的"而不是"确定的"。实际上，承认债务人向通知在先或者履行了通知义务的受让人 Y 的履行债务行为可以构成有效的清偿，使之因此而确定地免责，纯粹是为了避免债务人误为清偿而设的保护规定，而不能决定债权归属的效力。④ 因此，这不等于承认受让人 Y 是真实的新债权人，他未必能够"确定"地取得债权履行利益。当债务人有效地向受让人 Y 为履行行为时，因受让人之间以受让人 X 为真正债权人，在特定条件下，受让人 X 对于受让人 Y 有权依不当得利的规定请求返还。此外，受让人 X 也可根据其与债权人之间的债权让与合同而主张违约责任。

---

① 参见广东省广州市越秀区人民法院（2016）粤 0104 民初 9038 号民事判决书；重庆市第五中级人民法院（2014）渝五中法民初字第 00106 号民事判决书。
② 参见裴亚洲：《民法典应收账款质押规范的解释论》，载《法学论坛》2020 年第 4 期。
③ 参见申建平：《债权双重让与优先权论》，载《比较法研究》2007 年第 3 期。
④ 参见王利明、房绍坤、王轶：《合同法》，中国人民大学出版社 2013 年版，第 178 页。

在债权的多重让与的情况下，债务人有时只会收到一个让与通知，有时则会收到多个让与通知。"债务人只收到一个让与通知"的情形主要是如下情况：债权人先后将债权让与给两个受让人，债权人就其中一个债权让与向债务人作出了通知，而另一个债权让与则没有作出通知。这种情况下，不论让与通知载明的受让人是不是真实的新债权人，债务人都可根据让与通知向其履行，且该履行行为构成有效清偿，可消灭债权债务关系。但有时，债务人可能收到多个让与通知，这主要是指如下情况：债权人先后将债权让与给两个受让人，两个债权让与都先后向债务人作出了让与通知。这种情况下，债务人应如何履行则存在一定的争议。在"债务人只收到一个让与通知"的情形下，由于债务人只收到一个让与通知，他也无法预期债权人还实施了另一个债权让与，也没有义务——事实上也不可能——主动向债权人询问是否存在另一个债权让与。因此，债务人根据让与通知而实施的履行行为完全是善意的。但是，在"债务人收到了多个让与通知"的情形下，债务人理应察觉到其中的不对劲，那么债务人是否仍应根据让与通知来履行债务，或采取其他更合理的措施呢？

对此，本条第1款第1句规定："让与人将同一债权转让给两个以上受让人，债务人以已经向最先通知的受让人履行为由主张其不再履行债务的，人民法院应予支持。"据此，当债务人收到多个相互冲突的让与通知时，如果其已经向最先通知的受让人履行了债务，那么不论这个受让人是不是真实的新债权人，债权债务关系均消灭。如上文所述，债务人向非真实的新债权人为履行行为时仍然能消灭债权债务关系，是为了保护债务人的利益，防止其二次履行。但是，保护债务人是以其善意为前提的。如果债务人知道或应当知道其履行的相对人不是最先通知的受让人，而仍然向对方履行，那这时债务人就不值得保护，债务人的履行行为也就不能消灭债权债务关系，真实的新债权人（最先通知的受让人）仍有权请求债务人继续履行。因此，本条第1款第2句规定："债务人明知接受履行的受让人不是最先通知的受让人，最先通知的受让人请求债务人继续履行债务或者依据债权转让协议请求让与人承担违约责任的，人民法院应予支持。"

不过，这里需要提出的问题是：如果债务人收到多个相互冲突的让与通知但尚未作出履行行为时，债务人应如何做？《关于适用〈中华人民共和国民法典〉合同编通则部分的解释（征求意见稿）》第51条规定："债权人将同一债权转让给两个以上受让人，且债务人均未履行，最先到达债务人的转让通知中载明的受让人请求债务人履行的，人民法院依法予以支持。"据此，当债务人尚未履行时，其有权向最先通知的受让人履行，从而消灭债权债务关系，而没有义务甄别究竟谁是真是的新债权人。但是，正式稿修改了这个规定。据此可推测，《民法典合同编通则司法解释》不认可"债务人有权径行向最先通知的受让人履行，而不需要采取其他更合理的措施"。那这时债务人究竟应如何消灭债权债务关系呢？

如果要债务人判断哪个受让人是真实的新债权人，这实际上加重了债务人的负担，违背了"债权让与不得加重债务人负担"的价值取向。真实的新债权人的判断标准是复杂的，其不一定取决于让与通知到达债务人的时间，其可能取决于债权让与合同的生效时间、是否登记及登记时间等因素。因此，如果要求债务人对此作出判断，这加重了其负担。而且，如果债务人判断错误而误向某受让人履行了债务，那么其是否需承担相应的民事责任，也成为问题。基于上述理由，"债务人只须向最先通知的受让人履行即构成有效清偿"应当是比较合理的方案。这种方案也被《联合国国际贸易中应收款转让公约》支持。该公约第17条第4款规定，债务人收到数项通知的，向最先收到的通知中指明的受让人清偿即可免责，而不论该受让人受让顺序先后。但是，从征求意见稿到正式稿的演变来看，最高人民法院似乎又不赞成这种方案。依笔者之见，在实践中，当债务人收到了多个相互冲突的让与通知时，如果债务人无法判断谁是真实的新债权人，则可通过提存的方式来给自己免责。[①] 这样既防止错误履行，也不会过重增加债务人的负担。

债务人向最先通知的受让人之外的其他受让人履行，最先通知的受让

[①] 参见韩世远：《合同法总论》，法律出版社2018年版，第624页。

人除可以向债务人主张继续履行外,在满足特定的条件下,也可以请求接受履行的受让人返还其接受的财产。这里的特定条件即指"接受履行的受让人明知该债权在其受让前已经转让给其他受让人"。这实际上给最先通知的受让人提供了两条不同的救济路径。首先,如果债务人是非善意的而接受履行的受让人是善意的,那么最先通知的受让人就可以向债务人主张继续履行;其次,如果债务人与接受履行的受让人均是非善意的,那么最先通知的受让人就不仅可请求债务人主张继续履行,也可请求接受履行的受让人返还其接受的财产。

本条第2款是关于如何判断让与通知时间的条款。让与通知的时间是以到达债务人的时点来确定,而非以作出让与通知的时点来确定。因此,实践中可能发生受让人先发出让与通知而后到达债务人的情况,这时,该受让人就不是最先通知的受让人。如果当事人对让与通知的时间存在争议,应结合各类因素综合判断,而不能仅根据债务人认可的通知时间予以认定。这主要是防止债务人与其他受让人串通来虚构让与时间,而损害最先通知的受让人的利益。

【典型案例】

某燃料公司与某航道局、某工程公司债权转让合同纠纷案

[案号] (2016) 最高法民再55号

[审理法院] 最高人民法院

[来源] 中国裁判文书网

[关键词] 债权让与 让与通知 债权重复让与

[裁判摘要] 关于三份债权转让通知书履行的问题。当存在多份债权转让通知时,债务人只要善意地向其中一个债权受让人足额清偿被转让的债务,债务人与原债权人之间的债权债务关系即告终结,债务人不应再向其他债权受让人重复清偿债务。以本案情况而言,某航道局一共签收了某工程公司发出的三份债权转让通知书,其选择落款时间在先的债权转让通

知书进行清偿并无不当。原判决认为，某航道局应当与某工程公司就其欠付工程款的数额及相关债权转让通知如何履行问题进行沟通，对债权受让人的利益进行综合考虑后方能作出付款行为，其径行履行债务，损害了某燃料公司的利益，由此产生的后果应由某航道局承担。然而，《合同法》对存在多份债权转让通知时如何履行并没有作出明确规定，原判决的上述认定缺乏事实和法律依据，应予纠正。

[基本案情] 某工程公司与某航道局于2009年10月15日就某造路工程的素土回填施工及围埝施工签订了两份协议书，协议约定，某航道局将这两项工程的部分分项工程交由某工程公司承担和完成。关于工程款的支付，双方约定某航道局在收到工程进度款后10天内，以业主签认进度工程量的80%支付某工程公司工程进度款，最终支付是在工程竣工验收合格后，某航道局与业主结算并通过审计后6个月，某航道局按结算工程量的90%支付某工程公司工程款，其余10%作为质保金，质保期为12个月。某工程公司负责的工程于2012年9月30日完工。2013年12月6日，某银行工程造价咨询中心就某造路工程出具了结算项目审查报告。某开发公司于2014年4月9日向某航道局支付东一至东五区工程款5200万元。

某航道局于2014年3月24日收到某工程公司将其对某航道局的工程款债权中的2643560元及利息转让至某燃料公司的债权转让通知。某航道局抗辩认为，其欠付某工程公司的工程款已经通过直接给付、债权转让等方式履行完毕，涉案债权转让发生时，某工程公司对其已经没有债权。某航道局主张于2013年4月收到某工程公司2013年4月12日将某航道局欠付其工程款中4491570.3元转让给普交工、345万元转让给滨海市政的两份债权转让通知书。某航道局对于其上述抗辩主张提供了相关债权转让通知书及支付凭证，其中包括2013年4月12日某工程公司将债权转让给普交工及滨海市政的两份债权转让通知书。

（撰稿人：赵申豪）

第五十一条　【债务加入人的追偿权及其他权利】

第三人加入债务并与债务人约定了追偿权,其履行债务后主张向债务人追偿的,人民法院应予支持;没有约定追偿权,第三人依照民法典关于不当得利等的规定,在其已经向债权人履行债务的范围内请求债务人向其履行的,人民法院应予支持,但是第三人知道或者应当知道加入债务会损害债务人利益的除外。

债务人就其对债权人享有的抗辩向加入债务的第三人主张的,人民法院应予支持。

【关联规定】

一、《民法典》(2020年5月28日)

第519条　连带债务人之间的份额难以确定的,视为份额相同。

实际承担债务超过自己份额的连带债务人,有权就超出部分在其他连带债务人未履行的份额范围内向其追偿,并相应地享有债权人的权利,但是不得损害债权人的利益。其他连带债务人对债权人的抗辩,可以向该债务人主张。

被追偿的连带债务人不能履行其应分担份额的,其他连带债务人应当在相应范围内按比例分担。

第520条第1款　部分连带债务人履行、抵销债务或者提存标的物的,其他债务人对债权人的债务在相应范围内消灭;该债务人可以依据前条规定向其他债务人追偿。

第552条　第三人与债务人约定加入债务并通知债权人,或者第三人向债权人表示愿意加入债务,债权人未在合理期限内明确拒绝的,债权人可以请求第三人在其愿意承担的债务范围内和债务人承担连带债务。

第 700 条 保证人承担保证责任后，除当事人另有约定外，有权在其承担保证责任的范围内向债务人追偿，享有债权人对债务人的权利，但是不得损害债权人的利益。

第 985 条 得利人没有法律根据取得不当利益的，受损失的人可以请求得利人返还取得的利益，但是有下列情形之一的除外：

（一）为履行道德义务进行的给付；

（二）债务到期之前的清偿；

（三）明知无给付义务而进行的债务清偿。

二、司法解释

《民法典担保制度司法解释》（法释〔2020〕28 号）

第 36 条 第三人向债权人提供差额补足、流动性支持等类似承诺文件作为增信措施，具有提供担保的意思表示，债权人请求第三人承担保证责任的，人民法院应当依照保证的有关规定处理。

第三人向债权人提供的承诺文件，具有加入债务或者与债务人共同承担债务等意思表示的，人民法院应当认定为民法典第五百五十二条规定的债务加入。

前两款中第三人提供的承诺文件难以确定是保证还是债务加入的，人民法院应当将其认定为保证。

第三人向债权人提供的承诺文件不符合前三款规定的情形，债权人请求第三人承担保证责任或者连带责任的，人民法院不予支持，但是不影响其依据承诺文件请求第三人履行约定的义务或者承担相应的民事责任。

【理解与适用】

一、本条主旨

本条是关于债务加入人追偿权及其他权利的规定。

二、《民法典》条文理解以及有待细化的问题

债务加入是债法的传统概念，我国原《合同法》并未规定该制度，司法实践中对债务加入案件多依法理裁判，《民法典》出台前的《九民纪要》对此作了一些规定。《民法典》吸纳了学者意见并总结了既往司法实践的经验，在第552条增加规定了债务加入规则，该规则明确第三人与债务人约定加入债务并通知债权人，或者第三人向债权人表示愿意加入债务且债权人未在合理期限内明确拒绝的，构成债务加入。在债务加入中，由于加入债务的一方相对于债权人是纯粹承担债务，不享受权利，故而需要对认定债务加入是否采取严格标准，除第三人有明确的加入债务行为如提供承诺文件外，还需要满足第三人在作出该表示时清楚知道会产生债务加入的法律效果，且愿意受该效果的约束的要件，才构成债务加入。依照《民法典担保制度司法解释》第3条的规定，如果仅从书面文件中难以确定是当事人是提供保证还是债务加入的，人民法院应当将其认定为保证。

在学理上，债务加入又称并存的债务承担，是指原债务人没有脱离原债关系，第三人又加入原存的债务关系中与债务人共同承担债务。并存的债务承担是与免责的债务承担相区分的概念，免责的债务承担是指第三人在承担部分债务之后，原债务人因从这部分债务中退出而不再承担责任，债权人对于已经转移的这部分债务只能向债务承担者主张。但在债务加入的情形下，原债务人并不会因为第三人的加入而免去全部或者部分债务。

债务加入的构成包含三个方面的要件：第一，需要有第三人与债务人约定，第三人加入债务并与债务人共同承担债务；第二，需要第三人或者债务人通知债权人，或者向债权人表示，第三人愿意加入债务，与债务人共同承担债务；第三，债务加入还需要债权人同意，或者在合理期限内未明确表示拒绝。符合这三个要件要求的，构成债务加入。

债务加入行为会对各方当事人发生如下法律效果：对于债权人而言，债务加入行为将使得债权人的债权进一步得到保障，其可以向原债务人主张权利，也可以向第三人主张清偿。对于原债务人而言，第三人承诺加入原债务，其并不脱离原债权债务关系，而仍对债权人负履行合同的义务，

也依然享有对债权人的合理抗辩权。对于第三人而言,第三人加入债务后成为债务人,与原债务人一起向债权人承担义务,可以行使原债务人对债权人的抗辩。就第三人与原债务人的关系而言,第三人与原债务人一起向债权人并列承担清偿责任,责任性质是连带责任,即第三人在其愿意承担的债务范围内和债务人承担连带债务。

《民法典》虽吸纳学者意见规定了债务加入制度,也明确债务加入人和债务人之间承担的是连带债务,但没有进一步明确债务加入人(第三人)在加入债务并向债权人履行债务后,对债务人是否有追偿权的问题,由此引发追偿权肯定论和否定论的学说争议。若采肯定论,此种追偿权具体如何行使,追偿的范围应如何界定,债务人又是否能够对债务加入人主张对债权人的相应抗辩,《民法典》对此也没有规定。本条司法解释对此进行了明确。

三、司法解释条文理解

本条司法解释包括两款条文,分别针对两个问题进行了规定,第1款针对债务加入人对债务人追偿权的行使,第2款针对债务人与第三人的抗辩权行使。

在《民法典》出台前,对于债务加入人是否对债务人享有追偿权存在两种观点。其中肯定追偿权的论者认为,债务加入人向债权人履行债务后,可以取得法定代位权,即取得债权人的地位,自然可以向债务人主张相应债务,债务人也可以向债务加入人主张自己对债权人的抗辩。在法理上,债务加入本质上与连带保证相似,根据《民法典》第700条的规定,保证人承担保证责任后,除当事人另有约定外,有权在其承担保证责任的范围内向债务人追偿,债务加入人的追偿权也应当类推适用保证责任追偿权的规定。在判决主文中债务加入人的追偿权也应当得到肯定。[①] 也有学者认为,债务加入后第三人与债务人之间应属于连带债务关系,因此债务

[①] 参见刘刚、季二超:《债务加入类推适用的对象、范围和限度》,载《人民司法》2020年第13期。

加入人的追偿问题可以适用或者类推适用《民法典》第519条第2款关于连带债务人追偿权的规定。①

否定债务加入人追偿权的观点认为，如果当事人之间约定了追偿权，自然应尊重当事人的此种约定；如果没有特殊约定，债务加入人承担债务后无权向债务人追偿。之所以如此，是因为既然债务加入人是自愿加入债务，则履行债务是其应尽的义务，在履行后也就没有权利再向债务人追偿。② 在法理上，债务加入系第三人加入原债务关系中，第三人与原债务人之间的关系并非不真正连带债务，以不当得利、无因管理或者法定债权转移作为债务加入人追偿权的依据，都有商榷空间。就债务加入和保证的类推而言，否定论者认为，连带责任保证与债务加入的制度最为相似，都能够对债权人起到增信作用，但二者的地位仍存在区别。就保证人的追偿权而言，保证人清偿的债务原本是债务人的债务，因此保证人清偿债务的行为可以视为保证人从债权人处购买了相应权利，这是保证人的追偿权法定化的基础。债务加入人对债权人的清偿行为则并非完全为了债务人的利益，加入人承担的债务与原债务没有主从关系，这与保证人所要实现的利益状态有别，因此在追偿权问题上并不具有可类推性。在体系上，保证明确规定了追偿权，而《民法典》第552条则没有规定追偿权，因此除非第三人明确与债务人约定追偿权，否则第三人不享有追偿权。

本条司法解释对前述问题进行了回应，就债务加入人追偿权问题，本条第1款明确了三个层次的问题。首先，如果第三人加入债务并与债务人约定了追偿权，自然应当尊重当事人之间的此种安排，债务加入人在履行债务后依据相应协议向债务人追偿的，人民法院应予支持。其次，债务加入人和第三人没有明确约定追偿权，债务加入人依照《民法典》关于不当得利等请求权的规定，要求债务人在其已经向债权人履行债务的范围内向其履行相应债务的，人民法院也应支持。根据《民法典》第985条的规

---

① 夏昊晗：《债务加入法律适用的体系化思考》，载《法律科学》2021年第3期。
② 参见王利明：《论"存疑推定为保证"——以债务加入与保证的区分为中心》，载《华东政法大学学报》2021年第3期。

定，得利人没有法律根据取得不当利益的，受损失的人可以请求得利人返还取得的利益，本条司法解释的规定意味着债务加入人对债权人的清偿后，债务人所获取的无须清偿债务的利益并不能被评价为属于有正当原因，债务人仍然对债务加入人负担返还所得利益的义务。对于所得利益，可以认定为债务加入人向债权人清偿的债权数额。最后，司法解释也考虑到债务加入人加入债务没有取得债务人的同意，原则上此种清偿不会对债务人的权益造成损害，但在特定情况下并非如此。在司法实践中，债务加入并非单纯的是对债务人"施予利益"的行为。比如，当存在债务人的人格利益、财产利益等考量因素，债务人并不一定会同意第三方的债务加入行为。因此，在特定债务关系中，如果第三人知道或者应当知道加入债务会损害债务人利益，则此种债务加入行为中债务加入人具有损害债务人利益的恶意，此时就不应再对债务人进行追偿。换言之，第三人加入债务后，在其已经向债权人履行的范围内请求债务人向其履行债务的应当支持，在例外情况下，第三人知道或者应当知道加入债务会损害债务人利益的，则不发生追偿权。

本条第2款规定了债务人对债务加入人的抗辩，根据该款规定，债务人对债权人享有的抗辩，有权向加入债务的第三人主张。规定此款是为了平衡债务加入人和债权人的利益，在债务加入人享有追偿权的情况下，原债务人也可以基础法律关系对抗乃至消解债务加入人的追偿权。在债务加入人对债权人清偿后，债务加入人取得了债权人的地位，债务人也就因此可以主张原先对债权人的抗辩，这些抗辩包括债权不发生、债权已消灭的抗辩，如债务已经清偿、债务已经超过诉讼时效等；也包括债权履行的抗辩，如同时履行抗辩、不安抗辩等。

【典型案例】

1. 国某公司与刘甲追偿权纠纷案

［案号］（2017）湘民申1607号

[审理法院] 湖南省高级人民法院

[来源] 中国裁判文书网

[关键词] 债务加入　保证　追偿权

[裁判摘要] 国某公司通过案外人卞某义向彭某信偿还了刘甲、刘某君原欠的借款本息共计649600元，国某公司对该款项是否可向刘甲行使追偿权，如前所述，国某公司在《借款合同补充协议》中没有为债务提供担保的意思表示，其作为新的债务加入人，在履行债务后以《担保法》第31条的规定行使追偿权，没有法律依据。另外，从一、二审查明的事实来看，国某公司债务加入的原因，系其未按期偿还长沙友某建材贸易有限公司（刘某君为法定代表人）300万元钢材款及利息，在国某公司没有证据证明已偿还了300万元钢材款及利息的情形下，国某公司偿还涉案649600元的行为，刘甲、刘某君不构成不当得利。

[基本案情] 2012年3月22日，国某公司与刘甲、卞某义一同作为乙方，与彭某信签订的《借款合同补充协议》约定，乙方卞某义、国某公司愿意对刘甲、刘某君所欠彭某信300万元的借款本息（合同编号为第2011-08-22号、第2012-01-20号、第2012-02-01号，每笔借款本金均为100万元）承担不可撤销的连带偿还责任，该约定应认定为国某公司作为新的债务人加入彭某信与刘甲、刘某君的原借款关系中，其行为属于债务加入。

2. 国某煤矿等与林某公司追偿权纠纷案

[案号]（2021）京民终851号

[审理法院] 北京市高级人民法院

[来源] 中国裁判文书网

[关键词] 债务加入　保证　追偿权

[裁判摘要] 债务加入是指第三人与债务人约定加入债务并通知债权人，或者第三人向债权人表示愿意加入债务，债权人未在合理期限内明确拒绝的，债权人可以请求第三人在其愿意承担的债务范围内和债务人承担连带债务。《民法典担保制度司法解释》第36条规定："……第三人向债

权人提供的承诺文件，具有加入债务或者与债务人共同承担债务等意思表示的，人民法院应当认定为民法典第五百五十二条规定的债务加入。前两款中第三人提供的承诺文件难以确定是保证还是债务加入的，人民法院应当将其认定为保证。第三人向债权人提供的承诺文件不符合前三款规定的情形，债权人请求第三人承担保证责任或者连带责任的，人民法院不予支持，但是不影响其依据承诺文件请求第三人履行约定的义务或者承担相应的民事责任。"据此，久某公司的承诺应属于债务加入行为，而非保证担保，其应作为共同债务人承担国某煤矿承租债务的连带责任，林某公司有权对久某公司主张追偿权。

[基本案情] 国某煤矿与中某公司签订《回租租赁合同》《回租买卖合同》，国某煤矿与中某公司、长某公司签订《联合租赁协议》，明确约定国某煤矿以租回使用为目的，向中某公司出售国某煤矿自有的物件，中某公司应国某煤矿的要求，向国某煤矿出资购买租赁物并租回给国某煤矿使用；长某公司作为租赁参加人向租赁安排人中某公司支付参与份额价款成为联合出租人。国某煤矿在其上诉状中自认2014年5月之前，国某煤矿出资购买了案涉租赁设备。案涉《展期协议》《补充协议》的签约各方在协议中亦认可中某公司及长某公司履行了出资义务。故国某煤矿与中某公司、长某公司之间的交易模式，符合融资租赁司法解释规定的融资租赁回租交易模式，本案基础法律关系应为融资租赁关系而非借款关系。

（撰稿人：阙梓冰）

七、合同的权利义务终止

第五十二条 【协商解除的法律适用】 当事人就解除合同协商一致时未对合同解除后的违约责任、结算和清理等问题作出处理,一方主张合同已经解除的,人民法院应予支持。但是,当事人另有约定的除外。

有下列情形之一的,除当事人一方另有意思表示外,人民法院可以认定合同解除:

(一) 当事人一方主张行使法律规定或者合同约定的解除权,经审理认为不符合解除权行使条件但是对方同意解除;

(二) 双方当事人均不符合解除权行使的条件但是均主张解除合同。

前两款情形下的违约责任、结算和清理等问题,人民法院应当依据民法典第五百六十六条、第五百六十七条和有关违约责任的规定处理。

【关联规定】

一、《民法典》(2020 年 5 月 28 日)

第 562 条 当事人协商一致,可以解除合同。

当事人可以约定一方解除合同的事由。解除合同的事由发生时，解除权人可以解除合同。

第 566 条　合同解除后，尚未履行的，终止履行；已经履行的，根据履行情况和合同性质，当事人可以请求恢复原状或者采取其他补救措施，并有权请求赔偿损失。

合同因违约解除的，解除权人可以请求违约方承担违约责任，但是当事人另有约定的除外。

主合同解除后，担保人对债务人应当承担的民事责任仍应当承担担保责任，但是担保合同另有约定的除外。

第 567 条　合同的权利义务关系终止，不影响合同中结算和清理条款的效力。

二、其他法律

1.《劳动法》（2018 年 12 月 29 日）

第 24 条　经劳动合同当事人协商一致，劳动合同可以解除。

2.《劳动合同法》（2012 年 12 月 28 日）

第 36 条　用人单位与劳动者协商一致，可以解除劳动合同。

三、司法解释

《买卖合同司法解释》（法释〔2020〕17 号）

第 20 条　买卖合同因违约而解除后，守约方主张继续适用违约金条款的，人民法院应予支持；但约定的违约金过分高于造成的损失的，人民法院可以参照民法典第五百八十五条第二款的规定处理。

四、司法指导性文件

《九民纪要》（法〔2019〕254 号）

46. 审判实践中，部分人民法院对合同法司法解释（二）第 24 条的理解存在偏差，认为不论发出解除通知的一方有无解除权，只要另一方未在异议期限内以起诉方式提出异议，就判令解除合同，这不符合合同法关于合同解除权行使的有关规定。对该条的准确理解是，只有享有法定或者约定解除权的当事人才能以通知方式解除合同。不享有解除权的一方向另一方发出解除通知，另一方即便未在异议期限内提起诉讼，也不发生合同解除的效果。人民法院在审理案件时，应当审查发出解除通知的一方是否享有约定或者法定的解除权来决定合同应否解除，不能仅以受通知一方在约定或者法定的异议期限届满内未起诉这一事实就认定合同已经解除。

49. 合同解除时，一方依据合同中有关违约金、约定损害赔偿的计算方法、定金责任等违约责任条款的约定，请求另一方承担违约责任的，人民法院依法予以支持。

双务合同解除时人民法院的释明问题，参照本纪要第 36 条的相关规定处理。

【理解与适用】

一、条文内容

本条是关于合同协商解除的适用情形及法律后果的规定。

二、规范来源

本条规范目的在于明确合同协商解除的情形及法律效果。协商解除，又称合意解除，是在合同生效后、未履行或尚未完全履行之前，当事人以解除合同为目的，协商一致，以双方合意方式终止合同关系。协商解除作为合同关系终结的原因之一，其实质是原合同当事人成立意在解除原合同关系的新合同，使得原合同关系归于消灭，即以新合同来解除原合同，从而终止原合同权利义务关系。

《民法典》规定了我国合同解除制度的基本框架，将协商解除作为合同解除的类型，与约定解除、法定解除共同作为合同解除的基本方式。本条司法解释进一步明确了协商解除的基本方式、适用要件及法律后果，完善了我国合同解除制度，为当事人在合同继续履行不可能、不必要时凭借双方合意及时从合同拘束力中解脱提供了方法和路径，彰显了合同自由原则。

《民法典》第 562 条第 1 款"当事人协商一致，可以解除合同"承袭

《合同法》第93条第1款规定,确立了我国合同协商解除制度,但未对协商解除的具体适用情形及法律后果进行规定。在学理研究和司法实践中,合同解除中的约定解除与法定解除受到较多关注,但协商解除受关注较少,甚至将其与约定解除等制度相混淆。因此,本条对此进行具体解释,明确了协商解除的基本方式、适用要件及法律后果。

三、司法解释条文理解

（一）协商解除的基本方式

1. 明确合同自由原则

按照合同自由原则,当事人因协商一致而缔约,也有权协商一致而解约。本条司法解释明确规定即使不满足约定解除、法定解除的条件,但当事人以协商一致的方式达成解除合同的合意,也可以解除合同,赋予了当事人更大自由权,符合合同自由原则。

此前,《九民纪要》第46条规定:"……只有享有法定或者约定解除权的当事人才能以通知方式解除合同。不享有解除权的一方向另一方发出解除通知,另一方即便未在异议期限内提起诉讼,也不发生合同解除的效果……"该条规定从约定解除与法定解除的视角来看,存在一定合理性,体现了法院对合同解除所涉及的利益关系具有干预和调节的权力和功能,但该条规定并未注意到协商解除合同的特殊性,大大忽视了当事人双方的意思自治,将增加法院的审判负累,也不利于当事人纠纷的妥当解决。

本条司法解释对此予以纠偏,进一步确立了合同协商解除制度,法院应当尊重当事人的意思自治,在约定解除、法定解除之外,当事人双方协商一致,同意解除合同,法院也应对此予以尊重,承认合同解除的效力。

2. 协商解除的方式

《民法典》关于合同解除权的行使规则意在规范合同解除行为,为合同关系的终止提供规范指引。按照《民法典合同编通则司法解释》规定,协商解除的方式包括三种,分别是:

第一种方式是一方当事人作出明确解除合同的要约,相对人予以承诺，协商一致，达成解除合同的合意，原合同关系据此终止。此为协商解除的典型方式。

第二种方式是一方无解除权而作出单方解除的意思表示，原则上解除行为无效。但如对方作出同意解除合同的意思表示，无效的单方解除行为可以转换为有效的合意解除行为。[①]

第三种方式是当事人双方均无解除权，但双方互为单方解除，此时虽不能按照单方解除情形予以解除，但双方对解除合同的意思表示达成一致，存在两个合意解除的要约，依交叉要约可成立解除合意，合同也可据此解除。

(二) 协商解除的适用要件

1. 协商解除本质上是合意解除

约定解除权和法定解除权均为单方解除权，性质上属于形成权，其行使仅需通知对方即可。而协商解除制度与此不同，其不要求有约定或者法定的解除事项存在，不存在行使条件问题，也无须履行通知程序，只要当事人达成解除的合意，就可实现解除合同的法律效果。

协商解除是双方民事法律行为，是以新的解除合意终止原合同关系，应当遵循民事法律行为和合同的一般规定。即协商解除需要具备解除合意具备合同的生效要件，包括：(1) 明确解除合同的有效要约；(2) 明确解除合同的有效承诺；(3) 解除合同的意思表示真实；(4) 解除合同的内容具体明确；(5) 不违反法律、行政法规的强制性规定，不违背公序良俗。解除合意未达成之前，原合同有效；解除合意达成之后，则合同解除，原合同关系终止。

2. 未就违约责任、结算和清理等事宜达成一致，不影响合同解除效力

合同结算条款，即有关结算方式方法的合同条款；合同清理条款，即有关彻底整理或处理的主体、范围、方法等事项的合同条款。

[①] 无效单方解除行为可向有效合意解除要约转换，加上对方的同意即构成承诺，从而以达成新合同的方式解除原合同。可参见姚明斌：《基于合意解除合同的规范构造》，载《法学研究》2021年第1期。

合同没有有关违约责任、结算和清理等条款，在协商解除时也未对此作出处理，是否会影响合同解除？学理上对此存有分歧。有观点认为，当事人未对合同解除的后果达成一致，即便达成一致解除合同的合意，不能产生合意解除合同的效果。[①] 也有观点认为，协商解除原则上不以结算、清理条款为必要，即使没有就结算、清理事宜达成一致，也不影响解除合同的合意成立。[②] 司法实践对此也存在不同裁判观点。

本条司法解释对此予以明确，赋予当事人充分的合同自由，规定未就违约责任、结算、清理等事宜作出处理，除非当事人事先另有约定，否则不影响合同解除的效力，贯彻了私法自治原则。

（三）合同协商解除的法律后果

1. 有违约责任、结算、清理条款或嗣后达成一致的情形

合同关系提前终止，还须处理好合同解除后的债权债务关系。合同协商解除，如合同中有违约责任、结算、清理条款，或解除时就违约责任、结算、清理等事宜达成一致，按照尊重合同自由原则，合同权利义务关系终止后，应首先按照当事人约定或嗣后协商一致的方式进行结算和清理。

第一，对于存在事先约定的情形，合同解除后，合同权利义务条款效力终止，但合同违约责任、结算和清理条款，属于当事人事先约定有关合同终止后的事务处理，在效力上具有独立性，其不因合同权利义务关系终止而失效。[③] 应当尊重当事人的此种约定，这也符合当事人希望适用合同结算与清理条款，尽快结束合同关系及后续事宜的诉求。第二，对于嗣后协商一致的情形，合同解除后，当事人通过协商达成违约责任、结算与清理条款的，实则形成新的债权债务关系，当事人应依据协商形成的新的债权债务内容履约。

---

① 最高人民法院民法典贯彻实施工作领导小组主编：《中华人民共和国民法典合同编理解与适用》，人民法院出版社 2020 年版，第 633 页。
② 姚明斌：《基于合意解除合同的规范构造》，载《法学研究》2021 年第 1 期。
③ 最高人民法院民法典贯彻实施工作领导小组主编：《中华人民共和国民法典合同编理解与适用》，人民法院出版社 2020 年版，第 667 页。

2. 没有违约责任、结算、清理条款或嗣后未达成一致的情形

如合同没有违约条款，且解除时未就违约、结算、清理事宜达成一致，如何认定合同解除后的各方责任？本条予以明确，如无约定或未协商一致，参照《民法典》中关于合同解除法律后果的一般规定予以处理。

关于合同解除后果，大陆法系主要存在直接效果说、间接效果说、债务关系转换说和折衷说。[①] 我国《民法典》遵循经济活动效率原则，采折衷说，对合同解除的法律后果进行了比较灵活的规定。具体而言，第一，由于协商解除已终止了合同权利义务关系，如合同尚未开始履行，终止履行，使尚未履行的债务归于消灭，当事人从中解脱出来，此时有可能产生违约赔偿责任，但不存在合同结算、清算的问题。所谓终止履行，即债务免除，当事人负有的债务因协商解除而消灭。第二，如合同已部分履行，合同解除对已经履行的债务没有溯及力，已经履行的债务只能产生返还等义务；对未履行的债务产生溯及力，未履行债务消灭，当事人终止履行。针对已经履行的部分，根据履行情况及合同性质，当事人可要求恢复原状或采取其他补救措施，并可要求损害赔偿，使已经履行的债务得到清算，当事人的财产状态可以恢复到合同订立之前的状态。

关于合同解除与赔偿损失，《民法典》延续《民法通则》第115条及《合同法》第97条规定，采用合同解除与请求损失赔偿并存的立法模式，合同解除不影响当事人要求赔偿损失。这是因为债务不履行导致的损失在合同解除前就存在。如合同协商解除时未对附带产生的赔偿损失问题作出约定，不能当然视为当事人放弃对损害赔偿的请求，各方当事人还要履行必要的赔偿损失责任。

四、适用指导

1. 协商解除合同是否必须采取书面形式？凡是能够证明双方当事人就解除合同已达成一致意见的，无论采取书面形式还是口头形式，抑或以行为默示表示的，均可认定达成解除合同的合意，合同关系终止。

[①] 崔建远主编：《合同法》（第六版），法律出版社2016年版，第203页。

2. 如何认定合同解除的时间？双方当事人协商解除合同的，协商确定之日为合同解除之日。

3. 协商解除合同之后须承担违约责任吗？原则上无须承担违约责任，但如一方当事人存在违约，或双方解除合同时达成违约责任约定的，另一方当事人可以请求违约方承担违约责任。

【典型案例】

1. 全某房地产公司与某银行桂林分行房屋买卖合同纠纷案

［案号］（2016）最高法民申213号

［审理法院］最高人民法院

［来源］中国裁判文书网

［关键词］协商解除　返还财产　清理

［裁判摘要］合同的协商解除是指双方当事人通过协商一致将原合同加以解除，即通过双方当事人重新订立的合同消灭基于原合同形成的债权债务关系。解除合同协议的有效成立，也必须满足合同成立的一般要件。一是在合同的订立方式上，要通过要约和承诺的方式订立；二是在合同的内容上要具体确定，合同中不仅要有消灭既存合同关系的内容，也要包括已经履行部分是否返还、责任如何分担等结算和清理内容。合同的协商解除在法律属性上系当事人意思自治的范畴，不属人民法院裁决的范畴。双方当事人均对解除合同无异议，希望通过司法途径清算权利义务，考虑到解除合同在结果上符合双方意愿与项目现状，且有利于案结事了，故法院判决认可双方协商一致解除合同。合同解除后双方当事人应相互返还财产。合同基于协商解除的本应由双方当事人自行协商如何返还、是否赔偿等事项，在未对此达成合意的情况下，法院对合同解除后的结算和清理事项作出判决，对彻底化解当事人争端有其积极意义。

［基本案情］2004年，某银行桂林分行为改善单位职工的居住条件，解决职工住房问题，经与全某房地产公司协商，双方于2004年9月5日签

订《房屋合作开发协议书》。协议约定，双方同意对甲方持有有关批文的F5号地块进行合作开发，由乙方全额提供开发所需资金；甲方保证F5号地块土地价格在不高于100万元/亩的前提下，作为乙方最终支付给甲方的土地价；乙方于2004年9月20日将2000万元转至甲方的账户，由甲方转交某工程指挥部用于办理F5号地块的土地证及部分土地款，在2004年10月15日前将F5号地块的土地证办理至甲方名下，并质押给乙方，作为乙方2000万元土地出让金及部分土地款的抵押；甲方从2004年9月21日起，负责办理该小区的规划定点、开工报建、审批等手续，保证在2004年12月28日前可进场进行房屋土建工程的施工；开发完成的整个小区由乙方作为本单位商品房全权处置，所有收益归乙方所有；房屋以甲方的名义进行销售；项目开发建设过程发生的税费由乙方承担，乙方向甲方支付1200万元作为本项目甲方所得的回报；本协议签订后五天内，乙方向甲方预交200万元定金，甲方违约则双倍返还；本协议在乙方支付了2000万元土地出让金及部分土地款后，即为不可撤销协议，任何一方毁约，均应支付对方毁约金1000万元等内容。协议签订后，某银行桂林分行分别于2004年9月10日、9月20日两次向全某房地产公司共计支付了相关款项2200万元。

2010年4月13日，全某房地产公司发函给某银行桂林分行，以双方签署的《房屋合作开发协议书》在主体上不符合法律、法规的规定，客体上不具有实际可操作性，条款致使不能实现协议目的为由，建议："终止双方这种合作关系，另寻其他切实可行的途径为盼。"

2011年3月14日，全某房地产公司发函给某银行桂林分行要求同年3月16日付款，并随函附某旅游股份有限公司的交款书面通知，某银行桂林分行办公室主任签收了该函件。全某房地产公司的付款请求均有数额和合理期限，但都遭到某银行桂林分行拖延、拒付。

2011年3月15日，某银行桂林分行复函明确表示其行使抗辩权拒付合同款项，此后也不再按约定付款。2011年5月18日，某银行桂林分行发函全某房地产公司，以全某房地产公司口头提出两种解决合作纠纷方案。因某银行桂林分行、全某房地产公司对涉案纠纷无法达成一致解决意见，某银行桂林分行为此向法院提起诉讼。

[裁判结果] 原判决在某银行桂林分行主张诉请解除事由不成立的情况下以双方均主张解除的意思表示判决解除合同，以及认定某银行桂林分行构成违约。原判决在双方当事人均同意解除合同但又未就合同解除后的清洁问题达成协议的情况下对双方权利义务的安排虽有不当，但对彻底化解当事人争端有其积极意义。

2. 某圭公司与鼎某公司买卖合同纠纷案

[案号]（2017）晋民再68号

[审理法院] 山西省高级人民法院

[来源] 中国裁判文书网

[关键词] 解除合同　违约责任　明确通知

[裁判摘要] 双方发生纠纷后，一方已明确通知解除合同，另一方未对解除合同提出异议，且双方均以各自的实际行为表示不再继续履行合同，根据《合同法》第93条第1款"当事人协商一致，可以解除合同"的规定，双方签订的合同于另一方当事人收到解除通知书之日起解除。合同解除后，双方应当依照《合同法》第97条"合同解除后，尚未履行的，终止履行；已经履行的，根据履行情况和合同性质，当事人可以要求恢复原状、采取其他补救措施，并有权要求赔偿损失"的规定解决纠纷。

[基本案情] 原告（反诉被告）鼎某公司作为买方，被告（反诉原告）某圭公司作为卖方，双方分别于2015年9月18日、9月21日和10月8日签订了合同编号为DR2015090006、DR2015090007和DR2015100002的《煤炭买卖合同》及《合同补充协议》各三份。原、被告在上述合同中约定的收货人均为"武某集团国际经济贸易有限公司"，合同编号为DR2015090006和DR2015090007的《煤炭买卖合同》的发站为"孝南、介休、张兰、两渡、万安、白壁关、中阳、朱家店、离石、灵石、南关、清徐"，合同编号为DR2015100002的《煤炭买卖合同》的发站为"孝南、

介休、两渡、万安、冷泉、清徐";到站均为"武某";品种均为"主焦煤",质量要求均为"计量水分≤8%、灰分≤10%、硫分≤1.5%",交(提)货时间和数量分别为9月0.8万吨、9月1.2万吨和10月1.2万吨;交(提)货方式为车板交货;质量以收货人(武某)出具的化验结果为准,数量以(武某)铁路轨道衡的数量为依据(超水扣重),验收执行国标《GB/18666—2002》和《煤炭送货办法》以及《煤炭送货办法实施细则》的有关规定,质量误差超出《GB/18666—2002》允许误差值时,在保留货物完整的前提下,买方需在到货后3日内以书面形式通知卖方,以利于双方协商解决,否则视为数量、质量合格;关于煤炭单价,双方于2015年9月签订的两份合同含税单价为445元/吨(煤及站台上所有费用),2015年10月签订的合同含税单价为435元/吨(煤及站台上所有费用);铁路运费由买方承担,与卖方货款按照车板价(包含除铁路运费以外的所有费用)结算,买方按照到钢厂接收的质量和数量与卖方进行结算;付款方式为化验合格后上站前支付煤款80%,同时卖方给买方开具130万元的增值税票,尾款待钢厂结算单出具后买受方与出卖方结清剩余款项并开具剩余的增值税票;双方同时约定如卖方未按时交货,则向买方赔偿所欠货值日计1‰的违约金,并承担诉讼(仲裁)不限于诉讼费(仲裁费)、律师费、差旅费、公证费、执行费等一切费用;此外,双方还在《合同补充协议》中对合同加减价规则和计算方法作出了明确的约定。合同签订后,被告(反诉原告)委托介休市陆某选煤有限公司直接向原告(反诉被告)供货。

原告(反诉被告)鼎某公司于2015年11月20日向被告(反诉原告)某圭公司发出限期履行通知书一份,内容为:"贵公司与我公司分别于2015年9月18日、9月21日、10月8日签订煤炭买卖合同,约定我公司购买贵公司煤炭合计3.2万吨(9月合同2万吨、10月合同1.2万吨),并约定未按时交货的违约金等责任。我公司已按约定向贵公司支付合同预付款合计5900000元,但贵公司合计发货13769.94吨(9月发货10465吨、10月发货3304.943吨),货物按合同约定标准加减价后计算价格约为

5102335.14元。我公司于2015年10月20日收到检测报告，指出贵公司供货煤炭存在质量问题，致使我公司订立合同的目的不能实现，后解除合同，但贵公司拒不退还我公司煤炭预付款项，且不承担相应的违约责任合计约107万元。请贵司收到此函后3日内履行付款义务。否则，我公司将就贵司的违约行为采取相应的法律手段，追究贵司的法律责任。特此致函！"被告（反诉原告）某圭公司认可已收到该限期履行通知书。

[裁判结果]双方发生纠纷后，鼎某公司于2015年11月20日向某圭公司发出《限期履行通知书》，已明确通知解除合同，某圭公司收到该通知书后，未对解除合同提出异议，且双方均以各自的实际行为表示不再继续履行合同。根据《合同法》第93条第1款"当事人协商一致，可以解除合同"的规定，双方签订的合同编号为DR2015090006、DR2015090007和DR2015100002的《煤炭买卖合同》及《合同补充协议》于某圭公司收到《限期履行通知书》之日起解除。合同解除后，双方应当依照《合同法》第97条"合同解除后，尚未履行的，终止履行；已经履行的，根据履行情况和合同性质，当事人可以要求恢复原状、采取其他补救措施，并有权要求赔偿损失"的规定解决纠纷。根据合同法的公平原则，当事人的合同权利与合同义务是对等的，鼎某公司在没有继续预付煤炭款的情况下，不应要求某圭公司提供合同约定的全部煤炭，故鼎某公司要求某圭公司承担违约责任并赔偿损失的请求，不符合双方约定，也不符合法律规定。

3. 大某神公司与恒某公司房屋租赁合同纠纷案

[案号]（2019）浙民再358号

[审理法院]浙江省高级人民法院

[来源]中国裁判文书网

[关键词]合意解除　协商一致　违约责任

[裁判摘要]双方均有解除合同的意思表示，涉案租赁协议由双方合意解除并无不当。本案因系政府政策变更下的合意解除，主观上双方均不存在解除租赁协议的故意，在协议解除的过程中双方均不存在违约行

为，不存在双方主张的对方单方无故解除的事实，故双方互不承担违约责任。

[基本案情] 2017年10月18日，恒某公司和大某神公司签订《厂房租赁协议》一份，主要约定：大某神公司将坐落于萧山区的工业的厂房（产权证编号：杭房权证萧字第××号）出租给恒某公司，出租面积约8968.82平方米，包含产权证编号为杭房权证萧字第××号下房产（建筑面积为8168.82平方米）以及厂区东南角的两层建筑物（约800平方米）；该租赁厂房用于仓储和生产，恒某公司向大某神公司承诺，若用于生产的，严格按照经核准的生产经营范围从事合法合规的产品生产；大某神公司于2017年11月1日前向恒某公司交付该厂房和有关实施设备，租赁日期自2017年11月1日起至2022年10月31日止，协议房屋免租期为2017年11月1日至2017年11月30日；恒某公司如要提前解除本协议，须提前6个月书面告知大某神公司，视为双方协商解除，不视为恒某公司违约，大某神公司如要提前收回出租厂房的，也须按前述办理，不视为大某神公司违约；2017年12月1日至2018年4月30日的租金986570元于合同签订后三日内支付；2018年5月1日至2018年10月31日的租金1183884元于2018年3月31日前支付……；恒某公司应向大某神公司支付租赁保证金，保证金为200000元，于协议签订后三日内打入大某神公司指定账户，大某神公司收到保证金后向恒某公司出具收款凭据。协议签订当日，恒某公司支付了房屋租赁保证金200000元，大某神公司对此出具了收款收据一份予以确认。

2017年10月20日，双方签订了《厂房租赁补充协议》一份，双方就原协议第八条"转租和转让约定"内容作出变更，变更后具体如下：恒某公司在租赁期内，可将该厂房部分或全部转租给他人仓储或生产使用，但转租部分的使用用途、使用条件及使用管理不得有违原合同相关约定，恒某公司转租的，须将转租情况告知大某神公司。补充协议签订当日，恒某公司支付了2017年12月1日至2018年4月30日的租金986570元。恒某公司租赁厂房后，除了其中800平方米和180.82平方米留作自用外，其余部分转租给多家企业和个人。

2017年11月，管委会经济发展局按照管委会关于区内"四无"企业整治要求对桥南开发区内工业厂房进行排查整治。在检查过程中，发现大某神公司厂区内聚集大批仓储企业，既无消防验收又无工商登记，均为"四无"企业。故该局于2018年1月2日召集相关负责人即大某神公司法定代表人许某和恒某公司法定代表人陈某逢沟通谈话。谈话结果是陈某逢承诺按照开发区"四无"企业整治要求于2018年1月25日前把承租厂区内违规次承租户清退搬迁完毕，对此陈某逢出具了《承诺书》一份。之后，关于减免租金和腾退房屋等事宜，恒某公司法定代表人陈某逢和大某神公司法定代表人许某进行协商。大某神公司于2018年1月18日之前先退还了恒某公司租金300000元。

2018年1月19日，大某神公司法定代表人许某通过微信告知恒某公司法定代表人陈某逢：经大某神公司股东会讨论，大某神公司同意免租期延长到2017年12月31日，2018年元旦起开始计算房租，直到恒某公司把房屋全部还给大某神公司后不再计算租金。

2018年1月20日，大某神公司向恒某公司出具了《告知书》一份，内容为：根据萧山经济技术开发区管委会《关于开展开发区"四无"企业整治行动方案》的相关文件精神，要求恒某公司于2018年1月25日之前必须按要求办理且清空厂房，逾期未搬离的，将对恒某公司实施联合强制措施，一切责任由恒某公司自行负责。恒某公司收到《告知书》后于2018年1月25日开始陆续清退次承租人。

2018年1月24日，因双方产生争议，大某神公司法定代表人许某通过微信告知恒某公司法定代表人陈某逢：大某神公司股东不再同意给予恒某公司免房租，要求按照合同执行。

2018年1月底，恒某公司提出由于临近春节，在搬迁人员上遇到困难，同时为降低损失，希望大某神公司能减免部分房租，管委会经济发展局于2018年1月31日召集恒某公司和大某神公司协调，协调形成基本协议，但最后由于双方在免租金额和厂房复原上未达成一致，最终未能签署书面协议。另查明,根据双方在原审庭审中的陈述,至 2018 年 1 月 25 日前恒某公司清退房屋租赁面积为 5613.62 平方米,至 2018 年 3 月 31 日前清退租赁面积 8103.62 平方米,至 2018 年 5 月 17 日前租赁面积 8968.82 平方米全部清退完毕。

[裁判结果] 双方均有解除合同的意思表示、涉案租赁协议于 2018 年 1 月 25 日由双方合意解除。本案因系政府政策变更下的合意解除,故双方互不承担违约责任。恒某公司已付 2017 年 12 月 1 日至 2018 年 4 月 30 日的租金 986570 元,扣除 2018 年 1 月 1 日至 1 月 25 日的租金 164428 元,以及前述大某神公司已经返还的 30 万元,大某神公司应将剩余租金 522142 元返还给恒某公司,因双方均未违约,故恒某公司交纳的保证金 20 万元也应一并返还。涉案租赁合同于 2018 年 1 月 25 日解除后,恒某公司尚余部分场地未清退,应按合同约定的租金标准支付逾期占有使用费。

(撰稿人:冯琴)

> **第五十三条 【通知解除合同的审查】** 当事人一方以通知方式解除合同,并以对方未在约定的异议期限或者其他合理期限内提出异议为由主张合同已经解除的,人民法院应当对其是否享有法律规定或者合同约定的解除权进行审查。经审查,享有解除权的,合同自通知到达对方时解除;不享有解除权的,不发生合同解除的效力。

【关联规定】

一、《民法典》(2020 年 5 月 28 日)

第 565 条 当事人一方依法主张解除合同的,应当通知对方。合同自通知到达对方时解除；通知载明债务人在一定期限内不履行债务则合同自动解除，债务人在该期限内未履行债务的，合同自通知载明的期限届满时解除。对方对解除合同有异议的，任何一方当事人均可以请求人民法院或者仲裁机构确认解除行为的效力。

当事人一方未通知对方，直接以提起诉讼或者申请仲裁的方式依法主张解除合同，人民法院或者仲裁机构确认该主张的，合同自起诉状副本或者仲裁申请书副本送达对方时解除。

二、司法指导性文件

1.《最高人民法院研究室对〈关于适用《中华人民共和国合同法》若干问题的解释（二）〉第 24 条理解与适用的请示的答复》（法研〔2013〕79 号）

浙江省高级人民法院：

你院浙高法〔2012〕331 号关于如何理解与适用《最高人民法院关于适用〈中华人民共和国合同法〉若干问题的解释（二）》（以下简称《合同法解释（二）》）第 24 条的请示收悉。经研究，答复如下：当事人根据合同法第九十六条的规定通知对方要求解除合同的，必须具备合同法第九十三条或者第九十四条规定的条件，才能发生解除合同的法律效力。当事人没有约定异议期间，一方当事人在《合同法解释（二）》施行前已依法通知对方当事人解除合同，对方当事人在《合同法解释（二）》施行之日起三个月以后才起诉的，人民法院不予支持。本答复下发之前已经终审的案件，不适用本款规定。

此复

2.《九民纪要》（法〔2019〕254 号）

46. 审判实践中，部分人民法院对合同法司法解释（二）第 24 条的理解存在偏差，认为不论发出解除通知的一方有无解除权，只要另一方未在异议期限内以起诉方式提出异议，就判令解除合同，这不符合合同法关于合同解除权行使的有关规定。对该条的准确理解是，只有享有法定或者约定解除权的当事人才能以通知方式解除合同。不享有解除权的一方向另一方发出解除通知，另一方即便未在异议期限内提起诉讼，也不发生合同解除的效果。人民法院在审理案件时，应当审查发出解除通知的一方是否享有约定或者法定的解除权来决定合同应否解除，不能仅以受通知一方在约定或者法定的异议期限届满内未起诉这一事实就认定合同已经解除。

【理解与适用】

一、本条主旨

本条是关于解除权人通知解除合同的审查相关规定，也即人民法院审查和确认合同是否已因当事人一方的通知解除而解除的具体规定。本条旨在说明，单纯由一方发出解除通知，或者相对方未在约定的异议期限或者其他合理期限内提出异议，均不足以产生解除权行使的效果。拥有权利，是行使该权利的前提。

二、规范来源

从本条与《民法典》的关系来看，本条在一定程度上是对《民法典》第565条第1款中"对方对解除合同有异议的，任何一方当事人均可以请求人民法院或者仲裁机构确认解除行为的效力"的进一步补充解释，即在当事人以通知方式主张合同解除的，人民法院究竟该如何审查"确认解除行为的效力"。

从表述内容上看，本条规范源自《民法典》生效前最高人民法院公布的《九民纪要》第46条的规定。但第46条规定的出台，又在相当程度上受到了《合同法》及《合同法司法解释（二）》第24条的影响。一定程度上，第46条规定起到了对《合同法司法解释（二）》第24条（可能带来的不当解释）进行"拨乱反正"的作用。

（一）从《合同法》第96条第1款到《合同法司法解释（二）》第24条

《合同法》第96条第1款规定："当事人一方依照本法第九十三条第二款、第九十四条的规定主张解除合同的，应当通知对方。合同自通知到达对方时解除。对方有异议的,可以请求人民法院或者仲裁机构确认解除合同的效力。"《合同法》第93条第2款、第94条分别为约定解除权和法定解除权的一般规定。申言之,均为解除权相关规定。故《合同法》第96条第1款指向的是解除权行使的一般规则,并确立了诉讼外通知解除的基本原则。该条规定,"对方有异议的,可以请求人民法院或者仲裁机构确认解除合同的效力"。这一规定带来诸多解释上的争议:(1)此处的异议属于何种性质的权利(所谓"异议权"),具有何种法律效力?[①](2)异议应该以何种方式提出,"可以请求"是否意味着也可以采取其他诉讼外方式提出异议?[②](3)"对方……,可以请求人民法院或者仲裁机构确认解除合同的效力",是否意味着"可以请求人民法院或者仲裁机构确认解除合同的效力"的主体仅限于"对方",还是也可以是发出解除通知的一方?[③](4)异议有无期限的要求?如果对方在收到解除通知后很长一段时间内不提出异议,或者不向法院等确认解除合同的效力,合同是否已因通

[①] 崔建远:《解除权问题的疑问与释答(上篇)》,载《政治与法律》2005年第3期,并未对异议作性质界定,而是宽泛认为此处的异议不限于对方当事人对解除合同提出不同意见,甚至也可以是其请求解除权人继续履行合同义务等;主张异议权是一种请求权,是请求撤销合同解除行为的权利,可见最高人民法院研究室编著:《最高人民法院关于合同法司法解释(二)理解与适用》,人民法院出版社2009年版,第176~177页;认为异议权在性质上与解除权一样属于形成权,其效果在于"暂时阻却解除通知效力的发生,合同未被解除,须等待法院或者仲裁机构的裁判结论",但与解除权不同的是,异议权只能通过公力救济的方式行使,参见刘凯湘:《民法典合同解除制度评析与完善建议》,载《清华法学》2020年第3期;认为异议权属于诉权而非实体性权利,并且合同双方均享有此确认合同解除效力之诉的诉权,参见贺剑:《合同解除异议制度研究》,载《中外法学》2013年第3期。

[②] 刘凯湘:《民法典合同解除制度评析与完善建议》,载《清华法学》2020年第3期,倾向于只能以公力救济方式进行。其认为,"一旦对方收到解除通知后给解除权人回一份异议函就能够阻止合同解除效果的发生,则事实上在很大程度上等于否认了解除权作为形成权的意义,迫使解除权人只能直接走向公力救济途径,容易导致异议权的滥用"。持相反观点的如雷裕春:《合同解除权行使的若干问题》,载《学术论坛》2007年第5期。

[③] 对此,《民法典》第565条中规定已经作了修改完善,明确"任何一方当事人均可以请求"。在《合同法》时代,依崔建远:《解除权问题的疑问与释答(上篇)》,载《政治与法律》2005年第3期的观点,认为在违约方对合同解除提出异议,又不请求裁判机构确认合同解除的效力,但拒绝履行因合同解除而产生的义务和赔偿损失时,解除权人可以直接诉请该违约方履行解除产生的义务和赔偿责任,"尽管他未请求裁判机构确认合同解除的效力,他们也应当先确认合同解除,再支持该诉求,除非解除权不存在或者解除权行使条件不具备"。《民法典》生效后,《民法典》第565条这一规定存在程序上的多种可能性,参见刘凯湘:《民法典合同解除制度评析与完善建议》,载《清华法学》2020年第3期的分析。

知到达而当然解除?①

对于前述争议,尤其是问题 4,最高人民法院在《合同法司法解释(二)》第 24 条中试图给出回应。该条规定:"当事人对合同法第九十六条、第九十九条规定的合同解除或者债务抵销虽有异议,但在约定的异议期限届满后才提出异议并向人民法院起诉的,人民法院不予支持;当事人没有约定异议期间,在解除合同或者债务抵销通知到达之日起三个月以后才向人民法院起诉的,人民法院不予支持。"可见,该条对(解除、债务抵销)的异议期间给予了明确规定:或为约定的异议期间,或为法定的异议期间(通知到达后三个月)。相对人若不在异议期间提出异议,"向人民法院起诉的,人民法院不予支持"。推敲其规范目的,在于若"异议权人可以随时提请仲裁或确认之诉,使得已经发生的解除或抵销的法律效力常处在不稳定状态,因而对另一方当事人来讲是很不公平的"。②

(二)从《合同法司法解释(二)》第 24 条到《九民纪要》第 46 条

《合同法司法解释(二)》第 24 条一经出台,即得到司法实践的响应。最高人民法院主审的公报案例"深圳富某宝实业有限公司与深圳市福某股份合作公司、深圳市宝安区福某物业发展总公司、深圳市金安城投资发展有限公司等合作开发房地产合同纠纷案"③ 就认为"当事人没有约定合同解除异议期间,在解除通知送达之日起三个月以后才向人民法院起诉的,人民法院不予支持"。但值得注意的是,在该案中,法院同时也认为

---

① 张伟军:《对合同解除异议权的行使应有期限规定》,载《人民司法》2000 年第 6 期,建议规定为接到通知后 15 日内。崔建远:《解除权问题的疑问与释答(上篇)》,载《政治与法律》2005 年第 3 期,认为异议应有一定的期限,但应由法官自由裁量并个案判断。从立法论角度主张区分非违约解除和违约解除,前者规定为两个月,后者规定为一个月。值得注意的是,崔建远教授虽然也认为解除效力的发生并不因违约方异议与否而发生影响,但若有异议期间限制,在违约方对解除提出异议时,裁判机构可以进行形式审查便可容易地裁决是否驳回起诉;若无异议期间的限制,则需要予以实质审查解除权的有无,实质审查解除的效力是否已经发生,"成本要高昂得多"。刘凯湘:《民法典合同解除制度评析与完善建议》,载《清华法学》2020 年第 3 期,认为解除异议期应统一规定为三个月。

② 武兴伟、李晓斌主编:《合同法司法解释理解与运用·典型案例裁判理由》,中国法制出版社 2010 年版,第 145 页。

③ 《最高人民法院公报》2011 年第 5 期。

解除相对方存在根本违约的行为。但实践中更多争议在于，若发出解除通知的一方并不享有约定或法定解除权，此时若相对方在收到解除通知后并未在约定的异议期或者法定的三个月异议期内提出异议，并向法院诉请确认合同解除的效力，此时是否因异议期间的经过，而当然地发生解除合同的效力？换言之，法院能否以异议期间的经过，而对合同解除的效力不作实质审查（审查解除权是否存在），或者虽然实质审查但不考虑实质审查的结果，从而不论解除方是否享有解除权，都直接判定合同解除？

对此，有学者通过对司法实践大量案例的整理后发现，实践中对《合同法司法解释（二）》第24条存在三种不同的解释方案：[1] 解释方案一，又称"形式理解"，认为如果非解约方在异议期间内没有起诉行使异议权，无论解约方是否享有解除权，合同都在解除通知到达时解除；异议权须以诉讼方式行使；异议期间的性质属于除斥期间。解释方案二，又称"实质理解"，认为《合同法司法解释（二）》第24条的适用必须以解约方具有约定或法定解除权为前提，故无论非解约方是否逾期异议，法院依然需要对合同解除的效力进行实质审查，进而可以解除权不存在为由判令解除行为无效。解释方案三，又称"修正的形式理解"，包括以下两种形式：一是认为异议包括起诉和非诉异议，异议期间是诉讼时效。因此非解约方只要在异议期间内以非诉方式提出异议，诉讼时效就发生中断，如此非解约方可以借定期异议保全异议权。二是认为异议包括起诉和非诉异议，但异议期间是除斥期间。非解约方只需在除斥期间内异议就一劳永逸，无须再定期异议以维护异议权。限于篇幅，此处不对这三种解释方案相关的学理和实务——再作梳理。值得注意的是，无论是形式理解还是修正的形式理解，都在一定程度上肯定了《合同法司法解释（二）》第24条的基本立场，即只要异议期经过，解约相对方就不能再提出异议（"向人民法院起诉的，人民法院不予支持"）。但能否由此得出进一步的结论，即无论解约通知的一方有无解除权，合同关系都因通知的到达而解除呢？对此，

---

[1] 贺剑：《合同解除异议制度研究》，载《中外法学》2013年第3期。

越来越多实践判例,甚至包括最高人民法院所作的诸多案例①乃至《最高人民法院研究室对〈关于适用《中华人民共和国合同法》若干问题的解释(二)〉第24条理解与适用的请示的答复》(法研〔2013〕79号)均持否定的观点,并逐步走向第二种即"实质理解"的解释方案。究其原因,可能在于《合同法司法解释(二)》第24条本就是对《合同法》第96条的解释,而后者明确规定当事人行使解除权必须"依照本法第九十三条第二款、第九十四条的规定主张解除合同"。② 申言之,解除权行使的前提在于"享有解除权"。当然,前述学者对此有更为深刻的分析。其认为,《合同法司法解释(二)》第24条很可能是将异议权定位成了一种实体性权利,进而以所谓"权利失效"的逻辑对异议期间进行规定。而这样的做法从根本上就可能是错误的。在其看来,《合同法》第96条第1款第3句中的异议权其实是提起确认之诉的诉权,而且解约方和非解约方均可依民事诉讼法的相关规定而享有。解约方和非解约方的诉权彼此构成限制,同样可以实现稳定合同关系的目的。由此其得出进一步结论:"适用《解释二》第24条时,应当对解除权的存在进行实质审查,从而彻底架空和虚置这一在价值和逻辑上有诸多舛误的规定。"③

最终,《九民纪要》第46条明确,"只有享有法定或者约定解除权的当事人才能以通知方式解除合同。不享有解除权的一方向另一方发出解除通知,另一方即便未在异议期限内提起诉讼,也不发生合同解除的效果。人民法院在审理案件时,应当审查发出解除通知的一方是否享有约定或者法定的解除权来决定合同应否解除,不能仅以受通知一方在约定

---

① 例如,"江苏聚某某新能源有限公司与北京七某华创电子股份有限公司买卖合同纠纷再审案",最高人民法院(2016)最高法民申1049号民事裁定书;"西安博某实业有限公司、陕西海某投资集团有限公司合资、合作开发房地产合同纠纷案",最高人民法院(2018)最高法民终1272号民事判决书等。相反,持"形式理解"立场的如"朝阳金某矿业有限公司与朝阳青某矿业有限公司采矿权转让合同纠纷申请案",最高人民法院(2013)民申字第2018号民事裁定书;"徐某汉等与白某山等股权转让纠纷再审案",最高人民法院(2017)最高法民申1143号民事裁定书(值得注意的是,在后一案件中,法院同时认为当事人约定的解除事由已经成就)。上述案例具体裁判观点的梳理见后续"典型案例"。

② 陈龙业、宋韦韦:《合同解除异议权制度适用中的争议问题探讨》,载《人民司法·应用》2014年第15期。

③ 贺剑:《合同解除异议制度研究》,载《中外法学》2013年第3期。

或者法定的异议期限届满内未起诉这一事实就认定合同已经解除"。在笔者看来，这一规定的出台，使得《合同法司法解释（二）》第 24 条的规范实益——后者规范的本意在于尽快确定合同解除的效力，从而稳定双方关系，但根据《九民纪要》的前述规定，即使异议期间经过，都无法确定合同关系是否因解约通知而解除。合同解除与否，最终还是有赖于法官对当事人有无解除权的实质审查。

（三）从《九民纪要》第 46 条到《民法典》第 565 条

《九民纪要》第 46 条的规定显然更符合对解除权行使的规范理解，但同时意味着通过督促解除权的相对方尽快提出异议，以避免合同关系的存续长期处在不确定状态的规范意图客观上难以得到有效的实现。故而，诉讼外解除的效率性也就无法充分得到体现。对此，《民法典》第 565 条修改了《合同法》的异议制度，一则明确了对解除有异议的，任何一方当事人均可以请求人民法院或者仲裁机构确认解除行为的效力；二则允许当事人直接以提起诉讼或者申请仲裁的方式依法主张解除合同，从而避免了行使解除权的一方被动等待对方提出异议可能面临的风险。除此之外，现行法不再要求对方必须以提起诉讼或者仲裁的方式提出异议，简化了异议提出的方式。[①]

三、司法解释条文理解

本条规范共分两句。第一句明确人民法院对当事人是否享有解除权的审查要求；第二句明确解除权成立与否带来的不同后果。

（一）当事人一方以通知方式解除合同，并以对方未在约定的异议期限或者其他合理期限内提出异议为由主张合同已经解除的，人民法院应当对其是否享有法律规定或者合同约定的解除权进行审查

《民法典》第 562 条第 1 款、第 2 款和第 563 条依次规定了合意解除、

---

① 参见王利明主编：《中国民法典释评·合同编通则》，中国人民大学出版社 2000 年版，第 500 页。

约定解除权和法定解除权。与合意解除不同，约定解除权和法定解除权均属于解除权。解除权，依学理通说，属于形成权范畴。[①] 故解除权人一旦行使该权利，无论对方接受与否，都能在当事人之间"形成"合同解除的效果。《民法典》第 565 条规定："当事人一方依法主张解除合同的，应当通知对方。合同自通知到达对方时解除……"该条所称"当事人一方依法主张解除合同"的情况，即指当事人依法行使约定或法定解除权的情况。本条中所称"一方以通知方式解除合同"的情况，也应作相同的理解。当然，此处的法定解除权，既可能来自《民法典》第 563 条的一般规范，也可能来自《民法典》"典型合同"以及其他法律中关于法定解除的特别规范。比如，定作人根据《民法典》第 787 条"随时解除"承揽合同，委托人或者受托人根据《民法典》第 933 条"随时解除"委托合同，旅行社根据《旅游法》第 66 条主张解除旅游合同，似乎均可纳入本条的调整范围。至于当事人根据《民法典》第 533 条直接向法院请求情势变更解除，或根据《民法典》第 580 条请求司法终止，不存在对方提出异议的问题，均非解除权行使意义上的合同通知解除——本条涉及对当事人"解除权"的审查，故排除在本条适用范围之外。

当事人行使解除权，以及解除通知到达后合同发生解除的效果，前提在于其享有约定或法定的解除权。但事实上，在具体案件中，无论是对约定解除事由的意思表示的理解还是对法定解除事由是否成立的理解，当事人之间常常存在不同的看法。比如，甲、乙签订货物购销合同，约定 7 月 1 日甲应履行交货义务，但直到 7 月 5 日，甲依然未履行该义务。乙随即发出催告通知，给予对方 10 天的宽限期。但到了 7 月 15 日，甲依然不履行交货义务。此时乙发出解除通知，并于 7 月 16 日到达甲处。此时甲、乙之间的合同关系是否因乙的"解除通知"到达而解除呢？依《民法典》第 563 条第 1 款第 3 项的规定，此时就需要判断乙给予对方的 10 天宽限期是否属于"合理期限"。但究竟 10 天是否合理，甲、乙双方很可能会各执

[①] 韩世远：《合同法总论》（第四版），法律出版社 2018 年版，第 665 页。

一词。此时若不通过诉讼方式加以明确，双方的合同关系依然处在不明确的状态。甚至于，如果行使解除权的一方当事人本身并无解除权（如在前述例子中，10天被评价为不合理的宽限期），其所谓的解除通知不仅不能发生效力，甚至可能因为不当行使解除权转而成为违约的一方。对此，在比较法上，部分国家如法国、意大利等之所以坚持采诉讼解除/裁判解除而非诉讼外解除为原则的立法模式，将能否解除的决定权留给法院，而不采取看似更有效率的诉讼外解除模式，或多或少存在类似的考量。而我国法律虽然选择了诉讼外（通知）解除的立法模式，同样需要面对当事人所主张的解除权是否成立的评价难题，① 故本条规定当事人一方以通知方式解除合同，人民法院应当对其是否享有法律规定或者合同约定的解除权进行审查。至于本条中解除通知的形式，一般认为，除非当事人另有约定，否则可以通过任何形式作出。解除权人明确告知因对方违约不再履行合同，或"收回使用权"之类的表示，也属于解除通知的意思表示。②

本条中除明确了通知解除下法院有义务审查解除权是否成立外，还特别提到该条针对的规范语境是"以对方未在约定的异议期限或者其他合理期限内提出异议为由主张合同已经解除的"。这一表述方式修改了之前2022年11月4日最高人民法院发布的《关于适用〈中华人民共和国民法典〉合同编通则部分的解释（征求意见稿）》的内容。后者曾规定为："当事人因一方以通知方式主张解除合同发生争议的，人民法院应当对其是否享有法律规定或者合同约定的解除权进行审查。经审查，享有解除权的，合同自通知到达对方时解除；不享有解除权的，不发生合同解除的效力。通知解除合同的一方仅以对方未在合理期限内提出异议为由主张合同已经解除的，人民法院不予支持。"两者对比，带来如下解释上的问题需要作进一步说明和澄清：

第一，本条虽然针对的是发出解除通知的一方以对方未对此提出异议为由主张解除合同的情形，但即使不涉及异议问题，如当事人直接通过诉

---

① 陆青：《合同解除论》，法律出版社2022年版，第166~167页。
② 陆青：《合同解除论》，法律出版社2022年版，第164页。

讼方式直接请求确认合同解除，法院同样应该对解除权是否存在进行审查。在这一点上，之前征求意见稿第 1 款的表达似乎更为清楚。

第二，本条虽然删除了之前第 3 款 "通知解除合同的一方仅以对方未在合理期限内提出异议为由主张合同已经解除的，人民法院不予支持" 的表述，但显然不能简单地反面解释为认可在一定情形下 "通知解除合同的一方可以仅以对方未在合理期限内提出异议为由主张合同已经解除"。① 表述方式的修改，似乎更在于对征求意见稿原本的第 1 款和第 3 款的内容予以整合，强调即使约定异议期或者其他合理期限经过，法院依然需要对解除权是否存在进行审查。当然，因为现在的规定并未直接采用 "人民法院不予支持" 的表述，而是强调法院应该审查解除权是否存在。如果这样的话，会不会留出一定的解释空间，使得解除通知的相对方逾期提出异议的事实可以通过某种方式影响到解除权成立与否的判断？比如，当事人之间约定了一个异议期限，同时提到，如果接到解除通知的一方未在该期限内提出异议，"即使之前对合同解除可能存在争议，也因异议期的经过导致合同关系解除"。若按照征求意见稿原本第 3 款的表述，法院可能就不会支持合同已经解除的结论，而将解除权是否成立的判断聚焦于解除通知之前发生的事由。但按照本条目前的表达方式，此类约定会不会影响法院对解除权本身的判断？这个问题值得进一步思考。

第三，本条基本延续《最高人民法院研究室对〈关于适用《中华人民共和国合同法》若干问题的解释（二）〉第 24 条理解与适用的请示的答复》（法研〔2013〕79 号）和《九民纪要》第 46 条的规范立场，明确通知解除合同的一方不能仅以对方未在约定异议期限或其他合理期限内提出异议为由得出合同关系（当然地）因此解除的结论。需要注意的是，《合

---

① 值得注意的是，《最高人民法院发布〈关于适用《中华人民共和国民法典》合同编通则若干问题的解释〉相关典型案例》中 "孙某与某房地产公司合资、合作开发房地产合同纠纷案" 的 "裁判要点" 为 "合同一方当事人以通知形式行使合同解除权的，须以享有法定或者约定解除权为前提。不享有解除权的一方向另一方发出解除通知，另一方即便未在合理期限内提出异议，也不发生合同解除的效力"。载最高人民法院网站，https：//www.court.gov.cn/zixun/xiangqing/419392.html，2023 年 12 月 29 日访问。

同法司法解释（二）》第 24 条提到了约定的异议期间和法定的异议期间（解除通知到达之日起三个月），而本条使用"约定的异议期限"和"其他合理期限"的表述，同时又修改了之前征求意见稿仅提到"合理期限"的表达方式。这就意味着，一方面，关于异议期是否合理，并不采用刚性的量化标准（如之前提到的"解除通知到达之日起三个月"），而是要结合案件的具体情形予以判断，如此赋予了法官一定的自由裁量权；另一方面，使用"其他"（合理期限）的表述，意味着应首先尊重当事人约定的异议期限，只有在明确预定异议期限的情况下，才存在对异议期是否合理的评价。

第四，司法实践中有一种观点认为，"就合同解除提出的逾期异议也应当只是导致非解约一方当事人的异议权（形成抗辩权）消灭，解约一方当事人的解除权并不因此自动存在，解约行为也不因此自动有效，也应当满足合同法所规定的条件"。[①] 于是要进一步追问，异议权消灭的实益在哪里呢？请注意，《民法典》第 565 条第 1 款表述为："对方对解除合同有异议的，任何一方当事人均可以请求人民法院或者仲裁机构确认解除行为的效力"，由此是否能解释为"任何一方当事人请求人民法院或者仲裁机构确认解除行为的效力"必须以"对方对解除合同有异议的"为前提？若对方因"逾期异议"导致无权再提出有效异议，那么任何一方当事人也就无权请求人民法院或仲裁机构确认解除行为的效力吗？笔者认为，不能得出这样的结论。究其理由，一则前述规范表述更容易解释为提出"异议"（前半句）和"请求确认解除行为的效力"（后半句）具有不同的含义，盖相应的行使主体都可以有所不同（而《合同法》第 96 条表述为"对方有异议的，可以请求人民法院或者仲裁机构确认解除合同的效力"，相对更容易解释为请求确认解除合同的效力即为提出异议的具体体现）。二则根据《民法典》第 565 条第 2 款的规定，当事人一方未通知对方也可以直接以提起诉讼或者申请仲裁的方式依法主张解除合同，此时显然并不需要

[①] 陈龙业、宋韦韦：《合同解除异议权制度适用中的争议问题探讨》，载《人民司法·应用》2014 年第 15 期。

对方提出异议，如此更说明有无提出异议和能否确认合同解除的效力并无直接的关联。三则《民法典》第 565 条第 1 款与《合同法》第 96 条实际上均没有关于异议期的规范要求。在允许任何一方当事人向人民法院或仲裁机构请求确认解除行为的效力的情况下，更无理由限制当事人（包括对方）随时向法院请求确认（通知）解除行为的效力。四则若相对方明知发出解除通知的一方并无解除权，而在收到解除通知后超出合理期限始终未提出异议，法院也可根据案件的实际情况认定相对方具有默示的合意解除的承诺（尽管这样的认定需要十分慎重），而无须直接否定相对方具有请求确认合同解除效力的诉权。五则若相对方因逾期异议而丧失所谓的异议权，进而导致其无法向法院确认合同解除的效力，那么如果此时发出解除通知的一方也未请求法院确认合同解除的效力（假设其实际上并无解除权），法院就难以对合同解除与否予以主动审查。如果那样的话，强调"解约一方当事人的解除权并不因此自动存在，解约行为也不因此自动有效，也应当满足合同法所规定的条件"的意义就十分有限了。[①]

最后需要补充的是，设置异议期的本意可能在于尽快明确当事人之间的合同关系（是否解除），而弱化异议制度的意义则基于如下的考虑：即使相对方未能及时提出异议，发出解除通知的一方也可以主动向法院请求确认解除通知的效力。换言之，任何一方当事人都会有尽早确定合同关系的诉求，而合同关系是否解除始终可以通过法院的审查和确认加以明确。但越是强调通过诉讼方式和通过法院的实质审查来最终明确当事人是否有权解除合同，会不会在深层次上削弱我国法律关于诉讼外解除在追求效率方面的制度优势，还有待实践的进一步观察。另外，如果解除相对方在约定的异议期或其他合理期限未提出异议，最终法院通过审查认为解除权并不成立，那么，因为相对方长时间未提出异议，或者说超出了合理期限未提出异议，发出解除通知的一方可否在一定情形下主张因为信赖合同关系已经解除所带来的损失？或者可否主张因为对方长时间未提出异议主张排

---

① 贺剑：《合同解除异议制度研究》，载《中外法学》2013 年第 3 期，认为合同解除异议的唯一功能在于如果非解约方提出异议，解约方可以撤销解除行为。

除己方（在很长一段时间内并未履行己方义务）的违约责任，又或者主张相对方的行为构成某种程度的与有过失？这些问题也留待学理和实务的进一步探讨。

（二）经审查，享有解除权的，合同自通知到达对方时解除；不享有解除权的，不发生合同解除的效力

经审查，享有（约定或法定）解除权的，合同自相应的通知到达对方时解除。此为《民法典》第 565 条的应有之义，也是解除之诉作为确认之诉的应有之义。本句对此作进一步明确，意义或许在于"人民法院在判令合同解除时，应当对合同解除的时间作出认定"。[1] 值得注意的是，《民法典》第 565 条第 1 款中还规定，"通知载明债务人在一定期限内不履行债务则合同自动解除，债务人在该期限内未履行债务的，合同自通知载明的期限届满时解除"。本条并未将此种情况明确考虑在内，但解释上应遵循《民法典》之前述规定，即此种例外情况下，应以通知载明的期限届满而非通知到达对方作为合同解除的时间点。另外，《民法典》第 565 条第 2 款规定："当事人一方未通知对方，直接以提起诉讼或者申请仲裁的方式依法主张解除合同，人民法院或者仲裁机构确认该主张的，合同自起诉状副本或者仲裁申请书副本送达对方时解除。"既然该款指向的是"未通知对方"的情形，也无所谓地提出异议问题，自然不属于本条的调整范围。此时即使经审查解除权成立，也应以"起诉状副本或者仲裁申请书副本送达对方时"作为解除时间点。

最后，当事人如不享有解除权，即使其发过解除通知，也不发生合同解除的效力。但这一解除通知是否毫无法律意义？对此，有观点认为，此时所谓的"解除合同通知"只能视为一方当事人要求解除合同的要约，除非对方予以承诺，否则不发生解除合同的效果。[2] 实践中，如果当事人依

---

[1] 最高人民法院民事审判第二庭编著：《〈全国法院民商事审判工作会议纪要〉理解与适用》，人民法院出版社 2019 年版，第 311 页。

[2] 最高人民法院民事审判第二庭编著：《〈全国法院民商事审判工作会议纪要〉理解与适用》，人民法院出版社 2019 年版，第 312 页。

法并不享有解除权,但法院在一审中错误地判决解除,而在二审中,对方当事人也并未对此提出异议,此时二审法院是否仍应以当事人不享有解除权而撤销原判?对此,在"湖北奇某信息技术有限公司与武汉金某瑞科技股份有限公司计算机软件开发合同纠纷案"[①]中,最高人民法院法官认为,一审判决解除并不准确,但鉴于二审程序应当围绕当事人的上诉请求进行审理,当事人没有提出请求的,不予审理。且该解除合同的判决结果并不涉及国家、社会公共利益,他人合法权益,因而,该法律适用错误导致的解除合同的判项二审法院可不再予以纠正。值得注意的是,在《最高人民法院发布〈关于适用《中华人民共和国民法典》合同编通则若干问题的解释〉相关典型案例》的"孙某与某房地产公司合资、合作开发房地产合同纠纷案"中,一审、二审法院虽然都以孙某未提出对解除通知的异议等理由认定合同已经解除,但最高人民法院在再审中认为,一审、二审法院未对上述涉及房地产公司是否享有法定解除权的事实进行审理,即以孙某"未在法律规定期限内请求人民法院或者仲裁机构确认解除合同的效力"为由,认定《合作开发协议》已经解除,属于认定事实不清,适用法律错误。

【典型案例】

1. 孙某与房地产公司合资、合作开发房地产合同纠纷案

[来源] 最高人民法院发布《关于适用〈中华人民共和国民法典〉合同编通则若干问题的解释》相关典型案例[②]之七

[裁判要点] 合同一方当事人以通知形式行使合同解除权的,须以享有法定或者约定解除权为前提。不享有解除权的一方向另一方发出解除通

---

① 参见最高人民法院(2020)最高法知民终1353号民事判决书。
② 《最高人民法院发布〈关于适用《中华人民共和国民法典》合同编通则若干问题的解释〉相关典型案例》,载最高人民法院网站,https://www.court.gov.cn/zixun/xiangqing/419392.html,2024年1月15日访问。

知，即便另一方未在合理期限内提出异议，也不发生合同解除的效力。

[简要案情] 2014年5月，某房地产开发有限公司（以下简称房地产公司）与孙某签订《合作开发协议》。协议约定：房地产公司负有证照手续办理、项目招商、推广销售的义务，孙某承担全部建设资金的投入；房地产公司拟订的《项目销售整体推广方案》，应当与孙某协商并取得孙某书面认可；孙某投入500万元（保证金）资金后，如果销售额不足以支付工程款，孙某再投入500万元，如不到位按违约处理；孙某享有全权管理施工项目及承包商、施工场地权利，房地产公司支付施工方款项必须由孙某签字认可方能转款。

同年10月，房地产公司向孙某发出协调函，双方就第二笔500万元投资款是否达到支付条件产生分歧。2015年1月20日，房地产公司向孙某发出《关于履行的通知》，告知孙某5日内履行合作义务，向该公司支付500万元投资款，否则将解除《合作开发协议》。孙某在房地产公司发出协调函后，对其中提及的需要支付的工程款并未提出异议，亦未要求该公司提供依据，并于2015年1月23日向该公司发送回复函，要求该公司近日内尽快推出相关楼栋销售计划并取得其签字认可，尽快择期开盘销售，并尽快按合同约定设立项目资金管理共同账户。房地产公司于2015年3月13日向孙某发出《解除合同告知函》，通知解除《合作开发协议》。孙某收到该函后，未对其形式和内容提出异议。2015年7月17日，孙某函告房地产公司，请该公司严格执行双方合作协议约定，同时告知"销售已近半月，望及时通报销售进展实况"。后孙某诉至法院，要求房地产公司支付合作开发房地产收益分红总价值3000万元；房地产公司提出反诉，要求孙某给付违约金300万元。一审、二审法院认为，孙某收到解除通知后，未对通知的形式和内容提出异议，亦未在法律规定期限内请求人民法院或者仲裁机构确认解除合同的效力，故认定双方的合同已经解除。孙某不服二审判决，向最高人民法院申请再审。

[判决理由] 生效裁判认为，房地产公司于2015年3月13日向孙某发送《解除合同告知函》，通知解除双方签订的《合作开发协议》，但该

《解除合同告知函》产生解除合同的法律效果须以该公司享有法定或者约定解除权为前提。从案涉《合作开发协议》的约定来看，孙某第二次投入500万元资金附有前置条件，即房地产公司应当对案涉项目进行销售，只有在销售额不足以支付工程款时，才能要求孙某投入第二笔500万元。结合《合作开发协议》的约定，能否认定房地产公司作为守约方，享有法定解除权，应当审查该公司是否依约履行了己方合同义务。包括案涉项目何时开始销售，销售额是否足以支付工程款；房地产公司在房屋销售前后，是否按照合同约定，将《项目销售整体推广方案》报孙某审批；工程款的支付是否经由孙某签字等一系列事实。一审、二审法院未对上述涉及房地产公司是否享有法定解除权的事实进行审理，即以孙某"未在法律规定期限内请求人民法院或者仲裁机构确认解除合同的效力"为由，认定《合作开发协议》已经解除，属于认定事实不清，适用法律错误。

2. 深圳富某宝实业有限公司与深圳市福某股份合作公司、深圳市宝安区福某物业发展总公司、深圳市金某城投资发展有限公司等合作开发房地产合同纠纷案

［案号］（2010）民一终字第45号

［审理法院］最高人民法院

［来源］《最高人民法院公报》2011年第5期

［裁判摘要］合同一方当事人构成根本违约时，守约的一方当事人享有法定解除权。合同的解除在解除通知送达违约方时即发生法律效力，解除通知送达时间的拖延只能导致合同解除时间相应后延，而不能改变合同解除的法律后果。当事人没有约定合同解除异议期间，在解除通知送达之日起三个月以后才向人民法院起诉的，人民法院不予支持。

3. 朝阳金某矿业有限公司与朝阳青某矿业有限公司采矿权转让合同纠纷案

［案号］（2013）最高法民申字第2018号

［审理法院］最高人民法院

[来源] 中国裁判文书网

[裁判摘要] 当事人向合同相对方送达解除合同通知书后，该当事人作为合同一方的当事人是否有解除权，解除合同是否有效，相对方收到解除合同通知书后应在异议期内请求人民法院确认解除合同的效力，但相对方没有提起确认解除合同是否有效的确认之诉，如果二审法院再对当事人解除合同是否符合法定情形进行实质性审查，将使《合同法司法解释（二）》第24条的规定形同虚设，导致解除合同的效力长期处于不确定和不稳定状态，这与合同法立法目的相违背。

4. 江苏聚某新能源有限公司与北京七某华创电子股份有限公司买卖合同纠纷案

[案号]（2016）最高法民申1049号

[审理法院] 最高人民法院

[来源] 中国裁判文书网

[裁判摘要]《合同法司法解释（二）》第24条之规定是对《合同法》第96条的适用作出的解释，如何适用必然要结合而不能脱离该条款的规定。《合同法》第96条第1款规定："当事人一方依照本法第九十三条第二款、第九十四条的规定主张解除合同的，应当通知对方。合同自通知到达对方时解除。对方有异议的，可以请求人民法院或者仲裁机构确认解除合同的效力。"据此，一方当事人主张对方未对其发出的解除通知提出异议表明双方合同已经解除的观点能否成立，还应审查其解除合同的理由是否符合《合同法》第93条第2款、第94条规定的情形。

5. 徐某汉等与白某山等股权转让纠纷案

[案号]（2017）最高法民申1143号

[审理法院] 最高人民法院

[来源] 中国裁判文书网

[裁判摘要]《合同法司法解释（二）》第24条明确了相对人三个月

的异议期间，相对人在三个月异议期间以后才向人民法院起诉的，人民法院不予支持。也就是说，相对人未在约定或法定期限内行使异议权的，异议权丧失，合同无争议地解除；相对人提出异议符合规定的，须经有权机关审查解除合同的效力。

6. 西安博某实业有限公司与陕西海某投资集团有限公司合资、合作开发房地产合同纠纷案

[案号]（2018）最高法民终1272号

[审理法院] 最高人民法院

[来源] 中国裁判文书网

[裁判摘要] 要产生法定单方解除权行使所达到的合同解除的后果，必须同时满足两个条件：既要符合《合同法》第94条规定的实质性要件，又要符合通知合同相对人这一形式要件，只有实质与形式要件同时具备时，合同才能解除。虽然一方当事人向相对方发出了解除合同的通知，但是并不存在相对方有《合同法》第94条规定的法定违约的事实，故一方当事人解除合同的通知不导致双方合同解除的法律后果。

7. 湖北奇某信息技术有限公司与武汉金某瑞科技股份有限公司计算机软件开发合同纠纷案

[案号]（2020）最高法知民终1353号

[审理法院] 最高人民法院

[来源] 中国裁判文书网

[裁判摘要] 原审法院认定当事人行为构成单方毁约，支持当事人解除合同的诉讼请求，法律适用错误。鉴于二审程序应当围绕当事人的上诉请求进行审理，当事人没有提出请求的，不予审理。且该解除合同的判决结果并不涉及国家、社会公共利益、他人合法权益，因而，该法律适用错误导致的解除合同的判项二审法院可不再予以纠正。

（撰稿人：陆青）

> **第五十四条　【撤诉后再次起诉解除时合同解除时间的认定】** 当事人一方未通知对方，直接以提起诉讼的方式主张解除合同，撤诉后再次起诉主张解除合同，人民法院经审理支持该主张的，合同自再次起诉的起诉状副本送达对方时解除。但是，当事人一方撤诉后又通知对方解除合同且该通知已经到达对方的除外。

【关联规定】

《民法典》（2020 年 5 月 28 日）

第 565 条　当事人一方依法主张解除合同的，应当通知对方。合同自通知到达对方时解除；通知载明债务人在一定期限内不履行债务则合同自动解除，债务人在该期限内未履行债务的，合同自通知载明的期限届满时解除。对方对解除合同有异议的，任何一方当事人均可以请求人民法院或者仲裁机构确认解除行为的效力。

当事人一方未通知对方，直接以提起诉讼或者申请仲裁的方式依法主张解除合同，人民法院或者仲裁机构确认该主张的，合同自起诉状副本或者仲裁申请书副本送达对方时解除。

【理解与适用】

一、本条主旨

本条是诉讼上行使合同解除权之合同解除时间认定的延伸规定。

二、《民法典》条文理解以及有待细化的问题

（一）《民法典》第 565 条解析

《民法典》编纂过程中，立法机关在《合同法》第 96 条的基础上，总

结既有司法实践经验和形成权理论研究成果，形成了《民法典》合同编通则第 565 条的规定。区别于提供实体权源的解除权发生规范，《民法典》第 565 条为解除权行使规范，旨在规定合同解除权行使的一般规则。解除权人只有按照法定方式和程序行使解除权，才能使合同解除获得法律规范效力上的确定性和终局性。① 作为辅助性程序规范，《民法典》第 562 条与第 565 条（关于协商解除合同和约定解除权的规定）、第 563 条（关于法定解除权产生事由的规定）、第 566 条（关于合同解除后法律后果的规定）等实体性规范共同构成了合同解除制度的规范群。相较《合同法》第 96 条，《民法典》第 565 条与时俱进地增加了催告解除的内容，革新了解除异议的规则。②

《民法典》第 565 条最引人注目之处在于，新增了第 2 款司法解除的规定："当事人一方未通知对方，直接以提起诉讼或者申请仲裁的方式依法主张解除合同，人民法院或者仲裁机构确认该主张的，合同自起诉状副本或者仲裁申请书副本送达对方时解除。""依此规定，首先，解除权的行使既可以通过向对方发出解除通知的方式进行，也可以直接通过公力救济的途径进行，即直接向法院或者仲裁机构诉请解除，发出解除通知不是公力救济的前置程序；其次，如果法院或者仲裁机构支持了当事人解除合同的诉请，则合同解除的时间为起诉状副本或者仲裁申请书副本送达对方的时间。"③

（二）亟须延伸的问题

《民法典》第 565 条第 2 款不仅明确了解除合同的私力救济与公力救济之间的关系，而且明确了公力救济时合同解除的时间节点，使起诉状副本或者仲裁申请书副本的送达具有了解除通知到达的效力，合同解除规则由此得以细化。然而，当一方当事人直接以起诉方式主张解除合

---

① 薄燕娜、李钟：《论合同解除权的行使——〈民法典〉合同编第 565 条评释》，载《法律适用》2021 年第 6 期。

② 参见刘承韪：《合同解除权行使规则解释论——兼评民法典第 565 条之规定》，载《比较法研究》2022 年第 2 期。

③ 刘凯湘：《民法典合同解除制度评析与完善建议》，载《清华法学》2020 年第 3 期。

同，之后申请撤诉，后来双方当事人因该合同纠纷又一次向法院起诉，对于合同是否自载有解除请求的前诉起诉状副本送达对方时发生合同解除效果的问题，当事人双方经常发生争议，实践中法院的认定亦没有统一。①

在最高人民法院（2020）最高法民申 6368 号民事裁定书中，关于合同解除时间，最高人民法院认为，享有法定解除权的合同一方可以通过通知方式解除合同，而提起诉讼是解除权人意思表示的另一种表达方式，故载有解除请求的起诉状副本送达对方时，发生合同解除的效力。前诉中已送达的起诉状副本所产生的"合同自通知到达对方时解除"的法律效果，不会因撤诉而归于无效，合同解除时间应为前诉起诉状副本送达被告之日。②与此相反，有的法院在生效裁判文书中并不认可被撤回的前诉中已送达对方的起诉状副本具有解除合同的效力，认为只有经过裁判的后诉中已送达对方的起诉状副本才可能具有解除合同的效力。③

针对上述争议性问题，《民法典》第 562 条第 2 款的规定并没有直面予以回应，因而成为司法解释中亟须进一步解决的问题。

三、司法解释条文理解

本条文的解释对象是《民法典》第 565 条第 2 款。针对的是当事人一方未通知对方，直接以提起诉讼的方式主张解除合同，撤诉后再次起诉主张解除合同时合同解除的时间点确定问题，直面回应了上文中"亟须延伸的问题"。

（一）构成要件

民事法律规范由法律构成要件和法律效果两部分构成。本条文共有两组法律构成要件，一为原则，二为例外，两组构成要件中都包括当事人的行为和法院的行为。

---

① 参见刘学在：《诉讼上行使合同解除权之司法检视与应然规则》，载《湖湘法律评论》2022 年第 1 期。
② 参见最高人民法院（2020）最高法民申 6368 号民事裁定书。
③ 参见四川省成都高新技术产业开发区人民法院（2020）川 0191 民初 4653 号裁定书。

第一组构成要件：当事人的行为方面：（1）当事人自认为法定或约定解除权的产生事由已经具备，但没有依照《民法典》第 565 条第 1 款的规定通知对方主张解除合同；（2）当事人在没有通知对方主张解除合同的情况下，直接以提起诉讼的方式主张解除合同；（3）当事人直接提起诉讼主张解除合同，人民法院尚未对合同解除行为的效力进行确认的情况下撤回起诉，导致诉讼系属溯及性地归于消灭；①（4）当事人撤诉后再次起诉主张解除合同。法院的行为方面：（1）当事人撤诉后再次起诉，人民法院依照《民事诉讼法》第 128 条的规定将起诉状副本有效送达对方；（2）当事人撤诉后再次起诉，人民法院依照《民法典》第 562 条第 2 款、第 563 条等有关合同约定解除权、法定解除权产生事由的规定，通过生效判决确认当事人解除合同的主张符合法定或约定解除条件。②

第二组构成要件：当事人的行为方面：（1）当事人自认为法定或约定解除权的产生事由已经具备，但没有依照《民法典》第 565 条第 1 款的规定通知对方主张解除合同；（2）当事人在没有通知对方主张解除合同的情况下，直接以提起诉讼的方式主张解除合同；（3）当事人直接提起诉讼主张解除合同，人民法院尚未对合同解除行为的效力进行确认的情况下撤回起诉，导致诉讼系属溯及性地归于消灭；（4）当事人撤回起诉后，依照《民法典》第 565 条第 1 款的规定通知对方解除合同，该通知已经到达对方；（5）当事人再次起诉主张解除合同。法院的行为方面：（1）当事人撤诉后再次起诉，人民法院依照《民事诉讼法》第 128 条的规定将起诉状副本有效送达对方；（2）当事人撤诉后再次起诉，人民法院通过生效判决肯定了享有解除权的当事人合同解除行为的效力。

（二）法律效果

第一组构成要件具备之后，诉讼法和实体法上都会发生相应的法律效果。在诉讼法上的法律效果有两个：（1）既判力。既判力是指法院的终局

---

① 林剑锋：《我国民事撤诉制度的结构性重置》，载《法律科学》2018 年第 3 期。
② 参见张海燕：《论合同解除之诉的解释论展开》，载《环球法律评论》2022 年第 5 期。

判决确定后，无论裁判结果如何，当事人及法院均受判决内容的约束。①当事人不得就该判决的内容再进行相同的主张，同时，法院也不得就该判决的内容作出矛盾的判断。就第一组构成要件而言，人民法院依照《民法典》第562条第2款、第563条等规定，通过生效判决确认当事人解除合同的主张符合法定或约定的解除条件后，一方面，从当事人的处分权与个案的正当性的角度，当事人双方必须尊重上述确认结果，不得提出相异主张，人民法院亦不得作出与之相矛盾的裁判；另一方面，从维护公共利益与法的安定性考虑，当事人和法院就上述既判事项再行起诉和重复裁判将被禁止。(2) 确认力。作为诉讼法上的法律效果的确认力，源于针对当事人解除合同这一主张的确认判决，而确认判决以确认之诉为基础。以往，针对直接以提起诉讼的方式主张解除合同的案件，有的法院作为形成之诉进行审理、裁判。② 形成之诉的结果为形成判决，形成判决具有形成力，即因法院的判决而导致法律关系发生变动的形成效力。由于合同解除仅仅面向将来发生法律效力，不具有溯及既往的效力，法院如果将直接起诉解除合同的案件作为形成之诉处理，那么形成判决有效作出之前，不可能发生合同解除的法律效果，合同解除的时间只能是形成判决有效作出之后。这明显与司法解释的规定不符。根据该司法解释，"人民法院经审理支持该主张的，合同自再次起诉的起诉状副本送达对方时解除"。从合同解除的时间点来看，并非在生效判决之后，而是行使合同解除权的当事人意思表示到达对方之时。由此可以看出，人民法院作出的判决，是对当事人解除合同的主张的确认，而非依职权解除了当事人之间的合同关系，仅仅具有确认力，而没有形成力。

　　实体法上，第一组构成要件具备之后，当事人之间的合同权利义务关系自再次起诉的起诉状副本送达对方时解除。关于当事人之间合同权利义务关系解除的时间点，有的法院在裁判文书中认为，应该是前诉的起诉状

---

① 宋朝武：《民事诉讼法学》（第四版），中国政法大学出版社2015年版，第370页。
② 参见湖南省高级人民法院（2020）湘民再371号民事判决书。

副本到达对方之时。①上述对合同解除时间点的不同认定,来源于司法机关对诉讼中行使约定或法定合同解除权这一行为的性质的不同认识。诉讼中行使约定或法定合同解除权的性质,民事诉讼法上有三种典型的学说,按照从私法行为到诉讼行为的过渡过程,分别表现为并存说(私法行为说)、两性说、诉讼行为说。

按照并存说(私法行为说),诉讼中行使约定或法定合同解除权的行为可以视为两个行为而分别被民事实体法和诉讼法评价。从民事实体法的角度来看,诉讼中行使约定或法定合同解除权的行为,仍然是民事法律行为,其私法上的效果遵循民事法律规范的规定,不受诉讼法的影响。从民事诉讼法的角度来看,诉讼中行使约定或法定合同解除权的行为是诉讼行为,是否发生诉讼法上的效果,要看是否符合诉讼法的相关规定。按照该说,撤诉后再次起诉要求解除合同,前诉起诉状副本送达对方时,按照民事实体法的规定,合同即发生解除的法律效果,合同解除的时间点应该是前诉起诉状副本送达对方时。

按照两性说,诉讼中行使约定或法定合同解除权,仅有一个行为存在,但该行为同时具备私法行为与诉讼行为两种性质,换言之,该行为是一个包含私法上行使形成权之意思表示的诉讼行为。该行为是否发生民事实体法上合同解除的效果,应该根据《民法典》相关规范予以判断;是否发生民事诉讼法上的效果,应根据《民事诉讼法》相关规定予以审视。但如果诉讼程序因为撤诉等原因而消灭,则诉讼中解除权的行使不产生实体法上的效果。

按照诉讼行为说,当事人通过起诉行使约定或法定合同解除权,其目的亦在取得利己的裁判,因而该行为具有诉讼行为的性质。与两性说不同的是,诉讼行为说认为诉讼中行使约定或法定合同解除权的行为仅具有诉讼行为的性质。合同解除效力的发生,并非因当事人的意思表示到达对方,而是法院的确认判决所致。由此,载有解除合同请求的起诉状副本之

---

① 参见重庆市大足区人民法院(2021)渝0111民初6804号民事判决书。

送达并不导致合同解除的法律效果。

由上观之，司法判决中，认为合同解除的时间点发生在前诉起诉状副本到达对方时，与并存说（私法行为说）的观点相同。而司法解释中将合同解除的时间点规定至后诉起诉状副本送达对方时，实际上暗合了两性说的观点。当事人直接以提起诉讼的方式依法主张解除合同，从现实角度而言，并不存在两个并存的行为，而仅仅有一个行为。诉讼中行使约定或法定合同解除权，直接表现为一项诉讼行为，但该诉讼行为又包含解除合同的意思表示。换言之，当事人在诉讼中行使约定或法定合同解除权，不仅为了取得于己有利的诉讼结果，而且为了发生实体法上合同解除的效果。两性说的观点不仅贴近社会生活现实，而且能够更充分地满足当事人通过诉讼行使约定或法定合同解除权的利益诉求。

第二组构成要件具备之后，并不发生实体法上的效果，仅仅产生诉讼法上的确认力和既判力。原因在于，当事人的行为符合构成要件4"当事人撤回起诉后，依照《民法典》第565条第1款的规定通知对方解除合同，该通知已经到达对方"时，实体法上合同解除的法律效果已经发生。再次起诉要求解除合同，实际上是请求法院确认通过通知解除合同的行为效力。人民法院经过审理，确认当事人具有法定或约定的合同解除权，并且该解除权已经通过法定方式行使，其作出的判决属于对合同解除行为所发生的法律效果的确认，该确认具有既判力和确认力。当事人通过通知解除合同后，再次提起诉讼要求确认解除行为效力的行为，不属于诉讼中行使约定或法定合同解除权的行为，不发生"合同自再次起诉的起诉状副本送达对方时解除"的实体法效果。

【典型案例】

蒋某明与龙某力买卖合同纠纷案

［案号］（2021）渝0111民初6804号
［审理法院］重庆市大足区人民法院

[来源] 中国裁判文书网

[关键词] 买卖合同　诉讼中行使合同解除权　按撤诉处理　再次起诉　合同解除时间

[裁判摘要] 买卖合同有效成立后，当事人一方未通知对方，直接以提起诉讼的方式主张解除合同，诉讼期间因故被人民法院裁定按自动撤回起诉处理，后再次起诉主张解除合同，人民法院经审理支持该主张的，合同自前诉起诉状副本送达对方时解除。

[基本案情] 案外人唐某某于 2018 年 9 月向被告之弟龙某某借款，并将其名下的黄海牌小型普通客车（车牌号为渝 C×××××）作为质押财产出质给龙某某占有，后唐某某未按约归还借款，龙某某便将前述质押财产渝 C×××××车辆交由被告使用。原告在明知前述事实的情况下，于 2019 年 3 月 19 日与被告口头订立买卖前述车辆的合同，双方口头约定由原告以 15000 元价格购买被告使用的渝 C×××××车辆，如唐某某今后要求赎回车辆，则原告退还车辆，被告退还原价购车款。合同订立后，被告于当日将渝 C×××××车辆交付给原告，原告于当日交付被告购车款 15000 元。之后，原告使用渝 C×××××车辆至 2020 年 12 月 16 日。因案外人唐某某与其他单位发生融资租赁合同纠纷，重庆市沙坪坝区人民法院在执行该纠纷案件过程中，查明唐某某名下有渝 C×××××车辆，重庆市沙坪坝区人民法院执行人员于 2020 年 12 月 16 日到大足区中敖镇扣押渝 C×××××车辆，之后于 2021 年 5 月 17 日至 5 月 20 日进行了公开变卖，变卖成交价为 7000 元，并以变卖价款抵偿了唐某某应履行的义务。渝 C×××××车辆被重庆市沙坪坝区人民法院扣押、变卖后，原告要求被告返还已支付的购车款未果。原告曾于 2021 年 5 月 21 日以本案事实为由向重庆市大足区人民法院提起诉讼，诉请解除原、被告双方于 2019 年 3 月 19 日订立的购车买卖合同，并判令被告赔偿原告经济损失 15000 元。大足区人民法院立案受理后，2021 年 5 月 26 日，法院向被告送达了该案的起诉状副本等文书。原告在该案第二次开庭时，经传票传唤未按时到庭参加诉讼，法院遂裁定此案按原告自动撤回起诉处理。后原告再次起诉，诉如前述。本案立案后，法院于 2021

年 10 月 15 日向被告送达了起诉状副本。

大足区人民法院经审理认为：当事人订立合同，可以采用书面形式、口头形式或者其他形式。买卖合同是出卖人转移标的物的所有权于买受人，买受人支付价款的合同。根据买卖合同法理，出卖人负有交付买卖标的物并转移其所有权的义务。《民法典》第 597 条第 1 款规定，因出卖人未取得处分权致使标的物所有权不能转移的，买受人可以解除合同并请求出卖人承担违约责任。本案中，原、被告口头订立车辆买卖合同，双方订立的合同系双方的真实意思表示，该合同有效。但被告对案涉车辆没有所有权，与原告订立车辆买卖合同未取得案涉车辆所有权人的同意或追认，对该车不具有处分权，不能将案涉车辆的所有权转移至原告，且案涉车辆现已被重庆市沙坪坝区人民法院变卖，原告购车的合同目的不能实现，原告依法有权解除双方订立的车辆买卖合同，故原告提出解除双方之间订立的买卖车辆合同的诉求，人民法院应予支持。同时，根据《民法典》第 565 条之规定，当事人一方依法主张解除合同的，应当通知对方。当事人一方未通知对方，直接提起诉讼依法主张解除合同，人民法院确认该主张的，合同自起诉状副本送达对方时解除。原告曾以本案事实于 2021 年 5 月 21 日起诉主张解除双方于 2019 年 3 月 19 日订立的购车合同，法院于 2021 年 5 月 26 日向被告送达了该案的起诉状副本。根据前述规定，法院确认原、被告双方订立的车辆买卖合同于前诉起诉状副本到达被告时（2021 年 5 月 26 日）解除。

[评析] 买卖合同有效成立后，当事人一方未通知对方，直接以提起诉讼的方式主张解除合同，因故被裁定按撤诉处理后，再次起诉主张解除合同，重庆市大足区人民法院认为，原、被告双方订立的车辆买卖合同自前诉起诉状副本送达被告时解除。此观点将诉讼中约定或法定合同解除权的行使分别视为《民法典》中的民事法律行为和《民事诉讼法》中的诉讼行为，将直接提起诉讼主张解除合同的行为在私法上单独予以评价，在理论上暗合上文中的"并存说（私法行为说）"，在实践中遵循了最高人民法院（2020）最高法民申 6368 号民事裁定书的裁判思路。最高人民法

院在《民法典合同编通则司法解释》第 54 条中否定了上述裁判思路及其理论依据,认为直接起诉主张解除合同的行为是一个包含私法上行使形成权之意思表示的诉讼行为。如果诉讼程序因为撤诉等原因而消灭,则诉讼中解除权的行使不发生实体法上解除合同的效果。由此,《民法典合同编通则司法解释》施行后,因撤诉等原因再次起诉主张解除合同,合同应自再次起诉的起诉状副本送达对方时解除。

(撰稿人:于晓)

> **第五十五条　【抵销权行使的效力】**当事人一方依据民法典第五百六十八条的规定主张抵销,人民法院经审理认为抵销权成立的,应当认定通知到达对方时双方互负的主债务、利息、违约金或者损害赔偿金等债务在同等数额内消灭。

【关联规定】

一、《民法典》(2020 年 5 月 28 日)

第 137 条　以对话方式作出的意思表示,相对人知道其内容时生效。

以非对话方式作出的意思表示,到达相对人时生效。以非对话方式作出的采用数据电文形式的意思表示,相对人指定特定系统接收数据电文的,该数据电文进入该特定系统时生效;未指定特定系统的,相对人知道或者应当知道该数据电文进入其系统时生效。当事人对采用数据电文形式的意思表示的生效时间另有约定的,按照其约定。

第 568 条　当事人互负债务,该债务的标的物种类、品质相同的,任何一方可以将自己的债务与对方的到期债务抵销;但是,根据债务性质、按照当事人约定或者依照法律规定不得抵销的除外。

当事人主张抵销的，应当通知对方。通知自到达对方时生效。抵销不得附条件或者附期限。

二、司法解释

《企业破产法司法解释（二）》（法释〔2020〕18号）

第42条 管理人收到债权人提出的主张债务抵销的通知后，经审查无异议的，抵销自管理人收到通知之日起生效。

管理人对抵销主张有异议的，应当在约定的异议期限内或者自收到主张债务抵销的通知之日起三个月内向人民法院提起诉讼。无正当理由逾期提起的，人民法院不予支持。

人民法院判决驳回管理人提起的抵销无效诉讼请求的，该抵销自管理人收到主张债务抵销的通知之日起生效。

三、司法指导性文件

《九民纪要》（法〔2019〕254号）

43. 抵销权既可以通知的方式行使，也可以提出抗辩或者提起反诉的方式行使。抵销的意思表示自到达对方时生效，抵销一经生效，其效力溯及自抵销条件成就之时，双方互负的债务在同等数额内消灭。双方互负的债务数额，是截至抵销条件成就之时各自负有的包括主债务、利息、违约金、赔偿金等在内的全部债务数额。行使抵销权一方享有的债权不足以抵销全部债务数额，当事人对抵销顺序又没有特别约定的，应当根据实现债权的费用、利息、主债务的顺序进行抵销。

【理解与适用】

一、本条主旨

本条主要是关于法定抵销权行使效力的规则。

二、司法解释条文理解

本条规定对抵销权行使效力的规范着力于解决两个问题：一是抵销权效力的横向范围问题；二是有关抵销权的行使是否有溯及效力的纵向效力

问题。对于抵销权效力的横向范围,本条规定吸收了《九民纪要》第43条的规定,明确了得以抵销的债务包括主债务、利息、违约金、赔偿金等。对于抵销权行使纵向的效力问题,本条规定改变了《九民纪要》第43条的规则,不再承认抵销权的效力可以溯及抵销条件成就之时。这一改弦更张,是本条规则最为重要的突破,需要特别注意。

(一) 法定抵销权纵向溯及效力的问题

就抵销权行使后是否有溯及既往的效力,在理论和比较法上一直存在较为激烈的争论。以德国民法典为代表的传统观点认为,抵销权的效力应当溯及既往。但荷兰等欧洲新近的立法则改变立场,不再承认抵销权具有溯及既往的效力。《国际商事合同通则》《欧洲合同法原则》《欧洲示范民法典草案》有关抵销无溯及效力的规定也反映了该种最新的立法趋向。近年来,我国学者也开始反对抵销权具有溯及效力。相关观点强调,法定抵销权具有溯及效力实际上产生于对罗马法的误读,而且在客观功能上来看也不利于交易安全的保护,更会与诉讼时效、不当得利规则等产生体系上的不协调。[1] 当然,也有学者仍然坚持抵销权应当具有溯及既往的效力,其理由主要是认为,当事人普遍预设抵销随时可以发生效力,因此常常怠于行使抵销权,在这种现实情况下,如果抵销权不具有溯及效力可能会过分偏离当事人的预期,产生不公平的结果。[2]

《九民纪要》第43条采取了法定抵销权有溯及效力的立场。但《民法典》第568条"通知自到达对方时生效"的表述,从文义上似乎是认为法定抵销权产生效力的时点应当在通知到达时,当然也就没有溯及效力。但这里的"生效"也可能只是在强调"行使抵销权的意思对享有权利的一方开始产生拘束效力",自此不得再任意撤回、撤销该行使抵销权的意思,而并不是指抵销权终止债权债务的效力在此时才能发生。当然,这种特别区分行使抵销权意思表示中的"受拘束的法效意思"与"终止债权债务的

---

[1] 参见张保华:《抵销溯及力质疑》,载《环球法律评论》2019年第2期。
[2] 参见崔建远:《论中国民法典上的抵销》,载《国家检察官学院学报》2020年第4期。

法效意思",进而分别设置不同生效时点的理解,并不一定合理、科学。但至少,在本条规定之前,一般并不认为《民法典》第568条否认了法定抵销权溯及既往的效力。

本条规定完全改变了《九民纪要》第43条的立场,明确了《民法典》第568条下的法定抵销权不具有溯及既往的效力。从解释论上看,这一规定首先意味着最高人民法院认为《民法典》第568条下"通知自到达对方时生效"所指的"生效"就是抵销意思表示的整体生效,而不能对该意思表示的法效意思加以区分,并设置不同的生效时点。从立法论上看,本条规定也意味着最高人民法院不再认为,当事人普遍具有法定抵销权随时可以产生效力的预期,或者说至少认为即使具有该种预期,在怠于行使抵销权时,该种预期相较于交易安全和协调诉讼时效等制度的体系价值来说,也不值得保护。其实,对于商事交易主体来说,不主张抵销权本身可能就代表了不希望发生抵销效果的意思,因为对于特定债权该商事主体也许已经进行了其他的特别安排,或者该债权的实际履行对其有特别的意义。在这种情况下,"一刀切"地认为抵销溯及既往,确实反倒可能不符合当事人的预期。

本规定明确否定法定抵销权具有溯及效力意义重大。这至少会连带地导致,在抵销权成立与否的认定上,不能再根据溯及效力认为,只要主动债权和被动债权无抗辩、可请求履行的期间有重合,曾经满足过双方债务均可请求履行的抵销权成立要求,那么即使主张抵销权的时候主动债权实际已经经过诉讼时效,也仍然可以认定抵销权成立[1]。本解释第58条也确实明确规定,主动债权经过诉讼时效时,法院应当支持相对人抗辩法定抵销权行使的主张。

在本条规定明确法定抵销权无溯及效力后,虽然不可以通过主张抵销来溯及既往地消灭债务,以此来抗辩违约责任,但在抵销条件满足时,是否可以基于违反诚信原则,赋予当事人一项具有溯及效力的抗辩权,直接

---

[1] 这实际上正是之前最高人民法院公告判例所采取的观点,参见最高人民法院(2018)最高法民再51号民事判决书。

溯及既往地阻断违约责任？例如，在债务人明知自己欠债不还违反诚信时，如果该债务人要求债权人偿还某一项债务，该要求是否可以认为违反诚信，相关债权人是否得主张从债务人违约时起，其向债务人承担的债务也可以不履行、不成立违约责任？毕竟，从朴素的道德观念来看，违反诚信者似乎同时也丧失了要求别人诚信的资格。

《民法典》第525~527条下的履行抗辩权就具有该种溯及既往、阻断违约责任的效力。即有履行抗辩权的当事人在主张抗辩后，阻却违约责任的效力不是从主张时才发生，而是可以溯及其抗辩权成立之时。该种履行抗辩的溯及效力也常常被表述为即使未主张也可以自动产生的"存在效力"。[1] 但传统上履行抗辩权应在两项债权债务关系存在牵连关系时才可以成立，仅仅符合抵销条件还不足以满足牵连要求。因此，从体系解释的角度来看，在成立法定抵销权时，也并不能直接基于诚信原则认为可以成立具有溯及效力的抗辩权。

这里反过来进一步的问题是，如果成立法定抵销权的债权债务之间同时具有牵连关系，那么是否可以例外地承认此时行使抵销权可以溯及至条件成立之时产生终止债权债务、阻断违约责任的溯及效力？特别是考虑到《民法典》第549条，已经将牵连关系的存在作为了扩张抵销效力发生的基础。另外，如果存在弱者保护等其他价值的补强，承认消费者、劳动者、未成年人等弱势的一方当事人享有相应的具有溯及效力的抵销权似乎也并无不可。

(二) 法定抵销权横向效力的范围

由于《民法典》第568条属于合同通则分编下第七章"合同的权利义务终止"中的条文，所以，建立在第568条基础上的本条规定主要也就是以合同债务为预设目标来界定法定抵销权的横向效力范围。正因如此，本条规定所明确的横向范围才会包括像"违约金"这样的、适用于合同债务的附随债务概念。除此之外，本条规定中的"主债务""利息"

---

[1] 参见韩世远：《合同法总论》（第三版），法律出版社2011年版，第293页。

"损害赔偿金"等原则上主要也是指合同关系下的主债务和相应的附随债务。

行使法定抵销权时，互负的合同债务可能已经出现了违约的情况：要么是主张抵销权时履行期限已经经过，要么是主张抵销时存在不完全履行或者加害给付的违约行为。这也就意味着，在行使法定抵销权时，双方互负的债务可能不仅包括了主债务，而且包括了基于主债务而产生的利息、违约金、损害赔偿金。在这种情况下，本条规则明确抵销权行使后其终止债权债务的效力不仅及于主债务，而且及于因主债务而生的利息、违约金或者损害赔偿金等。

其中主债务又称为原债权，是指不包括利息、违约金、损害赔偿金等附随债权的初始债权。主债权既可以是金钱债权，也可以是非金钱债权。利息通常是指作为金钱债权的主债权所产生的法定孳息，也即资金自然的时间价值。但是当事人事前约定的利息，有的实际是资金借用的报酬，该报酬可能不仅包括了时间价值还包括了一些其他的成本考虑。有的则是逾期利息，该类利息也可能不完全是根据时间价值在事前予以约定，而可能带有惩罚的性质。正因如此，当事人在合同中约定的主债务的利息其实性质比较多样，不可一概而论。在当事人未约定的情况下，未按时返还资金法院一般也会判决承担一定的利息，此时利息的认定和考虑主要就是从资金的时间成本，也即法定孳息的定位上来加以理解和认定。

违约金根据《民法典》第585条的规定来看，主要是指当事人事先约定的一方违约时应当向另一方支付的一定数额的金钱。违约金一般兼具损害赔偿和惩罚的功能，正因如此《民法典》第585条才会规定违约金低于实际损失时可以增加，而在"过分高于"实际损失时才可以根据当事人的请求予以酌减。违约金所对应的合同主债务不一定是金钱之债，对于非金钱之债而言也仍然可能产生违约金，这是违约金与利息不同的地方。违约金与利息是否可以同时得到支持，在实践中具有较大的争议。从最高人民法院的判例来看，在同时约定违约金和利息的情况下，只要两者的性质不同，且同时适用不会导致过分高于实际损失，法院仍会一并支持。①

损害赔偿金是指一方违约后，以赔偿违约损失为目的确定的违约方应当向另一方支付的一定数额的金钱。损害赔偿金一般分为两种，一种是替代履行的损害赔偿金，如《民法典》第584条下的损害赔偿；另一种则是履行、补救后仍有损失时，对这部分损失予以赔偿的损害赔偿金，如《民法典》第583条下的损害赔偿。由于损害赔偿金以赔偿违约损失为目的，所以损害赔偿金不具有惩罚性，这是其与违约金、利息的重要区别。正因如此，损害赔偿金与当事人约定的带有一定惩罚性的违约金、利息也可以一并适用，只要同时适用不会导致过分高于实际损失即可。但本条规定并未如《民法典》第389条、第691条一般，用顿号将损害赔偿金与利息、违约金并列，而是特别用"或者"连接损害赔偿金与利息、违约金，这是否意味着有意排除损害赔偿金和利息、违约金的同时适用？

就此而言，抵销与担保横向效力范围的界定似乎不应当有特别的不同，从体系解释的立场来看，本条规定用"或者"连接损害赔偿金与利息、违约金等也就不能解释为一种逻辑上的选择关系，而仍然是表达了一种并列关系。而且从"或者"本身的词义来看，其作为连词本身就有表示选择关系、并列关系两种可能的含义。

关于损害赔偿金后所使用的"等"是等外还是等内，也就是说除了本条明确列举的附随债务之外，法定抵销权的横向效力是否还可以包括其他未明确列举的附随债务？从《民法典》第389条、第691条的规定来看，其在担保横向效力的界定上都没有使用"等"字，而是采取了封闭式的表述，但在具体附随债务的列举上特别将"实现债权的费用"纳入了担保横向效力的范围。本条规定在采取"等"字的同时，实际上并没有将"实现债权的费用"明确列入抵销权横向效力的范围。但本解释的第56条又明确规定，行使抵销权无法抵销"主债务、利息、实现债权的有关费用在内的全部债务，当事人因抵销的顺序发生争议的，人民法院可以参照民法典

---

① 参见最高人民法院（2018）最高法民终163号民事判决书；最高人民法院（2017）最高法民终805号民事判决书。

第五百六十一条的规定处理"。这里实际又将"实现债权的费用"纳入了抵销权的横向效力范围。

为了融通本条规定与第 56 条规定之间的前后关系,应当将条文中最后的"等"解释为等外等,以容纳"实现债权的费用"这类附随债务。同时,该等外等也可以为后续司法实践扩大抵销的横向效力范围提供空间和余地。

(三)法定抵销权的行使与生效

法定抵销权属于形成权,行使该项权利的行为属于有相对人的单方意思表示。按照《民法典》第 137 条的规定,行使抵销权的意思表示的生效应当区分对话方式还是非对话方式,而且在非对话方式中采取电文数据形式的意思表示其生效还有特别的规则。

但《民法典》第 568 条对于抵销权行使的方式和生效予以特别规定,明确了行使法定抵销权应当采取通知的方式,本条规定对此又特别加以确认和强调。从《民法典》第 484 条的规定来看,所谓通知方式主要是与默示行为相区别的一种意思表示方法,是通过明确的文字或者语言,直抒胸臆地表达内心的法效意思。排除默示方式的规定,实际排除了法院通过对积极行为的解释来构建行使法定抵销权意思表示的做法,明确了在法定抵销权这样一种权利的行使上要采取更谨慎、更符合意思自治价值的立场:必须有权利人明确的语言、文字的表述,不能仅仅通过模糊的行为来事后性地推断行使抵销权的意思。另外,推断性的解释常常需要结合个案情境来判断,不确定性较大,而法定抵销权的行使效力又事关紧要,在抵销权行使与否的认定上排除默示方式有利于维护交易安全。

法定抵销权的行使并不需要通过诉讼的方式,作为一项个人权利其可以通过非诉讼的方式行使。但在仲裁程序、执行程序中主张法定抵销权时如何处理,仲裁机构和执行法院是否可以直接审查和认定存在较大的争论。特别是如果通过抗辩、反诉、异议的方式提起时,相关机构如果径直审查和认定不仅可能与其他案件的审理发生龃龉,而且可能在事实上剥夺了另一方当事人的诉权。可能正因如此,本解释没有再延续《九民纪要》第 43 条"抵销权既可以通知的方式行使,也可以提出抗辩或者提起反诉的方式行使"的内容。

法定抵销权行使上的另一争议问题在于，抵销权作为形成权其行使是否有除斥期间的限制？从最高人民法院既往的公告案例来看，最高人民法院认为法定抵销权在法律上并没有除斥期间的限制，但其行使仍然"不应不合理的迟延"[1]。不过，该项裁判观点建立在抵销权有纵向溯及效力、其成立不受主动债权诉讼时效经过影响的前提之上。在本条规定明确否认抵销权溯及效力、抵销权的成立要受主动债权诉讼时效限制的背景下，是否还要为其设置额外的、行使上的"合理期限"并非没有疑问。不过从权利失效理论的角度来看，[2] 如果抵销权在相当期间内不行使，导致相对人正当信赖权利人已不会再主张抵销权，那么基于诚信原则，相对人应当仍然可以抗辩抵销权的行使。

按照《民法典》第568条的明确规定，行使抵销权意思表示的生效，统一采取"到达"规则。这样一来似乎就排除了《民法典》第137条下对话方式时的"知道"生效规则。同时，电文数据的特别生效规则一般也认为是不同于"到达"的特别规定，因此也就不能适用于行使法定抵销权的情形。也就是说，即使是在未指定特定系统的情况下，行使抵销权的电文数据一旦到达相对人的电文数据系统即生效，而不需要等相对人"知道或者应当知道"进入系统之时。

统一的"到达"生效规则是否完全妥当并非没有疑问。首先，在即时受领的对话场景，行使抵销权的意思虽然即时到达，但如果相对人是聋哑人或者语言不通者，此时认为即时生效发生抵销效果、异议期开始计算，那么可能就会导致"不知情"的相对人无法妥当安排后续交易或者错过异议机会。而实际上在对话场合，抵销权人又能比较容易地发现对方"不知情"的情况，此时采取有利于抵销权人的到达规则似乎在利益衡量上有所失衡。其次，在没有指定系统的情况下，行使权利的通知进入任意系统就

---

[1] 参见最高人民法院（2018）最高法民在51号民事判决书。
[2] 有关权利失效理论，参见王泽鉴：《民法学说与判例研究》，北京大学出版社2015年版，第231页。

发生抵销效果、开始起算异议期，似乎也给相对人课以了较高的注意要求。当然，如果相对人本身就是专门从事交易的"商人"，那么其对于任何当场即时的通知以及电子系统中进入的信息都应当时时注意，保持谨慎，此时统一的"到达"规则可能是合适的。但对于非商人群体，特别是消费者等弱势群体而言，这样一种高度注意的要求显然并不妥当，统一的"到达"生效规则也就值得商榷。

法定抵销权行使生效后，按照本条规定会发生互负债务在同等数额内消灭的效果。此处所谓消灭属于绝对消灭，而非债权转让时的相对消灭。正因如此，在含有抵销约定的合同被解除的场合，不能通过请求恢复原状来恢复已经因抵销而消灭的债权债务关系。与此相反，在债权转让合同解除的场合，则可以恢复相对消灭的债权债务关系。[①] 不过，法定抵销权行使后仍然可能因为存在效力瑕疵而最终不发生效力，如因欺诈、胁迫、重大误解而行使法定抵销权时。不能认为法律行为瑕疵制度的适用会违反抵销不得附条件和附期限的规定，因为这些制度的限制虽然会导致抵销的发生需要满足额外的"条件"，但该种意义上的条件，与《民法典》第568条第2款后句中作为当事人法律行为附款的条件并不相同。

三、适用指导

（一）法定抵销权行使的异议

根据《企业破产法司法解释（二）》第42条的规定，法定抵销权行使后，应当在相对人（管理人）收到通知且经审查无异议后才生效。该规定似乎将"无异议"确定为法定抵销权生效的额外要求。同时为了缓和"无异议"要件所带来的不确定性，该规定还特别设置了异议期限，明确超过该期限而未表示异议的，法定抵销权就确定地生效。《合同法司法解释（二）》第24条也同样对抵销权行使的异议予以了规定，明确了超过异议期限未表示异议就不得再异议，但该规定并未将"异议"作为抵销权生效的额外前提。

[①] 最高人民法院（2017）最高法民终53号民事判决书。

从《民法典》第568条及本条规定的内容来看，法定抵销权的生效并不以经审查无异议为前提，只要通知到达即生效。不过这一规定也并不意味着当事人不可以再质疑抵销权是否真实存在、是否生效。因为该规定下抵销权的生效是以预设确实成立法定抵销权、法定抵销权的行使在客观上也满足通知到达的要求且不存在效力瑕疵为前提。但实际上，到底是否成立法定抵销权、抵销权的行使到底是否满足通知到达的要求、是否存在效力瑕疵并非没有争议。毕竟单方面的、行使抵销权的主张，并不一定在客观上符合事实和法律的规定，特别是在法院还没有审查过这些问题的时候。所以，相对人针对抵销权人的主张提出异议不仅正常而且应当被允许。

这样来看，与其说对抵销权行使主张无异议或者超过异议期限是法定抵销权生效的特别要件，不如说是抵销权主张何时可以被终局性地认为符合事实和法律规定的一项特别程序规则。该项程序规则中有关异议期限的规定有利于减少重复诉讼，同时也有助于稳定当事人对于法律关系的预期，最终促进交易安全。也许正是因为认识到法定抵销权异议规定的程序法性质，本次合同编司法解释未再延续《合同法司法解释（二）》第24条的做法，没有再对此加以规定。

（二）本条规定对于非合同债权债务关系的适用

《民法典》第568条虽然是合同编通则中有关合同债务的规则，但该条文在用语上并没有特别强调"合同债务"而是使用了更一般性的"债务"概念。另外按照《民法典》第468条的明确内容，对于非因合同产生的债权债务关系，在没有特别规定的情况下，也可以适用合同通则中的规则，因此《民法典》第557条、第568条原则上也都可以适用于非合同债权债务关系，抵销也就不仅可以成为合同债权债务终止的事由，也可以成为非合同债权债务终止的事由。

但这并不意味着，本条规定的全部内容也可以原封不动地适用于非合同债权债务关系。首先，按照《民法典》第468条的规定，非合同关系适用合同通则规则仍然有特别的限制，即"根据其性质不能适用的除外"。就此来看，本条规定将法定抵销权的横向效力范围界定为"主债务、利息、违约金或者损害赔偿金等",这一表述明显以合同债权债务关系为预设,因为对于非合同债权债务关系而言显然不存在"违约金或者损害赔偿金"。适用这些内容,也就会与非合同债权债务关系的性质相冲突。但即便如此,该横向效力范围的规定仍然具有适用上的体系效应:至少可以从中提炼出抵销权的横向范围不仅应当包括主债务,而且应当包括因主债务而产生的附随债务,这样一个一般原理。而该原理对于非合同债权债务关系下法定抵销效力范围的认定而言具有重要价值。除此之外,本条规定对于法定抵销权纵向溯及效力的规定,并不与非合同债权债务关系的性质相冲突,因此有关法定抵销权不再具有纵向溯及效力的内容也就可以适用。

综上,本条规定对于非合同债权债务关系的适用,不是呈现出全有全无的局面,其中有关纵向溯及效力的部分可以适用,而有关横向效力范围的部分则可以调整、提炼后加以适用。

(三)本条规定与当事人特别约定之间的关系

《民法典》第586条明确允许当事人通过约定对法定抵销权的成立予以特别限制。本解释有关抵销抵充的规则,也肯定了当事人可以对抵充的顺序和效力予以特别约定。这些对当事人约定的优先尊重,都在一定程度上体现出法定抵销权规定作为任意性规范的部分特征。但问题是,对于法律规定没有明确说明当事人可以约定调整的有关事项,如对于法定抵销权行使的方式、生效规则、纵向溯及效力、横向效力范围等,当事人的约定是否可以排除本条规则的适用?

由于法定抵销权的溯及效力会与诉讼时效制度产生一定的龃龉,而后者一般认为具有强制性规范的性质,而且本解释特别否定法定抵销权的溯及效力本身也是为了与诉讼时效制度等相衔接协调。因此,对于法定抵销权的纵向溯及效力也就不应当允许当事人通过事先约定予以重新承认。至于抵销权行使的方式和生效规则,从《民法典》第137条、第480条的规定来看,意思表示的生效和行使方式若可以约定排除既有的法律规则,一般都会有特别的表述。在本条规定没有特别说明约定优先的情况下,有关行使方式、生效时点的规则也就应当认为属于强制性规范的内容。对于法定抵销权的横向效力范围，从《民法典》第569条合意抵销的规定来看，种类、品质不相同也即客观价值不相等的债务，只要当事人约定同意就可以抵销，那么举重以明轻，法定抵销权的横向效力范围似乎也应当承认当事人的特别约定优先。但相关约定的效力仍然应当受到法律特别规定，如格式条款制度的限制，并非一概绝对有效、优先。

【典型案例】

浙某海公司与沃某公司合同纠纷案

［案号］（2017）最高法民终53号

［审理法院］最高人民法院

［来源］中国裁判文书网

［裁判摘要］抵销的识别和效力发生不能完全以当事人约定为依据，即使当事人在合同中明确约定两项债务已经相互抵销，该项约定也并非一定产生抵销消灭特定债权债务的效果。合同双方同意，合同签订后买方对第三方享有的债权与其向卖方负担的部分价款支付义务相互"抵销"，该项约定实际并不能发生抵销终止特定债权债务关系的效果。因为，该种安排下的债权所对应的债务，是第三方的债务而并不是相对人的债务，该项债务与价款支付义务之间无法构成"互负的债务"关系，因此既无法成立法定的抵销也无法成立意定的抵销。这样的约定本质上是将对第三方享有的债权作价转让给相对方，以替代履行部分价款支付义务。正因如此，在合同解除后，由于对第三方享有的债权并未因抵销而绝对消灭，而仅仅发生债权转让的相对消灭，所以该项债权仍属于可以返还的财产，应当直接恢复为买方（原债权人）享有的债权。此时，买方（原债权人）应当向债务人主张权利，而不能以债权已经无法返还为由，要求卖方赔偿。同时，有关合同如果解除第三方的债务就不消灭、仍得履行并支付利息的约定，也不会因为抵销不得附条件的规则而被认定无效。

［基本案情］2015年8月16日，浙某海公司作为甲方，沃某公司作为乙方，胡某胜作为丙方，胡某心作为丁方签订了一份协议。协议转让所涉

土地系 2013 年 7 月 2 日浙某海公司与县人民政府签署的《西环路土地开发整理项目协议书》项下土地，根据该协议，该土地由浙某海公司开发整理享有土地开发权及开发成果。同时沃某公司对胡某胜享有的债权截至 2015 年 7 月 31 日，本息合计 149600000 元。

浙某海公司与沃某公司双方商定，上述土地开发权及开发成果的转让价款为人民币 249600000 元。沃某公司以对胡某胜所享有的 149600000 元债权，抵销沃某公司对浙某海公司所负的部分付款义务，即抵销 149600000 元应付转让款。协议还特别约定，本协议签署生效后，沃某公司对胡某胜享有的债权消灭，沃某公司不得以任何理由再向胡某胜主张前述债权。如因本协议无效或者被撤销、解除，导致沃某公司债权无法实现的，胡某胜对前述债务恢复承担还款责任，并按照月息 3%向沃某公司支付此期间的利息。

协议书签订后，因胡某心、浙某海公司未按照协议约定履行，沃某公司遂于 2016 年 1 月 6 日提起诉讼，要求解除合同，同时认为胡某胜的相关债务已经因抵销而消灭无法再恢复原状，合同解除后浙某海公司作为过错方应当就此予以赔偿。

（撰稿人：萧鑫）

第五十六条　【抵销的抵充】 行使抵销权的一方负担的数项债务种类相同，但是享有的债权不足以抵销全部债务，当事人因抵销的顺序发生争议的，人民法院可以参照民法典第五百六十条的规定处理。

行使抵销权的一方享有的债权不足以抵销其负担的包括主债务、利息、实现债权的有关费用在内的全部债务，当事人因抵销的顺序发生争议的，人民法院可以参照民法典第五百六十一条的规定处理。

【关联规定】

一、《民法典》（2020年5月28日）

第560条 债务人对同一债权人负担的数项债务种类相同，债务人的给付不足以清偿全部债务的，除当事人另有约定外，由债务人在清偿时指定其履行的债务。

债务人未作指定的，应当优先履行已经到期的债务；数项债务均到期的，优先履行对债权人缺乏担保或者担保最少的债务；均无担保或者担保相等的，优先履行债务人负担较重的债务；负担相同的，按照债务到期的先后顺序履行；到期时间相同的，按照债务比例履行。

第561条 债务人在履行主债务外还应当支付利息和实现债权的有关费用，其给付不足以清偿全部债务的，除当事人另有约定外，应当按照下列顺序履行：

（一）实现债权的有关费用；

（二）利息；

（三）主债务。

第568条 当事人互负债务，该债务的标的物种类、品质相同的，任何一方可以将自己的债务与对方的到期债务抵销；但是，根据债务性质、按照当事人约定或者依照法律规定不得抵销的除外。

当事人主张抵销的，应当通知对方。通知自到达对方时生效。抵销不得附条件或者附期限。

二、司法指导性文件

《九民纪要》（法〔2019〕254号）

43.抵销权既可以通知的方式行使，也可以提出抗辩或者提起反诉的方式行使。抵销的意思表示自到达对方时生效，抵销一经生效，其效力溯及自抵销条件成就之时，双方互负的债务在同等数额内消灭。双方互负的债务数额，是截至抵销条件成就之时各自负有的包括主债务、利息、违约金、赔偿金等在内的全部债务数额。行使抵销权一方享有的债权不足以抵销全部债务数额，当事人对抵销顺序又没有特别约定的，应当根据实现债权的费用、利息、主债务的顺序进行抵销。

【理解与适用】

一、本条主旨

本条规定的是抵销的抵充，意图解决抵销权人负担多个债务时，抵销权行使所具体消灭的债务，以及抵销权人享有的债权不足以清偿主债务、利息、费用时，抵销权人能够消灭的债务。

二、规范来源

抵销的抵充在《民法典》以及之前的《民法通则》《合同法》中并无规定。就主动债权抵销主债务、利息、实现债权的费用的问题，《九民纪要》第43条后半段规定了三者的顺序。

对于这一问题，比较法例上多有明文规定，允许此时准用清偿抵充的规则。典型例子如《德国民法典》第396条、《日本民法典》第519条等。

三、司法解释条文理解

本条共分为两款，第1款规定数项债务的抵销抵充规则，第2款规定费用和利息的抵销抵充。

（一）数项债务的抵销抵充

如果行使抵销权的一方负担数项种类、品质相同的债务，需要确定哪项债务会因为抵销权的行使而消灭。此时，如果当事人能够达成约定，基于对意思自治的尊重，按照约定的抵销顺序即可。如果当事人没有约定或不能达成约定，则需要提供填补规范。

考虑到抵销和清偿的相似之处，此处的填补规范应类推适用清偿抵充规则。虽然在立法上，《民法典》第557条将抵销和履行并列，两者是不同的债之消灭事由,但是抵销和履行仍然有很多相似之处。从功能上看,理论上通常认为抵销具有清偿、执行和担保的功能;其中的清偿功能,是指抵销具有替代债务人应当提供的给付,清偿其债务的功能。[1] 从依据或性质上看,抵销一方面具有代物清偿的性质;另一方面则是对自己债权的私人执行。其他关于抵销性质的观点,如以抵销为清偿、为特别清偿、为自己清偿之指示、类似留置权、类似债权质权的收取等,[2] 大多也强调抵销和清偿的相似性。既然如此,在抵销权人面对数个债务时,主动债权抵销哪个债务的问题,可以类推债务人面对数个债务时,清偿会消灭哪个债务的抵充规则。甚至有观点直接认为,抵销抵充和清偿抵充是两个相同的问题。[3]

因此,在没有明确规定时,若抵销权人负担数项债务,法官应该类推适用清偿抵充规则,即《民法典》第560条。本条第1款规定的参照适用,以及比较法例上的准用规则,在技术上属于引用性法条,具有授权法院为法律补充的功能,法官可以不必为了进行类推适用而先认定拟处理的案型和被类推适用的法条之间具有相似性,[4] 从而免除法律适用者的论证负担。

依据本条第1款,要参照适用清偿抵充规则,需要满足的要件是:行使抵销权的一方负担数项债务种类相同,享有的债权不足以抵销全部债务,当事人因抵销的顺序发生争议。其中,负担数项债务和债权不足以抵销全部债务,来自《民法典》第560条,也是抵充规则能够适用的原因。不过,在抵销抵充的语境下,抵销权人所负担的数项债务不仅应是相同种类,品质也需相同。这是《民法典》第568条第1款所规定的法定抵销的要求。如果不满足抵销的要件,自然没有后续的抵销抵充问题。本条第1款只规定了种类相同,文义上有所疏漏。

---

[1] 参见朱广新、谢鸿飞主编:《民法典评注:合同编·通则》(第2册),中国法制出版社2020年版,第220页。
[2] 参见史尚宽:《债法总论》,中国政法大学出版社2000年版,第846~847页。
[3] 参见郑玉波:《民法债编总论》,中国政法大学出版社2004年版,第520页。
[4] 参见黄茂荣:《法学方法与现代民法》,法律出版社2007年版,第172页。

关于当事人因抵充顺序发生争议，抵销抵充和清偿抵充的要件不同。在通常的履行中，依据《民法典》第560条第1款，如果债务人负担数项种类相同的债务，应由债务人在清偿时指定要履行的债务；如果债务人未作指定，适用《民法典》第560条第2款的抵充规则。在抵销的情况下，考虑到抵销与清偿的相似，抵销权人也可以在行权时指定要消灭的债务，如果抵销权人未指定，应有抵销抵充规则的适用。这也是对《民法典》第560条第1款的准用。和清偿抵充的不同之处在于，即使抵销权人作了指定，抵销相对人仍然可以提出异议。比较法例有类似规定，如《德国民法典》第396条第1款规定"任何一方有两项以上适合于抵销的债权的，进行抵销一方可以指定应互相抵销的债权。不经此种指定而作出抵销的表示，或另一方不迟延地提出异议的，准用第366条第2款的规定"。[①] 这一规定的理由在于，在抵销适状的情况下，除依据债务性质、当事人约定或法律规定而不适宜作为主动债权的情况外，任何一方都可以行使抵销权。此时，决定抵销哪个债务的权利不应取决于谁先作出抵销表示，因此，相对人可以毫不迟延地反对另一方当事人的决定。此时，也属于双方对抵销顺序发生争议的情况，应适用抵销抵充规则。

所以，本条第1款所言的"因抵销的顺序发生争议"，主要包括两种情况：一是抵销权人在作出抵销表示时未指定所要消灭的债务；二是抵销权人作了指定，但相对人立刻提出异议。

在满足上述要件时，本条第1款规定准用《民法典》第560条第2款的法律效果，抵销抵充的顺序是：优先抵销已经到期的债务；数项债务均到期的，优先抵销对债权人缺乏担保或者担保最少的债务；均无担保或者担保相等的，优先抵销债务人负担较重的债务；负担相同的，按照债务到期的先后顺序抵销；到期时间相同的，按照债务比例抵销。

本条第1款规定的抵销抵充，是抵销人未指定被动债权，也就是未指定抵销所消灭的自己所负担债务的情况。除此之外，还可能存在抵销权人

[①] 《德国民法典》（第四版），陈卫佐译，法律出版社2015年版，第144页。

未指定主动债权,以及主动债权和被动债权均未指定的情况。此时也可能参照适用清偿抵充的规则。①

(二) 费用和利息的抵销抵充

本条第2款规定的是费用和利息的抵销抵充规则。费用之债、利息之债和主债权独立,并非同一个债。② 费用、利息和主债务等多个债务的清偿顺序发生争议时,也有相应的抵充规则。由于抵销和清偿的相似,即使没有本款,对费用、利息以及主债务的抵销顺序也应该类推适用清偿抵充规则。因此,本条第2款和第1款一样同为引用性法条,是一种对类推的法定授权。

本条第2款所规定的"因抵销的顺序发生争议"则和第1款不同。如同《民法典》第561条的规定,如果当事人能够就费用、利息、主债务的抵销顺序达成约定,则按照约定处理;如果不能达成约定,那么抵销权人不能自行指定清偿顺序,而是直接参照适用清偿抵充的规则,按照实现债权的有关费用、利息、主债务的顺序抵销。这主要是为了保护债权人,因为主债务的存在会持续产生利息,进而督促债务人完整履行主债务,若允许抵销权人指定,在其指定优先抵销主债务时,会导致债权人既不能获得完整清偿,所得利息也会减少。

《九民纪要》第43条将违约金、赔偿金纳入抵销范围,但是在规定抵销抵充的顺序时,并未提及违约金、赔偿金。《民法典》第561条也没有规定违约金和赔偿金。对于违约金和赔偿金,笼统地纳入或者一概剔除的解释都不妥当,合适的做法或许是基于违约金、赔偿金的性质与范围而区分对待:履行迟延而产生的损害或违约金,可以参照利息处理;替代给付的损害赔偿或者违约金,可以视为主债务。

---

① 参见史尚宽:《债法总论》,中国政法大学出版社2000年版,第869页。
② 参见王洪亮:《债法总论》,北京大学出版社2016年版,第163页。

【典型案例】

1. 物流公司与实业公司委托合同纠纷案

[案号]（2019）最高法民再 12 号

[审理法院] 最高人民法院

[来源] 中国裁判文书网

[关键词] 抵销　抵充　参照适用　费用　利息　主债务

[裁判摘要] 抵销权人的债权不足以抵销全部债务的，应当参照适用清偿抵充的规则，按照实现债权的费用、利息、主债务的顺序进行抵销。在此种情况下，抵销权人不能自行指定抵销顺序。

[基本案情] 2012 年 6 月 7 日，实业公司与物流公司签订《委托协议》，协议约定：实业公司委托物流公司通过某银行向 A 公司发放贷款 5000 万元，年利息 23%，贷款期限为 2012 年 6 月 8 日至 2013 年 6 月 7 日。同日，实业公司将 5000 万元汇入物流公司账户，物流公司出具了收据，并通过某银行将款项发放给 A 公司。后该笔委托贷款展期至 2015 年 6 月 9 日。A 公司在贷款期间所支付的利息，均已通过物流公司支付给实业公司。2015 年 6 月 2 日，A 公司将 5000 万元本金归还物流公司，但物流公司未将该笔款项返还给实业公司。

截至 2015 年 12 月 31 日，物流公司欠实业公司 5000 万元，实业公司欠物流公司 829 万元。物流公司曾于 2017 年 7 月 20 日向实业公司发出并送达了《债务抵销通知书》，提出以其对实业公司享有的 829 万元债权本金及利息（按年利率 20% 计算）抵销案涉 5000 万元本金债务。

法院参照适用清偿抵充规则，按照实现债权的有关费用、利息、主债务的顺序进行抵销，即先抵销 5000 万元债务中的利息，然后再用于抵销本金。

2. 万某财、李某生与房地产公司建设工程施工合同纠纷案

[案号]（2021）赣 1127 民初 2158 号

[审理法院] 江西省余干县人民法院

[来源] 中国裁判文书网

[关键词] 抵销　抵充　参照适用　多项债务

[裁判摘要] 行使抵销权的一方负担数项种类、品质相同的债务，但享有的债权不足以抵销全部债务时，抵销权人可以指定所欲抵销的债务。抵销相对人可以及时提出异议。如果双方当事人就抵销顺序无法达成约定，参照适用清偿抵充的规则。

[基本案情] 2019年8月11日，某建设公司与房地产公司签订《建设施工合同》，承包某工程的施工。2019年8月12日，万某财、李某生与某建设公司签订《施工项目内部承包书》及《安全生产管理协议书》，万某财、李某生作为某工程的负责人，组建工程部项目部。合同签订后，万某财、李某生组织资金、施工队伍、施工材料、施工设备进场施工。

房地产公司在施工过程中，基本上能将工程进度款直接付至万某财、李某生个人账户内。2020年6月，房地产公司陷入资金困难，无力支付工程款。之后，万某财、李某生垫资并于2021年1月完成了全部工程。2021年11月14日，双方结算该工程款，万某财、李某生的工程款总计920万元。

万某财、李某生除承包本案标的物的工程外，还转承包房地产公司的消防工程、外墙漆工程，且有工程款未支付。万某财、李某生承包的消防工程、外墙漆工程均未结算，本案工程款已经结算。

另外，万某财、李某生向房地产公司借款32万元，还向房地产公司购房，款项约为243万元。房地产公司主张以万某财、李某生个人借款及购房欠款抵销本案工程款，万某财、李某生提出异议，认为应先抵销消防工程及外墙漆工程款。

法院参照适用清偿抵充规则，认为消防工程、外墙漆工程均未结算，本案工程款已经结算，故本案工程款先到期，个人借款及购房欠款应先抵销本案工程款。

(撰稿人：殷秋实)

> **第五十七条 【根据性质不得抵销的债务】** 因侵害自然人人身权益，或者故意、重大过失侵害他人财产权益产生的损害赔偿债务，侵权人主张抵销的，人民法院不予支持。

【关联规定】

一、《民法典》（2020年5月28日）

第545条 债权人可以将债权的全部或者部分转让给第三人，但是有下列情形之一的除外：

（一）根据债权性质不得转让；

（二）按照当事人约定不得转让；

（三）依照法律规定不得转让。

当事人约定非金钱债权不得转让的，不得对抗善意第三人。当事人约定金钱债权不得转让的，不得对抗第三人。

第568条 当事人互负债务，该债务的标的物种类、品质相同的，任何一方可以将自己的债务与对方的到期债务抵销；但是，根据债务性质、按照当事人约定或者依照法律规定不得抵销的除外。

当事人主张抵销的，应当通知对方。通知自到达对方时生效。抵销不得附条件或者附期限。

二、其他法律

1.《企业破产法》（2006年8月27日）

第40条 债权人在破产申请受理前对债务人负有债务的，可以向管理人主张抵销。但是，有下列情形之一的，不得抵销：

（一）债务人的债务人在破产申请受理后取得他人对债务人的债权的；

（二）债权人已知债务人有不能清偿到期债务或者破产申请的事实，

对债务人负担债务的;但是,债权人因为法律规定或者有破产申请一年前所发生的原因而负担债务的除外;

(三)债务人的债务人已知债务人有不能清偿到期债务或者破产申请的事实,对债务人取得债权的;但是,债务人的债务人因为法律规定或者有破产申请一年前所发生的原因而取得债权的除外。

2.《信托法》(2001年4月28日)

第18条 受托人管理运用、处分信托财产所产生的债权,不得与其固有财产产生的债务相抵销。

受托人管理运用、处分不同委托人的信托财产所产生的债权债务,不得相互抵销。

3.《证券投资基金法》(2015年4月24日)

第6条 基金财产的债权,不得与基金管理人、基金托管人固有财产的债务相抵销;不同基金财产的债权债务,不得相互抵销。

4.《农民专业合作社法》(2017年12月27日)

第13条 农民专业合作社成员可以用货币出资,也可以用实物、知识产权、土地经营权、林权等可以用货币估价并可以依法转让的非货币财产,以及章程规定的其他方式作价出资;但是,法律、行政法规规定不得作为出资的财产除外。

农民专业合作社成员不得以对该社或者其他成员的债权,充抵出资;不得以缴纳的出资,抵销对该社或者其他成员的债务。

5.《合伙企业法》(2006年8月27日)

第41条 合伙人发生与合伙企业无关的债务,相关债权人不得以其债权抵销其对合伙企业的债务;也不得代位行使合伙人在合伙企业中的权利。

三、司法解释

1.《执行异议复议规定》(法释〔2020〕21号)

第19条 当事人互负到期债务,被执行人请求抵销,请求抵销的债务符合下列情形的,除依照法律规定或者按照债务性质不得抵销的以外,人民法院应予支持：

（一）已经生效法律文书确定或者经申请执行人认可；

（二）与被执行人所负债务的标的物种类、品质相同。

2.《企业破产法司法解释（二）》（法释〔2020〕18号）

第41条　债权人依据企业破产法第四十条的规定行使抵销权，应当向管理人提出抵销主张。

管理人不得主动抵销债务人与债权人的互负债务，但抵销使债务人财产受益的除外。

3.《最高人民法院关于审理涉及农村土地承包纠纷案件适用法律问题的解释》（法释〔2020〕17号）

第17条　发包方或者其他组织、个人擅自截留、扣缴承包收益或者土地经营权流转收益，承包方请求返还的，应予支持。

发包方或者其他组织、个人主张抵销的，不予支持。

四、司法指导性文件

《人民法院办理执行案件规范》（第二版）

1263.【债务抵销的审查处理】当事人互负到期债务，被执行人请求抵销，请求抵销的债务符合下列情形的，除依照法律规定或者按照债务性质不得抵销的以外，人民法院应予支持：

（一）已经生效法律文书确定或者经申请执行人认可；

（二）与被执行人所负债务的标的物种类、品质相同。

抵销一经生效，其效力溯及自抵销条件成就之时，双方互负的债务在同等数额内消灭。双方互负的债务数额，是截至抵销条件成就之时各自负有的包括主债务、利息、违约金、赔偿金等在内的全部债务数额。行使抵销权一方享有的债权不足以抵销全部债务数额，当事人对抵销顺序又没有特别约定的，应当根据实现债权的费用、利息、主债务的顺序进行抵销。

【理解与适用】

一、本条主旨

本条旨在限定可以抵销的侵权损害赔偿债务的范围，属于对根据性质不得抵销的债务范围的细化规定。

二、规范来源

本条是对《民法典》第568条"根据债务性质"规则的细化规定，旨在限定侵权损害赔偿债务中可以抵销的债务类型，但对其他因性质特殊而不得抵销的债务类型，未予规定。

《民法典》第568条规定了债务的法定抵销规则，其中第1款规定了法定抵销的适用范围及其例外，第2款规定了法定抵销的具体程序，并禁止抵销附条件和附期限。该规定来源于《合同法》第99条和《合同法司法解释（二）》第23条。与《合同法》的规定相比，《民法典》第568条将"按照合同性质"的表述修改为"根据债务性质"，并增加了司法解释中规定的因当事人有约定而不得抵销的除外情形。抵销作为消灭债之关系的法定事由，其立法目的旨在为当事人提供便利，避免当事人通过较为烦琐的诉讼和仲裁、强制执行等程序获得清偿。抵销可在一定程度上促进债权的实现，具有担保作用，维持当事人之间的公平。[①]《民法典》继承了《合同法》与《合同法司法解释（二）》中的抵销规则，并通过修改表述、将当事人事前的排除抵销合意纳入除外规则等方式，完善了法定抵销规则。

由于《民法典》第568条仅将根据债务性质不得抵销作为除外条款的内容之一，并未明确具体何种债务属于性质上不得抵销的债务，理论研究中对具体类型的债务的列举不尽相同。同时，根据债务的性质不得抵销、依据法律的规定不得抵销两个除外规则之间的适用关系也容易引起混淆。

[①] 韩世远：《合同法学》（第二版），高等教育出版社2022年版，第245页。

此外，根据债务性质不得抵销规则是否一律排除当事人的意思自治，是否可在特定的债之关系中，允许债之关系的一方当事人主张抵销而排除另一方当事人的抵销权也不完全明确。上述内容有待司法解释进行明确。本条对根据性质不得抵销的债务的类型进行了细化。

三、司法解释条文理解

（一）概述

本条司法解释在区分损害对象为人身权益还是财产权益的基础上，结合行为人的主观状态对侵权损害赔偿之债是否得以抵销进行了明确。与公开征求意见稿相比，本条删除了根据性质不得抵销的债务的具体类型的列举性规定。

在《民法典》第545条债权让与制度中，其第1款第1项将"根据债权性质不得转让"的债权作为除外类型之一，与《民法典》第568条第1款中对债务性质的考察有类似之处，但有观点认为二者需作区分理解。[①]理论研究中，论者在分析因性质而不得抵销的债务的内涵时，通常采用列举的方式进行说明。判断某类债务是否可以抵销的实质性标准为，允许抵销是否会违背债务设立的本质，[②]是否必须通过清偿的方式才能实现债之关系的目的。[③]理论中常见的类型为：具有特定人身性质或者依赖特定技能完成的债务、必须履行的债务、附有同时履行抗辩权或先诉抗辩权的债务、因故意侵权行为引发的债务、相互不得为竞业的不作为业务、相互出资义务、禁止扣押之债、约定向第三人履行的债务等。

（二）对本条的理解

本条就侵权引发的债是否可以抵销进行了限制，此种限制主要围绕侵害客体、主观状态和抵销权行使主体进行。

[①] 徐涤宇、张家勇主编：《〈中华人民共和国民法典〉评注（精要版）》，中国人民大学出版社2022年版，第625页。

[②] 崔建远：《论中国民法典上的抵销》，载《国家检察官学院学报》2020年第4期；杨代雄：《袖珍民法典评注》，中国民主法制出版社2022年版，第517页。

[③] 吴兆祥：《论民法典抵销制度的修改与适用》，载《中国检察官》2020年第6期。

比较法上一般禁止故意侵权行为引发的债务的抵销，其理由在于：允许抵销此种债务容易使得债权人可能实施侵害债务人人身和财产权益的侵权行为，引发道德危险。如债权人在请求债务人履行债务得不到满足时，故意实施侵害债务人人身权益的行为，进而主张就故意侵权行为引发的债务进行抵销。[1] 就禁止的具体形式而言，较为常见的是在法律体系中设置禁止抵销条款，如《德国民法典》第393条等。[2]

本条对侵权行为引发的债务进行了进一步的分类，涉及因侵害人身权益引发的损害赔偿债务和因故意、重大过失侵害财产权益引发的损害赔偿债务。因侵权行为导致人身损害而引发的损害赔偿债务、因故意或重大过失造成财产损失而引发的损害赔偿债务，侵权人不得主张抵销。与比较法上将不得抵销的范围限制在故意侵权行为引发的债务不同，本条首先对损害类型进行了分类，对于因侵权导致人身损害而引发的损害赔偿债务不考虑行为人的主观状态；而对于财产损害引发的损害赔偿债务则需进一步判断行为人的主观状态是否为故意或重大过失。不过，本条并未绝对排斥因侵权引发的损害赔偿债务的抵销，而是结合具体损害类型和行为人的主观状态，将不得主张抵销的主体限定在侵权人，从而允许被侵权人的债权作为主动债权进行抵销，一定程度上保留了当事人意思自治的空间。同时，一般过失造成财产损害引发的损害赔偿债务允许侵权人主张抵销。因涉及对行为人故意和过失的判断，上述因侵权导致财产损害而引发的债务似被限定在过错责任归责原则下的各类侵权，对于因无过错责任归责原则下的各类侵权、公平损失分担规则等引发的损害赔偿债务，得否因债务性质而不得抵销，尚不明确。第一种解释是无过错归责原则下各类侵权引发的损害赔偿债务不限制抵销，即将侵权责任的成立判断与得否抵销的判断合一，在侵权责任成立、产生侵权损害赔偿债务后，不再继续分析侵权人的主观状态；第二种解释则是区分处理，在无过错侵权责任成立后，得否抵销仍然需要进一步判断侵权人的主观状态。结合抵销的本旨、无过错归责

---

[1] 韩世远：《合同法总论》，法律出版社2018年版，第705页。
[2] 《德国民法典》第393条规定："对于因故意实施之侵权行为所产生的债权，不得进行抵销。"

原则下的各类具体类型的侵权来看，第一种解释似乎更为妥当。

因故意侵权行为引发的债务，禁止抵销规则同样适用于法人承担侵权责任的情形。① 在具体侵权之债中，管理者因故意致使公司违法而承担的对公司的损失赔偿责任，不能与管理者应从公司获得的利益相互抵销，否则可能违反公共政策。②

除前述禁止侵权人抵销故意侵权行为引发的损害赔偿债务的理由外，我国学者还认为，《民法典》合同编部分承担了债法总则的功能，对于合同外债之关系而言，《民法典》第496条确立了原则上适用合同编规则，但允许将法律关系性质的特殊性作为不适用合同编规则的正当化事由。因故意侵权行为引发的损害赔偿债务即属形式上应当适用合同编规则，但存在"性质"特殊性的情形，因而得以不适用《民法典》第568条抵销规则。③ 此外，从体系解释的角度而言，因免除故意和重大过失侵权责任的免责条款无效，则根据体系解释的结论，债务既然不能免除，也应不得抵销。④

一般认为，法律明确规定不得抵销的债务的，其主要规范目的在于"避免各不同债权主体之间的债务混同，保护特定主体的合法债权"。⑤ 不过，从具体规则来看，法律明确规定禁止抵销的情形涉及《企业破产法》第40条规定的进入破产程序后的特定债权、《信托法》第18条规定的受托人的债权、《证券投资基金法》第6条规定的基金财产的债权、《农民专业合作社法》第13条规定的农民专业合作社成员对该社或者其他成员的债务和《合伙企业法》第41条规定的合伙人发生与合伙企业无关的债务

---

① ［德］迪特尔·梅迪库斯：《德国债法总论》，杜景林、卢谌译，法律出版社2003年版，第211页。
② 施天涛：《善意义务是否需要作为受信义务的第三维构成？》，载《中国应用法学》2023年第1期。
③ 徐涤宇、张家勇主编：《〈中华人民共和国民法典〉评注（精要版）》，中国人民大学出版社2022年版，第499页。
④ 王利明总主编：《中国民法典评注：合同编（一）》，人民法院出版社2021年版，第412~413页。
⑤ 朱广新、谢鸿飞主编：《民法典评注：合同编·通则》（第2册），中国法制出版社2020年版，第225页。

等。此外,《最高人民法院关于审理涉及农村土地承包纠纷案件适用法律问题的解释》第 17 条还规定了对发包方主张抵销的限制。从具体条文来看,各具体限制抵销规则的规范目的并不完全相同。① 同一种不得抵销的债务,在不同立法体例中可能被放置到根据债务性质不得抵销和依据法律规定不得抵销两种模式下。因此,依据法律规定不得抵销的债务与根据性质上不得抵销的债务并非互斥关系,相反,具体限制抵销的规则可能同样是为实现设定债务的目的。因此,在规则适用时,有法律明确规定的,适用其规定;无规定的,则依据《民法典》第 568 条、本条之规定判断得否抵销。

四、适用指导

在最高人民法院此前公布的征求意见稿中,第 60 条除规定侵权损害赔偿债务的抵销规则外,还就其他不得抵销的债务进行了规定。最终公布版本虽然删除了第 60 条第 1 款中列举的各项债务,但并不意味着上述债务均可抵销。以下就实务和理论中典型的不得抵销的债务进行说明。

就提供劳务的债务而言,一般认为,因其具有人身属性而不得抵销,即实现设立债之关系的目的以债务人提供劳务为必要,如教学合同中的授课义务,尽管都是同类债务,且课程、时间等要素相同,但不同授课者的讲课方法存在差异,以当事人亲自履行为必要,债务即不能抵销。② 允许抵销使得债务人不必亲自履行,从而将使缔约目的落空。③ 就抚恤金债务而言,一般认为其属于公法债务,④ 理论研究认为,包含税收债务等在内的公法债务不得抵销,⑤ 允许抵销该类债务将导致公法目的落空。就保障

---

① 最高人民法院民法典贯彻实施工作领导小组主编:《中华人民共和国民法典合同编理解与适用(一)》,人民法院出版社 2020 年版,第 673~674 页。
② 胡康生主编:《中华人民共和国合同法释义》,法律出版社 1999 年版,第 167 页。
③ 王利明:《合同法通则》,北京大学出版社 2022 年版,第 406~407 页。
④ 柳经纬、吕辰:《"债的一般规范"的识别及其对非合同之债的适用——以〈民法典〉第 468 条为中心》,载《北方法学》2020 年第 5 期。
⑤ 最高人民法院民法典贯彻实施工作领导小组主编:《中华人民共和国民法典合同编理解与适用(一)》,人民法院出版社 2020 年版,第 673 页;徐涤宇、张家勇主编:《〈中华人民共和国民法典〉评注(精要版)》,中国人民大学出版社 2022 年版,第 625 页。

债权人基本生活的债务而言，这类债务往往承载了公共政策目的，① 或者说债之关系下给付的金钱承载了公共价值目标。② 同时债务与人身具有不可分离性，③ 因此其属于必须履行的债务。④ 在支付基本养老保险金、失业保险金、最低生活保障金三种类型的债务外，其他类型的保障债权人基本生活的债务，如给付抚养费、赡养费、退休金、安置费等债务也不得抵销。⑤

不作为债务。在司法解释制定过程中，是否在条文中列入不作为债务曾存在争议。否定不作为债务可抵销的理由主要为，允许抵销与债务目的相违背。⑥ 如竞业禁止债务，如允许竞业禁止债务的抵销，将使得设定该债务的目的落空。

有同时履行抗辩权存在的债务。《民法典》及司法解释并未明文规定有同时履行抗辩权的债务得否抵销。不得抵销此种债务的原因在于，同时履行合同是公平原则在合同法上的体现，允许抵销与设立抗辩权的规范目的相违背。⑦ 在具体条件上，有抗辩权存在即可，不以当事人已经主张抗辩权为必要。⑧ 基于意思自治的基本原则，抵销人在放弃抗辩利益时，仍然应当准许抵销。⑨ 对于有其他抗辩权存在的债务得否抵销，尚存争议，尤其是存在时效抗辩的债务。附条件允许主义认为，在所涉债权尚未罹于时效时，抵销请求权成立的，可得抵销。⑩ 禁止抵销主义认为，允许抵销有损债务人利益、有违自然债务的性质和公平清偿规则，违背诉讼时效制

---

① 李永军主编：《中国民法学：第三卷债权》，中国民主法制出版社2022年版，第135页。
② 朱广新、谢鸿飞主编：《民法典评注：合同编·总则》，中国法制出版社2020年版，第409页。
③ 李永军：《合同法》，中国大学出版社2021年版，第275页。
④ 黄薇：《中华人民共和国民法典合同编释义》，法律出版社2020年版，第247页。
⑤ 李永军主编：《中国民法学：第三卷债权》，中国民主法制出版社2022年版，第135页。
⑥ 王利明主编：《中国民法典评注：合同编（一）》，人民法院出版社2021年版，第409页。
⑦ 韩世远：《合同法总论》，法律出版社2018年版，第398页。
⑧ ［德］罗歇尔德斯：《德国债法总论》，沈小军、张金海译，中国人民大学出版社2014年版，第147页。
⑨ 韩世远：《合同法总论》，法律出版社2018年版，第705页。
⑩ 《德国民法典》第215条规定："请求权在首次可以主张抵销或者拒绝给付之时，尚未罹于时效的，时效不排除抵销及主张留置权。"第390条规定："有抗辩权相对抗的债权，不得用作抵销。"

度促进权利人积极行使权利的制度目的，且与抵销无溯及力相矛盾。① 允许抵销的观点则认为，抗辩权具有阻碍权利而不消灭权利、需要当事人主张等特征，基于此，附抗辩权的债权符合债权抵销积极要件中无效力减损债权的特征，除非当事人提出抗辩，否则即可抵销。②

当事人约定向第三人履行的债务。当事人约定向第三人履行的债务，债务人不得径直向对方当事人主张抵销，否则于第三人利益保护不利，违背债务设定的目的。

基于出资产生的债务。在《民法典》释义中，相互出资义务产生的债务被认为不得抵销。③ 有观点则更进一步，认为对抵销出资债务的禁止不受提出主体、公司是否进入破产程序等因素的影响。其理由主要为：第一，从资本制度属性角度看，允许抵销容易导致出资亏空，且规范对出资债权和其他债权的法定保障措施存在差异；第二，从组织法属性角度看，允许抵销可能出现帮助股东逃避出资义务，对债权的评估也缺乏独立的第三方介入，且股东对公司的债权应劣后于普通债权；第三，股东对公司债权的"价值不完整性"与抵销的本旨不相符。④

【典型案例】

1. 范某兴、俞某萍、高某诉祥某公司、黄某兵提供劳务者受害责任纠纷案

[审理法院] 江苏省南通市中级人民法院

[来源]《最高人民法院公报》2021年第10期（总第300期）第43~48页；《江苏省高级人民法院公报》2021年第6辑（总第78辑）第28~35页。

---

① 王利明：《罹于时效的主动债权可否抵销?》，载《现代法学》2023年第1期。
② 尹腊梅：《附抗辩权债权抵销问题研究——〈国际商事合同通则〉和〈欧洲合同法原则〉反映的新趋势以及对"附抗辩权的债权不得抵销"规则的质疑》，载《环球法律评论》2008年第2期。
③ 黄薇：《中华人民共和国民法典合同编释义》，法律出版社2020年版，第247页。
④ 张其鉴：《论公司出资债权不得抵销——以出资债权的法律构造为中心》，载《中国政法大学学报》2022年第2期。

[关键词] 社会保险 法定义务 约定义务 禁止抵销

[裁判摘要] 根据《建筑法》第48条规定，为职工参加工伤保险缴纳工伤保险费系建筑施工企业必须履行的法定义务，为从事危险作业的职工办理意外伤害保险并支付保险费系倡导性要求。建筑施工企业已为从事危险工作的职工办理意外伤害保险的，并不因此免除企业为职工缴纳工伤保险费的法定义务。根据《保险法》第39条规定，投保人为与其有劳动关系的劳动者投保人身保险，不得指定被保险人及其近亲属以外的人为受益人。法律鼓励施工企业为从事危险工作的职工办理意外伤害保险的目的在于为职工提供更多的保障，但并不免除施工企业为职工缴纳工伤保险的法定义务，如施工企业可以通过为职工办理意外伤害保险获赔的保险金抵销其对员工的赔偿责任，则相当于施工企业可以通过为职工办理意外伤害保险而免除缴纳工伤保险的法定义务，显然与该条的立法目的相违背。

[基本案情] 2018年2月至10月，范某昌受雇于被告黄某兵，工资为180元/天。2018年10月3日下午，范某昌在江苏沃某生物科技有限公司位于启东市高新技术产业开发区海州路的办公楼、车间建设工程中工作时被坠落的方料砸到头部。2018年10月6日，范某昌骑电瓶车发生单车交通事故，后因抢救无效，于次日死亡。2018年10月9日，市公安局交通警察大队事故调处中队委托司法鉴定所对范某昌死亡原因进行法医学鉴定，该所于2018年12月18日出具的鉴定意见载明：范某昌的死因是重型颅脑外伤及胸部外伤，颅脑外伤是导致死亡的主要原因，胸部外伤为死亡发生的次要原因；关于致伤方式及两次外伤在范某昌死亡发生过程中的作用，摔跌作用不能引起头颅崩裂、轻度变形，摔跌作用不足以解释全部的胸部外伤，即头颅损伤和右胸背部损伤考虑系第一次外伤砸击所致，但在头颅和胸部已有外伤的基础上，身体摔跌致使面部、胸部受力完全能够加剧前述头颅和胸部已有的外伤，这可能正是范某昌单车事故发生后深昏迷、自主呼吸弱等病理学基础。被告祥某公司为范某昌在保险公司投保了团体意外伤害保险，事故发生后，原告范某兴、俞某萍、

高某已获赔保险金10万元。被告祥某公司承建江苏沃某生物科技有限公司位于启东市高新技术产业开发区海州路的办公楼、车间工程,并提供案涉工程用的脚手架、方料等材料。被告黄某兵自祥某公司处承接木工劳务,黄某兵并无相应施工资质。对于损失的认定,被告主张扣除祥某公司为范某昌投保团体意外伤害保险而获赔的保险金10万元,原告提出反对意见。

[裁判结果] 对于案件中的10万元保险金得否抵销的问题,法院认为,《建筑法》第48条规定,建筑施工企业应当依法为职工参加工伤保险缴纳工伤保险费。鼓励企业为从事危险作业的职工办理意外伤害保险,支付保险费。即为职工缴纳工伤保险系建筑施工企业的法定义务,而为从事危险工作的职工办理意外伤害保险为倡导性规定,不具有强制性。法律鼓励施工企业为从事危险工作的职工办理意外伤害保险的目的在于为职工提供更多的保障,但并不免除施工企业为职工缴纳工伤保险的法定义务,如施工企业可以通过为职工办理意外伤害保险获赔的保险金抵销其对员工的赔偿责任,则相当于施工企业可以通过为职工办理意外伤害保险而免除缴纳工伤保险的法定义务,显然与该条的立法目的相违背。

从意外伤害险的属性分析。团体意外伤害保险并非雇主责任险,该人身保险的受益人一般为被保险人或其指定的人。《保险法》第39条规定,人身保险的受益人由被保险人或者投保人指定。投保人指定受益人时须经被保险人同意。投保人为与其有劳动关系的劳动者投保人身保险,不得指定被保险人及其近亲属以外的人为受益人。该条的立法本意在于,雇主和劳动者通常处于不平等状态,雇主在为劳动者投保意外伤害险时,可能会利用自身的强势地位将受益人指定为雇主,该行为势必损害处于弱势地位的劳动者合法权益,故该条明确雇主为劳动者投保人身保险时,受益人只能是被保险人及其近亲属。如施工单位或雇主为员工投保意外伤害险后可以直接在赔偿款中扣除该保险金,施工单位或雇主即成为实质意义上的受益人,有违本条立法本旨。本案中,被上诉人祥某公司作为投保人为范某昌购买团体意外险,该人身保险的受益人为范某昌,范某昌死亡后,其继承人有权继承该意外伤害保险金。即便祥某公司为范某昌投保意外伤害险的主观目的在于减轻自己的赔偿责任，但意外伤害险系人身险而非责任财产险，祥某公司或被上诉人黄某兵如要减轻用工风险，应当依法为范某昌缴纳工伤保险或购买雇主责任险，而非通过办理团体人身意外伤害险的方式替代强制性保险的投保义务。

意外伤害保险的被保险人有权获得双重赔偿。《保险法》第46条规定，被保险人因第三者的行为而发生死亡、伤残或者疾病等保险事故的，保险人向被保险人或者受益人给付保险金后，不享有向第三者追偿的权利，但被保险人或者受益人仍有权向第三者请求赔偿。根据该条规定，由于被保险人的生命、健康遭到损害，其损失无法用金钱衡量或弥补，被保险人或受益人可获得双重赔偿，此时不适用财产保险中的损失填补原则。本案中，范某昌在为被上诉人黄某兵提供劳务的过程中受伤后死亡，其继承人有权依据意外伤害保险向保险公司主张保险金，也有权请求范某昌的雇主黄某兵承担雇主赔偿责任。但保险公司给付保险金后，不享有向雇主黄某兵的追偿权。换言之，人身意外伤害保险金和人身损害死亡赔偿金均归属于范某昌的继承人所有，投保人祥某公司不享有任何权益，雇主黄某兵更无权主张从赔偿款中扣除10万元的意外伤害保险金。

2. 钟某昌与陈某霞财产损害赔偿纠纷案

[案号]（2021）浙07民终543号

[审理法院] 浙江省金华市中级人民法院

[来源] 中国裁判文书网

[关键词] 侵权损害赔偿债务　故意侵权　抵销

[裁判摘要] 对于因故意侵害他人财产而产生的侵权损害赔偿债务，侵权人主张抵销的，不应支持。

[基本案情] 2019年6月，陈某霞与钟某昌合伙经营绣花加工厂，陈某霞投入6台誉豪自动电脑绣花机。2019年11月，双方结束合伙关系，进行了对账。2019年12月，钟某昌多次催促陈某霞将上述机器搬走，陈

某霞回复未找到地方,要求晚点搬。2019年12月12日,钟某昌告知陈某霞已将上述6台机器出售。2019年12月20日,钟某昌在公安机关的询问笔录中陈述上述6台机器由其于2019年12月10日连同钟某昌自己的5台机器以9000元每台的价格出售给案外人杨某。2020年4月30日,价格评估公司接受陈某霞的委托,依据陈某霞提供的机器照片,作出评估报告一份,结论为案涉6台机器的价值为12万元。另,2019年6月1日,陈某霞与案外人纺织品公司签订绣花机器租赁合同一份,约定陈某霞向案外人纺织品公司租赁6台誉豪绣花机,每月支付租赁费用4500元,租赁期限为2019年6月5日至2020年6月4日。合同签订后,陈某霞分别于2019年8月至10月各支付案外人徐某4500元,2020年4月7日支付徐某9000元,2020年7月13日支付徐某72000元。2020年9月14日,陈某霞提供徐某出具的情况说明一份,载明截至2020年7月13日,陈某霞通过现金、微信转账、银行转账的方式付清了全额机器款10万元。

[裁判结果] 二审法院认为,当事人互负债务,该债务的标的物种类、品质相同的,任何一方可以将自己的债务与对方的到期债务抵销;但是,根据债务性质、按照当事人约定或者依照法律规定不得抵销的除外。对于因故意侵权而产生的赔偿债务,应禁止侵权行为人主张抵销。本案在卷证据显示,钟某昌在出售案涉6台绣花机前明确知晓该6台绣花机应归陈某霞占有,且不以合伙利润分配为前提,故其擅自出卖的行为已构成民事侵权。本案系财产损害赔偿纠纷,钟某昌所说的合伙利润分配系另一法律关系,一审法院未予审理,于法不悖。钟某昌主张一审法院应对双方债务进行抵销处理,缺乏法律依据,二审不予支持。

3. 某投资公司与周甲合同纠纷案

[案号] (2022)湘01民终221号
[审理法院] 湖南省长沙市中级人民法院
[来源] 中国裁判文书网
[关键词] 合同价款债务 罹于诉讼时效的债务 补偿性债务 抵销

[裁判摘要] 对于已经经过诉讼时效的债务而言，债务人享有时效抗辩权，债务本身属于自然债务。若允许债权人行使抵销权，则将会产生强制履行自然债务的结果，故已过诉讼时效的债权不得作为主动债权主张抵销。同时，约定的补偿金系对维修期间债务人的生活进行补偿，具有特定性，也不允许抵销。

[基本案情] 2012年4月30日，周甲（买受人）与某投资公司（出卖人）签订《长沙市商品房买卖合同》（以下简称《房屋买卖合同》）约定，周甲购买某投资公司开发的××区中山路××号A区××栋××单元××号房屋；购房总价款为3352292元；采取银行按揭付款方式，签订合同时支付1012292元，余款234万元向某投资公司认可的贷款银行申请贷款。同日，双方签订了《合同补充协议》，其中第2条关于付款的补充约定第4点约定：因甲方为乙方提供阶段性按揭贷款担保。随后，案外人某银行、周甲、某投资公司签订了一份《个人购房借款及担保合同》约定：周甲向某银行借款234万元，用于购买某投资公司开发的位于长沙市××区××路××号，某广场A区××栋××单元××号房屋；借款期限为260个月，从2012年6月14日起到2042年6月14日止，年利率6.8%；还款方式为每月等额本息偿还法；周甲以其贷款购买上述房屋作为抵押担保。合同签订后，某银行依约向周甲发放贷款234万元。因周甲未按期偿还某银行贷款本息，2014年12月30日，某银行基于某投资公司对借款的承担连带保证责任从某投资公司在某银行的保证金账户中扣划了59239.08元用于归还周甲的逾期贷款本息。2015年1月20日某银行将周甲、某投资公司起诉至长沙市芙蓉区人民法院。2015年8月5日，长沙市芙蓉区人民法院作出（2015）芙民初字第449号民事判决书判令：一、解除某银行与周甲签订的《个人购房借款及担保合同》。二、周甲偿还某银行股份有限公司长沙分行借款本金2282796.93元，利息、罚息、复息50327.07元（计算至2014年12月29日）；以上两项合计共2333124.00元，此后的利息、复息及罚息按合同约定计算至本息清偿日止。三、周甲支付某银行实现债权的律师代理费93324元；四、某银行对抵押物即周甲名下位于长沙市××区××

路××号某广场 A 区××栋××单元××号房屋折价、拍卖、变卖后的价款在上述借款本息及实现债权费用范围内享有优先受偿权。五、某投资公司对上述第二、三项义务承担连带清偿责任。上述第二、三项判决确定的金钱给付义务，周甲、某投资公司于本判决生效后五日内履行完毕。在诉讼过程中，某银行于 2015 年 3 月 30 日、2015 年 6 月 30 日分别从某投资公司的保证金账户扣划了 14305.36 元、25715.74 元，用于偿还周甲的逾期贷款本息。因周甲、某投资公司未履行生效判决，2016 年 3 月，某银行向一审法院申请强制执行。在执行过程中，某银行于 2016 年 6 月 8 日从某投资公司的保证金账户扣划了 2231245.24 元，用于清偿周甲所欠的全部借款本息。2017 年 3 月 6 日，一审法院作出（2016）湘 0105 执字 566 之一号执行裁定书，因周甲与某银行达成执行和解并支付了 10 万元裁定终结长沙市芙蓉区人民法院作出的（2015）芙民初字第 449 号民事判决书的本次执行程序。因周甲未偿还某投资公司垫付的银行贷款本息 2204789.68 元，某投资公司于 2019 年 8 月 14 日向一审法院提起诉讼，请求判令周甲偿还某投资公司代为其偿还的银行贷款本息等款项共计 2204789.68 元，并向某投资公司支付违约金 1255064.12 元等。2019 年 10 月 31 日，一审法院作出（2019）湘 0105 民初 8465 号民事判决判令：驳回某投资公司的全部诉讼请求。

2018 年 11 月 29 日，周甲与某投资公司签订《关于长沙某公馆 4 栋 301 维修协议》（以下简称《维修协议》）约定的主要内容为：根据长沙某公馆 4 栋 301 业主报修因卫生间返水及厨房排水返水，导致房屋多处受损。根据工程部门人员仔细排查，现对报修问题进行维修：1. 厨房废水返水致使餐厅、客厅地面石材部分浸泡开裂进行更换并对地暖进行检修；2. 主、次卧及保姆间卫生间返水，防水重新处理并对踢脚线、纸、木地板泡坏进行更换；3. 4 栋 301 衣帽间漏水，防水重新处理并对踢脚线、墙纸、木地板泡坏进行更换；按此维修方案双方进行签确，并对应的更换部位质保期进行顺延 2 年。根据双方签订的维修方案及进场时间进行维修，且维修期间按当地段房屋租金行情 16000 元/月进行补偿，维修期间业主不得阻挠现场施工，避免损失进一步扩大。

周甲与某投资公司当庭确认，某投资公司根据《维修协议》约定已向周甲支付2018年11月29日至2019年6月30日合计7个月的补偿款11.2万元。本案中，周甲提出要求某投资公司支付2019年7月1日起至2021年3月31日止的补偿款336000元。

2020年1月20日，某投资公司向周甲出具《律师函》称：周甲阁下……2012年4月，阁下与某投资公司签订《房屋买卖合同》，约定阁下向某投资公司购买房屋，购房款通过银行按揭贷款支付，某投资公司对阁下的前述按揭贷款本息及相关费用承担连带担保责任。因阁下未按时履行还款义务，按揭银行从某投资公司的保证金账户扣划款项代阁下偿还逾期贷款本息，共计扣划人民币2504789.68元，截至目前，阁下还欠付某投资公司代偿款2204789.68元。根据约定，因阁下未能按时偿还按揭贷款导致某投资公司承担担保责任的：阁下应按日向某投资公司支付实际承担款项万分之五的违约金。截至2019年12月31日，阁下应向某投资公司支付违约金1457904.77元（顺延照计）。以上总计：至2019年12月31日，阁下应支付某投资公司款项共计3662694.45元。2018年11月，阁下与某投资公司签订《维修协议》，约定某投资公司对阁下所购房屋进行维修，维修期间某投资公司按16000元/月向阁下进行补偿。协议签订后，某投资公司已向贵司支付112000元。综上可知，阁下与某投资公司互负债务，根据《合同法》第99条第1款规定，当事人互负到期债务，该债务的标的物的种类、品质相同的，任何一方可以将自己的债务与对方的债务抵销。现本所受某投资公司委托郑重致函通知阁下：某投资公司以其应支付的维修期间补偿金债务抵销阁下欠付的代垫款债务，直至阁下欠付的代垫款全部抵销完为止。

周甲对于某投资公司提出的抵销意见不予认可，周甲认为，某投资公司未按照约定履行维修义务，已对其居住及生活造成严重影响；某投资公司主张抵销的权利已经过诉讼时效，已经过法院的生效裁判，故某投资公司主张抵销。

另查明，对于周甲提出的要求某投资公司对上述房屋立即进行修理的请求，某投资公司当庭确认仍未完成对该房屋进行维修。同时认为，自2019年停工后，某投资公司以实际行为对该房屋拒绝进行维修，周甲未采取适当的措施防止损失扩大，故超过部分的损失，不应由某投资公司承担。对此，周甲认为，某投资公司未按照约定对房屋进行维修，故应当立即履行其维修义务。法庭辩论终结后，某投资公司向法院提交《司法鉴定申请书》请求对《维修协议》约定维修范围所需金额进行司法鉴定。某投资公司提出，未能完成维修义务系周甲不予配合，周甲不予认可，某投资公司亦未充分举证予以证明。

[裁判结果] 上诉人某投资公司与被上诉人周甲签订的《维修协议》系双方当事人的真实意思表示，且未违反法律、行政法规的强制性规定，合法有效。本案的争议焦点为某投资公司的超过诉讼时效的债权能否对《维修协议》约定的维修补偿金行使抵销权。某投资公司认为，本案中租金损失性质的维修补偿金显然不属于禁止抵销的债务范围，《民法典》亦未规定超过诉讼时效的债权丧失抵销权能，上诉人通过自力救济的方式行使抵销权，不违反法律规定。法院认为，根据《民法典》第568条第2款规定："当事人主张抵销的，应当通知对方。通知自到达对方时生效。抵销不得附条件或者附期限。"即抵销是单方法律行为，主张抵销的一方只要为抵销的意思表示，就发生抵销的法律效力，故对被抵销的一方而言，抵销具有强制性。根据《民法典》第192条的规定："诉讼时效期间届满的，义务人可以提出不履行义务的抗辩。诉讼时效期间届满后，义务人同意履行的，不得以诉讼时效期间届满为由抗辩；义务人已经自愿履行的，不得请求返还。"本案中，某投资公司以周甲欠付的代垫款债权行使抵销权，但该债权已被生效判决认定超过诉讼时效，周甲对该主动债权有诉讼时效抗辩权。若允许某投资公司行使抵销权，则将产生强制履行自然债务的结果，故已过诉讼时效的债权不得作为主动债权主张抵销。且约定的补偿金系对维修期间周甲的生活进行补偿，具有特定性。因此，一审法院对于某投资公司提出抵销的意见不予支持并无不当。

4. 刘某朝等股东出资纠纷案

[案号]（2022）京 01 民终 11150 号

[审理法院] 北京市第一中级人民法院

[来源] 中国裁判文书网

[关键词] 出资义务　对公司的借款　抵销　信赖保护

[裁判摘要] 现行规范中对股东出资的包括股东的出资方式、出资额和出资时间等事项需经股东协商一致等形式性要求；且对公司登记具有一定的公示效力和外部效力，债权人对已经登记的认缴出资以及股东在出资义务加速到期后会实际缴纳的信赖应得到保护。因此，在未经股东会决议，亦未进行变更登记的情况下不得将股东对公司的债权与出资义务进行抵销。

[基本案情] 畅某公司于 2016 年 11 月 1 日成立，注册资本为 300 万元，股东分别为郭某轩（出资数额为 105 万元，持股比例 35%）、高甲（出资数额为 105 万元，持股比例 35%）、刘某朝（出资数额为 30 万元，持股比例 10%）、韩某光（出资数额为 60 万元，持股比例 20%）。2016 年 12 月 13 日，畅某公司的法定代表人由吴甲变更为高甲；2021 年 11 月 4 日，畅某公司的法定代表人由高甲变更为吴甲，吴甲担任畅某公司法定代表人至今。吴甲表示，曾与高甲存在夫妻关系，但现已离婚。

韩某光与刘某朝均通过股权转让的方式受让了畅某公司的股权。韩某光从畅某公司原股东牟甲处受让了 20% 的股权（对应出资额为 60 万元），刘某朝分别从畅某公司股东高甲、郭某轩处共受让了 10% 的股权。相关股权转让均未支付对价，且于 2017 年 10 月 24 日完成了工商变更登记。在工商登记档案中，牟甲（转让方）与韩某光（受让方）的转让协议载明：1. 转让方同意将畅某公司中的股权 60 万元转让给受让方。2. 受让方同意接收转让方在畅某公司中的股权 60 万元。3. 于 2017 年 9 月 28 日正式转让，自转让之日起，转让方对已转让的出资不再享有出资人的权利和承担出资人的义务，受让方以其出资额在企业内享有出资人的权利和承担出资人的义务。

韩某光分别于 2017 年 5 月 15 日、2017 年 6 月 10 日、2017 年 6 月 10 日向畅某公司转账共计 15 万元，附言均备注为股东出资。畅某公司认可收到该15万元的出资款。畅某公司、刘某朝均认可刘某朝已经支付了25万元出资款。此外,韩某光曾向实际控制人吴甲账户转款合计358980元。

[裁判结果] 法院认为,《公司法》第28条第1款规定:"股东应当按期足额缴纳公司章程中规定的各自所认缴的出资额。股东以货币出资的,应当将货币出资足额存入有限责任公司在银行开设的账户;以非货币财产出资的,应当依法办理其财产权的转移手续。"第171条第2款规定:"对公司资产,不得以任何个人名义开立账户存储。"根据上述法律规定,股东履行实缴货币出资义务,应当将款项支付至公司账户。本案韩某光向吴甲个人账户转款性质未经其他股东确认,亦未履行相关入资、验资程序,因此无法直接作为股东出资款予以认定。此外,韩某光对部分付款进行备注,记载款项为"房租借款""购书借款""前程无忧续费"等,表明韩某光支付款项并非基于履行对畅某公司的出资义务,畅某公司亦认可上述部分款项属于公司向韩某光的借款,在此情况下,上述款项亦不能认定为韩某光履行出资义务。

关于韩某光向畅某公司提供的借款与对畅某公司的出资义务是否能够抵销问题。韩某光上诉主张,其对畅某公司所负出资义务可与畅某公司对其所负债务相互抵销。《公司法》对于股东履行出资义务有一定的形式要求,包括股东的出资方式、出资额和出资时间等事项需经股东协商一致,此外还有"股东以货币出资的,应当将货币出资足额存入有限责任公司在银行开设的账户"等要求,因此,股东基于对公司享有相关债权而欲抵销出资义务,应当受到必要的限制,不能对公司、其他股东及债权人造成不利影响。本案中,就畅某公司内部而言,其他股东不同意韩某光以其对公司享有的债权抵销其出资义务,表明各股东未就变更股东出资方式达成合意;就畅某公司外部而言,公司登记具有一定的公示效力和外部效力,债权人基于信任畅某公司注册资本及认缴、实缴等信息与公司进行交易,并有理由相信对于已经登记的认缴出资,股东在出资义务加速到期后会实际缴纳,此种信赖应得到保护,故在未经股东会决议,亦未进行变更登记的情况下直接将股东对公司的债权与出资义务进行抵销,在一定程度上会对债权人信赖利益造成损害。基于上述考量，一审法院未支持韩某光关于抵销的主张，并无不当，法院对韩某光的该项上诉意见未予支持。

（撰稿人：袁鹏）

> **第五十八条　【已过诉讼时效债务的抵销】** 当事人互负债务，一方以其诉讼时效期间已经届满的债权通知对方主张抵销，对方提出诉讼时效抗辩的，人民法院对该抗辩应予支持。一方的债权诉讼时效期间已经届满，对方主张抵销的，人民法院应予支持。

【关联规定】

一、《民法典》（2020 年 5 月 28 日）

第 188 条　向人民法院请求保护民事权利的诉讼时效期间为三年。法律另有规定的，依照其规定。

诉讼时效期间自权利人知道或者应当知道权利受到损害以及义务人之日起计算。法律另有规定的，依照其规定。但是，自权利受到损害之日起超过二十年的，人民法院不予保护，有特殊情况的，人民法院可以根据权利人的申请决定延长。

第 192 条　诉讼时效期间届满的，义务人可以提出不履行义务的抗辩。

诉讼时效期间届满后，义务人同意履行的，不得以诉讼时效期间届满为由抗辩；义务人已经自愿履行的，不得请求返还。

第 568 条　当事人互负债务，该债务的标的物种类、品质相同的，任何一方可以将自己的债务与对方的到期债务抵销；但是，根据债务性质、按照当事人约定或者依照法律规定不得抵销的除外。

当事人主张抵销的,应当通知对方。通知自到达对方时生效。抵销不得附条件或者附期限。

二、司法解释

《民法典合同编通则司法解释》(法释〔2023〕13号)

第55条 当事人一方依据民法典第五百六十八条的规定主张抵销,人民法院经审理认为抵销权成立的,应当认定通知到达对方时双方互负的主债务、利息、违约金或者损害赔偿金等债务在同等数额内消灭。

三、司法指导性文件

《九民纪要》(法〔2019〕254号)

43. 抵销权既可以通知的方式行使,也可以提出抗辩或者提起反诉的方式行使。抵销的意思表示自到达对方时生效,抵销一经生效,其效力溯及自抵销条件成就之时,双方互负的债务在同等数额内消灭。双方互负的债务数额,是截至抵销条件成就之时各自负有的包括主债务、利息、违约金、赔偿金等在内的全部债务数额。行使抵销权一方享有的债权不足以抵销全部债务数额,当事人对抵销顺序又没有特别约定的,应当根据实现债权的费用、利息、主债务的顺序进行抵销。

【理解与适用】

一、本条主旨

本条是已过诉讼时效的债务抵销适格性的规定。

二、《民法典》条文理解以及有待细化的问题

抵销会导致债的消灭,对债务关系影响极大,因此相对于合意抵销,法定抵销须有严格限制。《民法典》第568条第1款规定了法定抵销权产生的积极和消极要件。积极要件即抵销适状,包括:(1)双方当事人互负债权、债务;(2)双方当事人所负债务的标的物种类、品质相同;(3)主动债权届期;(4)主动债权可实现。消极要件包括债务性质、按照当事人约定或者依照法律规定不得抵销。在满足上述要件后,抵销权成立,理论

上称这种状态为"抵销适状"。

在积极要件层面，第一，对于"互负债务"，须理解为双方相互负有的债权债务之间具有对立性。① 因此，当事人原则上不得以自己债权抵销他人债务，② 除非法律作出特别规定。③ 存在争议的是第三人清偿与对立性要件的关系，即能否以第三人的债权进行抵销。举例来说，甲借乙10万元（甲享有债权1），乙借丙10万元（乙享有债权2），丙借甲10万元（丙享有债权3）。在其他要件均满足的情况下，如乙征得丙同意，能否以债权3（第三人债权）与自己对甲的债务（债权1）进行抵销？否定观点认为，第三人与债务人不得任意处分债权人的债权，并且还需要考虑第三人的债权人的利益。④ 肯定观点认为，考虑到抵销权人有权处分自己的债权，在符合第三人清偿成立与适格要件的情况下，逻辑上应当将抵销与清偿同等对待。⑤ 我国司法主流观点认为，如第三人履行债务时，符合《民法典》第524条规定的利害关系第三人清偿的条件，应当允许其主张抵销。⑥ 对于任意第三人清偿，《民法典》虽然并未规定，但司法实践中早已认可，⑦ 在解释上可通过类推《民法典》第524条填补立法漏洞，构建相关规则。⑧ 如任意第三人清偿的要件适格，在第三人主张或同意抵销的情况下，突破对立性在理论层面并无障碍，但司法实践的取向仍有待观察。

---

① 黄薇主编：《中华人民共和国民法典合同编解读》（上册），中国法制出版社2020年版，第373页。
② 如《民法典》第553条规定："债务人转移债务的，新债务人可以主张原债务人对债权人的抗辩；原债务人对债权人享有债权的，新债务人不得向债权人主张抵销。"
③ 《民法典》第549条第1项规定"有下列情形之一的，债务人可以向受让人主张抵销：（一）债务人接到债权转让通知时，债务人对让与人享有债权，且债务人的债权先于转让的债权到期或者同时到期"，即允许债务人以其对原债权人所享有的债权向新债权人主张抵销。
④ ［德］迪尔克·罗歇尔德斯：《德国债法总论》（第七版），沈小军、张金梅校译，中国人民大学出版社2014年版，第147页。
⑤ 韩世远：《合同法总论》（第四版），法律出版社2018年版，第698页；朱广新、谢鸿飞主编：《民法典评注：合同编·通则》（第2册），中国法制出版社2020年版，第221页。
⑥ 吴兆祥：《论民法典抵销制度的修改与适用》，载《中国检察官》2020年第6期。
⑦ 浙江省温州市中级人民法院（2019）浙03民终7204号民事判决书。
⑧ 陆家豪：《民法典第三人清偿代位制度的解释论》，载《华东政法大学学报》2021年第3期。

第二，对于"标的物种类、品质相同"，一般来说，种类指代标的物的性质和特点；品质包括标的物的质量、规格、等级等，履行期与履行地。但对此不宜僵化认定，须结合个案情形，以交易观念为判断标准。① 债务种类品质不相同，原则上不允许抵销，除非法律另有规定。② 以避免因主动债权与被动债权之间经济目的和价值差异，对被动债权人的不利影响。须注意的是，对于"品质相同"须做扩大解释，如主动债权的标的物品质高于被动债权的标的物，应当允许抵销。

第三，要求主动债权对应的债务履行期限届至，旨在保护相对人的期限利益。原《合同法》第99条第1款要求主动债权与被动债权均届期，《民法典》第568条第1款作出修正，不再要求被动债权届期，扩大了可以抵销的债务的范围，③ 主要是考虑到主张抵销一方主动放弃期限利益，提前履行债务，未损害相对人的利益。

第四，主动和被动债权存在并有效，主动债权可实现。抵销能导致债的消灭，因此主动债权和被动债权均应当存在并有效。首先，如法律行为不成立或无效，基于法律行为产生的债权自然不能抵销；其次，如法律行为存在可撤销事由，当事人行使撤销权后，相应的债权也不能抵销。抵销权的行使相当于实现债权，因此主动债权必须具备可实现性。

在消极要件层面，首先，"根据债务性质不得抵销"已经由本解释第57条作出规定。其次，"按照当事人约定不得抵销"实际上是吸收了《合同法司法解释（二）》第23条的规定，基于意思自治原则，承认当事人之间特别约定的效力。最后，法律特别规定的情形，如《破产法》第40条。

理论上，如债权因附停止条件或其他法定原因失去请求权能，则不能作为主动债权抵销。然而，《民法典》第568条在文义上仅规定了"主动债权届期"这一种可实现性的情形，并不周延。已过诉讼时效的债权能够

---

① 朱广新、谢鸿飞主编：《民法典评注：合同编·通则》（第2册），中国法制出版社2020年版，第222页。
② 黄薇主编：《中华人民共和国民法典合同编解读》（上册），中国法制出版社2020年版，第375页。
③ 吴兆祥：《论民法典抵销制度的修改与适用》，载《中国检察官》2020年第6期。

作为被动债权抵销，并无争议，因为这相当于主动债权人选择放弃时效利益，自愿履行已过诉讼时效的债务。但已过诉讼时效的债权能够作为主动债权主张抵销，理论和实践争议较大。肯定观点认为，允许超过诉讼时效的债权作为主动债权主张抵销，符合立法本义、抵销与诉讼时效的制度目的。① 否定观点则认为，如债权已经因诉讼时效经过而丧失了请求力，不具有可实现性，允许抵销无异于强迫被动债权人清偿自然债务。抗辩除外论认为，已过时效的债权原则上可以作为主动债权抵销，但是被动债权人有权主张时效抗辩。② 前述观点在比较法层面与我国司法实践均有支持观点，成为本司法解释制定中的争议焦点。③ 而是否承认抵销的溯及力，亦加剧了本问题的复杂性。所谓抵销的溯及力，是指抵销人作出意思表示后，抵销效力溯及抵销适状之时。④ 如承认抵销溯及力，则只要在抵销适状时，主动债权诉讼时效未经过，抵销权的行使就不会再受诉讼时效的影响。《民法典》第 568 条未规定抵销溯及力，构成法律漏洞。尽管《九民纪要》第 43 条持肯定立场，但合理性仍面临质疑。且纪要本身只是审判业务类规范性文件，仍有待司法解释予以明确。⑤

三、司法解释条文理解

本条司法解释对已过诉讼时效的债务能否抵销作出规定。第一句规定承接本司法解释第 55 条否认抵销溯及力的立场，原则上肯定诉讼时效已过的主动债权可以通知对方主张抵销，但被动债权人可以提出时效抗辩，即采取了抗辩除外论。对此，须综合诉讼时效、抵销溯及力的制度构造，结合抵销权人与相对人的利益平衡，在法理上予以证成。第二句

---

① 黄勤武：《超过诉讼时效的债权可以行使抵销权》，载《法律适用》2009 年第 5 期。
② 钟淑健：《附时效抗辩权债权的抵销——从民事抗辩权的效力角度解析》，载《山东审判》2012 年第 4 期。
③ 对争议观点的详细梳理，参见夏昊晗：《〈民法典〉中抵销权与时效抗辩权的冲突及其化解》，载《暨南学报（哲学社会科学版）》2021 年第 5 期。对司法解释制定中的争议，参见石佳友等：《〈民法典〉合同编司法解释规则的优化与完善——"〈民法典合同编司法解释（草案）〉学术研讨会"综述》，载《法律适用》2021 年第 12 期。
④ 王洪亮：《债法总论》，北京大学出版社 2016 年版，第 181 页。
⑤ 吴兆祥：《论民法典抵销制度的修改与适用》，载《中国检察官》2020 年第 6 期。

规定已过诉讼时效的债权能够作为被动债权被抵销,这种情况下相当于主动债权人自愿放弃时效利益,自愿履行已过诉讼时效的债务,并无疑义。

首先,诉讼时效旨在避免义务人长期处于不利益状态,[①] 让罹于时效的请求权人承受不利益,发挥督促请求权人及时行使权利的作用。[②] 具体来说,诉讼时效的作用体现在:一是督促权利人行使权利;二是由于持续性事实被认为在盖然性上较能正确地反映真实,因此基于盖然性原则,诉讼时效期间届满,推定义务人不负有义务;三是避免举证困难,减轻法院负担;四是保护交易安全,尊重现存社会秩序,维护社会公共利益。[③] 抵销权属于形成权,其本身不受诉讼时效限制,但用于抵销的债权属于请求权,应当受到诉讼时效的限制。相互抵销的两个债权,本应在各自的诉讼时效内向对方主张,如果允许已过诉讼时效且对方已提出时效抗辩的主动债权可与未过诉讼时效的被动债权相抵销,则无异于强迫享有被动债权的一方履行自然债务,实际剥夺其时效利益。并且,如果允许诉讼时效期间届满的债权通知对方主张抵销,一旦抵销适状发生,主动债权人即可在未来行使抵销权,不受诉讼时效的约束,[④] 可能导致双方法律关系将会长期处于不确定的状态。

其次,抵销权行使的法效果是债务消灭,制度设计原则上应与清偿债务保持一致。一方面,主动债权在诉讼时效届满之后,如果债权人提起诉讼要求债务人履行债务,诉讼请求将因债权罹于时效而被驳回;如果债权人以逸待劳,等对方诉请履行时主张抵销,反而可以间接实现债权。另一方面,在抵销情形中,如果不区分主张抵销方享有的是诉讼时效期间届满的债权,还是诉讼时效未届满的债权,将它们同等对待,意味着相比于无

[①] 参见王轶:《民法总则之期间立法研究》,载《法学家》2016年第5期。

[②] 参见朱庆育:《民法总论》(第二版),北京大学出版社2016年版,第535页。

[③] 参见宋晓明、刘竹梅、张雪楳:《〈关于审理民事案件适用诉讼时效制度若干问题的规定〉的理解与适用》,载《人民司法》2008年第21期。

[④] 参见王利明:《中国民法典释评·合同编 通则》,中国人民大学出版社2020年版,第517~519页。

相对债权的当事人,有相对债权的当事人获得了法律的优待。从诉讼法的视角来看,如果债权人提起履行债务的诉讼因诉讼时效被驳回,反而在被对方诉请履行时主张抵销的诉讼中得到支持,① 相当于债权人通过该规定,复活其丧失强制执行性的债权,间接实现债权,相当于突破了裁判的既判力规则。以上种种情形,均导致"清偿"和"抵销"虽然同为债的消灭事由,却存在体系内评价矛盾的境况。

理论上,如存在特别的政策理由,对抵销与清偿可以区分对待。认可抵销溯及力的观点认为,只要主动债权在抵销适状时未过诉讼时效,抵销权的行使就不再受诉讼时效的影响,以保障主动债权人的期待利益。然而,这一立场的法理基础与实效日渐受到质疑。关键在于,溯及力并非基于抵销制度的"本质"而衍生的特质,而是基于特定历史背景所形成的做法。② 在承认抵销溯及力与诉讼时效规则于政策考量上发生冲突的时候,需要做的是从平衡债权人债务人利益的角度重估规范目的,而非僵化固守教义。就此而言,承认抵销溯及力可能会导致债权债务关系的不确定,损害当事人合理信赖以及违背当事人意思自治等问题。③ 本司法解释放弃了抵销溯及力的立场,自然地,诉讼时效对抵销权的影响不再以抵销适状为准,而是以抵销权行使时为准。

最后,诉讼时效抗辩权属于权利阻止抗辩,债务人既不否认债权人请求权的产生,也未主张该权利消灭,仅以给付拒绝权相对抗,具有阻止债权人请求权实现的效力。④ 因此,在债务人主张抗辩权之前,附有时效抗辩权的债权在效力上没有任何减损,都被认为"可以"行使,⑤ 即主动债

---

① 参见夏昊晗:《〈民法典〉中抵销权与时效抗辩权的冲突及其化解》,载《暨南学报(哲学社会科学版)》2021年第5期。
② 根据学者梳理,抵销溯及力理论的历史根源在于潘德克顿学派固守、迁就抵销须在诉讼中提出的传统观念以及对罗马法文献的妥协乃至误读。参见张保华:《抵销溯及力质疑》,载《环球法律评论》2019年第2期;廖军:《论抵销的形式及其效力》,载《法律科学》2004年第3期。
③ 王利明:《罹于时效的主动债权可否抵销?》,载《现代法学》2023年第1期。
④ 参见朱庆育:《民法总论》(第二版),北京大学出版社2016年版,第516页。
⑤ 参见尹腊梅:《附抗辩权债权抵销问题研究——〈国际商事合同通则〉和〈欧洲合同法原则〉反映的新趋势以及对"附抗辩权的债权不得抵销"规则的质疑》,载《环球法律评论》2008年第2期。

权人可以就已过诉讼时效的债权主张抵销,但并不一定能够取得抵销的效力,债权抵销能否实现最终取决于债务人是否行使时效抗辩权,[①] 债务人有权放弃此权利,放弃其所享有的时效利益。[②]

从比较法的层面,尽管受德国影响的国家和地区仍然维持承认抵销溯及力的立场,但《国际商事合同通则》第10.10条规定"债权人可以行使抵销权,除非债务人主张时效期间已届满",《欧洲示范民法典草案》第III-7:503条规定"除债务人事先或在收到抵销通知后2个月内主张时效外,时效期间已经届满的权利仍得抵销",均与本司法解释立场一致。[③]

【典型案例】

1. 某置业公司与某装饰公司装饰装修合同纠纷案

[案号] (2018) 最高法民终282号

[审理法院] 最高人民法院

[来源] 中国裁判文书网

[关键词] 逾期付款违约金 诉讼时效 抵销权

[裁判摘要] 债务相互抵销是合同权利义务终止的情形,与债务已经按照约定履行具有相同效力。诉讼时效届满的,义务人可以提出不履行义务的抗辩,当然也可以提出不同意抵销的抗辩。

[基本案情] 2009年6月5日,某置业公司(甲方)与某装饰公司(乙方)签订《承包合同》,约定甲方将装修工程发包给某装饰公司施工,开工日定为2009年6月9日。工程不能按合同规定时间竣工验收合格,须按照约定支付违约金;逾期达15天以上的,甲方可单方解除合同,甲方不解除的,则15日后乙方须每日按20万元计算累计向甲方支付违约金。

[①] 参见钟淑健:《附时效抗辩权债权的抵销——从民事抗辩权的效力角度解析》,载《山东审判》2012年第4期。

[②] 参见朱庆育:《民法总论》(第二版),北京大学出版社2016年版,第543页。

[③] [德] 克里斯蒂安·冯·巴尔、[英] 埃里克·克莱夫主编:《欧洲私法的原则、定义与示范规则:欧洲示范民法典草案》(第1、2、3卷),高圣平等译,法律出版社2014年版,第1051~1052页。

后当事人约定变更开工日期为 2009 年 8 月 20 日，并于该日正式开工。案涉工程于 2011 年 7 月 29 日竣工，工程竣工验收合格后，乙方应及时向甲方提交竣工结算报告及相关竣工结算资料，但甲方始终拒绝签收，迟迟不予结算。乙方于 2012 年起诉请求甲方支付到期工程款 37984626.64 元。2014 年 11 月 21 日，某置业公司提起反诉，请求某装饰公司向其支付逾期完工违约金 2000 万元。

2. 成都某厂与某鑫公司合资、合作开发房地产合同纠纷案

[案号]（2017）最高法民申 854 号

[审理法院] 最高人民法院

[来源] 中国裁判文书网

[关键词] 诉讼时效　抵销　债务人自愿履行

[裁判摘要] 超过诉讼时效期间的债权法院不予保护，当事人自愿履行的，不受诉讼时效限制。对于超过诉讼时效期间的债权，债务人并未提出自愿履行的意思表示，人民法院也不能强制其履行，如果允许以超过诉讼时效的债权行使抵销权，无异于赋予超出诉讼时效债权法律强制力，不符合抵销权和诉讼时效制度的法律精神。

[基本案情] 2002 年 11 月 21 日，成都某厂与某鑫公司签订《联合开发补充协议》，约定双方联合对成都某厂旧厂区进行开发。协议约定，某厂应当在本协议签订之日起两个月内，完成某厂红线内旧厂区的拆除及建筑垃圾清运工作，如因某厂原因（不可抗力因素除外）未能在本协议约定的时间内完成拆除及建筑垃圾清运工作，某厂应当继续履行，并按照约定向某鑫公司支付违约金。2003 年 2 月 11 日，某鑫公司委托律师向某厂公证送达《律师函》，载明某厂未在《联合开发补充协议》约定的期限内完成拆除工作。在履行《联合开发补充协议》过程中，某鑫公司共计向某厂付款 1.08 亿元，剩余 1700 万元款项未予支付。

2010 年 2 月 1 日，某鑫公司起诉某厂，主张某厂未在约定时间完全履行《联合开发补充协议》约定的义务，存在违约行为，请求确认某厂应当

承担违约金总额为3051万元,在抵扣合作款1700万元后,某厂向某鑫公司支付违约金1351万元。某厂诉称,即使某鑫公司对某厂享有债权,该债权也因成为自然债权而不能与某厂享有的未经过诉讼时效的1700万元债权进行法定抵销。经法院审理认定,3051万元已经超过诉讼时效。

(撰稿人:方斯远 余蔚琳)

八、违约责任

> **第五十九条 【合同终止的时间】** 当事人一方依据民法典第五百八十条第二款的规定请求终止合同权利义务关系的，人民法院一般应当以起诉状副本送达对方的时间作为合同权利义务关系终止的时间。根据案件的具体情况，以其他时间作为合同权利义务关系终止的时间更加符合公平原则和诚信原则的，人民法院可以以该时间作为合同权利义务关系终止的时间，但是应当在裁判文书中充分说明理由。

【关联规定】

一、《民法典》（2020年5月28日）

第565条 当事人一方依法主张解除合同的，应当通知对方。合同自通知到达对方时解除；通知载明债务人在一定期限内不履行债务则合同自动解除，债务人在该期限内未履行债务的，合同自通知载明的期限届满时解除。对方对解除合同有异议的，任何一方当事人均可以请求人民法院或者仲裁机构确认解除行为的效力。

当事人一方未通知对方，直接以提起诉讼或者申请仲裁的方式依法主张解除合同，人民法院或者仲裁机构确认该主张的，合同自起诉状副本或者仲裁申请书副本送达对方时解除。

第 580 条　当事人一方不履行非金钱债务或者履行非金钱债务不符合约定的，对方可以请求履行，但是有下列情形之一的除外：

（一）法律上或者事实上不能履行；

（二）债务的标的不适于强制履行或者履行费用过高；

（三）债权人在合理期限内未请求履行。

有前款规定的除外情形之一，致使不能实现合同目的的，人民法院或者仲裁机构可以根据当事人的请求终止合同权利义务关系，但是不影响违约责任的承担。

二、司法解释

1.《最高人民法院关于适用〈中华人民共和国民法典〉时间效力的若干规定》（法释〔2020〕15号）

第 11 条　民法典施行前成立的合同，当事人一方不履行非金钱债务或者履行非金钱债务不符合约定，对方可以请求履行，但是有民法典第五百八十条第一款第一项、第二项、第三项除外情形之一，致使不能实现合同目的，当事人请求终止合同权利义务关系的，适用民法典第五百八十条第二款的规定。

2.《买卖合同司法解释》（法释〔2020〕17号）

第 19 条　出卖人没有履行或者不当履行从给付义务，致使买受人不能实现合同目的，买受人主张解除合同的，人民法院应当根据民法典第五百六十三条第一款第四项的规定，予以支持。

三、司法指导性文件

《九民纪要》（法〔2019〕254号）

48. 违约方不享有单方解除合同的权利。但是，在一些长期性合同如房屋租赁合同履行过程中，双方形成合同僵局，一概不允许违约方通过起诉的方式解除合同，有时对双方都不利。在此前提下，符合下列条件，违约方起诉请求解除合同的，人民法院依法予以支持：

（1）违约方不存在恶意违约的情形；

（2）违约方继续履行合同，对其显失公平；

（3）守约方拒绝解除合同，违反诚实信用原则。

人民法院判决解除合同的，违约方本应当承担的违约责任不能因解除合同而减少或者免除。

【理解与适用】

一、本条主旨

本条是关于合同僵局发生时合同终止时间的细化规定。

二、《民法典》条文理解以及有待细化的问题

本条释义构建起了合同权利义务关系终止时间的一般规则与特别规则。一般规则是当事人一方依据《民法典》第580条第2款的规定请求终止合同权利义务关系的，人民法院一般应当以起诉状副本送达对方的时间作为合同权利义务关系终止的时间。而特殊规则是根据案件的具体情况，以其他时间作为合同权利义务关系终止的时间更加符合公平原则和诚信原则的，人民法院可以以该时间作为合同权利义务关系终止的时间，但是应当在裁判文书中充分说明理由。通过该条司法解释的明确规定，有利于在实践中统一裁判规则，方便合同当事人明晰权利义务的终止时间。

我国《民法典》建构起通知解除和司法解除二元并存的合同解除权行使模式。[①] 所谓的通知解除模式，是以意思表示方式行使的合同解除权，解除合同的意思表示可以通过诉讼外的通知方式作出，也可直接以提起诉讼或者申请仲裁的方式作出，即通过司法机关代为通知。对此种情形下合同终止的时点，理论上并无太大争议，即采用通知到达主义，在自力通知的形式下享有解除权的一方表达的解除合同的意思到达对方后，对方没有提出异议的，自通知到达之时发生合同解除的效果。通知载明债务人在一定期限内不履行债务则合同自动解除，债务人在该期限内未履行债务的，

[①] 张海燕：《合同解除之诉的解释论展开》，载《环球法律评论》2022年第5期。

合同自通知载明的期限届满时解除（《民法典》第565条第1款）。在公力通知的形式下，也就是经法院或者仲裁机构确认合同解除的，合同解除的时点为起诉状副本或者仲裁申请书副本送达对方时（《民法典》第565条第2款）。法律不要求解除权人必须先通知对方当事人解除合同，给予当事人更多自由，是考虑到如果要求解除权人必须先行发出解除通知，就解除的法律后果再行起诉或者申请仲裁，将增加解除权人的维权成本，但合同解除的时间点仍应遵循通知解除的一般原理。

所谓的司法解除模式，是以诉讼或者仲裁方式行使的合同解除权行使模式。《民法典》确立的合同司法解除制度，包括第533条基于情势变更的司法解除和第580条非金钱债务违约方司法解除两种类型。违约方或者不享有、已丧失解除权的非违约方，依据《民法典》第580条第2款规定诉请司法解除合同的，就属于后一种情形，此时并未赋予当事人解除权，而仅仅是赋予当事人申请法院或者仲裁机构终止合同的权利。从立法沿革来看，《民法典》第580条第1款关于非金钱债务的履行责任的规定，是完全吸收了原《合同法》第110条的规定，而第580条第2款关于合同僵局终止的规定，则是《民法典》新增设的条文，主要吸收了2019年《九民纪要》第48条针对司法实践中长期存在的化解合同僵局的现实需求所作的规定，该条款适用的前提是第580条第1款的三种除外情形，只适用于非金钱债务。此时打破合同僵局的要件包括：非违约方拒绝解除合同违反了诚信原则，非违约方拒绝解除合同对违约方显失公平，且应由当事人提出申请。①

第580条第2款设立"违约方起诉解除合同"的裁判规则，主要是为了解决长期性合同中出现"僵局"后，合同义务如何演变的问题②，旨在赋予合同中的不履行方以申请终止合同关系的救济，但并未赋予违约方主张终止合同时仅以其单方意思表示即产生合同终止效力的权利。此时的违约方虽然可以存在较为严重的违约情形，但不能基于故意或者重大过失肆

---

① 王利明：《论合同僵局中违约方申请解约》，载《法学评论》2020年第1期。
② 王利明主编：《中国民法典释评·合同编 通则》，中国人民大学出版社2020年版。

意破坏合同关系,且对合同继续履行不可期待负有绝对主要责任。考虑到此种合同解除请求权并非通常情形下的合同解除权,为防止其权利滥用,有必要引入司法权力加以干涉,故应当由法院或者仲裁机构进行审查并作出判决后才能解除合同,并且违约方即使解除了合同也仍然应当承担违约责任。

《民法典》第580条增设了合同僵局下司法解除请求权的行使规则,主要是从实体法角度对发生合同僵局时解除合同的主体、类型、事由、法律后果等作出规定,有利于在发生合同僵局时让当事人从无实质意义的合同中解脱出来。但该条所规定的司法解除请求权在构成要件和实现程序上与传统的通知解除有所不同,亟待理论界展开深入研究。由于当下对于诉讼中的程序问题,如解除权生效的时点等缺乏明确解释,导致司法实践中对合同解除效果的发生时间存在认识模糊的现象。尤其是围绕司法解除模式下合同的解除时点,存在通知到达相对人时解除、形成判决生效时解除、法院酌定解除等观点,在司法实践中引发较多争议。明确合同解除的时点对于负有持续履行义务或者分阶段履行义务的当事人来说至关重要,也关系着损失的计算和违约责任的勘定,本次司法解释对司法解除合同时间点的规定进行了细化解释,有利于厘清合同解除时点的判断标准,统一法院的司法认定。

三、司法解释条文理解

本条司法解释是针对当事人以《民法典》第580条第2款作为主张理由请求解除合同时,合同终止时间的规定。其中,第一句规定的是一般情况下的合同终止时间。第二句规定的是特殊情况下的合同终止时间。适用一般规则还是特殊规则可以由法院酌情判断。

首先,在合同僵局发生时,享有解除权的非违约方有权请求解除合同,此时的合同终止时间应当参照《民法典》第565条关于合同解除权行使的规定。此种情形下,一方面,根据《民法典》第565条第1款的规定,合同解除权人有权诉请法院或者仲裁机构确认其解除行为有效,即提起确认解除行为效力之诉,以保障守约方合同解除权的有效实现。另一方面，根据《民法典》第 565 条第 2 款的规定，合同解除权人可以采取诉讼或者仲裁形式确认其享有约定解除权或者法定解除权，即提起确认解除合同主张之诉。法院或者仲裁机构确认该主张的，解除权人提起诉讼或者申请仲裁可视为解除权人意思表示的一种表达方式，此时不是通过解除权人直接通知对方解除合同，而是通过法院或者仲裁机构向对方送达载明解除合同的意思表示的法律文书，即经由法院完成公力通知，故合同权利义务关系终止的时间为起诉状副本或者仲裁申请书副本送达对方的时间。双方当事人均起诉解除合同，法院审理后查明双方均享有解除权的，合同解除时间应以解除权行使较早者为准。

围绕实践中长期存在的关于确定合同解除时点的争议，2017 年 12 月 2 日《最高人民法院民二庭第七次法官会议纪要》中曾指出，合同从解除通知达到另一方时起解除，在另一方对解除有异议，并且以诉讼或仲裁提出异议的情况下，合同应从发出解除通知达到之日起解除。如果发出解除通知的一方确实享有合同解除权的，则合同从解除通知达到另一方起解除。享有解除权的一方并未通过发送通知等方式解除合同，而是直接提起诉讼，则从起诉状送达对方之日起解除。如果享有解除权的一方既未发出解除通知，亦未提起诉讼请求解除合同，但约定解除或法定解除条件已经成就，或者合同已经丧失继续履行条件，双方在诉讼中明确表示不再履行合同的，可以认为双方对合同的解除达成了合意，人民法院可以综合案件具体情况，认定从达成解除协议之日起或者判决作出之日起合同解除。此外，最高人民法院的部分判决[①]也贯彻了这一意见，确立了司法机关对于享有合同解除权的一方当事人请求解除合同的，合同的终止时间的判定标准。

其次，在合同僵局发生时，违约方或者不享有、已丧失解除权的非违约方在特定情形下也有权请求解除合同。《民法典》第 580 条第 2 款在合

[①] "深圳富某宝实业有限公司与深圳市福某股份合作公司、深圳市宝某区福某物业发展总公司、深圳市金某城投资发展有限公司等合作开发房地产合同纠纷案"，载《最高人民法院公报》2011 年第 5 期。

同僵局时赋予了违约方通过起诉请求解除合同的权利，是我国《民法典》基于长期的司法实践基础和比较法经验进行的一项创造，旨在探索实质公平与合同严守之间的平衡，在性质上属于法官运用自由裁量权的司法解除。毕竟合同解除的目的不在于制裁或追究违约责任，而是使当事人能够及时摆脱合同的不利约束，赋予违约方合同解除请求权具有其合理性，但作为特殊情形下的非常态化救济手段，其适用条件应当严守《民法典》第580条第1款的三种情形。需要借助诉讼形式才能产生终止合同权利义务关系的效果，有利于防范违约方滥用合同解除请求权的道德风险，并不会威胁合同严守的原则。

合同僵局时违约方请求解除合同的，合同的终止时间一般是起诉状副本或者仲裁申请书副本送达对方的时间，违约方应当承担从实际未履行之日起至起诉状副本或者仲裁申请书副本送达对方之日期间的法律责任，但有些情况下，守约方在明知或者应知合同陷入僵局，违约方不再或者不能继续履行合同的情形下，仍一味拒绝终止合同权利义务关系，事实上违反了减少损失扩大之义务，有违诚信原则和公平原则。尤其对于诉讼周期较长的案件而言，以起诉状副本或者仲裁申请书副本送达对方的时间合同作为终止时间，不利于及时有效抑制损失的扩大，对于损失的计算和违约责任的认定将产生不利影响。此时，法院可以结合合同僵局发生的时间、当事人之间的协商情况，以及合同权利义务关系终止给对方造成的损失等因素作出综合判断。以其他时间作为合同权利义务关系终止的时间更加符合公平原则和诚信原则的，人民法院可以以该时间作为合同权利义务关系终止的时间，但是应当在裁判文书中充分说明理由。

本条释义一方面规定了合同僵局情形下合同终止时间的一般规则；另一方面允许法院通过实体权利义务判断作出司法认定，为法官的自由裁量留下了适度空间。在有些案件中，合同僵局发生之时就意味着合同不能继续履行，以此时点终止合同权利义务关系有利于保护违约方的合法权益。还有的案件存在双方当事人较早地就合同解除达成了一致意见的情况，此时以"当事人之间的协商情况"确定合同终止的时间更符合民法意思自治原则。在有些案件中允许法官通过对案件事实的整体把握和酌情判断确定合同终止的时点以及损失的认定、违约责任的承担等，避免了当事人可能还要履行起诉状副本或者仲裁申请书副本送达之前的义务，有利于减轻当事人不必要的负担，实现对合同双方的平等保护，更符合《民法典》第580条第2款的立法宗旨，也更加符合公平原则和诚信原则。

【典型案例】

1. 北京某科技有限公司与广东某智能机器有限公司计算机软件开发合同纠纷案

［案号］（2020）最高法知民终1911号

［审理法院］最高人民法院

［来源］中国裁判文书网

［关键词］软件开发合同纠纷　解除权　合同解除时间　违约责任　合同僵局

［裁判摘要］广东某智能机器有限公司与北京某科技有限公司签订了计算机软件开发合同，因认为北京某科技有限公司未按要求完成相应开发任务，广东某智能机器有限公司未如期支付开发费用，构成违约。但因涉案合同标的不适于强制履行，合同陷入僵局，广东某智能机器有限公司享有向人民法院请求解除合同的权利。法院认为广东某智能机器有限公司在原审反诉中提出解除涉案合同，反诉起诉状副本于2020年3月24日送达北京某科技有限公司，故涉案合同自该日起解除。

［基本案情］2019年1月21日，广东某智能机器有限公司与北京某科技有限公司签订了涉案合同，约定广东某智能机器有限公司委托北京某科技有限公司开发涉案项目。合同签订后，广东某智能机器有限公司于2019年3月14日向北京某科技有限公司转账支付了69000元。2019年6月27日，广东某智能机器有限公司在《广东某智能机器有限公司APPUI设计确认单》签字并盖章确认。依据涉案合同的约定，在广东某智能机器有限

公司确认 UI 后，应当支付项目总款项 30% 即 69000 元作为第二期合同款项。但是，至北京某科技有限公司于 2019 年 9 月 29 日委托律师事务所向广东某智能机器有限公司寄送《律师函》催收后续款项为止，广东某智能机器有限公司仍未支付相应的合同款项。

广东某智能机器有限公司上诉主张，北京某科技有限公司未能完成相应开发任务，要求广东某智能机器有限公司先确认 UI 后再进行完善或后续开发，故而造成其在北京某科技有限公司未完成相应任务的情况下对 UI 进行了确认。法院认为广东某智能机器有限公司履行的并不只是金钱债务，且涉案合同标的不适于强制履行。软件开发完成日期延后不仅将导致电商平台商品上线的时间延迟，同时，延后交付的软件也可能出现开发的功能模块不能满足已经变化的市场竞争需求，上述因素均构成导致合同目的不能实现的合理理由，故广东某智能机器有限公司享有向人民法院请求解除合同的权利。

法院认为，因涉案合同的履行有赖于广东某智能机器有限公司的积极配合，此时双方已处于合同僵局状态。综合考虑合同双方实际履约情况，为了使双方尽快从目的不能实现的合同关系中解脱出来，基于诚信和公平原则，原审法院根据广东某智能机器有限公司的请求，判决解除涉案合同并无不当。

关于合同解除的时间，法院认为，本案属于人民法院依照《民法典》第 580 条第 2 款，根据当事人的请求而解除合同的情形，故应依照《民法典》第 565 条第 2 款的规定，以主张解除合同一方当事人的起诉状副本送达对方的时间作为合同解除的时间。本案中，广东某智能机器有限公司在原审反诉中提出解除涉案合同，反诉起诉状副本于 2020 年 3 月 24 日送达北京某科技有限公司，故涉案合同自该日起解除。原审判决涉案合同于 2019 年 10 月 11 日，即广东某智能机器有限公司的解除合同通知送达北京某科技有限公司时解除，应予以纠正。

2. 某物业公司与美容公司房屋租赁合同纠纷案

[案号]（2022）津02民终8694号

[审理法院] 天津市第二中级人民法院

[来源] 中国裁判文书网

[关键词] 房屋租赁合同纠纷　解除权　合同解除时间　违约责任　合同僵局

[裁判摘要] 涉案合同为房屋租赁合同，承租人在合同履行期限内单方搬离承租的商铺，并主张解除合同，而出租人坚持要求继续履行，考虑到承租人不愿继续履行该租赁合同，该义务性质又不宜强制履行，租赁合同目的已经无法实现，法院综合考虑合同僵局发生的时间、当事人之间的协商情况等，判决解除租赁合同，并确定合同解除时间为承租人要求解除合同的律师函送达出租人的时间。

[基本案情] 2021年7月12日，美容公司（乙方）与物业公司（甲方）签订《商户物业综合服务合同》，约定物业公司向美容公司承租的本案涉诉商铺提供商业广场的公共物业管理服务。服务期自2021年8月14日起至2024年8月13日止，物业服务费为每月8466.5元。

2021年8月5日，美容公司与物业公司签订《购物公园租赁合同》，约定物业公司将商铺出租给美容公司，租赁期限为3个租赁年度，自2021年8月14日起至2024年8月13日止。上述合同签订后，美容公司交纳履约保证金、物业服务费保证金、质量保证金、装修押金等共计63704元。

2022年4月16日，美容公司以疫情导致其经营亏损为由申请撤场，物业公司于2022年4月18日作出《回函》，拒绝美容公司的撤场申请，并要求美容公司支付拖欠的各项租费。2022年5月7日，美容公司向物业红星分公司寄送《律师函》，表示双方租赁合同自物业公司收到本函之日起解除，要求物业公司退还各项保证金。该函邮寄显示被退回。庭审期间经确认，美容公司支付租金及物业费至2022年3月31日。本案诉讼期间经与双方确认，美容公司于2022年6月29日搬离了涉诉商铺。

美容公司主张物业公司阻挠其腾房，对此提交微信聊天记录显示，其于2022年4月25日向物业公司工作人员表示解除合同并要求搬离涉诉商铺内物品，物业公司表示因为提前解约的事情还没有谈定，目前还不能搬东西。2022年5月31日，美容公司再次于微信询问物业公司何时可让其搬离物品，物业公司表示需要出终止协议，美容公司盖章后，其尽快协调机器的事情，并表示"物业看不到流程，不会让出东西"。物业公司对上述微信聊天内容的真实性认可，但主张上述内容发生于双方协调期间，双方合同解除时间应为2022年6月29日。

一审法院认为，本案中，美容公司与物业公司之间的《购物公园租赁合同》《商户物业综合服务合同》等，均系平等主体之间基于真实表示自愿签订的合同，其内容不违反法律、行政法规强制性规定，应属合法有效。合同双方均应依约履行各自义务，否则将承担违约责任。

对于美容公司要求解除上述合同一节，根据《民法典》第580条规定，当事人一方不履行非金钱债务或者履行非金钱债务不符合约定的，对方可以请求履行，但是有下列情形之一的除外：（1）法律上或者事实上不能履行；（2）债务的标的不适于强制履行或者履行费用过高；（3）债权人在合理期限内未请求履行。有前款规定的除外情形之一，致使不能实现合同目的的，人民法院或者仲裁机构可以根据当事人的请求终止合同权利义务关系，但是不影响违约责任的承担。本案中，美容公司在2022年5月7日向物业公司寄送解除合同的《律师函》，其函件寄送地址与物业公司在商铺租赁合同中所留通知地址一致，故该地址有效。商铺租赁合同约定"以特快专递方式发出的，以通知交予特快专递公司后第7日作为收悉日，以交寄记录作为发送凭证"，因此按照美容公司的寄件时间，该《律师函》应视为于2022年5月14日向物业公司送达。美容公司既拒绝继续租用涉诉房屋，则相关《购物公园租赁合同》《商户物业综合服务合同》等事实上已不具备继续履行的条件，应当予以解除。美容公司主张上述合同于2022年5月14日解除，予以支持。

美容公司单方提前解除合同，应当承担违约责任。其虽主张疫情导致经营亏损，但其解除合同时具备经营条件，故疫情影响不足以作为其单方解除合同的理由。对于物业公司主张的租金、物业费等，双方合同既于2022年5月14日解除，则美容公司应向物业公司支付合同解除前上述费用。但考虑到美容公司租赁期间经营受到疫情影响，物业公司宜对其租金等费用予以适当减免。参照国有房产疫情租金减免的相关标准，以2022年4月1日至5月14日（约一个半月）作为双方租金减免期间，较为合理，对于物业公司主张的上述期间租金、物业费等，不予支持。上述期间的租金、物业费等既应免除，则对于物业公司要求美容公司支付上述费用履约违约金的诉讼请求，不予支持。

对于合同解除后至美容公司实际腾房之日（2022年6月29日）期间的房屋使用费、物业费等，美容公司提交的微信聊天记录显示其在合同解除前后均向物业公司提出了搬离涉诉商铺内物品的请求，但物业公司予以拒绝。根据《民法典》第591条规定，当事人一方违约后，对方应当采取适当措施防止损失的扩大；没有采取适当措施致使损失扩大的，不得就扩大的损失请求赔偿。当事人因防止损失扩大而支出的合理费用，由违约方负担。本案双方合同解除后，物业公司应准许美容公司腾房以避免损失扩大。其拒绝美容公司腾房，则对于合同解除后至美容公司实际腾房之日期间的房屋使用费、物业费等损失，应由被告自行承担。2022年6月29日因美容公司未再使用涉诉房屋，则物业公司主张该日期以后的租金、物业费等，不予支持。

(撰稿人：陶盈)

第六十条　【可得利益损失的计算】人民法院依据民法典第五百八十四条的规定确定合同履行后可以获得的利益时，可以在扣除非违约方为订立、履行合同支出的费用等合理成本后，按照非违约方能够获得的生产利润、经营利润或者转售利润等计算。

> 非违约方依法行使合同解除权并实施了替代交易，主张按照替代交易价格与合同价格的差额确定合同履行后可以获得的利益的，人民法院依法予以支持；替代交易价格明显偏离替代交易发生时当地的市场价格，违约方主张按照市场价格与合同价格的差额确定合同履行后可以获得的利益的，人民法院应予支持。
>
> 非违约方依法行使合同解除权但是未实施替代交易，主张按照违约行为发生后合理期间内合同履行地的市场价格与合同价格的差额确定合同履行后可以获得的利益的，人民法院应予支持。

【关联规定】

一、《民法典》（2020年5月28日）

第584条 当事人一方不履行合同义务或者履行合同义务不符合约定，造成对方损失的，损失赔偿额应当相当于因违约所造成的损失，包括合同履行后可以获得的利益；但是，不得超过违约一方订立合同时预见到或者应当预见到的因违约可能造成的损失。

二、其他法律

1. 《农业法》（2012年12月28日）

第76条 农业生产资料使用者因生产资料质量问题遭受损失的，出售该生产资料的经营者应当予以赔偿，赔偿额包括购货价款、有关费用和可得利益损失。

2. 《种子法》（2021年12月24日）

第45条 种子使用者因种子质量问题或者因种子的标签和使用说明

标注的内容不真实，遭受损失的，种子使用者可以向出售种子的经营者要求赔偿，也可以向种子生产者或者其他经营者要求赔偿。赔偿额包括购种价款、可得利益损失和其他损失。属于种子生产者或者其他经营者责任的，出售种子的经营者赔偿后，有权向种子生产者或者其他经营者追偿；属于出售种子的经营者责任的，种子生产者或者其他经营者赔偿后，有权向出售种子的经营者追偿。

三、司法解释

1.《买卖合同司法解释》（法释〔2020〕17号）

第22条　买卖合同当事人一方违约造成对方损失，对方主张赔偿可得利益损失的，人民法院在确定违约责任范围时，应当根据当事人的主张，依据民法典第五百八十四条、第五百九十一条、第五百九十二条、本解释第二十三条等规定进行认定。

2.《最高人民法院关于审理船舶碰撞和触碰案件财产损害赔偿的规定》（法释〔2020〕18号）

一、请求人可以请求赔偿对船舶碰撞或者触碰所造成的财产损失，船舶碰撞或者触碰后相继发生的有关费用和损失，为避免或者减少损害而产生的合理费用和损失，以及预期可得利益的损失。

因请求人的过错造成的损失或者使损失扩大的部分，不予赔偿。

四、司法指导性文件

《最高人民法院关于当前形势下审理民商事合同纠纷案件若干问题的指导意见》

9. 在当前市场主体违约情形比较突出的情况下，违约行为通常导致可得利益损失。根据交易的性质、合同的目的等因素，可得利益损失主要分为生产利润损失、经营利润损失和转售利润损失等类型。生产设备和原材料等买卖合同违约中，因出卖人违约而造成买受人的可得利益损失通常属于生产利润损失。承包经营、租赁经营合同以及提供服务或劳务的合同中，因一方违约造成的可得利益损失通常属于经营利润损失。先后系列买卖合同中，因原合同出卖方违约而造成其后的转售合同出售方的可得利益损失通常属于转售利润损失。

10. 人民法院在计算和认定可得利益损失时，应当综合运用可预见规则、减损规则、损益相抵规则以及过失相抵规则等，从非违约方主张的可得利益赔偿总额中扣除违约方不可预见的损失、非违约方不当扩大的损失、非违约方因违约获得的利益、非违约方亦有过失所造成的损失以及必要的交易成本。存在合同法第一百一十三条第二款规定的欺诈经营、合同法第一百一十四条第一款规定的当事人约定损害赔偿的计算方法以及因违约导致人身伤亡、精神损害等情形的，不宜适用可得利益损失赔偿规则。

11. 人民法院认定可得利益损失时应当合理分配举证责任。违约方一般应当承担非违约方没有采取合理减损措施而导致损失扩大、非违约方因违约而获得利益以及非违约方亦有过失的举证责任；非违约方应当承担其遭受的可得利益损失总额、必要的交易成本的举证责任。对于可以预见的损失，既可以由非违约方举证，也可以由人民法院根据具体情况予以裁量。

【理解与适用】

一、本条主旨

本条是关于违约中可得利益损失和其他损失赔偿的细化规定，进一步细化了《民法典》第 584 条所规定的违约损害赔偿。

二、《民法典》条文理解以及有待细化的问题

《民法典》第 584 条沿袭了《合同法》第 113 条第 1 款之规定，就违约损害赔偿的范围进行规定，强调了可得利益与其他损失赔偿的并列关系，体现违约损害赔偿中的完全赔偿原则与可预见性原则。[①]

完全赔偿作为损害赔偿法的基本原则，旨在为损害赔偿范围的确定提供价值起点。其主要功能在于：使得请求权人既不因损害赔偿而处于比若

[①] 参见姚明斌：《〈合同法〉第 113 条第 1 款（违约损害的赔偿范围）评注》，载《法学家》2020 年第 3 期。

无违约时更优越之地位（禁止得利），也不得因赔偿不足而遭受额外不利（填补原则）。对于前者，需要明确可得利益赔偿与相关合同成本之间的关系，在确定可得利益赔偿时扣除本应由请求权人承担的合同费用；对于后者，需要明确除可得利益外，尚存在其他可能损失。本条第1款及第4款分别体现对二者的细化规定。

可预见性原则是确定可得利益范围的重要依据。对于可预见性的具体判断，学说之间存在不同观点。如判断的主体标准[1]、判断的时间标准[2]、判断的程度标准[3]等。这些内容的具体化无法在《民法典》条文中予以展开。本条引入替代交易这一计算标准，为可得利益的范围确定提供了更为切实可行的依据，是对以可替代物为标的物的违约损害赔偿中可预见性规则适用的具体化。

三、司法解释条文理解

本条司法解释包括三款条文，其中，第1款规定了《民法典》第584条中可得利益计算的基本思路；第2款和第3款分别规定了非违约方行使解除权后实施替代交易与未实施替代交易时的可得利益计算方法。

（一）可得利益的典型情形与合理成本的扣减

本条所称"合同履行后可以获得的利益"指的是：假设没有发生违约行为、在合同依约履行的情况下，非违约方本来会获得何种财产增加（因对方违约行为导致该财产增加未能实际发生）。这实际上是差额假说中非违约方假设财产状态与实际财产状态之间的差额。

---

[1] 参见韩世远：《合同法总论》，法律出版社2018年版，第796~797页；王利明：《合同法研究》（第2卷），中国人民大学出版社2015年版，第668页；崔建远：《合同法》，北京大学出版社2016年版，第376页；朱广新：《合同法总则》，中国人民大学出版社2012年版，第591页；叶金强：《可预见性之判断标准的具体化——〈合同法〉第113条第1款但书之解释路径》，载《法律科学》2013年第3期。

[2] 参见最高人民法院（2016）最高法民再351号民事判决书。不同见解，参见上海市高级人民法院（2003）沪高民四（海）终字第39号民事判决书，载《最高人民法院公报》2005年第12期。特殊情形下（如故意违约）的时间点考量，吴行政：《论合同法上的可得利益赔偿》，法律出版社2011年版，第139页。

[3] 参见韩世远：《合同法总论》，法律出版社2018年版，第796页；郝丽燕：《违约可得利益损失赔偿的确定标准》，载《环球法律评论》2016年第2期。

尤其是在商事交易的过程中，合同的履行往往是一系列交易安排的环节。如果没有发生违约行为，非违约方获得对方履行后，通常会将其进行转售或将对其进行加工从而予以销售。如果发生违约事由，将会使得非违约方的转售或生产、经营活动面临停顿，从而丧失了本可获得的转售利润、生产利润或经营利润等。因此，本条第1款明确规定了可得利益计算的基本思路：以生产利润、经营利润或转售利润作为计算可得利益的依据。

此外，必须考虑到的是，非违约方在实际合同交易过程中，为了获取相应的收益，通常也会产生相应的成本，最典型的就是合同约定的对价。除此之外，非违约方还可能发生相关税费、人员支出成本、缔约磋商费用等支出。在按照差额假说确定其可得利益时，应将这类成本性支出纳入假设状态之中，否则在结果上将会导致重复赔偿，使得非违约方因损害赔偿而额外获利。

当然，相关成本能否扣除，取决于非违约方是否实际支出该项成本。如果事实上并未支出，因违约行为发生，合同未能顺利履行，非违约方客观上也无须继续支出相关成本，事实上节省了该成本支出。按照损益相抵之思想，在确定可赔偿损害范围时，应对此予以扣除。[①] 相反，如果相关成本已经支出完毕，在计算可得利益时不得予以扣除。此外，如果是因为违约行为而导致额外产生相关成本支出，非违约方也须对此承担赔偿义务。[②]

因此，在适用本条第1款时须注意，"可以"修饰的是后半句中"按照非违约方能够获得的生产利润、经营利润或者转售利润等"具体的计算依据，在按照此种方法计算可得利益时，"非违约方为订立、履行合同支出的费用等合理成本"宜理解为"非违约方节省的为订立、履行合同支出的费用等合理成本"，且此时属于必须扣除的情形，而非可以扣除，否则

[①] 参见最高人民法院（2016）最高法民申1020号民事裁定书；北京市高级人民法院（2018）京民终520号民事判决书；广东省高级人民法院（2017）粤民再278号民事判决书；西藏自治区高级人民法院（2015）藏法民二终字第9号民事判决书。
[②] 当然，在性质上这属于所受损失，而非可得利益。

将使得非违约方无须支出相应的成本而赚取合同利润,违反禁止得利原则。

(二)替代交易作为可得利益范围的计算标准

在一方违约时,非违约方并不必然会遭受生产利润、经营利润或转售利润的丧失。在市场经济发达的交易场景中,大多数交易对象都是可替代物。这意味着,如果发生一方违约事由,非违约方依然可以从市场上获取同类交易物,从而避免后续交易链因一方违约而中断。

因此,本条第2款和第3款分别规定的是,在非违约方依法行使解除权的前提下,可得利益的计算可以按照非违约方实际上所实施的替代交易(第2款)或其假定实施的合理替代交易(第3款)计算。这也构成了本条第1款中"可以"的例外情形。

从性质上看,本条第2款、第3款规定以替代交易作为计算可得利益的依据,其所对应的是不同的损害计算方法:具体损害计算及抽象损害计算。在适用时应注意如下几点:(1)可得利益是一种财产增益,因对方违约阻碍了财产本应发生的增加。守约方实施替代交易遭受之不利益,性质上不一定是可得利益的丧失,也可能是所遭受的实际损失。例如,买受人为获得标的物而付出更高价格实施替代交易。(2)本条在表述上强调"非违约方依法行使合同解除权",似乎以此作为可得利益损害计算之前提。[1]实则可得利益之计算与合同解除权的行使,是两个独立的问题,并不存在此种要件上的关联。例如,在一方部分违约的情况下,非违约方可能实施部分替代交易,此时合同并未解除。(3)以替代交易作为可得利益计算的依据,前提是替代交易在市场上是可能实现的。如果客观上无法实施替代交易,则无此计算方法之适用。

1. 实际替代交易:可得利益的具体计算(第2款)。

在一方违约后,非违约方为了自己后续交易安排得以继续,通常不会坐以待毙,而是会积极采取应对措施,实施替代交易,如将货物转卖给第

---

[1] 参见张金海:《论作为违约损害赔偿计算方法的替代交易规则》,载《法学》2017年第9期。

三人，或向第三人购入替代物。此时，非违约方的损害在于原合同价格与替代交易价格之差额。在主张以实际替代交易作为可得利益计算方法时，应注意如下几点：

第一，出卖人作为非违约方时的特殊性。通常情况下，替代交易一经实施，非违约方的损害限于原合同价格与替代交易价格之差。但是，在出卖人为商人的情形，则有所不同。如果买受人违约，作为非违约方的出卖人肯定能够以一定的价格将约定的标的物（可替代物，且非定制物）转售给他人。如果此时依然以事后的"替代交易"作为计算可得利益的依据，对于出卖人而言并不合理。对于出卖人而言，任何买受人的违约，均使得其丧失从该生效合同中赚取利益的机会。此时出卖人的损失在于原合同价格与其买入价（成本）之差额，而非原合同价格与后续所谓的替代交易价格之差，故应适用本条第1款所规定的计算方法。

第二，替代交易的合理性审查。替代交易的目的在于尽量减少违约行为给非违约方带来的不利影响，对非违约方而言是一种止损措施。如果替代交易价格"明显偏离"市场价格，就意味着这一措施并非合理措施。此时，非违约方对于扩大的差价损失，应自行承担其不利后果。具体价格是否"明显偏离"，需要结合与有过失相关规则（包括举证责任的分配）予以判断。另外，在价格上涨的情况下，非违约方迟迟不实施替代交易，等到价格上涨后才实施替代交易，也可能触发与有过失规则的适用，以其本应实施替代交易之时的价格作为计算可得利益的依据。

2. 假定替代交易：可得利益的抽象计算（第3款）。

本条第3款规定，在非违约方并未实施替代交易时，依然可以按照"违约行为发生后合理期间内合同履行地的市场价格与合同价格的差额确定合同履行后可以获得的利益"，是一种抽象的计算方法。本条的适用，须注意以下几点：

第一，关于抽象计算的实质。对于抽象损害计算，有观点认为这是一种举证责任减轻的推定，即非违约方不需要具体证明自己的可得利益，而直接主张市场价格的差额。还有观点认为抽象损害计算是一种客观的损害计算方法，加害人无法通过证明受害人实际上未受损害或其损害更小而免除或减轻自己之责任。假定替代交易是以合理市场价格作为计算可得利益的依据，借助与有过失规则的限制，其所计算的结果是非违约方的最低损害。①

第二，关于抽象损害计算的正当性依据。若受害人不能或不想证明更高之具体损害，得选择此种计算方法。受害人不能证明，指在具体计算损害范围时，债权人承担完全的证明责任，这对其而言可能过于困难。而即使可能证明，债权人也必须向法庭公开其企业的内部交易文件、商业往来等，对债权人可能带来不利。因此，债权人也可能不愿意以具体发生的损害作为其计算基础。

第三，抽象损害计算的时间点选择。本款规定的抽象损害计算时间点为"违约行为发生后合理期间"，对此，应进一步理解为非违约方解除权要件满足之时。在市场价格波动的情形下，替代交易时间点的确定，对于可得利益的范围有直接影响。对于非违约方而言，如果不及时实施替代交易，可能引发与有过失规则的适用；但是过早实施替代交易，可能使自己面临双份给付之风险。因此，违约方应当进行替代交易之时间点，应为其能摆脱双份给付之时。具体而言，至少应当在满足解除权要件时（此时守约方免受合同之拘束），守约方应及时进行替代交易，包括：（1）因不可抗力致履行不能（给付不能）（《民法典》第563条第1款第1项）；（2）违约方严肃、终局的拒绝履行（《民法典》第563条第1款第2项）；（3）一方迟延，且经催告后在合理期限内仍未履行（《民法典》第563条第1款第3项）；（4）不安抗辩场合的解除（《民法典》第528条）；（5）某些情形下，附随义务违反致合同解除②。

第四，关于抽象损害计算地点的确定。由于市场行情的不同，同一标

---

① 参见张金海：《违约损害赔偿中的抽象计算方法研究》，载《法律科学》2016年第3期。

② 附随义务之违反，通常不发生相对人之解除权；但若附随义务成为合同要素，其不履行会导致合同目的不能达到场合，可例外承认解除权之发生。此种观点在实践中已有体现（《杨某辉诉某航空公司、民某公司客运合同纠纷案》，载《最高人民法院公报》2003年第5期），参见韩世远：《合同法总论》（第三版），法律出版社2011年版，第510~520页。可兹比较的是《德国民法典》第324条："双务合同中，债权人违反第241条第2款之义务者，若合同之存续对债权人而言不具可期待性，则债权人得解除之。"

的物在不同市场中的价格可能存在区别。按照本条第 3 款的规定，在非违约方未实施替代交易时，其得主张的假定合理替代交易应该以合同履行地作为确定标准。这符合"假设违约方依约履行其义务"之时的状态，也即如果未发生违约行为，非违约方本来将在约定的履行地接受标的物。对于合同履行地的确定，应适用《民法典》第 510 条和第 511 条中的规则。

【典型案例】

1. 某消防化工公司与某化工公司合同纠纷案

［案号］（2021）最高法民终 813 号

［审理法院］最高人民法院

［来源］中国裁判文书网

［关键词］可得利益　信赖利益　成本

［裁判摘要］可得利益实为交易利润，其必然要有构成信赖利益的相关成本支出，故不能对同一交易既赔偿利润又赔偿成本，当事人只能对可得利益损失或信赖利益损失择一主张，否则可能会导致过度赔偿。况且，可得利益受原料、技术、人力、市场销售、交易本身等众多因素影响，具有不确定性。

［基本案情］为促进经济合作，某消防化工公司与某化工公司签订磷酸化工产品供应的《框架协议》。因某化工公司供应的磷酸不符合合同约定的标准，导致某消防化工公司遭受房屋、设备折旧费用、土地成本摊销、工人怠工费用、财务费用、开办费等损失，以及丧失事先评估可获得之收益。某消防化工公司主张前述全部损害赔偿。

2. 建设公司与混凝土公司买卖合同纠纷案

［案号］（2008）合民二终字第 6 号

［审理法院］安徽省合肥市中级人民法院

［来源］《人民司法・案例》2008 年第 16 期

[关键词] 可得利益　替代交易　合理价格

[裁判摘要] 合同签订后，当事人应严格按合同约定履行合同义务并自行承担在履行合同过程中的正常市场价格波动风险。一方拒不履行合同义务，非违约方可以实施替代交易，以避免损失扩大。与第三方约定的价格符合当时的市场行情且不高于市场价格，使自己减少了因停工造成的损失，符合《合同法》第119条以合理措施防止了损失的扩大的精神。违约方应承担替代交易与原合同差价的赔偿。

[基本案情] 建设公司（作为甲方）与混凝土公司（作为乙方）签订商品砼买卖合同，由混凝土公司供应建设公司承建项目所需商品砼，并约定了相关品质、规格。另外合同约定：乙方未按合同约定时间及时供货，或发生机械设备故障而导致甲方工程连续浇筑中断、造成质量事故或延误工期，应当赔偿由此给甲方所造成的经济损失，同时甲方有权将该部分砼交由其他供应商供应，乙方承担由此产生的全部差价等内容。在合同履行过程中，由于混凝土价格迅速增长，混凝土公司向建设公司发函要求上涨价格，建设公司坚持不同意，混凝土公司遂停止供应商品砼。

为确保工程进度，建设公司向第三方公司发出订货单，该合同中C25的含泵单价为每立方米295元，暂定供货量为540立方米；C30的含泵单价为每立方米315元，暂定供货量为1300立方米；C40的含泵单价为每立方340元，暂定供货量为4600立方米；C50的含泵单价为每立方米375元，暂定供货量为2500立方米。以上合同预期价款为307.03万元。

在审理过程中法院查明，当时泵送砼的市场价格分别为：规格C25每立方米为324.43元，规格C30每立方米为350.81元，规格C40每立方米为380.54元，规格C50每立方米为416.4元。

法院经审理后认为，混凝土公司应严格按合同约定履行合同义务并自行承担在履行合同过程中的风险，不能因原材料涨价而单方要求调价，且不得在建设公司不同意涨价时单方中止履行自己的合同义务。混凝土公司应当承担单方中止履行合同义务的违约责任。混凝土公司辩称建设公司与第三方签订的合同价格比自己调价后的价格还高，建设公司是在恶意扩大损失的理由,因建设公司是在混凝土公司单方中止履行合同的情况下不得已与第三方签订合同,合同约定的价格符合当时的市场行情且不高于市场价格,该价格在合理范围内,混凝土公司的辩称理由不能成立,混凝土公司应当赔偿建设公司为防止损失扩大而与第三方签订合同的差价损失。

(撰稿人:徐建刚)

第六十一条　【持续性定期合同中可得利益的赔偿】

在以持续履行的债务为内容的定期合同中,一方不履行支付价款、租金等金钱债务,对方请求解除合同,人民法院经审理认为合同应当依法解除的,可以根据当事人的主张,参考合同主体、交易类型、市场价格变化、剩余履行期限等因素确定非违约方寻找替代交易的合理期限,并按照该期限对应的价款、租金等扣除非违约方应当支付的相应履约成本确定合同履行后可以获得的利益。

非违约方主张按照合同解除后剩余履行期限相应的价款、租金等扣除履约成本确定合同履行后可以获得的利益的,人民法院不予支持。但是,剩余履行期限少于寻找替代交易的合理期限的除外。

【关联规定】

一、《民法典》

第 563 条第 1 款　有下列情形之一的,当事人可以解除合同:

(一)因不可抗力致使不能实现合同目的;

(二)在履行期限届满前,当事人一方明确表示或者以自己的行为表明不履行主要债务；

（三）当事人一方迟延履行主要债务，经催告后在合理期限内仍未履行；

（四）当事人一方迟延履行债务或者有其他违约行为致使不能实现合同目的；

（五）法律规定的其他情形。

第 580 条　当事人一方不履行非金钱债务或者履行非金钱债务不符合约定的，对方可以请求履行，但是有下列情形之一的除外：

（一）法律上或者事实上不能履行；

（二）债务的标的不适于强制履行或者履行费用过高；

（三）债权人在合理期限内未请求履行。

有前款规定的除外情形之一，致使不能实现合同目的的，人民法院或者仲裁机构可以根据当事人的请求终止合同权利义务关系，但是不影响违约责任的承担。

第 584 条　当事人一方不履行合同义务或者履行合同义务不符合约定，造成对方损失的，损失赔偿额应当相当于因违约所造成的损失，包括合同履行后可以获得的利益；但是，不得超过违约一方订立合同时预见到或者应当预见到的因违约可能造成的损失。

第 591 条　当事人一方违约后，对方应当采取适当措施防止损失的扩大；没有采取适当措施致使损失扩大的，不得就扩大的损失请求赔偿。

当事人因防止损失扩大而支出的合理费用，由违约方负担。

二、司法指导性文件

《九民纪要》（法〔2019〕254 号）

48. 违约方不享有单方解除合同的权利。但是，在一些长期性合同如房屋租赁合同履行过程中，双方形成合同僵局，一概不允许违约方通过起诉的方式解除合同，有时对双方都不利。在此前提下，符合下列条件，违约方起诉请求解除合同的，人民法院依法予以支持：

（1）违约方不存在恶意违约的情形；

（2）违约方继续履行合同，对其显失公平；

（3）守约方拒绝解除合同，违反诚实信用原则。

人民法院判决解除合同的，违约方本应当承担的违约责任不能因解除合同而减少或者免除。

【理解与适用】

一、本条主旨

本条是关于持续性定期合同中可得利益赔偿的规定。

二、《民法典》条文理解以及有待细化的问题

在租赁合同等继续性合同中，如何计算出租人等债权人的可得利益损失向来是司法实践中的难点。例如，甲将 A 屋出租给乙，约定租赁期限为 3 年。租赁期限经过 1 年后，乙因经营不善搬离房屋并通知甲，甲可以请求乙赔偿多少损失？关于违约损害赔偿责任，《民法典》第 584 条仅抽象规定违约方应当赔偿债权人"因违约所造成的损失，包括合同履行后可以获得的利益"。但是，对于可得利益应如何计算，该条则并未作出明确的规定。有鉴于此，《民法典合同编通则司法解释》第 61 条对此进行了细化规定。

三、司法解释条文理解

本条司法解释包括两款条文，第 1 款从正面规定持续性合同可得利益赔偿的计算方式，第 2 款从反面规定非违约方不得请求的内容。

（一）适用范围

本条规定的适用范围是以持续履行的债务为内容的定期合同。所谓以持续履行的债务为内容的合同，又称为"继续性合同"。继续性合同与"一时性合同"相对，其特征是时间因素在合同履行上居于重要的地位，总给付之内容系于应为给付时间的长度。[①] 例如，租赁合同、保管合同、

---

① 王泽鉴：《债法原理》（2022 年重排版），北京大学出版社 2022 年版，第 129 页。

合伙合同、委托合同、继续性供给合同等。所谓定期合同，即当事人约定了明确期限的合同。例如，出租人与承租人约定租赁期限为3年。对于不定期的继续性合同，《民法典》第563条第2款规定："……当事人可以随时解除合同，但是应当在合理期限之前通知对方。"① 为避免当事人无限期地受到合同拘束，双方当事人都可以解除合同。该解除权的行使不以他方当事人违约为前提条件，也就不产生因违约而进行损害赔偿的问题。例如，在不定期租赁合同中，出租人已经在合理期限之前通知承租人解除合同。那么，该租赁合同的解除就不是因为出租人或承租人的违约行为造成的，此时不产生违约损害赔偿的问题。因此，本条规定的适用范围为持续性定期合同。

（二）一方不履行支付价款、租金等金钱债务

在继续性合同中，受领非金钱给付的债务人有义务支付价款、租金、报酬等。例如，承租人有义务支付租金，委托合同的委托人有义务支付报酬，继续性供给合同的买受人有义务支付价款。只有当债务人不履行金钱债务时，才发生债权人行使违约救济的问题。

（三）债权人请求解除合同

1. 债权人行使法定解除权

当债务人不履行支付价款、租金等金钱债务时，债权人有权解除合同。根据《民法典》第563条第1款第3项，当债务人迟延履行金钱债务时，债权人应首先催告债务人，经催告后在合理期限内仍未履行的，债权人才能行使解除权。如果债务人明确表示或者以自己的行为表明不履行主要债务，根据《民法典》第563条第1款第2项，债权人无须催告即可行使解除权。债权人行使解除权既可以采取通知解除的方式，也可以采取提起诉讼的方式。当债权人起诉请求解除合同时，法院应当根据上述规定判

---

① 类似的，《民法典》第730条规定："当事人对租赁期限没有约定或者约定不明确，依据本法第五百一十条的规定仍不能确定的，视为不定期租赁；当事人可以随时解除合同，但是应当在合理期限之前通知对方。"第976条第3款规定："合伙人可以随时解除不定期合伙合同，但是应当在合理期限之前通知其他合伙人。"

断是否确认债权人解除合同的主张。

2. 债权人未行使法定解除权

值得注意的是，本条规定并未直接解决部分司法实践中存在的争议问题：债权人如果不行使法定解除权，则是否有权请求债务人支付剩余期限的租金？

笔者认为，当债权人未行使法定解除权时，不宜对本条规定作反面解释而认为其有权请求剩余期限内的租金。换言之，债权人是否行使解除权不应影响可得利益之计算。例如，甲将 A 屋出租给乙，约定租赁期限为 3 年。租赁期限经过 1 年后，乙因经营不善搬离房屋并通知甲，甲一直未解除租赁合同。在这种情况下不宜反面解释认为，甲可以请求乙支付剩余 2 年的租金。因此，当债权人未行使法定解除权时，应类推适用第 1 款后段以及第 2 款规定的法律后果。

当承租人搬离租赁物时，理论上存在两种不同路径消灭出租人在剩余期限内的租金请求权。

第一种路径是通过违约方申请司法解除合同来消灭债权人的租金请求权。2019 年《全国法院民商事审判工作会议纪要》中第 48 条首次规定了违约方解除权，其意在解决房屋租赁等长期性合同中，一方因为经济形势的变化、履约能力等原因，导致不可能履行长期合同，需要提前解约，而另一方拒绝解除合同的僵局问题。[①]《民法典》第 580 条第 2 款对于违约方申请司法解除权作出了明确规定。在实践中，部分法院支持违约方申请解除合同的请求。例如，在一则租赁合同纠纷案中，法院认为："涉案合同履行过程中，某药房已于 2020 年 6 月搬离租赁房屋，并已在他处另行租赁房屋进行经营。案涉房屋租赁合同已经陷入合同僵局。在此情形下，原审应当考虑本案是否符合违约方解除合同的条件，申请人在申请解除合同时是否存在恶意违约行为。否则，为达到减少损失，充分发挥物的价值和效

[①] 最高人民法院民事审判第二庭编著：《〈全国法院民商事审判工作会议纪要〉理解与适用》，人民法院出版社 2019 年版，第 316 页。

用之目的，应当在充分弥补守约方损失的前提下，准予解除合同。"① 在另一则租赁合同纠纷案中，法院认为，承租人以经营受客观因素影响为由主张解除合同，且已停交租金、停止在案涉场馆中开展经营活动，而出租人始终不同意解除，双方已形成合同僵局，原审鉴于承租人无明显违约恶意，依法判决合同解除，避免承租人继续产生租金损失，合法合理。本案属判决解除合同，原审确定判决作出之日为案涉租赁合同解除之日，并无不当。②

这种解决路径存在的问题是，忽视了解除权与继续履行请求权之间的关系，造成了体系上的矛盾。首先，如果非违约方享有继续履行请求权，那么违约方就不应享有申请司法解除权，否则合同解除将直接剥夺非违约方取得原定给付的利益。在原则上承认债权人享有继续履行请求权的立法例中，出租人没有实施替代交易的减损义务，而仍应享有剩余期限的租金请求权。例如，《德国民法典》第537条第1款规定："承租人不因其由于自身原因致使不能行使使用权而免付租金。"因此，在承租人不使用房屋时，出租人仍有权请求承租人支付租金，而没有另行出租的减损义务。③

其次，如果出租人不享有针对剩余租赁期限的租金请求权，那么剥夺其继续履行请求权这一目的就已实现，此时也没有必要再赋予违约方解除合同的权利。因此，更可取的第二种路径是通过减损规则来限制出租人的租金请求权。比较法上不少立法例采取此种立场。在美国法中，传统观点认为租赁的本质是让与一段时间的财产权。如果说在不动产买卖中，买受人未能使用或转售标的物，出卖人不负替代交易的减损义务，那么在租赁合同中，出租人也不应负寻找替代承租人的减损义务。不过，现代观点已改弦更张，认为租赁的本质是合同，承租人抛弃租赁物，乃是将其返还给出租人。为贯彻避免浪费的价值，出租人应当寻找替代承租人以减轻损失。因此，出租人仅得就租金与合理之替代租赁交易间的价差损失，请求

---

① 山东省高级人民法院（2021）鲁民申10514号民事裁定书。
② 浙江省高级人民法院（2021）浙民终1262号民事判决书。
③ 仅承租人需要为自己不能使用租赁物减少损失。例如，承租人可以寻找替代承租人，或在经出租人许可后将租赁物交由第三人使用。出租人是否有义务与替代承租人订立合同，则应依诚信原则加以判断。

承租人赔偿。DCFR 第 Ⅳ.B-6：101 条也规定："在承租人已经取得了货物控制的情况下，如果承租人希望返还货物，并且对于出租人而言，受领其返还是合理的，则出租人不得强制支付未来租金。强制具体履行的权利被第 1 款所排除这一事实，并不排除损害赔偿请求权。"[①] 据此，在承租人想要将租赁物返还给出租人时，出租人通常不得请求承租人继续支付租金。

在解释论上，学说上一般通过《民法典》第 591 条来限制出租人的租金请求权。[②] 相对而言，出租人通常比承租人更有能力将租赁物另行出租。此外，出于避免损失扩大以及避免社会财富浪费的理由，也应肯定出租人另行出租的减损义务。一旦出租人负有另行出租的减损义务，那么出租人就不享有租金请求权。在这个意义上，第一种路径下的违约方申请司法解除，其效果等同于确认出租人不享有租金请求权。

在判断出租人是否享有继续履行请求权时，应当考虑的是出租人在租赁合同剩余期限内，能否合理实施替代交易。通常而言，不动产的出租人可以在租赁市场上寻找到其他的承租人。但是，在个别情形中，可能会出现出租人难以实施替代交易的情况。例如，如果出租人身居国外，难以委托他人另行出租房屋。再如，甲将游艇出租给乙，租期一年。几个月后，乙因为晕船而厌倦了出航。然而，在每年的这个月份寻找新的承租人十分困难，则甲难以实施替代交易。[③] 又如，原租赁期限结束后出租人原本打算对标的物自行利用，因剩余的租赁期限太短，租赁物在市场上没有需求。[④] 本款第 2

[①] ［德］克里斯蒂安·冯·巴尔、［英］埃里克·克莱夫主编：《欧洲私法的原则、定义与示范规则：欧洲示范民法典草案（第 4 卷）》，于庆生等译，法律出版社 2014 年版，第 315 页。

[②] 郝丽燕：《走出违约方解除权的误区》，载《南大法学》2020 年第 3 期，第 27 页；武腾：《民法典实施背景下合同僵局的化解》，载《法学》2021 年第 3 期，第 96~97 页。也有学者主张应借鉴 DCFR 第 Ⅳ.B-6：101 条的规定，将其作为一个特别问题加以处理。参见朱广新、谢鸿飞主编：《民法典评注：合同编通则 2》，中国法制出版社 2020 年版，第 358 页。

[③] ［德］克里斯蒂安·冯·巴尔、［英］埃里克·克莱夫主编：《欧洲私法的原则、定义与示范规则：欧洲示范民法典草案（第 4 卷）》，于庆生等译，法律出版社 2014 年版，第 318 页。

[④] 广东省高级人民法院（2020）粤民申 7643 号民事裁定书："虽然出租人可通过重新招租来减少损失，但剩余租赁期限短、租赁物面积大且为多个商铺整合不好分割，客观上将导致重新招租的时间长、概率低。事实上，出租人在 2019 年 8 月 1 日接收案涉租赁物后已对外招租，但至一审审理时尚未招租成功。一审法院综合以上因素，酌定承租人赔偿出租人八个月的租金损失，二审法院对此予以维持，并无不当。"

项但书也规定,"剩余履行期限少于寻找替代交易的合理期限的除外"。在此情形中,剩余履行期限较短,非违约方没有充分的时间实施替代交易。在上述情形中,因出租人无法合理实施替代交易,其应有权请求承租人支付全部租金。能否合理实施替代交易,须结合个案实施予以判断。

另须留意的是,在委托合同等服务合同中,当事人通常享有任意解除权。即便债权人未行使法定解除权,债务人也可以通过行使任意解除权的方式解除合同。此时同样可以类推适用第 1 款后段以及第 2 款规定的法律后果。

(四) 可得利益赔偿的计算

1. 非违约方寻找替代交易的合理期限所对应的价款、租金

仍以租赁合同为例进行说明。[①] 如果出租人在承租人违约后已经实施了替代交易,即将租赁物另行出租给第三人,那么出租人的损失至少[②]由三部分构成:(1) 寻找替代交易期间内租赁物空置的损失。(2) 第三人租赁房屋的租金与原租赁合同租金的价差损失。(3) 为另行租赁所花费的交易成本支出。例如,甲将 A 屋出租给乙,月租金 10 万元。租期尚余 1 年时,乙通知甲其不再需要 A 屋并将钥匙交还给甲。三个月后,甲另行将 A 屋出租给丙,月租金为 9 万元。甲为与丙订立租赁合同支出费用 1000 元。在本例中,甲的损害是:(1) 房屋空置 3 个月的租金损失:10 万元×3 个月=30 万元。(2) 租金价差损失:(10 万元-9 万元)×9 个月=9 万元。(3) 与丙订立合同的费用支出为 1000 元。三项损害数额相加,共计为 39.1 万元。当原承租人乙支付给出租人甲 39.1 万元时,才能使得甲处于租赁合同已经履行的状态。只要甲在另行替代交易时没有不合理的迟延,没有不合理地选择第三人,且没有不合理的订立合同费用支出,则前述损失均属于乙应当赔偿的损害。

[①] 委托、雇佣等其他类型的继续性合同,情形与租赁合同基本类似,不再进行具体阐释。

[②] 值得留意的是,此处仅仅涉及就"租金价值"损失如何计算的问题,出租人当然可能在其他方面产生损害。例如,承租人未按照约定的方法或者未根据租赁物的性质使用租赁物,致使租赁物受到损害,出租人有权请求承租人赔偿损失(《民法典》第 711 条)。此等结果性损失,不在讨论范围之内。

问题是，如果出租人甲没有及时另行替代交易，那么应如何计算甲的损失呢？根据《民法典》第591条第1款的规定，没有采取适当措施致使损失扩大的，不得就扩大的损失请求赔偿。因此，出租人甲不得就未及时另行替代交易所造成的扩大损失，请求承租人赔偿。从而，甲的损失便应当是以下二者之和：(1) 寻找替代交易之合理期限内的租金损失。(2) 所应当实施之替代交易的租金价差损失，即租金的市场价差。因此，所谓出租人"寻找替代交易的合理期限"相对应的租金中，所考量的"合同主体、交易类型、市场价格变化、剩余履行期限"等因素，应当被还原为包含上述两种类型的损失。自解释论而言，虽然条文仅仅规定了合理期限之租金，但租金价差损失可以通过"市场价格变化"折算到合理期限之租金中。为使损害赔偿的计算清晰明了，须将损害还原为前述两种不同的类型。

第一，寻找替代交易之合理期限内的租金损失。通常而言，只有当承租人向出租人表明其不再需要租赁物并将占有的标的物返还给出租人后，出租人才有可能实施替代交易。[①] 仍以前举A屋租赁案为例进行说明：甲将A屋出租给乙，月租金10万元。租期尚余1年时，乙通知甲其不再需要A屋并将钥匙交给甲，甲将房屋空置1年。根据本条规定，在确定甲寻找替代交易之合理期限时，需要考量"合同主体、交易类型、市场价格变化、剩余履行期限"等因素。在合同主体方面，如果出租人经营租赁行业，则出租人可以较快地另行寻找到其他承租人。如果出租人并非经营租赁行业，那么寻找替代交易的合理期限就应当更长。在交易类型方面，应当考虑租赁标的物的种类，不同租赁行业的市场供给与需求存在不同。例如，在节假日的租车市场中，因市场需求旺盛，出租人可以较快地寻找到替代承租人。再如，在商铺的租赁市场中，经济形势下行相较于上行而言，替代交易所需期限可能要更长。在市场价格变化方面，如果市场租金持续下跌，出租人就应当更快地进行替代交易以避免损失。在剩余履行期

[①] 吉林省长春市中级人民法院（2020）吉01民终3321号民事判决书："承租人在无合同解除权情况下，擅自搬离房屋，导致合同无法继续履行，构成根本违约，且因其未按约定进行拆除，出租人无法将房屋另行出租，故2019年10月18日至2020年5月17日共7个月的租赁费，承租人应继续承担。"

限方面，长租市场与短租市场的市场供需也有差异。在前举之例，在斟酌个案事实后，如果甲通常需要2个月才能找到其他承租人，那么甲有权请求乙赔偿2个月的租金损失，即2×10万=20万元。

值得说明的是替代交易之合理期限的起算点。当出租人不迟延地行使解除权时，自合同解除后出租人即有义务尽速实施替代交易。但是，当出租人拖延行使解除权或者根本未解除合同时，出租人何时有义务实施替代交易，则成为问题。一种观点认为，由于违约的承租人不享有法定解除权，故司法解除租赁合同的时点就不应当是承租人拒绝履行之时，而应当是第一审言词辩论终结时①，或生效判决作出之日②。据此，出租人有权请求直到合同解除之时的租金债权。在此期间内，出租人没有实施替代交易的不真正义务。③ 另一种观点认为，租赁合同解除的时点应为承租人将标的物返还给出租人时。④ 据此，自标的物返还给出租人时起，替代交易的合理期限就应当起算。本文认为，如果所谓司法解除的功能指向的是出租人是否享有继续履行请求权，那么自承租人拒绝履行之时，出租人就应当尽快实施替代交易以避免损失扩大。没有理由使出租人应实施替代交易的时点推迟至一审言词辩论终结时或生效判决作出之日。在承租人提起诉讼至言词辩论或生效判决作出，往往已经经过很长时间。在此时间段内，租金损失的扩大、房屋空置造成的浪费也在发生。因此，自承租人将租赁物占有返还给出租人之时，出租人应实施替代交易的合理期限就应当起算。

第二，租金之市场价差。在前举之例，甲本可以就剩余10个月的租赁期限与第三人订立租赁合同以避免损失。如果第二个月经过后，市场价格已经跌落至8万元，那么甲的租金价差损失为（10-8）×10=20万元。关于以替代交易为基础计算损害赔偿，请参考本书关于《民法典合同编通

---

① 辽宁省高级人民法院（2022）辽民申1206号民事裁定书。
② 浙江省高级人民法院（2021）浙民终1262号民事判决书。
③ 类似观点，参见最高人民法院（2019）最高法民再313号民事判决书。
④ 江苏省高级人民法院（2020）苏民申1765号民事裁定书。

则司法解释》第 60 条的评注。

2. 损益相抵：扣除非违约方应当支付的相应履约成本

根据本条第 1 款的规定，非违约方寻找替代交易的合理期限所对应的价款、租金应当"扣除非违约方应当支付的相应履约成本"。该规则是损益相抵规则[1]在继续性合同损害赔偿计算中的具体体现。例如，在寻找替代交易的合理期限内，因承租人搬离房屋，出租人免于依合同本应支出的采暖费等。此等履行成本，是因承租人违约造成的出租人获益，根据损益相抵规则应予扣除。

3. 合同解除后剩余履行期限相应的租金、价款

根据本条第 2 款的规定，如果继续性合同已经被解除，那么原给付义务消灭，非违约方自然无权请求租金、价款等，而仅得依第 1 款之计算请求违约方赔偿损失。

本条但书规定"但是，剩余履行期限少于寻找替代交易的合理期限的除外"。如果剩余履行期限少于寻找替代交易的合理期限，则非违约方不能合理实施替代交易，那么非违约方的实际损失即相当于剩余履行期限相应的价款、租金等扣除履约成本后的数额。

【典型案例】

1. 甲公司、乙公司房屋租赁合同纠纷案

［案号］（2019）最高法民再 313 号

［审理法院］最高人民法院

［来源］中国裁判文书网

［关键词］租赁合同　解除权　损害赔偿

［裁判摘要］因承租人原因导致房屋租赁合同提前解除，出租人请求承租人赔偿房屋空置期损失的，人民法院应审查出租人主张的损失项目是

---

[1]《买卖合同司法解释》第 23 条规定："买卖合同当事人一方因对方违约而获有利益，违约方主张从损失赔偿额中扣除该部分利益的，人民法院应予支持。"

否有事实和合同依据，可根据房屋租金的市场变化、出租人对于房屋空置损失扩大是否有责任等因素予以酌定。

[基本案情] 2008年6月4日，甲公司与乙公司订立《房屋租赁合同》，约定：甲公司将目前正在营业中的某购物广场中的房产租赁给乙公司使用，租赁期限为20年。合同订立后，甲公司依约将房屋交付给乙公司，乙公司开始利用该房屋开展经营。2015年5月29日，乙公司向甲公司发出《关于解除终止房屋租赁合同的函》，称甲公司违反合同约定，故通知甲公司解除《房屋租赁合同》及系列补充合同。乙公司于2015年6月底已自行腾退租赁房屋并使部分租赁房屋空置至今。2015年8月26日，乙公司向甲公司发出《关于尽快接收租赁场所、设施设备、退移交的再次通知书》。生效判决书已经确认乙公司向甲公司发出《关于解除终止房屋租赁合同的函》解除双方房屋租赁合同的行为无效。另一则生效判决书判决乙公司支付自2015年6月1日至2016年2月28日的租金。第三则生效判决书判决乙公司支付自2016年3月1日至2017年5月31日的租金。

本案生效判决认为，第一，甲公司起诉状第一项诉讼请求为要求解除其与乙公司之间的房屋租赁合同关系，该起诉状副本于2018年6月26日送达乙公司。乙公司于2015年6月起即以发函、腾退房屋、邮寄房屋钥匙、提起诉讼等形式，多次要求解除其与甲公司之间的房屋租赁合同，可以认定乙公司要求解除双方房屋租赁合同的意思表示清楚明确。在甲公司起诉主张解除房屋租赁合同的情况下，双方当事人关于解除房屋租赁合同的意思表示一致，应认定案涉房屋租赁合同自乙公司收到甲公司起诉状副本之日解除。故甲公司与乙公司2008年6月4日签订的《房屋租赁合同》及之后签订的四份《补充合同》于2018年6月26日解除。

第二，关于乙公司是否应当向甲公司支付自2018年6月1日起至租赁合同解除之日止的房屋租金及滞纳金问题。在本案房屋租赁合同解除之前，双方之间的房屋租赁合同仍处于有效状态，甲公司对乙公司履行了出租义务，乙公司应当继续履行支付租金的义务。因此，乙公司应向甲公司支付自

2018年6月1日起至房屋租赁合同解除之日即2018年6月26日止的租金。

第三，关于甲公司主张的合同解除后，因对房屋进行必要的拆除、维修、改造、添加设施设备等需要的300天房屋空置期所产生的损失、重新招商开业的两个月房屋空置期损失问题。法院认为，本案双方当事人签订的合同租赁期是20年，由于乙公司的原因提前解除合同，确实给甲公司造成了一定的租期利益损失，在确定甲公司的损失数额时应综合考量以下因素并根据公平原则进行判断：一是乙公司自2015年6月起即腾空房屋，并多次要求解除房屋租赁合同，房屋至本案起诉时已经空置三年，而甲公司并未及时采取积极措施避免损失扩大，对损失扩大负有一定责任；二是因市场变化，甲公司对案涉房屋再行出租的租金可能低于出租给乙公司的租金；三是因乙公司原因提前解除合同，客观上造成装修设施设备加速折旧产生一定损失。法院酌定合同解除后，乙公司应向甲公司支付6个月的租金以赔偿甲公司的损失。甲公司主张乙公司应承担12个月的房屋空置期损失没有事实依据，且明显过高，不应予以支持。

2. 徐某与杨某等租赁合同纠纷案

[案号]（2013）扬民终字第0437号

[审理法院] 江苏省扬州市中级人民法院

[来源]《人民司法·案例》2015年第10期

[关键词] 租赁合同　解除合同　损害赔偿　减损规则　诚实信用原则

[裁判摘要] 在长达两年有余的期间内，出租人明知承租人未生产经营且分文未缴，仅数次发函催缴租金，直至提起诉讼，始终未采取解除合同、收回房屋、另行出租等措施，其履约行为有违减损规则和诚实信用原则。对于超出合理期限后未采取减损措施造成的租金损失，出租人无权主张。

[基本案情] 2008年12月6日，徐某与杨某签订租赁合同一份，约定：1. 杨某承租徐某所有的生产车间、PVC全套生产线两条和办公用房；2. 租期3年，自2008年12月6日起至2011年12月5日止；3. 年租金30

万元，先付租金后使用承租标的物；4. 杨某于每年12月6日前交付租金，如有拖欠，每天按年租金的5%支付滞纳金，拖欠租金达半月以上，徐某有权收回房屋及PVC生产线。吴某作为担保人在合同上签名。

合同履行至2009年6月，杨某生产经营出现困难。存于供电局的材料显示，2009年6月至7月，户主徐某就涉案厂房所用315KVA变压器曾办理了以下业务：2009年6月9日，徐某申请将变压器减容；2009年7月15日，徐某申请复容；2009年7月20日，电度表户名由徐某变更为杨某；2009年7月22日，电度表户名由杨某变更回徐某；2009年7月22日，徐某再次申请减容。涉案厂房自同年8月后用电量为零。双方一致认可，杨某自2009年7月起停止生产。

合同签订后，杨某分别于2009年2月至8月支付租金共计13.35万元。2009年11月，杨某与徐某结清了所欠电费，后再未支付任何费用。徐某分别于2009年6月、2010年3月、2010年12月向杨某及保证人吴某致函催要租金，杨某及吴某拒收或未予理睬。

3年租期届满后，徐某于2012年2月27日诉至法院，要求杨某给付拖欠租金83万元，并承担滞纳金24.9万元，吴某承担连带责任。诉讼前，杨某已搬离厂房和办公用房，将PVC生产线留在厂房内。关于搬离的时间，双方陈述不一。关于钥匙是否交还，双方的陈述亦不相同。

本案生效判决认为，杨某自2009年1月10日起即欠付租金，其行为已构成违约，其应承担给付租金并按约支付滞纳金的责任。但在长达两年有余的期间内，徐某明知杨某未生产经营且分文未缴，仅数次发函催缴租金，直至2012年提起诉讼，始终未采取解除合同、收回房屋、另行出租等措施，其履约行为有违减损规则和诚实信用原则。对于超出合理期限后未采取减损措施造成的租金损失，徐某无权主张。在综合考虑了徐某等待对方履约的合理期间，以及徐某收回租赁物并另行出租所需时间和金钱支出，法院支持了徐某一年半的租金以及滞纳金的主张。剩余一年半的租金损失，由徐某自行承担。

3. 柴某与某管理公司房屋租赁合同纠纷案

[来源] 最高人民法院发布《关于适用〈中华人民共和国民法典〉合同编通则若干问题的解释》相关典型案例①之十

[关键词] 租赁合同　减损规则　损害赔偿

[裁判摘要] 当事人一方违约后，对方没有采取适当措施致使损失扩大的，不得就扩大的损失请求赔偿。承租人已经通过多种途径向出租人作出了解除合同的意思表示，而出租人一直拒绝接收房屋，造成涉案房屋的长期空置，不得向承租人主张全部空置期内的租金。

[基本案情] 2018年7月21日，柴某与某管理公司签订《资产管理服务合同》，约定：柴某委托某管理公司管理运营涉案房屋，用于居住；管理期限自2018年7月24日起至2021年10月16日止。合同签订后，柴某依约向某管理公司交付了房屋。某管理公司向柴某支付了服务质量保证金，以及至2020年10月16日的租金。后某管理公司与柴某协商合同解除事宜，但未能达成一致，某管理公司向柴某邮寄解约通知函及该公司单方签章的结算协议，通知柴某该公司决定于2020年11月3日解除《资产管理服务合同》。柴某对某管理公司的单方解除行为不予认可。2020年12月29日，某管理公司向柴某签约时留存并认可的手机号码发送解约完成通知及房屋密码锁的密码。2021年10月8日，法院判决终止双方之间的合同权利义务关系。柴某起诉请求某管理公司支付2020年10月17日至2021年10月16日房屋租金114577.2元及逾期利息、违约金19096.2元、未履行租期年度对应的空置期部分折算金额7956.75元等。

生效裁判认为，当事人一方违约后，对方应当采取适当措施防止损失的扩大；没有采取适当措施致使损失扩大的，不得就扩大的损失请求赔偿。合同终止前，某管理公司应当依约向柴某支付租金。但鉴于某管理公司已经通过多种途径向柴某表达解除合同的意思表示，并向其发送房屋密码锁密码，而柴某一直拒绝接收房屋，造成涉案房屋的长期空置。因此，

---

① 《最高人民法院发布民法典合同编通则司法解释相关典型案例》，载最高人民法院网站，https://www.court.gov.cn/zixun/xiangqing/419392.html，2024年1月15日访问。

柴某应当对其扩大损失的行为承担相应责任。法院结合双方当事人陈述、合同实际履行情况、在案证据等因素，酌情支持柴某主张的房屋租金至某管理公司向其发送电子密码后一个月，即2021年1月30日，应付租金为33418.35元。

（撰稿人：张梓萱）

> **第六十二条 【无法确定可得利益时的赔偿】** 非违约方在合同履行后可以获得的利益难以根据本解释第六十条、第六十一条的规定予以确定的，人民法院可以综合考虑违约方因违约获得的利益、违约方的过错程度、其他违约情节等因素，遵循公平原则和诚信原则确定。

【关联规定】

《民法典》（2020年5月28日）

第584条 当事人一方不履行合同义务或者履行合同义务不符合约定，造成对方损失的，损失赔偿额应当相当于因违约所造成的损失，包括合同履行后可以获得的利益；但是，不得超过违约一方订立合同时预见到或者应当预见到的因违约可能造成的损失。

【理解与适用】

一、本条主旨

本条是在无法确定非违约方可得利益时违约方损害赔偿责任的规定。

二、《民法典》条文理解以及有待细化的问题

《民法典》第584条就违约损害赔偿范围作了规定，违约损害赔偿范

围包括合同履行后可以获得的利益。在能够确定非违约方于合同履行后可以获得的利益时，可据此确定非违约方因违约方的违约行为所遭受的损失。《民法典》第584条承继了《合同法》第113条第1款的规定。《合同法》第113条第1款规定："当事人一方不履行合同义务或者履行合同义务不符合约定，给对方造成损失的，损失赔偿额应当相当于因违约所造成的损失，包括合同履行后可以获得的利益，但不得超过违反合同一方订立合同时预见到或者应当预见到的因违反合同可能造成的损失。"但在无法确定非违约方于合同履行后可以获得的利益时，如何对非违约方进行救济，本条并未提供明确规则，有待进一步细化。

三、司法解释条文理解

（一）适用本条的前提

本条适用的前提在于，无法根据本解释第60条、第61条确定非违约方可获得的履行利益。第60条、第61条是专门针对《民法典》第584条中违约方应对非违约方可得利益损失承担损害赔偿责任的细化规定。违约损害赔偿责任的目的在于将当事人恢复至如同合同正常履行时的状态，而在合同正常履行时，非违约方的履行利益得到实现，因此，违约损害赔偿责任的范围包括履行利益。在确定履行利益的范围时，遵循可预见性标准，违约方仅对自己在订立合同时预见到或应当预见到的非违约方履行利益损失承担损害赔偿责任。[1] 在发生一物二卖等违约行为的场合下，如果非违约方自第三人处购买标的物，原则上应当以自第三人处购买标的物的价格与合同约定价格的差额，确定买受人所遭受的履行利益损失，如果不存在出卖人等违约方的违约行为，买受人便不会支出高于合同约定价格的价款，以购买标的物，因而此部分损失属于买受人等非违约方在出卖人等违约方不存在违约行为时，可以获得的履行利益，出卖人等违约方应当承担损害赔偿责任，且此部分履行利益也满足可预见性标准。但在特定物买

---

[1] 参见姚明斌：《〈合同法〉第113条第1款（违约损害的赔偿范围）评注》，载《法学家》2020年第3期。

卖合同等场合下，由于非违约方无法从市场上通过替代交易满足自身利益，因而此时无法通过替代交易确定非违约方所遭受的损害，本条的必要性便得以凸显。

在非违约方本可进行替代交易，但未进行替代交易的场合下，是否仍存在本条的适用空间？对此，应认为，此时不存在本条的适用空间，主要原因在于，在违约方已经陷入履行不能时，非违约方应当承担减损义务，[1]避免损失的进一步扩大，此时非违约方本可进行替代交易，但并未进行替代交易，如果仍然承认存在本条的适用空间，意味着能够以更低成本避免损害发生的非违约方，放任损失扩大，不应将非违约方怠于履行减损义务所产生的损失移转由违约方承担。

（二）违约方因违约所获得的利益

本条使得非违约方在合同履行后的利益无法确定时，可根据违约方因违约所获得的利益，确定非违约方在合同履行后可以获得的利益。2022年11月4日公布的《关于适用〈中华人民共和国民法典〉合同编通则部分的解释（征求意见稿）》第65条曾规定："违约方为获取更大利益实施一物二卖等违约行为，且无法根据本解释第六十三条、第六十四条确定非违约方在合同履行后可以获得的利益的，人民法院可以将违约方因违约获得的利益确定为非违约方在合同履行后可以获得的利益。"该条规定意味着违约方负有获利返还义务。违约方的获利返还义务的正当性基础包括：信义义务违反说、损害推定说、代偿请求权说等。信义义务违反说认为，如果违约方的违约行为构成对信义义务的违反，则处于受托人地位的违约方应当交出因违约行为所获得的利益，信义义务要求处于受托人地位的违约方为了委托人的利益行事，在受托人违反这一义务时，应当将所获得的利益返还至委托人，这是信义义务的应有之义。[2] 损害推定说认为，当不存在替代交易市场之时，可以推定违约方因转卖至其他主体所获得的价款与

---

[1] 广东省惠州市中级人民法院（2021）粤13民终672号民事判决书。
[2] 参见许德风：《不动产一物二卖问题研究》，载《法学研究》2012年第3期；冯德淦：《获利返还制度的法理研究》，载《法制与社会发展》2023年第1期。

合同约定价格之间的差额，为非违约方所丧失的可得利益。①但相反观点则认为，如果认为违约方因违约行为所获得的利益，只是对非违约方所遭受损害的推定，仍然会陷入传统的以"损害赔偿"为中心的救济模式中，如果从损害赔偿法的角度观察违约获益返还制度，在亏损合同中，会使得违约方的违约行为使得非违约方恰好避免损失时，非违约方无法获得救济。②代偿请求权说认为，在违约方将标的物所有权移转于其他主体时，违约方所负担的义务，延伸到出卖人等非违约方获得的价款之上。③法经济学视角的观点则认为，之所以违约方应承担获益返还义务，主要原因在于，如果认为违约方无须承担获益返还义务，会激励违约方实施违约行为。④此外，也有观点从维护市场信赖，打击不道德行为的视角出发，论证违约获益交出制度的合理性。⑤

本条并未直接将违约方因违约行为所获得的利益作为非违约方在合同履行后可以获得的利益，而是规定可在考虑违约方因违约行为所获得的利益基础上，确定非违约方所遭受的损失，违约方因违约行为所获得的利益只是考量要素之一。在无法确定非违约方所遭受的可得利益损失时，法院还应结合违约方的过错程度、其他违约情节等因素，确定非违约方在合同履行后可获得的利益。本条实际上主要是为了填补受害人所受损害，而不在于要求违约方返还自己因违约行为所获得的利益，在无法通过本解释第60条、第61条的规定确定非违约方于合同履行后可以获得的利益时，将违约方因违约行为所获得的利益，作为推定非违约方所遭受损害的因素之一，避免非违约方因无法举证证明自己在合同履行后可以获得的利益，而

---

① 参见韩世远：《违约损害赔偿研究》，法律出版社1999年版，第450页。
② 参见吴国喆、长文昕娉：《违约获益交出责任的正当性与独立性》，载《法学研究》2021年第4期。
③ 参见许德风：《不动产一物二卖问题研究》，载《法学研究》2012年第3期；曹艳琴：《代偿请求权在违约获益情形下的适用》，载《东南大学学报（哲学社会科学版）》2022年第24卷增刊。
④ 参见李语湘：《法经济学语境下的违约获益赔偿责任》，载《财经理论与实践》2021年第3期。
⑤ 参见陈凌云：《论"违约方"获益之归属》，载《法律科学（西北政法大学）》2018年第4期。

无法请求违约方承担违约损害赔偿责任。

如何认定违约方因违约行为所获得的利益,有观点认为,违约方因违约行为所获得的利益,不仅包括违约方通过转卖货物而获得积极利益的情形,还包括因违约方的行为而节省的成本。[1] 例如,理论界认为,合同约定应使用某品牌铅管,但在房屋建成后,发现实际使用的是另一种铅管,尽管两种铅管品质相同,因而违约方的违约行为并未给非违约方造成实际损失,但实际使用的铅管更能够节省建筑成本,此时适用传统的以填补受害人损害为目的的损害赔偿规则,不能有效规制违约方的违约行为,便可以认定违约方因违约行为所节省的成本为自己所获得的利益,违约方应当在自己所节省的成本范围内承担获益返还义务。[2]

(三) 违约方的过错程度

按照传统观点,在损害赔偿责任范围的确定问题上,过错程度并不产生影响,但近年来有学者从动态体系论的角度,考察损害赔偿责任范围的确定,并将过错程度纳入确定损害赔偿责任范围的因素之一,[3] 本条通过对多种要素的权衡,确定非违约方所遭受的损害,受到动态体系论的影响。按照本条,在确定非违约方可获得的履行利益时,应当考虑到违约方的过错程度。在违约方是为了获取更多的利益而故意违约时,违约方过错程度较高,违约方所能够预见到自己违约行为对于非违约方所产生的损害范围也越大,此时在界定违约方所应当承担的违约损害赔偿责任范围时,应当倾斜于保护非违约方,违约方将承担更重的违约损害赔偿责任。

在违约方并非为了获得更多的利益而故意违约时,违约情节并不严重,违约方通常也无法预见到自己的违约行为对于非违约方所产生的过多的损害。比如,出卖人等违约方因交通不便,为了避免不易保存的货物发生变质,因而将标的物出卖至其他主体,此种情形便不属于为了获得更多

---

[1] 参见李语湘:《法经济学语境下的违约获益赔偿责任》,载《财经理论与实践》2021年第3期。
[2] 参见孙良国:《违约责任中的所获利益赔偿研究》,载《法制与社会发展》2008年第1期。
[3] 参见叶金强:《论侵权损害赔偿范围的确定》,载《中外法学》2012年第1期。

的利益而故意违约,①此时在界定非违约方于合同履行后可获得的利益时,对于非违约方的保护,不应作过多倾斜。因而,从违约方过错程度考察违约方所应承担的损害赔偿责任范围,虽然自表面观察,并无实质正当性,但与违约损害赔偿责任范围确定中的可预见性规则仍存在可沟通之处。

(四) 其他违约情节

在对其他违约情节进行分析时,可根据合同目的等因素进行判断。例如,一般而言,在违约方根据自己的技能或知识获得利益的情况下,如果将由此所获得的利益作为非违约方的损害,并由违约方承担损害赔偿责任,不存在正当性。但是,如果按照合同目的,允许违约方获得根据自己的技能或知识所取得的利益不存在合理性时,违约方即使是根据自己的技能或知识获得利益的,也应当在此部分利益范围内承担损害赔偿责任,最典型的情形是违反保密义务而获利,此时保密义务人利用雇主的商业秘密、自己掌握的技能或知识,获得巨大利益,即便违约方所获得利益中,包含自己所掌握的技能或知识的贡献,违约方也应返还此部分利益,因为此部分利益是在违约方遵守保密义务的背景下,能够由非违约方获得的利益,构成非违约方的损失。②

(五) 公平原则和诚信原则对于确定非违约方可得利益的影响

《民法典》第6条和第7条分别对公平原则和诚信原则作了规定,总则编中的基本原则贯穿于分编各项规则和制度之中,在无法根据第60条、第61条的规定确定非违约方可获得的履行利益时,若根据本条的规定确定非违约方在合同履行后可以获得的利益,需遵循公平原则和诚信原则。例如,一般而言,在违约方资质信誉、专业技术能力对违约方获得利益发挥作用的情况下,应当扣除违约方资质信誉、专业技术能力对于所获得利

---

① 参见吴国喆、长文昕娉:《违约获益交出责任的正当性与独立性》,载《法学研究》2021年第4期。

② 参见孙良国:《违约责任中的所获利益赔偿研究》,载《法制与社会发展》2008年第1期。

益的贡献部分，在此基础上判断非违约方在合同履行后可获得的利益，这意味着本条实际上主要是为了填补受害人所受损害，在违约方资质信誉、专业技术能力对于违约方获得利益发挥作用的场合下，即使不存在违约方的违约行为，非违约方也无法获得此部分利益，非违约方在此范围内并未遭受损害，故而违约方也无须承担损害赔偿责任。

【典型案例】

陈某与黄某房屋买卖合同纠纷案

［案号］（2021）粤13民终672号

［审理法院］广东省惠州市中级人民法院

［来源］中国裁判文书网

［关键词］一房二卖　违约　损害赔偿责任　差价

［裁判摘要］黄某在将涉案房屋以15万元的价格转让至陈某后，后又以35万元的价格转让至开发商，导致陈某遭受损失。黄某将涉案房屋转让给开发商的售价与卖给陈某的差价，以及违约金的计付标准不超过违约方违反合同时能预见到的损失范畴，并结合公平原则，酌定陈某的损失为20万元，该标准亦未超出陈某一审关于违约金和差价损失的诉讼请求范围，并无不当，本院予以维持。

［基本案情］2013年5月23日，被告黄某作为甲方与作为乙方的原告签订《房屋产权转让协议》，约定：经甲乙双方协商，甲方现将一套约100平方米的商品房转让至乙方。甲乙双方签订合同后，甲方收到乙方全部购房款的同时，上述房产所有权即属乙方所有，日后甲方不得以任何理由反悔。2013年6月3日，甲方收到乙方所支付的全部购房款。2016年1月6日，甲方又将出售至乙方的房屋以35万元的价格出售至开发商。至庭审之日，无法确定被告黄某分得涉案房产的具体坐落地址，亦没有证据证明被告黄某分得涉案房产已办证在被告黄某的名下。原审原告黄某向一审法院提起诉讼，请求被告支付违约金45000元给原告，并依法判令被告赔偿

原告房价差损失 300000 元。一审法院认为，2016 年 1 月被告将协议房屋转售给开发商，被告自称转售价为 3500 元/平方米，协议房屋面积为 100 平方米，依此计算出被告转售价为 350000 元，与卖给原告差价为 200000 元，结合当时本区房价，被告陈述基本符合市场行情，予以采信，因此，被告违约所获收益为 200000 元。陈某提出上诉，改判被上诉人赔偿上诉人房价差损失 300000 元。

（撰稿人：杨勇）

第六十三条 【可预见性规则的适用】 在认定民法典第五百八十四条规定的"违约一方订立合同时预见到或者应当预见到的因违约可能造成的损失"时，人民法院应当根据当事人订立合同的目的，综合考虑合同主体、合同内容、交易类型、交易习惯、磋商过程等因素，按照与违约方处于相同或者类似情况的民事主体在订立合同时预见到或者应当预见到的损失予以确定。

除合同履行后可以获得的利益外，非违约方主张还有其向第三人承担违约责任应当支出的额外费用等其他因违约所造成的损失，并请求违约方赔偿，经审理认为该损失系违约一方订立合同时预见到或者应当预见到的，人民法院应予支持。

在确定违约损失赔偿额时，违约方主张扣除非违约方未采取适当措施导致的扩大损失、非违约方也有过错造成的相应损失、非违约方因违约获得的额外利益或者减少的必要支出的，人民法院依法予以支持。

【关联规定】

一、《民法典》(2020 年 5 月 28 日)

第 584 条 当事人一方不履行合同义务或者履行合同义务不符合约定,造成对方损失的,损失赔偿额应当相当于因违约所造成的损失,包括合同履行后可以获得的利益;但是,不得超过违约一方订立合同时预见到或者应当预见到的因违约可能造成的损失。

第 591 条 当事人一方违约后,对方应当采取适当措施防止损失的扩大;没有采取适当措施致使损失扩大的,不得就扩大的损失请求赔偿。

当事人因防止损失扩大而支出的合理费用,由违约方负担。

第 592 条第 2 款 当事人一方违约造成对方损失,对方对损失的发生有过错的,可以减少相应的损失赔偿额。

二、司法解释

《买卖合同司法解释》(法释〔2020〕17 号)

第 22 条 买卖合同当事人一方违约造成对方损失,对方主张赔偿可得利益损失的,人民法院在确定违约责任范围时,应当根据当事人的主张,依据民法典第五百八十四条、第五百九十一条、第五百九十二条、本解释第二十三条等规定进行认定。

三、司法指导性文件

1.《全国法院贯彻实施民法典工作会议纪要》(法〔2021〕94 号)

11. 民法典第五百八十五条第二款规定的损失范围应当按照民法典第五百八十四条规定确定,包括合同履行后可以获得的利益,但不得超过违约一方订立合同时预见到或者应当预见到的因违约可能造成的损失。

当事人请求人民法院增加违约金的,增加后的违约金数额以不超过民法典第五百八十四条规定的损失为限。增加违约金以后,当事人又请求对方赔偿损失的,人民法院不予支持。

当事人请求人民法院减少违约金的,人民法院应当以民法典第五百八十四条规定的损失为基础,兼顾合同的履行情况、当事人的过错程度等综合因素,根据公平原则和诚信原则予以衡量,并作出裁判。约定的违约金超过根据民法典第五百八十四条规定确定的损失的百分之三十的,一般可以认定为民法典第五百八十五条第二款规定的"过分高于造成的损失"。当事人主张约定的违约金过高请求予以适当减少的,应当承担举证责任;相对人主张违约金约定合理的,也应提供相应的证据。

2.《全国法院涉外商事海事审判工作座谈会会议纪要》

65. 承运人依据海上货物运输合同主张集装箱超期使用费,运输合同对集装箱超期使用费有约定标准的,人民法院可以按照该约定确定费用;没有约定标准,但承运人举证证明集装箱提供者网站公布的标准或者同类集装箱经营者网站公布的同期同地的市场标准的,人民法院可以予以采信。

根据民法典第五百八十四条规定的可合理预见规则和第五百九十一条规定的减损规则,承运人应当及时采取措施减少因集装箱超期使用对其造成的损失,故集装箱超期使用费赔偿额应在合理限度之内。人民法院原则上以同类新集装箱市价1倍为基准确定赔偿额,同时可以根据具体案情适当浮动或者调整。

3.《最高人民法院关于当前形势下审理民商事合同纠纷案件若干问题的指导意见》(法发〔2009〕40号)

10. 人民法院在计算和认定可得利益损失时,应当综合运用可预见规则、减损规则、损益相抵规则以及过失相抵规则等,从非违约方主张的可得利益赔偿总额中扣除违约方不可预见的损失、非违约方不当扩大的损失、非违约方因违约获得的利益、非违约方亦有过失所造成的损失以及必要的交易成本。存在合同法第一百一十三条第二款规定的欺诈经营、合同法第一百一十四条第一款规定的当事人约定损害赔偿的计算方法以及因违约导致人身伤亡、精神损害等情形的,不宜适用可得利益损失赔偿规则。

11. 人民法院认定可得利益损失时应当合理分配举证责任。违约方一般应当承担非违约方没有采取合理减损措施而导致损失扩大、非违约方因违约而获得利益以及非违约方亦有过失的举证责任;非违约方应当承担其遭受的可得利益损失总额、必要的交易成本的举证责任。对于可以预见的损失，既可以由非违约方举证，也可以由人民法院根据具体情况予以裁量。

【理解与适用】

一、本条主旨

本条是对作为违约损害赔偿范围限定规则的可预见性规则的细化规定。

二、《民法典》条文理解以及有待细化的问题

《民法典》第584条的体系位置处于合同编第8章"违约责任"，以"主文+但书"的条文结构，确立了违约损害之金钱赔偿责任的赔偿范围，即包含实际损失和履行利益中的可得利益。[1] 其中，但书内容规定了作为违约损害赔偿范围限定规则的可预见性规则，且但书之限制及于主文之全部，即实际损失和可得利益均受可预见性规则之制约，但主要用于限制可得利益的赔偿范围。[2]

"违约损害赔偿"中的"损害"可以从事实和规范两个维度去考察。《民法典》第584条确立了违约损害之金钱赔偿责任的完全赔偿原则和可预见性限制规则，基于完全赔偿理念，事实视角下的损害是依托"差额假设"所认定的自然事实，即以假设致损事由未发生受害人本应处于的财产总额状态，减去受害人现实的财产总额状态，包括守约方既有财产之积极减少的"实际损失"和本应增加之财产利益消极未增加的"可得利益"；规范视角下具备"可赔偿性"的损害是通过相当因果关系、保护目的、可预见性等机制作规范化检验后而形成的。在违约损害赔偿责任中，并非所有"因违约所造成的损失"都具有可赔偿性，即事实上的"损害"经过

---

[1] 参见王利明主编：《中国民法典释评·合同编·通则》，中国人民大学出版社2020年版，第601页。

[2] 参见王利明主编：《中国民法典释评·合同编·通则》，中国人民大学出版社2020年版，第609页。

规范的评价和过滤才能成为违约损害赔偿之真正范围。换言之，违约损害赔偿之范围，同时受到确定性、可预见性、减损规则、与有过失规则和损益相抵规则的制约。

违约损害赔偿的可预见性规则在比较法上普遍得到承认，1980年《联合国国际货物销售合同公约》第74条即对此进行了明确规定。我国1999年《合同法》在借鉴域外法经验的基础上，以第113条第1款确立了作为违约损害赔偿范围限定规则的可预见性规则，进而被《民法典》第584条所继承。《民法典》第584条要求违约当事人仅对其在订约时能够预见到的损害承担赔偿责任，从而为违约损害赔偿责任的因果关系的确定提供了具有可操作性和确定性的依据。[①] 该条明确了可预见性规则的一些重要内容，如对于预见的主体究竟是违约方还是合同双方，该条明确规定为违约方；对于预见的时间，究竟是订立合同时还是债务不履行时，该条明确为订立合同之时。但是，对于可预见性规则的具体适用，仍存在部分争议问题尚未澄清，主要包括：其一，预见的内容，违约方究竟是只需预见到损害的性质和种类，还是也应预见到损害的程度和范围；其二，预见的判断标准，违约方是否预见到或者是否应当预见到，究竟应该依据客观标准进行判断，即以社会一般人的预见能力为标准进行判断，也就是说以抽象的理性人标准进行判断，还是需要依据主观标准进行判断，即在具体个案中基于当事人的身份、职业及相互之间的了解情况等，考虑违约方的特殊预见能力。

三、司法解释条文理解

本条司法解释包括3款条文，是对《民法典》第584条关于违约损害赔偿范围的规定中的但书内容，即作为违约损害赔偿范围的限定规则的可预见性规则的细化规定。

其中，第1款对可预见性规则的考量因素和预见主体作了进一步细化。不仅明确了可预见性的考量因素包括当事人订立合同的目的、合同主

[①] 参见最高人民法院民法典贯彻实施工作领导小组主编：《中华人民共和国民法典合同编理解与适用（二）》，人民法院出版社2020年版，第771页。

体、合同内容、交易类型、交易习惯、磋商过程等因素，并以合同目的为核心判断因素，而且在《民法典》第584条规定预见的主体为违约方的基础之上规定还包括与违约方处于相同或者类似情况的民事主体，即处于违约方地位的普通理性人，从而引导法官在确定违约损害赔偿范围时进行可预见性规则的检验。第2款对可预见性规则的适用范围作了进一步扩张。明确规定了在可得利益损失之外，非违约方向第三人承担违约责任应当支出的额外费用等其他因违约所造成的损失，也应当适用可预见性规则予以限定。第3款进一步规定可预见性规则要与守约方减损规则、与有过失规则、损益相抵规则等综合运用，从而确定违约方最终应当承担的违约损害赔偿数额。

（一）可预见性规则的正当性基础

可预见性规则的正当性基础在于私法自治，即违约方在明知相关责任风险的情况下仍选择订立合同，表明其愿意承担这些可预见的责任风险，那么以可预见的范围作为违约损害赔偿的内容，就是意思自治的结果。而且，违约方若在订立合同时可预见相关责任风险，会影响其对合同对价的决策，以之确定其应当赔偿的范围，系对对价关系公平性的维护。[①] 除此之外，可预见性规则有助于推动交易进行。对损害的预见可能性与获取相关信息的知悉可能性密切相关，在合同订立时，违约方若能够预见到责任风险，其赔偿范围将受到可预见性的限制，这将鼓励债权人积极向债务人披露相关信息，促进了缔约过程中的信息交流；也使得债务人免于承受泛滥无度的赔偿责任，从而提高了债务人参与合同交易的能动性。基于此，《民法典合同编通则司法解释》第63条对《民法典》第584条规定的违约损害赔偿责任的可预见性规则作了进一步细化，并结合违约方减损义务、与有过失、损益相抵等规则，对司法实践中认定违约损害赔偿责任的范围提供了体系化的指引方案。

[①] 参见姚明斌：《〈合同法〉第113条第1款（违约损害的赔偿范围）评注》，载《法学家》2020年第3期。

(二) 可预见性与因果关系

债务不履行与损害之间具有因果关系是损害赔偿责任的要件之一。损害赔偿体系的因果关系包含事实上的因果关系和法律上的因果关系。在违约损害赔偿领域,对于可预见性规则和因果关系之间的关系,学界存在不同学说,有的认为可预见性规则隶属于因果关系,有的倾向于认为可预见性规则独立于因果关系。《民法典》第 584 条主文规定的"当事人一方不履行合同义务或者履行合同义务不符合约定,造成对方损失的",体现的是"因违约而致损害"的事实上的因果关系。《民法典》584 条但书和《民法典合同编通则司法解释》第 63 条所称的"可预见性",针对的是假如有违约行为的情况下损害是否会发生的预见性,而非针对违约行为本身的可预见性或可避免性的问题。因此,可预见性规则在契约法中担当着法律上因果关系的角色,核心任务是合理限定损害赔偿的范围,在法律上,"不可预见的"损失与违约行为不能建立责任上的联系。① 由此可见,尽管因果关系作为违约损害赔偿责任构成要件的地位仍须予以承认,但实际上发挥限定违约损害赔偿范围功能的,是可预见性规则。②

(三) 可预见性规则的具体内容

在将可预见性规则当作违约损害风险分配的标准之后,围绕理性人标准之建构,既有研究就预见主体、预见内容、预见时间等展开了深入探讨并在一定程度上形成了共识性结论。

第一,预见的主体。可预见性判断的主体为违约方以及处于违约方地位的普通理性人。《民法典》第 584 条和《民法典合同编通则司法解释》第 63 条都提到了"预见到或者应当预见到"两种情形,其中已经"预见到"为事实问题;"应当预见到"通说认为是理性第三人处于违约方的位

---

① 参见叶金强:《可预见性规则之判断标准的具体化——〈合同法〉第 113 条第 1 款但书之解释路径》,载《法律科学(西北政法大学学报)》2013 年第 3 期。
② 参见王利明主编:《中国民法典释评·合同编·通则》,中国人民大学出版社 2020 年版,第 609 页。

置通常所可能预见到的范围，属于抽象的客观标准。① 以理性第三人为判断标准，旨在发挥可预见性规则分配风险的规范功能。如果违约方因自身交易技能和经验丰富而具备超出理性第三人的预见能力，由于此种预见能力的应用符合订立合同当事人的正常期待，故在判断"应当预见到"的范围时应以违约方实际预见能力为标准。大型商法人配备的专家队伍，会导致其预见能力高于所属类型的通常水平，在民商合一的立法体例下，"以违约方实际预见能力"为标准这一补充尤有意义。换言之，可预见性规则的判断应当采用高标准，"应当预见到"须遵循"理性第三人+具体违约方"且"就高不就低"的标准。②

第二，预见的内容。《民法典》第584条和《民法典合同编通则司法解释》第63条均并未特别言明是否要求预见到损害的程度或数额，理论通说认为，可预见的内容应包含损害的性质和种类，而无须包含损害的程度和数额。关于是否应当苛责违约方预见损害的程度，各国立法态度不一。1924年法国最高法院的裁判指出，损失的额度必须具有可预见性，而在此之前，法国法的立场是预见对象仅限于损害的类型。③ 法国法学家认为，将预见的对象确认为损害的程度更符合指导《法国民法典》原第1150条之规定的基本思想：应当让缔结合同的债务人知道，如果他在履行合同当中给债权人造成损害可能会面临什么样的情况，很显然，仅仅是预见他有可能会造成什么类型的损害，根本不足以让他对自己可能应当支付的损害赔偿的数额形成一个明确的认识。④ 英国法通过判例确定，预见的对象仅包含损害的类型。

对此，我国司法实践也存在分歧，最高人民法院在一判决书的说理部分提出："学术通说和司法惯例认为，违约方在缔约时只需要预见到或应

---

① 参见崔建远：《合同法》，北京大学出版社2016年版，第376页。
② 参见姚明斌：《〈合同法〉第113条第1款（违约损害的赔偿范围）评注》，载《法学家》2020年第3期。
③ 参见郝丽燕：《违约可得利益损失赔偿的确定标准》，载《环球法律评论》2016年第2期。
④ 参见［法］弗朗索瓦·泰雷：《法国债法：契约篇》，罗结珍译，中国法制出版社2018年版，第1081页。

当预见到损害的类型，不需要预见到损害的程度或具体数额。"① 但也有判决认为："在预见内容上，违约方在订约时不仅要预见到损失类型，还要预见到损失的大体数额。"② 在确定损害赔偿的范围时，损害的类型与损害的程度是密不可分的。预见某个损失，只有涉及损失的程度或额度时，对于损害类型的预见才有现实意义。一般情况下不存在没有额度的、抽象的损失，违约造成的损失从本质上看是"经济损失"，必然有额度。③ 如若将损害程度纳入预见对象的范畴，问题在于，当事人实际上难以精准地预见违约将造成的损失的数额，在一切案件中均要求损害的程度具有可预见性，会给被告带来更多免予承担责任的机会；反之，如果一概地排除损害的程度有时应当是预见的对象，也会给债务人施加过重的负担，法院如欲给出妥当的判决有时不得不对损害类型的划分进行操作，以某种类型的损害不具有可预见性为名行排除过高的损害赔偿之实，④ 且对其额度只能要求违约方在订立合同时预见到"大概"的额度即可。

第三，预见的时间。是否可将损害结果与违约行为建立责任上的联系，关键不在于违约行为时的预见，而在于订约合同时的预见。这也是违约和侵权在决定法律因果关系时的不同之处。合同约定统筹兼顾了权利、义务、责任、风险，给付义务与对待给付义务之间的等值已经把未来违约损害赔偿及其范围考虑进来了，⑤ 因此以订约行为时作为预见的时点，表明违约方默示接受了违反合同可能带来责任和风险，并以合理方式内化为合同的对价。

（四）可预见性规则的举证责任

根据民事诉讼"谁主张，谁举证"的基本原理，守约方应当对违约损

---

① 某保险公司与某房地产公司等房屋买卖合同纠纷案，最高人民法院（2017）最高法民终387号民事判决书。
② 某村民委员会与韩某明农村土地承包合同纠纷案，北京市第三中级人民法院（2020）京03民终3987号民事判决书。
③ 参见郝丽燕：《违约可得利益损失赔偿的确定标准》，载《环球法律评论》2016年第2期。
④ 参见张金海：《可预见性规则的价值取向与制度安排——以法国与英美合同法的比较为中心》，载《经贸法律评论》2019年第6期。
⑤ 参见崔建远：《合理预见规则的解释论》，载《东方法学》2022年第4期。

害赔偿请求权产生的法律事实承担举证责任,主要包括:违约方存在违约行为、守约方受有损失、所受损失与违约行为之间具有因果关系。实践中,违约方要对应予限制或者减少损害赔偿数额的抗辩承担举证责任,包括可预见性规则的适用。对此,《最高人民法院关于当前形势下审理民商事合同纠纷案件若干问题的指导意见》第11条规定,"对于可以预见的损失,既可以由非违约方举证,也可以由人民法院根据具体情况予以裁量"。对于违约损害赔偿的可预见性所涉事实的举证责任,原则上应由守约方承担,而违约方应该就损害的不可预见性承担举证责任;但是,如果守约方主张违约方就特殊风险有承受意思,必须对此承担证明责任。在证明程度上,应区分所受损失与所失利益,降低后者的证明要求。[1]

(五)可预见性规则与守约方减损义务、与有过失、损益相抵规则

除了可预见性规则,《民法典合同编通则司法解释》第63条相较于其征求意见稿,增加了第3款与守约方减损义务规则、与有过失规则和损益相抵规则的综合运用规则。

守约方减损义务属于不真正义务,是债权人在债务不履行造成损害之后,采取适当措施避免损失扩大的义务,违反该义务的后果是义务人遭受不利益,即就损失扩大的部分丧失损害赔偿请求权,债权人为防止损失扩大而支出的合理费用,属于损害的范畴。[2] 在《民法典》通过之前,有学者指出,对于减损规则和与有过失规则,在立法论上究竟是采用单一的与有过失规则,还是采用与有过失与减损规则并存的模式,实为立法政策问题,并认为并存模式较具实用性,因为两者的运作逻辑并不相同。[3]《民法典》在合同编中采取了并存模式或者说分立模式,即在第591条规定了减损规则,在第592条第2款规定了与有过失规则;而在侵权责任编中则采取了统一模式,即在第1173条规定了与有过失规则。由于上述两编对与

---

[1] 参见徐建刚:《规范保护目的理论在违约损害赔偿中的适用——对可预见性规则的反思》,载《清华法学》2021年第4期。

[2] 参见王利明主编:《中国民法典释评·合同编·通则》,中国人民大学出版社2020年版,第632页。

[3] 参见韩世远:《合同法总论》,法律出版社2018年版,第812页。

有过失的体系安排并不一致,从而使得与有过失产生了广义和狭义的区分,广义的与有过失是指受损害方对于损害的发生或者扩大有过错,狭义的与有过失则仅指受损害方对于损害的发生有过错。但在司法实践中,两者之间的界限不易划分,而且区分也不具有明显的实际意义,因为二者的原理和效果是一致的,即都是按照受损害方过错和原因力的程度相应地减轻违约方的损害赔偿责任。

与有过失作为抗辩事由最早适用于实行过错责任原则的侵权行为中,《民法典》第591条和第592条确立了与有过失也适用于因契约而引发的损害赔偿责任。曾有学者指出,与有过失制度要处理的问题是损失之分配,而非损失或过失之相抵。① 何谓与有过失?《德国民法典》第254条规定:"在损害发生时,受害人的过错共同起了作用的,赔偿义务和待给予的赔偿的范围,取决于诸如损害在多大程度上主要由一方当事人或另一方当事人(加害人或受害人)引起等情事。即使受害人的过错限于怠于提醒债务人注意债务人既不知道,亦非应当知道的异常大的损害的危险,或限于怠于避开或减轻损害,亦同。准用第278条的规定。"② 我国《民法典》第591条规定非违约方"没有采取适当措施致使损失扩大",结合第592条,属于"对损失的发生有过错",可以减少相应的损失赔偿额,而不得对扩大的损失请求赔偿。在契约责任中,受害人未尽善良管理人之注意义务,其行为对损害的发生具有相当因果关系,对损害的发生构成共同原因的,应当要求受害人分担损害的后果,最终以此减轻违约方的违约责任。

《民法典》并未规定损益相抵,继《最高人民法院关于当前形势下审理民商事合同纠纷案件若干问题的指导意见》第10条和《买卖合同司法解释》第23条之后,《民法典合同编通则司法解释》也设置了违约损害赔偿领域的损益相抵规则,即非违约方基于引起损害发生的违约行为而获得利益时,应将所受利益从所受损害中扣除。损益相抵的法理基础是禁止得利,损害赔偿制度的目的,虽在于排除损害,恢复损害发生前的同一状

---

① 参见黄茂荣:《论与有过失》,载《法治研究》2022年第1期。
② 陈卫佐译注:《德国民法典》(第5版),法律出版社2020年版,第95页。

态,然非使受害人因而获得不当得利,故若受害人因发生损害赔偿义务的原因事实,受有损害,同时受有利益时,即应从损害额中扣除利益额,以其余额为赔偿额。[1] 司法实践中应当着重审查非违约方获有利益与损害事件之间是否具有相当因果关系,如果非违约方获得利益是基于市场因素、第三人的给付(如受害人好友的捐赠)、非违约方的个人特有原因或其他法律事实,则不能适用损益相抵规则。[2]

【典型案例】

1. 郑某安与某物业发展公司商品房买卖合同纠纷再审检察建议案

[审理法院] 最高人民法院

[来源] 最高人民检察院关于印发最高人民检察院第三十八批指导性案例的通知(检例第156号)

[关键词] 一房二卖 可得利益损失 可预见性规则

[裁判摘要] "一房二卖"民事纠纷中,房屋差价损失是当事人在订立合同时应当预见的内容,属可得利益损失,应当由违约方予以赔偿。

[基本案情] 2004年3月13日,郑某安与某物业发展公司订立《商品房买卖合同》,约定购买商业用房,面积251.77平方米,单价2万元/平方米,总价503.54万元。合同还约定了交房日期、双方违约责任等条款。郑某安付清首付款201.44万元,余款302.1万元以银行按揭贷款的方式支付。2005年6月,某物业发展公司将案涉商铺交付郑某安使用,后郑某安将房屋出租。郑某安称因某物业发展公司未提供相关资料,导致案涉商铺至今未办理过户手续。2012年1月16日,某物业发展公司与某百货公司订立《商品房买卖合同》,将包括郑某安已购商铺在内的一层46-67号商铺2089.09平方米,以单价0.9万元/平方米,总价1880.181万元,出售给某百货公司。2012年1月20日,双方办理房屋产权过户手续。某物业

---

[1] 王泽鉴:《损害赔偿》,北京大学出版社2016年版,第278页。
[2] 参见程啸:《损益相抵适用的类型化研究》,载《环球法律评论》2017年第5期。

发展公司向某百货公司依约交接一层46-67号商铺期间，某物业发展公司与郑某安就商铺回购问题协商未果。

2013年2月28日，郑某安将某物业发展公司诉至青海省高级人民法院，请求判令：解除双方签订的《商品房买卖合同》，返还已付购房款503.54万元，并承担已付购房款一倍的赔偿及房屋涨价损失。一审法院委托评估，郑某安已购商铺以2012年1月20日作为基准日的市场价格为：单价6.5731万元/平方米，总价为1654.91万元。一审法院认定，某物业发展公司于2012年1月20日向某百货公司办理案涉商铺过户手续，导致郑某安与某物业发展公司签订的《商品房买卖合同》无法继续履行，构成违约。因违约给郑某安造成的损失，应以合同正常履行后可获得的利益为限，某物业发展公司应按此时的案涉商铺市场价与购买价之间的差价1151.37万元，向郑某安赔偿。郑某安主张的按揭贷款利息为合同正常履行后为获得利益所支出的必要成本，其应获得的利益在差价部分已得到补偿。某物业发展公司在向某百货公司交付商铺产权时，曾就案涉商铺问题与郑某安协商过，并且某物业公司以同样方式回购了其他商铺，因此某物业发展公司实施的行为有别于"一房二卖"中出卖人存在欺诈或恶意的情形，郑某安请求某物业发展公司承担已付购房款一倍503.54万元的赔偿责任，不予支持。据此，一审法院判令：解除《商品房买卖合同》；某物业发展公司向郑某安返还已付购房款503.54万元、赔偿商铺差价损失1151.37万元。

郑某安、某物业发展公司均不服一审判决，向最高人民法院提出上诉。二审法院认定，某物业发展公司与郑某安订立《商品房买卖合同》时，《商品房买卖合同司法解释》已经实施。因此，某物业发展公司应当预见到如其违反合同约定，根据该司法解释第8条规定，可能承担的违约责任，除对方当事人所遭受直接损失外，还可能包括已付购房款一倍的赔偿。综合本案郑某安实际占有案涉商铺并出租获益6年多，以及某物业发展公司将案涉商铺转售他人的背景、原因、交易价格等因素，一审判决以合同无法继续履行时点的市场价与郑某安购买价之间的差额作为可得利益损失，判令某物业发展公司赔偿郑某安1151.37万元，导致双方当事人之间利益失衡，超出当事人对违反合同可能造成损失的预期。根据《合同法》第123条第1款规定精神，为了更好平衡双方当事人利益，酌定某物业发展公司赔偿郑某安可得利益损失503.54万元。据此，二审判决判令：解除《商品房买卖合同》，某物业发展公司向郑某安返还已付购房款503.54万元、赔偿商铺差价损失503.54万元。

郑某安不服二审判决，向最高人民法院申请再审，该院裁定驳回郑某安提出的再审申请。

郑某安不服二审判决，向最高人民检察院申请监督。最高人民检察院通过调阅卷宗并询问当事人，重点对以下问题进行审查：一是审查郑某安主张的房屋差价损失1151.37万元是否属于可得利益损失及应否赔偿。本案中，郑某安依约支付购房款，其主要合同义务履行完毕，某物业发展公司亦已将案涉商铺交付郑某安。因不可归责于郑某安原因，案涉商铺未办理产权过户手续。其后，某物业发展公司再次出售案涉商铺给某百货公司并办理过户，构成违约，应当承担违约责任。依照《合同法》规定，违约损失赔偿额相当于因违约所造成的损失，包括合同履行后可以获得的利益，但不得超过违反合同一方订立合同时预见到或者应当预见到的因违反合同可能造成的损失。某物业发展公司作为从事房地产开发的专业企业，订立合同时应预见到，若违反合同约定，将承担包括差价损失赔偿在内的违约责任。某物业发展公司再次出售案涉商铺时，对案涉商铺市价应当知悉，对因此给郑某安造成的房屋差价损失也是明知的。因此，案涉房屋差价损失1151.37万元属于可得利益损失，某物业发展公司应予赔偿。二是审查生效判决酌定某物业发展公司赔偿郑某安可得利益损失503.54万元，是否属于适用法律确有错误。某物业发展公司擅自再次出售案涉商铺，主观恶意明显，具有过错，应受到法律否定性评价。郑某安出租商铺收取租金，是其作为房屋合法占有人所享有的权利，不应作为减轻某物业发展公司民事赔偿责任的事实依据。案涉商铺第二次出售价格虽仅为0.9万元/平方米，但郑某安所购商铺的评估价格为6.5731万元/平方米，某物业发展公司作为某百货公司发起人，将案涉商铺以较低价格出售给关联企业某百货公司，双方存在利害关系，故案涉商铺的第二次出售价格不应作为减轻某物业发展公司民事赔偿责任的事实依据。

最高人民检察院在对郑某安主张的可得利益损失是否应予赔偿，以及酌定调整可得利益损失数额是否属行使裁量权失当等情况进行全面、客观审查后，认为生效判决适用法律确有错误，且有失公平，遂于2019年1月21日依法向最高人民法院发出再审检察建议。

最高人民法院于2020年3月31日作出民事裁定，再审本案。再审中，在法庭主持下，郑某安与某物业发展公司达成调解协议，主要内容为：（一）解除双方订立的《商品房买卖合同》；（二）某物业发展公司向郑某安返还已付购房款503.54万元，赔偿可得利益损失503.54万元；（三）某物业发展公司另行支付郑某安商铺差价损失450万元，于2020年12月31日支付200万元，于2021年5月31日前付清其余250万元；某物业发展公司如未能如期足额向郑某安付清上述款项，则再赔偿郑某安差价损失701.37万元。最高人民法院出具民事调解书对调解协议依法予以确认。

[指导意义] 根据《合同法》第113条规定，当事人一方不履行合同义务或者履行合同义务不符合约定，给对方造成损失的，损失赔偿额应当相当于因违约所造成的损失，包括合同履行后可以获得的利益。"一房二卖"纠纷中，出卖人先后与不同买受人订立房屋买卖合同，后买受人办理房屋产权过户登记手续的，前买受人基于房价上涨产生的房屋差价损失，属于可得利益损失，可以依法主张赔偿。同时，在计算和认定可得利益损失时，应当综合考虑可预见规则、减损规则、损益相抵规则等因素，合理确定可得利益损失数额。

2. 甲银行与乙资本公司其他合同纠纷案

[案号]（2020）沪民终567号

[审理法院] 上海市高级人民法院

[来源] 最高人民法院发布 16 件人民法院高质量服务保障长三角一体化发展典型案例之五①

[关键词] 合同约定　私募基金　差额补足

[裁判摘要] 差额补足协议的性质应当根据协议主体、权利义务约定等内容综合认定。差额补足义务的主体不是所涉投资资金的管理人或者销售机构的，不属于法律法规所规制的"刚性兑付"。协议双方自愿利用基金的结构化安排，以及差额补足的方式就投资风险及投资收益进行分配的，不能仅以此否定行为效力。差额补足义务与被补足的债务本身不具有同一性、从属性等保证担保构成要件的，应认定构成独立合同关系。差额补足的条件及范围依合同约定确定。

[基本案情] 2016 年 2 月，甲银行通过甲财富公司与乙资本公司等共同发起设立上海丙基金，其中甲财富公司认购优先级有限合伙份额 28 亿元，乙资本公司认购劣后级有限合伙份额 6 千万元，戊公司为基金执行事务合伙人。2016 年 4 月，乙资本公司向甲银行出具《差额补足函》，载明"甲银行通过甲财富公司设立的专项资产管理计划，认购基金的优先级有限合伙份额 28 亿元：我司同意在基金成立满 36 个月之内，由丁集团或我司指定的其他第三方以不少于 [28 亿元 × (1 + 8.2% × 资管计划存续天数/365)] 的目标价格受让基金持有的香港丙公司 100% 的股权，我司将对目标价格与股权实际转让价格之间的差额无条件承担全额补足义务。届时，资管计划终止日，如果 MPS 股权没有完全处置，我司同意承担全额差额补足义务"。乙证券公司系乙资本公司唯一股东，其向乙资本公司出具《关于乙跨境并购基金的回复》，载明"我司已知悉并认可乙资本公司对甲银行的补足安排"。后因收购的 MPS 公司濒临破产，上海丙基金无法顺利退出，甲银行遂诉请乙资本公司履行差额补足义务。

[裁判结果] 上海金融法院于 2020 年 7 月 30 日作出 (2019) 沪 74 民初 601 号民事判决：一、乙资本公司向甲银行支付 3115778630.04 元；二、乙

---

① 《人民法院高质量服务保障长三角一体化发展典型案例》，载最高人民法院网站，https://www.court.gov.cn/zixun/xiangqing/400542.html，2024 年 1 月 18 日访问。

资本公司向甲银行支付以3115778630.04元为基数,自2019年5月6日起至实际清偿之日止的利息损失。一审宣判后,乙资本公司提起上诉。上海市高级人民法院于2021年6月4日作出(2020)沪民终567号,判决驳回上诉,维持原判。

[裁判理由] 关于《差额补足函》的效力认定问题,被告并非所涉投资资金的管理人或者销售机构,不属于《私募股权投资基金监督管理暂行办法》所规制的刚性兑付行为。上海丙基金系被告与丁集团公司共同发起设立的产业并购基金,原、被告分别认购上海丙基金的优先级、劣后级合伙份额,被告系基于自身利益需求,自愿利用上述结构化安排以及《差额补足函》的形式,与原告就双方的投资风险及投资收益进行分配,该行为不构成法定无效情形。《差额补足函》系原、被告双方真实意思表示,不存在违反法律、法规强制性规定的情形,被告股东乙证券公司对差额补足安排明确予以同意,应认定其合法有效。

关于《差额补足函》的法律性质认定,被告出具《差额补足函》的目的确系为原告投资资金的退出提供增信服务,但是否构成保证仍需根据保证法律关系的构成要件进行具体判断。本案中,原告不是《合伙协议》及MPS公司股权回购协议中的直接债权人,被告履行差额补足义务也不以《合伙协议》中上海丙基金的债务履行为前提。被告在《差额补足函》中承诺的是就香港丙公司股权转让目标价格与实际转让价格之间的差额承担补足义务或在MPS公司股权没有完全处置时承担全额差额补足义务,与MPS公司股权回购协议的相关债务不具有同一性。因此,差额补足义务具有独立性。被告直接向原告承诺差额补足义务是为确保原告的理财资金能够在资管计划管理期限届满时及时退出。在未能按期完成股权转让交易的情况下,被告需无条件独立承担支付义务,与基金项目是否清算无关,故履行条件已成就,被告应依约承担差额补足义务。

(撰稿人:王毅纯)

第六十四条 【请求调整违约金的方式和举证责任】

当事人一方通过反诉或者抗辩的方式,请求调整违约金的,人民法院依法予以支持。

违约方主张约定的违约金过分高于违约造成的损失,请求予以适当减少的,应当承担举证责任。非违约方主张约定的违约金合理的,也应当提供相应的证据。

当事人仅以合同约定不得对违约金进行调整为由主张不予调整违约金的,人民法院不予支持。

【关联规定】

一、《民法典》(2020年5月28日)

第585条第1款、第2款 当事人可以约定一方违约时应当根据违约情况向对方支付一定数额的违约金,也可以约定因违约产生的损失赔偿额的计算方法。

约定的违约金低于造成的损失的,人民法院或者仲裁机构可以根据当事人的请求予以增加;约定的违约金过分高于造成的损失的,人民法院或者仲裁机构可以根据当事人的请求予以适当减少。

二、司法指导性文件

1.《最高人民法院关于当前形势下审理民商事合同纠纷案件若干问题的指导意见》(法发〔2009〕40号)

8. 为减轻当事人诉累,妥当解决违约金纠纷,违约方以合同不成立、合同未生效、合同无效或者不构成违约进行免责抗辩而未提出违约金调整请求的,人民法院可以就当事人是否需要主张违约金过高问题进行释明。人民法院要正确确定举证责任,违约方对于违约金约定过高的主张承担举证责任，非违约方主张违约金约定合理的，亦应提供相应的证据。合同解除后，当事人主张违约金条款继续有效的，人民法院可以根据合同法第九十八条的规定进行处理。

2.《九民纪要》（法〔2019〕254号）

50. 认定约定违约金是否过高，一般应当以《合同法》第113条规定的损失为基础进行判断，这里的损失包括合同履行后可以获得的利益。除借款合同外的双务合同，作为对价的价款或者报酬给付之债，并非借款合同项下的还款义务，不能以受法律保护的民间借贷利率上限作为判断违约金是否过高的标准，而应当兼顾合同履行情况、当事人过错程度以及预期利益等因素综合确定。主张违约金过高的违约方应当对违约金是否过高承担举证责任。

【理解与适用】

一、本条主旨

本条是关于请求调整违约金的方式和举证责任的规定。

二、规范来源

本条源于原《合同法司法解释（二）》第27条，该条规定："当事人通过反诉或者抗辩的方式，请求人民法院依照合同法第一百一十四条第二款的规定调整违约金的，人民法院应予支持。"本条在此基础上，增加了合同约定排除违约金调整规则的处理以及举证责任的规定。

三、司法解释条文理解

本条共包括3款条文，第1款规定了请求调整违约金的方式，第2款规定了举证责任，第3款规定了合同约定排除违约金调整权的处理。

就本条第1款关于请求调整违约金的方式而言，违约金调整权属于形成诉权，其行使主体为当事人，仅凭当事人的单方行为就能引起法律关系的变动，无须相对人的意思表示和履行行为；并且，当事人不能直接对相对人主张违约金调整权，违约金调整权的行使必须经过法院，只有法院认可违约金调整权并且作出具有形成力的形成判决时，违约金的数额才能发生改变。① 当事人请求法院或仲裁机构调整违约金的方式既可以是反诉，也可以是抗辩，尽管对反诉或抗辩的方式存在较大争议，但最高人民法院指出：由于违约金问题在理论和实践中本来就存在较大争议，很多学者和法官都理解不一，若要求当事人必须弄清必须通过反诉或抗辩的方式来请求调整违约金，过于苛刻，因此从方便诉讼和方便当事人的角度考虑，应当允许当事人以反诉或抗辩的方式主张违约金的调整。②

就本条第 2 款关于举证责任的规定而言，《民事诉讼法》第 67 条第 1 款规定："当事人对自己提出的主张，有责任提供证据。"根据"谁主张，谁举证"的原则，违约方对其提出的关于约定的违约金过分高于违约造成的损失请求予以适当减少的主张负有举证责任。违约方的举证责任实际上分为两项，申言之，违约方首先应当证明约定的违约金高于违约造成的损失，然后再进入"过分高于"的程度证明。

然而，问题在于，现实中一般情况下违约方实际上很难了解掌握和证明自己的违约给非违约方造成了多少损失，相反，非违约方对相关情况的了解和掌握程度更高。因此，违约方的举证责任也不能过于绝对化，③ 本条第 2 款第 2 句吸纳了《最高人民法院关于当前形势下审理民商事合同纠纷案件若干问题的指导意见》第 8 条第 2 句，规定非违约方主张约定的违约金合理的，也应当提供相应的证据。有观点主张，为了应对和解决这个难题，法官可以通过在特定情况下通过适当降低证明标准、指导当事人调查取证、受理当事人申请代为调查取证、询问当事人等方式形成自由心证的两种方案来减轻当事人的证明负担。④ 在司法实践中，有些法院和仲裁庭为运用了分阶段分配举证责任的技术，对违约方的举证采取较为宽容的

---

① 参见谭启平、张海鹏：《违约金调减权及其行使与证明》，载《现代法学》2016 年第 3 期。
② 参见最高人民法院研究室编著：《最高人民法院关于合同法司法解释（二）理解与适用》，人民法院出版社 2015 年版，第 251 页。
③ 参见最高人民法院民事审判第二庭编著：《〈全国法院民商事审判工作会议纪要〉理解与适用》，人民法院出版社 2019 年版，第 328 页。
④ 参见谭启平、张海鹏：《违约金调减权及其行使与证明》，载《现代法学》2016 年第 3 期。

态度,适当减轻违约方的举证责任,如在一个商家租赁店铺的合同中,出租人违约,承租人要求其按照合同约定支付违约金,如果出租人主张约定的违约金过分高于违约造成的损失请求予以适当减少,其可举证相仿承租人的实际损失情况来证明约定的违约金过高;如果承租人不同意,认为违约金合理,则须自己举证其实际损失的数额,由此证明约定的违约金数额并未过分高于实际的损失数额(一般情况是证明约定的违约金数额没有超过实际损失数额的30%),否则违约方关于减少违约金的请求就会得到支持。①

值得一提的是,本条第2款删除了2022年11月4日发布的《关于适用〈中华人民共和国民法典〉合同编通则部分的解释(征求意见稿)》第68条第2款中关于非违约方主张约定的违约金低于违约造成的损失请求予以增加应当承担举证责任的规定。有观点指出,非违约方为主张违约金的主体,没有抗辩的必要,即使作为本诉债务人在诉讼中提出反诉,该反诉也仅是对违约金的主张,不应直接认定为申请司法增额,因此原《合同法司法解释(二)》第27条应当限缩于违约金的司法酌减。② 尽管本条第1款并未作进行此种修改,但依此逻辑,通常情况下很少存在非违约方以反诉或者抗辩的方式请求司法增额,相应的也就很少存在非违约方举证证明约定的违约金低于违约造成的损失。可能出现的特殊情况是,违约方单独提起违约金酌减诉讼,③ 此时非违约方以约定的违约金合理进行抗辩而对此负有举证责任,对于约定的违约金低于违约造成的损失则自然无须举证。

就本条第3款关于合同约定排除违约金调整权的处理而言,当事人不能通过合同约定事先排除违约金调整权有以下原因:首先,违约金调整规则具有强烈的公共利益属性,通过事前弃权效力判断的动态体系方法的考量,事先放弃违约金调整权无效;④ 其次,违约金调整规则是一种事后的

---

① 参见崔建远:《合同法》(第四版),北京大学出版社2021年版,第417页。
② 参见姚明斌:《〈合同法〉第114条(约定违约金)评注》,载《法学家》2017年第5期。
③ 参见朱广新、谢鸿飞主编:《民法典评注·合同编·通则》,中国法制出版社2020年版,416页。
④ 参见叶名怡:《论事前弃权的效力》,载《中外法学》2018年第2期。

矫正手段,当事人不能事先对其进行处分;①再次,如果允许事先排除违约金调整权将可能导致违约金条款异化成为一方压榨另一方的工具,违背公平、诚实信用、公序良俗等基本原则;②最后,比较法上多认为违约金的司法调整规则为强制性规范,如《德国民法典》第343条、《法国民法典》第1231-5条第3款、《国际商事合同通则》(2016)第7.4.13条第2款,对其事先排除的约定因违反法律的强制性规定而无效。③

《民法典》第585条第2款规定违约金司法调整规则的立法意旨是防止私法自治被滥用而损害合同正义,从而借助诚信原则以矫正自治的滥用,因此,违约金司法调整规则所贯彻的当事人保护机能不应属于当事人自愿处分的范围,一般情况下不宜允许当事人通过合同事先约定对违约金调整权进行事先排除。④ 根据本条第3款,当事人仅以合同约定不得对违约金进行调整为由主张不予调整违约金的,人民法院不予支持,而无须对调整违约金是否将导致显失公平的后果进行审查。然而需要注意的是,在特定例外情况下,如在商事交易领域当事人通常具备较为丰富的交易经验和风险识别能力,违约金调整权的事先排除条款是经过当事人充分考量和磋商后达成的,⑤此时基于诚实信用、鼓励交易和保护交易秩序的考量,是否允许当事人通过合同约定事先排除违约金的调整权后又出尔反尔,值得进一步考量。

【典型案例】

1. 史某与甘肃某公司、北京某公司互易合同纠纷案

[案号](2007)民二终字第139号
[审理法院]最高人民法院

---

① 参见王洪亮:《违约金酌减规则论》,载《法学家》2015年第3期。
② 朱新林:《放弃违约金调整请求权约定之效力》,载《人民法院报》2014年3月5日。
③ 参见姚明斌:《违约金司法酌减的规范构成》,载《法学》2014年第1期。
④ 参见姚明斌:《〈民法典〉违约金规范的体系性发展》,载《比较法研究》2021年第1期。
⑤ 参见罗昆:《我国违约金司法酌减的限制与排除》,载《法律科学》2016年第2期。

[来源]《最高人民法院公报》2008年第7期

[关键词] 企业改制　承继关系　合同适格当事人　违约金调整

[裁判摘要] 一、双方当事人之间签订的两个合同虽然涉及同一批货物，但因两个合同的订立目的及约定内容各不相同，故应分别依照合同约定确定货物价值，不能以一个合同关于货物价值的约定否定另一个合同的相关约定。二、根据《合同法》第114条第2款的规定，只有当约定的违约金过分高于造成的损失时，当事人可以请求人民法院或者仲裁机构予以适当减少。因此，在当事人恶意违约的情况下，如果没有证据证明合同约定的违约金过分高于造成的损失，当事人请求减少违约金的，人民法院可不予支持。

[基本案情] 上诉人甘肃某公司为与被上诉人史某、原审被告北京某公司互易合同纠纷一案，不服甘肃省高级人民法院（2007）甘民二初字第01号民事判决，向本院提起上诉。本院依法组成由审判员叶小青担任审判长，审判员陈明焰、审判员王闯参加的合议庭进行了开庭审理。书记员张永姝担任本案记录。本案现已审理终结。

原审法院经审理查明：2002年7月6日，甘肃某公司作为甲方与作为乙方的北京某实业公司签订了一份《易货协议》称："甲乙双方于1998年签订一份《协议书》，乙方向甲方购买价值700万元的'金××''银××'白酒。甲方已向乙方交付全部货物，乙方已付清货款。现乙方提供以本协议签署时尚未售出的前述白酒向甲方易取甲方销售的食用酒精及葡萄酒。甲方考虑到与乙方长期的合作关系，同意乙方的易货要求。双方就此事宜，经协商一致，达成如下协议：一、用于向甲方易取食用酒精及葡萄酒的白酒必须是乙方依上述白酒购销合同向甲方购买的在本协议签订时尚未售出的'金××''银××'白酒，且该部分白酒必须内、外包装完好。经甲乙双方共同到乙方仓库清点库存，确定易货白酒价值为6499500元人民币。甲方同意按本协议约定为乙方易取等值于该金额的食用酒精及葡萄酒。二、双方同意，甲方于本协议签订当日将上述价值的白酒从乙方仓库转至甲方仓库，转库时由双方签署货物（白酒）交接记录，记载甲方接收货物的内容及数量。三、甲方易货给乙方的食用酒精及葡萄酒的品种及价格为：优级食用酒精4500元人民币/吨；××干红葡萄酒20元/瓶。双方同意换取食用酒精及葡萄酒的数量分别为：皇台干红葡萄酒75000瓶，合150万元人民币，优级食用酒精1111吨，合4999500元人民币。四、甲方在白酒转库当日交付全部葡萄酒，食用酒精在2003年12月31日前付清。甲方未能在此期限内交付酒精的，按迟交货价值每日万分之四承担违约金。六、除按本协议约定方式易货食用酒精外，未经甲方认可，乙方不得要求甲方以货币形式或其他方式支付其所退还给甲方的白酒的价值。"2002年9月13日至9月20日，北京某公司接收了'金××'白酒并向北京某实业公司出具了收条。2003年5月12日，北京某实业公司向甘肃某公司发函称："我方已做好接收酒精的准备工作，请贵方尽快联系发货事宜。"加盖的是北京某实业公司印章。2003年5月16日，甘肃某公司向北京某实业公司（集团）公司复函称：鉴于目前对食用品的运输受到限制，加之铁路专用运输罐调配有难度，不能如期向贵方发货，待疫情缓和后，将货物如数运抵贵公司。2003年6月7日，甘肃某公司向北京某实业公司（集团）公司复函称：贵公司6月2日《关于酒精交付问题再致××酒业的函》收悉。由于铁路规章规定不能办理易燃易爆品货物发送业务，我公司无法满足贵公司提出的铁路运输方式交付酒精的要求。2004年5月31日，甘肃某公司给北京某实业公司的函称：我公司与贵公司签订易货协议之后，我公司即按协议约定履行合同义务，但传闻袁某某涉嫌刑事案件，已被限制人身自由，与此同时，先后有贵公司的高层职员、法定代表人亲属，以及其他人员以贵公司名义向我公司就易货协议的履行提出了不同的要求。因我公司对袁某某是否仍履行贵公司法定代表人职责及贵公司是否进行公司权力调整的情况不详。致使我公司不能贸然接受上述人员的要求，当然也使我公司无法继续履行合同义务。近日，又接到以贵公司委托就易货协议履行事宜的律师函，我公司特致贵公司：1.贵公司如已授权有关人员就易货协议的履行与我公司进行商洽，请贵公司函告我公司，以便我公司确认被授权人。2.贵公司对有关人员的授权是否合法，被授权人的行为能否代表贵公司,由贵公司和有关人员负责并承担由此引发的法律后果,我公司概不负责。2004年6月3日,北京某投资公司给甘肃某公司"关于易货协议的函"称:"贵司发来的函业已收悉,我们对贵司的几点担心作如下答复:1.我司原法人代表袁某某暂时不担任法人代表,目前法人代表已变更为唐某英女士。即使我司不做法人代表的变更也并不影响本协议的履行。2.北京某实业公司已经北京市工商行政管理局核准,更名为北京某投资公司集团有限公司。3.应贵司的要求,我司现已经正式授权委托副总经理廖某某先生全权处理与贵司签订的易货协议之相关事宜。为方便工作,请贵司指定相关部门及人员尽快与我司接洽,请贵司予以配合。贵司如不能履行易货协议所规定的履约责任和义务,则按照我司律师的建议,我们将保留采用其他途径解决问题的权利,以维护我司的合法权益。"2004年6月4日,甘肃某公司给北京某投资公司的函称:"易货协议是我公司与北京某实业公司订立,且在此后与我公司就易货协议要求商洽的人员也是以北京某实业公司的名义。从易货协议签订至今长达2年的时间内,我公司才首次得知公司更名一事,希望贵司能提供工商行政管理部门对公司更名的证明,在确证后,我公司将尽快与贵公司接洽。"7月17日,甘肃某公司给北京某投资公司的函称:贵公司函告我公司北京某实业公司已更名,并要求我公司向贵公司履行易货协议。但根据贵公司提供的企业名称变更材料,在我公司与北京某实业公司签订易货协议时,该公司已更名,在企业已更名的情况下仍用旧名称与他人签订合同,让人难以理解。而贵公司高管人员"因时间紧迫,手续不全,无法启用新印章"的解释与贵公司提供的材料所证实的更名已长达半年的情况不符。同时,近期我公司相继接到了分别受"北京某实业公司"和贵公司委托的律师函,是否贵公司仍沿用旧名,还是有其他原因。易货协议是我公司法定代表人与袁某某亲自签订,我公司期盼与袁某某面谈,友好协商。

2005年9月20日,北京某投资公司(甲方)与原告史某(乙方)签订了"债权转让协议书",内容为:一、甲方同意将甘肃某公司的价值500万元人民币金额的优质食用酒精及其利息的债权转让给乙方,甲方与甘肃某公司签订的《协议书》《易货协议》中所享有的权利义务全部转让给乙方。二、乙方接受甲方的上述债权。三、甲方不经乙方同意不得收回上述债权。9月21日，北京某投资公司向甘肃某公司送达了"债权转让通知书"，内容为："甘肃某公司，我司享有的对你司的价值4999500元的食用酒精及其应得利息的债权现已转让给史某。史某将享有我司对你司的此项全部债权。"落款处是"北京某投资公司（原北京某实业公司）"。9月30日，甘肃某公司给北京某投资公司的函称：贵公司9月21日"债权转让通知书"已收悉，现函复如下：一、贵公司先前来函称贵公司系北京某实业公司更名而来，但贵公司提供的证明文件证实，我司与北京某实业公司签订的易货协议是在贵公司更名之后。因此，协议的一方当事人仍然是北京某实业公司，因易货协议形成的债权债务关系及数额只能由我司与北京某实业公司确认，贵公司无权宣称对我公司享有4999500元的债权。二、基于前述事实，贵公司现将所谓对我公司享有的债权转让史某的行为，将对我司造成不良影响，损害我司形象，我司希望贵公司立即采取措施，防止不良影响的进一步扩大。

2006年11月21日，史某向甘肃省高级人民法院提起诉讼，请求判令甘肃某公司和北京某公司偿付所欠食用酒精1111吨（价值人民币4999500元），并承担违约责任和损失共计人民币1100万元整以及承担全部诉讼费用。

甘肃省高级人民法院经审理认为：易货协议是甘肃某公司和北京某实业公司于2002年7月6日签订的，该合同内容是双方当事人真实的意思表示，且不违反法律规定，因此应认定是有效合同。该合同签订时虽然北京某投资公司已经成立，鉴于合同已实际履行，且甘肃某公司在合同履行过程的来往函件中也将北京某实业公司称为北京某实业公司（集团）公司，应认定其知道北京某实业公司更名的事实而未提出异议。甘肃某公司因北京某实业公司更名及法定代表人更换事由与北京某投资公司就合同的适格当事人一事产生分歧，但不影响合同的效力。因北京某投资公司是由北京某实业公司改制而产生，有法律上的承继关系，且袁某某始终未担任过北京某实业公司或北京某投资公司的法定代表人，其只是该公司的股东。因此，甘肃某公司应向北京某投资公司履行义务。北京某投资公司将债权转让原告史某并通知了债务人甘肃某公司，该转让行为不违反法律规定，应属有效，史某是本案适格的当事人。虽然转让合同中转让债权是价值500万元人民币金额的酒精及相应利息，但给甘肃某公司的通知中明确告知的是4999500元的债权，且在转让合同中并没有转让义务。甘肃某公司的抗辩理由因缺乏事实和法律依据而不能成立，该院不予采纳。因甘肃某公司未在合同约定的交货时间内交付酒精，造成违约，其应承担违约责任及继续履行合同的义务。原告按照合同约定的酒精数量及价值以及违约责任的承担主张权利，与法有据，该院应予支持。关于原告提出的损失部分，因只提供了北京市怀柔区龙山东路4号金石山大酒店的评估及北京市第二中级人民法院拍卖该酒店的部分材料，不能证明是因本案易货合同未履行而造成的损失，故其主张的损失部分因证据不足而不予支持。关于北京某公司与本案的关系，因《易货协议》是甘肃某公司和北京某实业公司双方签订的，北京某公司收货及向北京某实业公司出具收条的行为只是代甘肃某公司行使权利，且在合同履行过程及往来函件中北京某公司始终未参与，并在债权转让通知中也没有出现北京某公司，足以证明北京某公司不是合同的当事人，北京某公司的抗辩理由成立，该院予以采纳。依照《民法通则》第85条、《合同法》第79条、第80条、第114条第1款、第3款、第175条之规定，判决：一、甘肃某公司向史某继续履行易货协议约定的1111吨酒精的供货义务或偿付等价货款人民币4999500元；二、甘肃某公司向史某支付违约金合计人民币2099790元；三、驳回史某对北京某公司的诉讼请求。上述一、二项给付义务在本判决生效后15日内履行，逾期履行，依照《民事诉讼法》第232条之规定，加倍支付迟延履行期间的债务利息。案件受理费78012元、保全费5000元，共计83012元，由甘肃某公司负担。

上诉人甘肃某公司不服甘肃省高级人民法院上述民事判决，向本院提起上诉称：第一，一审判决关于因北京某投资公司由北京某实业公司改制而产生,故有法律上承继关系的认定难以成立。北京某实业公司为集体所有制企业,系某服务公司组建。北京某投资公司系2001年12月7日登记设立的有限责任公司,其股东为袁某民、袁某某,原开办人某服务公司并非该公司股东。北京某投资公司完全是按《公司法》规定的新设公司的程序和条件设立,北京某投资公司形式上是变更登记,而实质上是新设登记。所谓的改制,不过是袁某某、袁某民购买了北京某实业公司的资产,又以其作为个人出资设立了北京某投资公司。这两个企业既无关联,也无承继关系,所谓的关系,仅仅是工商机关的不规范登记,将其记载为改制,并予以了名称变更登记。一审判决不依据公司法审查二个企业间的关系,凭错误的工商登记,武断的认定改制,继而认定有法律的承继关系,是难以成立的。第二,北京某实业公司没有易货合同当事人的资格,不能享有该合同权利义务。即使北京某投资公司是由北京某实业公司改制而产生,有法律上的承继关系,袁某某以北京某实业公司名义与上诉人签订的贸易协议,也系袁璟冒用已依法终止的北京某实业公司的名义设立,根据最高人民法院《关于适用〈中华人民共和国民事诉讼法〉若干问题的意见》第49条之规定,袁某某以北京某实业公司名义与上诉人签订的易货协议,合同乙方应为袁某某个人,合同的权利义务也应归于袁某某个人,北京某实业公司并不具有该易货合同的当事人资格,北京某投资公司当然也不能因在法律上承继了北京某实业公司而承继易货合同的权利义务,北京某投资公司对易货合同的催告履行及权利义务转让,均为无权处分,应据《合同法》第51条规定认定无效。第三,一审判决认定甘肃某公司违约,没有事实依据。在易货协议中,双方未对甘肃某公司交付葡萄酒的履行地点、履行方式作明确约定,由于甘肃某公司委托北京某公司保管了部分葡萄酒,因此在合同履行中,甘肃某公司本着有利于实现合同目的的原则,在北京某公司的库房交付了葡萄酒。但食用酒精签约时,袁某某即明知标的物在甘肃武威,据《合同法》第62条第1款第3项规定,应在甘肃某公司所在地即甘肃武威交付。履行中,有利于合同目的实现的方式应当是袁某某到武威接受交付。在履行中,甘肃某公司出于尽力协助的考虑，多方联系了铁路运输，但因铁路不办理易燃易爆业务，故未果。甘肃某公司将此情况如实告知了袁某某，并请其至武威接受交付。袁某某一直未来接货。后因北京某投资公司主张权利，因其主张双方存在争议，北京某投资公司一直未能提供权利人袁某某的证明，北京某投资公司的权利处于待依据确认的状态，袁某某被羁押，甘肃某公司无法联系及催告接货，致使未能交付，而其间北京某投资公司对延期交付并无异议。一审判决对合同履行地点、方式约定不明不做审查，当然地认为甘肃某公司应在北京交货并构成违约，是没有事实依据的。第四，即使北京某公司收到北京某投资公司交付的白酒，可根据史某提供的16份收条，以及1998年北京某投资公司与甘肃某公司签订的《协议书》中所约定的白酒价格，北京某投资公司交付的白酒价仅为4328340元，而非《易货协议》约定的6499500元。此外，甘肃某公司不能证明其存在实际损失，《易货协议》约定违约明显过高，假如甘肃某公司应承担违约金，违约金的比例应当根据合同法第114条之规定予以减少。因此，史某要求甘肃某公司给付其4999500元以及违约金的主张不能成立。综上，请求二审法院撤销一审判决，驳回史某的诉讼请求。

本院经过二审质证，对原审法院查明的主要事实予以确认。另查明：2002年《易货协议》第4条第2款约定："甲方完成食用酒精的备货后，应当书面通知乙方提货，乙方应在甲方通知后30日内提取货物，乙方延迟提货的，甲方有权另行处置所备货物，由此造成的交货延误，甲方不承担责任"。第五条约定："易货给乙方的食用酒精由乙方自行到酒精生产厂仓库提货，甲方提供协助，运输费用及运输过程中的货损风险由乙方承担"。

对于本案的争议焦点之一"关于甘肃某公司是否违约以及违约金是否过高的问题"，法院判决如下：

本院认为，虽然2002年《易货协议》第4条第2款明确约定"甲方完成食用酒精的备货后，应当书面通知乙方提货，乙方应在甲方通知后30日内提取货物，乙方延迟提货的，甲方有权另行处置所备货物，由此造成的交货延误，甲方不承担责任"，而且该《易货协议》第5条已经就食用酒精易货的方式做出明确约定即"易货给乙方的食用酒精由乙方自行到酒精生产厂仓库提货，甲方提供协助，运输费用及运输过程中的货损风险由乙方承担"，但是从2003年5月12日北京某实业公司向甘肃某公司发函所称"我方已做好接收酒精的准备工作，请贵方尽快联系发货事宜"以及2003年5月16日和2003年6月7日甘肃某公司两次向北京某实业公司复函中关于"鉴于目前对食用品的运输受到限制，加之铁路专用运输罐调配有难度，不能如期向贵方发货，待疫情缓和后，将货物如数运抵贵公司"以及"贵公司6月2日《关于酒精交付问题再致皇台酒业的函》收悉。由于铁路规章规定不能办理易燃易爆品货物发送业务，我公司无法满足贵公司提出的铁路运输方式交付酒精的要求"的表述上看，应当认定双方已经变更了食用酒精易货履行方式，甘肃某公司负有向北京某投资公司发货的义务。特别要看到2002年《易货协议》第4条第1款明确约定："甲方在白酒转库当日交付全部葡萄酒，食用酒精在2003年12月31日前付清。甲方未能在此期限内交付酒精的，按迟交货价值每日万分之四承担违约金"，而从甘肃某公司自2004年5月31日至7月17日对北京某投资公司的系列复函的表述中，甘肃某公司存在拖延乃至拒绝履行食用酒精易货义务之嫌疑。因此，本院认为，鉴于甘肃某公司迄今为止仍未交付食用酒精，根据《易货协议》第4条第1款关于"甘肃某公司在2003年12月31日前付清食用酒精"之约定，应当认定甘肃某公司构成违约，并应依约支付违约金。至于约定的违约金是否过高的问题，《合同法》第114条规定的违约金制度已经确定违约金具有"补偿和惩罚"双重性质，《合同法》该条第2款明确规定"约定的违约金过分高于造成损失的，当事人可以请求人民法院或者仲裁机构予以适当减少"，据此应当解释为只有在"过分高于造成损失"的情形下方能适当调整违约金，而一般高于的情形并无必要调整。鉴于甘肃某公司在本案中已经构成违约，且存在恶意拖延乃至拒绝履约的嫌疑，加之没有证据能够证明日万分之四的违约金属于过高情形，因此《易货协议》约定的日万分之四的违约金不能被认为过高，甘肃某公司关于其不构成违约不应支付违约金以及违约金过高而应予减少的主张无理，本院予以驳回。一审法院关于甘肃某公司应向史某支付违约金2099790元的判决正确，本院予以维持。

综上，本院认为，原审认定事实基本清楚，适用法律正确。本院根据《民事诉讼法》第153条第1款第1项之规定，判决如下：驳回上诉，维持原判。

2. 房地产公司为与商业管理公司、吴某房屋租赁合同纠纷上诉案

[案号]（2015）民一终字第340号

[审理法院] 最高人民法院

[来源] 中国裁判文书网

[关键词] 公平原则　违约金　补偿

[裁判摘要] 违约金是为了补偿守约方因对方违约造成的损失，不主要体现惩罚功能。双方当事人虽然在合同中有关于不得调整违约金的约定，但是该约定应以不违反公平原则为限，从平衡双方当事人利益的角度考虑，应当判决对此予以调整。

[基本案情] 2012年9月7日，房地产公司与商业管理公司签订《房屋租赁合同》，该合同载明：由商业管理公司承租房地产公司名称为上河时代商业广场项目地下一层至地上四层的部分为商业用房，总租赁建筑面积为82000平方米，其中地下一层22000平方米，地上一层15000平方米，地上二层15000平方米，地上三层15000平方米，地上四层15000平方米，用于设立大型购物中心。暂定名称为：同至人上河时代广场。租赁期限共12年。2013年1月1日开始计租。起租日至次年该日前一日为第一个计租年度，以后计租年度依此类推。

租金及其支付：第1年2000万元，第2年1393.326万元，第3年1587.326万元，第4年1654.326万元，第5年2000万元，第6年2100万元，第7年2100万元，第8年2100万元，第9年2100万元，第10年2100万元，第11年2200万元，第12年2200万元，12年合计23564.978万元。支付期限：合同签订后十个工作日内，商业管理公司向房地产公司支付400万元定金，此定金自2012年12月1日自动转为房屋租金。本合同租赁费采用"先付后租"的方式支付租金。自2012年10月1日交房后十个工作日内，支付第二次预付款900万元，此预付款自2012年12月1日自动转为2013年1月1日至12月31日租金。2012年12月1日，支付第一年度（2013年1月1日至12月31日）剩余租金700万元。

房地产公司补贴：前三年给予商业管理公司经营及利息补贴，具体数额为：第一年经营补贴500万元，利息补贴106.674万元，小计606.674万元；第二年经营补贴300万元，利息补贴112.674万元，小计412.674万元；第三年经营补贴200万元，利息补贴115.674万元，小计315.674万元。三年经营补贴1000万元，利息补贴335.022万元，合计1335.022万元。

房屋交付：交房时间在2012年9月30日以前，将符合本合同约定条件的房屋交付商业管理公司。

违约责任：房地产公司擅自收回租赁物或者将租赁物整体或者部分出售或抵押的或者因建筑物质量问题无法继续使用的，或者因第三人主张权利导致合同无法继续履行的或者因房屋产权、抵押权等其他纠纷导致合同无法继续履行的，或者有其他严重（或实质性）违约行为的，应予以退还商业管理公司已交纳但尚未到期的租金及利息，并支付一亿元违约金，同时，还应赔偿因其违约使商业管理公司遭受的一切直接损失，包括但不限于商业管理公司所有装修费、替代营业用房的租金差价、停业期间的经营损失、律师费和诉讼费。

商业管理公司未经房地产公司书面同意擅自撤场或者擅自停业关门超过30日的，或未按照合同约定期限足额缴纳租金的，或者其他严重（或实质性）违约行为的，除应将房地产公司前期给予商业管理公司优惠期间产生的租金及利息补偿给房地产公司外，并支付一亿元违约金。同时，还应赔偿因其违约使房地产公司遭受的一切直接损失，包括但不限于房地产公司的所有装修改造费用、替代经营公司的场地使用费差价、停业期间的名誉损失、律师费和诉讼费。但是，商业管理公司在租赁期限内重新对租赁物进行装修、改造导致撤场或者停业的除外。商业管理公司不得将租赁物全部停业装修、改造。

双方均承诺放弃向仲裁机构或法院以任何理由申请降低本合同约定的违约金的权利。

若发生任何一方严重违反本合同相关条款，并经相对方催告后合理期限内拒绝纠正的，守约方有权书面通知违约方立即终止本合同，同时违约方须赔偿守约方因此造成的所有损失。

2012年9月7日，双方签订《补充协议》约定，签订的《房屋租赁合同》为主合同。商业管理公司同意给房地产公司交纳主合同内约定的租赁标的物物业管理费，《补充协议》与主合同具有同等法律效力。商业管理公司依据主合同约定的租金年度，按照年度每年给房地产公司交纳物业管理费，具体标准：2013年交纳管理费（含税）2055.8万元；2014年交纳管理费（含税）2055.8万元；2015年交纳管理费（含税）2055.8万元；2016年交纳管理费（含税）2055.8万元；2017年交纳管理费（含税）2055.8万元；2018年交纳管理费（含税）2161.74万元；2019年交纳管理费（含税）2161.74万元；2020年交纳管理费（含税）2161.74万元；2021年交纳管理费（含税）2161.74万元；2022年交纳管理费（含税）2161.74万元；2023年交纳管理费（含税）2264.68万元；2024年交纳管理费（含税）2264.68万元；总计25617.06万元。

物业管理费支付：合同签订后十个工作日内，商业管理公司向房地产公司支付400万元定金，此定金自2012年12月1日自动转为2013年1月1日至12月31日物业管理费。物业管理费支付方式采用"先付后用"。自2012年10月1日交房后十个工作日内，商业管理公司向房地产公司支付第二次预付款1004万元，此预付款自2012年12月1日自动转为2013年1月1日至12月31日物业管理费。2012年12月1日，商业管理公司向房地产公司支付第一年度剩余物业管理费651.8万元。第二租赁年起，物业管理费每年支付一次，商业管理公司于每年12月1日按照约定的年度物业管理费一次性支付给房地产公司。

2012年9月7日，双方签订《备忘录》约定，房地产公司负责完成商场内（地上一层至四层）所有吊顶施工及吊顶后照明电器安装，并承担由于吊顶需做的部分设施改造工程（包括但不限于消防系统、空调系统等），以上费用由房地产公司承担。该工程于10月底完成。

合同签订后，商业管理公司于2012年9月18日交付房地产公司房屋租金800万元，2012年11月26日，交付房屋租金500万元，双方有关工程技术人员对商场进行了验收，并且予以交接确认。商业管理公司于2013年4月17日交付房屋租金700万元，合计交付租金2000万元。商业管理公司截至2014年3月合计支付房地产公司管理费45558000元，总计65558000元。

商业管理公司原定于2013年6月28日开业，因故推到9月12日开业，后双方在2013年12月19日签订《房屋租赁补充协议》，房地产公司为商业管理公司减免30天租金，计3333300元，商场负一层（总面积22000平米），在2014年1月1日至12月31日，租金全免。商业管理公司2014年应付房屋租金27945960元，已付2500万元，至今尚欠房地产公司房屋租金2945960元；欠物业管理、水电各项费用6399300元。两项合计商业管理公司至今尚欠房地产公司房屋租金和管理费计9345260元。上述欠款到期后，商业管理公司未依约支付欠款本息。2013年房地产公司共补贴商业管理公司6066740元。

对本案的争议焦点之一"（二）关于违约方应如何承担违约责任的问题"，法院判决如下：

《房屋租赁合同》合法有效，在合同尚未解除的情况下，房地产公司按照《房屋租赁合同》约定，要求商业管理公司支付截至2014年12月31日所欠的房屋租金、物业管理、水、电及采暖费，有法律依据，原判决此项正确，本院予以维持。如上所述，商业管理公司为主要违约方，原判决根据《房屋租赁合同》第15条第2项约定判决商业管理公司返还房地产公司给予其的2013年经营及利息补贴，并无不当，本院予以维持。关于双方约定的1亿元违约金是否能够调整以及如何调整的问题。本院认为，违约金是为了补偿守约方因对方违约造成的损失，不主要体现惩罚功能。本案中，双方虽有关于不得调整违约金的约定，但是该约定应以不违反公平原则为限，考虑到房地产公司的合同履行行为也存在一定瑕疵，从平衡双方当事人利益的角度考虑，原判决对此予以调整并无不当。至于如何调整，对于租赁合同来讲，承租方违约而给出租方造成的损失主要是二次招商运营的费用以及空租期的租金损失，原判决将商业管理公司欠付的各项费用及利息之和作为房地产公司的损失不当，本院予以纠正。对于因商业管理公司违约导致的具体损失数额，房地产公司并未提供充分证据证明，根据《合同法》第119条规定，当事人一方违约后，对方应当采取适当措施防止损失的扩大；没有采取适当措施致使损失扩大的，不得就扩大的损失要求赔偿。考虑到房地产公司早在2014年7月即已知道商业管理公司撤离案涉商场而任由商场闲置至今，但仍未采取任何措施防止损失扩大，本院酌定以双方《房屋租赁合同》约定的2015年租金的6个月作为调减后的违约金数额，即1587.326万×50% = 7936630元。

（撰稿人：夏江皓）

第六十五条 【违约金的司法酌减】当事人主张约定的违约金过分高于违约造成的损失，请求予以适当减少的，人民法院应当以民法典第五百八十四条规定的损失为基础，兼顾合同主体、交易类型、合同的履行情况、当事人的过错程度、履约背景等因素，遵循公平原则和诚信原则进行衡量，并作出裁判。

约定的违约金超过造成损失的百分之三十的，人民法院一般可以认定为过分高于造成的损失。

恶意违约的当事人一方请求减少违约金的，人民法院一般不予支持。

【关联规定】

一、《民法典》(2020年5月28日)

第585条 当事人可以约定一方违约时应当根据违约情况向对方支付一定数额的违约金,也可以约定因违约产生的损失赔偿额的计算方法。

约定的违约金低于造成的损失的,人民法院或者仲裁机构可以根据当事人的请求予以增加;约定的违约金过分高于造成的损失的,人民法院或者仲裁机构可以根据当事人的请求予以适当减少。

当事人就迟延履行约定违约金的,违约方支付违约金后,还应当履行债务。

二、司法解释

《商品房买卖合同司法解释》(法释〔2020〕17号)

第12条 当事人以约定的违约金过高为由请求减少的,应当以违约金超过造成的损失30%为标准适当减少;当事人以约定的违约金低于造成的损失为由请求增加的,应当以违约造成的损失确定违约金数额。

三、司法指导性文件

1.《最高人民法院关于当前形势下审理民商事合同纠纷案件若干问题的指导意见》(法发〔2009〕40号)

第7条 人民法院根据合同法第一百一十四条第二款调整过高违约金时,应当根据案件的具体情形,以违约造成的损失为基准,综合衡量合同履行程度、当事人的过错、预期利益、当事人缔约地位强弱、是否适用格式合同或条款等多项因素,根据公平原则和诚实信用原则予以综合权衡,避免简单地采用固定比例等"一刀切"的做法,防止机械司法而可能造成的实质不公平。

2.《全国法院贯彻实施民法典工作会议纪要》(法〔2021〕94号)

第11条第3款 当事人请求人民法院减少违约金的,人民法院应当以民法典第五百八十四条规定的损失为基础,兼顾合同的履行情况、当事人的过错程度等综合因素，根据公平原则和诚信原则予以衡量，并作出裁判。约定的违约金超过根据民法典第五百八十四条规定确定的损失的百分之三十的，一般可以认定为民法典第五百八十五条第二款规定的"过分高于造成的损失"。当事人主张约定的违约金过高请求予以适当减少的，应当承担举证责任；相对人主张违约金约定合理的，也应提供相应的证据。

3.《九民纪要》（法〔2019〕254号）

50. 认定约定违约金是否过高，一般应当以《合同法》第113条规定的损失为基础进行判断，这里的损失包括合同履行后可以获得的利益。除借款合同外的双务合同，作为对价的价款或者报酬给付之债，并非借款合同项下的还款义务，不能以受法律保护的民间借贷利率上限作为判断违约金是否过高的标准，而应当兼顾合同履行情况、当事人过错程度以及预期利益等因素综合确定。主张违约金过高的违约方应当对违约金是否过高承担举证责任。

【理解与适用】

一、本条主旨

本条是关于违约金司法酌减的规定。

二、规范来源

本条源于原《合同法司法解释（二）》第29条，该条规定："当事人主张约定的违约金过高请求予以适当减少的，人民法院应当以实际损失为基础，兼顾合同的履行情况、当事人的过错程度以及预期利益等综合因素，根据公平原则和诚实信用原则予以衡量，并作出裁决。当事人约定的违约金超过造成损失的百分之三十的，一般可以认定为合同法第一百一十四条第二款规定的'过分高于造成的损失'。"本条在此基础上进行了部分修改，并增加了第3款的规定。

三、司法解释条文理解

本条共包括3款条文，第1、2款规定了违约金司法酌减的考量因素，第3款规定了法院不支持恶意违约方请求减少违约金的主张。

就本条第1、2款关于违约金司法酌减的考量因素而言，基于私法自治原则，当事人有权自由约定违约金，但是如果任由当事人约定过高的违约金，在有些情况下，无异于鼓励当事人获得不公平的暴利，也可能促使一方为取得高额违约金而故意引诱对方违约，[1] 有鉴于此，为了践行和实现实质公平与诚实信用的价值，有必要对当事人约定的过高违约金进行司法酌减。本条第1、2款对违约金过高的判断标准采取了综合衡量的模式，而摒弃了仅以违约金超过因违约造成损失的特定比例为判断标准的固定模式，后者采取的"一刀切"做法存在以偏概全的危险，容易引发个案的不公正。具体而言，违约金的司法酌减以本条第1款规定的多种因素的综合考量为主要标准，以第2款规定的违约金超过因违约造成损失的特定比例为辅助标准。[2] 当事人请求适当减少违约金的，法院需要根据本条第1、2款的规定，决定违约金是否过高而需要酌减以及酌减的具体额度。

根据本条第1款，首先，违约金司法酌减的基础考量因素为"以《民法典》第584条规定的损失为基础"，即包括因违约造成的实际损失和可得利益。以此为基点，遵循公平原则和诚信原则，综合考量以下因素：

第一，合同主体。首先，在商事交易领域，合同的主体是风险识别能力和交易经验更为丰富的商人的情况下，违约金的司法酌减应该更为慎重。《德国商法典》第348条规定，商人在其营业活动中允诺的违约金不可依《德国民法典》的规定申请酌减。我国法中虽然没有此种规定，但至少应当在违约金的司法酌减时将合同主体的商人身份纳入考量。再者，合同主体的地位强弱、合同主体的特殊身份（例如，经营者与消费者的特殊身份）也应当纳入考量。《最高人民法院关于当前形势下审理民商事合同

---

[1] 参见黄薇主编：《中华人民共和国民法典合同编释义》，法律出版社2020年版，第290页。
[2] 参见最高人民法院研究室编著：《最高人民法院关于合同法司法解释（二）理解与适用》，人民法院出版社2009年版，第212页。

纠纷案件若干问题的指导意见》第 7 条就明确规定了当事人缔约地位强弱、是否适用格式合同或条款的考量因素。如果经营者和消费者签订的合同是经营者一方提供的格式合同，对于合同中违约金的司法酌减应当尤其慎重。

第二，交易类型。现实中，不同的交易类型可能具有不同的交易习惯和交易规则，这些交易习惯和交易规则也会对违约金的司法酌减产生影响。例如，在借款合同中，借款合同有期内利息的法定限额规则，① 基于禁止法律规避的考虑，应将其延伸适用于针对迟延还款所约定的违约金，以受法律保护的利率上限作为判断违约金是否过高的标准。② 在网络主播与平台的签订的合作合同中，如果因违约造成的损失无法确定，在违约金司法酌减时可以将违约的主播从平台获取的实际收益、平台前期投入、平台流量、主播个体商业价值等因素纳入考量。在承揽合同、建设工程施工合同等工程类合同中，特定的行业交易习惯对违约金的司法酌减也会产生较大影响。③

第三，合同的履行情况。部分履行是违约金司法酌减的考量因素，《法国民法典》第 1231 条明确规定，在承诺的义务已部分履行时，原定的违约金得由法官依职权视此种部分履行给债权人带来的利益而相应减少。非违约方已经受领了对方的部分履行时，法院应当参照其因部分履行所受利益，按相应比例减少违约金的数额。④ 例如，如果合同约定以总价款作为计算违约金的基数，在违约方已经给付部分价款时，应当以违约方未付的剩余价款为基础来考量违约金的约定是否过高需要酌减。⑤ 然而，如果

---

① 《最高人民法院关于审理民间借贷案件适用法律若干问题的规定》第 29 条规定："出借人与借款人既约定了逾期利率，又约定了违约金或者其他费用，出借人可以选择主张逾期利息、违约金或者其他费用，也可以一并主张，但是总计超过合同成立时一年期贷款市场报价利率四倍的部分，人民法院不予支持。"
② 参见黄薇主编：《中华人民共和国民法典合同编释义》，法律出版社 2020 年版，第 318 页。
③ 参见屈茂辉：《违约金酌减预测研究》，载《中国社会科学》2020 年第 5 期。
④ 参见朱广新：《合同法总则》（第二版），中国人民大学出版社 2012 年版，第 611 页。
⑤ 参见王雷：《违约金酌减中的利益动态衡量》，载《暨南学报（哲学社会科学版）》2018 年第 11 期。

部分履行对非违约方来说意义甚微，则应审慎酌减违约金，甚至不予酌减。[1]

第四，当事人的过错程度。当事人的过错程度既包括违约方的过错程度，也包括非违约方的过错程度。基于违约金本身履约担保的制度功能，违约方的过错程度能够在一定程度上体现履行合同对其是否具有较大压力，因此，如果违约方系故意违约，则说明其在主观上认为自己能够接受合同已经约定的违约金，那么事后其再主张违约金的司法酌减就应当受到更加严格的对待，申言之，法院对违约金的司法酌减应当更为慎重。例如，如果双方当事人签订买卖合同后，履约时合同标的的市场价格突然上涨，卖方为了赚取更多的钱而违约将标的货物卖给第三人，此时对违约金的调整就应当体现出对卖方故意违约的惩罚。[2] 另外，如果非违约方对违约也存在过失，则根据与有过失规则，非违约方的过失情况在违约金司法酌减时也应当予以考量，从而适当减轻违约方的责任。但是，如果非违约方系故意不正当地造成或促使对方违约，那么根据《民法典》第159条的规定，应当视为给付违约金请求权的条件不成就，由此对方无须给付违约金，也就没有违约金司法酌减的问题。如果非违约方的行为不能被《民法典》第159条所涵摄，则对方可以用诚实信用原则进行抗辩。[3]

第五，履约背景。从大的履约背景来看，签订合同和履行合同时的特定社会经济状况（特别是二者间隔时间较长的情况下）可能会影响违约金的司法酌减。从小的履约背景来看，在具体的交易中，非违约方寻找替代交易的难易程度、非违约方是否因信赖该合同会依约履行而签订连环合同、[4] 违约方是否有其他义务违反、违约方是否努力补偿损失[5]等也是违约金的司法酌减中需要考量的因素。

---

[1] 参见姚明斌：《〈合同法〉第114条（约定违约金）评注》，载《法学家》2017年第5期。
[2] 参见黄薇主编：《中华人民共和国民法典合同编释义》，法律出版社2020年版，第291页。
[3] 参见朱广新、谢鸿飞主编：《民法典评注·合同编·通则》，中国法制出版社2020年版，第413~415页。
[4] 参见韩世远：《合同法总论》（第四版），法律出版社2018年版，第832页。
[5] 参见王洪亮：《违约金功能定位的反思》，载《法律科学》2014年第2期。

第六，其他相关因素。上面列举的因素并非穷尽，难免挂一漏万，由此，除了上述因素以外，法院在进行违约金的司法酌减时应当根据公平和诚信原则，运用其自由裁量权将具体案件中其他的相关因素也纳入考量。例如，在特定的案件中，违约方的经济状况也能够作为司法酌减的考量因素。在原《最高人民法院关于贯彻执行〈经济合同法〉若干问题的意见》中规定"关于违约金的数额，可由双方协议解决。但是对于故意违约的，违约金和赔偿金不能减少。对于过失违约的，可以考虑适当减免违约金，但必须是违约方经济上确有困难，主动提出请求或者没有给对方造成经济损失的"，此处将"违约方经济上确有困难"作为违约金司法酌减的条件，没有充分考虑违约金本身的性质及其合理性问题，但也是以往实践经验的总结，从现实来看，违约方在经济上确有困难，如果不减少违约金数额，可能会使违约方难以展开正常的产生或生活，甚至很难使案件得到执行，所以考虑违约方的经济状况有一定合理性。[①] 在适用本条时，可以将违约方的经济状况纳入考量，但必须从严把握，即将其限定于违约方给付违约金会达到严重影响其生存的程度，就此方能在违约金的司法酌减时予以适当考量。

就本条第 2 款而言，首先，根据对"一般可以认定"的文义解释和目的解释，可以认为，大多数情况下如果当事人约定的违约金超过造成损失的 30% 的，则属于《民法典》第 585 条第 2 款规定的"过分高于造成的损失"；但是，也有可能出现虽然当事人约定的违约金超过造成的损失的 30%，但基于个案的具体情况结合第 1 款的各种考量因素，不应认定属于"过分高于"；同时，还有可能出现当事人约定的违约金并未超过依据《民法典》第 584 条规定确定的损失的 30%，但基于个案的具体情况结合第 1 款的各种考量因素，应当认定属于"过分高于"的情况，有鉴于此，是否属于"过分高于"的情况系综合衡量中的法律评价问题。[②] 如前所述，本条第 2 款实际上是一个辅助性的判断标准，30% 的

---

① 参见王利明：《合同法研究（第二卷）》，中国人民大学出版社 2003 年版，第 708 页。
② 参见姚明斌：《〈合同法〉第 114 条（约定违约金）评注》，载《法学家》2017 年第 5 期。

规定为法院提供了一个相对具体化的参照和指引,在个案中法院判断违约金是否需要酌减以及酌减的具体额度时,需要以本条第1款的规定为主要的判断标准。

本条第3款规定,恶意违约方的行为严重违背诚信原则,其请求减少违约金的,人民法院不予支持。该规定与上述违约方的过错程度相关,如果违约方严重违反诚信原则,主观恶性程度较大,则此类当事人不应受到司法酌减规则的特别保护。一方面,如果违约方在权衡违约获利与违约金责任后仍然选择恶意违约,则说明违约方预期的违约获利显著高于违约责任,此时没有必要再酌减违约金,只有这样才能真正维护交易的公平;[1]另一方面,恶意违约方的违约行为可能扰乱了正常的交易秩序,其背信行为不值得受到违约金司法酌减规则的特别保护。

最后,值得提及的是关于惩罚性违约金的调整。从惩罚性违约金的功能定位出发,鉴于惩罚性违约金本身就与损害赔偿请求权并存,因此在进行惩罚性违约金的司法酌减时,不宜将其因违约造成的损失进行比较,而可以类推适用本条第2款中30%的比例规定,就此而言,惩罚性违约金的数额不得超过主合同标的额30%。[2] 也有观点主张,可以类推适用与惩罚性违约金性质相似的《民法典》第586条第2款关于同样属于"私的制裁"的定金的规定,要求惩罚性违约金的数额不得超过主合同标的额的20%。[3]

【典型案例】

1. 上海某文化公司诉李某、昆山某信息技术公司合同纠纷案

[案号] (2020) 沪02民终562号

---

[1] 参见罗昆:《我国违约金司法酌减的限制与排除》,载《法律科学》2016年第2期。
[2] 参见韩强:《违约金担保功能的异化与回归——以对违约金类型的考察为中心》,载《法学研究》2015年第3期。
[3] 参见韩世远:《合同法总论》(第四版),法律出版社2018年版,第834~835页。

[审理法院] 上海市第二中级人民法院

[来源] 最高人民法院指导案例第189号（第34批指导案例）

[关键词] 民事　合同纠纷　违约金调整　网络主播

[裁判摘要] 网络主播违反约定的排他性合作条款，未经直播平台同意在其他平台从事类似业务的，应当依法承担违约责任。网络主播主张合同约定的违约金明显过高请求予以减少的，在实际损失难以确定的情形下，人民法院可以根据网络直播行业特点，以网络主播从平台中获取的实际收益为参考基础，结合平台前期投入、平台流量、主播个体商业价值等因素合理酌定。

[基本案情] 被告李某原为原告上海某文化公司创办的某直播平台游戏主播，被告昆山某信息技术公司为李某的经纪公司。2018年2月28日，上海某文化公司、昆山某信息技术公司及李某签订《主播独家合作协议》（以下简称《合作协议》），约定李某在某直播平台独家进行"绝地求生游戏"的第一视角游戏直播和游戏解说。该协议违约条款中约定，协议有效期内，昆山某信息技术公司或李某未经上海某文化公司同意，擅自终止本协议或在直播竞品平台上进行相同或类似合作，或将已在某直播上发布的直播视频授权给任何第三方使用的，构成根本性违约，昆山某信息技术公司应向某直播平台支付如下赔偿金：（1）本协议及本协议签订前李某因与某直播平台开展直播合作上海某文化公司累计支付的合作费用；（2）5000万元人民币；（3）上海某文化公司为李某投入的培训费和推广资源费。主播李某对此向上海某文化公司承担连带责任。合同约定的合作期限为一年，从2018年3月1日至2019年2月28日。

2018年6月1日，昆山某信息技术公司向上海某文化公司发出主播催款单，催讨欠付李某的两个月合作费用。截至2018年6月4日，上海某文化公司为李某直播累计支付2017年2月至2018年3月的合作费用1111661元。

2018年6月27日，李某发布微博称其将带领所在直播团队至某直播平台进行直播，并公布了直播时间及房间号。2018年6月29日，李某在某直播平台进行首播。昆山某信息技术公司也于官方微信公众号上发布李某在某直播平台的直播间链接。根据公开报道:"李某是全国主机游戏直播节目的开创者,也是全国著名网游直播明星主播,此外也是一位优酷游戏频道的原创达人,在优酷视频拥有超过20万的粉丝和5000万的点击……"

2018年8月24日,上海某文化公司向人民法院提起诉讼,请求判令两被告继续履行独家合作协议、立即停止在其他平台的直播活动并支付相应违约金。一审审理中,上海某文化公司调整诉讼请求为判令两被告支付原告违约金300万元。昆山某信息技术公司不同意上海某文化公司请求,并提出反诉请求:1.判令确认上海某文化公司、昆山某信息技术公司、李某三方于2018年2月28日签订的《合作协议》于2018年6月28日解除;2.判令上海某文化公司向昆山某信息技术公司支付2018年4月至6月的合作费用224923.32元;3.判令上海某文化公司向昆山某信息技术公司支付律师费20000元。

上海市静安区人民法院于2019年9月16日作出(2018)沪0106民初31513号民事判决:一、昆山某信息技术公司于判决生效之日起十日内支付上海某文化公司违约金2600000元;二、李某对昆山某信息技术公司上述付款义务承担连带清偿责任;三、上海某文化公司于判决生效之日起十日内支付昆山某信息技术公司2018年4月至6月的合作费用186640.10元;四、驳回昆山某信息技术公司其他反诉请求。李某不服一审判决,提起上诉。上海市第二中级人民法院于2020年11月12日作出(2020)沪02民终562号民事判决:驳回上诉,维持原判。

法院生效裁判认为:第一,根据本案查明的事实,上海某文化公司与昆山某信息技术公司、李某签订《合作协议》,自愿建立合同法律关系,而非李某主张的劳动合同关系。《合作协议》系三方真实意思表示,不违反法律法规的强制性规定,应认定为有效,各方理应依约恪守。从《合作协议》的违约责任条款来看,该协议对合作三方的权利义务都进行了详细约定,主播未经上海某文化公司同意在竞争平台直播构成违约,应当承担赔偿责任。

第二，上海某文化公司虽然存在履行瑕疵但并不足以构成根本违约，昆山某信息技术公司、李某并不能以此为由主张解除《合作协议》。且即便从解除的方式来看，合同解除的意思表示也应当按照法定或约定的方式明确无误地向合同相对方发出，李某在微博平台上向不特定对象发布的所谓"官宣"或直接至其他平台直播的行为，均不能认定为向上海某文化公司发出明确的合同解除的意思表示。因此，李某、昆山某信息技术公司在二审中提出因上海某文化公司违约而已经行使合同解除权的主张不能成立。

第三，当事人主张约定的违约金过高请求予以适当减少的，应当以实际损失为基础，兼顾合同的履行情况、当事人的过错程度以及预期利益等综合因素，根据公平原则和诚实信用原则予以衡量。对于公平、诚信原则的适用尺度，与因违约所受损失的准确界定，应当充分考虑网络直播这一新兴行业的特点。网络直播平台是以互联网为必要媒介、以主播为核心资源的企业，在平台运营中通常需要在带宽、主播上投入较多的前期成本，而主播违反合同在第三方平台进行直播的行为给直播平台造成损失的具体金额实际难以量化，如对网络直播平台苛求过重的举证责任，则有违公平原则。故本案违约金的调整应当考虑网络直播平台的特点，以及签订合同时对上海某文化公司成本及收益的预见性。本案中，考虑主播李某在游戏直播行业中享有很高的人气和知名度的实际情况，结合其收益情况、合同剩余履行期间、双方违约及各自过错大小、上海某文化公司能够量化的损失、上海某文化公司已对约定违约金作出的减让、上海某文化公司平台的现状等情形，根据公平与诚实信用原则以及直播平台与主播个人的利益平衡，酌情将违约金调整为260万元。

2. 北京某贸易公司诉北京某城建公司合同纠纷案

[案号]（2017）京02民终8676号

[审理法院] 北京市第二中级人民法院

[来源] 最高人民法院指导案例第166号（第30批指导案例）

[关键词] 民事　合同纠纷　违约金调整　诚实信用原则

[裁判摘要] 当事人双方就债务清偿达成和解协议，约定解除财产保全措施及违约责任。一方当事人依约申请人民法院解除了保全措施后，另一方当事人违反诚实信用原则不履行和解协议，并在和解协议违约金诉讼中请求减少违约金的，人民法院不予支持。

[基本案情] 2016年3月，北京某贸易公司因与北京某城建公司买卖合同纠纷向人民法院提起民事诉讼，人民法院于2016年8月作出（2016）京0106民初6385号民事判决，判决北京某城建公司给付北京某贸易公司货款5284648.68元及相应利息。北京某城建公司对此判决提起上诉，在上诉期间，北京某城建公司与北京某贸易公司签订协议书，协议书约定：（1）北京某城建公司承诺于2016年10月14日前向北京某贸易公司支付人民币300万元，剩余的本金2284648.68元、利息462406.72元及诉讼费25802元（共计2772857.4元）于2016年12月31日前支付完毕；北京某城建公司未按照协议约定的时间支付首期给付款300万元或未能在2016年12月31日前足额支付完毕全部款项的，应向北京某贸易公司支付违约金80万元；如果北京某城建公司未能在2016年12月31日前足额支付完毕全部款项的，北京某贸易公司可以自2017年1月1日起随时以（2016）京0106民初6385号民事判决为依据向人民法院申请强制执行，同时有权向北京某城建公司追索本协议确定的违约金80万元。（2）北京某贸易公司申请解除在他案中对北京某城建公司名下财产的保全措施。双方达成协议后北京某城建公司向二审法院申请撤回上诉并按约定于2016年10月14日给付北京某贸易公司首期款项300万元，北京某贸易公司按协议约定申请解除了对北京某城建公司财产的保全。后北京某城建公司未按照协议书的约定支付剩余款项，2017年1月北京某贸易公司申请执行（2016）京0106民初6385号民事判决书所确定的债权，并于2017年6月起诉北京某城建公司支付违约金80万元。

一审中，北京某城建公司答辩称：北京某贸易公司要求给付的请求不合理，违约金数额过高。根据生效判决，北京某城建公司应给付北京某贸易公司的款项为 5284648.68 元及利息。北京某贸易公司诉求北京某城建公司因未完全履行和解协议承担违约金的数额为 80 万元，此违约金数额过高，有关请求不合理。一审宣判后，北京某城建公司不服一审判决，上诉称：一审判决在错误认定北京某城建公司恶意违约的基础上，适用惩罚性违约金，不考虑北京某贸易公司的损失情况等综合因素而全部支持其诉讼请求，显失公平，请求适当减少违约金。

北京市丰台区人民法院于 2017 年 6 月 30 日作出（2017）京 0106 民初 15563 号民事判决：北京某城建公司于判决生效之日起十日内支付北京某贸易公司违约金 80 万元。北京某城建公司不服一审判决，提起上诉。北京市第二中级人民法院于 2017 年 10 月 31 日作出（2017）京 02 民终 8676 号民事判决：驳回上诉，维持原判。

法院生效裁判认为：北京某贸易公司与北京某城建公司在诉讼期间签订了协议书，该协议书均系双方的真实意思表示，不违反法律法规强制性规定，合法有效，双方应诚信履行。本案涉及诉讼中和解协议的违约金调整问题。本案中，北京某贸易公司与北京某城建公司签订协议书约定北京某城建公司如未能于 2016 年 10 月 14 日前向北京某贸易公司支付人民币 300 万元，或未能于 2016 年 12 月 31 日前支付剩余的本金 2284648.68 元、利息 462406.72 元及诉讼费 25802 元（共计 2772857.4 元），则北京某贸易公司有权申请执行原一审判决并要求北京某城建公司承担 80 万元违约金。现北京某城建公司于 2016 年 12 月 31 日前未依约向北京某贸易公司支付剩余的 2772857.4 元，北京某贸易公司的损失主要为尚未得到清偿的 2772857.4 元。北京某城建公司在诉讼期间与北京某贸易公司达成和解协议并撤回上诉，北京某贸易公司按协议约定申请解除了对北京某城建公司账户的冻结。而北京某城建公司作为商事主体自愿给北京某贸易公司出具和解协议并承诺高额违约金，但在账户解除冻结后北京某城建公司并未依约履行后续给付义务，具有主观恶意，有悖诚实信用。一审法院判令北京某城建公司依约支付 80 万元违约金，并无不当。

3. 韶关市某公司与广东省某公司、广东省某设计院合同纠纷案

[案号]（2011）民再申字第84号

[审理法院] 最高人民法院

[来源]《最高人民法院公报》2011年第9期

[关键词] 违约金　过分高于　实际损失

[裁判摘要]《合同法司法解释（二）》第29条规定："当事人主张约定的违约金过高请求予以适当减少的，人民法院应当以实际损失为基础，兼顾合同的履行情况、当事人的过错程度以及预期利益等综合因素，根据公平原则和诚实信用原则予以衡量，并作出裁决。当事人约定的违约金超过造成损失的百分之三十的，一般可以认定为合同法第一百一十四条第二款规定的'过分高于造成的损失'。"在计算实际损失数额时，应当以因违约方未能履行双方争议的、含有违约金条款的合同，给守约方造成的实际损失为基础进行计算，将合同以外的其他损失排除在外。对于一方当事人因其他合同受到的损失，即使该合同与争议合同有一定的牵连关系，也不能简单作为认定争议合同实际损失的依据。

对于前述司法解释中"当事人约定的违约金超过造成损失的百分之三十"的规定应当全面、正确地理解。一方面，违约金约定是否过高应当根据案件具体情况，以实际损失为基础，兼顾合同的履行情况、当事人的过错程度以及预期利益等综合因素，根据公平原则和诚实信用原则综合予以判断，"百分之三十"并不是一成不变的固定标准；另一方面，前述规定解决的是认定违约金是否过高的标准，不是人民法院适当减少违约金的标准。因此，在审理案件中，既不能机械地将"当事人约定的违约金超过造成损失的百分之三十"的情形一概认定为《合同法》第114条第2款规定的"过分高于造成的损失"，也不能在依法"适当减少违约金"数额时，机械地将违约金数额减少至实际损失的百分之一百三十。

[基本案情] 申请再审人韶关市某公司因与被申请人广东省某公司、广东省某设计院合同纠纷一案，不服广东省高级人民法院（2010）粤高法

审监民提字第 153 号民事判决,向本院申请再审。本院依法组成合议庭对本案进行了审查,现已审查终结。

韶关市某公司申请再审称:1. 涉案《协议书》签订的背景是广东省某公司、广东省某设计院不履行其与韶关市某公司签订的《EPC 总承包合作合同书》,涉案《协议书》虽约定了双倍违约金条款,但相对于《EPC 总承包合作合同书》来看,违约金仅仅是总工程款的百分之三,是较低而且合理的惩罚金额。同时,双倍违约金条款是约束合同双方当事人而非仅仅约束一方当事人的,如果韶关市某公司违约,也应按合同承担相应的违约金责任,不存在合同双方地位不平等、合同显失公平的问题。2. 从涉案《协议书》约定的违约金的性质和目的来看,双倍违约金是为保证合同履行的惩罚性违约金,不违反法律规定,不应予以调整。3. 韶关市某公司是守约方,广东省某公司、广东省某设计院违约,给韶关市某公司造成了巨大损失。韶关市某公司依据《中华人民共和国民事诉讼法》第 179 条第 1 款第 6 项的规定申请再审。

本院认为:关于涉案《协议书》中约定的违约金数额,人民法院能否予以调整的问题。《合同法》第 114 条第 2 款规定:"约定的违约金低于造成的损失的,当事人可以请求人民法院或者仲裁机构予以增加;约定的违约金过分高于造成的损失的,当事人可以请求人民法院或者仲裁机构予以适当减少。"在合同法对于合同约定的违约金数额是否过高没有明确的标准,一审法院审理时也没有相应司法解释的情况下,一审法院根据案情在法律的范畴内作出判决系法官行使自由裁量权。《合同法司法解释(二)》自 2009 年 5 月 13 日起施行,该解释第 29 条规定:"当事人主张约定的违约金过高请求予以适当减少的,人民法院应当以实际损失为基础,兼顾合同的履行情况、当事人的过错程度以及预期利益等综合因素,根据公平原则和诚实信用原则予以衡量,并作出裁决。当事人约定的违约金超过造成损失的百分之三十的,一般可以认定为合同法第一百一十四条第二款规定的'过分高于造成的损失'。"根据前述规定,违约金具有补偿性和惩罚性双重性质,合同当事人可以约定高于实际损失的违约金。但从约定的违约金超过造成损失的百分之三十一般可以认定为过高来看，违约金的性质仍以补偿性为主，以填补守约方的损失为主要功能，而不以严厉惩罚违约方为目的。过高的违约金约定可能与公平原则存在冲突，在某些情况下还存在诱发道德风险的可能。因此，当事人主张约定的违约金过高请求予以适当减少的，人民法院应当依法予以调整。

关于涉案《协议书》约定的违约金数额是否过高的问题。确认约定的违约金数额是否过高，根据《合同法》、《合同法司法解释（二）》的规定，应以实际损失数额为确认的基础。对于前述规定中的"实际损失"，应当全面、正确地理解。在计算实际损失数额时，应当以因违约方未能履行双方争议的、含有违约金条款的合同，给守约方造成的实际损失为基础进行计算，将合同以外的其他损失排除在外。对于一方当事人因其他合同受到的损失，即使该合同与争议合同有一定的牵连关系，也不能简单作为认定本合同实际损失的依据。韶关市某公司主张，涉案《协议书》虽约定了双倍违约金条款，但相对于《EPC总承包合作合同书》来看，违约金仅仅是总工程款的百分之三，并不高。根据本案查明的事实，《EPC总承包合作合同书》与涉案《协议书》虽有牵连关系，但毕竟是两份不同的合同，在确认因广东省某公司、广东省某设计院违反涉案《协议书》给韶关市某公司造成的实际损失时，不宜以《EPC总承包合作合同书》涉及的总工程金额为基础进行计算。此外，根据本案查明的事实，涉案《协议书》约定广东省某公司、广东省某设计院支付给韶关市某公司156万余元，是因为《EPC总承包合作合同书》未能实际履行。从涉案《协议书》的内容来看，前述156万余元款项既包含广东省某公司、广东省某设计院对韶关市某公司前期支出的赔偿，也包含终止合同后对韶关市某公司的补偿。因此，韶关市某公司以《EPC总承包合作合同书》涉及的总工程金额为标准，确认违约金不高的主张，没有法律依据。

关于本案是否存在机械办案的问题。对于前述司法解释中"当事人约定的违约金超过造成损失的百分之三十"的规定应当全面、正确地理解。一方面，违约金约定是否过高应当根据案件具体情况，以实际损失为基础，兼顾合同的履行情况、当事人的过错程度以及预期利益等综合因素，根据公平原则和诚实信用原则综合予以判断，"百分之三十"并不是一成不变的固定标准；另一方面，前述规定解决的是认定违约金是否过高的标准，不是人民法院适当减少违约金的标准。因此，在审理案件中，既不能机械地将"当事人约定的违约金超过造成损失的百分之三十"的情形一概认定为合同法第114条第2款规定的"过分高于造成的损失"，也不能在依法"适当减少违约金"数额时，机械地将违约金数额减少至实际损失的百分之一百三十。本案再审判决维持了一审判决，纵观全案情况，一审判决调整违约金数额为广东省某公司、广东省某设计院迟延支付款项的百分之三十并非机械办案。一方面，一审判决生效时，合同法司法解释二尚未公布，一审法院根据案件的具体情况调整违约金在自由裁量的范畴之内；另一方面，广东省某公司、广东省某设计院虽确实存在迟延付款的情形，但迟延付款1个多月后又履行了付款义务。迟延付款的数额不能直接认定为韶关市某公司的实际损失数额。考虑到广东省某公司、广东省某设计院仅迟延付款1个多月的实际情况，一审判决认定约定支付双倍违约金过高，按照迟延付款数额的百分之三十计算违约金，实际上已经对案件的具体情况、韶关市某公司的实际损失及广东省某公司、广东省某设计院的过错程度进行了综合分析，在适用法律方面并无错误之处。故再审判决结果并无不当。

综上，韶关市某公司的再审申请不符合《民事诉讼法》第179条第1款第6项规定的情形。依照《民事诉讼法》第181条第1款之规定，裁定如下：驳回韶关市某公司的再审申请。

（撰稿人：夏江皓）

第六十六条 【违约金调整的释明和改判】 当事人一方请求对方支付违约金,对方以合同不成立、无效、被撤销、确定不发生效力、不构成违约或者非违约方不存在损失等为由抗辩,未主张调整过高的违约金的,人民法院应当就若不支持该抗辩,当事人是否请求调整违约金进行释明。第一审人民法院认为抗辩成立且未予释明,第二审人民法院认为应当判决支付违约金的,可以直接释明,并根据当事人的请求,在当事人就是否应当调整违约金充分举证、质证、辩论后,依法判决适当减少违约金。

被告因客观原因在第一审程序中未到庭参加诉讼,但是在第二审程序中到庭参加诉讼并请求减少违约金的,第二审人民法院可以在当事人就是否应当调整违约金充分举证、质证、辩论后,依法判决适当减少违约金。

【关联规定】

一、《民法典》(2020 年 5 月 28 日)

第585条 当事人可以约定一方违约时应当根据违约情况向对方支付一定数额的违约金,也可以约定因违约产生的损失赔偿额的计算方法。

约定的违约金低于造成的损失的,人民法院或者仲裁机构可以根据当事人的请求予以增加;约定的违约金过分高于造成的损失的,人民法院或者仲裁机构可以根据当事人的请求予以适当减少。

当事人就迟延履行约定违约金的,违约方支付违约金后,还应当履行债务。

二、其他法律

《民事诉讼法》（2023年9月1日）

第68条 当事人对自己提出的主张应当及时提供证据。

人民法院根据当事人的主张和案件审理情况，确定当事人应当提供的证据及其期限。当事人在该期限内提供证据确有困难的，可以向人民法院申请延长期限，人民法院根据当事人的申请适当延长。当事人逾期提供证据的，人民法院应当责令其说明理由；拒不说明理由或者理由不成立的，人民法院根据不同情形可以不予采纳该证据，或者采纳该证据但予以训诫、罚款。

三、司法解释

1.《买卖合同司法解释》（法释〔2020〕17号）

第21条 买卖合同当事人一方以对方违约为由主张支付违约金，对方以合同不成立、合同未生效、合同无效或者不构成违约等为由进行免责抗辩而未主张调整过高的违约金的，人民法院应当就法院若不支持免责抗辩，当事人是否需要主张调整违约金进行释明。

一审法院认为免责抗辩成立且未予释明，二审法院认为应当判决支付违约金的，可以直接释明并改判。

2.《民事诉讼法司法解释》（法释〔2022〕11号）

第101条 当事人逾期提供证据的，人民法院应当责令其说明理由，必要时可以要求其提供相应的证据。

当事人因客观原因逾期提供证据，或者对方当事人对逾期提供证据未提出异议的，视为未逾期。

【理解与适用】

一、本条主旨

本条是关于约定违约金司法调整中法院释明与当事人一审缺席时二审提出申请的细化规定。

二、《民法典》条文理解以及有待细化的问题

《民法典》第 585 条第 2 款规定了约定违约金的司法调整。违约金是当事人一方违反合同时应向另一方支付的赔偿,约定违约金指赔偿数额或其计算方式由当事人约定而非法定的情形。相较约定,法定违约金的妥当性有更为慎重的考量,故为避免不公正的约定违约金给违约方造成过重负担或远低于守约方损失,我国自《合同法》立法之始就设置了合理限制意思自治、实现个案公平、维护诚实信用的司法调整规则,具体包含酌减和酌增两个方面。

比较法上,对违约金司法调整的启动主要具有法院职权启动和当事人申请启动两种模式。例如,法国、瑞士、意大利等国民法典未以当事人请求作为必要条件,法院可以不经申请直接依法衡量;德国、荷兰等国民法典则明确规定以当事人请求作为司法调整的条件。[①]《民法典》第 585 条第 2 款规定,人民法院或仲裁机构需"根据当事人的请求"进行调整,可见我国采取的是当事人申请启动模式,在调整中重视当事人的意愿。

当事人申请是司法调整的必要条件,未经申请法院无法依职权调整。但实践中当事人可能优先主张其他拒绝给付违约金的免责抗辩事由,或者因不了解司法调整规则遗漏申请,以致不能及时适用司法调整。若当事人在仅主张其他事由败诉后,又在执行程序、再审或另诉中要求司法酌减,将导致执行不畅与程序空转。因此,需要通过建立释明制度减少诉累、节约资源。[②]

为保障诉讼效率,当事人的主张与举证应当及时,避免过度迟延。例如,《民法典诉讼时效司法解释》第 3 条规定,诉讼时效抗辩限制在二审提出,并禁止以此为由申请再审。司法调整需要当事人申请并提供相关证据,需要明确何种情形下法院可以允许当事人在二审中提出申请并就申请予以审理和改判。

[①] 姚明斌:《违约金论》,中国法制出版社 2018 年,第 303~305 页。
[②] 宋晓明、张勇健、王闯:《〈关于审理买卖合同纠纷案件适用法律问题的解释〉的理解与适用》,载《人民司法》2012 年第 15 期。

三、司法解释条文理解

本条司法解释包括两款条文，针对两个问题进行规定。第 1 款规定了法院释明司法调整的义务，具体又包含释明条件及其内容，该款第 1 句和第 2 句分别对应一审释明和二审改判时释明两个场景。第 2 款规定了当事人一审缺席时二审申请司法调整的许可条件及法律效果。第 1 款第 2 句和第 2 款都涉及在一、二审间协调适用司法调整，二者的共性是尊重当事人意愿在启动调整时的重要作用，区别是前者仍属释明问题，后者则属二审攻击防御方法失权的例外规定。

此外，本条司法解释文义上仅直接规定了司法调整中的酌减规则，这属于民事司法实践中的常见情形，故特别例示。《民法典》同时承认酌增与酌减，对酌增的释明可参照处理，但不能超出当事人就违约请求给付的数额。

（一）约定违约金司法酌减的释明

释明是法院通过提示、指引当事人，协助其提出主张并收集诉讼资料的行为。在辩论原则下，法院的裁判基础源于当事人的主张以及相关事实、证据，释明可以补充当事人法律素养与诉讼能力的不足，促进发现真实，避免裁判突袭，有利于纠纷的妥当解决。[1] 释明可根据其行为场景分为法律释明与法律观点释明，前者指法官为补充当事人一般诉讼法律知识，在若干关键诉讼制度中对当事人诉讼权利义务的告知，如回避、上诉期限、自认效果等；后者则指在具体个案中，法官基于保障当事人程序权益、避免突袭裁判、促进纠纷一次性解决等目的，结合案情和当事人已经提供的诉讼资料所作的特定说明，如法官内心法律观点、事实认定的开示等。[2] 对约定违约金司法酌减的释明属于法律观点释明，需要考虑个案是否满足释明条件。

本条司法解释第 1 款第 1 句和第 2 句分别规定了一审和二审改判两个场景下法院释明司法酌减的条件与内容。

---

[1] 张卫平：《民事诉讼"释明"概念的展开》，载《中外法学》2006 年第 2 期。
[2] 任重：《法律释明与法律观点释明之辨》，载《国家检察官学院学报》2020 年第 6 期。

第一，一审中，一方请求支付违约金的，法院释明司法酌减的条件是违约方当事人对按约给付违约金存在异议。法官在司法审判时不能忽视中立身份，不宜违背诉讼处分原则和辩论原则，故在对实体法规范进行释明时一般需要释明对象存在最低限度的暗示。① 法官不宜在当事人无酌减意愿时作出释明，故释明违约金司法酌减时当事人至少应对给付违约金提出异议，此处违约方主张合同不成立、合同未生效、合同无效、不构成违约或者非违约方不存在损失等各项事由即旨在表明不欲承担违约责任。实践中，违约方仅以前述事由抗辩，可能是因为其不了解存在司法酌减规定，此时法官作出释明既合乎当事人意愿，又能就其可能提出的抗辩通盘审理，实现纠纷一次性解决。②

当事人可能在答辩状或庭前程序中已经表明异议，此时也满足释明条件。但由于法官还未进行实体审理，仍需尊重当事人优先主张其他足以完全拒绝给付违约金的免责抗辩的意愿，故释明内容为询问当事人是否将在其他抗辩不予支持时提出司法酌减请求。此种释明方式能够更合理地协调各项抗辩审理的顺序。

司法解释规定人民法院"应当"释明，表明司法酌减释明属于义务而非单纯的权力。法院在符合条件时未释明存在程序瑕疵，若不依请求直接酌减更违反实体法规定且存在裁判突袭。同时，司法解释特别注意使用了当事人一方请求给付，对方抗辩的表述，意在不限定释明对象的原、被告身份。当一方以确认合同不成立、未生效、无效、可撤销等理由提起诉讼，对方反诉请求给付违约金的，也可满足释明条件。

第二，一审法院认为其他抗辩事由成立的，可能未作释明而直接适用其他抗辩作出判决，二审中法院如果经审理认为需要改判给付违约金的，可以直接释明。此时不需要再以当事人存在异议为条件，是因为一审判决认可抗辩已经体现出释明对象曾经表明异议。相较于《买卖合同司法解

---

① 任重：《我国民事诉讼释明边界问题研究》，载《中国法学》2018年第6期。
② 王杏飞：《论释明的具体化：兼评〈买卖合同解释〉第27条》，载《中国法学》2014年第3期。

释》第 21 条第 2 款规定，本条第 1 款第 2 句新增了二审释明后也需要根据当事人请求才能改判的规定，这一修改更符合司法酌减尊重当事人意愿的实体规则。

第三，司法解释允许二审释明司法酌减，需要配合允许当事人以抗辩方式请求司法调整。司法调整将改变合同双方事先约定的法律关系，且需当事人在诉讼中主张，故其性质为形成诉权，形成诉权权利人一般认为需独立提起诉讼。但是，当事人在二审提出新的诉讼请求存在限制，《最高人民法院关于适用〈中华人民共和国民事诉讼法〉的解释》第 326 条规定，二审中原告或被告新增诉讼请求的，调解不成只能另行起诉，这就妨碍了释明促进诉讼经济、避免程序空转的效果实现。因此，本司法解释第 64 条允许以抗辩方式请求司法调整。德国法认为，守约方胜诉后法院作出的酌减给付判决，包含了隐性的形成效果。[1] 被告违约方抗辩司法酌减时，并未违背形成诉权应在诉讼程序中审查的要求，以抗辩方式还能减少增加诉讼请求时可能面临的程序障碍和诉讼费用。[2] 约定违约金司法调整需基于当事人请求，故具体又属需权利人主张方可发生效果的权利抗辩而非事实抗辩。[3]

（二）未出庭一审的当事人在二审请求司法酌减

本条司法解释第 2 款规定了未出庭一审的当事人在二审中请求司法酌减的处理方式。

为了保证诉讼审理具有效率，法院作为裁判基础的诉讼资料的收集需要存在时间限制，即当事人应该在一定时间之内尽早表明其法律或事实主张，并提供相关证据。后续质证和辩论环节均将在此基础上进行，双方不能任意补充，避免证据突袭导致迟延。我国的第一审与第二审程序均为事实审，同样也可能出现当事人在二审中才提出一审未提出的主

---

[1] 姚明斌：《违约金论》，中国法制出版社 2018 年版，第 307 页。
[2] 刘子赫：《〈民法典〉第 580 条第 2 款（违约方司法解除权）诉讼评注》，载《云南社会科学》2023 年第 1 期。
[3] 袁大川：《〈民法典〉违约金调减抗辩之释明》，载《浙江学刊》2022 年第 6 期。

张或证据的情形，这在理论上也被称为二审逾时提出攻击防御方法，考虑一、二审功能定位的区别，二审逾时应属于比一审逾时更受严格限制的情形。①

我国并无对二审提出攻击防御方法的直接规定，但举证时限可以发挥促进及时提出主张和提供证据的作用。《民事诉讼法》第 68 条第 2 款、《最高人民法院关于适用〈中华人民共和国民事诉讼法〉的解释》第 101 条规定，逾期举证的，法院应当责令当事人说明理由，存在客观原因或者对方当事人未提出异议的，方可视为未逾期，否则可能面临训诫、罚款、不予采纳等负面后果。这里的客观原因包括自然灾害等不可抗力，也包括其他当事人自身所不能控制的因素。

约定违约金酌减所需判断的客观条件一般在一审中已经存在，当事人未在一审提出司法酌减请求的，同样不能随意允许其在二审中作出该抗辩。故仅在当事人能就其未参加一审说明客观原因时，法院方可依其请求继续审理是否应当酌减，对相关事实主张及证据展开调查，由双方举证、质证、辩论，最后依法确定是否改判。当然，如果对方不对此提出异议，法院亦可依请求进行审理。

由于当事人并未出庭一审，一审中显然无法作出各种免责抗辩，同时也可能并未在上诉状中明确对违约金提出异议。此时，法院不宜在缺少违约方最低限度地暗示的情况下主动释明，故本条第 2 款仅规定法院可以依请求进行司法酌减，并未同第 1 款第 2 句一样规定释明当事人提出请求。

【典型案例】

1. 建筑公司诉机电设备公司买卖合同纠纷案

［案号］（2023）京 02 民终 7857 号

---

① 李凌：《审级模式视角下的二审攻击防御方法失权》，载《华东政法大学学报》2017 年第 6 期。

[审理法院] 北京市第二中级人民法院

[来源] 中国裁判文书网

[关键词] 买卖合同　违约金司法酌减　释明　二审申请酌减

[裁判摘要] 当事人经释明后未明确提出酌减的，法院不应职权进行酌减。二审中当事人又提出酌减申请并有合理理由的，结合双方合同履行的金额、原告主张的违约行为及实际损失的具体类型，考虑公平原则，可以依请求酌减。

[基本案情] 2018年9月至2020年3月，建筑公司与机电设备公司签订《采购合同》及补充协议，约定机电设备公司提供建设适用的体育器材。建筑公司起诉机电设备公司请求就其违约行为支付实际损失并支付约定违约金。一审审理中，法院询问机电设备公司对建设公司主张违约金计算标准的意见，机电设备公司表示没有造成对方损失，法院再次释明如认定抗辩理由不成立，是否主张违约金调整，机电设备公司又表示计算方式不对，应扣除未供货的价款，没有其他意见。二审审理中，机电设备公司表示一审线上庭审时没有听清法院释明，申请对违约金进行酌减。

2. 张某与李某买卖合同纠纷案

[案号]（2018）京02民终877号

[审理法院] 北京市第二中级人民法院

[来源] 中国裁判文书网

[关键词] 买卖合同　违约金司法酌减　释明　免责抗辩

[裁判摘要] 在当事人表明不构成违约等免责抗辩后，法院释明其是否主张约定违约金司法调整的行为不违反法律规定。

[基本案情] 2008年9月，张某与李某签订《房屋买卖合同》，合同约定出卖人李某需限期办理原户口迁出手续，逾期应支付违约金。张某起诉请求李某就未迁出户口按约给付违约金。一审审理中，李某主张张某曾同意其不迁出户口，故其行为不构成违约，法官释明李某是否需要主张酌

减。李某经释明主张违约金标准过高，一审法院综合李某过错与张某损失支持酌减。张某上诉称一审法官释明行为违反法律规定。

3. 科技公司诉技术公司建设工程合同纠纷案

［案号］（2015）二中民终字第08833号

［审理法院］北京市第二中级人民法院

［来源］中国裁判文书网

［关键词］建设工程　违约金　司法酌减　释明　上诉

［裁判摘要］违约方在一审中经法院释明后明确表示不要求调整违约金，但宣判后又以违约金过高为由提出上诉的，二审法院一般不予支持。

［基本案情］2013年10月，技术公司与科技公司签订《供暖系统安装合同》，约定科技公司提供供暖设备安装服务，技术公司延迟支付资金应支付逾期付款违约金。次月，科技公司完成安装并交付使用，后技术公司于2013年11月、2014年1月两次支付工程款但未付清。科技公司遂起诉至法院。一审庭审中，技术公司主张不构成违约，但未请求司法酌减，一审法院释明询问其是否请求酌减，技术公司表示不作出请求。一审判决后，技术公司提起上诉并在上诉状中主张判决认定的违约金过高。

（撰稿人：刘子赫）

第六十七条　【定金规则】当事人交付留置金、担保金、保证金、订约金、押金或者订金等，但是没有约定定金性质，一方主张适用民法典第五百八十七条规定的定金罚则的，人民法院不予支持。当事人约定了定金性质，但是未约定定金类型或者约定不明，一方主张为违约定金的，人民法院应予支持。

> 当事人约定以交付定金作为订立合同的担保，一方拒绝订立合同或者在磋商订立合同时违背诚信原则导致未能订立合同，对方主张适用民法典第五百八十七条规定的定金罚则的，人民法院应予支持。
>
> 当事人约定以交付定金作为合同成立或者生效条件，应当交付定金的一方未交付定金，但是合同主要义务已经履行完毕并为对方所接受的，人民法院应当认定合同在对方接受履行时已经成立或者生效。
>
> 当事人约定定金性质为解约定金，交付定金的一方主张以丧失定金为代价解除合同的，或者收受定金的一方主张以双倍返还定金为代价解除合同的，人民法院应予支持。

【关联规定】

一、《民法典》（2020 年 5 月 28 日）

第 586 条　当事人可以约定一方向对方给付定金作为债权的担保。定金合同自实际交付定金时成立。

定金的数额由当事人约定；但是，不得超过主合同标的额的百分之二十，超过部分不产生定金的效力。实际交付的定金数额多于或者少于约定数额的，视为变更约定的定金数额。

第 587 条　债务人履行债务的，定金应当抵作价款或者收回。给付定金的一方不履行债务或者履行债务不符合约定，致使不能实现合同目的的，无权请求返还定金；收受定金的一方不履行债务或者履行债务不符合约定，致使不能实现合同目的的，应当双倍返还定金。

二、司法解释

《商品房买卖合同司法解释》（法释〔2020〕17号）

第4条 出卖人通过认购、订购、预订等方式向买受人收受定金作为订立商品房买卖合同担保的，如果因当事人一方原因未能订立商品房买卖合同，应当按照法律关于定金的规定处理；因不可归责于当事人双方的事由，导致商品房买卖合同未能订立的，出卖人应当将定金返还买受人。

【理解与适用】

一、本条主旨

本条是关于定金与非定金的识别、定金的类型及不同定金类型下定金罚则的适用规定。

二、规范来源

在我国，定金制度首见于1981年通过的《中华人民共和国经济合同法》（已废止），该法第14条规定："当事人一方可向对方给付定金。经济合同履行后，定金应当收回，或者抵作价款。给付定金的一方不履行合同的，无权请求返还定金。接受定金的一方不履行合同的，应当双倍返还定金。"1986年通过的《中华人民共和国民法通则》（已废止）基本延续了《中华人民共和国经济合同法》中的定金规则，在第89条第3项规定："当事人一方在法律规定的范围内可以向对方给付定金。债务人履行债务后，定金应当抵作价款或者收回。给付定金的一方不履行债务的，无权要求返还定金；接受定金的一方不履行债务的，应当双倍返还定金。"上述两部法律不仅确立了定金罚则，而且严格限制为不履行合同的"违约定金"一类。除此之外，《建设工程勘察设计合同条例》（1983年）第7条、《农副产品购销合同条例》（1984年）第17条和第18条以及《加工承揽合同条例》（1984年）第9条等均涉及不同类型合同中定金规则的适用。

1995年颁布的《担保法》是我国法上第一次体系性阐释定金制度的法律，它专设一章，以3个条文（第89条~第91条）完整规定了定金的形式、生效要件、数额的确定以及定金罚则的适用。具体而言，担保法时期的定金具有如下特点：（1）定金的书面要式性。定金必须采用书面形式，口头形式无效。（2）定金为实践合同。定金合同自实际交付定金之日起生效。（3）定金的数额限制。定金数额由当事人约定，但是不得超过主合同标的额的20%。（4）仅规定了违约定金，未规定订约定金、解约定金等其他定金类型。

与《担保法》一直将定金作为一种担保工具加以规定且未考虑定金规则与其他制度的衔接不同，1999年颁布的《合同法》则将违约定金界定为违约责任的一种方式，并就定金与违约金的关系加以明确。《合同法》第115条规定："当事人可以依照《中华人民共和国担保法》约定一方向对方给付定金作为债权的担保。债务人履行债务后，定金应当抵作价款或者收回。给付定金的一方不履行约定的债务的，无权要求返还定金；收受定金的一方不履行约定的债务的，应当双倍返还定金。"同时，第116条规定："当事人既约定违约金，又约定定金的，一方违约时，对方可以选择适用违约金或者定金条款。"

由于《担保法》《合同法》均只规定了单一类型的违约定金，而实践中可能出现当事人以交付定金作为订立合同或解除合同的担保，同时交易过程中当事人经常在合同中使用"订金""押金""保证金""留置金""担保金"等概念，对于这些是否属于定金、能否适用定金罚则，直接影响当事人之间的利益平衡。因此，最高人民法院于2000年下发《担保法司法解释》以8个条文专门就定金规则的适用进行详细解释。其中，第115条~第117条分别规定了立约订金、成约定金与解约定金的认定，第118条规定了"订金""押金""保证金""留置金""担保金"的非定金性质，第119条是关于定金多交或少交的法律后果，第120条和第122条是关于违约定金的适用要件与归责原则的规定，第121条是关于定金数额的限制。

本条基本是对《担保法司法解释》相关条文的归纳吸收，《担保法司法解释》第118条、第115条、第116条、第117条分别与本条四款一一对应，旨在实现定金类型的区分与体系完善，弥补《民法典》定金单一化的不足。

三、司法解释条文理解

1. 定金的认定

按照权威解释，定金是一种债的担保方式，是指合同当事人一方为了担保合同的履行而预先向对方支付一定数额的金钱。[①] 事实上，由于定金的类型具有多样性，而作为一种预先给付金钱的方式，它与交易实践中的留置金、担保金、保证金、订约金、押金或者订金等具有极大相似性，故一旦当事人约定了其他金钱预付方式，能否认定为定金并适用定金罚则，不可不辨。本条第1款第1句规定："当事人交付留置金、担保金、保证金、订约金、押金或者订金等，但是没有约定定金性质，一方主张适用民法典第五百八十七条规定的定金罚则的，人民法院不予支持。"显然，当事人所作的约定及预先交付的金钱是否构成定金合同，属于合同解释与意思表示解释的问题，关键在于当事人是否约定定金性质。是否属于定金，并不取决于当事人有无使用"定金"一词，而应根据《民法典》第142条第1款规定充分结合文义解释、体系解释、目的解释以及诚信原则等确定当事人的真实意图。具体而言：（1）当事人虽使用了"定金"一词，但合同的表述不符合定金的特征，则不应认定为定金。（2）当事人未使用"定金"一词，但合同表述符合定金的特征，如约定了类似定金罚则的双倍返还条款等，则可以认定为定金。（3）当事人未使用"定金"一词，而是以"留置金""担保金""保证金""订约金""押金"或者"订金"等代替，如果合同中的表述并不符合定金的特征，也未规定类似定金罚则

[①] 全国人民代表大会常务委员会法制工作委员会编：《中华人民共和国合同法释义》（第3版），法律出版社2013年版，第187页；全国人民代表大会常务委员会法制工作委员会编著：《中华人民共和国担保法释义》，法律出版社1995年版，第117页。

的内容，则不应解释为定金。① 例如，在一起探矿权纠纷中，法院认为："本案中双方并未将履约保证金明确约定为定金，而且只约定了某公司违约时不退，并未约定中某公司违约时双倍返还，显然与定金罚则的对等原则不符，故该条款不具备定金的法律属性，不能认定为定金。"② 在交易实践中，最常见的就是土地使用权挂牌出让过程中竞买人交付的竞买保证金，法院通常将其与定金区分开来。③ 但是在某些情形下，当事人约定在竞买人与国土局签订成交确认书后竞买保证金自动转化为定金，且就定金罚则的适用确定了启动条件时，可以认定为竞买保证金已质变为定金。④

当然，如果当事人约定"留置金""担保金""保证金""订约金""押金"或者"订金"等，该金钱同时满足特定化和实际交付的条件时，符合动产质权的特征，可以认定为金钱质押或账户质押。比如，我国2000年下发的《担保法司法解释》第85条规定了金钱质押，《民法典担保制度解释》第70条规定了保证金账户质押。

与定金功能类似，押金也能起到担保债务履行的作用，但是二者有着根本不同。（1）法律性质不同。定金基于合同产生，债权人仅享有债权请求权，其中违约定金兼具债的担保和违约责任双重属性；而押金属于金钱质押的范畴，具有优先受偿性。（2）设定人的范围不同。定金由合同当事人设定，不得由第三人提供；而押金的设定人可以是债务人，也可以是第三人。⑤（3）标的物不同。违约定金的标的物是金钱或其他替代物，而押金的标的物是金钱。⑥（4）被担保的主债权不同。定金所担保的通常是主给付义务的履行，而押金往往担保的是合同的从给付义务（如房屋到期后

---

① 参见张金海：《定金制度论》，中国法制出版社2020年版，第95页。
② 参见贵州省高级人民法院（2016）黔民终790号民事判决书。
③ 参见最高人民法院（2003）民一终字第82号民事判决书，载《最高人民法院公报》2005年第5期。
④ 参见最高人民法院（2017）最高法民申1211号民事裁定书。
⑤ 李国光主编：《担保法新释新解与适用》，新华出版社2001年版，第1169页。
⑥ 参见张金海：《定金制度论》，中国法制出版社2020年版，第112页。

退还钥匙的义务等)。① (5) 有无限额不同。定金有上限限制,不得超过主合同标的额的 20%,超过部分不适用定金罚则;而押金由当事人约定,无数额限制。(6) 法律效果不同。定金罚则适用于合同双方当事人,在当事人违约时,定金制裁违约人的效果更强。押金仅具有担保合同债务履行的效果,给付押金的人不履行合同义务的,无权要求返还押金,收受押金的人不履行合同义务的,无须双倍返还押金。

2. 定金类型的推定

如果当事人在合同中不仅表明定金的意图,而且约定了该定金属于何种定金,应当尊重当事人的意思自治,依照约定确定定金类型。然而,交易实践中当事人经常只约定了"定金",而未表明该定金属于何种类型,此时如何进行解释呢?本条第 1 款第 2 句规定:"当事人约定了定金性质,但是未约定定金类型或者约定不明,一方主张为违约定金的,人民法院应予支持。"据此,当事人就定金类型没有约定或约定不明确时,一方主张违约定金的,法院可以推定为违约定金。该款属于新增款项,其目的在于明确定金罚则的准确适用,尤其是当事人只是就定金性质加以约定,却未明确是何种类型的定金,此时属于当事人意思表示不明,需要法律来加以补充当事人的意思,故推定为违约定金。但是,这一推定没有考虑定金合同订立时主合同是否成立或生效,可能会与当事人的交易目的相违背,而且也可能导致一方通过合法的手段来谋取不正当利益。

如果定金合同订立时,主合同尚未订立或生效,则该定金不可能是违约定金或解约定金,只可能是立约定金或成约定金。至于如何判断是立约定金还是成约定金,则根据本条第 2 款、第 3 款来加以认定。例如,在"张某某诉刘某某等房屋买卖合同纠纷案"中,法院认为:"双方当事人在意向书上约定的定金,定金条款形成的时间以及定金交付的时间均在房屋

---

① 郭明瑞、房绍坤、张平华编著:《担保法》(第五版),中国人民大学出版社 2017 年版,第 119 页。

买卖主合同订立之前，故意向书上约定的定金只能是担保主合同的订立，而不是担保房屋买卖主合同义务的履行。"[1] 如果当事人之间的主合同已经成立或生效，该定金则可能为违约定金或解约定金，具体应根据当事人约定的定金罚则适用条件来判断。

3. 立约定金

立约定金，又称为犹豫定金、订约定金，是指当事人在订立合同之前，为保证正式签订合同而约定的定金。[2] 它旨在增加订立目标合同的概率，同时又给双方当事人保留不缔约的选择。[3] 当然，立约定金还具有以下功能：一是防止当事人利用订立合同的机会恶意进行磋商。交易实践中，一方在订立合同过程中违反诚实信用原则，故意隐瞒重要信息或编造不实信息误导对方，并拖延时间缔结合同，可能造成对方当事人的重大损失或丧失商业机会，此时受损失的当事人可以主张缔约过失责任。然而缔约过失责任的认定需要由受损失方承担举证责任，且赔偿的范围相当有限，不足以威慑当事人遵照约定按时缔约，故创设立约定金有助于迅速解决这一问题。立约定金不考虑当事人的主观恶意，只要一方放弃缔约，就可直接适用定金罚则，这能够促使当事人谨慎、积极地缔约。[4] 基于此，本条第2款规定："当事人约定以交付定金作为订立合同的担保，一方拒绝订立合同或者在磋商订立合同时违背诚信原则导致未能订立合同，对方主张适用民法典第五百八十七条规定的定金罚则的，人民法院应予支持。"

4. 成约定金

成约定金是指以交付作为合同成立要件的定金。因定金之交付，契约始能成立，而发生拘束力。[5] 当事人约定以定金的交付作为合同成立要件或生效要件的，通常只有在负有交付定金义务的一方实际交付定金后，合

---

[1] 上海市长宁区人民法院（2012）长民三（民）再重字第2号民事判决书。
[2] 郭明瑞：《担保法》，法律出版社2010年版，第272页。
[3] 张金海：《定金制度论》，中国法制出版社2020年版，第82页。
[4] 李国光主编：《担保法新释新解与适用》，新华出版社2001年版，第1165页；孙鹏主编：《担保法精要与依据指引》，北京大学出版社2011年版，第519页。
[5] 史尚宽：《债法总论》，中国政法大学出版社2000年版，第511页。

同方可成立或生效。但是，为了鼓励交易，如果主合同已经履行或者履行了主要部分的，即使当事人未实际交付定金，仍应当承认主合同的法律效力。故原《担保法司法解释》第116条规定了成约定金与主合同的效力问题。与《担保法司法解释》第116条仅要求"主合同已经履行或者已经履行主要部分"不同，本条第3款规定："当事人约定以交付定金作为合同成立或者生效条件，应当交付定金的一方未交付定金，但是合同主要义务已经履行完毕并为对方所接受的，人民法院应当认定合同在对方接受履行时已经成立或者生效。"据此，在成约定金情形，只有在当事人一方已经履行完毕合同主要义务，且对方接受的，是否交付定金才不影响主合同的效力。

5. 解约定金

解约定金，又称后悔定金，是指以定金为保留合同解除权的代价，即支付定金的一方可以丧失定金为代价而解除合同，收受定金的一方则可以双倍返还定金为代价而解除合同。至于解约定金的功能，学理上有以下几种观点：（1）防止解除权的滥用，维持合同关系的稳定。[1] 定金具有担保功能，担保当事人不至于轻易解除合同，一旦解除合同必须付出代价。（2）损害赔偿预定功能。由于一方当事人解除合同后，另一方当事人难以计算损失，解约定金可以避免这一麻烦。[2]（3）解约定金是约定解除权的一种。[3] 事实上，上述观点均是从不同层面反映解约定金的性质和作用，各有其道理。由于我国《民法典》将定金作为违约责任的一种方式，规定于合同编，无法应对交易实践中复杂的定金制度需求，故本条第4款规定："当事人约定定金性质为解约定金，交付定金的一方主张以丧失定金为代价解除合同的，或者收受定金的一方主张以双倍返还定金为代价解除合同的，人民法院应予支持。"据此，定金罚则的双向性决定了双方当事人均享有解除权。尽管该款仅涉及双方均享有解除权的情形，但

---

[1] 参见李贝：《定金功能多样性与定金制度的立法选择》，载《法商研究》2019年第4期。
[2] 田土城、宁金城主编：《担保制度比较研究》，河南大学出版社2001年版，第172页。
[3] 黄薇主编：《中华人民共和国民法典合同编释义》，法律出版社2020年版，第294页。

实践中不妨碍当事人自由约定单向性的解约定金。在"宁波某有限公司、仙居县某工艺品厂定作合同纠纷案"中,法院认为:"原告在交货期限前向被告提出了取消全部订单,视为其单方提出了解除合同……因解除合同系原告单方所为,依照定金罚则,被告有权没收定金。"①

【典型案例】

1. 某市房地产开发有限公司与国土资源局建设用地使用权出让合同纠纷案

[案号]（2017）最高法民终584号

[审理法院] 最高人民法院

[来源] 中国裁判文书网

[关键词] 定金　竞买保证金　定金罚则

[裁判摘要]《出让国有土地使用权规范》第14.2条规定,中标人、竞得人支付的投标、竞买保证金,在中标或竞得后转作受让地块的定金。《拍卖须知》关于竞买保证金可以抵支拍卖价款或退回的约定与定金的作用和功能并不矛盾,不足以得出该笔竞买拍保证金不是定金的结论。而且,《拍卖须知》载明：（七）竞得人有下列行为之一的,视为违约,拍卖人可取消其竞得人资格,竞拍保证金不予退还。《拍卖成交确认书》也载明"6. 以上约定,竞得人必须严格遵守,若违反上述条款之一者,保证金不予退还……"由此可知,市国土局具有将竞买保证金作为担保债权实现的意思表示,上述约定符合担保法及合同法关于定金性质的规定,符合权利义务相一致原则。

[基本案情] 2011年,某市土地交易中心就该市1号地块拍卖出让发出《拍卖须知》,就相关地块的基本情况、规划指标以及土地使用权的出让事宜作出了详细规定,其中《拍卖须知》规定:"八、竞得人在签署成交确认书

---

① 浙江省仙居县人民法院（2021）浙1024民初3569号民事判决书。

后 30 日内向市财政局指定账户交纳全部拍卖成交总价款的 50%……竞买履约保证金可抵支拍卖价款,也可在交清全部拍卖成交总价款后退回(所有退款不计息)。出让方负责在竞得人交清全部拍卖成交总价款后向竞得人交地……""十六、本《拍卖须知》的解释权属南充市土地交易中心;未尽事宜依照《出让国有土地使用权规范》办理。"2011 年 8 月 26 日,该市某房地产开发公司通过公开竞拍以 482 万元/亩总价款 133863450 元竞得该宗地使用权(净用地)27.7725 亩。同日,该房地产公司与市国土局签订《拍卖成交确认书》,载明:"××公司已交保证金 1300 万元。……6. 以上约定,竞得人必须严格遵守,竞得人若违反上述条款之一,保证金不予退还,同时取消竞得人竞得资格,竞得人按《出让合同》第 30 条、第 32 条之规定全权承担违约责任,一定期限内取消竞得人在南充市参加国有建设用地使用权招标拍卖竞买资格。"双方没有签订《出让合同》。因市国土局根本违约,将地块出让给第三人,无法移转该地块土地使用权给该公司,故该公司向法院主张双倍返还定金,并要求市国土局承担违约责任。

[评析] 当事人没有明确使用"定金"一词,也未明确在符合条件时竞买保证金可以转化为定金,相关约定更与定金罚则的基本内涵相冲突,不宜认定为定金。本案中,法院依据《出让国有土地使用权规范》第 14.2 条强行将竞买保证金解释为定金,违背了当事人的意思自治,也曲解了定金规则的内涵。

2. 赵某某与陕西某餐饮管理有限公司租赁合同纠纷案

[案号](2020)陕民申 2801 号

[审理法院] 陕西省高级人民法院

[来源] 中国裁判文书网

[关键词] 定金 履约保证金 定金罚则

[裁判摘要] 当事人在合同中虽使用了"定金"一词,且同时约定了给付款项方违约由收付款项方没收相应款项,但没有约定收受方违约应当双倍返还,不符合定金罚则的性质,故该笔履约保证金不属于定金,不能

适用定金罚则。

[基本案情] 2019年3月29日，陕西某餐饮公司（甲方）向赵某某（乙方）开具收款收据，载明收到××味道内1-03号档口定金5000元。4月3日，双方签订《××味道联营合同》，约定甲方将某摊档的经营权交由乙方行使，由乙方自筹资金、自担风险、自负盈亏，乙方须按约定向甲方交付保证金及其他相关费用。乙方经营范围为削筋面，合同期限自2019年5月15日至2020年5月14日；双方采用联营的合作模式，即该摊档每月营业额的73%归乙方，27%归甲方作为该摊档的租金。合同还约定，履约保证金指乙方在签订本合同时，为保证乙方履行本合同及其附件约定的各项义务和责任，由乙方交付给甲方的押金，该保证金不是预付的租金，仅作为乙方忠实履行本合同及其附件所约定义务的保证，金额为6万元，合同签订之日以现金形式支付；该保证金由甲方保管，不计利息，在合同期满后，甲方确认乙方已完全履行了本合同及其附件赋予的全部义务之后且没有给甲方造成损失，则甲方在乙方按本合同约定条件所租摊档60天内如数退还乙方所缴纳之履约保证金。当日，甲方向乙方开具收款收据，载明收到××味道（1-03号档口削筋面）保证金55000元，与3月29日定金合计6万元整。8月29日，甲方向乙方退保证金6000元。庭审中，双方一致认可乙方向甲方支付履约保证金6万元，但由于小吃城断电，涉案摊档实际经营至2019年7月15日，之后一直没有解决再未经营。甲方表示2019年3月29日收款收据上之所以写的定金，是因为当时尚未签订合同及交付，该款已抵作履约保证金。经询，双方一致同意解除合同。双方因对6万元款项的性质发生争议，故向法院起诉。一审法院、二审法院均认为，乙方向甲方支付的6万元属于履约保证金，且合同仅有乙方违约由甲方没收该履约保证金的约定，而无甲方违约应当双倍返还的约定，不符合定金罚则的规定。

[评析] 本案提出了一种实质化的标准来判断是否构成定金，即关于定金与非定金的区别不在于当事人是否约定了"定金"名称，而在于是否约定了"定金罚则"的实质内容，这是一种"重实质、轻形式"的识别标准，具有相当重要的意义。因为当事人有没有适用定金罚则的意图，首

先得看当事人有无明确的意思，该意思表达了一旦一方违反了约定另一方即可主张适用定金罚则（剥夺定金或者请求双倍返还定金）。如果当事人根本没有这种明确的意思表示，仅仅使用了"定金"二字，不应臆断当事人的目的。

（撰稿人：蔡睿）

> **第六十八条　【定金罚则的法律适用】**双方当事人均具有致使不能实现合同目的的违约行为，其中一方请求适用定金罚则的，人民法院不予支持。当事人一方仅有轻微违约，对方具有致使不能实现合同目的的违约行为，轻微违约方主张适用定金罚则，对方以轻微违约方也构成违约为由抗辩的，人民法院对该抗辩不予支持。
>
> 当事人一方已经部分履行合同，对方接受并主张按照未履行部分所占比例适用定金罚则的，人民法院应予支持。对方主张按照合同整体适用定金罚则的，人民法院不予支持，但是部分未履行致使不能实现合同目的的除外。
>
> 因不可抗力致使合同不能履行，非违约方主张适用定金罚则的，人民法院不予支持。

【关联规定】

《民法典》（2020年5月28日）

第587条　债务人履行债务的，定金应当抵作价款或者收回。给付定金的一方不履行债务或者履行债务不符合约定，致使不能实现合同目的的，无权请求返还定金；收受定金的一方不履行债务或者履行债务不符合约定，致使不能实现合同目的的，应当双倍返还定金。

【理解与适用】

一、本条主旨

本条是关于违约定金之定金罚则的适用要件以及按比例适用定金罚则的规定。

二、规范来源

无论是《经济合同法》（1981年）、《民法通则》（1986年）、《担保法》（1995年）、《合同法》（1999年），还是《民法典》（2020年），均明确规定了定金罚则的适用。不同的是，《民法典》颁布之前的法律对于定金罚则的表述基本一致，即"给付定金的一方不履行约定的债务的，无权要求返还定金；收受定金的一方不履行约定的债务的，应当双倍返还定金。"实际上只规定了违约定金情形定金罚则的适用，且在违约定金适用定金罚则的要件上模糊地要求"不履行约定的债务"，不要求当事人构成根本违约。这些法律规定的"不履行"的具体内涵和外延相当不明确，是否包括不履行从给付义务或附随义务，是否包括部分履行、迟延履行等，都是未知之谜。

1984年发布的《农副产品购销合同条例》第17条、第18条将定金罚则扩张适用于一方不完全履行场合，供方不履行或不完全履行预购合同的，应加倍偿还不履行部分的预付定金，需方不履行或不完全履行预购合同的，无权收回未履行部分的预付定金。这一规定被2000年《担保法司法解释》所吸纳。《担保法司法解释》第120条规定："因当事人一方迟延履行或者其他违约行为，致使合同目的不能实现，可以适用定金罚则。但法律另有规定或者当事人另有约定的除外。当事人一方不完全履行合同的，应当按照未履行部分所占合同约定内容的比例，适用定金罚则。"第122条规定："因不可抗力、意外事件致使主合同不能履行的，不适用定金罚则。因合同关系以外第三人的过错，致使主合同不能履行的，适用定金罚则。受定金处罚的一方当事人，可以依法向第三人追偿。"

然而，在民法典编纂过程中，《担保法司法解释》第120条、第122条的规定并未被纳入《民法典》之中，可能是基于法典稳定性的考虑。《民法典》第587条明确要求定金罚则的适用以根本违约为条件，只有在"不履行债务或者履行债务不符合约定，致使不能实现合同目的"时，定金罚则得以开启。由于《民法典》没有考虑双方违约的程度、部分履行情形下定金罚则如何适用以及定金罚则的免责事由，故本条在吸收《担保法司法解释》第120条、第122条规定的基础上进行整合，以明确不同情形下定金罚则的具体适用。

三、司法解释条文理解

本条是对《民法典》第587条的解释，《民法典》第587条确立的定金罚则适用于给付定金一方或收受定金一方单方违约的情形。如果当事人双方都有违约行为，或者均没有违约行为（因不可抗力导致合同目的不能实现），或者双方违约的程度不一致（一方根本违约、另一方仅为轻微违约），则能否适用定金罚则呢？如果合同已经部分履行，对方已接受该履行，那么是否应当按照比例适用定金罚则？定金是否应当参照违约金规定，确立酌减制度？这些问题均有待明确。

1. 双方根本违约时定金罚则的适用

所谓双方根本违约，是指双务合同的当事人均不履行债务或履行债务不符合约定，致使不能实现合同目的。由于合同目的无法实现是双方当事人的根本违约造成的，双方均应当向对方承担违约责任，双方均主张适用定金罚则，发生类似抵销的效果。因此，在双方根本违约的情形下，任何一方当事人主张适用定金罚则，都不应获得支持。例如，在"连云港市某建材有限公司与赣榆县某水产养殖专业合作社买卖合同纠纷"案中，法院认为："定金罚则只适用一方违约的情况，体现对守约方合法权益的保护，而本案系双方违约，不适用定金罚则。上诉人、被上诉人应根据《中华人民共和国合同法》第120条'当事人双方都违反合同的，应当各自承担相应的责任'规定,各自承担责任,涉案10万元定金应当抵作货款。"①

为确保司法裁判的一致性,本条第1款第1句规定:"双方当事人均具有致使不能实现合同目的的违约行为,其中一方请求适用定金罚则的,人民法院不予支持。"

2. 一方根本违约、对方轻微违约时定金罚则的适用

双方均有违约行为,但违约的程度不同时,是否适用定金罚则?《民法典》对此未予明确。通常,定金罚则只适用于一方根本违约的情形,②如果此时对方也有轻微违约,根本违约方能否以此为由否定适用定金罚则呢?

在我国司法实践中,法院通常认为,一方轻微违约不足以适用定金罚则。例如,在"匡某某、刘某某等定金合同纠纷案"中,法院认为:"由于定金罚则体现了对违约一方当事人的制裁,运用这种制裁会给违约一方经济上带来极为不利的后果,因此必须将定金罚则的运用限定在特定的范围。一方出现轻微违约就运用定金罚则,给违约一方强加了极为沉重的经济负担,也不利于其继续履行合同,并且与法律上的诚实信用原则相悖。"③在双方违约且违约程度不同的情形下,能否适用定金罚则,易滋生法院裁判分歧和解释上的困惑。

因此,本条第1款第2句对此予以回应,规定:"当事人一方仅有轻微违约,对方具有致使不能实现合同目的的违约行为,轻微违约方主张适用定金罚则,对方以轻微违约方也构成违约为由抗辩的,人民法院对该抗辩不予支持。"

3. 合同已部分履行时定金罚则的适用

在合同法上,广义的不履行包括合同的完全不履行和不适当履行。不适当履行包括迟延履行、提前履行、部分履行、瑕疵给付等。对于当事人

---

① 参见江苏省连云港市中级人民法院(2018)苏07民终546号民事判决书。
② 李国光:《最高人民法院关于适用〈中华人民共和国担保法〉若干问题的解释理解与适用》,吉林人民出版社2000年版,第408页。
③ 参见四川省广安市中级人民法院(2021)川16民终925号民事判决书。

一方不适当履行债务可否适用定金罚则，理论上历来存在"肯定说""否定说""折中说"三种观点。持"否定说"者认为，迟延履行、提前履行、瑕疵给付等并不绝对导致合同目的落空，合同的履行尚有回旋余地，为公平对待商品交易的双方当事人，不宜适用定金罚则，除非当事人有特别约定。持"肯定说"说者认为，合同义务的"不履行"在解释上应当与违约同义，包括不适当履行。定金的担保作用是双向的，其根本目的不在于惩罚违约行为，而在于担保或督促合同当事人依照诚实信用原则履行合同义务，当事人的任何违约行为，均构成对设定定金担保目的之违反。因此，定金担保没有必要与严重违约行为挂钩。①"折中说"认为，当事人一方不适当履行债务，只有在构成根本违约致使合同目的落空的情形下，方可适用定金罚则。②我国《民法典》第587条采取了"折中说"，无论是不履行债务，还是不适当履行债务，均以构成根本违约作为适用定金罚则的前提条件。这一观点对于迟延履行、提前履行、瑕疵给付等具有合理性，但是对于部分履行是否也同样适用呢？如果合同当事人一方已履行部分债务，而拒不履行剩余债务或陷于履行不能的状态，对方当事人可否主张适用定金罚则？如果适用，是全额适用还是按比例适用？理论与实务对此存在争议，具体有以下几种观点：

一是"不适用说"。如果当事人并未在定金合同中就债务人不完全履行债务是否适用定金罚则作出明确约定，原则上不应适用定金罚则。理由是：(1)当事人不完全履行合同与不履行合同是性质不同的违约行为，其法律效果应有所不同。若对二者不加区分一律适用定金罚则，不利于维护合同法的严肃性，也不符合当事人设立定金担保的初衷。(2)定金罚则扩展于不完全履行债务场合始于《农副产品购销合同条例》第17条、第18条，而《农副产品购销合同条例》只是单行的行政法规，不具有普遍适用性，不足以比照适用于其他合同。(3)合同只要履行，哪怕是部分履行，也起到了担保作用，因而不再适用定金罚则。(4)比较法上并无定金罚则

---

① 参见邹海林、常敏：《债权担保的理论与实务》，社会科学文献出版社2005年版，第390页。
② 王利明：《合同法研究》（第二卷），中国人民大学出版社2015年版，第735页。

可以适用于不适当履行合同的先例。①

二是"全额适用说"。定金罚则不可分割适用，无论是完全不履行，还是不完全履行（部分履行），都应以全部定金数额适用定金罚则。这一观点立基于定金罚则的惩罚性功能，只要存在违约，就应全部适用，不考虑违约的轻重程度。

三是"按比例适用说"。在不完全履行合同的场合，应当按照未履行部分债务的比例来适用定金罚则。《农副产品购销合同条例》第17条、第18条以及最高人民法院《关于在审理经济合同纠纷案件中具体适用〈经济合同法〉的若干问题的解答》（已失效）持此观点。该说主要是出于公平考虑，认为如果按照全部未履行合同才能适用定金罚则，已履行20%尚未履行80%的不适用定金罚则，则对当事人而言既不公平也不合理。②

本条第2款就部分履行是否适用以及如何适用定金罚则，区分两种不同情形处理：（1）一方部分履行，另一方同意接受，且剩余部分是否履行不会影响合同目的的实现，则按比例适用定金罚则。例如，在"某投资管理有限公司与某房地产营销策划有限公司商品房销售合同纠纷"案，法院就认为："当事人一方不完全履行合同是指合同实际已经部分履行，该履行应是指合同部分内容已经完成，其前提应当是合同标的能够区分，不完全履行一方后续违约行为并不能导致整个合同目的不能实现，不构成根本违约，此时部分合同内容已经履行，可依比例适用定金罚则。"③（2）一方部分履行，而剩余部分债务是否履行直接关涉合同目的是否达到，尤其是在不可分债务，部分履行并未彻底实现合同的目标，一旦剩余部分履行不能或不履行，则应当按照定金全额适用定金罚则。

4. 因不可抗力致使合同目的不能实现时定金罚则的适用

在我国，通说认为违约责任的归责原则是以无过错责任为原则、过错

---

① 参见李国光主编：《担保法新释新解与适用》，新华出版社2001年版，第1172页；郭明瑞：《担保法》，法律出版社2010年版，第282页。
② 参见吴合振：《定金罚则在审判实践中的适用》，载杨立新主编：《民事审判诸问题释疑》，吉林人民出版社1993年版，第128页。
③ 参见成都市成华区人民法院（2019）川0108民初9316号民事判决书。

责任为例外。违约定金之定金罚则的适用以一方违约为前提，通常也应适用无过错责任。然而，若因不可归责于给付定金一方或收受定金一方的事由造成合同不能履行时，另一方能否主张适用定金罚则呢？

对此，我国《担保法司法解释》第122条规定："因不可抗力、意外事件致使主合同不能履行的，不适用定金罚则。因合同关系以外第三人的过错，致使主合同不能履行的，适用定金罚则。受定金处罚的一方当事人，可以依法向第三人追偿。"有观点认为，该条对于违约定金责任确立了一种介乎严格责任与过错责任之间的一种归责原则，因为它将意外事件也作为免责的事由。[①] 根据权威解释，意外事件作为免除定金处罚是基于司法实践的考虑。[②]

由于意外事件是一个模糊性概念，它与不可抗力的界限难以划清，法律上对此并没有明确界定。我国《民法典》总则编"民事责任"一章关于民事责任的免责事由的规定，仅规定了不可抗力、正当防卫、紧急避险等，排除意外事件作为免责事由。《民法典》第590条确定违约责任的免责事由为不可抗力，也不包括意外事件。因此，意外事件不再作为免除定金责任的事由。

另外，因合同关系以外第三人的过错，致使主合同不能履行的，仍然属于债务不履行的范畴，基于严格责任，定金罚则亦应适用，无须在法律中明文规定。

综上，本条第3款改变原《担保法司法解释》第122条，规定："因不可抗力致使合同不能履行，非违约方主张适用定金罚则的，人民法院不予支持。"

[①] 参见张金海：《论〈民法典〉违约定金制度的改进》，载《四川大学学报》（哲学社会科学版）2021年第3期。

[②] 参见李国光：《最高人民法院关于适用〈中华人民共和国担保法〉若干问题的解释理解与适用》，吉林人民出版社2000年版，第414页。

【典型案例】

工程公司与果蔬公司定金合同纠纷案

［案号］（2019）鲁1327民初2787号

［审理法院］山东省莒南县人民法院

［来源］中国裁判文书网

［关键词］定金　轻微违约　根本违约　定金罚则

［裁判摘要］根据《担保法司法解释》第120条第1项规定："因当事人一方迟延履行或者其他违约行为，致使合同目的不能实现，可以适用定金罚则。"对于造成合同目的不能实现，构成根本违约的一方可以适用定金罚则。本案双方签订的《污水处理新建工程合同》中，乙方的主要义务是生产废水处理工程的工艺设计、非标设备制作、工程安装、定型设备及电气仪表配套、工艺管道阀门配套、各种填料配套、指导调试至达标排放，土建工程的图纸设计仅是合同的组成部分，并非主要合同义务。乙方因双方对土建图纸调整而迟延交付完整图纸、提交的土建图纸引用部分规范不当，属轻微违约行为，不必然导致合同目的不能实现，且在双方发生争议期间积极要求履行合同，从而不构成根本违约。甲方在收到乙方完整的土建图纸后，并未按合同约定继续履行自己的义务，在乙方发函要求协商继续履行合同时仍未履行，并在乙方起诉要求继续履行合同时，明确表示不同意继续履行合同，其行为导致合同目的不能实现，构成根本违约。综合考量双方的违约行为，乙方的违约行为是否给甲方造成损失，甲方未主张，也未提供相应证据，在此不予评价；甲方的违约行为导致合同目的不能实现，应当适用定金罚则，其无权要求返还已交付的定金。

［基本案情］2018年2月10日，工程公司（乙方）与果蔬公司（甲方）签订污水处理新建工程合同一份，该合同约定：由乙方承担甲方委托的生产废水处理工程的工艺设计、非标设备制作、工程安装、定型设备及电气仪表配套、工艺管道阀门配套、各种填料配套、指导调试至达标排

放，本工程所有土建（包括本工程涉及所有构建物、设备基础、污泥脱水机棚等）范围内项目均由乙方负责设计，甲方负责按乙方设计图纸及要求组织施工。本合同生效后15个工作日内，乙方交出所有土建施工图纸。合同价款：600万元。付款方式：签订本合同后七日内甲方付给乙方60万元，为本合同预付款，收到定金后合同生效；乙方收到定金15个工作日内将全部土建图纸设计完成，并交付甲方，甲方收到图纸后，支付乙方60万元，乙方着手备料……"2018年2月11日，乙方通过电汇收到甲方支付的合同定金60万元。后乙方安排人员进行现场勘察并绘制图纸，其间双方就合同履行发生争议：2018年5月7日，乙方向甲方发函称该公司2018年4月11日才收到完整图纸，超出合同约定的15个工作日，对是否违约提出质疑，同时提出乙方于2018年3月10日才到现场勘察，并在图纸不完整、不具体的情况下要求甲方2018年3月31日抓紧土地施工；2018年5月9日，乙方向甲方发出工作联系单称合同签订后即进行现场勘察绘图，因乙方对尺寸调整，致使2018年2月26日前绘制的图纸作废，2018年3月16日即将完整图纸发至乙方邮箱，并希望双方协商履行合同。

2018年5月18日，乙方诉请要求甲方继续履行合同，并支付工程进度款60万元。甲方辩称，乙方不能履行合同主要义务，已构成根本违约，不同意继续履行合同，并主张合同应予解除。

法院认为："工程公司因双方对土建图纸调整而迟延交付完整图纸、提交的土建图纸引用部分规范不当，属轻微违约行为，不必然导致合同目的不能实现，且在双方发生争议期间积极要求履行合同，从而不构成根本违约。果蔬公司在收到工程公司完整的土建图纸后，并未按合同约定继续履行自己的义务，在工程公司发函要求协商继续履行合同时仍未履行，并在工程公司起诉要求继续履行合同时，明确表示不同意继续履行合同，其行为导致合同目的不能实现，构成根本违约……工程公司的违约行为导致合同目的不能实现，应当适用定金罚则，其无权要求返还已交付的定金。"

（撰稿人：蔡睿）

九、附　则

> **第六十九条**　【施行时间】本解释自2023年12月5日起施行。
>
> 民法典施行后的法律事实引起的民事案件，本解释施行后尚未终审的，适用本解释；本解释施行前已经终审，当事人申请再审或者按照审判监督程序决定再审的，不适用本解释。

图书在版编目（CIP）数据

最高人民法院民法典合同编通则司法解释理解与适用/龙卫球主编；赵精武副主编 . —北京：中国法制出版社，2024.2

（民法典权威解读丛书/龙卫球主编）

ISBN 978-7-5216-3650-5

Ⅰ.①最… Ⅱ.①龙…②赵… Ⅲ.①合同法-法律解释-中国②合同法-法律适用-中国 Ⅳ.①D923.65

中国国家版本馆 CIP 数据核字（2023）第 114352 号

责任编辑　韩璐玮（hanluwei666@163.com）　　　　　　　　封面设计　杨泽江

最高人民法院民法典合同编通则司法解释理解与适用
ZUIGAO RENMIN FAYUAN MINFADIAN HETONGBIAN TONGZE SIFA JIESHI LIJIE YU SHIYONG

主编/龙卫球
副主编/赵精武
经销/新华书店
印刷/三河市紫恒印装有限公司
开本/730 毫米×1030 毫米　16 开　　　　　　　　　　印张/ 47.5　字数/ 588 千
版次/2024 年 2 月第 1 版　　　　　　　　　　　　　　2024 年 2 月第 1 次印刷

中国法制出版社出版
书号 ISBN 978-7-5216-3650-5　　　　　　　　　　　　　　　　　定价：149.00 元

北京市西城区西便门西里甲 16 号西便门办公区
邮政编码 100053　　　　　　　　　　　　　　　　　传真：010-63141600
网址：http：//www.zgfzs.com　　　　　　　　　　　编辑部电话：010-63141790
市场营销部电话：010-63141612　　　　　　　　　　印务部电话：010-63141606

（如有印装质量问题，请与本社印务部联系。）